本书编委会

主　编　何立峰

副主编　胡祖才

编　委　陈亚军　吴越涛　周　南　张建民　陈　雷　胡玉清

编审人员　（按姓氏笔画排序）

王　政　王　莉　王宝成　王海飞　方　正　石　浩
叶　欠　向　佳　刘　炀　刘学源　刘春雨　孙　强
李晓华　肖前志　吴　萨　余　航　谷宇辰　闫浩楠
沈继楼　张　俏　张冬宁　张红琪　张劲文　张昌裕
张金萍　陆江源　陈迪宇　罗　恒　罗成书　周宏露
孟雷军　赵治文　赵睿翔　胡亚昆　胡智超　相　伟
俞晓波　姜逍辉　秦佩恒　徐　策　黄进辉　黄绳雄
曹　亮　龚　琦　常　伟　梁洪力　蒋苇杭　蒋昭虎
赫胜彬　薛　元　冀东星　魏　倩

编辑工作人员

吴　萨　沈继楼　龚　琦　张红琪　李晓华

"十四五"规划战略研究

（中）

国家发展和改革委员会◎组织编写

何立峰◎主编　胡祖才◎副主编

人民出版社

目　录 |Contents

中　册

目

录

>>> **深化改革** >>>

>>> 城乡区域 >>>

>>> 国内市场

"十四五"时期畅通国民经济循环主攻方向及战略重点研究

当前中国经济出现的结构性失衡和风险累积,恰恰是国民经济循环不畅的体现。究其根源,在于长期以来中国传统发展模式所形成的体制性障碍与结构性矛盾,本质上是现代化经济体系还不完善,未能充分发挥市场的决定性作用和更好发挥政府作用。概而言之,是要素市场化滞后与收入分配问题阻碍了实体经济循环;创新乏力与金融抑制阻碍了金融与实体经济循环;国际经贸格局生变与开放不足阻碍了中国参与国际经济循环。"十四五"时期畅通国民经济循环应着重于三个方面:一是实体经济的畅通循环,二是金融与实体经济的畅通循环,三是国际国内经济的畅通循环。

一、实体经济的畅通循环

实体经济的畅通循环要点,是扎实推进要素市场化,特别是户籍制度与土地制度改革,促进生产要素自由流动;打破行政垄断与地方保护,以区域性一体化(如长三角一体化等)带动形成全国统一市场;改善收入分配格局,壮大中等收入群体规模,扩消费促生产,打通生产、流通、分配、消费各环节。

国内市场

（一）　推进要素市场化改革

如果没有生产要素的畅通循环，就不可能达成实体经济的畅通循环。就当前而言，要素市场化不足、要素自由流动受阻，成为制约国民经济循环的重要障碍。事实上，国内市场分割以及国民收入分配格局制约消费潜力释放，都与要素市场化不足有直接的关联。

1. 推进户籍制度改革，促进劳动力自由流动

劳动力的自由流动受制于现行的户籍制度。推进户籍制度改革，将有利于解决城乡二元的劳动力市场分割，促进我国人口红利的二次释放，成为应对我国劳动力人口增速放缓的有效措施。同时，制度性障碍的消除也将改善劳动力在不同地区、不同产业间的分配，从而缓解就业市场结构性摩擦，为就业问题的解决提供必要的条件。

推进户籍制度改革，关键在于良好的成本分摊机制，中央政府应该承担更大责任，全国整体推进、打破行政区域分割，以城市的实际市民化改革负担能力为基本依据，逐步有序推进城镇常住人口基本公共服务和福利的均等化，遵循"全国同步推进、兼顾地区差异"的基本改革思路和方案，保障市民化成本在地区和城市间的合理分摊。

2. 推进土地制度改革，进一步明确土地权属，加快土地的流转

土地问题的症结在于使用权人为分割和固化，同地不同权。现行制度下，城镇土地所有权和使用权属于国家所有，农村和城市郊区的土地所有权属于集体，但集体土地承包经营权归农户，农村宅基地和集体建设用地使用权分别归农户和集体企业。一方面，政府垄断经营性土地供给，在财政分权体系下，土地出让金成为地方财政支柱，存在推升地价动机；另一方面，政府不仅仅垄断了经营性土地的供给，并且垄断了改变土地权属和用途的权利。我们看到，截至 2018 年末，地方国有土地出让收入规模 6.51 万亿元，在总量为 7.14 万亿元的地方本级政府性基金收入中占比超过 90%。政府可以通过征收、没收、征购、征用等形式将集体土地转为国有。同时政府通过严格的土地使用规划、高度集权的行政审批牢牢将土地参与工业化、商业化的大权控制在手中，实际上农民完全与土地要素的工业化和商业化过程隔离，仅拥有农地的承包经营权和限于集体内部的流转权，即所谓同地不同权。

土地市场分割下，土地要素价值难以得到充分利用。实际上，农地使用权是农民最核心的资产，但现行土地制度极大地压制了农民的受益权。宅基地和建设用地不能直接入市，只能通过政府征收途径，但经政府征收后，农民可得的仅仅是极其有限的补偿，无法从土地要素的工业化和商业化中受益，土地经营权只能在集体内流转，压制了农业的集约化和规模化发展。

　　为此,应进一步深化土地制度改革,赋予农民更多的土地财产权利,确保农民与城市居民平等的土地权利,并更充分地保障农民的相关土地财产权利,使农民从土地增值收益中获得更多财产性收入。一方面,全面保护农民农地农用的权益。即在稳定农民对承包地拥有长期物权的前提下,允许农民采用多种形式流转土地承包经营权,并获得相应的收益。中办、国办于2016年联合印发了《关于完善农村土地所有权承包权经营权分置办法的意见》,实施了土地所有权、经营权、承包权"三权分置"的制度,已经为土地确权奠定了一定的所有权基础。另一方面,加强对农民土地非农利用权益的保护。特别是应开放农村集体经营性建设用地进入建设用地市场,并允许农民以多种合法方式参与开发经营,进而从土地增值中获得收益,分享工业化、城市化的成果。

　　土地市场上,进一步明确土地权属,加快土地的流转。土地确权是所有其他土地改革的前提。一是明晰产权主体。为防止农民土地权利的虚化,应以确权到户为基础,加强对农民土地权益特别是土地非农利用权益的保护。二是赋予完整产权。也就是赋予农民承包经营权和宅基地使用权以完整的权能,特别是应允许农民的宅基地进入土地交易市场流转。改革征地制度,提高农民在土地增值收益中的分配比例,通过合理确定征地补偿标准和鼓励推进多种方式的征地补偿安置机制的方式,确保老百姓发展权益的实现。

　　3. 促进资本的市场化定价与资本的自由流动

　　中国政府历来对金融行业管制非常严格,中国的银行资产比例和金融抑制指数均居世界高位,说明中国的金融体系不仅高度依赖银行体系,而且政府对金融体系的干预也很多。金融市场化改革的核心是要促进形成资本的市场化定价与资本的自由流动。

　　一是利率市场化。尽管目前利率直接管制已经逐步放开,实际操作中却仍以贷款基准利率为商业银行贷款定价的主要参考,但统计数据显示,以民间借贷自发形成的温州民间借贷利率水平常年处于15%以上,显著高于商业银行贷款定价,而现有学术研究也表明隐性管制下贷款利率低于市场化定价水平。贷款利率的隐性管制不仅没能起到降低小微企业融资成本的作用,反而导致对小微企业而言金融产品可得性恶化,将小微企业变相挤出了信贷市场,从而阻碍了金融市场向实体经济输送血液。在原有较为粗放的货币政策调控方式下,只要流动性足够充裕,即使利率隐性管制下市场传导管道并不十分通畅,也总会有资金流向实体,也就是俗话说的"大河涨水小河满",此时小微企业"融资难"的问题并不明显。一旦出现类似2018年货币政策顾及国内去杠杆和海外加息周期的情况,商业银行开始"惜贷",中小型企业融资问题就开始暴露。国企与民企面临着不同的信贷约束,在民企按照市场化利率定价的同时,国企则以非市场化价格获取贷款,大量资金涌入基建、地产、重化工业等一系列预算软约束较为严重的部门,从而大大放大了金融机构向小微企业放贷的风险。

二是汇率市场化。汇率市场化就是让市场在汇率调整和决定中发挥更大的作用,实行真正的有管理浮动。真正的有管理浮动属于浮动汇率,汇率主要由市场决定,没有公开的汇率管理目标,允许存在基于汇率稳定的政府干预。从我国来看,实行真正有管理浮动,就是让市场来发现均衡汇率水平,通过政府管理维护汇率稳定,保持汇率在合理均衡水平上基本稳定,从而实现均衡汇率和汇率稳定双重目标的协调。转向真正的有管理浮动,参考一篮子货币进行调节需要逐步淡出历史舞台。参考一篮子货币进行调节,属于有公开的汇率管理目标,在特定情况下与汇率主要由市场决定可能产生冲突。参考一篮子货币的淡出,还需要央行退出常态化外汇市场干预,转向使用间接调控工具。转向真正的有管理浮动,近期还需要解决境内外人民币外汇市场发展不一致的问题。我国外汇交易实行实需原则,外汇交易需要有真实的商业背景。一些没有外汇头寸但受汇率变动影响的企业难以进入境内市场从事套期保值或投机性交易,而这些交易有其合理性,实需原则限制了这些需求的满足。随着离岸人民币市场的发展,这类交易转移至香港等境外市场,客观上加大了境内外市场的参与者差异,离岸市场可能出现类似外汇调剂市场曾经发生过的超调现象。这种超调又通过市场联动机制传导到境内汇率上,造成人民币汇率异常波动。因此,要择机放松实需原则,加强国内外汇市场建设。另外,企业目前管理汇率风险的工具有限,渠道也主要是银行,处于相对不利的地位。发展境内人民币外汇期货市场,给企业开辟新的汇率风险管理渠道,提高外汇业务的竞争性,有利于降低外汇交易的成本,使企业能更好地适应更具弹性的汇率制度。

三是建设多层次资本市场。金融是现代经济的核心,是资金要素市场化配置的主渠道。包括银行和各个层次的资本市场的金融体系越发达,越有利于资本的自由流动。长期以来中国金融体制的特征是重银行轻市场。发展多层次的资本市场就是要给投资者、给企业提供多元的投资场所、多种投资工具。而这个多层次资本市场,涵盖了各种证券,包括债券、股票、基金、期权,以及不采取证券形式的产权交易市场。

四是实现资本进出的自由选择。这是要素自由流动的微观基础。要素怎么进入市场、怎么自由流动,是在资本的自由选择中实现的。资本自由选择有两个条件。一是需要营造宽松、便捷的市场准入环境,建立公平统一、开放透明的市场准入机制。政府审批和准入的制度安排阻碍资本的自主选择和要素的自由流动,国家通过负面清单的准入制度安排为资本的自由选择提供了制度性保证。二是需要有效的资本退出机制。这里有两个方面特别重要。一方面是强化优胜劣汰的退出机制,解放束缚在低效率企业中的各种要素,使其退出后进入市场。如果没有退出，进入市场的要素一定是有限的。另一方面是灵活的资本市场退出机制。这对支持创新创业的风险投资特别重要，风险投资在资本市场及时退出，可以使风险投资源源不断。

（二）形成统一的国内市场

尽管铁路网、公路网、通讯网等硬件基础设施对于统一的国内市场是必要的，甚至是先决条件，但就中国而言，这方面发展越来越快，显然不是矛盾的主要方面。中国形成统一的国内市场的主要障碍在于体制机制与相关政策安排。

1. 取消地方保护，做到物（也包括人）畅其流

地方行政壁垒的存在妨碍了市场机制的有效运行。1994年分税制改革以来，以财政分权和行政集权为特点的"中国式分权"逐步成为我国经济领域最为重要的制度性安排，有效解决了中央与地方激励兼容的问题，有利促进了此后中国经济增长。但在这一过程中，地方政府出于自身利益考虑，通常运用行政手段对本地市场进行保护和封锁，从长远来看，在地方保护主义的影响下，价格机制被扭曲，劳动力的自由流动进一步受到限制。有统计数据显示，在分税制改革实行初期，北京市劳动力流动性得分达到9.46分，但到2009年反而下滑至5.98分。市场分割的关键诱因来自于利益在区域间的分配环节。简单地说，在现行税制结构下，我国企业所得税的属地性质和对税基的争夺导致了地方政府将地区保护和市场分割作为博弈中的占优策略。这种行为虽然在一段时间内保护了本地的弱势产业，提高了本地企业的生存能力，但是从长远来看，在地方保护主义的影响下，价格机制被扭曲，商品、劳动力的自由流动受到限制，各地区的产业结构趋同，不能按照比较优势形成合理的分工格局，抑制了国内统一市场的形成。

2. 逐步推动产业政策过渡到竞争政策，推进公平正义取向的普惠制政策

实施产业政策的本意，就是为了贯彻"非均衡"发展战略。因此，非中性化的产业政策最容易导致不公平的发展竞争。在产业政策地方政府化运作之后，容易导致对全国统一市场的分割。基于建设统一市场、扫除平等竞争的障碍的要求，首先必须调整产业政策的行使方式，推进经济从"发展竞争"转向"自由竞争"和"平等竞争"。也就是公平正义取向的、普惠型的竞争政策要逐步替代选择性的、歧视性的产业政策而成为我国统一市场运行的奠基石，成为规范市场竞争关系的主导规则，由此确立竞争政策在整个政策体系中的优先地位。

3. 以区域性一体化带动形成全国统一市场

差异化的政策在促进某些区域率先发展的同时，也形成了特定形式的区域分割，使得相对统一的全国性制度法规难以形成。各个地区都是"因地制宜、特事特办"，将不利于形成统一的国内市场。未来需要进一步推进区域一体化（如长三角

一体化),打破区域内的各种壁垒,在此基础上,建立跨区域协调机构,扩大区域一体化的辐射能力,促进全国范围内的统一市场形成。

(三) 改善收入分配,释放消费动能,打通经济循环

马克思的社会再生产过程包括生产、分配、交换、消费四个相互联系的环节,这里揭示出分配与消费在国民经济循环中的重要节点。而通过改革收入分配格局,扩大居民消费,则是畅通循环的重要一环。

我国收入分配不平衡较为严重。国民经济畅通循环的一个重要障碍是分配环节的问题。截至 2018 年末,我国城镇居民人均可支配收入已经达到 39251 元,相较于改革起步的 1978 年 343.4 元的水平已经发生了飞跃式的增长。但是,与之相对应的是,尽管我国收入分配指导思想经历了由"初次分配重效率,二次分配重公平"向"初次、二次都要重视公平"的重大转变,但我国居民收入分配仍然存在重大差距。以国家统计局统计数据为准,2008 年我国居民收入基尼系数一度高达 0.491,明显高出全球其他主要经济体水平,尽管后续随着收入分配调节力度的加大,我国收入分配不平衡的问题稍有缓解,但至 2017 年,基尼系数仍处于 0.467 的水平,仍属于收入分配差距较大范畴。数据显示,我国住户部门在可支配收入中占比从 1992 年的 68.7% 下滑至 2016 年的 62.1%,与此同时企业部门占比则从 13.4% 上升至 20.0%。

我国居民收入所占比例偏低。美国 20 世纪六七十年代达到人均 GDP 为 7000—8000 美元,考察该社会结构,已经进入中产社会了。而我国同样收入水平时,却未形成中等群体社会,究其原因,发现我国居民的可支配收入占 GDP 比重偏低,初次分配中的居民所得偏少,企业所得偏多。为此,中央文件也多次强调:"努力提高居民收入在国民收入分配中的比重"。很多研究都表明:在经济高速增长的同时,我国劳动者报酬占 GDP 份额呈现下降趋势,体现出初次收入分配格局呈现不利于劳动者的趋势。

收入分配问题直接导致内生增长动能不足,经济循环不畅。我国经济转型的一大难题在于经济内生动能不足,而这与我国目前收入分配结构问题又密不可分。那些收入过低人群本来可有的需求空间得不到利用,从而降低了经济增速,反过来说,如果低收入阶层的收入能够提高,接近或达到中等收入水平,就能够释放出巨大的需求增长空间,直接提供增长动能。现实看,自国际金融危机以来,我国社会消费品零售总额就长时间处于下行通道,2018 年全年我国名义社会消费品零售总额增速仅为 8.98%,为 1999 年以来最低水平。可以想象,如果贫困人口能够稳定脱贫,如果农村人口能够顺利转入城市,如果城乡低收入阶层能够逐步进入中等收入阶层,将会释放出巨大的需求潜能,从而大大促进国民经济的畅通循环。

因此，要推进收入分配体制改革。按照"限高、扩中、提低"的思路，优化收入分配格局，扩大消费需求，促进形成强大国内市场。切实发挥再分配调节作用，健全包括个人所得税在内的收入调节税收体系，加强多层次社会保障体系建设，提高国有资本收益用于社会保障及民生事业的比例。要增加居民投资渠道，稳步提高居民财产性收入。

核心是扩大中等收入群体规模。目前中国的中等收入群体人数约 4 亿人，将来要增加到 8 亿—9 亿人，达到总人口的 60% 以上。首先，要继续做大蛋糕，通过改善法治环境激励企业家精神，刺激创新与投资，与此同时，加强人力资本投入，通过教育改革提升人力资源水平，调整经济结构，以高质量发展增加中等收入群体规模。其次，应考虑将收入分配政策更倾向于扩大居民所得，藏富于民的政策也就是扩大中等收入群体的政策。第三，要多渠道增加农民收入，重要的是保障农民财产权益，增加农民财产收益，使部分农民和农民工逐步成为"扩中"的生力军。这里的关键是在新一轮土地改革中如何保护好农民的利益。如果土地都市场化了，增值收益却跟农民没有或少有关系，这将是最大的失误，我们将失去消除城乡收入差别的最重要的机会。

二、金融与实体经济的畅通循环

金融与实体经济的畅通循环侧重两方面。一方面要提高实体经济自身的盈利能力，有三点：一是为企业减负，通过制度性松绑减少各类交易成本；二是市场开放、放宽准入，为民营企业提供更多的发展和盈利机会；三是保护企业家财产权和创新收益，让创新成为社会风尚。另一方面要提高金融服务实体经济的能力。继续推进利率市场化进程，逐步淡化消除金融产品定价中存在的隐性管制；提高金融机构风险定价水平，激发金融机构提升风险定价能力的积极性；破除所有制歧视、遵循竞争中性原则，平等为各类企业提供金融服务。

（一）金融与实体经济循环不畅的表现

金融与实体经济循环是国民经济循环的重要组成部分。二者的循环不畅不仅体现为金融未能很好地服务实体经济，还体现为更多的风险积累和金融脆弱性的增加，从而会威胁到国民经济的健康发展。

第一，货币政策有效性受到干扰，信贷传导机制不畅，从宽货币到宽信用的时滞明显延长。2018 年以来，在实体经济面临内外部逐步不利因素，增长环境"稳中有变"的情况下，人民银行多次通过降准、增量置换中期借贷便利、设立投放定向中期借贷便利等一系列手段为实体经济提供中长期流动性,以对冲经济下行风险。但是,风险收益难以匹配下,资金在一段时间里大量"滞留"银行间市场,形成"资金堰塞湖",甚至在 2018 年 8 月和 2019 年 1 月两度出现市场利率与政策利率倒挂的情况,实体经济融资成本却迟迟无法打开下行空间,这表明金融市场与实体经济之间的梗阻严重削弱了货币政策的调控能力。

第二,金融与实体经济相割裂导致宏观杠杆率偏高,金融业过度膨胀。截至 2019 年二季度,我国宏观杠杆率达到 249.5%,与美国杠杆率基本持平,远高于新兴经济体平均 190% 的杠杆率水平。我国经济高货币化率的现状也早已引起广泛关注,我国 M2/GDP 比重长期处于 1 以上水平,近年来更是持续达到 2 以上。这固然与我国此前高外汇储备、高储蓄有一定关系,但也反映了增量 M2 仅有少部分流入实体经济、金融与实体经济之间联通不畅的事实。产业层面上,我国金融产业明显呈现出"大而不强"的特点,服务实体的效率相对低下。2015 年,我国金融业增加值占 GDP 比重达到 8.4% 的峰值,明显高出美国、日本、英国 7.2%、4.4%、7.2% 的水平,至 2018 年,金融业增加值占 GDP 比重仍保持在 7.7% 的水平,依然高于欧美发达经济体。

第三,民营企业合理融资需求无法得到满足、融资体系"正门"不够通畅的情况下,"偏门"成为民营企业融资的一个重要选择,金融监管难度加大,金融风险由此而不断积累。我国现有金融体系的一些特征决定了现阶段中国的许多民营、小微企业都难以通过表内途径获得资金。经由银行表外,再通过影子银行,是小微民营企业自发解决融资难的主要途径之一,民企融资难成为影子银行潜滋暗长的土壤。根据国际清算银行(BIS)的估算,2016 年中国影子银行中非保本产品规模23.1 万亿元,影子银行总规模为 57.3 万亿元。截至 2018 年底,我国影子银行规模为 54.1 万亿元,其中银行理财规模为 32.1 万亿元。而近年来对影子银行进行监管的努力则客观上导致民企融资途径进一步收紧,融资成本上升。由此看来,从根源上讲,对民企金融供给能力严重不足是造成影子银行难以完全消除的主要原因(此外,为地方财政融资是影子银行发展的另一动因),在"堵偏门"之外,对民企和小微企业合理融资需求提供充足保障,是根除影子银行过度发展的最主要方向。

(二) 金融与实体经济循环不畅的原因

金融与实体经济循环不畅可以从两个方面找原因。一是实体经济自身存在的问题,另一个是金融服务实体经济不到位。

实体经济自身面临税费较重、交易成本过高,外需减弱、产能过剩,大大压缩了实体经济盈利空间;市场进入障碍、创新激励缺乏等因素,大大削弱了实体经济的盈利能力;再加上未来预期不确定,所有这些都使得投资金融要强于投资实业,从而导致资金脱实向虚。

金融市场与实体经济割裂的根源是金融产品定价的市场化程度不足,价格枢纽无法自发平衡风险收益,直接导致金融市场供需两端无法匹配。众所周知,金融产品定价需要遵循风险定价原理,即收益率水平必须包含一定的风险溢价以覆盖潜在的资产损失。风险溢价是金融机构对融资主体进行金融服务所要求的必要补偿。正常情况下,金融机构承担的风险越大,就会要求越高的风险溢价,这时金融产品价格发挥调节供需作用,从而实现从金融到实体经济的畅通。

在市场化定价不足的情况下,我国金融体系供给端以大型商业银行为主使得风险定价成本进一步上升,需求端不同融资主体地位不对等使得风险进一步放大,从而加剧了我国金融市场风险收益不匹配的情况。金融供给结构上,我国是典型的以间接融资为主的经济体,直接融资占比水平相当有限,而相对于直接融资,间接融资的风险定价过程更加复杂。在 2012—2018 年期间,我国仅表内贷款类融资在全部新增社融中占比就已经达到 64.4%;与之对比,在此期间美国、欧元区、日本权益类融资占比分别达到 64.8%、51.6%、46.4%,我国权益市场发展相对于主要经济体明显滞后。同时,在间接融资市场内部,我国银行体系信贷投放又以大型银行为主。从统计数据看,2014 年全国性大型商业银行信贷投放在全部新增贷款中比重一度达到 48%,至 2018 年仍保持 39% 的水平。显然,大型商业银行下沉业务所需要付出的成本更加沉重,基层小微企业更难以获取充分的金融资源。

这里,我们需要特别强调的一点是,以间接融资为主的融资模式倒并不必然导致中小企业"融资难"。例如,2018 年末欧洲央行发布的《欧元区企业融资调查》反而显示:德国是欧元区内小微企业认为融资难比例最低的国家。但是,公认客观事实是,与德国相对完善的银行体系对比,我国金融中介内部风险定价能力长期较为薄弱,2018 年大公国际遭到警告也表明第三方信用风险识别定价能力亦值得怀疑。在这种背景下,金融机构对小微企业提供金融产品的经营难度较大、业务成本明显偏高,站在金融机构的角度看,在利润最大化下其理性选择必然是压缩对小微企业的金融服务。

而从需求上,资金"脱实向虚"也反映了实体经济中不同融资主体地位不对等的问题。一方面,地产等重资产行业作为信贷派生机制的重要一环,在实体经济发生结构扭曲的情况下,本身就享有较高的资产收益水平。A 股市场统计数据就表明,2012—2018 年期间,制造业行业平均 ROE 水平为 5.9%,明显低于房地产业 7.9% 的平均水平。另一方面,作为税收的重要来源,国企与民企面临着不同的信贷约束,在民企按照市场化利率定价的同时,国企则以非市场化价格获取贷款。在财政分权和行政集权的"中国式分权"体制安排下,以地方政府为隐性担保、以国有企业为投资主体,大量资金涌入基建、地产、重化工业等一系列预算软约束较为严重的部门,在民企与小微企业合理融资需求无法得到保证的同时,国有企业却长期大量占用廉价金融资源,在 2012—2018 年,信用债市场民企承受的信用利差水平平均 232.9BP,显著高于央企和地方国企 116.6BP 和 69.0BP 的平均水平。金融资源分配在融资主体间的不平衡甚至导致出现民企难以融资与国企过度投资并存的现象,从而大大放大了金融机构向小微企业放贷的风险,并形成了恶性循环,进一步加剧了风险收益不匹配的程度。

(三) 促进金融与实体经济的畅通循环

由此可见,金融与实体发生梗阻,很大程度上源自于定价机制存在刚性、金融供给单一、金融机构所有制歧视以及融资需求挤压等方面的原因。我们要深化金融供给侧结构性改革,多措并举,促进金融与实体经济的循环畅通。

第一,继续推进利率市场化进程,逐步淡化消除金融产品定价中存在的隐性管制。目前我国利率市场化进程已经进行到了利率并轨的关键时刻,但越是在关键时刻越是要稳住步伐。实际上,如果贸然取消已经长久存在的利率管制,可能在短时间内引发实体融资利率飙升的问题。在这里,我们仍可以采用渐进式改革的思路,"小步快走",逐步给予金融机构更大定价自由度,并最终完全消除利率定价方面存在的隐性管制。

第二,以市场实际需求为导向,积极向各类企业提供包括直接融资和间接融资在内的多层次、差异化、个性化的金融产品。近年来我国非标产品发展迅猛,很大程度上表明目前已有的标准金融产品供给已经不能完全满足市场需求。在这种情况下,单纯"堵偏门"并不能完全解决金融市场发展的需要,有必要在"堵偏门"的基础上,合理打开"正门"。2019 年 2 月 22 日,习近平总书记在主持中共中央政治局第十三次集体学习时发表了重要讲话,明确提出深化金融供给侧结构性改革,金融供给能力不足显然已经引起中央层面重视。我们已经看到,我国直接融资与间接融资市场的发展还很不协调,金融对成长型、轻资产型企业的支持力度存在短板。而在间接融资市场内部,小微企业产品针对性不足,并不完全契合其"短、小、频、快"的融资需求特点,就更要在控制风险的前提下,推进各地区城商行、农商行等中小型银行发展,加强金融体系对基层的服务能力。

第三,提高金融机构风险定价水平,激发金融机构提升风险定价能力的积极性。在金融供给端对风险定价能力有欠缺的背景下,就需要加快引导市场建立合理的风险定价能力,促进国内金融机构风险评估人员的培养;同时要考虑如何恰当激发金融机构识别风险、评估风险的积极性,将金融机构风险评估转变为金融机构自身行为,而不要把"风险定价"做成"风险规避"。

第四,破除金融领域所有制歧视,严格遵循"竞争中性"原则,平等为各类所有制企业提供金融服务。2018年,易纲行长首次提出"竞争中性"原则,并在中央经济工作会议和2019年《政府工作报告》中均有所强调。这表明政策层面已经从原则层面对小微企业发展作出支持,后续仍需要在具体操作层面硬化国有企业预算约束,破除部分领域长期存在的隐性担保问题,适当时机打破市场刚兑信仰(以及刚兑幻觉),从而确保各类企业在金融市场上公平竞争。

第五,进一步发展更具包容性的资本市场,有效支持民营企业进行直接融资。应以科创板和试点注册制为契机,加强资本市场基础制度建设,改善民营经济的融资便利性。在发展股权融资的同时,也应进一步拓宽中小微企业的债券融资渠道,包括支持中小企业集合债的发行,发展中小企业高收益债券、私募债,探索小微企业金融债等,并通过鼓励小微企业贷款资产证券化等举措,推动债务融资工具创新。

第六,适当运用减税降费、政府基金担保、定向货币政策等一系列政策组合,合理修复实体经济盈利能力。在金融供给侧推进改革的同时,打通金融与实体经济之间的循环也需要对融资主体进行一定支持,以修复融资主体自身盈利能力。在金融领域之外,对部分受到挤压的小微企业进行必要支持,既是对实体经济发展方向的一种扶持,也是对金融体系向小微企业提供金融服务的一种鼓励;同时,打破垄断、扩大市场开放,保护产权和创新收益,稳定社会预期,增强企业家创新激励,让投资实业有前(钱)途。这些都有利于尽快形成金融与实体经济之间的良性循环。

三、国际国内经济的畅通循环

畅通国际国内经济循环要点:实施更大程度对外开放,让境外投资者分享中国增长红利,形成利益交织,激励相容;推动商品和要素流动型开放向规则等制度型开放转变,对标国际通行规则,加快形成与国际投资、贸易通行规则相衔接的基本制度体系和监管模式;实施"一带一路"建设,进一步稳固我国在"南南合作"中的领头羊地位;加强国际合作,构建"以我为主"的全球价值链和创新链。

(一) 中国参与国际循环的历程

我国国际贸易循环根植于我国自身的比较优势。在对外开放初期,我国基于比较优势原理,通过大量引进外资和发展劳动密集型产业,使得自身庞大的劳动力优势纳入到了国际大循环,一方面加速了农村剩余劳动力转移,要素禀赋得以发挥;另一方面也积累了大量资本和技术,通过国际贸易为国内经济循环奠定了条件。

对外开放下我国建立了基于加工贸易模式的贸易体系,并成为国际分工中最重要的生产国。长期对外贸易快速发展下,我国建立了以加工贸易为基石的国际贸易体系,在国际价值链中的位置变得日益突出。据统计,1998—2000 年,我国加工贸易占据了出口金额的 56%,进口金额的 49%,至今加工贸易模式仍占据我国对外进出口金额的 30% 左右。与此同时,加工贸易下 FDI 持续流入,至 2018 年我国仍占据全球 FDI 流入的 10.7%。大量资本流入中国,极大地影响了全球要素布局,资本与劳动力的结合促使我国人口红利得到释放,并提高了中国制造业产出水平。至 2017 年,中国制造业增加值占全球比例高达 27.1%,在部分中低端制造业中占比更加突出。例如,中国占据了全球纺织和服装出口的 40%、家具出口的 26%。中国成为全球产业分工中最为重要的生产国,其产出能力直接满足了全球消费需求。

同时,"中国制造"对发展中国家带来了显著的创造效应,直接促进了新兴经济体发展。中国进口—加工—出口的贸易方式极大地整合了全球上游市场,并带动了新兴市场发展。据统计,2003—2007 年间,中国贡献了全球采掘业进口额的 7%,在 2013—2017 年间这一比例进一步大幅提高至 21%。不可否认,中国制造业出口结构与部分发展中国家存在一定程度上的重叠,1995—2003 年间中国对外出口平均年增长率为 17.7%,同期韩国、中国香港、中国台湾、新加坡、马来西亚、泰国等国家出口平均年增长率仅为 9.1%。但是,我们要强调的是,中国对外出口蓬勃发展对发展中国家带来的创造效应远高于替代效应。我们看到,随着中国进口规模的迅速增长和对上游市场的深度整合,国际市场初级产品和工业原料供求关系发生变化,由此促进了全球增长红利的重新分配,带来了新兴市场国家经济增速的系统性上升。IMF 统计数据显示,正是在中国经济深度介入全球产业链特别是在 2002 年加入 WTO 后,新兴市场及发展中经济体实际 GDP 增速开始明显高出全球平均水平。

在充分发挥我国在低技术制造业比较优势的同时,我国也开始在资本和技术要素层面领域融入国际贸易。例如,资本层面,2013—2017 年间,马来西亚从我国获得的外商直接投资相当于其国内投资总额的 7%,同期新加坡则为 5%。此外,麦肯锡咨询研究认为,我国供应商可以在 40%—60% 的技术研究中实现与国际供应商同样甚至更好的效果,且近期在一些尚未确立全球标准的新兴行业领域如5G、人工智能等,我国已经取得了一些进展。

可以说,无论从哪个层面看,我国均在"南南合作"中扮演着核心角色,并已经成为"南北对话"的最重要窗口。据统计,1991 年我国国际贸易枢纽地位指数仅为0.0133,居于全球第 16 位,而在 2012 年后,我国已经跃居为仅次于美国的全球第二大枢纽国。但是,中美贸易摩擦问题则对我国国际贸易循环提出了新的命题。

（二）本轮金融危机以来国际循环新特征

危机以来，全球经济增速下行，国际经贸摩擦频现。国外已有研究详细整理了 1880 年以来近 140 年间十七个主要经济体 GDP 增速，发现自 2008 年以来经济增长十年复合增速已经下行至二战以来最低水平。在全球经济增长面临重大压力的情况下，贸易保护、货币贬值、资本管制等成为各国在需求萎缩下抢夺市场的措施。在当前全球长时间需求疲弱下，部分国家政府开始"与邻为壑"，全球贸易从金融危机前相互协作逐步走向争抢需求，一方面千方百计通过各种方式将海外需求吸引至本国，另一方面又竭力防止本国需求扩张对他国产生溢出作用。实际上，不仅仅是本次中美贸易战，Global Trade Alert 作出的统计显示，自 2008 年国际金融危机后，全球各主要经济体均在不同程度上遭遇了其他国家贸易限制措施。仅就美国而言，在 2013—2017 年，美国一手发起的贸易制裁数量就从 2013 年的 13 起增长到 2017 年的 24 起，反补贴制裁从 8 起增加到 15 起，"337 调查"涉及的中国企业由 2013 年的 29 家上升至 2017 年的 73 家。

贸易差额问题成为美国等国家发难的借口。本次贸易摩擦表面看是中美贸易长期失衡引发的，但是，根据中国商务部 2017 年发布的《关于中美经贸关系的研究报告》，中国货物贸易顺差的 59% 来自于外资企业，61% 来自于加工贸易，中国从加工贸易中只赚取少量加工费，而美国从设计、零部件供应、销售等各个环节获利巨大，显然，美国对华贸易逆差问题仅仅是发动贸易战的一个幌子。

近期国际贸易发展更重要的特征在于，以美国为首的发达国家市场试图主导全球产业链的新一轮布局。此次贸易战，本质上是美国方面在产业空心化、内部利益失衡的情况下，试图通过打压中国在国际分工中的地位以重新获取全球经济主导权。要看到，美国方面单边贸易政策与其国内政策是内在统一的。在后金融危机时代，特朗普政府试图通过减税吸引跨国企业回流，其政策重心就在于促进美国国内制造业重新繁荣，并希望借此纠正金融危机前过度重视虚拟经济带来的弊病，推动美国本土实体经济发展，促进美国国内就业和创新水平提升，进一步强化以美国为核心的国际分工格局。不仅仅是美国，后危机时代，各国已经相继推出了支持制造业发展的措施，德国提出"工业 4.0"，英国提出"现代工业战略"，日本提出"工业价值链"，可以说，全球产业链分工正面临着重构。

（三）新形势下参与国际循环的挑战与对策

在国际贸易环境变局下，我国产品端和要素端均面临"脱钩"压力。我国对全球生产网络体系介入的深度和广度直接决定了我国能否有效遏制美国"去中国化"的意图，这就要求我们在更深层次上推动我国与全球产业链的融合，并"以我为主"重塑全球价值链与创新链,巩固和加强我国在国际分工中的枢纽地位。

首先,尽管我国国际循环面临着巨大压力,目前我国对外贸易相对于部分新兴市场国家仍有一定优势。IMF 提供的 2018 年数据显示,中国投资总额占全球比例为 26.7%;与之对比,东盟五国占全球投资比例仅为 3.2%,印度投资占比仅为 3.9%,越南投资仅占全球的 0.3%。显然,这种投资规模上的巨大差距决定了这些新兴经济体短时间内远远不足以完全替代中国制造业的巨大产能。这方面的优势要继续保持。

其次,实施"一带一路"建设,进一步巩固我国在"南南合作"中的领头羊地位,从而更好地融入全球价值链分工体系中。在中美贸易摩擦不断的同时,中国与部分发展中国家经贸关系却持续升温。目前看,我国以"一带一路"为依托整合巩固国际分工地位已经具备了一些基础。"一带一路"倡议提出至 2019 年 6 月末,我国已累计同 160 多个国家和国际组织签署了超过 190 份合作文件,"一带一路"沿线国家在中国贸易总额中的比重由 2013 年末的 23.9% 上升至 2019 年 5 月末的 28.8%。在贸易交流的同时,金融合作亦取得进展,至 2018 年初,亚投行投资项目总金额超过 37 亿美元,丝路基金承诺投资 70 亿美元,支持项目设计总投资达到 800 亿美元。2017 年"一带一路"国家对外贸易总额已经达到 9.3 万亿美元,占全球贸易总额的 27.8%,在国际贸易中占有较大分量。由此看,我国完全可以以"一带一路"建设为支撑,不断扩大高水平对外开放,借由"一带一路"不仅为输出"中国产品""中国资本"开辟市场,也为实现"中国技术""中国标准"寻找契机。通过"一带一路",以及通过加大对周边国家制造业对外投资,继续融入到全球价值链分工体系中。

第三,继续加大国内市场开放力度,推动由商品流动型开放向要素流动型和规则制度型开放转变,促进国内循环与国际循环联动。时至今日,我国国内商品、要素和技术市场已经获得了巨大发展,但距离高质量发展又还存在一定距离,完全可以稳步加大国内市场的开放力度,在深层次融入世界经济的同时进一步促进内部改革,从而实现国内国际两个循环的联动。实际上,我国目前在很多领域还存在巨大的开放空间,例如,在金融方面,按照 OECD 统计数据计算,我国目前金融开放指数为 0.51,自身纵向对比看已经远超 2003 年的 0.32,这显示出过去十余年间我国在金融开放领域取得的巨大突破。但是,与全球多数发达国家相比,这一开放程度仍然偏低,多数 G20 国家金融开放指数在 0.9—1.0 之间。此外,未来更有必要积极推进在产业政策、科技政策、政府采购、资质许可、标准制定等方面平等对待内外资企业,实现不同属性企业在规则制度层面的平等,在深度融入全球经济的同时,也让这次贸易摩擦成为推动国内改革的契机,通过重塑自身比较优势,从而在全球贸易变局中抢占更有利的位置。

第四,加强国际合作,构建"以我为主"的全球价值链和创新链。在美国技术脱钩的压力下,任何对全球化产业链和技术链抱有期待和幻想都可能是非常危险的。(1)在容易被取代的劳动密集型全球价值链分工领域,我国企业应该加快从生产制造环节升级到产品设计与品牌营销等非制造环节的价值链管理活动中。(2)加大对内开放,通过消除地区之间的市场分割和地方保护主义,培育国内市场,形成以国内需求驱动的本土区域价值链分工体系,让本国市场抚育和壮大"中国制造"。(3)中国需要在关键领域继续采取以进口替代为目标的产业政策,加强核心技术和产品的国内研发和进口替代。(4)进一步完善创新激励体系,强化政府对基础研究的支持力度,鼓励企业更多投入资源用于研究开发,加强知识产权保护和知识产权激励,形成更加开放包容的创新环境。(5)继续加强产业技术研发和创新领域的国际合作,更好利用国际上最优秀的研发资源,形成更具激励性的产业技术创新和研发环境,以及推进研发成果商业化的天使投资、创业投资和股权投资环境。把整合全球价值链转移到整合全球创新链的战略上来,引进全球创新人才,学习吸收全球先进的技术,不断增加我国的知识积累,提高我国的创新能力。

（课题组成员：张晓晶　邵兴宇）

"十四五"时期畅通国民经济循环主攻方向及战略重点研究

深圳综合开发研究院

从当前国民经济运行来看,经济循环在生产、分配、交换、消费经济活动的各个环节中都存在梗阻,突出表现为"五大梗阻",即消费梗阻、金融梗阻、投资梗阻、出口梗阻和政策梗阻,其中消费梗阻是基本的梗阻,金融梗阻是关键的梗阻,是畅通国民经济循环的关键因素。"十四五"时期,我国将面临"两个转变",即从快速发展的经济体向相对成熟的经济体转变,从投资主导型经济向消费主导型经济转变。要实现这"两个转变",畅通国民经济循环,既要抓住大梗阻、大循环等关键因素,又要重视小梗阻、小循环的畅通,综合施策,才能有效推动"十四五"时期高质量发展。

一、导论:关注五大梗阻,畅通国民经济循环

当前我国国民经济运行遇到各种梗阻,循环越来越不畅通。畅通循环是我国"十四五"时期甚至更长远时期需要迈过去的门槛,是事关国家竞争力的战略性、全局性的重大问题。从经济运行反映的问题来看,我国国民经济存在的梗阻表现为"五大梗阻",即消费梗阻、金融梗阻、投资梗阻、出口梗阻和政策梗阻。这些梗阻不解决,不仅会影响到我国经济的持续增长能力和高质量发展

能力,还会影响到施政效率和政策的投放效果。

一是消费梗阻。一方面,消费率低,消费水平低,造成内需市场不振,甚至可能出现"消费降级"。另一方面,消费率低,投资率就高,造成大量产能过剩,反过来又影响新的投资进不来,造成增长放缓。此外,消费率低还影响进口市场和贸易顺差,带来贸易不平衡。造成消费梗阻的原因很复杂,源头在收入分配。

二是金融梗阻。金融是保障经济体系有效运转的血脉,除了金融机构发展不均衡、直接融资与间接融资不平衡等长期以来未能有效解决的问题外,当前金融梗阻突出表现在,金融部门不愿分担实体经济部门的风险,没有形成与实体经济部门的良性循环,致使资金在金融部门内部循环空转,不能有效地为经济体系输送血液。

三是投资梗阻。过去四十年,我国经济运行的基本模式是高储蓄率、高投资率与低消费率。高储蓄率支撑了高投资率,但过度投资所形成的产能过剩,造成了僵尸企业堆积和低端产能过剩,堵塞了经济循环的血脉,影响投资回报,产生了投资梗阻。投资梗阻带来的结果是,资本形成对 GDP 贡献率持续下降,增量资本产出率也在下行。

四是出口梗阻。我国资本、土地、人口三大要素结构已发生结构性转变,净出口对 GDP 的贡献持续下降,对经济的拉动将显著小于消费和投资。在逆全球化、单边主义的影响下,贸易摩擦增加,外部需求出现下降,我国出口增长趋于下降,形成出口梗阻。来自外部的压力可能会调整我国的出口补贴政策,继而影响到出口企业的积极性。

五是政策梗阻。由于对规范地方政府的问责、审计、留痕等政策存在一定程度上的泛化,"激励不相容"和部门利益阻碍导致地方政府懈怠和消极应对,政策"一刀切""折返跑"现象突出,使得中央政府的有关政策落不了地或者走偏,企业的成本和负担降不下来,企业家创新动力受到阻塞,民企难以获得公平的竞争环境,形成政策梗阻。

发达国家在经济高速增长过程中,也出现过国民经济循环不畅的情况,如日本在 1960—1970 年间实施的"国民收入倍增计划",被误读为收入分配计划,实际上是日本畅通国民经济循环计划。日本在该阶段打通消费、产业、外贸三大梗阻的做法,非常值得借鉴。

一是采取措施增加国民收入,降低税负,提高社会保障力度,鼓励城乡人口自由流动,拉升消费能力,为经济提供新动能。日本在"国民收入倍增计划"期间大力解决"三农"问题,消除城乡收入剪刀差,鼓励城乡人口自由流动的做法尤其可圈可点。

二是在消除产业升级梗阻的过程中,国家层面的干预、引导对国民经济升级起到了很大作用。国家提供的融资,可为重点发展产业提供强有力支持。从日本开发银行的经验看,在设立国家贷款机制时,需要让私有企业和中小企业也能有途径获得贷款,以充分发动社会力量,提高经济活力和效率。

三是面对外国的贸易压力,日本采取了推进贸易自由化,主动消除贸易壁垒的应对方式。从 1960 年开始,日本政府对绝大部分的外国产品进口实行了迅速的自由化,很大程度上缓解了来自西方国家的贸易压力,并为日本要保护的重点产业(如汽车业)争取到了喘息时间。此外,日本对外国明确宣布贸易自由化的大方向,并给出具体步骤和时间表的做法,也是值得借鉴的。

二、消费梗阻的表现及对策建议

经济活动中生产、分配、交换、消费等各个环节是相互关联、相互促进的,其中消费是最终目标,最终消费出了问题,总的循环就会出问题。

(一) 主要表现:最终需求窄小,阻塞国内经济循环

第一,居民最终消费萎缩。尽管 2011 年以来总消费率有所提升,但居民消费率自 1982 年以来一路下行,至 2018 年已降至 39%以下。将最终消费细分为居民消费和政府消费,居民最终消费占比逐年缩减,政府最终消费占比不断提高。2018年,我国居民消费支出仅占比 72.5%,面临消费率过低,最终消费不足的问题。消费率低,投资率就高,造成大量产能过剩,反过来又影响新的投资进不来,造成增长放缓。此外,消费率低还影响进口市场和贸易顺差,带来贸易不平衡。

第二,收入分配结构大幅倾向政府和企业部门。我国居民初次分配的占比总体呈现先降后升状态,1992 年占比 66.1%,此后逐年下滑至 2008 年的 57.6%。居民初次分配收入在国民收入分配中占比较低,进一步导致居民可支配收入不足。居民可支配收入占比在 1992 年时达到 68.7%,此后开始下滑,2008 年达到占比低点,仅 57.2%。此后再逐步提升,到 2018 年,我国居民可支配收入占国民收入占比超过 62%,依旧远低于发达国家水平。

第三,贫富差距扩大导致边际消费倾向降低。2017 年我国基尼系数为 0.467,大幅高于德国和法国的 0.29,欧盟的 0.31 和英国的 0.33,略低于美国的 0.48。城乡、区域发展不平衡,使得居民内部收入分配出现失衡,出现明显的分层现象,导致有效需求不足。2017 年低收入群体的收入增速仅 5.5%,显著低于中等收入群体的 7.2%和高收入群体的 9.6%。低收入群体收入增长过慢,导致社会总体边际消费倾向低。

第四,低中高收入居民消费的有效需求均有不足。在欧美国家,中产阶级往往是居民消费的主力群体,而在我国高房价对居民消费需求带来挤出效应。2009 年以来,随着房地产价格上涨,居民杠杆率由 2009 年的 24% 快速上升至 2018 年末的52.5%。个人住房债务挤压了居民(尤其是中等收入群体)的消费空间。中高收入群体留学、跨国旅游、海外代购等日益攀升的需求,也反映了我国在高质量产品和公共服务上的供给不足。

第五,城乡间流动不畅加深了消费梗阻。任何经济体在工业化过程中都经历过基尼系数上升,贫富差距扩大的阶段,然而在进入后工业化社会的过程中,一定会出现城镇化加速,农民进城成为市民,进一步释放城市乃至全国的消费活力。但我国城乡之间的流动和融入壁垒较大,限制了消费的进一步释放。2018 年我国名义城镇化率为 59.6%,但是居民最终消费支出中城镇居民占比高达 79%。

(二) 对策建议:以收入分配调整和建立房地产长效机制为重点,畅通消费循环

第一,以提升居民收入占国民收入比重为导向,调整收入分配制度,大幅度提高居民收入水平。提升低收入群体的整体收入,扩大中等收入群体的人口数量,完善有利于提高居民消费能力的收入分配和再分配制度。引导企业工资分配制度改革,鼓励工资集体协商,完善劳动法,保护劳资双方的权益。完善社会保障制度,在进行社会保障分配时更多关注低收入群体的利益。扩大医疗保障覆盖面积,让农村居民也可以享受到现代医疗服务。支持中央调剂养老金制度,养老金富余的地方可暂时缓解养老金紧缺地的燃眉之急。

第二,建立有利于扩大消费的财政税收制度,把减税降负政策落到实处,有效降低居民和实体经济的税收、社保和各项行政收费负担。以扩大消费为目的,推动消费税立法,建立综合和分类相结合的个人所得税制度。进一步降低制造业、批发和零售业的增值税,适当提升金融业增值税,力争把降税的好处分享给更多的低收入人群。以保证优惠政策有效地在中小微企业中落地为导向,大力扶持中小微企业发展,适当放宽对于小型微利企业的认定条件,进一步降低中小微企业的企业税。加大健康、养老、家政、医疗等生活性服务业的税收优惠政策,从源头激发居民消费力。

第三,从供需两侧着力,加快房产税立法进度,推动建立房地产长效机制。因地施策,根据情况以租赁房、福利房、保障房等多种形式缓解房价高速增长。促进闲置商品房有序纳入保障房体系,建立政府回购机制,以保障中低收入阶层为导向。增加大城市土地供给,发展大城市群,持续扩充城市发展空间。制定《房屋租赁法》《房地产税法》,打击房地产投机行为,向拥有多套不动产的高收入群体征

税,防止地方政府过分依赖土地财政。

第四,加快推进户籍制度改革和农村土地制度优化,从源头释放城乡消费活力。促进城乡要素合理配置、改善城乡公共服务体系二元不均等问题,推进城乡基本公共服务普惠共享、推进城乡基础设施一体化发展。做大城市和城市群规模,创造更多就业岗位,吸引更多农村居民进城务工,进一步打通年轻人在大城市里向上跃升通道,从而实现收入分配调整,进一步释放消费潜力。

第五,立足我国市场的最终消费需求,打造"中国市场2025"。发展新经济,培育新动能,尤其是消费新动能,改善低收入居民、中等收入居民以及高收入居民消费的有效需求均不足的局面。以中国巨大的市场作为吸引外资的条件,鼓励更多外企学习特斯拉在中国独资建厂,降低国内外企业的营商成本和沟通成本。进一步降低外商投资壁垒,共同开发中国市场扩大的潜力,让中国市场进入全球最有吸引力的市场行列。

三、金融梗阻的表现及对策建议

经济体系就像人体一样是一个完整的系统,金融对于经济体系就像血液循环系统对人体的作用一样重要。如果金融循环出现梗阻就会一阻百滞,影响整个经济体系的循环畅通。

(一) 主要表现:金融部门资金内部循环

第一,金融部门风险防控过度,脱实向虚形成资金空转。金融部门脱实向虚,和实体部门之间形成了一道无形的墙,阻滞了资金在经济体系中的畅通循环。造成金融脱实向虚的一个重要原因,是金融部门防风险过度。在防范系统性风险的大背景下,政府除了出台政策防范化解宏观金融风险外,对于微观金融主体的考核和约束也越来越严格,导致银行等金融机构发放贷款越来越谨慎,金融部门不愿与实体经济部门共担风险。

银行等金融机构在发放贷款时,更加偏向抵押贷款,而不支持信用贷款。因此,信贷资金主要流向了具有抵押物的大型国企、上市公司和行业垄断性企业,民营企业、中小微企业很难获得信贷资源,造成国有和大型企业信贷资金空转和民营企业、中小微企业缺少资金并存。

第二,国有企业和民营企业,大企业和中小微企业的融资地位存在较大的不平等,融资成本存在显著差异。国企以国家信用作背书,更容易从金融机构获得贷款。而大量民营企业却因为规模小、实力弱、市场稳定性较差、资信等级不高、可抵押担保品较少等条件约束,融资成本上升。

根据中国财政科学研究院 2017 年发布的"降成本"调研报告,近年来国企融资规模大幅上涨,民企融资则日渐艰困。从融资规模看,国有企业平均融资规模由 2015 年的 7. 15 亿元上升到 2017 年的 22. 54 亿元,民营企业则从 5. 99 亿元下降到 4. 6 亿元。从融资成本看,2014—2016 年国有企业的银行贷款加权平均利率明显低于民营企业,分别为 6. 13%、5. 91% 和 5. 26%,而民营企业则为 7. 65%、7. 41% 和 6. 79%。

第三,金融挤压实体经济利润,推高实体经济部门的成本。实体经济是创造社会利润财富的主体,金融部门的大部分利润来源于实体经济所创造的利润。一定时期内经济体系所创造的利润总量是定值,若金融部门分的多了,实体经济分的自然就少。

2017 年,A 股 3142 家上市公司共实现营业收入 35. 61 万亿元,净利润 3. 145 万亿元,净利率为 8. 83%。其中,26 家上市银行实现营业收入 3. 88 万亿元,净利润 1. 39 万亿元,净利率为 36. 47%,上市银行净利润占 A 股市场 4 成以上。2017 年,我国商业银行累计实现净利润近 1. 75 万亿元,银行业利润是美国的 1. 38 倍,而 GDP 仅是美国的 64% 左右。在整体经济增速持续下行的背景下,金融部门的利润却居高不下,进一步提高了实体经济的成本,挤压了实体经济的利润,造成了经济体系循环的失衡。

造成金融梗阻的原因主要有两个方面。一是金融制度创造套利空间。除了经济下行期实体经济利润率下降导致资本的风险与收益不匹配外,货币政策"锁长放短"带来的短期化以及利率市场化改革不彻底带来的制度套利成为"金融脱实向虚"的重要推手。二是金融市场体系发展不均衡。银行等金融机构的高额利润并不是依靠经营效率提升创造的,而是依靠专营性和不充分竞争获得的高额利润。资本市场体系仍不完善,存在直接融资、间接融资"一条腿长一条腿短"的不平衡格局;此外,金融机构的发展也不均衡,金融体系"微循环"不畅通。

(二) 对策建议:以促进金融服务实体经济为重点,畅通金融循环

第一,适当放宽金融机构风险考核,构建金融部门与实体经济部门分担风险的机制。发挥政策性担保和再担保的增信和风险分担功能,提升小微企业、初创企业对银行贷款的可获得性,降低融资成本。给予地方政策性担保和再担保公司市场化的激励和约束机制,适度提升风险代偿比例,鼓励创新业务模式,开展"投贷担"联动,提升风险分担功能。中央及各级地方政府加快设立知识产权质押融资风险补偿基金、小微企业信贷风险补偿基金、融资担保风险分担基金等各类风险补偿基金,合理分担各类金融机构支持小微企业和创新创业的风险。

第二,完善多层次、多元化资本市场体系,增加实体经济的融资渠道,解决企业融资难融资贵问题。加快推进金融供给侧结构性改革,构建多层次、多元化资本市场体系。着力推动股票市场发展,重点做好二级市场中小投资者的司法保护,改善投资者结构,吸引更多国内外机构投资者参与,增强资本市场的投资功能,夯实资本市场扩大直接融资的基础。发展并规范债券市场,尤其是进一步发展公司债券,丰富债券品种,提高市场化水平。发展资产证券化,盘活存量资金,优化资源配置。充分发挥私募股权投资基金以及小额贷款公司、融资租赁公司等地方金融组织在服务创新创业、小微企业发展中主力军作用,畅通金融服务毛细血管。

第三,促进金融回归本源,"脱虚向实"服务实体经济。实施"锁短放长"货币政策,借鉴美国应对金融危机的货币政策,继续通过定向降准、中期借贷便利、抵押补偿贷款等工具,适度增加中长期流动性供给,进而增加真实有效的基础货币投放,促进资金流入实体经济。加快利率市场化改革,适时终结利率双轨制。进一步畅通货币政策的传导机制,提升国债发行频率和规模,合理安排国债发行的期限结构,丰富国债期货品种,完善国债收益率曲线,提升国债的利率传导效率。

四、投资梗阻的表现及对策建议

投资具有两重性,投入的时候产生需求拉动经济增长,一旦投资完成就形成供给,如果消费低迷或者供需不匹配,就会出现产能过剩。

(一) 主要表现:产能过剩,阻塞了新投资进入和新动能的形成

第一,投资产出效率大幅下降。2008 年后,投资规模快速扩张,拉动了经济增长,2009 年资本形成总额拉动 GDP 增长了 8.1 个点,2018 年拉动 GDP 增长了 2.2 个点。但长期来看,过度投资致使资本的产出率持续下降,投资效率逐渐降低,投资对 GDP 的贡献率也在下降。2009 年我国资本形成总额对 GDP 增长贡献率达到 86.5% 的历史高位之后便逐步下滑,2018 年我国资本形成总额对 GDP 增长贡献率已下降至 32.4%,2019 年上半年仅为 19.2%。

第二,投资增长速度快速下滑。固定资产投资的产出效率下降导致投资回报率下降,社会投资意愿下降。近年来,固定资产投资的增速不断下滑,增速已经从 2009 年的 29.95% 下滑至 2018 年的 0.69%。在全社会投资增长放缓的趋势下,民间资本投资增长回落的趋势更加明显。自 2012 年开始民间资本投资增速急剧放缓,2016 年增速出现断崖式下跌,跌至 3.7%。

第三,大量"僵尸企业"亟待出清。"僵尸企业"是投入产出没效率,产品缺乏

竞争力,长期亏损,经营难以持续,应当进行破产清算而因种种原因又无法破产清算的企业。大量经营不善的国有企业在经济上行期依赖银行的低息贷款扩大投资追加产能,经济下行周期依赖政府的补贴和保护政策苟延残喘,占用了大量的稀缺资源,造成了无效投资。

第四,低端产能过剩问题凸显。当我国 GDP 增速开始减缓,经济进入新常态之后,过度投资所导致的低端产能过剩问题开始凸显。2012 年我国钢铁行业产能利用率为 72%,行业亏损额高达 289.24 亿元;水泥行业产能利用率为 73.7%;电解铝行业产能利用率为 71.9%,行业亏损面达到 93%;平板玻璃产能利用率为73.1%;造船产能利用率为 75%,按照全口径的产能则低至 50%—55%。

第五,高质量的消费品和服务供给不足,远远滞后于消费端的结构升级。消费品进口和服务贸易进口始终保持两位数增长,同时,人口持续流入的大中型城市教育、医疗、文体、环保等中高端公共服务的供给缺口较大。

造成投资梗阻的原因可以归结为几个方面:一是金融机构的风险防控机制使得国企融资条件明显优于民企。便利的融资条件和较低的融资成本促使国企投资规模扩张迅速,进一步加剧了产能过剩。二是地方政府和相关部门在执行环保和安全生产政策的过程中采取"一刀切"的方式,影响了企业的正常经营运转,导致民营企业对发展预期较为悲观,影响了新的投资。三是民间资本投资实体经济的积极性普遍不足,资金大量流入回报较高的金融和房地产等领域。民营资本进入的行业多数是充分竞争的微利行业,有的利润率甚至低于银行存款利息率。同时,在社会保障支出、税费成本、融资成本、行政收费较高等因素的影响下,民营制造企业投资回报率更低。四是发展焦虑引发地方政府恶性竞争。为提高经济增长速度,不少地方政府采取形象工程建设、地方保护主义、招商引资过度优惠等非理性竞争策略,造成重复建设和产能过剩。五是多因素制约高质量产品服务投资。受财政投资总量、专业人才以及土地资源等因素的制约,公共服务领域投资难以快速落地。

(二) 对策建议:以供给侧结构性改革为主线,畅通投资循环

第一,继续实施供给侧结构性改革,进一步推进"三去一降一补"。加快供给侧过剩产能和库存出清,清除"僵尸企业"。着力推进降税减费,缓解人工成本、社保成本和环境成本上升给企业带来的经营成本压力。强化补短板,促进新产业、新动能的新投资,促进中高端制造和服务业升级,满足居民提高生活质量的需求和对美好生活的追求。

第二,切实调整政绩考核体系。进一步梳理和划分地方政府的责任界限,明确财权与事权,调整考核体系,切实保证地方政府利益与 GDP 适度脱钩,缓解地方政

府发展经济的焦虑,消除由恶性竞争造成的投资等资源浪费。

第三,优化民间资本投资环境。破除基础性行业和服务业垄断,打造民间资本与国有资本同台竞争的公平环境。进一步营造国际化、法治化、便利化营商环境,保障民间资本和民营企业家的合法权益,提振民营企业家投资的信心,加快民间资本投资的增长速度。

第四,支持中小企业创新发展。强化对中小企业创新活动的服务和支持,强化知识产权保护,推进科技金融工作,为中小企业提供全面的融资服务。

第五,切实推动公共服务投资落地。财政投资的着力点应集中于教育、医疗卫生、文体设施、养老、婴幼儿托育等领域,城市旧改、保障性住房以及农业、水利等领域也有一定的提升空间。

五、出口梗阻的表现及对策建议

我国制造业在全球化分工中依靠低成本优势获得红利,随着国内要素价格的提高以及国际市场的变化,出口导向的模式已经难以拉动经济循环。

(一)主要表现:受逆全球化、单边主义的影响,通过外部需求拉动就业和增长的循环受到阻塞

第一,我国的资本、土地、人口三大要素结构和比较优势已经发生结构性转变。资本回报率下降,我国资本深化程度的不断加深导致了资本边际产出效益的下降。2008年以来,我国投资率大幅攀升和政府投资规模持续扩大是资本回报率下降的重要原因。此外,各项要素成本上升,而企业创新能力不足以对冲要素成本的上升,也是资本回报率下降的原因。

随着劳动力成本上升,人口红利已经大幅度递减,原先能养三至五个工人的成本现今只能养一个。土地成本不断提升,挤压了出口企业的利润空间,对我国的产业发展和产品出口能力都产生了重要影响。原先低成本的出口体系受到冲击,出口企业的竞争力受到较大影响。

第二,净出口对GDP的贡献随着国际市场贸易环境恶化而持续下降。自改革开放以来,净出口对于经济的拉动起到了非常显著的作用,其中20世纪80年代末至2000年,净出口一直是我国经济增长的重要引擎。此后净出口对于GDP增长的贡献率逐渐减弱,2007年前后,净出口对于GDP的贡献率曾再度达到波峰,但由于我国经济体量的增大,贡献率已经不如20世纪90年代前后,此后的波峰有越来越小的趋势。2018年,净出口对于我国的GDP贡献率为-8.6%。

2005 年至 2008 年，我国的净出口占 GDP 比重进入了历史高点，分别为 5.4%、7.5%、8.6% 和 7.6%，对我国经济增长起到了非常显著的正面作用。然而在 2009 年，净出口占 GDP 比重已经下降到了 4.3%，当年净出口对 GDP 的贡献率为 -42.6%。此后净出口占 GDP 比重逐年下降，2018 年，我国的净出口占 GDP 比重仅为 0.84%。

第三，中美贸易摩擦正在导致原有的全球供应链重构。随着目前我国的劳动力成本和土地成本的上升，资本回报率下降，原先的以低廉劳动力所形成的"世界工厂"也受到了冲击。受贸易摩擦前景不确定的影响，已有部分制造业企业向东南亚迁移，重新布局全球产能。净出口在我国经济中的占比将进一步减弱，出口导向的模式已经难以拉动经济循环。

（二）对策建议：推进新一轮对外开放，畅通国际循环

第一，以主动开放为手段，增加中国市场的国际吸引力。在美国的压力下，现有世界价值链体系或被迫作某种调整，但只要中国持续深化开放政策，对他国释放友好信号，中国市场仍将保持对于各国投资的吸引力。扩大市场准入，有利于我国提高供给质量、推进结构调整、矫正要素配置扭曲、扩大有效供给，能更高效地连接中国与全球的经济脉络。

放宽外企准入中国市场，缩减外资准入"负面清单"，在金融业等服务业领域放宽外资股比限制，提升制造业领域开放程度，逐步打破行业垄断，降低电信等行业的外资进入壁垒，将外资外企留在中国，并且吸引更多的外资和外企。

第二，扩大进口，平衡出口市场，促进国内消费转型升级。现时我国所面临的出口梗阻实则是进出口梗阻，国际经贸循环一定是既有进口，又有出口。扩大进口市场，有利于改变我国粗放型的出口导向的经济增长模式，有助于降低中美贸易摩擦所带来的负面影响，可以促进国内消费转型升级。在中美贸易角力将长期持续的大背景下，原先从美国进口的高科技产品进一步受阻，一方面我国应大力加强自主研发攻克被"卡脖子"的科技难题。另一方面，应扩大进口对象，寻求与其他发达国家科技合作的可能性。

从扩大进口的角度来看，中国对其他国家降低关税，乃至对全球其他国家实行"零关税"也可以成为一种策略。这不仅有助于我国抢占话语权制高点，也有助于我国进一步扩大对外开放，畅通国际经贸循环，让我国更有底气在单边主义浪潮和世界变局中应对各种风险和挑战，实现发展质量的跃升。

第三，坚持深化以"一带一路"为代表的国际合作战略，优化海外市场布局。推动 RCEP 的签署与生效，推进与各国自贸协定的签订，精打细算而不盲目投资，用合适的抓手提高沿线项目的效益，并努力寻求第三方市场合作，将"一带一路"

建设为国际经济体系中的重要公共产品。秉承"一带一路"倡议中的"五通"精神，积极与各国政府协商谈判，做好顶层设计，推进自由贸易区建立，为中国企业进入各国创造良好的政策环境。以"一带一路"建设为平台，与沿线国家实现"协同工业化"，通过工业园区的开发和运营，促进沿线国家的发展。

通过海外布局，使中国从世界工厂逐步转型成"研发—设计—供应管理—生产—分发—售后服务"为一体的全价值链生产服务场所。帮助要继续出口去美国的企业和产业，以"一带一路"为平台，将部分生产能力转移到第三方国家，消减其对美国的依赖。引导中国企业抱团，走"集群式出海"道路，尽可能雇佣当地工人，展开更加密切的经贸合作。

六、政策梗阻的表现及对策建议

一系列试图疏通经济循环的政策因税收征管力度加强、地方政府消极应对和部门利益阻碍而难以发挥应有作用，政策的梗阻不畅严重妨碍了国民经济中各类问题的解决。

（一）主要表现：政府懈怠行为及部门利益阻碍减税降费政策落地，阻塞了企业成本降低的通道

第一，减税降费政策降低企业税负的效果受限。中央采取一系列大力度的减税降费措施，但部分减税降费政策不能有效落地，甚至部分企业的税负不减反增。国税、地税机构的合并，以及运用最新信息技术的"金税三期"征管系统的进一步推广，使得税务部门的征收能力大幅提升，企业避税的机会大减。但是，部分偏高的名义税率却没有作出相应的下调，导致原先实际税负较低的企业突然需要按照高昂的名义税率缴税补税。

国家降低名义税率，不同性质的企业收益程度不一样，一些中小民营企业可能因征管力度的增加而感到税负变重。全国社保费用交由监管能力更强的税务部门统一征收，从另一方面使得企业成本进一步升高。减税降费政策对地方财政施加了更大压力，一些地区为弥补财政缺口，大幅加强税务和合规稽查力度，甚至命令企业清缴多年未纳的社保费用，从而对小微企业构成了巨大压力。

第二，部分双创政策落地成效不理想。有些地方政府，以一哄而上的方式建立"众创空间"和孵化器项目，导致同质化现象严重，入驻创业项目缺乏可持续性，最终形成面子工程，资源大量浪费。部分地方政府用"以文件落实文件"的方式对待双创政策，空有口号，却无实际优惠政策落实。一些地方虽有优惠政策出台，但相

关文件既多且杂,申请门槛过高,审批耗时过久,以致真正能享受政策的创业企业寥寥无几。

创新和科技型企业的最大资产当属知识产权,但企业和金融机构对评估价值难以达成一致,极大影响了知识产权质押贷款的发放。此外,尽管国家和央行出台了一系列办法助力"双创"融资,但国民经济"脱实向虚"的大环境以及金融机构的避险倾向使不少创业企业难以获得足够融资。

第三,公共资源交易中民企仍处弱势地位。民营企业在公共资源交易领域难以获得透明、竞争中性的市场环境。公共资源交易竞标之前,民企已遭遇各种显性和隐性的排斥。部分招标项目设置的门槛明显不利民营企业,将民企排除在竞标过程之外。部分地区的招标还受到严重的行政干预,采取"打擦边球"方式,将实际上不符合规定的项目列入"可以不进行招标的项目",直接跳过招标程序进行定向采购。

在竞标过程中,虽然法律严格禁止,但陪标、串标现象以及相关腐败仍然存在,严重损害了竞标公平。许多地区对陪标、串标行为的惩罚过轻,不足以震慑相关责任者。公共资源交易后,民营企业在面对后续审批、施工许可等一系列程序中依然相对处于弱势地位;而遭遇废标的民营企业也要付出更大的时间和经济成本。

(二) 对策建议:深化改革,完善机制,打通政策梗阻

第一,掌握好名义税率降低与征管力度加强的平衡。深入推进税制改革,进一步降低企业的名义税率,有针对地对需要扶持的产业实行更低税率。逐步将我国以流转税为主的税制转变为以所得税为主的税制,切实降低企业税负,对个人实行按收入多级累进的所得税制。加强对地方的监管,切实缩减政府运营成本,不以清缴税费和罚款作为填补财政缺口的手段。在政府支出中加大对于社会保障和福利的投入,降低人民预防性存款,促进消费。

第二,在扶持双创的过程中尊重市场规律,加强重点引导。对于中央支持双创政策落地过程中的梗阻,采用"尊重市场规律,加强重点引导"的应对方针。重点落实对符合双创标准的小微企业的优惠政策,政府做好服务工作,建立相关信息平台。简化科创类企业申请优惠政策和税收减扣的相关流程,缩短审批时间,节约相关企业的时间成本。国家尽快牵头建立权威、有效的知识产权价值评估体系,方便科创企业获得质押贷款。运用市场机制对金融机构进行激励,除了在机制上要允许更高的银行坏账率之外,还应设法准许银行能够分享科创企业的"未来红利"。

第三,建设更透明、规范、竞争中性的公共资源交易机制。以实现各类企业的竞争中性为目的,对招投标的全环节进行规范和有效监督。实现准入制度的公平,依据各地情况为非国有企业留出政府采购份额,在竞标报价时给予小微企业价格

扣除优惠,并严格执行。完善信息平台建设,加强部门间协作和信息共享,完善相关法律法规,严格执行利益相关人回避制度,加大陪标、串标行为惩处力度,维护公共资源交易公信力。在竞标结束的后续审批、许可等过程中加强对民营企业的权益保护,鼓励招投标相关服务业朝着专业化、规范化发展。

(课题组成员:樊纲 郭万达 郑宇劼 韦福雷 付永嘉 郑天骋)

建设市场大国的基本思路研究

中国社会科学院人口与劳动经济研究所

一、导　言

　　建设市场大国是促进经济结构转型和更高质量发展的必要环节。从近一个世纪世界经济发展的历程看,经济持续健康发展的经济体,大多是市场体系完备、消费能力持续增长并且消费持续为经济发展提供动力的国家。美国学者罗伯特·戈登(Robert Gordon)在《美国增长的起落》一书中,详细阐述了从 1870 年至今美国消费水平的不断提升、消费结构的不断变化对生产率提升、创新动力和长期经济发展的重要贡献。根据他的观察,美国的全要素生产率增长最为显著的时期是 20 世纪 20 年代至 70 年代,而这一时期也正是美国居民消费全面升级、技术创新围绕着消费实现大发展的时期。因此,对于一个市场经济大国而言,以全面的消费引导完善市场体系,是推动长期可持续发展和保障人民生活水平不断提升的重要途径。

　　建设市场大国的前提是让市场在资源配置中起到基础性、决定性的作用,形成产品市场和要素市场均衡发展的完备的市场体系。改革开放以来,社会主义市场经济体制在我国逐步得以确立,市场机制在资源配置中的作用也作为一条基本的经济法则得到认

可。与此同时,产品市场和要素市场体系基本建立,区域间市场的一体化程度也大大提高。此外,中国制造业的迅猛发展已经使我国成为世界上最大的制造业国家,具备完备的产品供给能力。所有这些条件的成熟都意味着,把我国建设成为一个市场大国是完全可行的。

建设市场大国不仅要依赖完整的市场体系和成熟的市场机制,也需要根据经济发展阶段和条件的变化,在发展战略和发展政策上创造合意的环境。在当前的经济发展阶段,促进消费水平的提升、消费结构的优化,具有重要意义,也应该成为现阶段建设市场大国的重要内容。我们从决定消费的基本因素入手,确立本报告的分析框架。

令居民 i 的消费水平为 c_i^j ,其中 j 为消费的类型。根据经典的消费理论,永久收入决定了消费倾向和消费水平,即:

$$c_i^j = \beta^j y_i^*$$

其中, y_i^* 为居民 i 的永久收入, β^j 为边际消费倾向。而永久收入不仅取决于居民的实际收入 y_i ,也受到一些制度性因素 δ 的影响。因此有:

$$y_i^* = Y(y_i, \delta)$$

对于全社会而言,消费的总体水平 C 就是所有居民消费的加总。如果总人口为 N ,那么全社会的消费为:

$$C = \sum_j \sum_{i=1}^N c_i^j$$

如何提高全社会的消费水平,并明晰消费结构(j)的变化规律,是本报告关注的重点。

根据这一研究思路,我们关于建设市场大国的研究以提升消费水平和丰富消费结构为主要研究目标,基于这一核心研究内容,我们建立了分析框架,见图1。

对于任何一个经济体而言,其总体的消费水平都是个体消费的加总。换言之,每一个个人的消费水平和消费结构,决定了一个国家市场的范围和规模。因此,研究个体的消费决定以及哪些制度、政策影响了个体消费的水平、结构是本报告的出发点。

消费经济学理论告诉我们,永久收入是决定人们消费决策的最主要的因素,但永久收入不仅受即期收入水平的影响,也受对未来预期的影响。因此,凡是影响即期收入的制度和政策,如影响劳动生产率增长的因素、影响收入分配的因素等,都会影响消费水平;而影响对未来预期的因素,如社会保障水平等,也会通过对永久收入的影响进而对消费产生影响。

除了收入因素以外,消费倾向的差异既影响消费水平,也对消费结构产生影

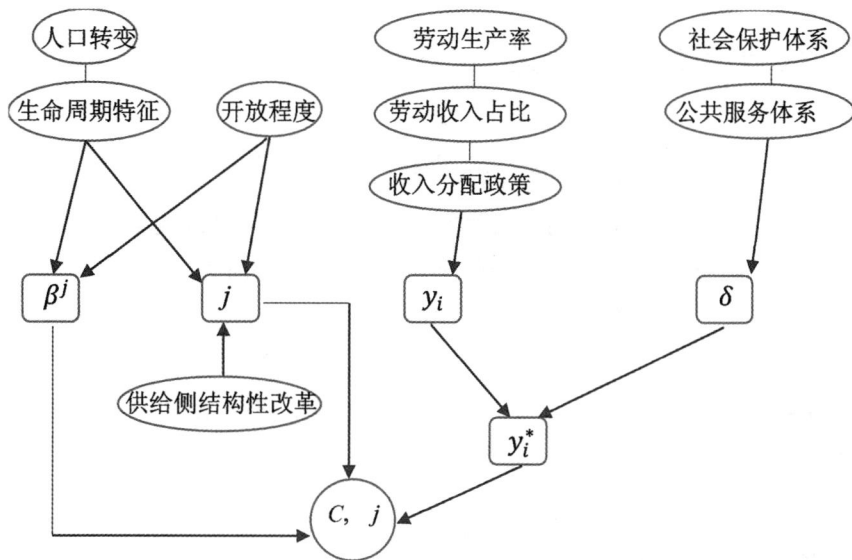

图1　分析框架

响。由于中低收入群体有更高的边际消费倾向,增加他们的收入意味着其中有相当大的比例会转化成消费。而对于高收入群体而言,不断拓宽消费领域,增加新的消费增长点,促进消费升级,可以成为遏制边际消费倾向下降的手段。

影响消费结构的因素则更加多样。例如,就个体而言,人在生命周期的不同阶段,其消费的水平和结构都有差异。劳动年龄人口可能有更多与工作相关的消费,如衣着、交通等,而老年人口则会产生医疗、看护服务等消费。因此,人口结构的变化对于消费的影响不容忽视。而且,消费结构不仅取决于需求的变化,也和供给方面的因素有关:完整的制造业体系和发达的服务业,可以为消费者提供更加丰富和多元化的选择;更加开放的市场不仅可以促进消费的升级,也有利于形成更加多元化的消费市场,形成更具有竞争性的供给体系。

正是基于上述分析框架,本报告的安排如下:第二部分从消费水平、消费结构、消费政策和市场体系等视角观察市场大国的主要特点;第三、四部分从收入增长机制和永久收入增长的角度讨论消费增长和市场大国建设的源泉所在;第五部分则从边际消费倾向的角度讨论消费决定,通过提升中低收入群体的消费水平,提高总体的消费水平;第六部分讨论人口老龄化对建设市场大国的含义;第七部分从几个具体的领域讨论市场大国建设;第八部分为主要结论与建议。

二、市场大国的主要特点

观察世界上各个经济体的发展规律,市场大国不仅有巨大的人口规模,也具有很高的经济发展水平,并且消费在国民收入构成中占有较高的比重。从增长的动力看,市场大国的消费占社会总需求的比重维持在较高的水平,也是投资需求和技术创新的重要来源。因此,人口规模和人均消费水平是度量市场大国的两个最基本的维度。

在总结国际经验的基础上,从消费水平、消费结构、消费政策、市场体系等方面总结发达国家和消费大国有以下几个主要特点。

（一）消费在国民经济中占据重要地位

市场大国的一个首要特点是消费在国民经济中占据重要地位,这不仅体现在人均消费处于高水平,还表现为个人消费在社会总需求中占有较高的比重,并成为推动经济增长的稳定力量。如图 2 所示,发达国家国内生产总值(GDP)构成中个人消费占比一直较为稳定,OECD 国家该比例在过去 40 年基本保持在 55%—60% 之间小幅波动,而中国的个人消费占 GDP 比重尚处于较大幅度变化的时期。在改革开放之初,经济发展水平较低,国民收入以满足基本生活需要为主,因此个人消费占比较高。随着经济的快速发展,投资需求不断增加,相应地,个人消费占比也不断下降,到 2010 年左右达到历史低点(35.6%)。随着中国经济的发展水平不断提升,个人消费也必将成为国民经济最重要的组成部分。就目前情况看,个人消费占 GDP 的比重与发达国家仍然有 15 个百分点以上的差距。以 2010 年以来的平均增速看,到"十四五"末,该比重应该在 42% 以上。以"十四五"初期 GDP 总量100 万亿元计,个人消费总量每年将递增 4000 亿—5000 亿元左右。

（二）消费结构多元化

市场大国不仅消费水平高,居民消费的结构也更加多元化,体现在以下两个方面。一方面,消费的层次更加丰富,不仅包括产品的消费,也涵盖服务消费。消费大国往往体现为居民消费在衣食住行等各个基本领域的持续改善和升级。另一方面,消费市场的细分程度高。

（三）全面的开放经济

扩大对外开放对于市场大国建设有两个方面的意义。第一,只有保持较高的

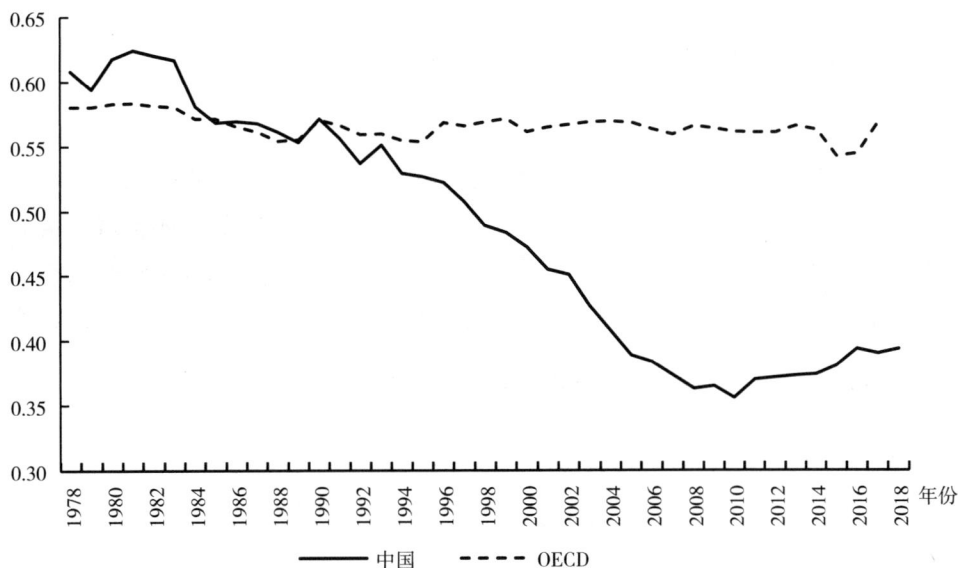

图 2　居民消费占 GDP 的比重：中国与 OECD

资料来源：中国的数据来源于《中国统计年鉴》(历年)；OECD 国家数据来自 OECD 统计数据库(https://stats. oecd.org/)和宾夕法尼亚大学世界数据库(Penn World Table 9.0)。

开放水平，才能实现商品和服务在国内外市场间的自由流动，从而促使国内的相关产业在竞争中不断进步。而一些具有创新性的产品和消费领域，也只有通过国际贸易的方式，才能引入国内市场，并成为促进消费和市场形成的重要动力。第二，对于大国经济而言，其优势不仅在于巨大的国内市场，通过扩大对外开放，可以释放庞大国内市场所形成的竞争效率，并不断推动技术水平的提高，进而提高国内市场的供给效率。因此，市场大国和发达经济体无不是开放程度高的经济体（见表 1）。

表 1　2015 年主要经济体的对外依存度　　　　　　　　(%)

国家	出口总额/GDP	进口总额/GDP	进出口总额/GDP
中国	8. 09	6. 96	15. 05
美国	8. 21	6. 57	14. 78
日本	9. 09	8. 90	17. 99
德国	16. 68	20. 80	37. 48
韩国	16. 59	19. 54	36. 13
英国	14. 96	13. 89	28. 85
法国	15. 95	15. 28	31. 23

资料来源：根据 OECD 统计数据库(https://stats.oecd.org/)整理。

三、经济发展新阶段的居民收入增长

如前所述,收入是决定消费水平的最基本的因素。永久收入既受到即期收入水平的影响,也受到未来预期的影响。虽然确定收入增长机制的总体思路不是本报告的研究重点,而且在关于"十四五"的其他研究内容中会做重点分析,但鉴于其和培育市场大国目标的相关性,我们简要总结确定收入增长机制的关键要素。

(一)建立以劳动生产率为基础的收入增长机制

建立以劳动生产率为基础的收入增长机制,是确保消费稳定增长的基础,也是建设市场大国的必要保障。确立以劳动生产率为基础的收入增长机制之所以重要是基于以下几个方面的原因。

第一,"十四五"时期是中国老龄化加速的阶段。2020 年中国 60 岁及以上人口占总人口的比重已经达到 18.7%,65 岁及以上人口的比重达到 13.5%。进入"十四五"时期,随着 20 世纪 60 年代初人口出生高峰期的出生人口开始进入老年,人口老龄化进程将进一步加速。在事实上的现收现付养老保障体制下,要维持老年人口的消费水平稳定增长,必须以劳动年龄人口的劳动生产率增长为基础。

第二,劳动力供求关系的转变,虽然可以推动工资水平的上升和劳动者收入的提高,但如果没有以劳动生产率为基础,其提升也难以持续。随着经济发展和人口年龄结构的转变,中国经济发展在跨越了"刘易斯转折点"后,劳动力市场的供求形势发生了逆转,一改以往劳动力无限供给的局面,代之以频繁出现的劳动力短缺。在这种情况下,由于劳动力的稀缺性日益明显,即便劳动生产率没有提升,劳动者的收入也会增长。于是,我们看到,在"十二五"和"十三五"时期,劳动者的平均工资水平都经历了较为快速的增长,其中很多年份的增速超过了经济增长的速度。但是,如果收入增长脱离了劳动生产率的增长,单位劳动力成本将会上扬,企业的竞争力削弱,并最终无法维持收入增长的趋势。从实际情况看,劳动力成本的不断上升不仅成为经济增长放缓的一个重要原因,而且工资增长在近年来的减速也验证了上述观点。

第三,以劳动生产率为基础的增长与当前技术进步的方向和经济结构变化的方向一致。在劳动力稀缺性日益明显的情况下,不断提升劳动生产率必须依赖于劳动节约型的技术进步,实现产业结构的不断优化、升级。当前,工业机器人、人工智能等技术方兴未艾,而这些技术进步都具有劳动节约型的特点。因此,鼓励这些劳动节约型的技术进步,是促进收入不断增长的重要条件。

（二）稳步提升劳动收入在国民收入中的比重

劳动生产率的提升为提高居民收入提供了物质基础,但要保持居民收入增长与劳动生产率的提升同步,还有很多工作要做。因此,要致力于在劳动生产率提升的同时,进一步提高劳动收入在国民收入中的比重。

推动劳动生产率提升的手段多种多样:劳动者人力资本水平的提升,可以直接提升劳动生产率,并反映为劳动者在劳动力市场上得到的回报上升;节约劳动的技术进步,也会使得劳动生产率上升;管理水平的提升、配置效率的提高,对于就业数量的影响可能是中性的,但会通过全要素生产率的提升提高劳动生产率。因此,劳动生产率提升的手段不同,对国民收入分配格局的影响也不一样。尤其需要关注的是,当劳动替代型技术进步发生的时候,会提升劳动生产率,但由于资本、技术对劳动的替代作用,劳动力需求有可能下降,可能导致就业岗位的损失。如果失业率伴随着技术进步上升,劳动在国民收入分配格局中的地位可能会恶化。

因此,要把技术进步、劳动生产率增长和积极就业政策统筹起来。首先,鼓励直接提高劳动生产率的政策措施和技术手段,如提升劳动者的人力资本水平。其次,要继续推动对就业影响中性的生产率增长,如管理水平的提升和配置效率的改善等。再次,在推动劳动节约型技术进步的同时,要注意其对就业和国民收入分配格局的影响。劳动节约型技术进步往往首先产生在劳动密集型行业和可贸易部门,通过在其他领域扩大就业岗位,确保劳动更大程度地参与国民收入的初次分配。

（三）完善再分配机制,逐步缩小居民收入差距

"十二五"和"十三五"时期,伴随着劳动力市场的结构性转型,中国的经济发展经历了一段工资快速上涨的时期。工资上涨带来的收入分配效应非常明显。首先,由于工资是劳动要素参与国民收入分配的最直接、最主要的途径,工资水平的上涨,尤其是以快于资本收益率的速度增长,有利于提高劳动在国民收入分配中的份额。因此,这一时期劳动力市场上的工资变化,遏制了劳动收入份额在国民收入分配中下降的趋势。其次,这一时期工资变化主要是由于人口结构变化等劳动力供给方因素所推动的,因此其显著特点是普通劳动者、低技能劳动者的收入经历了更为快速的增长。低收入群体的工资更快增长,有利于个人收入分配格局的改善。

然而,由于前期的工资增长缺乏足够的生产率基础,在"十四五"时期工资增长的速度将放缓,这意味着初次分配对于收入分配格局改善的作用,可能会受到制约,再分配在调节收入分配中的作用将更加突出。尤其是新技术革命对劳动力市场带来的影响,需要对再分配手段进行未雨绸缪的研究。一方面,要确保再分配的

手段不至于阻碍技术进步和劳动生产率的增长；另一方面，也要防止收入差距的扩大对社会经济发展产生负面影响。

四、稳定永久收入预期

建设市场大国需要以完善的社会保障体系为根基，当居民拥有较为稳固和较高水平的养老金收入预期时，才能有动力降低家庭预防性储蓄水平，提升消费意愿和消费能力。在老龄化日益加剧的情况下，养老保障制度的设计和覆盖，对于稳定收入预期具有突出的作用。回顾养老保险制度改革的历程可以发现，扩大养老保险覆盖范围、提高养老待遇、促进养老金并轨、缩小城乡差距，是一直以来的改革主线。总体看来，仍需从以下几个方面进一步完善社会保障体系和促进居民消费。

（一）进一步扩大养老保险覆盖率和受益人群规模

从基本养老保险覆盖情况的变化趋势可以看出（见图3），得益于城镇居民养老保险和新型农村养老保险的试点推行，2010年以后我国基本养老保险参保人数和覆盖率有了质的提升，至2017年参保人数达到9.15亿人，覆盖了79.15%的15岁及以上年龄人口。此外，从城镇职工基本养老保险覆盖率的变化趋势可知，1989—2017年期间，城镇职工基本养老保险的覆盖率（城镇在职职工参加养老保

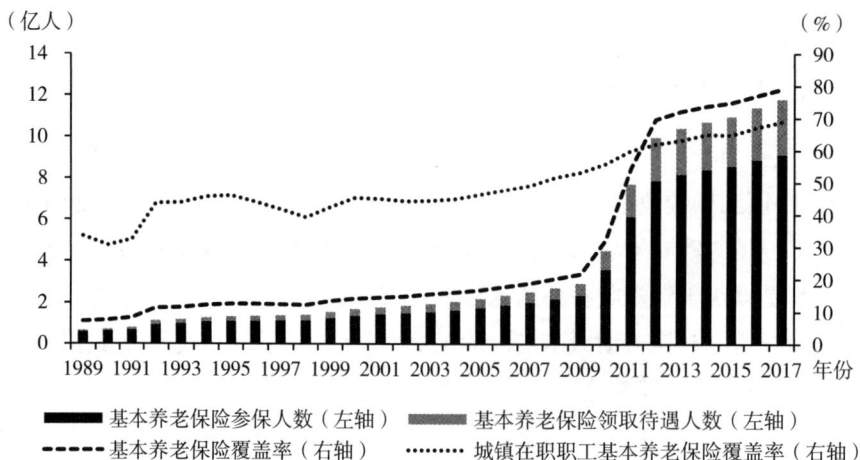

图3　基本养老保险覆盖情况

注：2010—2011年基本养老保险参保和领取待遇人数由城镇职工基本养老保险、新型农村社会养老保险、城镇居民社会养老保险相关指标加总得到；2012年及以后数据由城镇职工养老保险、城乡居民社会养老保险相关指标加总得到；养老保险覆盖率由养老保险参保人数除以15岁及以上人口总数计算得到。

资料来源：《中国统计年鉴》、国家统计局数据库。

险人数/城镇就业人员数)也由 33.47% 大幅上升至 68.93%。由此可知,在基本养老保险覆盖率大幅提高的背景下,也仍有部分人员未能参与到养老保险制度中,而这类人员大多以灵活就业人员、新业态就业人员、中小企业人员、农民工等为主。如何促使这部分未参保人员参加到养老保险制度之中,决定了我国全民参与养老保险计划是否能够成功实现。具体来看,可以通过推行灵活养老保险缴费方式、增加养老保险办理渠道、实行参保奖励计划等措施继续鼓励参保。同时,针对以缴纳城乡居民基本养老保险的形式参保的部分灵活就业人员、新业态就业人员、中小企业人员、农民工等群体来说,也应促使他们向缴纳城镇职工基本养老保险的方向转变,以提高其社会保障水平。总而言之,基本养老保险覆盖率和养老保险受益人群规模均有提升空间,还可进一步通过填充上述空间释放消费活力。

(二) 逐步缩小双轨制带来的养老金替代率差异

世界银行认为,70% 的养老金替代率方能保障居民退休后的生活水平与退休前相当。2001—2016 年中国社会科学院的中国城市劳动力调查(CULS)数据计算显示(见图 4),在经历了 2005 年职工基本养老保险改革之后,随着人均预期寿命的增长,个人账户养老金的发放时限有所拉长,导致个人账户养老金分发至每个月的数额有所降低,城镇职工养老金替代率由 2001 年的 85.37% 下降至 2010 年的55.64%;而后,随着我国人均收入水平的上升,城镇职工养老金替代率回升至 2016年的 64.84%,但距离 70% 的合意数值仍有差距。与此相对应的是,行政事业单位人员的退休金在 2015 年之前均按照退休前工资 90% 的比例发放,高于城镇职工所享受的退休待遇,即便 2015 年与职工基本养老保险开始并轨,但行政事业单位人员的养老金替代率在 2016 年仍高达 87.94%,远高于 70%。而从城镇职工和行政事业单位人员的家庭储蓄率上可以明显看出,2005 年改革之后城镇职工家庭的储蓄率存在大幅跃升的情况,以应对养老金替代率的降低,且 2010 年至 2016 年期间城镇职工家庭的储蓄率均高于行政事业单位人员,说明未来养老金替代率的高低对家庭当期的消费和储蓄行为具有较大影响。总体来看,继续提高城镇职工养老金替代率水平,适当按照 70% 的标准降低行政事业单位人员的养老金替代率水平,缩小两者之间的差距,有利于刺激家庭减少储蓄而增加消费。

(三) 逐步提高城乡居民基本养老保险缴费水平

城镇职工基本养老保险由个人账户、基本账户和过渡账户构成,其优点在于养老保险缴费由个人和企业共同承担,且城镇职工基本养老金拥有独特的每年定期调整机制,整体上对于职工的退休保障力度更强。由图 5 可知,以 1978 年不变价计算,1989—2017 年期间城镇职工基本养老保险人均支出由 633.52 元上升至

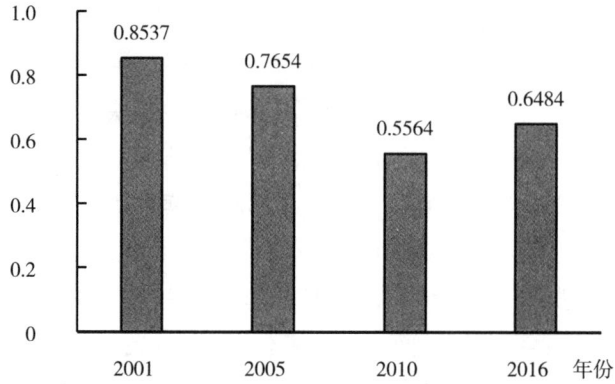

图 4(a)　城镇职工养老金替代率

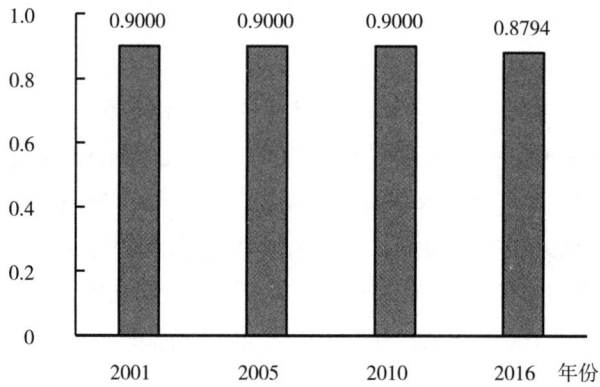

图 4(b)　行政事业单位人员养老金替代率

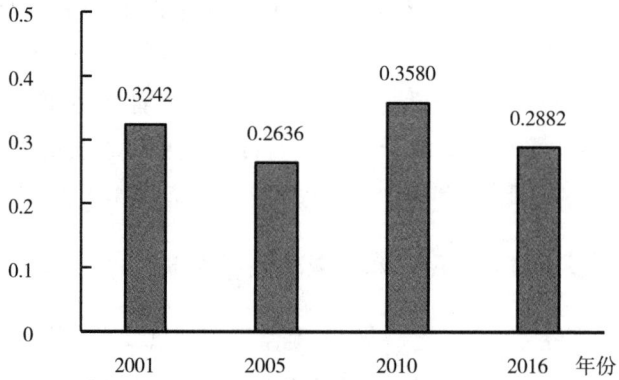

图 4(c)　城镇职工家庭储蓄率

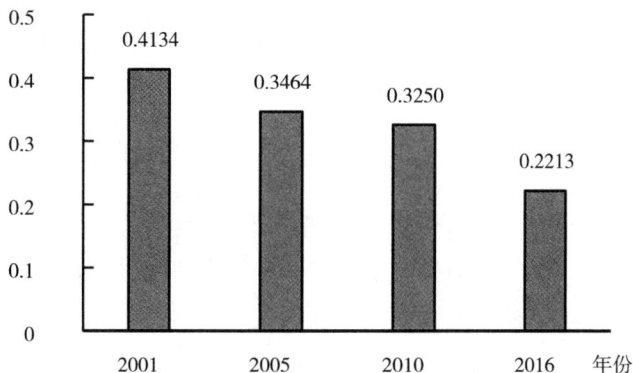

图 4(d)　行政事业单位职工家庭储蓄率

注:养老金替代率是指个人退休第一年的养老金收入与退休前一年工资收入的比值。
资料来源:根据中国城市劳动力调查(CULS)数据计算。

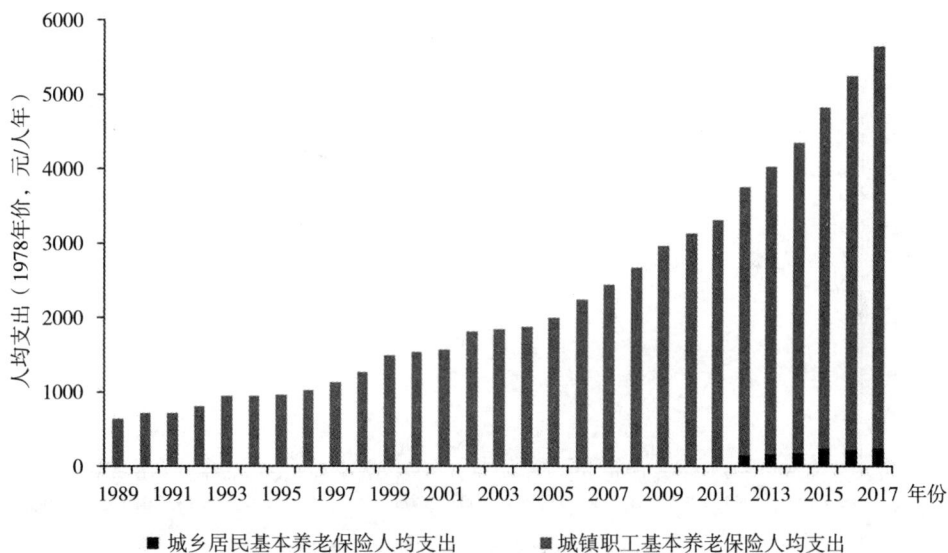

■城乡居民基本养老保险人均支出　　　■城镇职工基本养老保险人均支出

图 5　基本养老保险人均支出变化情况

注:基本养老保险人均支出由城镇职工基本养老保险基金或城乡居民基本养老基金除以领取人数得到,使用
　消费者价格指数处理为 1978 年不变价。
资料来源:《中国统计年鉴》、国家统计局数据库。

5413.59 元,增长了 7.55 倍,职工退休后的收入水平大幅提高。相比较而言,2012
年城乡居民基本养老保险并轨以来,虽然屡次提高缴费最高额度,并且丰富缴费档
次,但由于养老账户积累仅靠个人缴费和政府补贴,其保障力度始终较低。以不变
价计算,2012—2017 年期间城镇居民基本养老保险人均支出由 148.20 元上升至
238.56 元,增长了 60.97%,整体上并不能保障居民的"老有所养"。由于城乡居民

基本养老保险的缴费不与收入挂钩,追根到底还是应鼓励城乡居民提高缴费水平和增加缴费年限,以建立稳固的退休后收入预期,否则在面临低水平的养老保障状态时,居民仍以降低当期消费并增加预防性储蓄为主要应对策略。

(四) 加快养老三大支柱体系的建设,稳定永久收入预期

根据国际经验,养老体系应由社会基本养老保险、企业年金和商业养老保险三大支柱共同构成。然而我国尚处于实现养老保险基本覆盖的初级阶段。由于城镇职工基本养老保险的社会统筹部分采取现收现付制,随着我国人口老龄化程度不断提升,城镇职工基本养老保险赡养率在经历了1989—1998年的大幅上升之后,在1999—2017年期间也保持着缓慢上升的变化趋势(见图6)。为应对人口老龄化对社会保障可持续发展带来的重大挑战,人力资源和社会保障部通过基金投资运营以保值增值和划拨国有资产等方法充实社保基金,并加大财政对社保的支持力度。

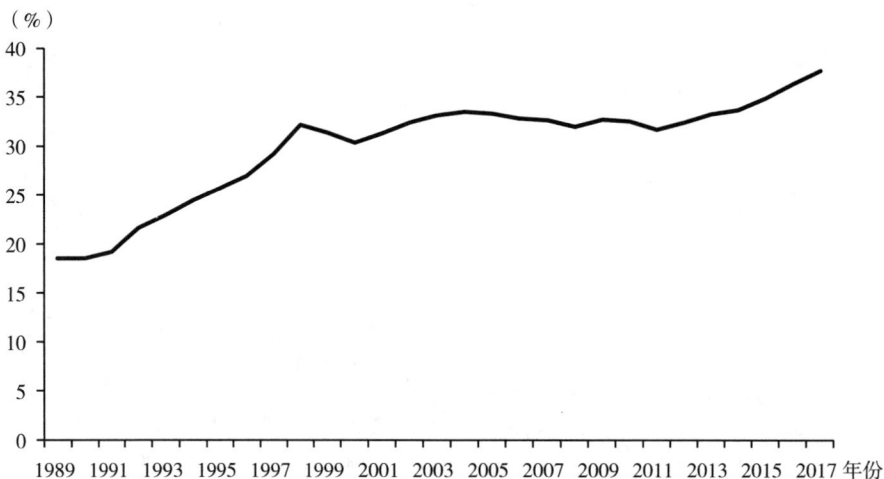

图6　中国城镇职工基本养老保险赡养率变化情况

注:基本养老保险赡养率由城镇离退休人员参加养老保险人数除以在职职工参加养老保险人数得到。
资料来源:《中国统计年鉴》、国家统计局数据库。

从长远来看,通过提高企业年金和商业养老保险的覆盖范围对缓解第一支柱力度不足的问题具有积极的补充意义,但可惜的是,自2004年《企业年金试行办法》颁布以来,在企业社保成本相对较高的条件下,企业年金覆盖范围仍然较小。人力资源和社会保障部发布的2018年度全国企业年金基金业务数据显示,2018年全国企业年金积累基金总规模为14770.38亿元,比2017年末的12879.67亿元增加近1900亿元,投资收益为420.46亿元,加权平均收益率为3.01%。截至2018年底建立企业年金的企业有87368个,参与职工2388.17万人。总体上建立企业

年金制度的多数为国有大型企业,集中在经济相对发达的省份和地区,且企业年金的扩展速度和收益率仍然较低。

此外,作为第三支柱的商业养老保险在我国养老体系中的地位尚未成型。总体看来,继续提高第一支柱的养老保障力度和补足另外两大养老支柱体系对提高居民的养老保障水平、稳固居民未来的收入预期和促进消费具有重大意义。

五、提高中低收入群体的消费水平

中国正处于经济结构转型和升级的关键时期,以供给侧结构性改革为主导的改革措施是提高经济增长质量和挖掘经济增长新动力的关键。与此同时,优化需求结构,发挥消费在需求侧推动经济增长的作用也非常必要。根据消费决定理论,消费函数主要与收入有关。一般来说,随着收入的提高,消费水平更高,而消费倾向递减。那么从这个角度上讲,社会的收入差距越大,越不利于促进消费。那么,通过各种手段增加中低收入群体收入和消费,不仅有利于扩大总的消费规模,促进市场大国建设,也有利于在更大范围分享发展的成果。在中低收入群体的构成方面,伴随着我国城乡人口流动和区域发展的过程,依据其户籍状况、流动情况以及所处区域,可以大致分为城市流动人口、农村人口、落后地区人口等具有各自特点,但又有所交叉的三个群体。我们可以从三个中低收入群体的角度具体探讨提高消费的举措。

(一)促进和提高城市流动人口的消费水平

关于中国城市劳动力市场的调查数据表明,在即期收入方面,外来流动家庭的总收入低于本地家庭,从来源上看,主要源于外来家庭的养老金收入远低于本地家庭。对于一般性的消费,流动家庭的人均消费低于本地家庭,流动家庭的人均年消费约为 2.46 万元,本地家庭约为 3.15 万元(见表 2)。

表 2　城市本地家庭与外来流动家庭的收入和消费状况

	城市本地家庭	外来流动家庭
平均年龄(岁)	38.01	28.98
家庭人均年收入(元)	47282.80	43595.24
其中:		
工作收入	38970.87	42980.17
财产和转移收入	1557.59	385.23

续表

	城市本地家庭	外来流动家庭
养老金收入	6192.60	10.00
家庭人均年消费(元)	31528.62	24605.22

资料来源:根据2016年中国城市劳动力调查(CULS 4)数据计算。

城市流动人口的消费模式和消费水平与城市本地人口存在显著差异,原因主要有以下几个方面。首先,城市流动人口和城市本地人口拥有不同的收入水平,由于边际消费倾向递减规律的存在,这两个群体可能存在不同的边际消费倾向。其次,即便即期收入相同,一旦决定预期收入的因素与户籍制度相关联,预期收入的差异也会导致消费模式的不同,带来消费的差异。以社会保障制度为例,由于预防性的储蓄需求会挤占当期消费需求,当城市流动人口未能享有与城市本地人口同等水平的社会保障时,就会有更高的预防性储蓄倾向。因此,与户籍挂钩的社会保障会在预防性储蓄方面造成消费差异,进而成为影响消费模式的决定因素。依据中国城市劳动力市场调查相关数据的测算,本地家庭和外来流动家庭在养老保险方面的差异较大,此方面可获得的预期收入分别为13286元和7065元;本地家庭在城镇职工养老保险、城镇居民养老保险和新农保中至少拥有一项的比例是84%,而外来家庭仅为51%(见图7)。

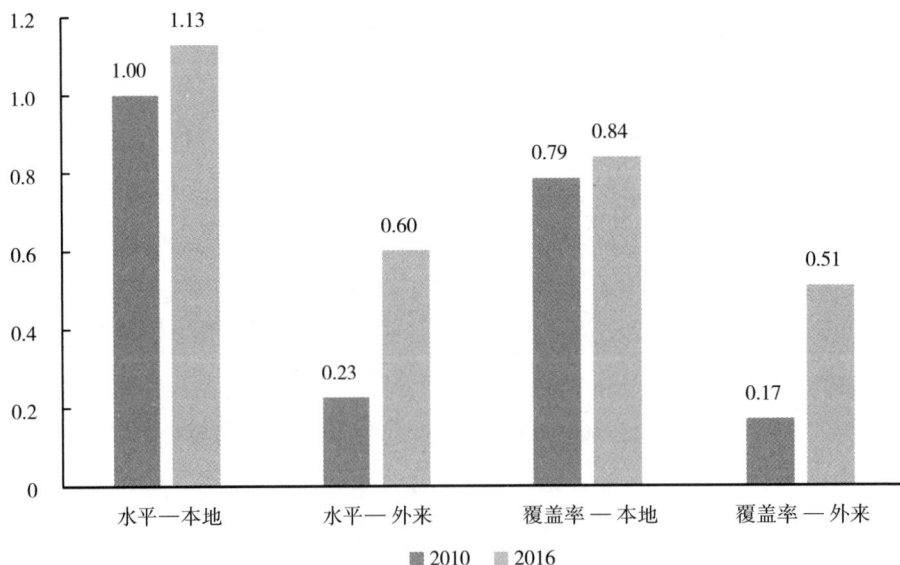

图7 城市本地家庭和外来流动家庭的养老保险获得情况

注:这里把城市本地家庭2010年养老保险覆盖水平设为标准值1,其他各项为相对值。
资料来源:根据中国城市劳动力调查(CULS)数据计算。

在促进城市流动人口的消费方面,有证据表明,是否拥有社会保险对于即期消费的拉动效果显著,且对于收入较低家庭的消费提升效果更强。那么从这个角度上看,如果外来流动家庭可获得与本地户籍家庭同等的社会保障以及其他方面的禀赋,进而消费得到趋同的话,外来流动家庭的消费有望提高 20%—30%。因此,"十四五"时期,在促进城市流动人口的消费方面,除了在一般程度上提高该群体的收入外,可以进一步深化户籍制度改革,消除与户籍相关的社会保障制度方面的差别,进一步缩小城市本地居民和流动人口间的消费模式差异,提升城市总体消费水平。

(二) 以城乡一体化发展扩大农村居民的消费

相比于城市本地居民以及城市流动人口,具有农村户籍且未流动到城市务工的留守群体拥有更低的收入进而较低的消费水平。以《中国统计年鉴》公布的2018 年的情况看,城镇居民的人均消费支出为26112 元,农村居民的人均消费支出仅为12124 元,前者是后者的 2.15 倍(见图 8)。在"十三五"期间,城乡间消费差异略有下降(2015 年城乡消费比值为 2.32),但变化幅度不大。而从消费结构上看,"十三五"期间,对农村居民来说,交通和通信、医疗保健、居住、文教娱乐服务、家庭设备及用品消费支出占比上升较城镇更快,而食品、衣着消费支出占比的下降也较城镇更快。因此,"十四五"时期,无论是在提升总体消费还是促进消费升级方面,农村居民都具有更大的潜力。

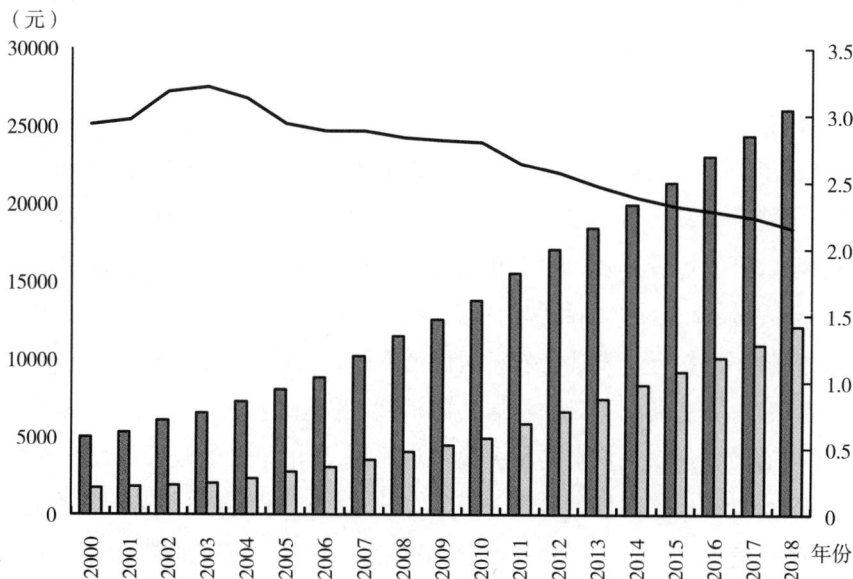

（元）

城镇居民人均消费支出（左轴）　　　农村居民人均消费支出（左轴）　　　城乡消费水平比值（右轴）

图 8　城乡居民消费差异

资料来源:《中国统计年鉴》。

城乡间如此巨大的消费差异在很大程度上来自群体特征的差异。这是因为,人口流动主要由劳动力流动所主导,只有那些个人禀赋符合劳动力市场需要的劳动力才能流动到城镇,获得更高的收入。因此,更多的老人和少儿等被抚养人口,则成为留守群体,并构成了现有收入较低农村居民的主要群体。图9刻画了城乡人口年龄结构在10年间的变化情况。可以看到,城乡间人口结构非常不平衡。在2005年,农村人口中0—14岁被抚养儿童的比重更高,20—29岁青壮年劳动力比重低于城镇。而在2015年,城乡人口的年龄结构差异进一步扩大,20—44岁劳动年龄人口在农村的比重显著低于城镇,农村留守人口中老年和少儿等被抚养人口的比重显著增加。对于农村留守群体,鉴于其个人禀赋和年龄结构已不再适合进城务工,其劳动参与的动力和获得收入的潜力都极为有限,从提高收入的角度拉动消费的效果可能并不理想,但仍然可以发挥社会保障的托底功能,为其提供基本的养老和医疗保障,从降低预防性储蓄的角度拉动其即期消费。

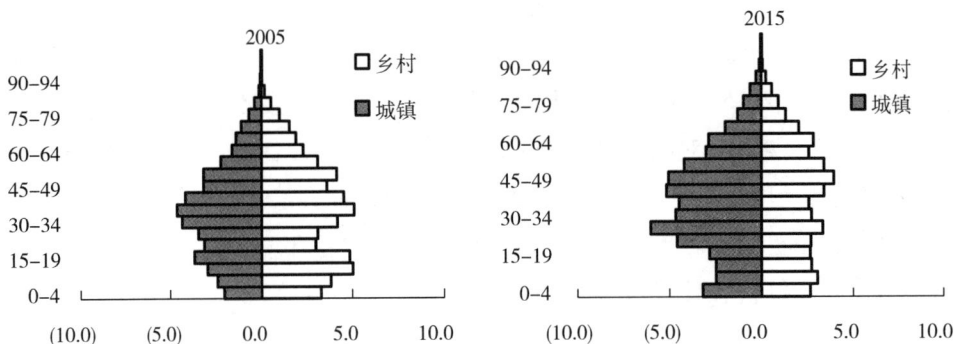

图9　2005年和2015年城镇和乡村人口年龄结构的变化

资料来源:根据2005年和2015年全国1%人口抽样调查资料计算。

"十四五"时期,可尝试用以下几个方面的政策举措提升农村人口的消费水平、促进消费升级,形成具有梯次的城乡消费结构。首先,可以探索适应农村居民的消费模式,开发适应其收入水平和消费能力的市场区间。相比于城市消费群体既看重产品品质又关注产品品牌的特点,农村居民并不太关注品牌效应。因此,通过进行市场细分,探寻开发适合农村居民消费的销售模式,提供质优但无更多品牌溢价的价廉产品,有利于提升农村居民的消费,并提高农村居民的生活幸福指数。其次,推出有效促进农村消费的相关政策。比如,家电下乡等政策曾经有效推动了农村的家电消费,但临时性的政策并不具有长效性。而加强农村基础设施建设,改善物流条件,有助于开拓农村消费市场,最终实现打造与城镇消费接壤的具有梯度的消费层级,并提升总体消费水平。最后,对于留守农村的少儿群体,应加大农村教育投入,提高农村儿童的人力资本水平,帮助提高其作为未来流入城市务工的潜在劳动力的劳动参与率,为其未来获得更多更优的工作机会进而融入城市,促进其今后在劳动力市场的表现和收入提高,这将成为提高这部分群体在未来更长期消费水平的关键所在。

(三) 以区域协调发展促进市场大国建设

当前中国整体已经步入中高收入阶段,然而作为大国,区域间发展程度存在很大差异。根据国家统计局的数据,2018年北京市的人均地区生产总值超过14万元,在各地区中最高,人均地区生产总值最低的为甘肃(3.1万元),最高值约为最低值5倍。以各地区的均值来看,东部地区人均地区生产总值为9.28万元,高于中部地区的5.11万元和西部地区的4.94万元近一倍左右。

相应地,东部地区居民的总体收入水平、保障水平均较高,消费水平也较高但提升消费的潜力有限。根据国家统计局的数据,2018年东部地区居民平均消费水平约为2.65万元,中西部地区则分别为不足1.7万元和不足1.6万元(见图10)。依据全国流动人口动态监测调查数据的测算表明,东部地区的消费弹性最低(0.646),中部地区的消费弹性最高(0.675),平均消费与平均收入基本呈东、中、西递减的趋势。值得注意的是,中部、西部流动人口中跨省流动的比例分别为22%、42%,而东部地区该比例则达到了72%。跨省流动的人口具有更低的消费水平和更低的消费弹性,因此更高比例的跨省流动人口会导致较低的总体消费。从这个角度看,区域间的协调发展有助于把更多中西部地区人口留在本地就业,进而提高总体消费水平。如果中西部能达到与东部地区同等的发展水平以及消费水平,中西部地区消费可提升的潜力约为50%—60%。

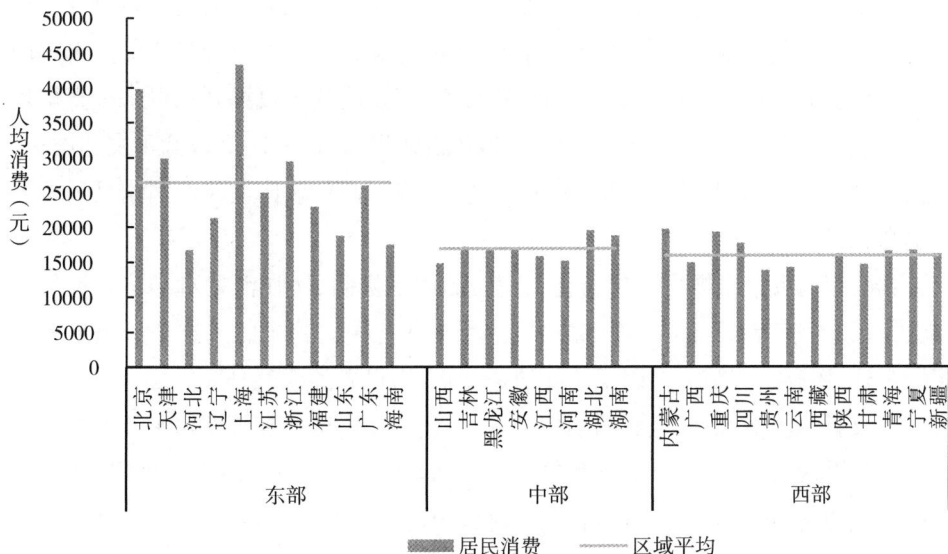

图10　居民消费水平(2018年)

资料来源:《中国统计年鉴》。

　　在"十四五"时期,为了实现区域协调发展带动中西部消费水平的提升,需要推行有效的区域协调发展政策。以往西部大开发政策的实施,让中西部地区产业的发展有后起"蛙跳"特征,即虽然起步较晚,但受益于产业扶持政策形成了一些高端装备制造业。随着我国人口年龄结构的迅速变化,劳动力的供求态势发生了重大转变,面对普通劳动力工资的快速上涨,东部地区的劳动密集型产业也开始寻求向成本更低、劳动力相对富裕的中西部地区转移。尽快完成中西部地区产业格局的形成和完善,在利用其比较优势承接劳动密集型产业的同时,顺应产业结构转型升级的大趋势,同时发展传统产业和现代高端产业,全面拉动各层级人力资本劳动力的就业和收入获得,成为提升中西部地区消费的重点所在。此外,进一步消除市场分割、加快中西部地区的基础建设,提高消费便利性也成为中西部地区消费提升的重要保障。

　　综上所述,对于三个收入较低群体,即城市流动人口、农村居民和中西部落后地区居民而言,深化户籍制度改革促进劳动力的流动、提高并统一社会保障水平进而减少预期性储蓄对即期消费的侵占、加快中西部地区产业格局的形成实现区域协调发展、加强农村和中西部地区的基础设施建设、发展改善农村和西部落后地区的教育,可望成为"十四五"时期扩大中低收入群体的收入水平、提升我国总体消费水平的有效举措。

六、建设市场大国要顺应人口结构变化的新特点

　　近年来,中国的经济增长模式逐步转变,消费需求正在发挥着越来越重要的作用。2014 年中国消费超过投资,成为经济增长的最大驱动力。最终消费支出占国内生产总值的比重自"十二五"期间开始缓慢回升,改变了改革开放以来一直呈现的显著下降趋势,2018 年达到 54.3%。但仍需认识到,这一比重远低于发达国家。例如,2017 年美国该比重为 83.1%,日本为 75.5%,而且该比重在两国均呈现显著的提高态势。

　　党的十九大报告提出,"完善促进消费的体制机制,增强消费对经济发展的基础性作用"。消费水平的决定因素处于不断变化之中。除了收入这个最重要的决定因素外,还有一些结构性因素正在快速变化,人口老龄化就是其中之一。人口老龄化不仅影响消费水平,也影响消费结构。也就是说,即使在消费水平不变的情况下,消费结构也会由于人口老龄化等中长期因素的变化而出现转折,而不同类型消费的替代弹性不同,对于经济增长的促进作用可能会产生差别。

　　从增长动力的形成机制看,需要更加关注消费的规模变化及其决定因素。人

口年龄结构变化和人口老龄化对消费模式产生的影响,是最重要的结构性因素之一。2018 年,中国 65 岁及以上人口占总人口的比重达到 11.9%。2000—2018 年期间,老龄化水平年均提高接近 0.3 个百分点。从消费的角度而言,迅速的人口老龄化对中国构成特殊的政策挑战,与此同时也带来一些发展机遇。

老龄人口是一个特殊的消费群体,其较高的医疗保健消费可能对经济增长产生负面影响,对其他消费产生挤出效应,但其居家和社会养老的物质需求,以及健身和休闲的精神文化需求,也可能推动形成新型服务业态。因此,应该不断完善医疗保障体系,减少医疗保健消费对其他消费的挤占。与此同时,应该创造条件挖掘老年人口新的消费需求,将其转化为经济发展的新动力。

(一) 人口老龄化影响消费需求的国际经验

在生命周期的不同阶段,消费模式的不同对于分析宏观经济的稳定与相关的经济政策具有重要意义。早在莫迪里安尼的生命周期模型中,家庭的消费—储蓄选择就是描述跨期选择以平滑生命周期消费水平的关键要素。在发达国家进行的实证分析表明,临近退休时的消费水平将下降,即存在所谓的"退休—消费之谜"。临近退休时的消费模式变化不仅表现为消费水平的下降,还表现为消费结构的变化。

Hurst(2008)对多项研究进行了总结,发现临近退休时,一些类型的消费将急剧下降,主要包括食品消费(在家食品消费和在外食品消费)、与工作相关的消费(主要包括衣着消费和交通消费)。除此之外,临近退休时,消费模式在家庭之间存在巨大差异。退休前财富积累较少的家庭,消费下降更多。消费下降较大的家庭,往往是由于健康等原因而非自愿提早退休导致了收入的减少,加上健康冲击增加了其医疗消费,进而挤占了其他消费。

在发达国家的历史上,除了人口老龄化,还有一个对消费产生巨大影响的人口现象,那就是二战后的婴儿潮(Baby Boom)及该队列人口对不同阶段消费的影响。研究表明,婴儿潮对经济发展的影响是多方面的,包括对劳动力市场、住房市场、资本市场、社会保障体系和消费需求等的影响,而对消费需求的影响,是婴儿潮最不容忽视的影响之一。美国和日本二战后的婴儿潮对经济发展和消费产生的影响,能够为中国提供有益的启示。

美国的婴儿潮发生在 1946—1964 年。1945 年二战结束后,大批军人返回美国,1946 年出生了 340 万个婴儿,这是婴儿潮的开始。此后一直到 1964 年,共有 7600 多万婴儿出生,约占美国目前总人口的 1/3。随着婴儿潮人口的成长,美国的玩具、休闲、电脑、互联网、房地产、汽车、旅游和化妆品等产业均经历了繁荣时期。2007 年美国经济开始衰退,原因是多方面的,其中被公认的原因之一是婴儿潮人口开始逐步进入退休时期,其消费力逐步减弱。加上 2008 年的金融危机导致很多人的投资大幅缩水,一些退休的人抛售股票和基金等,甚至抛售在城市中的房产,搬到乡间居住,消费力进一步下降。

日本二战后的婴儿潮,狭义而言发生在 1947—1949 年,广义而言发生在 1946—1954 年,被称为"团块世代"。1947—1949 年,日本出生了超过 806 万个婴儿,占总人口的比重超过 1/10。之后的 4—5 年间,虽然人口出生的速度有所下降,但每年仍有 160 万个左右的婴儿出生。婴儿潮人口既经历了日本战后经济复兴的黄金时期,也经历了日本的经济衰退。尤其是近年来日本的经济衰退,诸多学者认为,其重要原因之一是婴儿潮人口逐步进入退休期,消费力大大下降,延缓了经济发展。

(二) 中国人口老龄化的独特性与发展趋势

联合国把一个国家 65 岁及以上人口比重超过 7% 定义为老龄化社会。中国人口普查数据显示,65 岁及以上人口在总人口中所占的比重,1953 年为 4.4%,1964 年为 3.6%,1982 年为 4.9%,1990 年为 5.6%,2000 年为 7.0%,2010 年上升到 8.9%。2020 年,中国 65 岁及以上人口比重进一步上升到 13.5%。

中国的人口转变是在社会经济发展和计划生育政策的双重作用下,特别是以后者效果为主的情况下实现的。由于人口转变进程的独特性,中国老龄化的速度较大多数国家更为迅速。在目前世界上最大的 10 个经济体中,除印度外均已步入老龄化社会(见图 11)。在接下来的 30 余年时间里,中国是这 10 个经济体中老龄化进程变动最为迅速的国家:65 岁及以上人口比重在 2015—2050 年期间将提高 15.8 个百分点①,变动的幅度最大;老龄化程度将由 2015 年的第 8 位上升至 2050 年的第 5 位。正是由于老龄化程度的迅速提升,我们可以预期,中国人口老龄化对经济发展产生的影响也较其他国家更为明显。

此外,"未富先老"是中国老龄化的又一个显著特征。如前所述,2020 年中国 65 岁及以上人口占总人口的比重达到 13.5%,而中等收入国家的平均水平仅为 8.2%。中国在经济发展水平还比较低的情况下,迅速实现了人口转变过程,过早地迎来了人口老龄化,即所谓的"未富先老"。根据联合国的预测,2025 年中国 65 岁及以上人口将进一步达到 2.04 亿人,占总人口的比重提高到 14.2%。也就是说,"十四五"时期,中国 65 岁及以上人口数量将增加 3000 万人,年均增长 600 万人;占总人口的比重将提高 2 个百分点,年均提高 0.4 个百分点。

---

① 联合国的数据可能高估了中国当下实际的生育率水平。以更高的生育率为估算基础,可能会低估未来中国的老龄化程度。也就是说,中国未来的老龄化速度可能较上述预测更快。

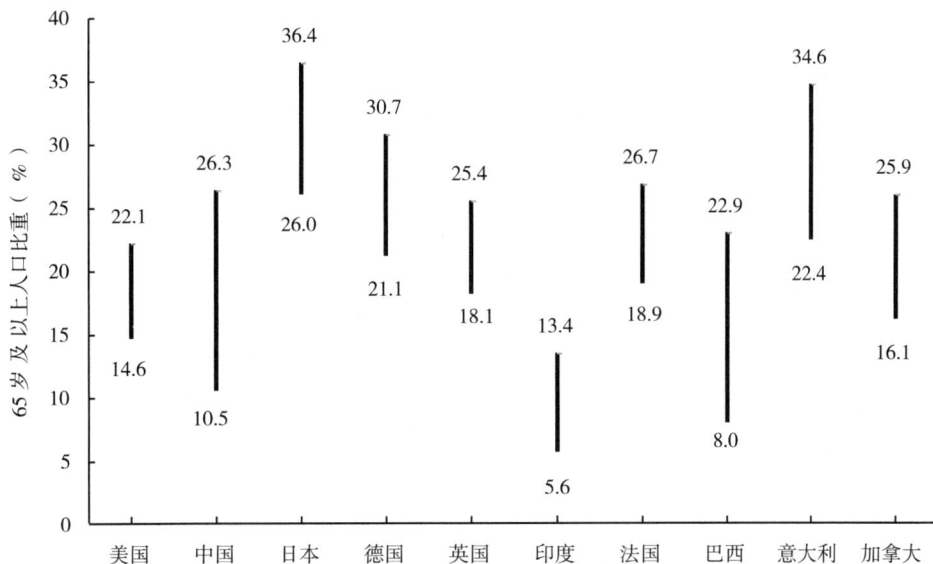

图11 经济总量最大的10个国家的老龄化进程(2015—2050年)

注:中国2015年数据来自国家统计局(2019)。

资料来源:Department of Economic and Social Affairs, Population Division, 2017, "Probabilistic Population Projec-
tions based on the World Population Prospects: The 2017 Revision", Department of Economic and Social
Affairs, Population Division, http://esa.un.org/unpd/wpp/.

与迅速的人口老龄化相伴随的,是中国1962—1973年期间出生的婴儿潮人口在"十四五"前后开始逐步进入退休期。三年自然灾害结束后,中国自1962年开始出现婴儿潮,一直持续到1973年,出生人口近2.6亿人。这是中国历史上出生人数最多、对后续经济影响最大的婴儿潮。这波婴儿潮出生的女性人口,"十二五"期间已经开始陆续进入退休年龄,男性则在2022年("十四五"初期)逐步进入退休期。根据发达国家的经验,婴儿潮人口进入退休期,其消费力下降对经济发展将产生深刻影响。中国1962—1973年期间的婴儿潮人口数量庞大,这个群体逐步进入退休期,其可能产生的影响值得密切关注。

(三) 中国人口老龄化对消费模式的影响

与发达国家相比,发展中国家中生命周期的消费选择决定更为复杂。中国除了人口老龄化以外,还具有转型的特征。社会保障体系尤其是养老与医疗保障体系的不完善,使得人口老龄化对消费构成的挑战更不易应对。比如,从养老保障看,城市中被养老保障体系覆盖的老龄人口能够得到较好的养老支持,然而,未被养老体系覆盖的老年人在应对贫困和一些冲击(例如大病)时将面临较大困难。农村尽管已经开始实施新型养老保险制度,但养老待遇很低。当进入退休期后,养老保障待遇较差的人群,消费下降的幅度可能较大。从医疗保障看,不论城市还是农村,尚有大量未被医疗保障体系覆盖的人群。当进入老龄后,随着健康状况逐步变差,其对医疗保健的需求将不断增加,他们将不得不自行承担大量的医疗费用,必然会挤占其他消费。国际经验表明,临近退休时消费下降较大的家庭,往往是由于健康等原因而非自愿提早退休导致了收入的减少,健康冲击增加了其医疗消费,进而挤占了其他消费。

可以预期,随着人口老龄化进程的不断推进,中国的消费结构也将发生改变。衣着、交通通信和文化娱乐等与工作相关的消费可能随着老龄化程度的加深而逐步缩减,而医疗消费支出则会不断上升。因此,人口老龄化带来的消费模式变化可能表现为两种效应的叠加。在其他条件相同的情况下,老龄化不仅会带来消费数量的边际下降,使消费需求对增长的刺激作用弱化,还可能形成一种在长期不利于经济增长的消费需求结构。

(四) 提升老年人口的消费水平

老龄人口是一个特殊的消费群体,其较高的医疗保健消费可能对经济增长产生负面影响,对其他消费产生挤出效应,但其居家和社会养老的物质需求,以及健身和休闲的精神文化需求,也可能推动形成新型服务业态。因此,应该不断完善医疗保障体系,减少医疗保健消费对其他消费的挤占。与此同时,应该创造条件挖掘老年人口新的消费需求,将其转化为经济发展的新动力。

中国的医疗保障体系近年来进行了诸多改革,制度覆盖面不断扩大,保障水平持续提高。但经验研究结果表明,在很多情况下,当家庭成员遭遇健康冲击时所能获得的实际报销比例并不高,家庭自行承担着高昂的医疗成本。如果当前的医疗体系不能得到有效改革,随着老龄化程度的提高,医疗保健消费的总水平将持续增加,而且将继续挤占其他消费,这些都不利于经济增长。因此,应该不断完善医疗保障体系,大力提高医疗保障覆盖面和保障水平。

同时,应该创造条件挖掘人口老龄化产生的新的消费需求,并将其转化为经济发展的拉动力。老年人是一个特殊的消费群体,其消费需求既包括居家和社会养老的物质需求,也包括健身和休闲的精神文化需求。国家应该从财政、税收、金融和工商管理等方面给予扶持和鼓励,使这类伴随着人口老龄化而产生并且容易增长的需求,推动形成新型服务业态,并发展成为经济发展的新动力。

七、深化具有公共属性的服务业改革

现代化的消费大国中,服务业消费比重高,其中一些具有公共属性的服务部门在我国的改革还不充分、不完善,市场活力和潜力还有待挖掘,制约了市场大国的建设。从整个生命周期的收入和消费来说,公共服务体系的效率提高和机制理顺通过永久收入作用机制增加家庭的消费需求。因此,应该通过对具有公共属性的服务部门的体制机制改革,充分挖掘居民的消费潜力,扩大消费市场,让更多的消费留在中国,建设市场大国。

(一)深化教育体制改革

随着中国人口结构调整和国内市场的消费升级,教育消费在中国家庭消费支出中的比重越来越大,教育成为占主导地位的消费。一方面,中国政府对教育的投入持续增长,连续多年占比超过 GDP 的 4%以上。另一方面,随着中国经济高速发展,家庭对教育的需求迅速增长,教育消费支出占家庭消费的比重越来越大。"十四五"时期要抓住重点,从体制机制上进行改革以释放教育消费的红利,尤其是释放家庭教育需求。

首先,关于教育消费的总规模估计。根据统计部门官方公布的最新家庭人均教育消费支出、户规模及历年全国人口变动情况抽样调查资料,我们可以推算中国家庭(私人)的教育投入(见表3),2017 年为 28990 亿元,2018 年为 31061 亿元,分别占当年 GDP 的 3.2%、3.4%。而 2017 年、2018 年中国政府教育总投入分别为 34207 亿元、36990 亿元,分别占当年 GDP 的 4.14%、4.11%。因此,两者相加就可以得出中国教育消费的市场总规模①,2017 年约 6.32 万亿元,占 GDP 的 7.34%;2018 年约 6.81 万亿元,占 GDP 的 7.41%。过去 6 年,中国家庭教育消费规模增加了 12223 亿元,平均每年增加约 2040 亿元。由此看来,未来教育消费还将持续增长,这是建设市场大国要重点瞄准的一个消费领域。

表3 中国教育投入总规模

年份	政府教育投入（亿元）	占 GDP（%）	家庭教育投入（亿元）	占 GDP（%）	教育投入总规模(亿元)	占 GDP（%）
2013	24762	4.16	18838	3.3	43600	7.46

---

① 这里是指教育的总投入或消费,包括公共财政教育投入、海外教育及民办教育消费等。

年份	政府教育投入（亿元）	占 GDP（%）	家庭教育投入（亿元）	占 GDP（%）	教育投入总规模（亿元）	占 GDP（%）
2014	26725	4.15	20814	3.2	47539	7.35
2015	28353	4.26	23142	3.3	51495	7.56
2016	31379	4.22	26407	3.5	57786	7.52
2017	34207	4.14	28990	3.2	63197	7.34
2018	36990	4.11	31061	3.4	68051	7.41

资料来源：根据历年《中国统计年鉴》和《中国住户调查年鉴》计算。

其次，出国留学人员的数量和规模快速增长，中国居民海外教育消费惊人。根据教育部统计数据（见图 12），改革开放以来，中国各类出国留学人员累计达585.71 万人，是世界上最大的留学生生源国。2018 年度我国出国留学人员总数为66.21 万人。其中，国家公派 3.02 万人，单位公派 3.56 万人，自费留学 59.63 万人。出国留学人员多数前往欧美发达国家和地区，按每人每年在国外费用 25 万元计算，仅自费留学在海外的消费就达 1490 多亿元①，海外教育的消费潜力巨大。

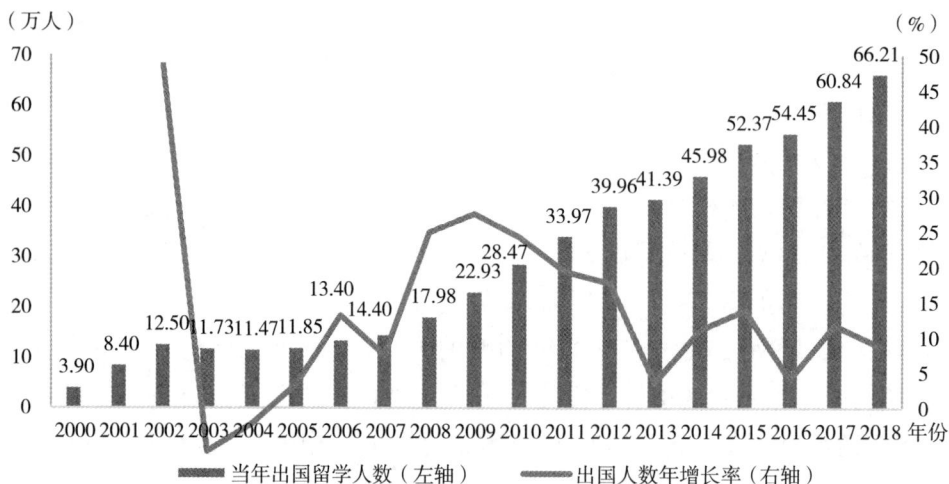

图 12　中国出国留学规模和年增长率变化

资料来源：根据教育部 2000—2018 年《我国出国留学人员情况统计》整理。

最后，民办教育产业不论是行业规模还是市场潜力，都处于不断扩张的阶段，市场结构和市场主体多元化。据有关智库研究报告估算②，2018 年中国民办教育

① 这还不包括海外留学时旅游、家人探亲以及个性化的生活消费等支出。
② 数据来源：德勤《中国教育发展报告 2018》。

市场规模超过 2 万多亿元,其中个人培训市场消费占比为 25.7%,早教占 25.7%,K12+STEAM① 占 22.2%,企业培训占 5.6%,民办幼儿园占 14.6%,民办高等教育占 4.1%,民办基础教育占 3.3%;而其中新经济条件下涌现的在线教育市场占 9.32%;在线教育中,K12+STEAM 占比接近 40%。据统计,2018 年中国在线教育市场规模达到了 2500 亿元,基本上是学而思在线、VIPKID、高思、新东方等民办教育产业集团所创造。

"十四五"时期要深化教育体制改革,根据教育消费市场总量、结构和消费主体及趋势,抓住重点,释放教育消费的潜力和红利,让更多的教育消费流向国内市场。

第一,"十四五"时期需着力提升中国教育自身办学质量。教育供给侧改革不充分、不完善,难以满足家庭和个人对各类高质量教育的需求。为此,要加强与国际一流教育机构的合作,教学方式与国际接轨,开展更多教育国际交流项目和活动,匹配学生多样化的教育需求,整合资源以满足教育消费,让更多的中国家庭和学生选择在国内接受更高的教育,将教育消费留在国内。同时,注重建立完善来华留学生正向筛选机制,增强国内消费市场的潜力。

第二,促进人工智能(AI)技术在教育行业的应用。利用大数据、人工智能改善教育行业长期存在的资源分配不均等问题,通过降低优质在线教育资源的成本促生家庭和个人教育消费需求。以往给很小部分的学生提供私人教育项目和个性化指导的服务,需要支付高昂的教育成本。人工智能(AI)的广泛应用会使这种教育资源变得更大众化,让更多普通家庭获得更多优质的早期教育、学前教育以及义务教育和高中教育资源。

第三,降低社会资本准入门槛,广泛吸引社会资本参与和激励民办教育发展,鼓励社会力量提供非基本的公共教育服务。在当前中国人口红利消失、老龄化程度加深的发展阶段,家庭对于孩子教育方面的要求会更高。在早教、学前教育、特殊教育、成人教育、在岗培训等非基本的公共教育服务上,单一的政府办学难以满足当前终身教育和个性化的需求。因此,需要拓宽教育投资渠道,促进社会力量参与教育,最大限度地发展个性化、多样化教育以满足人民对于教育消费的需求。此外,还需要进一步完善监督体制,规范民办教育培训机构资质,培育其教育产品和服务的差异化、教材和师资的标准化,进一步刺激教育消费。

(二) 深化医疗服务体制改革

根据预防性储蓄理论,由于不确定性的存在,居民会减少当期消费、增加预防

① K12+STEAM 是指包括 Science(科学)、Technology(技术)、Engineering(工程)、Art(艺术)、Math(数学)在内的综合教育。

性储蓄以平滑终身消费水平和抵御未来风险,而社会保障体系可以有效降低不确定性,促使居民增加当期消费支出。除去健康卫生、疾病治疗等医疗消费外,从政府投入的成本与效率来看,基本医疗保险的投入对居民消费的带动非常明显。新型农村合作医疗保险能带动 2.4 倍的中国农村居民消费,城镇职工医疗保险可以带动 4.2 倍的中国城镇家庭消费。因此,促进居民消费、建设市场大国的一个着力点就是医疗保险。

根据卫健委最新统计数据,我国基本医疗保险参保人数超过 13.5 亿人,在基本医疗保险普惠的基础上,城乡居民大病保险覆盖 10.5 亿人,但这只是医疗保险的数量目标,目前不同区域之间、城乡之间、人群之间医疗保险的水平差距仍然较大。由于社会经济转型累积的人口流动性增大、身份构成复杂化问题,使得基本医疗保险碎片化、保险获益不均衡。与城市居民相比,农村流动人口医疗保障有效性严重不足,由于户籍制度的约束,农村流动人口仍然以参加新农合为主,但新农合的统筹水平低、异地报销十分困难。流动人口流动性强,而医疗保险的可转移性和便携性差,流动人口断保、退保现象突出,这就使得流动人口在医疗支出上面临着较大的不确定性。

"十四五"时期,深化和推进医疗保险体系的一体化制度改革,一方面可以有效降低消费者对未知重大疾病的预期花费,提高医疗消费的效率,从而降低对预防动机的偏好,促进消费;另一方面,医疗消费的保障对家庭消费能力的提升非常显著。尤其是一体化的基本医疗保险能覆盖和满足流动人口的医疗需求,对流动人口的消费具有显著的促进效应,而且保障水平越高,医疗保险对流动人口消费的刺激作用越大。为此,"十四五"时期,一是要切实转变目前医保所存在的低层次统筹、多险种并立的境况,稳步提高医保统筹层次,全面推行省级统筹,渐进性打破区域统筹壁垒,最终实现基本医疗保险的全国统筹。二是逐步推进医保险种的整合,加快推动城乡医疗保险并轨,重点是整合城镇居民基本医疗保险与新农合。

(三) 深化信息服务体制改革

"十四五"时期,信息消费将成为重要的消费增长点。工信部最新数据显示,2018 年上半年,电信业务收入 6720 亿元;信息消费发展指数从 2015 年上半年的 0.49 快速增长到 2017 年上半年的 0.64;2018 年我国信息消费市场规模继续扩大,信息消费的规模约 5 万亿元,同比增长 11%,占 GDP 的比重提升至 6%;信息服务消费规模已超过信息产品消费。

由于信息服务具备连接性、信息性与普遍服务性特点,决定了其具有基础设施建设的公共服务属性。要继续通过提速降费,为提高信息增值服务提供市场潜力,激发"十四五"时期进一步释放信息服务消费与数字消费红利。政策着力点为:一是加快信息网络提速降费,推动光纤和 5G 网络广泛覆盖,推进物联网、工业互联网、云计算等新一代信息基础设施的建设;二是刺激信息服务消费,加快推进平台型消费、共享经济等发展,提升相关主体整合资源、对接供需、协同创新能力;三是加强农村消费网络建设,推动农村商业网点连锁化经营、集中配送、信息化改造;四是加强培育智能家居、智能网联汽车、虚拟现实产品、新型显示产品等信息消费新热点,满足居民个性化多样化的新兴信息消费需求。

(四) 深化文化、体育、旅游服务体制改革

"十四五"时期满足人民群众多样化、个性化、品质化的消费升级需求,是解决新时期人民日益增长的美好生活需要和不平衡不充分的发展之间的矛盾的重要内容。作为提升消费层次、释放消费潜力的重点领域,文化、体育、旅游融合创造新供给、满足新消费需求,是"十四五"时期拉动社会消费的主要动力之一。

"十四五"时期,需要从供给侧持续改革和着手,不断消除制约体育、文化产业发展的体制和机制障碍,将体育产业和文化旅游业深度融合,发挥集聚效应,扩大文体旅优质供给和有效供给,满足人民多样化、个性化、品质化的消费升级需求,进一步挖掘消费潜力。政策着力点:一是通过体育职业化改革,提供体育、文化的公共基础设施建设,满足人民群众日益增长的多元化、多层次体育消费需求;二是继续加大体育设施、文旅品牌建设投入,优化学校、社区公共体育设施的布局和结构,对接居民文化、健身、休闲等实际需求,刺激文体旅相关产业的增值服务;三是利用互联网优势,将"体育+文化+旅游"和"互联网+"相结合,创新消费方式,发挥新媒体传播优势,激发新的消费热点;四是完善宏观顶层设计,实现文化、体育、旅游的融合,加强体育、文化及旅游各部门之间的联系和市场监管,加强文体旅行业的国际交流与合作,加快建设具有世界影响力的国际旅游消费中心。

八、结论与建议

随着中国经济发展进入新阶段,以往依靠生产要素积累推动经济增长的模式越来越难以维系,经济增长的动力将会发生根本转变,消费在国民经济发展中的作用将日益显现。以消费推动经济增长,把中国建设成为一个市场大国,既要注重消费的基础性因素,也要加强相关的制度建设。

第一,要建立居民收入的常态化增长机制。决定消费水平和结构的基础是居民的永久收入,因此既要推动以生产率为基础的收入增长,改善国民收入分配格局,也要注重夯实社会安全保护体系,充分发挥社会安全网在促进消费中的作用。

当前,新技术革命的浪潮已经涌现,要特别关注其对收入分配产生的影响,做好相关的制度设计,做到生产率增长和收入分配格局改善的统一,实现边增长边分配,稳步提高居民收入。

第二,要根据人口变化的特点,促进老龄人口消费水平的提升,培育顺应人口变化的新的消费市场。"十四五"时期将是中国老龄化加速的时期,建设市场大国要充分考虑人口结构变化这一突出特点进行谋篇布局。老龄化不仅对消费水平产生影响,也会影响消费结构,其突出的特点是与工作相关的消费减少,而诸如健康、医疗、看护服务等消费增加。因此,加强与老龄化相关领域的市场培育和引导,既有利于提高人民的福祉,也有利于为经济发展提供新的动力。

第三,要持续提升低收入人口的消费水平。低收入人口具有更高的边际消费倾向,保持他们的收入增长,将有助于丰富市场层次,提高总体的消费水平。要根据人群的特征制定相应的市场培育政策,把流动人口、农村人口和欠发达地区人口作为工作重点。此外,要把现有的社会经济发展规划和项目与相应的市场培育结合起来,把脱贫攻坚、乡村振兴等战略举措与扩大消费、建设市场大国统筹结合起来。

第四,随着经济发展,服务业市场的建设在市场体系中的地位将越来越突出。服务业市场和产品市场不尽相同,对劳动者的人力资本要求也有差别。当前,服务业市场建设中的关键问题是要尽快完善市场体系,特别是一些具有公共属性的领域,例如教育、医疗、养老等要充分发挥市场机制的作用。这样,既可以为人民提供更多更好的服务,又可以在经济结构转向服务业为主导的情况下,获得更充足的增长动能。

第五,加快市场大国建设要与更大力度的开放结合起来。中国具有建设市场大国的诸多有利条件,但市场大国必然也是开放的大国。通过扩大开放,建立国内国外统一的消费市场,可以使国际上先进的产品、服务和消费方式及时引入国内,丰富国内消费市场的层次、促进国内消费的不断升级。此外,中国作为一个制造业大国,加强与国际市场的沟通和交流,可以提升供给的品质,扩大市场范围,提升生产效率,最终也可以为国内居民提供更好的产品和服务。

（课题组成员：都阳　蔡昉　王美艳　屈小博　曲玥　贾朋　封永刚）

"十四五"时期促进形成强大
国内市场的思路和重点任务研究

中国宏观经济研究院市场与价格研究所

市场是一种战略资源。我国拥有超大市场规模优势,这是参与重塑全球竞争格局的重要优势与关键支撑。"十四五"时期外部环境波谲云诡,亟待把巨大市场潜力转化为实际需求,拓展现代市场体系的立规建制能力,不断增强国内市场的对外影响力与吸引力,将"大市场"的资源优势转变成"强大市场"的国际竞争优势,为经济高质量发展注入强劲的内生动能。

一、强大国内市场的内涵与框架

市场指的是商品和服务交换的空间场所、达成供求均衡的平台媒介、配置资源的机制与能力。国内市场是一国范围内商品和服务交换的全部领域、所有媒介和规则体系。"强大国内市场"是认清当前内外部政治经济形势,在新时代推进国家治理体系和治理能力现代化实践中应运而生的概念①,是指规模范围更庞大、结构层次更优化、制度规则更完备、影响力与吸引力更强的现代市场及其运行机制,是一种积极主动配置国内外要素资源的核心能力,

---

① 2018 年 12 月 21 日中央经济工作会议首次提出"促进形成强大的国内市场"。

是驱动经济高质量发展的强劲引擎,是推动供给与需求在更高层次与水平上实现动态均衡的完整体系。

　　强大的国内市场是一个国家蕴藏无尽能量的"内置引擎",市场经济的"大车"跑得快或不快,关键看引擎的体系建构与能量传导。内需旺盛和不断升级是市场强大之源。随着需求层次与购买力的提升,消费者的自由选择和自主消费不断增加,消费从生存型转向发展型和享受型,品质与安全更受重视,消费升级不断推进,新模式不断涌现。强大国内市场正是促进有效需求与有效供给动态匹配的关键媒介,其内核是现代市场体系的立规建制能力。促进形成强大国内市场,需要打破阻碍供求匹配的所有软硬壁垒,只有以生产为起点经过分配、交换达到消费为终点的循环十分畅通,社会扩大再生产才能正常有序进行,市场的统一性及内外部市场的联通性才能提高,在全球范围配置资源的能力与水平才能全面增强。

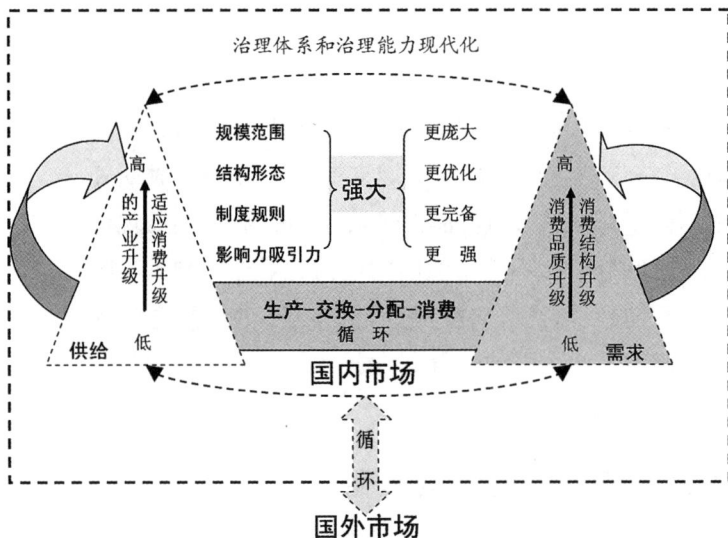

图 1　强大国内市场的"四大循环"分析框架

二、"十四五"时期加快促成强大国内市场的必要性和紧迫性

　　"十四五"时期面临世界政治经济"百年未有之大变局",我国处于大有可为的重要战略机遇期,鲜明的时代特征要求把国内市场这种战略资源用活、用好和用到位,这与实现"中国梦"和夯实国际竞争新优势休戚相关。

（一）更好解决社会主要矛盾需要强大国内市场作为坚实保障

按照世行现行标准，"十四五"时期我国将达到高收入国家水平。实现"全面小康"之后，国内中等收入群体愈加壮大，人口城镇化水平进一步提高，人民对美好生活需要不断升级。强大国内市场要聚焦人民群众没有被满足的基本需要和尚待激发的潜在需要，通过结构性改革来满足既有需求和开创新需求，稳定消费预期和提升消费能力。强大国内市场要以保障民生、促进均衡发展为出发点和落脚点，更加关注优化收入分配，合理调节阶层与城乡利益格局，满足不同利益诉求。

（二）确保产业自主创新和供应链安全需强大国内市场作为坚强后盾

"十四五"时期新一轮科技跃升和商用场景变革呼之欲出，全球竞争将聚焦人工智能和5G等新技术开启的新市场。在贸易摩擦演变为持久战的背景下，美欧以国家安全名义强化技术出口和并购限制，我国供应链安全压力陡然增大，只有国内市场才是真正掌握在自己手中的底牌，所有企业乃至整个国家都要作出华为式的"极限生存"假设，当先进技术和设备部件都不可能靠外部市场获得、新产品被国外市场禁入时，为维持市场生存和更好服务国民，就需要以国内市场自主确保科技自立，这是强大国内市场的时代使命。

（三）高质量发展和纠正供需结构失衡需要国内市场规模更大、韧性更强

通过强大国内市场启动的内生消费与投资直接扩充生产规模，是宏观层面稳增长、畅通供求循环的内核所在，是微观层面激励民间投资、生产、创新、就业与收入等良性循环的关键所系。"十四五"时期，我国居民消费将加速从数量型转向质量型，要打破体制机制壁垒，着力强化有效供给，提供更多高性价比的商品和服务，充分释放教育、育幼、养老、医疗、文化、旅游等消费潜力，进一步发挥服务业扩大收入与就业、稳定消费的多重功能。

（四）加快推进制度型开放需要增强国内市场规则和环境吸引力

"十四五"时期，外部环境更趋复杂，国际经贸规则面临重大调整，主要经济体经贸摩擦加剧。巨大的市场需求和制度体系，无疑是我国争取国际贸易谈判利益、改善企业外贸环境、吸引境外投资的重要底牌，稳住国内市场是"稳外资"和"稳外贸"的重要抓手与支撑。我国强大国内市场并不是要把所有海外消费都吸引回国、把外需都转化成内需，而是要有效满足自身和世界需求，让全球共享中国市场发展壮大之红利，同时在全球治理体系中谋求与我国市场体量和贡献相称的影响

力与制度性话语权。

三、国内市场发展面临的主要问题及根源

我国商品市场规模居全球第二,2020 年社会消费品零售总额已达到 39.2 万亿元。电子商务零售交易额占全球交易总额的 40% 以上,约为美国的 2 倍,移动支付个人消费额约为美国的 11 倍。国内市场结构和环境持续优化,竞争性商品和服务价格已全部放开,恩格尔系数降至 30% 以下,服务消费占居民消费支出的比重逐年上升。但是,目前市场发展与体系建设方面还有明显短板,与"强大"的目标有一定差距。

(一) 巨大潜力尚未转化成实际消费,市场规模拓展受限

从消费支出规模看,国内区域之间、城乡之间的差距仍较大,人均消费支出规模靠前的城市是靠后城市的 3 倍以上。因收入分配尤其是劳动报酬改革、社保和公共服务保障仍不到位,区域协调发展和新型城镇化蕴藏的巨大市场潜力尚未完全释放。从消费结构看,我国发展享受型消费支出占比较发达国家低 20—30 个百分点,恩格尔系数仍偏高,这与我国拥有全球规模最大、最具成长性中等收入群体的国情并不相称。近年来,虽然中等收入群体数量增长较快,但实质购买力参差不齐,扩大消费有诸多后顾之忧,如高房价负担、为孩子升学与老人大病不得不进行预防储蓄等。从消费品质和环境看,目前低端同质化供给过剩,绿色安全、提供更好消费体验的高端供给不足,难以全面满足多元化美好生活需要,本土品牌的美誉度与消费者忠诚度明显偏低,导致大量高端消费流失海外,这与我国即将迈入高收入国家行列的发展阶段形成鲜明反差。近年来,育幼、养老、家政等生活服务供给缺口明显,而且优质服务尤为稀缺,但是社会资本进入服务市场的意愿依旧低迷。究其根源,文教领域受制于意识形态风险实难大踏步开放;医疗、养老、育幼等领域仍存在民办非企业和工商登记企业双轨制待遇,相关领域的事业单位改革也久拖未决。

(二) 中间投入品市场被割裂和低端锁定,供应链安全难以保障

我国中间投入品市场的结构性供求失衡与终端消费品市场相比,有过之无不及。大量关键装备、原材料、核心零部件还严重依赖进口,不仅进口成本高昂,而且面临断供风险和安全隐患。尤其是某些对单一来源地的对外依存度超过 50% 甚至更高的工业中间品,其需求的价格弹性很小,供应链缺乏弹性,容易受制于人。

近年来,我国中间投入品市场面临的"双向挤压"越来越严重,发达国家和跨国公司收紧全球供应链并吸引制造业回流,越南等国凭借低成本优势分散了加工组装品的市场份额,导致我国市场对"外部供应链"的吸引与锁定能力持续下降,供应链外迁风险越来越大。此外,我国产业价值链"两头在外"的特征依然明显,品牌建设滞后与品牌消费激增之间的矛盾非常突出,自主、新兴、高端、国际化品牌比重明显偏低,原创设计、科技信息、融资租赁、维修保养等微笑曲线的前端和后端服务存在缺失或不足。

(三) 市场基础设施存在短板,制约市场结构优化和影响力提升

从新型基础设施来看,与我国即将引领全球新一轮智能消费、率先建构智能化大市场的期待和愿景相比,目前新型信息网络等基础设施投入缺口仍较大,覆盖率较低。从基础设施普及来看,内陆边远城市尤其是城乡结合部的商贸物流、冷链、仓储、结算等市场基础设施相对陈旧,交易平台"小散乱"和消费"最后一公里"堵点仍突出,售后维修、以旧换新和循环利用等服务与东部发达地区差距较大。从功能性基础设施来看,缺乏具有国际影响力的交易平台和枢纽,难以谋求与进口和消费大国身份相称的国际市场影响力和话语权。

(四) 存在区域封锁和地方保护行为,影响全国统一市场建设

我国公平竞争的市场环境尚未定型,存在行业壁垒、区域封锁、标准不一致等阻碍竞争性市场格局形成的障碍,存在滥用行政权力和市场支配地位的各种垄断和不正当竞争行为,市场被割裂并被锁定在低端。地方倾向性产业政策转型不利,导致不同所有制、不同规模、不同地域的市场主体仍难以公平参与竞争。基层市场监管综合执法力量参差不齐,客观上放任了一些竞争"非中性"做法和安全隐患,直接影响了民间投资者的积极性,制约了企业家精神及主观能动性的发挥。

(五) 要素市场化进程严重滞后,资源配置效率尚待提升

制约要素市场化配置的障碍,既有市场垄断行为多发、资源环境要素外部性难以内部化导致的内生性扭曲,也有要素市场双轨运行、区域和行业性壁垒、政策直接干预等政策性扭曲。要素市场化进程严重滞后,导致市场主体活力不足、激励被扭曲、利益分配失衡、竞争力下滑,其已成为拖累高质量发展和国内市场空间拓展、限制全球资源配置与供应链布局能力提升的瓶颈所在。究其根源,在于政府与市场边界不清,政府惯于采取"家长式"管控方式,希望辖区内要素按本位意图调配,造成要素市场体系"先天畸形、后天发育不良",部分关键要素仍被锁定在传统体制内,确权不到位且权益归属相对混乱。

（六）参与全球治理的渠道窄且能力弱,内外市场融通不畅

一是我国对于是否属于发展中国家和市场经济地位的判定与一些发达国家有明显分歧,导致难以把控在对外经济政策中适用哪种口径的国际规则,使得一些国家频繁质疑我国对外贸易与投资政策违反"对等原则"。二是由于我国国有企业承担的作用以及市场化改革路径与国际惯行规则有所不同,国有企业被认为有政府背景而受到更多限制,经常遇到规则冲突,导致其在国际市场竞争中要付出更高的交易成本和风险代价。三是由于国内市场补贴政策在符合国际惯例方面存在一定差距,使得部分外资开始质疑我国公平竞争环境。根源在于两个"不够",即我国建立高质量和高水平开放型市场体系的程度还不够,我国参与全球规则制定话语权以及国内改革设计针对现有国际规则的对标也不够。

四、"十四五"促进形成强大国内市场的主要思路和发展前景

"十四五"将是全面建成小康社会之后的第一个五年规划期,也是面向 2035 年基本实现现代化的第一个五年规划期,需要进一步明确发展思路和前景,凝聚理论和实践共识,推动经济高质量发展,更好满足人民美好生活需要,促进供给和需求动态平衡,全面畅通国民经济循环。

（一）主要思路

"十四五"时期,应紧紧抓住我国中等收入群体扩围和消费结构升级的有利内部条件,有效应对全球市场规则嬗变和国际市场环境趋紧的不利外部环境,针对我国市场发展不均衡、基础设施不完善、规则体系不健全等突出问题,通过优化需求结构和激发内需新增长点,提升产业链水平和保障供应链安全,加快市场基础设施扩容提质,健全现代市场体系的规制能力、夯实竞争政策的基础性地位,完善现代产权制度和要素市场化配置体系,全面促进内外市场及规则融通,加快促进形成规模更庞大、结构更优化、规则更完备、质量效率更高、全球吸引力更足的国内市场,为经济高质量发展提供重要基础,为供给侧结构性改革提供核心动力,为满足人民日益增长美好生活需要提供重大保障,为制度型开放提供有效助力,从而推动供给与需求在更高层次、更高水平上达成均衡,全面畅通国民经济循环。

（二）政策导向

1. "大"乃"强"之基，"强"乃"质"之本

强大市场要以拓宽规模和范围、提升增速为前提，以提升市场发展质量、运行效率和治理能力为落脚点。市场乃创新的首要驱动力，是确保中国崛起不再受制于人的重要支撑。要把握"十四五"重新定义市场与技术关系的历史契机，加快实现从"市场换技术"向"市场强技术"的战略转型，通过国内市场结构优化、提质增效倒逼产业升级，加快建立有利于核心技术创新突围的良好市场环境，为5G等新技术商用提供更多实用场景，力争扭转关键核心技术受制于人的局面。

2. 以短见长，长短结合，力争标本兼治

强大国内市场要辩证处理短期需求管理与中长期结构调整的关系。短期需求刺激必不可少，有助于市场规模扩张、稳定市场发展态势，但是"强市场"不能"头痛医头、脚痛医脚"，而要从制约有效需求扩大的瓶颈入手，从供给侧寻求解决问题的治本之策。"供给侧"包括商品和服务、要素、制度三个层面，商品和服务劣质低效的根源仍在于要素配置低效和制度有效供给不足，所以治理重大结构失衡尤为关键，务求确立持续强大国内市场的长效机制。

3. 供需动态平衡，新消费与新供给壮大新市场

市场经济是需求导向型经济，供给和需求是经济内在关系中两个相互依存的基本方面，供给的总量扩张与结构调整必须以需求变化为导向，需求实现又必须依赖供给。要同步推动供给和需求双侧的结构性改革，通过绿色、安全、优质的新消费引领新供给和塑造新市场，找到供需新平衡点，推动技术和市场向"专、精、特、新"方向发展，打造新型资源配置网络，推动经济发展尽快完成新旧动能接续和转换。

4. 有效市场与有为政府各归其位、各司其职

真正的市场强大是内生性的，关键在于强化市场配置资源的决定性作用，聚焦立规建制、破除壁垒，彻底解决体制机制层面的结构性难题与矛盾，由内而外地推动市场实现高标准和现代化发展。强大市场离不开政府的保驾护航，政府"有为"体现在加快补齐基础设施"硬短板"、市场规则"软短板"，强化政策供给的稳定性与可预期性，真正放活各类要素资源，为市场发展和结构优化提供源头活水。

（三）"十四五"时期国内市场前景分析

1. 内需市场总体规模和结构特征

分三种情景预测"十四五"时期的GDP规模。在GDP实际增速分别是5.0%、5.5%和6.0%的假定下，考虑经济新常态以来物价总水平变化规律（"十四五"时期预测值是1.6%左右），根据生产函数估算，2025年的GDP规模将分别达到146.4万亿元、148.5万亿元、150.6万亿元（见图2）；与此对应的资本形成规模为

58.6万亿元、55.6万亿元、52.7万亿元;对应的最终消费规模为87.8万亿元、92.9万亿元、97.9万亿元,预计比"十三五"末期增加30万亿—37万亿元,消费对经济增长的贡献率维持在60%以上,其中,居民消费支出预计将达到64万亿—70万亿元(见图3),比"十三五"末增加25万亿—31万亿元。

（万亿元）

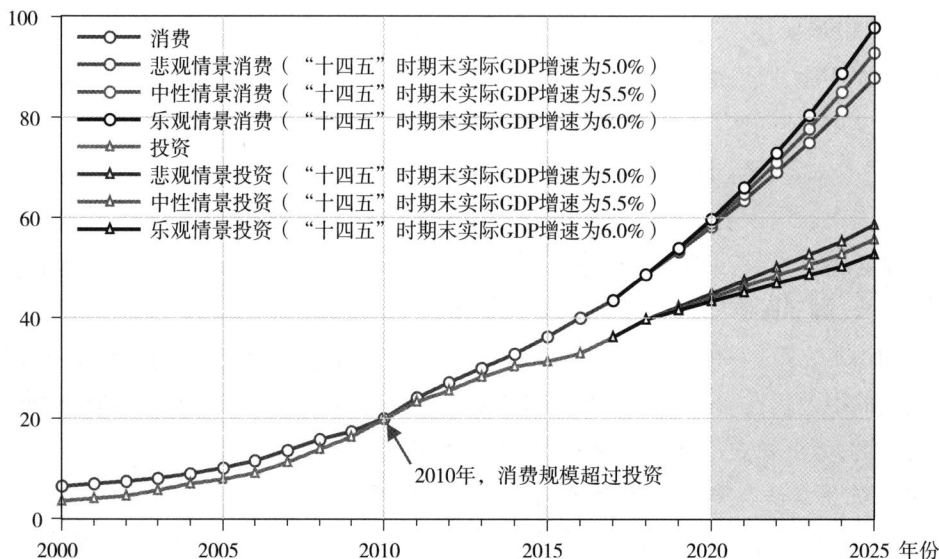

图2　"十四五"时期消费和投资规模的情景分析

资料来源:课题组测算并绘制。

（万亿元）

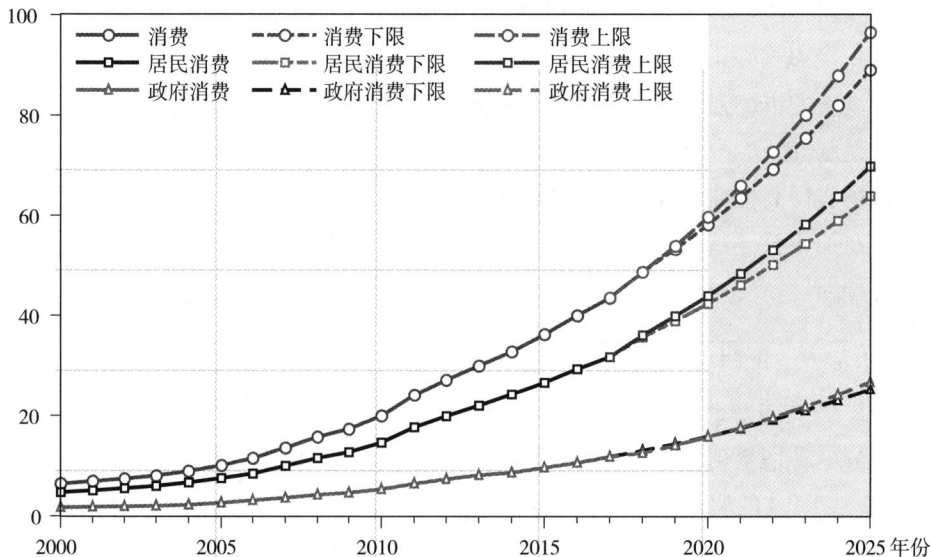

图3　"十四五"时期我国消费规模分类型预测

资料来源:课题组测算并绘制。

"十四五"时期是促进形成强大国内市场、推进经济高质量发展的关键时期，据测算，我国消费率可能升至 60%—65%，储蓄率与投资率相应降至 35%—40%（见表 1 和图 4）。考虑到社会保障体系更加完善，政府公共服务支出将增加，政府消费率可能升至 17% 左右。随着居民平均消费倾向与可支配收入份额的提高，居民消费率将升至 43%—48%，居民服务消费比例呈上升趋势，居民平均消费倾向可能升至 0.7 左右。展望"十四五"末期，居民衣、食、住方面的生存型消费大约降至 60%，对应的消费支出将达到 53 万亿—58 万亿元；发展享受型消费升至 40%，对应的消费支出将达到 36 万亿—38 万亿元（见表 2），分别比 2020 年增加 15 万亿—20 万亿元和 15 万亿—17 万亿元。

表 1　"十四五"时期我国消费指标与当前主要经济体的比较

国别/指标	中国			美国	日本	德国	英国	韩国
	当前	中性	保守	2015—2017 年的平均值				
消费率	53.6	62—65	60—62	82.4	76.2	72.5	84.1	64.1
投资率	44.4	35—38	38—40	20.0	23.9	19.9	17.2	29.1
储蓄率	46.4	35—38	38—40	17.6	23.8	27.5	15.9	35.9
政府消费率	14.5	17.0	17.0	14.3	19.8	19.4	18.6	15.1
居民消费率	39.1	45—48	43—45	68.1	56.3	53.1	65.5	49.0
可支配收入份额	61.6	64—68	61—64	76.6	61.4	64.1	70.3	57.2
居民平均消费倾向	0.64	0.70	0.70	0.89	0.92	0.83	0.93	0.86
居民生存型消费比例	66.1	60.0	60.0	34.6	50.7	49.1	49.0	43.8

注：中国的当前值为 2017 年或 2016 年的数据，中性和保守表示"十四五"时期的预测值；除居民平均消费倾向指标无单位外，其余指标单位为"%"；资料由作者整理。

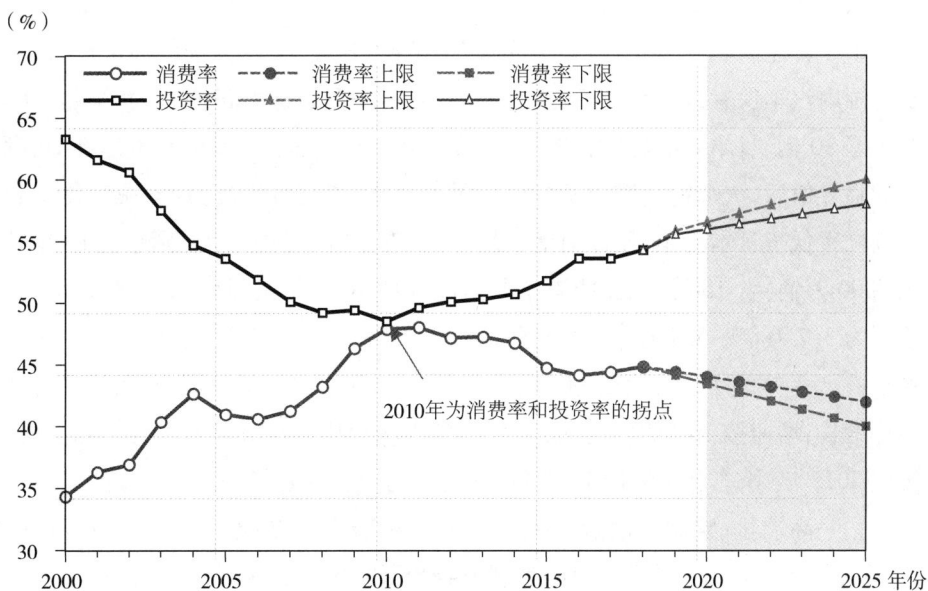

图 4　"十四五"时期消费率和投资率的预测

资料来源：课题组测算并绘制。

表2　我国与主要经济体居民消费支出结构情况　　　　　　　（%）

消费支出结构情况	中国	美国	日本	德国	英国	韩国
生存型消费	66.1	34.8	50.8	49.3	49.2	43.6
食品和烟酒	30.5	8.5	17.4	13.7	12.0	16.0
衣着	7.3	3.2	3.7	4.7	5.4	6.1
居住	22.2	19.0	25.5	24.1	27.1	18.5
生活用品及服务	6.1	4.1	4.2	6.7	4.7	3.0
发展享受型消费	33.9	65.2	49.2	50.7	50.8	56.4
医疗保健	7.4	21.3	3.7	5.2	1.8	5.1
交通和通信	13.2	12.1	13.9	17.3	15.5	15.5
教育、文化和娱乐	10.9	11.1	10.0	9.9	11.3	14.0
其他商品和服务	2.4	20.7	21.6	18.3	22.2	21.8
金融保险	—	8.0	—	6.1	6.1	—
旅馆住宿	—	6.9	7.8	5.3	9.5	8.3

注：表中数据为2013—2017年的平均值，中国数据来自国家统计局住户调查数据，其他经济体数据来自经济合作和发展组织国民账户数据。

2."十四五"时期重点市场发展趋势和潜在规模

当前，占最终消费比重较高的仍然是餐饮、汽车、住房、家电家居、生活性服务等居民消费市场，这些市场主要是以满足刚性需求为主的消费市场。估算"十四五"时期的市场潜在规模，既要考虑传统消费市场的发展趋势，又要考虑激励和扩大新兴消费市场的潜力空间。

——智能网联汽车、高档车将带动汽车消费升级，车后市场将迎来更快发展。目前国内汽车保有量2.5亿辆，接近美国，但就每百人保有量而言，我国是19辆，与美国80辆、日本58辆还有差距。根据日本等国经验，百人保有量达到20辆左右的临界值后，汽车销量增速从20%下降至4%。考虑到目前我国城镇化率和居民杠杆率低于日本当年，预计销量增速降至5%左右。据中汽协预测，2019年销量约2800万辆（含150万辆新能源车），据此推算2025年销量约为3700万辆，市场规模为3.7万亿—5.5万亿元（车均价按10万—15万元计算）。2018年汽车后市场规模已达1.3万亿元，未来随着平均车龄上升和租赁市场发展，车后市场将迎来更快增长，增速按10%假设的话，2025年的市场规模将达2.3万亿元。综上所述，展望2025年，汽车和车后服务市场潜在规模约为6.0万亿—7.8万亿元。

——高端化、定制化消费升级支撑家电家居市场规模扩大。市场增长点在于"大、美、舒、智、健、全"方向的消费升级以及"下沉市场"的消费普及。虽然城镇家庭家电保有量趋于饱和，但是农村家电市场尚有空白。近5年小家电市场发展迅猛,年均增长率 13.5%。"十四五"时期,大家电、小家电市场增速分别按5%、10% 预估,家电市场总规模约为 1.14 万亿元。随着以旧换新销售高峰和家电故障频发的维修高峰到来,预计 2020 年维修市场将突破 1 万亿元,2025 年将达 1.6 万亿元。综上,展望 2025 年,家电和家居相关市场潜在规模约 2.74 万亿元。

——以租代购的新时尚支撑住房租赁市场发展提速。当前我国住房租赁市场交易总量 1.2 万亿元,租房人口 1.94 亿人,约占全部人口的 13.9%,房屋租赁率仅为 18%,低于发达国家平均水平 35%,未来仍有很大发展空间。"十四五"时期新增居住需求的家庭将以"80 后""90 后"甚至"00 后"为主,据相关行业协会预测,到 2025 年将有 2.52 亿人通过租房实现"住有所居",覆盖人口比重将接近 20%,租金总量将突破 3 万亿元。与居住密切相关的是家装市场,2018 年住房装修装饰产值达 2.04 万亿元,同比增长 6.3%。目前我国人均家装消费支出 133 美元左右,低于美国 930 美元和日本 520 美元,随着主力家装人群对品牌品质投入意愿的增强,在长租公寓、新建住房全装修等发展趋势下,综合多家机构预测,将保持 8% 左右的增速,展望 2025 年,住房家装市场规模将至 3.5 万亿元。

——养老、教育、家政、旅游、信息等城市品质生活服务市场规模年均增长将接近 20%。2018 年全国居民人均服务性消费支出 8781 元,同比增长 15.8%,占消费支出比重达 44.2%。同期,家政服务支出增速超 30%,医疗、餐饮服务支出增速均超 20%。这类城市品质生活服务的供给缺口很大,从业人员工资刚性上涨,假定"十四五"时期人均服务性消费支出的年均增速为 16%,则 2025 年全国居民人均服务性消费支出将达到 2.5 万元,占消费支出的比重按年均提高 2.2 个百分点计算,2025 年将在 60% 左右。"十四五"末期的全国总人口按 14.3 亿人预估,则生活服务市场潜在规模将超 35.75 万亿元。

——"人工智能+5G+物联网"市场将成为国内消费市场的放大器,有望发挥市场规模倍增效应。"十四五"期间万物互联的大市场,可以将接入物联网的汽车、家电、手机、住房等实物直接变成提供各类生活服务的智能平台。智能硬件升级+智能服务普及+服务迭代,将使得智能大市场以几何级数膨胀。智能大市场的潜在规模无法单独估算,但其对于国内主要消费市场规模的放大倍数,即智能化发展带来的市场溢价或增值空间,在"十四五"期间预计为 1.1—1.3 倍。

预测结论:以上 5 类重点市场能够满足民众衣、食、住、行、康、养、医、教等各方面多元化需求,目前粗略估算,展望 2025 年,上述重点市场的潜在规模合计约51.0 万亿—52.8 万亿元,智能化放大系数按 1.2 倍计算,重点市场潜在规模为61.2 万亿—63.4 万亿元,相当于上文预估的"十四五"末期最终消费(87.8 万亿—97.9 万亿元)的 65% 左右。假定其他因素不变,如果上述重点市场 60 万亿元左右

的潜在规模都能转化成最终消费的话,那么将为"十四五"时期实现 5.5%的 GDP
实际增速提供一定支撑。

五、"十四五"时期加快促进形成强大国内市场的重点任务

"十四五"时期,为了将超大市场规模的资源优势转化成统筹配置全球资源的
战略优势,推动供给与需求在更高层次、更高水平上达成均衡,研究提出 5 方面重
点任务。

(一) 优化需求结构和激发内需新增长点,将巨大潜力变成现实

1. 稳住重点内需市场,促进消费结构和品质升级

坚持"房住不炒"和因城施策,强化住房保障制度建设,推动房地产"去泡沫
化",进而有序推动经济"去房地产化"。健全多元化住房供应保障体系,繁荣发展
国内住房租赁市场。推动汽车、家电等传统消费朝着高端化、智能化、网联化、共享
化加快品质升级。大力倡导以租代购、绿色安全共享的消费新理念与新模式。显
著增加高品质、绿色、安全供给,消除国内外市场不合理价差,加速吸引高端消费回
流。充分挖掘"下沉市场"的内需潜能,促进三四五线和农村家庭的消费普及与扩
容提质。

2. 顺应服务消费占比扩大的升级趋势,推动服务消费成为发展新支柱

全面放开信息、医疗、教育、育幼、养老、家政、文化、旅游等市场准入,取消事前
准入前许可,对所有市场主体"非禁即入",大力培育消费新热点和新支柱。向高
收入国家消费档次和服务品质看齐,培育本土高端消费品牌,以创新引领和高品质
服务打出国际知名度。发展更好保障消费者权益的新型消费者保护组织和维权机
制,融通各类消费与信用大数据平台,重点治理消费品后服务市场秩序与滥收费问
题。强化对家政、养老、育幼等服务从业者的专业培训、中介服务平台的信用监测。

3. 提升居民收入、优化税收调节增强消费能力

优化收入分配结构,重点扩大中等收入群体规模和实际消费能力。稳步提高
低收入人群最低工资标准,多渠道确保农民增收,确保城乡低收入家庭购买力有实
质性上升。推动城乡公共服务均等化,消除居民家庭消费升级的后顾之忧,推动城
乡居民家庭从生存型消费全面转向发展型消费。加快消费税立法进程,对照商品
和服务消费明确分类标准与相应税则,完善个人所得税专项附加扣除政策,适时扩
大扣除范围。

（二）提升产业链水平，确保供应链安全，增进供需动态匹配度

1. 推动"人工智能+5G+物联网"实现市场融合创新

重点实施"5G 中国"战略。建设全球领先的新一代 5G 大型通信网络，争取掌握全球 5G 网络标准建构权，突破一批反映消费新趋势的核心、关键及共性技术。加快折屏手机、AR/VR、汽车电子、高清屏显等 5G 终端自主研发和推广，力争 2025 年 5G 手机国内市场占有率超 40%，5G 活跃用户数达 4 亿人，领先于全球。推动重点行业"四化"升级工程，在全国工业领域掀起绿色化、高速化、智能化、品质化的"新四化"改造浪潮，重点推进"5G+高铁网""5G+特高压电网"等大型技术网络"新四化"升级。拓展 5G+8K 视频检测、5G+AR 智能装配、远程控制、机器人管网巡检等工业互联网大市场，打造"5G+智能网联车""5G+智慧工厂""5G+智慧矿山"等应用示范平台。

2. 向微笑曲线两端延伸服务市场，更好衔接新消费与新供给

打造高端化、品牌化、国际化的专业性服务机构，推动生产性服务向价值链高端延伸，引导市场主体由销售产品、售后维修等低附加值服务向个性化定制、综合解决方案提供、智能信息服务等高附加值服务转型。健全完善研发设计、知识产权、科技成果检验、中介咨询、融资租赁等生产性服务市场体系，实现从研发到产业化再到最终市场的有效衔接。在金融服务方面，建立健全无形资产抵押贷款机制，完善专利、技术、著作权、品牌等无形资产的知识产权评估制度。

（三）加快基础设施扩容提质增效，促进市场高效均衡发展

1. 聚焦关键领域基础设施"补短板"

重点推进国家物流枢纽、都市圈交通网、陆海新通道、三峡新通道、川藏铁路、沿边公路等一批重大基础设施建设。加大脱贫攻坚、农村水利、生态环保、能源交通等与多层次市场发展相关的"补短板"基建投资。强化市政公用基础设施与交通、能源、电力、水利等密切衔接，整体提升基础设施现代化水平。在长三角、粤港澳大湾区打造与世界级城市群相匹配的市政设施和商贸流通枢纽。强化中西部尤其是城乡结合部和农村商贸基础设施建设，打通区域间、城乡间流通网络，加快集中式功能型市场平台建设。

2. 推进非常规油气田开发，建设具有国际影响力的油气交易枢纽

加快四川盆地等页岩气项目建设进度，推动深海油气勘探开发和页岩油项目商业化，打造千万吨级非常规油气田，更好保障油气供应安全。发展定位明确且辐射广泛的新型油气资源交易平台，打造具有国际影响力的交易枢纽。充分发挥撮合交易、发现价格、传递信息、信用保障等交易枢纽功能，制定统一的交易规则和标

准,强化油气期货与现货市场的联通性,谋求与需求大国和进口大国相称的国际影响力和定价权。

（四）健全现代市场体系,夯实竞争政策基础性地位,提升制度规则完备性

1. 确立全国统一的市场准入体系,塑造高标准可预期营商环境

落实全国市场准入负面清单制度和年度调整机制,强化负面清单制度的权威性和有效性。通过统一编码,增强其与审批清单和权责清单的衔接,确保准入规则一致性。在取消养老等服务市场事前准入许可的基础上,消除民办非企业与工商企业的"双轨"待遇,实现税收、用地、收费和购买服务一视同仁。破除民营机构在竞争性领域开展连锁经营与自愿退出的限制,鼓励"下沉"三四五线和县乡广泛开展业务。

2. 以公平竞争审查和反垄断执法为重点打造公平竞争环境

强化竞争倡导,推动公平竞争理念根植人心,全面提升竞争政策实施的统一性、独立性、专业性和权威性,防止各类有违公平竞争规则的经济政策出台。针对知识产权等特定问题、网络经济、平台共享经济等新形态等,加快制订执法指南,以规范执法推动普法。完善竞争性市场结构,避免独占或寡占,防止集中度过高导致的串谋涨价、囤积居奇、断供等垄断行为。

3. 建设覆盖全过程的现代化市场监管体系

完善重点商品和服务的安全监管标准,强化源头可溯、全流程可控,将不安全风险降至零,严厉惩治并终身禁入不安全责任主体。建立与国际接轨的公共安全风险评估与应急处置机制,整合各部门资源,提高监管执法及时性与有效性。引导企业主动披露社会责任信息,鼓励上市企业编制社会责任报告,将消费保护、质量安全、环保等纳入强制信息披露范围。

（五）完善现代产权制度,推动要素市场化改革,提高市场配置效率

1. 明确产权归属,促进产权有效交易

清晰界定全部国土空间的各类自然资源产权归属,任何产权变动、限制或剥夺都需经过法定程序和合法方式。完善产权交易制度,建立资产评估准确、交易过程透明、价格合理、资金保障到位的交易运行机制,确保产权各类权能的所有者都能获得正当交易收益。健全自然资源有偿使用制度,完善市场价格形成机制,让各类资源真正转为可流动、可交易、有交易价值属性的资产。

2. 理顺要素价格形成机制,确立真正体现稀缺性的价格体系

在竞争性领域,确保自主定价,杜绝政府对企业定价行为的直接干预,纠正以

补贴、配额等方式扭曲价格的干预行为。避免特定要素领域一家独大或少数企业掌控市场,防止集中度过高导致的不正当竞争。进一步推动电力、石油、天然气市场化改革,实施政府定价的少数自然垄断环节,确立现代化价格监管机制,提高定价科学性与透明度。

3. 打造区域要素资源交易共同市场

打破区域封锁,消除地域歧视,限制各种阻碍要素跨区域流动的政策出台,推动要素在更多市场主体之间、更大范围内合理配置。推广长三角、珠三角等区域促进要素资源一体化、建立要素资源共同市场的成熟经验,加快发展布局科学、辐射广的新型交易平台,完善统一的交易规则和服务标准。吸引更多市场主体、主管部门和各地公共资源交易平台参与多层次要素资源共同市场建设,鼓励交易主体跨区域自主选择市场平台,激发市场活跃度和保障交易有效性。

（课题组成员：臧跃茹　郭丽岩　曾铮　刘志成　梁俊　徐鹏　周适　王丹）

创新和完善国内统一市场研究

中国宏观经济研究院市场与价格研究所

创新和完善国内统一市场，是建设统一开放、竞争有序的现代市场体系的核心内涵，是使市场在资源配置中起决定性作用的基础，是健全和完善社会主义市场经济体制的重要内容，更是未来实现现代化目标、建设现代经济体系的重要支撑，同时也与建设高标准市场体系的基本特征一脉相承。国内统一市场体现在各类市场形态、市场主体、区域城乡市场之间、内外部规则的统一融合与协调匹配，既要通过改革创新来疏导市场体系不健全不完善的深层次问题，又要通过创新发展促进市场内在机能提升、规模扩大、规则完备、影响力提升。

一、国内统一市场的内涵与衡量

党的十九大报告提出，"经济体制改革必须以完善产权制度和要素市场化配置为重点，实现产权有效激励、要素自由流动、价格反应灵活、竞争公平有序、企业优胜劣汰"。习近平总书记在 2018 年中共中央政治局第三次集体学习中指出，"要建设统一开放、竞争有序的市场体系，实现市场准入畅通、市场开放有序、市场竞争充分、市场秩序规范，加快形成企业自主经营公平竞争、消费者自由选择自主消费、商品和要素自由流动平等交换的现代市场体系"。2020年9月9日,习近平总书记主持召开中央财经委员会第八次会议时指出要"加快完善国内统一大市场"。党的十九届五中全会提出,要"健全市场体系基础制度,坚持平等准入、公正监管、开放有序、诚信守法,形成高效规范、公平竞争的国内统一市场。"

(一) 统一市场是现代市场体系、高标准市场体系的内涵特征

市场体系是由诸多单个市场组成的具有内在联系的系统,在此系统中,既有商品、货币等有形交换活动,又有服务、信息等无形交换活动。现代市场体系是适应社会分工不断深化的要求,与现代化国家和现代化经济体系相匹配的一整套制度安排,是市场体系成熟与定型的最终状态,可以理解为实现现代化发展目标的重要支撑。

创新和完善全国统一市场,与建设高标准市场体系一脉相传,是一个至关重要的实践过程,是坚定地迈向现代市场体系、实现现代化目标的必由之路。完善国内统一市场、建设高标准市场体系皆要求,国内市场更加统一、市场形态更为健全、市场结构更加合理、市场规则更趋完善、市场治理更加规范,能够更好地平衡市场配置效率与公平性。

(二) 创新和完善国内统一市场的五个层次

1. 宏观层次上促进供求匹配并在更高水平上实现动态均衡

创新优化市场供给体系,纠正供求错配,顺应迈入高收入国家行列、中等收入人群持续扩大的趋势,同步提升市场供给质量和效率,更好满足多元化美好生活需要。促进国内与国际经济双循环,丰富市场对外开放的层次与内容,推动全球经济再平衡,让全球共享中国市场创新发展的红利。

2. 促进各类市场内部和不同市场之间的统一融合

大力促进商品、生产要素、一般服务市场的同步发育,促进线上与线下市场、现货与期货市场、实物与虚拟市场的深度融合,关键是创新发展出新型市场和市场交易新模式与新样态,培育市场发展的新增长点与新支柱。

3. 中观层次上促进市场运行机制和规则的统一匹配

产权制度等规范和保护市场主体权益的基本制度,信用、监管、公平竞争、反垄断等规范竞争秩序的制度,以及防范市场风险和维护市场稳定的相关法律法规之间,要有机统一和衔接匹配。

4. 微观层次上促进市场主体的融合创新

各类企业主体,无论是国有、民营、外资,还是大中小微何种规模,都是自主经营、自负盈亏、自我发展、自我约束的竞争主体。推动市场主体在平等互利的基础上充分融合发展是统一市场的重点和难点。

5. 促进区域城乡市场的统一发展

采用规划、财政、货币等手段,为全社会经济活动提供统一的宏观政策环境,破除由部门或区域之间的摩擦给商品和要素流动造成的障碍,平衡区域市场的局部利益与全国统一市场的整体利益,体现市场发展的公平性。

二、"十四五"时期创新和完善国内统一市场的必要性与紧迫性

"十四五"时期面临世界政治经济"百年未有之大变局",鲜明的时代特征要求我们把国内统一市场这种战略资源用活、用好和用到位。

(一) 更好解决社会主要矛盾需要国内统一市场作为保障

实现全面小康之后,中等收入群体规模持续扩大,人口城镇化水平进一步提高,人民对美好生活需要不断升级。完善国内统一市场是保障民生、促进区域均衡发展、优化收入分配结构、合理调节阶层与城乡利益格局的主要路径和关键支撑。需要通过全国统一市场的创新发展,更好满足人民群众既有需求和开创新需求,稳定消费预期和提升消费能力。

(二) 保产业链和供应链安全稳定需要国内统一市场作为后盾

"十四五"时期,全球竞争将聚焦人工智能和5G等新技术开启的新市场。美欧以国家安全为名强化新技术出口和并购限制,我国供应链安全压力陡然增大。为此,有必要作出极限生存的假设,当高精尖设备和关键部件原材料不能靠国外市场获得、新产品被海外禁销时,为维持市场生存和更好服务国民,就需要以国内统一市场确保科技自立、产业链完整和供应链可靠。

(三) 高质量发展和纠正供需结构失衡需要创新完善国内统一市场

"十四五"时期,我国居民消费将从数量型转向质量型、从生存型转向发展型,需要进一步破各类显性或隐性的市场壁垒,促进内外部规则标准统一融合,畅通供给与需求的良性循环,提供更多高品质个性化商品,充分释放教育、养老、医疗、旅游等服务消费潜力。

(四) 加快推进制度型开放需要增强国内统一市场的吸引力

"十四五"时期,外部环境更趋复杂,全球经贸规则面临重大调整,叠加疫情冲

击,主要经济体摩擦将加剧。创新和完善国内统一市场是有效满足自身和世界需求、争取国际贸易谈判利益、改善企业外贸环境、吸引境外投资的重要抓手,是在全球治理中谋求与我国市场规模和贡献相称的影响力的关键支撑。

三、创新和完善国内统一市场面临的问题与挑战

(一)服务市场与商品市场之间发展不均衡,尚待统一融合

当前服务市场存在供需结构失衡,高标准的优质服务供给明显不足,难以满足人民追求美好生活的品质升级需要。我国品牌建设滞后与品牌消费激增之间的矛盾比较突出,自主、新兴、高端、国际化品牌较少,原创设计、科技信息、融资租赁、维修保养等"微笑曲线"两端的服务缺失或不足。目前,国内大多数智能化商品和服务在市场应用上都没有明确标准,导致上下游企业无标可循,市场处于相对混乱状态。企业容易蜂拥而上,不乏"套补贴"等非理性行为,导致服务跟不上、品质难保证、低价竞争等问题。数据信息共享不畅、信息资源碎片化、数据开发不充分等,导致实物商品产销与衍生服务市场开拓衔接不紧密,存在"两张皮"现象。

(二)中间投入品市场被割裂或低端锁定,供应链安全难以保障

我国产业链"两头在外"的特征依然明显,大量关键装备、原材料、核心零部件还严重依赖进口,不仅进口成本高昂,而且面临断供和不安全风险。尤其是某些对单一来源地的对外依存度超过50%甚至更高的工业中间品,其需求的价格弹性很小,容易受制于人。研发工具和产业特定环节存在明显断点,例如国产软件功能和稳定性不够,部分人工智能芯片企业的研发架构是基于国外设计软件开展的,国产软件替代过程十分艰难。

(三)要素市场化进程滞后,难以突破壁垒统一融合

制约要素市场化配置的障碍,既有市场垄断行为多发、资源环境要素外部性难以内部化导致的内生性扭曲,也有区域和行业壁垒、行政干预等政策性扭曲。要素资源产权界定不够明晰,要素市场化进程滞后,导致市场主体活力不足、激励被扭曲、利益分配失衡、竞争力下滑,其已成为拖累高质量发展和国内市场空间拓展、限制全球资源配置与供应链布局能力提升的瓶颈所在。根源在于政府与市场边界不够清晰,部分政府部门希望辖区内要素按本位意图调配,造成要素市场体系发育不良,部分关键要素仍被锁定在传统体制内,数据等新型要素市场失序,确权不到位

且权益归属相对混乱。

（四）存在区域封锁和地方保护行为，影响全国统一市场体系建设

我国公平竞争的市场环境尚未定型，存在行业壁垒、区域封锁、标准不一致等阻碍竞争性市场格局形成的障碍，存在滥用行政权力和市场支配地位的各种垄断和不正当竞争行为，市场被割裂并被锁定在低端。地方倾向性产业政策转型不力，导致不同所有制、不同规模、不同地域的市场主体仍难以公平参与竞争。基层监管综合执法力量参差不齐，客观上放任了一些竞争非中性做法和安全隐患，影响了民间投资者的积极性，制约了企业家精神及主观能动性的发挥。

（五）市场基础设施存在短板，制约国内统一市场创新发展

从基础设施普及来看，内陆边远城市尤其是城乡结合部的商贸物流、冷链、仓储、结算等市场基础设施相对陈旧，交易平台"小散乱"和消费"最后一公里"堵点仍突出，售后维修、以旧换新和循环利用等服务与东部发达地区差距较大。从功能性基础设施来看，缺乏具有国际影响力的交易平台和交易枢纽，难以谋求与进口和消费大国身份相称的国际市场影响力和话语权。从新型基础设施来看，与我国即将引领全球新一轮智能消费、率先建构智能化大市场的期待和愿景相比，目前新型信息网络等基础设施投入缺口仍较大，覆盖率较低。

（六）参与全球治理的渠道和能力较弱，国内外市场规则难以统一

我国对于是否属于发展中国家和市场经济地位的判定与一些发达国家有明显分歧，使得一些国家频繁质疑我国对外贸易与投资政策违反对等原则。国企被认为有政府背景而受到更多限制，经常遇到规则冲突，导致其在国际市场竞争中要付出更高的交易成本。内外规则难以统一相融的根源在于，我国参与全球规则制定的话语权以及国内改革设计针对现有国际规则的对标不够，建立高质量和高水平开放型统一市场体系的程度还不足。

四、"十四五"时期创新和完善国内统一市场的思路与政策导向

"十四五"时期是全面建成小康社会之后的第一个五年，也是面向 2035 年基本实现现代化的第一个五年，需要进一步明确发展思路和前景，凝聚理论和实践共识，创新和完善国内统一市场，全面畅通国民经济循环尤其是国内外市场循环，推动供给

和需求在更高层次和更高水平上实现动态平衡，更好满足人民美好生活需要。

（一）主要思路

创新和完善国内统一市场的主要思路是：深入贯彻习近平新时代中国特色社会主义思想，按照全面深化经济体制改革的总体部署，使市场在资源配置中起决定性作用和更好发挥政府作用，瞄准形成支撑社会主义现代化强国发展的统一开放、竞争有序的现代市场体系这一目标，在"十四五"时期着力破除地方割据、准入隐性壁垒、各类市场主体不相容、要素配置不公平、内外规则不统一等瓶颈和短板，夯实竞争政策基础性地位，激发各类要素和市场创新融合发展，全面促进内外市场规则融通，加快形成市场形态更为健全、市场结构更加合理、市场规则更趋完善、市场治理更加规范的高质量高标准发展。

（二）政策导向

——处理好发展与改革的关系。提升市场内在机能使得市场从低级向高级、从不发达向发达状态演进，要靠创新发展。解决市场体系不完善的深层次问题，关键还要靠改革，通过深化改革，积极引导要素向需求层次更高的市场领域配置，推动市场供求平衡并不断向高水平跃升。

——处理好政府与市场的关系。充分发挥市场在资源配置中的决定性作用，实现商品和要素自由流动、平等交换，推进城乡市场和区域市场整体发展，形成全国统一大市场。更好发挥政府作用，切实转变政府职能，强化事中事后监管，确保不同所有制企业公平使用各类生产要素，夯实现代统一市场的制度基础。

——处理好监管与调控的关系。在创新和发展国内统一市场过程中要强化监管和调控两种手段的综合运用和相互支撑，既要解决总量问题，又要解决结构性矛盾。

——处理好国内与国际的关系。未来由新动力形成的新供给更需要同国际市场的新需求有效对接。作为世界大国参与全球治理，需要以新的理念、新的机制、新的方式参与国际事务，积极对接国内与国际两个市场，有效配置内外部两种资源。

五、"十四五"时期创新和完善国内统一市场的重点任务

（一）大力促进各类经济形态和市场主体统一融合发展

围绕培育"5G+人工智能大市场"、探索"智能+"等在各领域的运用、推进不同

所有制和规模企业融通发展,实现各类经济形态和市场主体有序融合。

1. 大力繁荣发展服务市场

引导市场主体由低附加值服务向个性化定制、综合解决方案提供、智能信息服务等高附加值服务转型。打造国际化的专业性服务机构,推动生产性服务向价值链高端延伸,更好顺应消费升级的市场升级。探索"互联网+"在服务业应用的新业态和新模式,进一步发展数字生活、健康养老等新兴服务业,发展平台、跨界、共享和体验等经济,在有条件的地区建立人工智能综合试验区,为前沿的智能产品和服务应用提供示范场景。

2. 促进不同所有制企业融合发展

继续推进国有经济布局优化和结构调整,更多投向关系国家安全、国民经济命脉的重要行业和关键领域,通过深化布局调整释放更多要素与空间为民营市场主体创新创业所用。在做强做优国有资本的同时,激发其他社会资本通过控股、参股、交叉持股等方式实现产权深度融合,创新发展各类混合所有制经济。引导拥有土地、资本、资质、专家等资源的国有企业与民营企业以多种方式开展合作。

3. 促进大中小企业融通发展

发挥大企业在融通发展中的引领支撑作用,有针对性地为中小企业提供资金人才技术装备支持,促进大中小企业基于产业链、供应链、资金链、创新链实现融通发展,不断提升中小企业参与共享生产和创新的能力,培育一批细分领域专精特新"小巨人"和制造业单项冠军企业,围绕大企业形成"创业群落"和"创新系"。

(二) 打造顺应消费升级的全产业链和多层次市场体系

将我国超大市场规模转化为全球最大的新技术、新产品、新模式试验场与产业化平台,着力畅通国内统一市场与生产主体之间的循环。

1. 实施"强链、补链、建链"行动

加快推进重点市场相关的供应链向深度和广度延伸,引导市场主体广泛参与"三链"行动,鼓励不同类型市场主体结合自身优势,选择适合方式嵌入产业价值链,从而保障中间投入品市场和消费品市场的完整性与统一性,支撑高中低端各个层次的市场协同发展。

2. 开展重大装备全球市场提升行动

切实引导要素和市场资源向重大装备制造业集聚,强化重点领域系统性协同创新,加强关键核心技术和材料攻关,强化相应的知识产权保护和标准化工作,进一步完善支持首台(套)示范应用的招投标措施。

3. 实施重要中间投入品供应安全保障行动

摸底排查 5G、人工智能、工业互联网、物联网相关的工业设计软件、关键设备、原材料、核心部件等的市场断供风险,重点关注海外供应来源单一、对外依存度高的中间投入品和辅助工具,有针对性制定拓展进口来源或实施进口替代的方案与步骤。

4. 开展重要工业软件自主研发和替代行动

组织相关科研机构和企业联合攻关严重依赖海外授权的芯片设计、三维设计和自动化设计软件,制定实施替代的路线图和时间表,利用我国庞大的国内市场,尽快培育功能性、安全性和可靠性都高的工业设计软件自主开发平台。

(三)强化产权有效激励和侵权惩戒,深入推进要素市场化改革

夯实市场经济体制的产权制度基石,完善要素资源的市场交易机制与价格形成机制,提高市场配置效率。

1. 强化产权有效激励和侵权惩戒

以"确权"为目标加快推动资源要素产权制度改革,明确产权归属和收益主体。完善产权交易制度,建立评估准确、过程透明、价格合理、资金保障到位的交易运行机制,确保产权各类权能的所有者都能获得正当收益。健全国有企业和国有资产产权保护和监管制度。切实保障非公有制经济的产权,全面落实《中华人民共和国民法典》,杜绝司法保护的不平等现象,依法查处各类侵害民营企业合法权益的行为。着力完善自主知识产权保障体系和标准框架,对内重点加大侵权处罚力度,对外重点完善海外维权保障机制。

2. 加快建设具有全球影响力的资本市场

培育股票市场化发行和创新机制,加快推进主板发行注册制试点,完善强制退市和主动退市制度。探索实行公司信用债券发行注册管理制,推进交易所债券市场和银行间债券市场互联互通。坚定推进利率和汇率等市场化改革,完善人民币国际化基础设施和法律制度。规范发展商品及金融期货市场、金融衍生品市场。全面增强金融服务实体经济能力,健全解决中小微民营企业融资难融资贵的长效机制,积极创新融资渠道和产品,利用大数据等技术对中小民营企业进行精准画像,提高善贷能力。

3. 挖掘各类要素市场潜能

一是搞活土地大市场。建立全国性建设用地、补充耕地指标跨区域交易机制。深化农村土地制度改革,完善承包地"三权分置"制度。加快建成城乡统一的建设用地市场,实现农村集体经营性建设用地入市交易常态化。明确农民宅基地财产权,参照城市住宅交易规则,允许其抵押、有偿流转和退出。二是建设全国性科技大市场。完善专利技术和知识产权鉴定、评估、定价与交易机制,促进更多专利技术和知识产权入市交易。打造符合国际惯例的科技市场促进机制,健全推动科技

成果高效转移的优质服务网络,增进资质互认、成果对接和资源共享。健全职务科技成果产权制度,合理免除成果转化单位的保值增值和国资流失责任。三是创新发展数据大市场。以明确数据产权和优化价值评估为重点完善基础制度,形成一整套完善的数据产权认定、使用、管理、交易、保护等规则,建立权威性的数据资产价值评估参考标准,推动制度规则的国际对接。

(四) 健全现代市场体系,夯实竞争政策的基础性地位

大幅提升市场体制的完备性与成熟度,夯实竞争政策的基础性地位,健全公平竞争审查制度,打造现代化市场监管体系和标准管理体制。

1. 确立全国统一的市场准入体系

落实全国统一的市场准入负面清单制度及年度动态调整机制,确保所有市场主体"非禁即入"。促进市场准入负面清单、行政审批清单和政府权责清单的衔接配合,通过统一编码,提升市场规则一致性。主动破解民营主体现实发展面临的各类难题,主动清理针对民营企业设立和业务拓展的歧视性标准和许可或备案要求,大幅提升营商服务的质量与水平。细分垄断行业的业务环节,运用"网运分离,区域竞争"等运营模式,不断扩大民营企业家的投资创业空间。

2. 以公平竞争审查和反垄断执法为重点打造公平竞争环境

全面提升竞争政策实施的统一性、独立性、专业性和权威性,防止各类有违公平竞争规则的经济政策出台。针对知识产权等特定问题以及网络经济等新经济形态等,加快制订执法指南。培育和健全竞争性市场结构,防止集中度过高导致的垄断和不正当竞争行为。大力查处滥用行政权力排除和限制竞争的案件,重点规范集中采购、公共工程招投标过程中的不公行为。

3. 建立与国际接轨的市场标准组织和管理体制

大幅增加对保障人身健康和生命安全的强制性标准。建立健全人工智能、5G、物联网等领域的基础共性、互联互通、行业应用、网络安全、隐私保护等标准体系,支持头部企业(行业龙头)牵头或参与制定完善国家标准。鼓励以市场化机制组建人工智能类行业协会或产业联盟,在整合行业资源、完善供应链、牵头制定行业标准、提供咨询服务和培训方面发挥更积极作用。健全全国统一的标准化信息平台,提供"一站式"查询和甄别服务。

4. 健全现代化市场监管体系

完善重点商品和服务市场的安全监管标准,强化源头可溯、全流程可控。建立与国际接轨的公共安全风险评估与应急处置机制。引导企业主动披露社会责任信息,将消费保护、健康安全、产品质量、节能环保等纳入强制信息披露范围。适应"5G+智能大市场"跨界融合的新特征,构建线上线下密切配合、安全与质量全覆盖

的包容审慎监管新机制。强化服务质量诚信体系建设,建立售后服务企业黑名单并实现全国联网,严厉整治服务质量低下和涉嫌欺诈行为。在金融领域,适时推动银保监会与证监会机构职能合并,与金稳委、人民银行形成"一委一行一会"的统一监管格局,统筹宏观审慎监管和微观功能监管。按照权责一致和因地施策原则,落实地方金融发展与风险防范主体责任。

(五) 加快市场基础设施扩容提质增效,促进市场统一高效均衡发展

以维护和提升市场空间统一性为前提,加快促进重点区域和城乡市场基础设施一体化高质量发展。

1. 促进市场基础设施扩容提质和"补短板"

在长三角、港珠澳大湾区打造与世界级城市群相匹配的市政设施和商贸流通枢纽,强化区域消费中心的市场辐射力和带动力。强化中西部尤其是城乡结合部和农村商贸基础设施建设,尤其是加快集中式功能型市场平台建设,确保打通物流配送、上门安装和售后服务等"最后一公里"。加大农村水利、生态环保、社会民生、能源交通等与多层次市场发展相关的"补短板"基建投资力度。

2. 打造支撑智能化大市场发展的新型基础设施

加快人工智能、5G、物联网示范城市的组网进程,"十四五"时期聚焦城市、县城及发达乡镇,建设数百万个宏基站和数千万个小基站,为5G应用提供额外的无线电频谱,大力推进在全国范围的商业化应用。加大与智能网联、智能驾驶等新技术的市场应用相匹配的交通设施智能化改造力度和进度。

3. 建设具有国际影响力的油气交易枢纽和交易体系

加快四川盆地等页岩气项目建设进度,推进深海油气勘探开发和页岩油项目商业化进程,打造若干千万吨级非常规油气田,更好保障未来油气资源供应安全。发展定位明确且辐射广泛的新型油气资源交易平台,打造具有国际影响力的交易枢纽,加快推出更多以人民币计价和结算的国际化期货品种。充分发挥撮合交易、发现价格、传递信息、信用保障等交易平台或枢纽功能,制定统一的交易规则和标准化系统,强化大宗能源资源期货与现货市场的联通性,谋求与需求大国和进口大国相匹配的国际市场影响力与话语权。

(六) 促进内外市场和规则融通,增强国内市场的全球影响力和吸引力

积极融入和维护现有国际秩序规则,进一步提高我国在技术、标准和规则等方面的影响力。

1. 扩大国际规则制订中的制度性话语权

进一步加快国内服务市场对外开放,特别是服务业市场的双向开放,不断提升

我国FTA(自由贸易协定)的范围、数量和质量,塑造高质量和高水平市场双向开放的格局。进一步完善和健全外资准入负面清单及鼓励外商投资产业目录,在服务业、制造业、采矿业、农业推出新的开放措施,在更多领域允许外资控股或独资经营。积极推进共建"一带一路",促进高质量的对外投资和企业"走出去",构建更广泛的国际商业合作网络和更高标准的全球商业合作模式。积极参加全球治理,主动参与国际规则调整,争取主动权和话语权。加强"一带一路"建设的规则设计,使之成为现有国际经贸规则的有益补充。

2. 适应并引领国际公共机构治理规则变革

积极推进国企混合所有制改革,淡化国企经营活动中的行政色彩以及"走出去"时的所有制属性,加快对接国际组织关于公共机构的惯例,在经济政策制订中落实竞争中性原则。积极在国际组织、多边论坛中阐述和解释中国关于公共实体的立场,宣传国企改革进展,力争让新的国际经贸规则更多吸纳我国关于竞争中性的相关主张,为构建更加开放、公平的全球市场新秩序作出贡献。

3. 强化国内外规则的统筹衔接

积极推进我国政府相关产业补贴的立法工作,通过"产业政策法治"明确政府补贴制度设计的目标,通过"财政法治"提升政府补贴的公平与效率,并通过"竞争法治"确保政府补贴的公平,收缩部门产业政策权力以规范政府补贴的恰当运用,引入绩效评估制度作为决策的参考,完善对政府补贴的公平竞争审查机制,确立补贴的可诉性及完善相应的司法救济。健全完善国家安全审查制度等规则体系,在提升国内市场全球吸引力的同时,确保国家安全和核心利益不受侵犯。

(课题组成员:郭丽岩　臧跃茹　刘方　徐鹏　梁俊　胡飞　吕云龙)

"十四五"时期房地产业转型升级路径和政策研究

国家发展和改革委员会价格监测中心

党的十九届五中全会通过的《中共中央关于制定国民经济和社会发展第十四个五年规划和二〇三五年远景目标的建议》(以下简称《建议》)指出,"十三五"时期我国决胜全面建成小康社会取得决定性成就,"十四五"时期要锚定二〇三五年远景目标,推进以人为核心的新型城镇化。《建议》进一步明确,要坚持"房子是用来住的、不是用来炒的"定位,租购并举、因城施策,促进房地产市场平稳健康发展。《建议》还提出,要有效增加保障性住房供给,完善土地出让收入分配机制,探索支持利用集体建设用地按照规划建设租赁住房,完善长租房政策,扩大保障性租赁住房供给。

房地产是我国宏观经济的重要产业,在近二三十年粗放发展的过程中,拉动了经济快速发展,但也造成了一系列经济、社会问题,如房价收入比过高;交易环节税费过多,持有税收调节机制欠缺;物业管理不规范,社区教育、医疗等配套不均衡;租售比不合理;租赁市场缺乏有效监管,租售不同权;保障房占比过低;中介机构鱼龙混杂,虚假房源、区域垄断等问题层出不穷;非住宅去库存化困难等。因此如何在充分发挥房地产对经济拉动的作用基础上,真正实现转型升级,让房子回归住的本质,对实现以人为核心的新型城镇化具有重要意义。

为研究方便,将商品住宅作为研究对象,通过综合国家发展改

国内市场

革委价格监测中心监测数据、相关部门统计数据以及参考文献等资料,分析房地产行业所处环境的变化以及房地产行业自身的发展变化。在研究中,我们还选取了60个重点城市,对当地开发商、中介机构开展问卷调查,同时对其中6个典型城市进行实地调研。最后,根据国内外经验及问卷结果、专家意见等,研判房地产行业未来发展方向,研究提出"十四五"时期健全住房供给体系、推动房地产业转型升级、促进房地产市场平稳健康发展的总体思路、方向路径和政策建议。

一、我国房地产市场化发展历程

(一) 1978—1997 年——房地产市场化探索起步阶段

1978 年 9 月,全国城市住宅建设会议第一次提出住房商品化。1987 年深圳首次公开招标出让住房用地,1988 年宪法明确"土地的使用权可以依照法律的规定转让",1992 年提出建立社会主义市场经济体制,有效地解决计划与市场的关系问题,带动了房地产开发的热潮,当年房地产开发投资增速达 117.49%,商品房销售面积增加 42%。

这段时期经历了我国房地产市场初始形成、理论探索、加速发展和调整三个阶段,奠定了"住宅商品化"和"土地使用权转让"两个制度基础,也为后期房地产发展积累了初步经验。

(二) 1998 年至今——房地产市场化快速发展阶段

1998 年是我国房地产发展的一个分水岭,确立了全面市场化方向,停止住房实物分配,建立土地招拍挂制度,住房金融不断完善,房地产市场进入了二十多年的高速发展期。

1. 1998—2002 年,房地产市场化改革初期,市场较为平稳

1998 年 7 月,《国务院关于进一步深化城镇住房制度改革加快住房建设的通知》明确提出"促使住宅业成为新的经济增长点";停止住房实物分配,逐步实行住房分配货币化;建立和完善以经济适用住房为主的多层次城镇住房供应体系;发展住房金融,培育和规范住房交易市场。

2. 2003—2007 年,房地产业快速发展,房价涨幅明显

2003 年 8 月,《国务院关于促进房地产市场持续健康发展的通知》确立"房地产业成为国民经济的支柱产业",提出"完善住房供应政策,调整住房供应结构,逐步实现多数家庭购买或承租普通商品住房"。加之 2004 年 3 月,土地使用权一律

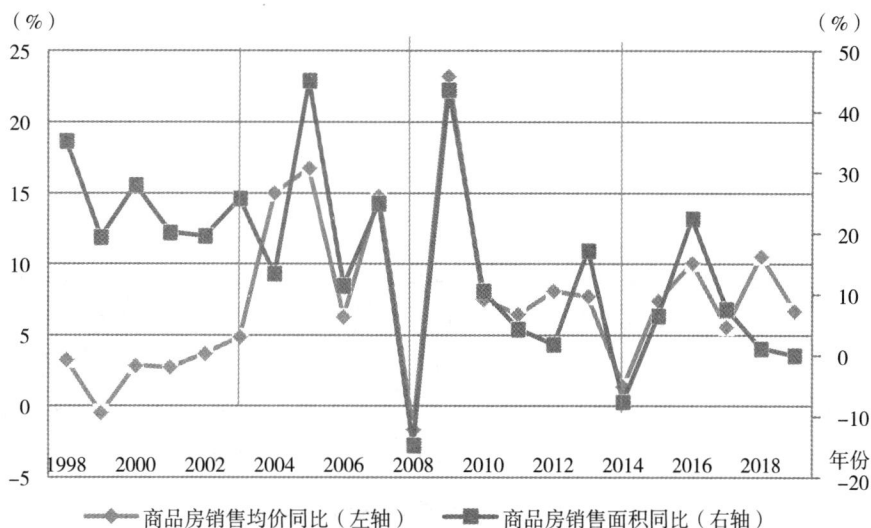

图1 商品房销售面积及价格同比

实行招标拍卖挂牌政策出台,2004年商品房销售平均价格涨幅由2003年的4.86%迅速攀升至15.02%。2007年9月,36个大中城市房价同比上涨17.89%。

3.2008—2014年,"次贷危机"后,房价快速上涨

2008年12月《关于促进房地产市场健康发展的若干意见》出台,房地产市场调控由收紧转为刺激,2009年3月,市场开始转暖,并快速升温。据我中心监测,36个大中城市2009年12月新建商品房成交价环比上涨7.42%,同比上涨25.56%;2010年全年同比涨幅达29.26%。

4.2015年至今,提出"房住不炒"基本原则

2016年12月中央经济工作会议重点强调"促进房地产市场平稳健康发展",首次提出要坚持"房子是用来住的、不是用来炒的"定位,加快研究建立符合国情、适应市场规律的基础性制度和长效机制。2017年初,房价快速上涨的势头得到遏制。我中心监测的36个大中城市新建商品房成交价同比涨幅从2017年5月开始逐步回落。

(三)房地产发展经验总结

房地产市场在逐步形成、完善和成熟过程中,为我国经济增长和社会发展作出了卓越贡献。

1. **房地产业带动多个行业发展**

2014年前,房地产业对经济增长的贡献率长期在10%以上,2003年、2007年、2010年高达30%,是我国经济增长的重要推进器。在亚洲金融危机和次贷危机中,房地产的拉动对我国经济增长起到了重要的作用。

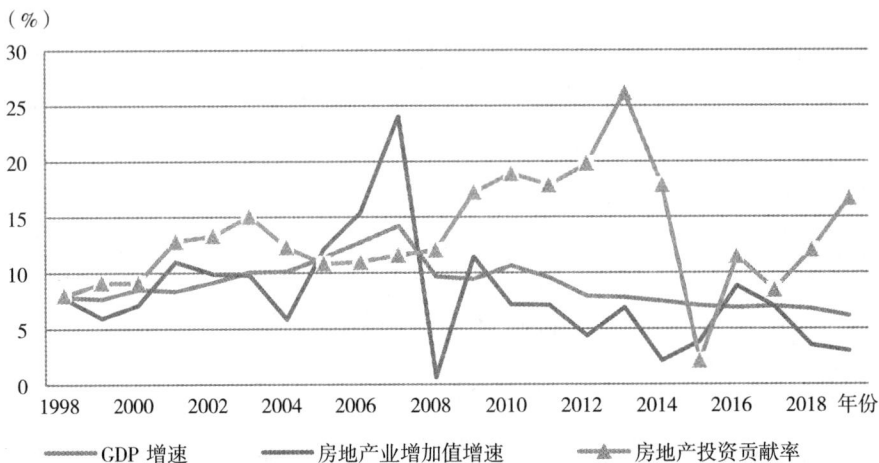

图 2　GDP 增长与房地产投资贡献率

2. 房地产推动了城市更新发展

一方面,通过棚户区的拆迁开发、老旧城区的翻新改造,新城区的规划建设,改变了过去城市街道狭窄破旧的面貌。另一方面,房地产税费和土地招拍挂收入,是地方财政的重要来源,为地方进行城市基础建设提供了强有力的资金支持。

3. 满足了居民居住需求

1998—2019 年我国共销售商品房约 190 亿平方米,其中住宅约 167 亿平方米,基本满足了我国居民居住需求和社会经济发展需求,根本改变了我国住宅短缺局面。我国城镇人均居住面积从 1998 年的 18.66 平方米增长到了 2019 年的 39.8 平方米,达到了国际人均居住面积的中高水平。

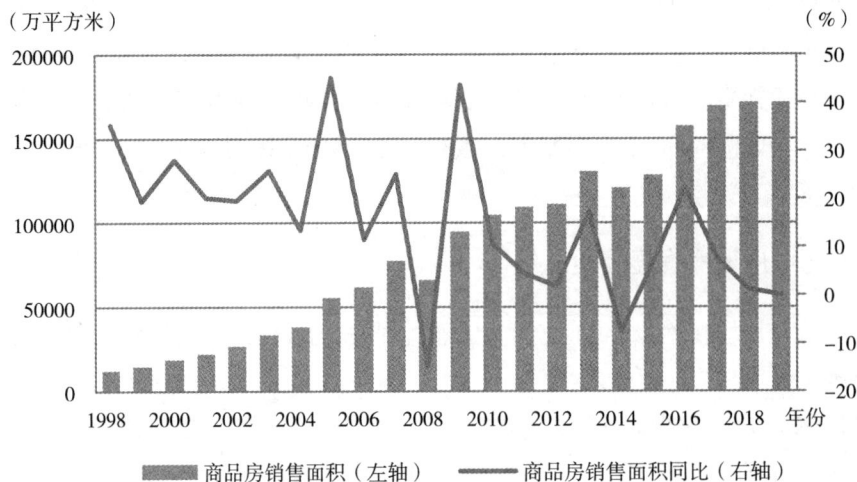

图 3　商品房销售面积

4. 创造了大量的就业岗位

房地产作为国民经济的重要支柱产业之一,包括商品房开发、建设、中介、物业管理等多个行业,关联行业众多,创造了大量的就业岗位。

同时根据发展的历史,我们也总结出三条经验。

(1)保障房是稳定市场的重要组成部分。1997—2002年经济适用房投资额在住宅投资额中占比均超过10%,其中1999年、2000年占比均在16%以上,相应的价格也比较平稳。2003年政策调整后,经济适用房新增供给占比下降,对房价的平衡作用减弱,房价涨幅明显加大。

(2)调控房地产市场要从调控土地供应和价格入手。房地产市场供求关系,归根结底是土地供应和需求是否匹配的问题。招拍挂制度规范了土地供应市场,但也造成了土地供应途径的单一。1998—2019年,全国商品房销售均价上涨了5倍,而同期土地购置均价上涨了40多倍。

(3)房地产受金融环境影响较大。房地产是资金密集型行业。从M2和房地产投资同比走势来看,两者具有较强的相关性。近二十年间,M2增速有过两次高峰期,分别是2003年和2007年次贷危机后,对应房地产2003—2007年、2008—2013年两次房价快速上涨周期。

图4　M2与房地产投资

二、我国房地产存在的问题

自1998年我国住房制度改革以来,房地产市场发展迅速,在国民经济中发挥了巨大作用,但也产生了一系列问题,主要表现为五个方面。

(一) 房地产与实体经济不协调,房地产业投资过热

近年来,我国房地产投资过热,一些企业热衷于"挣快钱",开工厂不如炒房子,产业结构存在失衡风险。据统计,2000—2019 年,房地产增加值增速年均达到16.01%,分别比农业、工业同期年均增速高 7.26 个和 4.54 个百分点,比 GDP 年均增速高 3.2 个百分点。1998—2019 年,房地产开发投资占 GDP 比重从 2.27% 上升到 9.59%,增加了 7.32 个百分点,尤其是 2012 年后增速加快,7 年增加了 4.89个百分点。2000—2018 年,中国住房市值年均增长 15.7%,超过名义 GDP 的13%,住房市值与 GDP 的比例从 234% 增长到 356%,高于 2018 年美国、日本、德国、英国、法国 126%、208%、238%、320%、341%。

(二) 房价与居民收入增长不同步,透支居民消费能力

据统计,2000—2019 年全国房价收入比从 6.30 升至 8.73,房价增长速度明显高于人均可支配收入增长速度。从结构上看,大中城市房价收入比又远大于全国平均水平,同一城市的非户籍人口房价收入比又远高于户籍人口。2020 年,300 万以上人口规模城市的最低购房门槛总价,除东北、西北个别城市外,多数超过百万,6 个超大城市北上广深渝津购房门槛总价分别为 428 万、385 万、238 万、466 万、101 万、147 万,与同期各城市人均可支配收入相比,按照新市民双职工家庭计算,房价收入比分别为 30.82、26.65、16.8、35.91、16.38、16.76,在北京和深圳购买一套最低配置的住房要付出双职工家庭 30 年以上全部收入。

从租金与收入的比较来看,2020 年,多数城市租房主要成交套型为二居室,套均租金与当地人均工资中位数水平相比,多为 0.5 以上,即每月工资超过一半要用于支付房租。根据中原地产数据,2020 年全国 50 个重点城市的租售比为 1∶611。其中,一线城市平均租售比为 1∶646,二线城市平均租售比为 1∶588,三四线城市租售比为 1∶623,远远超过国际普遍认为的 1∶300—1∶200 合理区间。

(三) 投资属性和消费属性不平衡,金融系统风险较高

1. 投资属性过强,社会财富过于集中在房地产

在我国金融体系还不健全,投资渠道匮乏的情况下,住房成为资本保值增值的主要投资方向,而房价快速上涨反过来进一步强化了房屋的投资属性。在这种不断循环往复的自我强化过程中,居民财富更进一步向房地产集中。据中国人民银行 2019 年 10 月中下旬统计,全国 30 个省(自治区、直辖市,3 万余户城镇居民家庭资产负债情况调查结果显示,我国城镇居民家庭资产以实物资产为主,户均

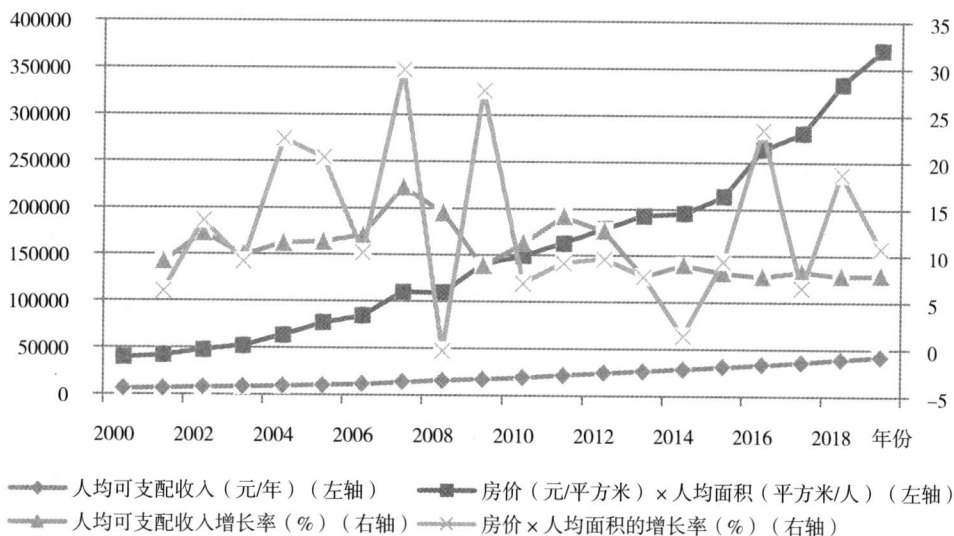

图5　人均可支配收入和房价变化趋势图

253.0 万元,占家庭总资产的八成,实物资产中,74.2%为住房资产,户均住房资产187.8 万元。

2. 居民杠杆率上升过快,对消费形成挤出效应

随着房价快速上涨,居民整体杠杆率也迅速提升,且债务集中度高、分布不均衡。其中,东南沿海地区住户部门债务风险相对较高,在购房群体中,购买低总价房屋的刚需人群杠杆率偏高,风险也较高。以房贷为主的居民部门杠杆率过快上升,对居民消费形成一定挤出。2008—2018 年中国居民杠杆率从 17.9%快速升至 52.6%,居民家庭债务收入比由 31.0%增至 86.9%,而社会消费品零售总额增速由 22.7%降为8.0%。2008—2018 年中国杠杆率年均增长 11.4%,远高于美国、英国、日本、墨西哥、巴西的-2.3%、-1.0%、-0.3%、1.9%、3.8%。根据国家统计局数据,近年来随着房价的上涨,城镇居民居住消费支出占总支出比重,从 1998 年的 9.43%升至目前的24.16%,占可支配收入的比重从 1998 年的 7.53%升至目前的 16.01%。

(四)　房地产业供给与需求结构不匹配

1. 土地供需结构不匹配,城市公共服务资源不均衡

(1)土地供应与城市发展需求不协调,存在较严重的"重工轻住"的情况。据中指研究院土地监测数据,公开招拍挂市场中,工业用地供应规模占比突出,"十二五""十三五"占比分别为 51%、49%,同期全国工业增加值占 GDP 比重已逐渐降至三成左右,而同期住宅用地供应只占 25%左右,制约了住房的有效供应。(2)土地供应在城市空间层面错配。大城市新增住宅用地供应量较少,导致商品住宅市场供不应求,库存紧张,房价上涨压力大。相反,一些四、五线城市人口较少,反

而土地供应较多,形成大量库存。在城市内部,中心城区和新城区之间也存在土地和公共资源配置不均的问题。

2. 住宅和非住宅供应比例与城市发展需求错配

2015 年起全国写字楼新增供应量基本维持在年均 700 万平方米以上,远超过年度净吸纳量。截至 2020 年 9 月,全国写字楼待售面积为 3765 万平方米,同比增长 2.56%,去化周期超过 12 个月。2019 年四季度以来各地空置率持续上升,2020 年二季度全国 18 个主要城市写字楼整体空置率达 23.9%,环比上升 0.5 个百分点,远高于国际公认的 10% 合理区间。

(五) 房地产市场保障机制不完善,租赁市场不成熟

1. 保障房新增供应不足、房地产保障机制不完善

(1)保障住房供给主体单一,政府财政压力大,难以满足建设需要。以"十二五"期间北京市保障性住房资金缺口为例,2010—2015 年北京市安居工程资金总缺口高达 2540 亿元。目前,我国地方政府债务已经超过 18.38 万亿元,政府财政危机隐性风险较大。(2)保障性住房供给方式不合理、监管机制不完善。实物补贴和货币补贴是住房保障的两种不同供给方式。多数地方的低额货币补贴根本无法满足中低收入家庭租赁房屋的差价,而实物供给的申请门槛较高,使得很多贫困家庭住房困难问题无法解决。一些地方为了节省财政资金,仅发展面向最低收入阶层的廉租房,减少甚至停止建设其他类型保障性住房,使"夹心层"居民的利益无法得到保障,梯级住房供给体系也难以形成,实际造成了住房保障范围缩小。(3)保障房新增供应数量不足、质量不高,发达城市尤为突出。如新建保障房存在选址离城中心较远、建设集中、公共服务设施配置较少等问题,增加了居民的通勤成本和生活成本,也容易带来地域歧视、贫富差距扩大等问题。当前国内一二线城市的"人房矛盾"尤其严重,以北京市为例,2019 年北京市各区总计筹建 13.84 万间保障性住房,常住外来人口 764.6 万人,意味着 55 个常住外来人口才能享受 1 间保障性住房。

2. 租赁市场机制不完善

租赁市场是中低收入人群和城市新入职年轻人解决居住问题的重要途径,但住房租赁行业准入门槛低,准入制度不完善,从业人员素质高低不齐,部分人员存在虚假宣传、赚取房源差价、挪用交易资金、违规规避税费、不按规定备案、泄露客户信息等违规行为,而且租户在教育、养老、保障房等方面都不能均等享受城市公共服务,也在某种程度上限制了租房发挥平衡市场的作用。

长租公寓是近年来出现的一种新型租房模式,但 2017 年以来多家长租公寓运营企业暴露了行业运营中存在的问题。一是"高进低出"导致经营不善或资金链断裂

而倒闭。一方面为争抢房源,以高于市场价 30%—40% 的价格从业主手里收取房源;另一方面又为争抢客源降低租金招揽租客。二是"长收短付"形成了大量资金沉淀。对承租客按季付或者半年付,而对出租户按月支付,利用时间差获益,若是租客采用了租金贷,可获取更多资金沉淀。三是"短钱长投"盲目扩张。长租公寓经营是一个资金回收周期长,资金利润率较低的行业,一些公司利用沉淀资金收房、装修,将短期的资金投资在了一个长期薄利项目上,极易引起资金链断裂。四是缺乏监管和相应的低息低风险资金支持,部分长租公寓还存在装修污染、设备低质等问题。

3. 房地产税费过多,税制设置和征税环节有待完善

房地产开发、交易环节税费过多,税收机制有待完善。在房地产项目开发建设过程中,需要缴纳 10 多种税,此外还有电力设施费、天然气管道费、通信设备费等 9 种费用,涉及国土、规划、测绘等多个部门多个环节。据我中心 2019 年调查显示,各项税费占到了开发企业成本的 11.48%。在住房的交易环节,也要缴纳多种税费,如契税、印花税、个人所得税、增值税,还有中介服务费、公证费、评估费等,如果是非自然人交易需要缴纳的税种更多。

三、国外房地产业发展经验

发达国家经济发展阶段领先我国,在推动房地产市场长期平稳健康发展方面积累了大量的经验和教训,总结这些经验和教训对于我国房地产业转型升级很有借鉴意义。我们主要选取美国、德国和新加坡这三个房地产发展各具特色的发达国家进行分析,其中美国是政府介入、市场主导的房地产市场,德国是以租赁主导和民生导向的房地产市场,新加坡是以政府供给为主、市场出售为辅的住宅体系,并着重关注三个国家在稳定市场和住房保障方面的经验借鉴。

(一) 从法律上强化以居住为导向的住房制度

美国、德国、新加坡等国家均建立了较为完整的房地产市场法律体系。基本明确规定了公民的居住权利,针对住房建设、租房、抬升房价等违法行为,用法律法规的形式对房地产市场参与主体的权责进行了详细规定,以此规范房地产市场发展。

(二) 健全住房保障政策,实现居民住房供给多元化

支持政府部门运营或私营房地产公司增加多样化住房供给,鼓励居民将多余的住房纳入租赁住房体系,扩充住房增量,增加住房保障多样性。通过补贴、税收

等手段,尽可能地满足不同群体可以支付得起的住房需求。运用法律、税收等手段打击炒房、规范租赁市场,支持老百姓能买则买、能建则建、能租则租。建立普惠性、多样性的住房金融制度,为住房保障政策的实施提供支持。

(三) 合理规划土地供给,平衡房地产市场用地供需

通过合理布局,形成了数量多、分布均匀的城市发展模式,人口城镇化和土地城镇化基本一致,土地供需矛盾不明显,促进大城市房价涨幅长期保持在合理区间。推行强制、低价补偿的土地征收制度,政府不依赖土地财政。推行土地储备制度,稳定土地市场预期。根据未来 10—20 年城市发展规划来预测新增土地需求规模,并以此作为城市土地储备数量的重要依据,提前有方向、有目的地购买闲置或城市边缘区的土地,通过对土地用途、区位、密度和出让时机等整体规划作为引导,从而促进土地供需的平衡。

(四) 完善税收调控机制,抑制房地产过度投机行为

建立比较完备的房地产评估机构和评估制度,为确定房产税税基提供参考依据。实行宽泛的差别化征税体系。如德国要缴纳评估价值 1%—1.5% 不等的不动产税。新加坡自住房产的房产税率是 4%,其他类型的房产税率为 10%,对于小户型的业主可以在 4% 的基础上进行折扣,并从 2011 年开始,按照年价值金额进行差别化税率征税。征税过程中交易环节、持有环节并重。德国房产税在交易环节有不动产交易税、差价盈利所得税、遗产税和赠与税等,其中,动产交易税约 3.5%—6.5% 左右,加上其他交易费用,房产交易成本约 10%。多减免、重调节,以保障弱势群体。如美国政府对公共部门、非营利组织、教育组织等持有的物业全面免征房产税,对退伍军人、房产税超过家庭所得一定比例群体(如高龄房屋持有者)实行房产税部分免征。德国政府采用税收减免政策鼓励私人建房、合作建房,对申请建房的贷款可从应纳税收入中扣除,对居民购买的自建房用地给予地产税十年免征。

(五) 控制加杠杆行为,维护房地产市场稳定

如德国在住房金融制度设计中加强对居民杠杆率的控制,使房地产市场金融风险始终保持在可控范围。

四、房地产发展趋势

1998 年以来我国房地产市场的快速发展,根本原因在于城镇化进程带动了城

市就业和人口的增加,形成了大量需求。随着我国出生人口不断下降,城镇化速度将逐渐放缓,新增住宅需求也将减缓;需求从住得上向住得好转变,房地产业也将从量的快速扩张转向质的提升,由单纯提供产品向提供产品和服务转变。

(一)新增住房需求增速下降,从住得上向住得好转变

1. 人口增速降低,新增住房刚性需求减缓

从人口结构来看,20世纪80年代是一个人口出生高峰,这批人居住需求释放约在30岁左右,也就是集中在2010—2020年。从新增人口数量看,刚放开二孩时年增1600万人左右,2018年降至1523万人,2019年出生人数继续降至1465万人,逐年下降。

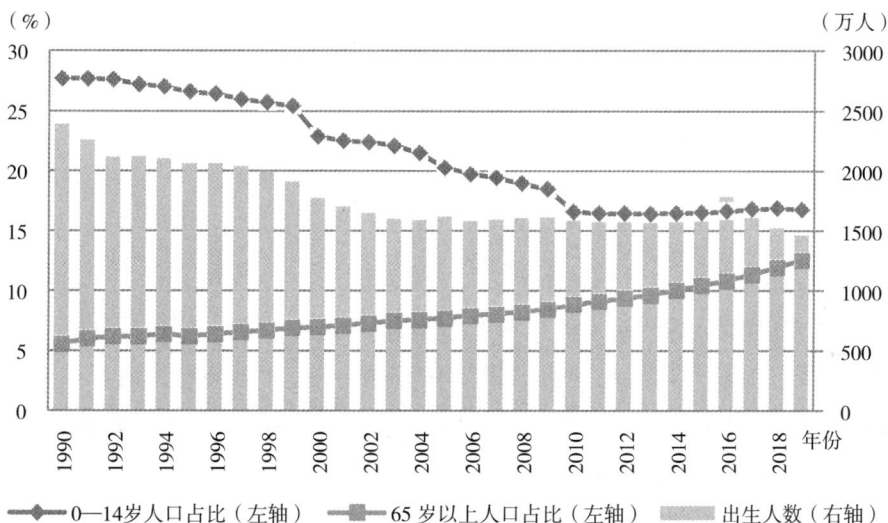

图6 我国人口结构及出生人口变动

从城镇化率变化看,1998年,我国城镇人口约4.16亿人,城镇化率34.78%,2019年,我国城镇人口约8.48亿人,城镇化率60.6%,其间共增加了4.32亿城镇人口,按照人均居住面积39.8平方米计算,这部分新增城镇人口需要住房面积约172亿平方米,与这个期间所销售的商品住宅总面积大体相当。

我国城镇化率在1997年达到30%后,进程明显加快,2019年达60.6%,理论上处于快速发展后期。但在分析我国的城镇化率时,还有三点不可忽略:(1)当前我国城镇化率存在低估可能。目前所说的城镇化率是以常住人口为基础计算得出,而部分进城务工人员,尤其是无固定居所的人可能未统计在内。(2)城镇化过程中,进城的人以年轻劳动力为主,农村留守人口年龄层偏大,进一步城镇化难度较大。(3)城镇化率的区域分化,受我国城市发展不平衡因素的影响,城镇化进程

也存在明显梯度,人口前10的城市过去5年人口数量占比提升了0.4个百分点,而全国有61%的城市人口流出;人口增长区域主要是长三角、京津冀、珠三角以及成渝城市圈,这些城市城镇化率普遍高于全国平均水平。因而,我国未来城镇化的增长空间可能低于理论值,速度也将进一步放缓。

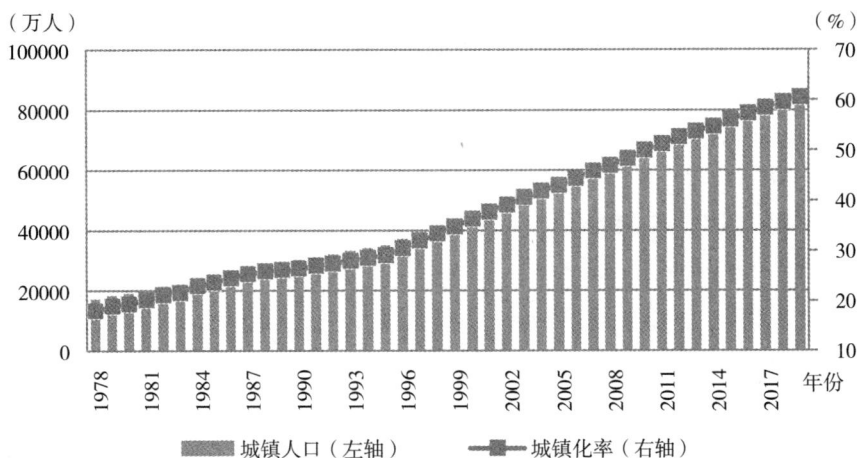

图7　城镇化率

2. 改善型需求更关注居住品质

1998年以前,我国房地产业以福利分房制度为主,大部分居民居住环境比较拥挤,4.16亿城镇人口人均建筑面积只有18.66平方米。随着房地产业迅猛发展,2019年,我国城镇人口增加到8.48亿人,人均建筑面积39.8平方米,较1998年提升2倍多,居民居住环境得到很大改善,达到中高水平。未来居民将更关注居住的环境、舒适性、便利性等居住品质方面,人均居住面积仍将继续提升,但升幅将放缓。

3. 更新改造需求也将有所下降

2014年以来我国积极推进棚户区改造,尤其是在2016—2019年,全国棚户区改造开工累计2157万套,在此过程中,大规模的历史遗留危旧住房及简易房被拆除,后期拆迁更新需求短期内也将有所下降。

4. 大部分城市目前房地产市场供求较宽松

经过二十多年的高速发展,我国商品房供需缺口已基本消除,除少数人口流入较快的城市外,大部分城市房地产市场供求压力不大。据我中心2020年对60个典型城市的调查,一线城市总体供求偏紧,当地九成以上开发企业和八成以上中介机构选择当地住房市场供求均衡或供不应求。二线及以下城市供应相对宽松,除了四线城市的开发企业以外,约半数开发企业和六成以上中介机构都选择了当地住房市场供大于求,需适当控制土地供应和开发规模,减少新增商品房。

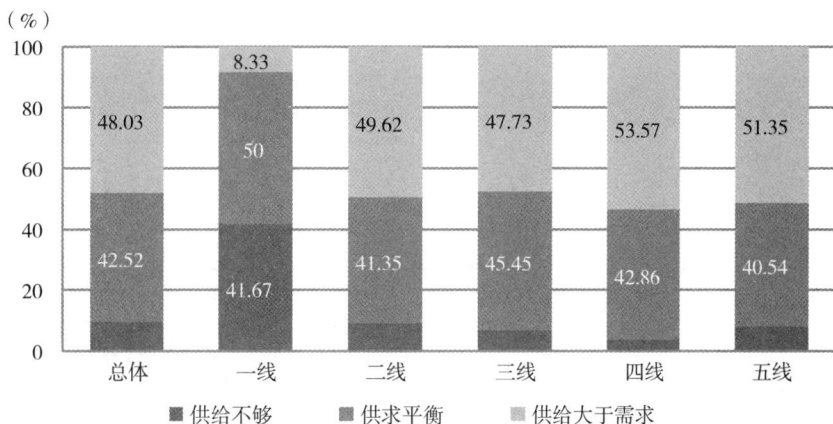

图8 开发企业对当地住房供求关系判断图

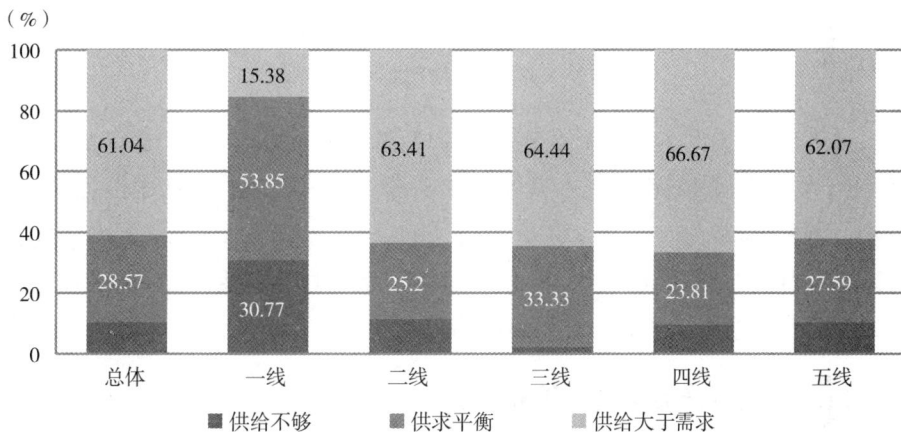

图9 中介机构对当地住房供求关系判断图

（二）房地产业发展速度放缓

2012年起,我国经济进入"新常态",即从高速增长转为中高速增长,经济结构优化升级,从要素驱动、投资驱动的粗放型、数量型扩张的一种状态转向创新驱动的集约型、质量型状态。从房地产业的自身周期来看,房地产业经过1978—1997年二十年的初级阶段和1998年至今的高速发展阶段,房屋存量已经积累到了一定水平,居民居住环境得到了较大改善,新增需求下降,产业将转型升级进入提质的阶段。

（三）区域分化,人口和资源继续向大城市及城市群集中

从人口的空间结构来看,人口在城市间的分布更加集中。与5年前相比,人口排名前10的城市人口数量占比提升了0.4个百分点,排名前20提升了0.9个百

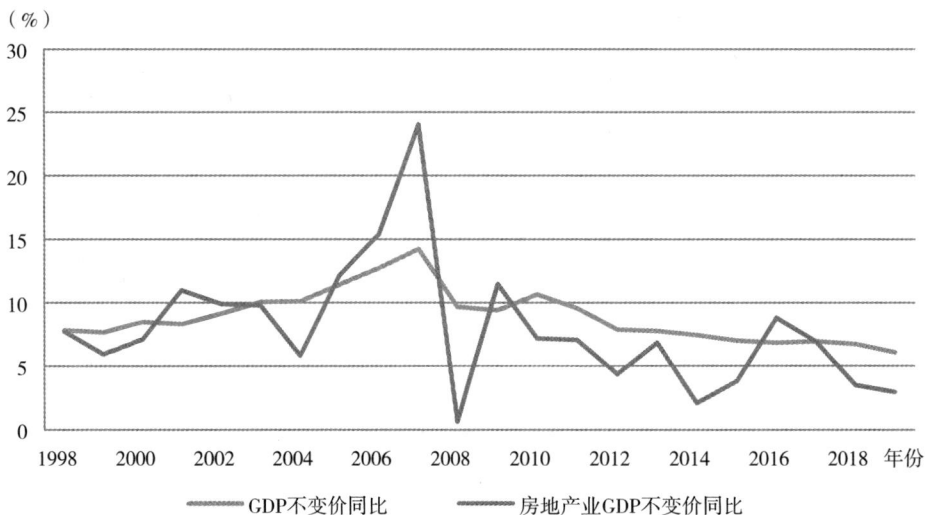

图 10　GDP 与房地产业 GDP 同比

分点,排名前 30 提升了 1.2 个百分点。2015 年有 52% 的城市人口净流出,2016—2019 年,人口净流出城市占比上升为 61%。珠三角、长三角、长江中游、成渝和京津冀五大城市群常住人口增加超 1700 万人,其中珠三角增加超 550 万人。核心城市和城市圈优质企业分布较多,产业发展优势明显,对人口形成强大的吸引力。与之对应的,房地产市场的分化也将继续。

(四) 由提供产品向提供服务转变

随着住房的建设累积,存量房屋的盘子会越来越大,新开工数量会下降,新开工面积/存量面积必然出现下行的趋势,市场由增量为主向增存并重,企业也将由提供新建商品房向提供存量维护管理转变。美国当前新开工面积/存量面积约 0.7%,英国约 0.5%,日本约 1.6%。根据北京和上海的经验,当新开工面积/存量面积达到 2% 左右时,市场将进入存量房主导阶段。2009 年北京、上海二手房交易量占比超过新房时,这一比例分别为 2.1% 和 2.8%。目前,全国这一比例为 5%(15 亿平方米/300 亿平方米),北京、上海分别是 1.5% 和 1.9%。

在房地产相关服务方面,发达国家进入住房存量阶段后,物业管理、经纪与代理等服务对经济的贡献值更高。2019 年英国收费或合同基础上进行的房地产服务活动增加值为 229.7 亿英镑,在全国 GDP 中占比 1.0%;我国虽未公布全国的物业管理及房地产中介服务增加值,但以石家庄、大连为例,在全市 GDP 中占比分别仅 0.3%、0.5%,未来发展潜力很大。

（五）"十四五"时期住房市场需求规模预测

从我国人口总量增速和自身发展周期角度看，"十四五"时期住房需求总量增速将明显回落，整体需求规模将比"十三五"有所收缩。

1. 需求总量预测

对于"十四五"时期我国住房市场需求规模，我们分别通过总量量化模型和分别计算不同需求结构再汇总两种方式进行测算。

（1）总量量化模型预测。根据 1978—2019 年城镇人口和年度新增城镇人口数据，使用 Matlab 软件，拟合"十四五"时期人口数据并预测至 2025 年历年人口数据。结果显示，城镇人口拟合曲线拟合优度达 0.9984，模型拟合程度较高，结合新增城镇人口拟合曲线，预计"十四五"时期新增人口为 6723 万人，2025 年城镇人口总数达到 9.28 亿人。

根据 1986—2019 年新建商品住宅销售面积的拟合曲线（拟合优度 0.9887）来看，"十四五"时期商品住宅销售面积每年保持在 14.1 亿—15.3 亿平方米。结合政策性和周期性收缩因素，预计"十四五"时期，新建商品住宅销售面积总计不高于 70 亿平方米。在房地产市场化背景下，住房需求商品化比例逐步提升，近年商品化比例接近八成，据此测算，"十四五"时期住房总需求约为 87 亿平方米。

（2）需求结构模型预测。从自住需求的角度考量，住房需求可以分为三大类：①新增城镇人口带来的城镇化住房需求；②生活条件提升推动的住房改善需求；③因拆迁改造带来的住房需求。

计算住房需求规模一方面需要测算城镇人口变化趋势，另一方面也与城镇居民人均住房面积息息相关。2019 年，全国城镇居民人均住房建筑面积为 39.8 平方米，较 2002 年增长 62.1%，年均增加 0.9 平方米。未来随着经济水平持续增长，人均住房建筑面积有望得到进一步提升，但增长幅度存在放缓倾向。参考对我国具有较强借鉴意义的日本相似发展阶段数据来看，在经济发展带动下，预计"十四五"时期我国城镇居民人均住房建筑面积将以年均 0.7 平方米的幅度提升，至 2025 年，我国人均 GDP 约为 8.9 万元，全国城镇居民人均住房建筑面积约为 43.3 平方米。

据此测算，新增城镇人口带来的住房需求约 29.1 亿平方米，改善型住房需求约 29 亿平方米，拆迁改造需求约 24.5 亿平方米，总计约 82.6 亿平方米。

综合两种预测方式并结合政策走向来看，"十四五"时期我国住房总需求量 85 亿平方米左右。

2. 不同规模城市人口变化预测

影响城市房地产需求最根本的因素是常住人口数量，我们根据历史数据分别对超大、特大和Ⅰ型大城市"十四五"时期常住人口数量进行了预测。

按照住建部公布的《2019年城市建设年鉴》中对城市规模的划分,我国目前常住人口超过1000万人的超大城市有6座;常住人口在500万—1000万人的特大城市有10座;常住人口在300万—500万人的Ⅰ型大城市有14座。到"十四五"末的2025年,超大城市常住人口总数小幅增加,约增147万人,比2020年增长1.3%;特大城市常住人口总数将大幅增加959万人,比2020年增长11.6%;Ⅰ型大城市常住人口总数增加约361万人,比2020年增长5.7%。

从预测的结果看,"十四五"时期,我国城镇化将继续发展,不同规模城市人口变化呈现以下特点:(1)人口继续向大城市聚集。以上三类共计30座城市占全国城市总数不到5%,在"十四五"时期的常住人口增量总数约为1467万人,占全国城市新增人口总数比例达到21.8%;其余642座城市将吸纳5300万人口,平均每城约增加7万—8万人。(2)超大城市人口增长将明显放缓,特大和Ⅰ型大城市人口增长潜力巨大。

此外,从我们利用电信和网络定位功能估算的2020年城市常住人口数量看到,一些东部城市发展迅速,如东莞、成都已跨过千万人口门槛进入超大城市行列,佛山、哈尔滨也进入特大城市范围,中山、临沂、无锡人口也与Ⅰ型大城市相当。

五、"十四五"时期房地产业转型升级政策举措建议

"十四五"时期是我国全面建成小康社会、实现第一个百年奋斗目标之后,乘势而上开启全面建设社会主义现代化国家新征程、向第二个百年奋斗目标进军的第一个五年。党的十九届五中全会通过的《中共中央关于制定国民经济和社会发展第十四个五年规划和二〇三五年远景目标的建议》提出"推进以人为核心的新型城镇化",明确了新型城镇化目标任务和政策举措,为"十四五"时期及未来一段时期新型城镇化工作指明了前进方向、提供了基本遵循。

城镇化是国家现代化的必由之路。新型城镇化的核心是推进人的城镇化。"十四五"时期,房地产业要根据我国城镇化人口变化趋势,房地产业发展变化规律,城市间供求结构分化实际,住房需求偏好变化倾向,坚持"房子是用来住的、不是用来炒的"定位原则,转型升级,深化改革,完善行业法律法规,提升行业发展质量,因城施策,建立多渠道多层次、租购并举的住房体系,促进房地产市场平稳健康发展。

"十四五"时期房地产转型升级发展的指导思想:高举中国特色社会主义伟大

旗帜,深入贯彻党的十九大和十九届二中、三中、四中、五中全会精神,以推动高质量发展为主题,以深化供给侧结构性改革为主线,以改革创新为根本动力,以满足人民日益增长的美好生活需要为根本目的,统筹发展和安全,融入以国内大循环为主体、国内国际双循环相互促进的新发展格局,为推进国家治理体系和治理能力现代化,实现经济行稳致远、社会安定和谐,全面建设社会主义现代化国家开好局、起好步作出贡献。

"十四五"时期房地产业转型升级的主要目标:锚定二〇三五年远景目标,综合考虑国内外宏观经济环境变化和房地产业发展规律,以新型城镇化为引领,以满足人民日益增长的宜居需要为依归,以城市更新行动和大中小城市协调发展为路径,以多元化发展为手段,以现代材料工艺技术为支撑,因城施策,完善供给体系,推进房地产业转型升级。

——房地产业与实体经济发展更加协调。坚定不移落实房地产长效机制,不把房地产作为短期刺激经济的手段,稳定房地产投资,发挥好房地产压舱石作用和产业链带动功能。

——住房市场和保障机制更加健全。完善住房市场体系和住房保障体系,基本建立多主体供给、多渠道保障、多层次市场、租购并举的住房制度,推动实现全体人民住有所居。

——房地产供给结构更加合理。按照城市发展水平和人口规模,科学确定城市房地产规划,适当降低商业写字楼供应比例,扩大保障性租赁住房有效供给,解决好大城市住房突出问题,鼓励有条件的城市发展多元地产。

——房地产金融更加安全。加强房地产金融调控,强化对房地产金融的逆周期宏观审慎管理,拓宽房地产直接融资渠道,降低银行类金融机构涉房贷款比重,管控房地产企业融资规模和杠杆水平,降低房地产金融系统性风险。

——房地产开发建设更加现代环保。按照我国碳达峰目标和要求,完善修订绿色建筑评价标准,鼓励应用绿色新材料、新工艺、新设计,积极发展绿色建筑、智能建筑,鼓励有条件城市开展老建筑智能化、节能化改造,提高绿色建筑、智能建筑比例。

(一) 深入推进新型城镇化战略,助力城市更新行动

1. 统筹规划城市群发展,优化城市空间结构

健全城镇体系,构建以中心城市、都市圈、城市群为主体,大中小城市和小城镇协调发展的城镇格局,落实重大区域发展战略,促进国土空间均衡开发。建立健全区域与城市群发展协调机制,充分发挥各城市比较优势,促进城市分工协作,强化大城市对中小城市辐射带动作用,有序疏解特大城市非核心功能。推进区域重大

基础设施和公共服务设施共建共享,建立功能完善、衔接紧密的城市群综合立体交通等现代设施网络体系,提高城市群综合承载能力。

2. 加强城镇老旧小区改造,提升房屋存量品质

城镇老旧小区改造是重大的民生工程和发展工程。要全面推进城镇老旧小区改造工作,进一步摸清底数,合理确定改造内容,科学编制改造规划和年度改造计划,有序组织实施,力争到"十四五"期末基本完成 2000 年前建成的需改造城镇老旧小区改造任务。不断健全统筹协调、居民参与、项目推进、长效管理等机制,建立改造资金政府与居民、社会力量合理共担机制,完善项目审批、技术标准、存量资源整合利用、财税金融土地支持等配套政策,确保改造工作顺利进行。

3. 完善城市教育、医疗等配套服务,促进大中小城市公共资源均衡发展

全面促进户籍制度改革,破除户籍的城乡二元结构,解除绑在教育、养老等城市公共服务上的户籍限制,实现租购同权,实现公共服务均等化。

加强城市规划,完善城市教育、医疗等配套服务,多点均衡配置资源,在新区优先完成配套设施规划建设,按社区人口合理设置教育、医疗、养老等公共服务设施,完善交通线路设置。

(二) 深化供给侧结构性改革,健全完善住房制度,实现多渠道多主体供给,租购并举

1. 深化土地改革,推进多主体土地供给

打破城乡土地要素壁垒,推进土地等要素市场化改革,在确保农业基础耕地红线的前提下,从宅基地制度改革开始试点,通过经济手段引导和规范闲置宅基地流转,释放农村闲置宅基地进入建设用地市场,最终建立农村集体经营性建设用地使用权流转制度,实现农民拥有宅基地与房屋完整的财产权。

完善要素交易规则和服务体系,加强住宅用地供应闭环管理,严格规划管控。构建以市场需求为导向的住宅用地供应体系,以需定供;采取限价等方式,坚决防止区域性总价、土地或楼面单价新高;建立土地出让后的联动监管机制,加大闲置土地处置力度,推进土地出让价款缴纳跟踪管理,落实行业准入后期监管。

结合人口流向和经济发展需要,合理分配城市建设用地指标。在城市群中心城市或者经济发展快的中小城市建设用地指标上做加法,在市场需求较弱的中小城市建设用地指标上做减法;加大新增建设用地指标和补充耕地指标省内、跨省调剂,促进各级城市协调发展。

2. 完善住房保障体系,加大保障性租赁住房供应

要处理好基本保障和非基本保障的关系,着力解决困难群体和新市民住房问题。明确保障性住房覆盖人群范围,明确廉租房、公租房、保障性租赁住房、共有产

权房等对应保障城市群体。通过探索利用集体建设用地按照规划建设租赁住房，盘活闲置工业、商服用地以及闲置未开发地块，改造闲置低效的厂房、办公楼、商业用房，增加新增住宅地块配建等增加保障房供给。城市总的保障房套数供给占比应不低于当年房屋新增供给套数的20%。

要处理好中央和地方的关系，坚决不搞"一刀切"，鼓励和指导城市政府因地制宜，完善住房保障方式，落实好城市主体责任。实行商品房和保障房配建制度，尽量避免形成大面积大范围的低收入群体集聚区。土地优先供应，结合城镇棚户区改造和老旧小区改造，有效增加保障性住房供应。

完善保障房申请和退出机制，构建申请人资格评价体系，充分利用大数据和现代信息技术加强资格审查和管理。

3. 加快推进租赁市场发展，制定租赁市场行业规划

（1）制定中长期租赁住房产业规划。将长租公寓从房地产业转为现代服务产业类别，明确行业定位，减轻企业税负。统筹考虑居住证与户籍制度政策、医保、社保、教育制度改革，切实落实租购并举、租购同权政策。（2）完善住房租赁市场法律、法规建设。推行住房租赁网格化管理。加强房屋租赁市场的监管，培育多元租赁主体，稳步提升住房租赁市场专业机构运营比例，保障租赁市场健康发展。（3）建立租金监管体系。学习日本、德国限制租赁价格的有益经验，在完善租赁合同备案的基础上，建立租金参考体系，合理限制租金调整范围。（4）参考酒店管理方式，建立长租公寓装修、服务标准及定期评估检测制度，保障租户的健康和合法权益。尽快修订《商品房屋租赁管理办法》，维护房屋租赁市场秩序，充分保障租房人权利。

4. 合理调整商服供给结构，积极消化商服库存

（1）结合产业发展，严格控制并合理调整工业用地、商服用地比例。结合现有库存和城市产业发展方向，严格控制并合理调整工业用地、商服用地供应比例；适当调降新增住宅用地中商服用地比例，以满足社区配套为主。对于服务业较为发达的一二线城市的工业用地，以及经济基础较薄弱的三四线城市的商服用地，应适当下调或短期停止供应，防止土地供应结构进一步失衡。（2）合理调整利用闲置用地。在全面盘查工业用地、仓储用地、商业营业房用地以及闲置未开发土地基础上，科学预判区域土地需求，允许此类用地按规定程序调整用途，有效盘活闲置存量土地，提高土地效能。（3）促进产业发展，消化商服库存。根据城市特点和经济结构调整方向，引进合适的产业，加快发展健康、养老、育幼、文化、旅游、体育、家政、物业等服务业，加强公益性、基础性服务业供给，推动生活性服务业向高品质和多样化升级，提升居民生活品质，逐步消化商服库存。

（三）健全法律法规，加强市场监管

1. 稳妥推进房地产业税费改革，遏制投机需求，激活存量

要推动地方财税收入体制改革，调节财富的分配，促进资源的优化配置和有效利用。要保护和鼓励住房消费，对住房投资保持税收中性，抑制住房投机。减少交易环节税费，增加持有环节税费。保护住房刚性需求，对居民自住的第一套房或者一定面积免征房产税，对第二套及以上住房或者免征面积以上的住房、高档住房累进征收房产税，发挥税收的调控功能，抑制投机需求。充分利用大数据和现代信息技术，摸清房屋使用情况，建立定期调查制度，适时开征房屋空置税。

2. 建立房地产业信息共享平台

借确权登记等全面梳理掌握本地房地产市场情况；建立房地产市场运行情况会商机制，加强房地产价格监测和预测预警，密切关注市场动态变化，研究二手房、房租价格监测预警指标，加强市场调研和分析。充分利用各部门现有资源，加快部门间数据互联互通，整合分散碎片信息，为宏观调控提供有效数据支撑。

加强并规范房地产信息发布，提高市场信息透明度，确立政府信息公布的权威性，正确引导消费者科学的房屋消费观念和理性的市场心理预期，严厉打击利用自媒体公众号等网络媒体炒作渲染房价、散布虚假信息等行为，营造良好的舆论氛围，稳定市场预期，促进房地产市场的持续、较快、健康发展。

3. 加强房地产金融审慎管理

稳住存量，保持存量信贷资金的稳定，防止因信贷资金下降过快，引发房地产市场风险，危及金融安全。严控增量，严格把控，审慎发放涉房贷款，防止资金违规流入房地产市场。

要运用好房地产金融审慎管理工具。严格房地产贷款比例限制、降低房地产贷款风险权重；严守"三道红线"新规，管控房企的杠杆水平；通过贷款价值比（LTV）、债务收入比（DTI）等指标，加强居民杠杆率评估，降低房地产系统性风险。

4. 建立信用评价体系

（1）加强房地产企业管理。加强资质管理，逐步提高房地产市场准入门槛，淘汰信誉等级低、资质等级低、管理不规范的企业；加强对房地产企业金融风险的管控，加强对商品房预售资金管理，防止企业资金链断裂造成项目烂尾，推动供求关系宽松地区实行现房销售制度；完善房地产企业的信用评价体系和失信惩戒体系，形成社会监管合力。（2）建立中介机构和经纪人信用评价体系，规范中介机构和从业人员行为。落实房地产经纪机构公示制度，全面执行备案登记制度。

（四）积极推进绿色建筑、智能建筑发展，打造现代化绿色节能中国

1. 明确绿色建筑标准和认证方式

根据我国碳达峰和碳中和时间节点目标，制定建筑节能降耗目标，修订完善绿色建筑标准与规范，严格绿色建筑产品的评价标识认证，加强绿色建材质量的市场监管，打击虚假绿色建筑项目的市场宣传行为，避免滥竽充数者扰乱市场秩序。

2. 鼓励绿色建筑建设，提高绿色建筑占比

政府投资的公益性建筑和大型公共建筑应带头执行绿色建筑评价标准；实施绿色建筑项目经济、行政等激励政策，如财政奖励（或补贴）、绿色建筑免费认证、减免城市配套建设费、减征土地出让金、税收优惠、金融优惠等手段，也可结合行政手段，包括优先获取土地、经营业绩考核、加快行政审批流程、容积率奖励、评优等提高绿色建筑项目的市场竞争力。对购买绿色建筑的购房者，在贷款额度、年限和利率等方面给予优惠。

3. 加强绿色建筑理念宣传和人才培养

组织开展对房地产开发企业、设计、施工、监理单位相关人员的绿色建筑理念和专业技能的教育培训；加强绿色建筑相关学科建设和人才培养；广泛宣传绿色建筑理念，提高公众的认知度和接受度。

（课题组成员：卢延纯　刘五星　杨东　王海霞　唐宏玲　郭英洁　李翔宇）

>>> 深化改革

高质量发展的激励机制研究

中国社会科学院人口与劳动经济研究所

习近平总书记在党的十九大报告中作出重大判断:"我国经济已由高速增长阶段转向高质量发展阶段,正处在转变发展方式、优化经济结构、转换增长动力的攻关期,建设现代化经济体系是跨越关口的迫切要求和我国发展的战略目标。"那么,为什么发展阶段的转变意味着必须转向高质量发展?如何以新发展理念引领高质量发展?如何通过建立相应的激励机制推动高质量发展?取其势,明其道,精其术,充分认识和理解这些问题,深刻把握经济转向高质量发展的重要意义、科学内涵,有利于我们更好确定和把握"十四五"以及今后一个时期的发展思路、经济政策和改革措施,引领经济发展新时代。

一、为什么要转向高质量发展

当前,我国经济发展进入新时代,基本特征就是由高速增长阶段转向高质量发展阶段。这是遵循经济规律的客观结果,也是实现"两个一百年"奋斗目标的必然选择。

怎么理解发展阶段转换呢?观察世界银行的数据可以发现,收入水平越高的国家,经济增长速度越慢。有的经济学家根据这

些跨国资料得出结论:经济发展水平更高的经济体,必然由于报酬递减规律的制约,经济增长速度放缓,最终各个国家的经济增长速度将趋同(Barro,1991;Acemoglu,2009)。正是由于这样的原因,Pritchett 和 Summers(2014)认为,中国经济高速增长只能是一个阶段性的现象,其增长绩效最终将回归至与其经济发展水平相适应的均值(即所谓的"regression to the mean")。因此,经济增长速度由高速转向中高速,是经济发展进入新常态的一个重要体现,必须深刻认识。正因为如此,习近平总书记在 2014 年中央经济工作会议上提出,认识新常态,适应新常态,引领新常态,是当前和今后一个时期我国经济发展的大逻辑。认识新常态,意味着我们需要认识到,经济增长从高速转向中高速,不是周期性的外部冲击所致,而是由结构性因素造成的长期趋势,是我国经济进入新阶段的必然结果;适应新常态,意味着要接受一个减慢的速度,在政策层面作出正确反应,不能速度一下来就受不了,非要使用"兴奋剂"刺激经济;引领新常态,意味着要通过加快培育增长新动能,保持合理区间的中高速增长。推动高质量发展就是引领新常态的必然要求。

具体到中国经济来说,为什么会在当前的时期进入经济增长的换挡期,可以从以下几个方面来认识。首先,从总体上说,我国已经告别了人口红利时代。相比其他很多国家,由于经济快速发展和人口政策的共同作用,我国的人口转变速度更快。这一方面使我们在发展初期迅速享受了人口红利;另一方面,又导致我国的人口红利窗口期更短。从 2012 年开始,我国 16—59 岁的劳动年龄人口开始逐渐减少,2012—2019 年累计减少了 2860 万人。与此同时,人口老龄化水平开始迅速提升,2019 年末全国 60 岁及以上人口占总人口的比重已经达到 18.1%,65 岁及以上人口的比重达到 12.6%。所有这些特征都表明,以往支撑我国经济高速增长的人口条件已经不复存在。

其次,中国经济的二元发展特征已经弱化,进入了一个新的发展阶段。由于人口因素在劳动力市场供给侧发挥的巨大作用,经济高速增长使我国的劳动力市场跨越了"刘易斯转折点"(蔡昉,2010)。这意味着劳动力无限供给的二元经济时代结束,从发展经济学的理论来认识,中国经济进入了一个新的发展阶段。二元经济时代结束的一个显著特征就是工资水平的显著上升,在这种情况下,如果没有新的手段使劳动生产率快速提升,工资增长所推动的单位劳动力成本上涨,将会削弱经济的竞争力,使经济增长速度降低。

最后,支撑经济高速增长的其他传统动力也进一步弱化。在人口红利丰裕的时期,投资的不断增加可以不断地得到新增劳动力的匹配,因此,资本报酬递减现象不会出现。资本的高回报,意味着依靠高投资等生产要素积累模式,是可以实现经济高速增长的。而一旦人口红利不复存在,依靠生产要素积累就必然受资本报酬递减规律的制约,经济增长速度也会下降。此外,在二元经济时代,农村劳动力的边际劳动生产率很低,通过把劳动力转移到生产率更高的现代部门,实现资源的重新配置,就可以带来效率的提升,并促进经济增长。然而,随着城乡工资水平的趋同,劳动力重新配置效率的改善余地缩小,对经济增长的贡献也式微。

因此,传统增长动力弱化,经济增长速度必然会下降,实现持续发展必须寻找新的动能。而这个新动能的核心要义就在于推动高质量发展,推动经济实现更高质量、更有效率、更加公平、更可持续的发展。进一步看,转向高质量发展阶段也是认识、适应和引领经济新常态的必然要求。经济发展新常态,用上述研究框架来注解,就是人口红利迅速消失,劳动力成本不断攀升,人力资本改善速度放慢,资源重新配置的空间减小,资本报酬开始递减,推动经济增长的传统动力逐步消失,结果必然是潜在增长能力降低。

与高速增长时期的结束相呼应,传统动能式微甚至消失,早期的增长目标也随着社会主要矛盾的变化而发生变化。"发展是硬道理"这个陈述中的"发展",其内涵必然发生改变,否则就"硬"不起来。在经济发展的初期,短缺经济的特征明显,社会经济发展的主要矛盾是人民日益增长的物质文化需求同落后的生产力之间的矛盾,体现了巨大的潜在需求和供给制约的矛盾。"发展"在这样的阶段就表现为扩大供给和提高生产力。但经过了近40年的经济高速增长之后,社会主要矛盾已经发生了转变。习近平总书记在党的十九大报告中强调:"中国特色社会主义进入新时代,我国社会主要矛盾已经转化为人民日益增长的美好生活需要和不平衡不充分的发展之间的矛盾。"因此,"发展"的内涵应该更加丰富,尤其是注重发展的质量应该成为发展过程中越来越重要的内容。

综合上述因素分析,并结合工业化和经济增长的历史可以看出,我国经济发展阶段的转换符合追赶型经济体发展所具有的一般规律。国际经验表明,追赶型经济体在高速增长阶段结束后,增长率明显下降,并转入一个速度较低的增长阶段。这种增长率"下台阶"的现象在战后高速增长的日本、韩国、德国等经济体都表现得较为典型。在世界200多个国家和地区中,成功实现经济增长换挡转型的国家只有10%左右。可以说,从中等收入阶段向高收入阶段的过渡中,发展的难度明显增大。对于我国来说,要实现这一跨越,就要按照党的十九大报告强调的那样:"坚定不移把发展作为党执政兴国的第一要务,坚持解放和发展社会生产力,坚持社会主义市场经济改革方向,推动经济持续健康发展。"

值得一提的是,转向高质量发展阶段,要特别注意处理好速度和质量的关系。过去我国经济高速增长依靠人口红利,经济发展强调"快",越快越好,而随着人口红利逐渐消失,经济增长速度自然会下降。在新的发展阶段,经济的"好"与"快"是"鱼和熊掌不可兼得"。关于速度和质量,根据国际经验和对我国经济发展趋势的实证分析,进入到高质量发展阶段,速度肯定是逐渐降下去的。按照目前的趋势,到 2050 年我国经济增速仍能保持在 3% 以上就已经是很好很合理的。当然,目前我国还有诸多体制性因素妨碍要素积累和资源配置,不利于挖掘生产要素供给和生产率提高的潜力。如果把这些制度障碍清除了,还能赢得一些增长动能。这个增长并不是要回到原来的增长速度,而是让我们的潜在增长率下降得慢一点,回归到世界经济平均增长率的时间晚一点。这样更有利于推动中国顺利跨越"中等收入陷阱",进入高收入国家行列。

二、高质量发展的内涵

实现高质量发展的战略目标,必须明确高质量发展的内涵。尤其要关注在经济发展进入新阶段,对经济发展质量的要求与以往有什么本质的不同。以社会主要矛盾的转变为出发点,理解高质量发展的内涵大致包含以下三个方面:首先,高质量发展必须以满足人民美好生活为目标;其次,高质量发展必须以提高全要素生产率(TFP)为动力;最后,高质量发展必须以新发展理念为路径。

(一) 以满足人民美好生活为目标

发展的终极要义是满足人民对美好生活的需求。而发展的动力机制也在人民美好生活需求的不断提升和转变中发生改变。人民对美好生活的追求越高,高质量发展的内涵也越丰富。抓住社会主要矛盾的转换,以满足人民美好生活为目标的发展体现在以下三个方面。

首先,高质量发展使人民生活更加美好。在经济发展初期,短缺经济造成了物资供应的匮乏,满足人民生活的基本需求成为经济发展中最突出、最迫切的问题。在这种情况下,以生产要素积累推动供给体系的扩张,既符合特定经济发展阶段人民对物质生活的需求,也与发展初期的经济增长特点相吻合。随着经济发展水平的不断提升,人民对美好生活的需求也发生了转变,从满足基本消费需求,逐渐过渡到对更高品质的需求;从注重消费的数量,转向消费质量的提升;从单一的消费结构,转向多元、丰富、多层次的消费;从主要消费商品,转向商品和服务消费并重。人民对美好生活的向往,成为推动经济向高质量发展的基本动力。

其次,在物质需求得到较大程度的满足后,高质量发展更加注重对人民精神需求的满足,对发展的质量也提出了新的要求。由于满足精神需求的产业属性的差异,经济体系和激励机制都将发生转变,由以往以制造业为主的经济结构向制造业、服务业多元发展的结构转变。这不仅对经济管理体制提出了新的更高的要求,也要求激励机制顺应产业结构的新变化。

最后,美好生活的内涵越丰富,高质量发展的内容也更加多元。经济发展进入新阶段后,人们对美好生活要求的内容越来越广泛,包括更清洁的空气、更绿色的环境、更宜居的社区、更快捷的交通、更便利的服务等。与经济发展初期仅仅需要满足基本的生活需求不同,随着美好生活的内涵愈加丰富,经济发展的约束条件也越来越多,其中不同的发展目标之间可能存在相互制约。因此,形成激励相容的发展机制不仅是一个崭新的课题,其难度也更大。

(二) 以全要素生产率为动力推动高质量发展

推动高质量发展,是当前和今后一个时期确定发展思路、制定经济政策、实施宏观调控的根本要求。党的十九大报告提出,推动经济发展质量变革、效率变革、动力变革,提高全要素生产率。这为高质量发展指明了方向和路径。可以说,主要从供给侧导致潜在增长率下降的因素着眼,从清除妨碍生产要素供给和全要素生产率提高的体制性障碍入手,在关键领域通过结构性改革挖掘新的增长动能,提高潜在增长率,是推动中国经济高质量发展的关键。高质量发展的动力机制与高速增长时期也有明显的差别,由以往依靠生产要素积累推动增长的发展模式,转变为以全要素生产率为基本动力的模式是新发展机制的核心内容。

提高劳动生产率,是一国经济增长、社会进步的根本。一般来说,提高劳动生产率主要有三种方式,每一种方式的可持续性都不一样,效果也不一样。

第一,资本劳动比的提高。随着劳动力成本的提高,资本替代劳动或机器替代人必然发生。但是,这种替代受到资本报酬递减规律的制约,不可能一蹴而就。如果劳动力素质不能适应操控机器的要求,那么资本替代劳动就得不偿失。当机器增加时,投入的资本回报率会下降。所以,不能无限制地靠提高资本劳动比来提高劳动生产率。

第二,人力资本的改善。操作工人素质的提升以及工程师比重的提高,是较少数量的劳动者操作更多机器设备的必要条件。因此,如果缺乏具备更高技能、技能更新能力和创造力更高的劳动者,资本替代劳动的过程就难以达到预期效果。但人力资本这个指标并非加把劲就可以得以提高的东西。所谓"百年树人",经验表明,受教育水平的提高需要长期积累,而不是一朝一夕就可以做到的。

第三,全要素生产率的提高。在超越劳动力无限供给阶段之后,经济增长的唯一可持续源泉是通过资源重新配置和技术进步实现全要素生产率的提高。全要素生产率又称为"索洛残差",是经济增长中去除要素增长贡献的剩余部分,可能来自技术效率的改善、配置效率的提高,也可能来自管理水平的提升。无论全要素生产率的来源如何,都意味着其所推动的经济增长更有效率、更加集约,也更加可持续。

（三）以新发展理念为路径

高质量是崭新的发展，要求有崭新的发展理念。这就是创新、协调、绿色、开放、共享的发展理念。党的十九大报告提出，贯彻新发展理念，建设现代化经济体系。2017 年中央经济工作会议强调，坚持新发展理念，按照高质量发展的要求，推动质量变革、效率变革、动力变革，促进经济社会持续健康发展。创新、协调、绿色、开放、共享五大发展理念，对发展的目的、方式、路径、着力点、衡量和共享等方面问题作出了全面回应，有助于破解我国发展中存在的不平衡不充分的问题，回应了广大人民群众对美好生活的新期待，对实现更高质量、更有效率、更加公平、更可持续的发展，具有重要意义。

第一，创新发展着眼于培养新常态下经济增长的新动力。随着经济发展阶段发生根本性变化，支撑高速增长的传统动力相应式微。从国际经验和教训看，许多国家在类似发展阶段上，传统增长源泉逐渐消失，又未能培养出必要的创新能力，由此陷入经济停滞状态。因此，把创新作为引领发展的第一动力，形成经济增长的长期可持续动力，才能保持中高速增长，跨越中等收入阶段。

第二，协调发展着眼于发展的健康性。我国发展长期存在不平衡、不协调和不可持续问题。国际经验和我国现实都表明，在从中等偏上收入向高收入跨越的阶段，各种社会矛盾和社会风险，往往因城市和乡村、沿海和内地、经济和社会、物质文明和精神文明、经济建设与国防建设等方面的不协调而产生并加深。一些国家也正是因此落入"中等收入陷阱"。因此，促进发展的协调性，是持续健康发展的内在要求。

第三，绿色发展着眼于发展的永续性。"绿水青山就是金山银山"，人民对优美环境和良好生态的追求，体现了发展的目的本身。资源一旦枯竭，环境和生态一经破坏，要么不可修复，要么需要付出极高的代价。特别是环境恶化对人的生活环境和人体健康造成的伤害，代价尤其昂贵。全面建成小康社会，要让人民从发展中获得幸福感，绝对不能以资源环境和生态为代价。

第四，开放发展着眼于用好国际国内两个市场、两种资源，实现内外发展联动。我国以往的经济发展，受益于经济全球化和自由贸易，与世界经济深度融合。现在我们不仅要不断提升利用国际市场、在全球范围配置产能和应对国际经贸摩擦的能力，还要努力发展更高层次的开放型经济，提高国际经贸等方面的制度性话语权，通过参与全球经济治理、提供国际公共产品和打造广泛的利益共同体，主动利用、扩大和引领经济全球化。

第五，共享发展着眼于社会公平正义，体现了中国特色社会主义本质要求和发展目的。我国发展中的不协调问题表现为城乡之间、区域之间和居民之间的收入差距以及享受基本公共服务的不均等。全面建成小康社会,必须以全体人民共同进入为根本标志。以人民为中心的发展思想,最终要落脚于共享发展理念和举措,具体体现为坚持普惠性、保基本、均等化、可持续方向,从解决人民最关心最直接最现实的利益问题入手,提供更充分、更均等的公共服务。

总之,高质量发展离不开新发展理念的引领。通过一系列重大战略、政策和举措的实施,把五大发展理念转化为人民群众看得见、摸得着、有获得感和幸福感的发展成果,才能更好满足人民日益增长的美好生活需要,实现我们的战略目标。

三、重建发展的激励机制

我们已经看到,经济发展新阶段所追求的高质量发展,与以要素积累为主要模式的粗放式经济增长在内涵上有本质的差别。相应地,要满足高质量发展的目标,经济发展的激励机制与已经存在的激励机制也会有差异。

(一) 激励机制的阶段性差异

不同发展阶段的动力不一样,激励机制自然也有所不同。激励机制的差别并非是两种不同的激励机制有优劣之分,只是在经济发展的不同阶段所表现出的发展特点,需要有相应的机制与其适应。发展阶段差异体现的激励机制差别有以下三个方面。

第一,"低垂的果子"般的增长源泉消失殆尽,需要新的增长激励机制。在发展初期,资本、技术等生产要素的稀缺性高,因此,投资的边际回报率也高,实现经济高速增长的难度低。早在20世纪90年代,经济学家们就已经观察到了这种现象:一个国家的初始发展水平低,只要满足一定的条件,就可以实现更快的增长(Barro,1991)。这里说的"一定的条件"就包含这个阶段的经济增长激励,例如市场机制的建立、社会环境的稳定等。由于收获的是"低垂的果子",这些机制的建设虽然基础,但收益也丰厚。在经济经历长期高速增长之后,资本的丰裕度增加,投资的边际回报下降,企业也更接近生产技术的前沿。此时,仅仅依靠基础条件已经难以激发新的增长动力。在"低垂的果子"收获完毕之后,就需要有新的机制激励企业家将生产可能性曲线推向新的高度。

第二,帕累托改进式的改革措施所能获得的收益开始下降。中国经济的高速增长始于改革开放的兴利除弊。在经济起飞的初始阶段,很多改革措施的边际回报也更高,且具有帕累托改进的性质。例如,改革开放之前城乡劳动力市场的长期分割,使得农业和农村的劳动边际生产率极低,在这种情况下,只要允许劳动力流动,就会带来多方的福利改进:农村劳动力的边际生产率得到提升,工资回报更高,福利得到改善;企业得到了更充足、低成本的劳动力供给;城市居民得到了更加全面和高质量的服务;整个经济得到了效率提升和高增长。然而,随着城乡劳动力市场上工资的趋同,农村劳动力转移的保留工资水平也随之上升,在新阶段仅仅开放城市的劳动力市场不足以激励农村劳动力的进一步转移,必须深化户籍制度改革、社会保障体系改革和公共服务体系改革,但这些改革举措已经不具有帕累托改进的性质。

第三,新阶段后发优势越来越少,需要新的激励机制推动发展增长。后发优势是指经济发展水平落后的国家可以通过吸收先行国家的经验、模仿和跟随前沿技术、借鉴失败的教训(降低试错的成本)等,减少发展过程中需要付出的代价,实现更有效率和高速的增长。但随着长期的高速经济增长,后发优势所依赖的条件都发生了转变。首先,经过长期的改革,我国市场经济的制度体系更加完善,尤其是基础制度框架已经确立,制度完善的边际难度提升。其次,从产业发展看,我国不仅建立了较为完备的经济体系,在很多领域已经接近和达到技术前沿,以往模仿和跟随的低成本优势不复存在,需要依靠基础创新,付出更高的研发成本。而这一切都需要崭新的激励机制予以保障。

(二) 以生产率为中心需要支持生产要素流动的激励机制

全要素生产率提高主要来自两个方面。一方面,由于各产业和各行业之间的生产率存在差异,生产要素会向生产率更高的领域流动,可以获得资源重新配置效率。过去我们提高全要素生产率主要是产业之间的资源配置,劳动力从生产率较低的农业部门转向生产率较高的非农业部门,就可以提高全要素生产率。未来这方面仍然还有潜力,但需要注意的是,目前在城镇化过程中潜在和实际存在着"逆库兹涅茨化"现象。由于户籍制度改革没有完成,已经转移到城镇就业和生活的农民工由于不能均等地享受城镇的基本公共服务,特别是不能享受基本社会养老保险、失业保险和最低生活保障待遇等社会保障,往往会在具有很强就业能力时就退出城镇劳动力市场,农民工一般在 40 岁以后就会考虑返乡。虽然返乡后,他们仍然处于就业状态,但是从非农产业回归到务农状态、从工资性就业回归到自我雇佣、从沿海地区的城市经济就业回到中西部地区的农村经济就业,必然意味着生产率和资源配置效率的降低。

这种"逆库兹涅茨化"现象,不仅减少了劳动力供给,加剧了劳动力短缺现象,更降低了资源配置效率,不利于保持经济的可持续增长。这一现象值得我们高度重视。当前和今后一个时期,要进一步破除妨碍劳动力和人才流动的体制机制弊端,深化户籍制度改革,促进社会性流动,挖掘人口潜力以释放红利,切实保持这个提高全要素生产率的源泉。

另一方面,由于行业内部的企业之间生产率存在差异,允许更有效率的企业生存、扩大和发展,淘汰那些长期没有效率提升的企业,就可以提高行业以及整体经济的生产率水平。研究表明,在美国,通过部门内企业的进入、退出、生存、消亡这种创造性破坏机制,对全要素生产率提高的贡献率为30%—50%。对于我国来说,就要进行相应的改革,拆除行业进入和退出的壁垒,消除生产要素流动的制度性障碍,创造一个能进能退、能生能死的政策环境,通过竞争机制实现优胜劣汰。这是提高全要素生产率的根本保障。

(三) 重塑政府与市场的关系

需要特别重视的是,在高质量发展阶段,显然不能再用传统的方法评价经济增长成效,这就要求加快形成推动高质量发展的指标体系、政策体系、标准体系、统计体系、绩效评价、政绩考核体系等。对于地方政府而言,不能再以 GDP 论英雄,指挥棒可以围绕外部性因素来设定指标,在发展目标上更加注重经济发展的质量效益、稳定性和可持续性。从正外部性来看,可以用改革的相关指标,比如农民工市民化率和基本公共服务均等化水平等;从负外部性来看,则可以采用包括金融和债务风险水平、环保指标、减贫指标等在内的相关指标。

在这一过程中,核心问题仍然是处理好政府和市场的关系。当前,我们要按照党的十九大报告强调的那样,使市场在资源配置中起决定性作用,更好发挥政府作用,切实把市场和政府的优势都充分发挥出来。要达到这样的目标,转变政府职能是必不可少的环节。

诺贝尔经济学奖获得者阿瑟·刘易斯曾经不无迷茫地指出一个事实:"政府的失败既可能是由于它们做得太少,也可能是由于它们做得太多"。我们可以将这句话看作是一个"刘易斯悖论"。这个发展经济学理论上的悖论,在经济发展实践中似乎成为一个魔咒,禁锢了古今中外政府经济职能的合理界定。

政府必须履行的经济职能是提供公共品,即通过法律和必要的经济规制,防止各种垄断行为,保护市场竞争的公平性和充分性;通过建立社会保障体系和劳动力市场制度,对经济发展中的弱势群体给予社会保护。即便在提供基本公共服务领域,政府也应探索与社会组织的合理分工,防止包办一切的做法。在发展阶段变化的情况下,探索和形成新的增长引擎,中国经济越来越需要一个适应创造性破坏的政策环境,既从资源重新配置中获得生产率提高,又要对劳动者进行社会政策托底。

为了处理好政府和市场的关系,更加尊重市场规律和更好发挥政府作用,需要适时推进一系列重要领域的改革,包括进一步精简机构,建立服务型、高效廉洁的政府;改革和完善基本社会保险制度,实现基本公共服务的均等化;通过法律、法规和公共服务平台建设,创造有利于创新和人才涌现的政策环境;消除阻碍劳动力、资本等生产要素在部门、地区、城乡和企业间流动的制度障碍;以及实施必要的再分配政策,缩小城乡之间、地区之间、部门之间和不同群体之间长期存在的收入差距。这些改革涉及政府本身,需要有更大的政治决心、勇气和智慧。

四、如何建立新的激励机制

从上面的分析我们可以发现,在高质量发展的激励机制所应该包含的内容中,建立起以全要素生产率为核心的经济增长动力机制居于最重要的位置。要实现高质量发展,就要建立正常的创造性破坏的激励机制,创造性破坏需要进入和退出的正常机制,通过不断试错,获得创新的动力。而企业只成长不淘汰,政府过多介入,只准成功,不许失败,往往是导致创新不足的重要原因。围绕这一核心命题,建立新的激励机制要从以下五个方面着手。

(一) 激励创造性破坏的企业家精神

如前所述,在新的发展阶段,推动高质量发展的重要动力来自创造性破坏。创造性破坏的主体是企业。因此,在机制设计上应该围绕激励企业家具有创造性破坏的精神,并进行一系列的改革,这是高质量发展激励机制建设的必由之路。

创造性破坏缘于企业追求超额利润的冲动。获取超额利润一般有两种方式:市场垄断和创新。虽然对于企业而言,这两种方式获得的超额利润可能并没有会计意义上的差别,但二者对于高质量发展的含义却迥然不同。垄断市场,尤其是通过行政干预的方式限制新企业进入市场,损害了竞争,其结果将最终降低经济效率,与高质量发展的初衷相悖。此外,在市场结构中,一个或一些企业具有垄断地位,往往会扼杀其他企业的创新空间,不利于全要素生产率的增长。因此,要建立创造性破坏的企业家精神激励机制,包括两方面相辅相成的工作。既要深化改革,破除遏制企业家创造性破坏的制度,也要不断探索,建立和完善鼓励试错的一系列制度安排。例如,通过深化产权制度改革,稳定各种所有制企业的企业家的预期;通过知识产权的保护,使得创新企业能够获得合理的创新利润;建立完善的企业成长环境,增强国际竞争力;完善市场竞争格局,给具有创造性破坏的企业生长空间;完善社会政策,降低创新失败的震荡,使得企业家敢于创新。

(二) 把产权保护放到更重要的位置

产权保护机制是经济平稳发展的基石,而知识产权的保护更是高质量发展的核心机制之一。产权保护的核心是以制度的方式规范企业家获得合理剩余的权利。在供给侧结构性改革中,产权制度的改革和完善应该成为其中的重要内容。在这一过程中,要充分发挥社会治理和社会政策的作用,为产权保护提供公共服务。在产权综合管理体制下,界定政府产权公共服务的职责,整合产权公共服务资源,优化产权公共服务供给,实现产权信息等各类服务的集约、高效及网络化。政府在改善产权保护综合治理的同时,还应发挥社会组织、企业和公民的作用,完善产权保护援助机制,在以司法为主导的产权保护体系下,通过社会政策引导,提高企业和个人的产权保护意识,形成产权保护的国家治理现代化。

知识产权是产权的重要组成部分,在推进高质量发展的过程中发挥着突出重要的作用。企业创新是一项高投入、高风险的投资行为,而其长期性特征,又会进一步加剧风险和不确定性。越是接近技术的前沿,创新成功的概率就越低。创新必须建立在对变化、机遇和新情况的认知上,必须能够敏锐地察觉到现实与理论之间的差距,发现新机遇,主动寻求创新机会。因此,只有善于发现创新机遇、善于组织管理的企业家才能够推动创新。知识产权的保护就是要从体制机制上形成对敢于探索新事物、敢于承担风险的企业家精神形成保护,就是要形成对创业、创新及其收益的保护,让企业家创新得到应有的市场回报。这是培育创新氛围、激发研发活力、促进科技成果转化、推动高质量发展的重要微观机制。

随着以大数据、人工智能等为标志的新技术革命的加速扩散,创新日益成为引领高质量发展的第一动力。从劳动密集型制造转向以智能化、大数据、互联网为代表的大规模、个性化定制生产和服务,高质量发展需要在新技术应用、制造模式、组织服务模式等方面实现创新。消费的市场大国是我国高质量发展的最大潜力,以消费驱动投资升级,以消费带动经济结构调整,促使消费结构升级成为高质量发展的内生动力。这些新动能的培育需要激发更大的企业微观创新活力,离不开产权保护机制的保障。知识产权保护水平的提高,不但降低了技术模仿风险,而且能使企业将技术优势转化为市场优势、竞争优势。

(三) 通过鼓励竞争激发创新

竞争机制是激发创新的基本机制。当前,推动高质量发展的竞争机制要注重以下两个方面的内容。

首先,要破除行政垄断。行政垄断是指通过行业进入的规制,在部分行业使不同所有制的企业有不同的进入机会,从而形成市场垄断。通过建立负面清单制度,尽量减少对企业进入的行业管制,大幅度减小行政垄断的范围,通过鼓励竞争激发各种类型企业的竞争活力。

其次,消除自然垄断的负面影响是市场经济条件下更为复杂的问题,可以借鉴国际经验,在不损害企业正常发展和经济效率的前提下,以维护产业健康发展和消费者利益为宗旨,建立合理的竞争环境。例如,微软在 20 世纪 90 年代将 IE 浏览器与 Windows 操作系统捆绑搭配,免费预装在系统中以占领市场,迫使竞争对手网景浏览器退市,遭到反垄断诉讼。2001 年,美国联邦法院终审判决认为,虽然微软当时已然拥有了 Windows 操作系统的自然垄断优势,但 IE 浏览器的免费赠送并未使消费者权益受到侵害。与此同时,操作系统还同时附赠了其他多种免费工具类软件,为消费者带来了极大的方便。随后网景浏览器也开始取消收费,免费浏览器成为该领域的常态,此后民众进入互联网世界的成本大幅降低,促进了互联网的普及并催生了许多优秀的浏览器软件开发商。可见,对大企业进行反垄断管制应以该企业是否利用自身的垄断地位抑制创新、损坏消费者权益作为衡量标准。

(四) 建立顺应新经济特点的激励机制

近年来,以"互联网+"、人工智能等为标志的新技术革命方兴未艾,其产业发展体现出了与传统产业不同的特点。这一轮新技术革命的突出特点是,领先企业以零边际成本扩张的趋势越来越明显。由于在达到一定规模以后,不同产量的产品或服务的生产成本差异很小,给领先企业在行业竞争中带来了巨大优势,出现了传统产业难以出现的"赢者通吃"现象。在这种情况下,领先企业不必把价格定得比一般产品更高,即便其生产的固定成本(比如研发成本)比一般产品高,企业也可以通过更大的销售量而不是更高的价格来收回成本、实现盈利。

如果拥有零边际成本的企业同时是生产效率最优、产品质量最好的企业,由于其研发、设计成本占产品总成本的比例较高,企业要盈利就需要受到严密的知识产权保护。但从国际经验看,要防范以保护知识产权为名损害竞争环境。

新技术革命的这一特点及其对企业行为产生的影响,对政府监管和高质量发展激励机制的设计提出了更高的要求。一方面,鼓励领先企业不断创新,发挥其规模优势,有利于提升消费者福利,也可以大大推动整个经济体的运行效率和发展质量的提升;另一方面,也要防止领先企业利用先发优势和零边际成本的技术特点,扼杀小微企业创新。对二者的权衡对经济管理者的治理能力提出了新的挑战。

(五) 社会政策支持高质量发展

社会政策在促进高质量发展中的地位不可或缺。

首先,以创新为基础的高质量发展,面临着更大的失败风险,社会政策可以在控制风险传导中发挥重要作用。对创业失败的企业,通过社会安全网,保护劳动者的福利,可以减小失败风险带来的社会震荡。更重要的是,可以降低初创企业对创新失败的担忧,激发创新热情。

其次,新技术发展带来的利益并不是在所有群体之间均匀分配的。例如,劳动替代性的技术进步,可能会增加失业,给部分劳动者带来福利损失;新技术带来的收益也可能改变收入分配的格局,使劳动的分配受损;竞争中失败的企业虽然不损害效率,但社会政策要对他们予以关注。如果这些问题被忽视,即便有经济效率的提升也不能称之为高质量发展。

在这种情况下,既不能因噎废食,阻碍技术进步,也需要考虑技术进步的负外部性,优化社会政策体系,使其顺应新技术革命的要求,实现高质量发展。

五、结论与建议

作为一个对世界经济增长的贡献率超过30%的大国,中国未来发展如何,能否转向高质量发展,再创经济奇迹,举世关注。回顾历史,中国在较短时间内从低收入阶段进入了中等收入阶段,在世界上有今天这样的地位,归根结底在于过去40年的改革、开放、发展。面向未来,中华民族伟大复兴中国梦的最终实现,需要再创中等收入阶段向高收入阶段成功转变的经济奇迹,建立高质量发展的激励机制是其中必不可少的环节。

推动高质量发展是引领经济新常态的必然要求。经济新常态的一个突出特点就是经济增长的速度由高速增长转向中高速增长。在这样的新阶段,经济增长的动力由以往要素积累推动,转向依靠经济效率的提升。高质量发展的内在要求源自新的发展阶段社会主要矛盾的转换,即人民日益增长的美好生活需要和不平衡不充分的发展之间的矛盾,这必然要求经济增长方式向更高效、更均衡和更加可持续的方向发展。要实现这样的发展模式转变,其核心就在于制度设计上向激励高质量发展的体制机制转变。

新发展阶段中,经济的"好"与"快"是"鱼和熊掌不可兼得"。中国经济经过多年的发展,以往推动经济高速增长的条件已经发生转变,尤其是人口红利渐行渐远,使得投资等手段推动经济增长难以持续。而且,要素积累的增长模式损害环境,浪费资源,其产生的很多副作用与满足人民美好生活的要求背道而驰。这也形成了放弃高增长目标,追求高质量发展的客观要求。因此,高质量发展离不开新发展理念的引领,要以五大发展理念破解发展不平衡不充分问题。

建设高质量发展的激励机制,其核心就是形成激励全要素生产率提升的机制,以"创造性破坏"推动经济发展。提高全要素生产率重在消除生产要素流动的制度性障碍。这不仅包括通过全面深化户籍制度改革,彻底消除劳动力流动的障碍,也包括消除使资本、技术等生产要素在企业之间、行业之间和地区之间自由流动的制度性障碍。此外,在新的发展阶段建立起激发企业家精神、推动"创造性破坏"的一系列制度体系非常重要。通过深化产权制度改革,稳定各种所有制企业的企业家对未来的预期。同国际接轨,加大知识产权的保护力度,确保创新企业能够获得合理的创新利润。结合新经济的特点,完善市场竞争格局,给具有创造性破坏的企业提供生长的空间。完善社会政策,降低创新失败的震荡,使得企业家敢于创新,减小在技术变革中受损企业和劳动者的福利损失。

要进一步明确政府和市场的关系,落实市场在资源配置中起决定作用的实现机制。以经济活动是否具有外部性为原则,确定政府和企业活动的边界,进一步精简机构,建立服务型、高效廉洁的政府。

（课题组成员：蔡昉　都阳　贾朋　王美艳　屈小博　封永刚）

"十四五"时期国有经济布局优化、结构调整、战略性重组的路径研究

国家发展和改革委员会宏观经济管理编辑部

　　深入推进国有经济布局优化、结构调整、战略性重组,是立足国情、适应形势、牵引全局、惠及长远的关键所在。近年来,我国不断进行着国有经济布局优化、调整和重组,并取得了一定成效。但是,从总体上看,国有经济布局优化、调整和重组仍不到位,还存在诸多问题。"十四五"时期,深入推进国有经济布局优化、结构调整、战略性重组,必须与我国国有企业的定位、国有企业改革的路径以及现阶段发挥的功能作用相结合,充分体现功能细分、分类调整、动态变化、方向属性等特征。以科学分类为前提,按照范围集中化、竞争公平化、经营资本化、股权混合化的基本思路,实现国有经济布局优化和战略性调整的目标。

一、深入推进国有经济布局优化、结构调整、战略性重组的意义

(一) 是完善中国特色社会主义市场经济体制的重要标志

　　推动国有经济向关键领域集中,合理减少国有经济的分布范

深化改革

围,放开自然垄断领域的竞争性环节,大力发展混合所有制经济,实现国企与市场经济的融合,这为建立符合市场经济要求的现代企业制度奠定了基础,更为激发市场主体的活力和创新力提供了组织保障。同时有利于各市场主体在要素获取、市场许可、政府采购和招投标、融资贷款等方面享受同等待遇,推动形成更加公平的市场环境,有效落实竞争中性原则。因此,优化调整不只是有利于实现国有资本服务于国家战略意图的目标,还关系我国社会主义市场经济体制的完善,是实现市场在资源配置中起决定作用的关键所在。

(二) 是夯实高质量发展微观基础的坚实支撑

推动国有经济布局优化调整,是实现新时期经济高质量发展的重要举措。首先,顺应新技术革命发展趋势,国有资本逐步从已失去竞争优势的竞争行业或过去所谓的"支柱产业"领域淡出,将资本主要集中在战略性、基础性、前瞻性产业,推动国有企业在创新引领方面发挥关键作用,在产业链供应链水平上发挥引领作用,是我国产业结构转型升级的动力使然,有利于推动经济高质量发展。其次,通过推动国有资本形态转换和结构调整,能够有效处置低效无效资产,淘汰落后产能,从而提高国有资本配置效率。再次,有利于促进企业聚焦发展实体经济,突出主业、做强主业,进而增强国有经济活力、竞争力、影响力、抗风险能力。

(三) 是推动更高水平开放特别是规则标准接轨的必然要求

在西方出现逆全球化、贸易保护主义盛行趋势下,国际经贸协定谈判中,我国国企不公平竞争、获得高额补贴等成为欧美国家诟病的主要内容。在国际商务活动中,竞争性行业的国企往往被认为有政府背景,在激烈的国际市场竞争中往往要付出更高的交易成本和风险代价。CPTPP机制强调竞争中性,要求各国在融资、监管、补贴等方面,确保没有给予国企不公平竞争优势。并要求各国国企在直接补贴、成本识别和公共服务补偿等方面保持高度透明度。这些规则对于我国国有企业参与国际竞争形成了强大的外部压力。因此,深入推进国有经济布局优化调整,打造适合国际化发展需要、更富效率的企业组织新形式,促使国有资本能够更好地融入国际贸易,是加快培育参与和引领国际经济合作竞争新优势的形势所需。

(四) 是培育具有全球竞争力的世界一流企业的有效途径

积极推进国有经济布局优化调整能够解决其战线过长和分布过散的问题,有利于突出发展优势产业和核心主业,解除不必要的参股控股,集中资本向前瞻性、战略性产业和产业的中高端集聚发展,提升产业链供应链水平,培育国企的核心竞争优势,促使国有资本的盈利能力大幅提升,加快形成技术优势和内部潜力,从而整体提高国有资本配置和运行效率,最终提升在全球价值链的位势和竞争能力,形成培育世界一流企业的强大内生动力。

（五）是降低财政压力和防范风险的现实途径

一直以来,国企往往将各种亏损都归咎于政策性业务,在政府无法准确区分亏损原因时,只好把企业的亏损责任都负担起来,给亏损企业"兜底",这无疑增加了财政负担。同时,地方政府涌现出了众多承担地方建设的国有平台公司,随着对平台公司融资约束的加强,原来依靠借新还旧来维持运营的模式难以为继,资金链断裂的风险显著增强,地方政府隐性债务风险暴露不断加速。因此,深入推进国有经济布局优化调整,使国有资本真正集中到关系国家安全和国民经济命脉的关键领域,从一般竞争性领域逐步退出,并加快平台类公司转型发展是降低不必要的财政负担和防范风险的现实途径。

二、国有经济布局优化、结构调整、战略性重组的现状和存在的主要问题

（一）调整与重组的现状

1. 总体布局

从国有经济整体看,到 2018 年底,国有企业资产总额为 178.75 万亿元,自2013 年起实现 8.64% 的年均增长;营业收入为 587500.7 亿元,年均增长率为4.52%;实现利润总额 33877.7 亿元,年均增长率为 7.09%。2017 年国有企业数量为 32.58 万户,年均增长率为 10.25%。另外,国有企业职工人数总量呈现下降趋势。2013 年国有企业就业人数为 6365.1 万人,2018 年下降至 5740 万人,年均降幅近 3 个百分点。可见,2013 年以来国有经济总体规模仍处于扩张趋势,国有企业数量、资产总额、营业收入等指标稳步增长,盈利水平有所改善。从工业企业情况看,2017 年在规模以上工业中,国有工业资产总额、主营业务收入和利润的贡献率分别达到 39.2%、23.4% 和 22.1%。

表 1   国有企业总量变化情况

年份	企业户数 （户）	职工人数 （万人）	营业收入 （亿元）	资产总额 （万亿元）	利润总额 （亿元）
2013	220508	6365.1	471000.0	118.11	24050.5

续表

年份	企业户数（户）	职工人数（万人）	营业收入（亿元）	资产总额（万亿元）	利润总额（亿元）
2014	263348	6312.3	480636.4	102.12	24765.4
2015	291263	6208.3	454704.1	119.20	23027.5
2016	310992	6169.8	458978.0	131.72	23157.8
2017	325800	6063.8	522014.9	151.71	28985.9
2018	—	5740.0	587500.7	178.75	33877.7

2. 行业布局

2017年,国有经济在40个细分工业行业中均有分布。在资产总额中,煤炭开采占比9.2%,石油和天然气开采占比4.12%,石油加工占比3.33%,化学原料和化学制品制造业占比5.14%,黑色金属冶炼占比7.78%,有色金属冶炼占比3.65%,汽车制造业占比8.18%,电力、热力生产和供应业占比28.2%,上述八大行业资产就占国有工业资产的69.6%。

在工业各行业中,国有经济在该行业中所占比例的差别则较大。国有及国有控股企业资产占相关行业资产比例超过80%的行业包括石油开采、烟草、电力、供水等,比例在60%—80%之间的行业包括煤炭开采,比例在40%—60%之间的行业包括黑色矿采、有色矿采、石油加工、黑色冶炼、有色冶炼、汽车、交运设备、机械修理、燃气。可见,国有资产比例较高的行业主要是电力、供水、燃气等公用设施,石油、煤炭等资源开采,以及石油、钢铁、有色等资源加工行业。

3. 产权改革

党的十八届三中全会以来,将混合所有制改革列为国有企业产权优化的突破口。按照"完善治理、强化激励、突出主业、提高效率"的要求已开展了三批共50家混改试点,第四批160家企业试点也在推进中。前三批企业主要围绕电力、石油、天然气、铁路、民航、电信、军工等七大重要领域,通过各种不同所有制资本的实质性混合,非公有资本在混合所有制改革企业中的作用得以充分发挥,形成体制机制融合互促。第四批试点范围和领域不断扩大,选择不仅仅局限于重要领域企业,也包括了具有较强示范意义的充分竞争领域企业,以及已实现股权混合、拟进一步完善治理的混合所有制企业,以产生更大的影响力和示范作用。在实现方式方面,通过开放式改制重组,采取资产剥离、人员分流、挂牌转让及债务重组等方式实现资产、业务和人员的重组;通过引入战略投资者,促进股权多元化,充分发挥各类资本在资金、人才、管理等方面优势,实现企业产业链的优化;通过推进员工持股,完善市场化的激励和约束机制,形成利益共享、风险共担的格局;通过整体或核心资产上市,帮助企业优化治理结构,最终实现产权布局的优化。

4. 央企重组

党的十八大以来,在国资委推动下,央企间强强联合、同业合并、纵向集中等重组步伐较快。中央企业先后完成中国南车与北车合并,以及最新的南北船(中船集团与中船重工)合并,打造"中国神车""中国神船",共完成20余组40家央企的重组,新设中国航发集团公司、中国铁塔公司两家公司,中央企业由117户调整至96户。目前重组涉及的产业主要包括装备制造、电力、航运、能源、建材、钢铁等领域,下一步继续在制造领域、化工领域等推进,力图发挥联动协同效应,最终优化资源配置、促进转型升级、提高效率效益。

5. 国资管理

目前,正积极探索建立国有投资运营公司。央企中已有21家投资运营公司,各地方国有企业也已组建国有资本投资、运营公司89家。通过组建两类公司开展股权投资,逐步改善了国有资本的分布结构和质量效益。

(二) 调整与重组中面临的问题

1. 目前对国有经济布局优化、结构调整的认识不统一

(1)调整与重组的方向不清晰。党的十九大明确提出要坚持做强做优做大国有资本,不断增强国有经济活力、控制力、影响力和抗风险能力,培育具有全球竞争力的世界一流企业。但是目前在国有经济布局优化和结构调整实际操作中,过度强调了"大",然而"大"不能等同于"强",核心竞争力仍然较弱,最终也导致国有经济难以实现"优"。

(2)调整过程中公平与效率均考虑不足。一方面,虽然经过了多年的国有经济布局调整,但是垄断领域国有经济布局调整的步伐仍然缓慢;另一方面,国有经济布局调整和重组后并未体现高效率。一些国有企业主要还是依靠扩大规模和增加投入,资源配置效率不高,核心竞争能力不强。近几年,全国国有企业总资产报酬率和净资产利润率都呈现递减趋势,地方国有企业效率更差(见图1)。

2. 布局优化和结构性调整的效果有待观察

虽然国有经济布局优化和结构性调整一直在进行,但由于过于强调"保值增值",国有经济布局调整节奏欠佳,仍过多地分布于一些市场化程度比较高、竞争比较激烈的加工工业和一般竞争性服务行业,国有经济战略性仍显不足。从规模以上工业企业相关数据看,2017年国有及控股工业企业主营业务收入和资产总额的比重分别为23.42%和39.19%,该数据与2010年水平相当(见图2)。某些充分竞争性行业调整退出缓慢。如在2017年规模以上工业行业中,纺织、木材、家具、服装、酒、饮料和精制茶制造业等充分竞争性行业的国有资产占该行业全部资产比

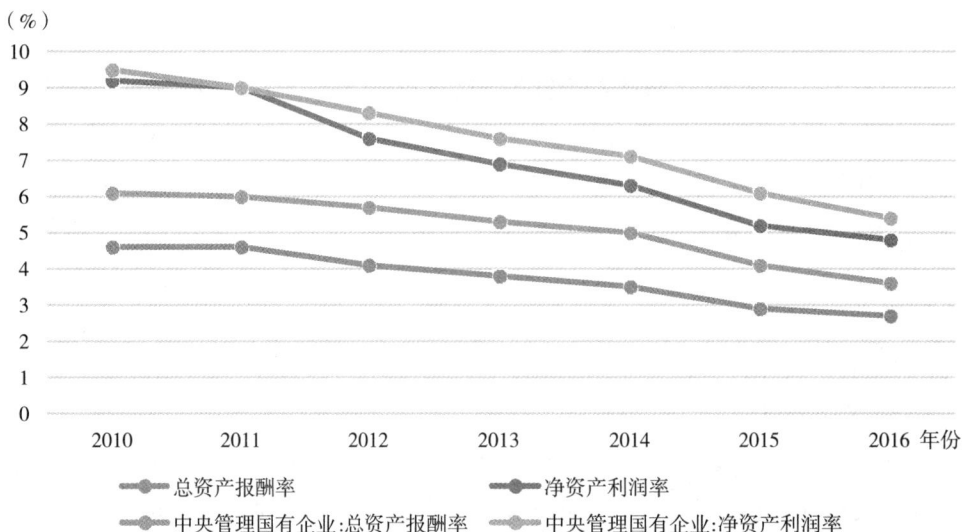

图1　近年来全国国有企业总资产报酬率和净资产利润率变动情况

例均比 2012 年有所提高(见图3)。更大的问题即僵化问题没有解决,中央三令五申强调,要不断推动国有资本形态转换和结构调整,但是目前由于国有产权市场化退出机制不健全,导致国有产权退出难度较大,无效低效资产处置较慢。另外,地方政府又担心人员安置和社会稳定问题,企业无法按市场原则实现关闭或破产,最终使得低效无效资产无法处置,国有"僵尸企业"大量存在,国有资本配置效率低下。

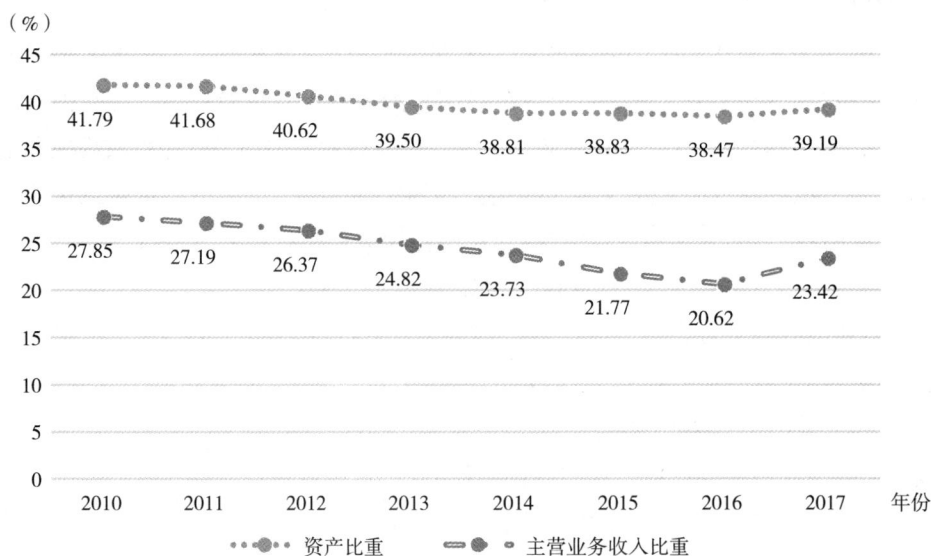

图2　国有及控股工业企业主营业务收入和资产总额占规模以上工业的比重

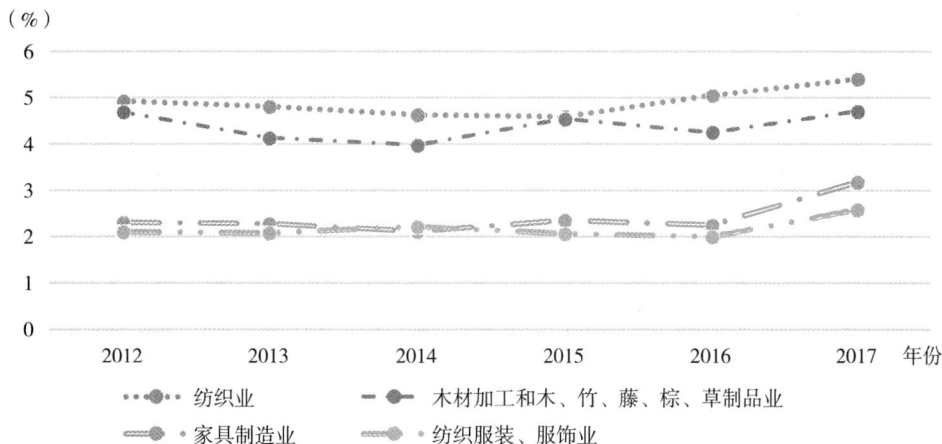

（%）

图3　部分充分竞争行业国有经济布局调整情况

3. 行业分布过于广泛，集中度不足

目前，国有经济的分布过宽、过散、过杂。除必须由国有控制的涉及国家安全、国民经济命脉和国计民生的重要行业和关键领域外，国有经济还广泛零散地分布在市场化程度较高的行业。在全部14大门类40个细分工业领域，国有经济均有不同程度的布局（见图4）。国有经济在传统重化工产业领域集中度较高（见图5），而且随着新的工业技术革命发展，过去的所谓的"支柱产业"可能已经不具备基础地位，随之而来的是过度竞争、产能过剩、债务负担重、风险性增强等，过去的纺织产业，现在的黑色金属冶炼等，国有经济应该逐步淡出，但是国有经济仍有较大比重的布局。然而，在一些需要国有经济发挥作用的重要前瞻性、战略性产业领域，国有经济布局却明显不足。如，在节能环保、新兴信息产业、医药制造业等战略性新兴产业，国有资本比重仅分别为10.11%、17.43%、15.02%。

4. 央企重组调整逻辑不清，海外布局不畅

当前，央企重组调整逻辑不清，主要表现为：一是多重目标导向，导致目标难以统一实现。中央企业之间兼并重组的目标较多，如实现资源更合理配置，强企业带弱企业，发挥协同效应，兼顾稳定作用，还要强化国际竞争力，增强风险管控力，打造世界一流企业等。由于目标太多，分不清主次，最终导致目标很难实现。二是重组仅限于央企之间整合，而对维护市场经济公平竞争秩序的统筹考虑不足。三是仍自上而下以外部力量推动为主，还未全面发挥协同效应。本轮中央企业之间的兼并还是主要以外部力量推动为主，主要体现了国家意志，未完全遵循市场规律和体现企业自愿原则。在以行政力量推进央企兼并重组下，企业还未全面发挥协同效应，在业务、经营和文化上还未真正实现"一张图、一家人、一条心"的协同性，融而不合、整而不合现象常常出现。这样就造成兼并重组后的央企仅仅大，但不优不

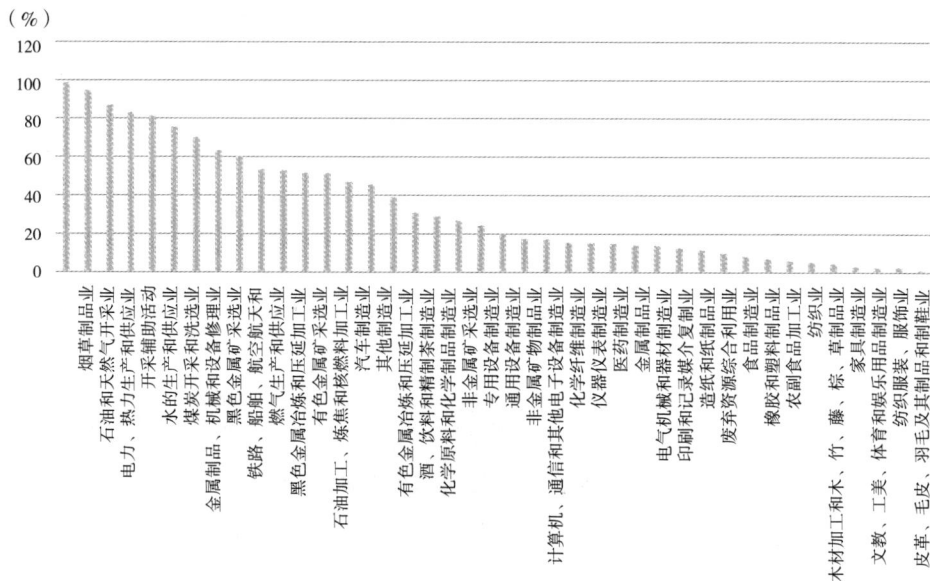

图4　2017年各行业国有及国有控股比例（各行业总额=100）

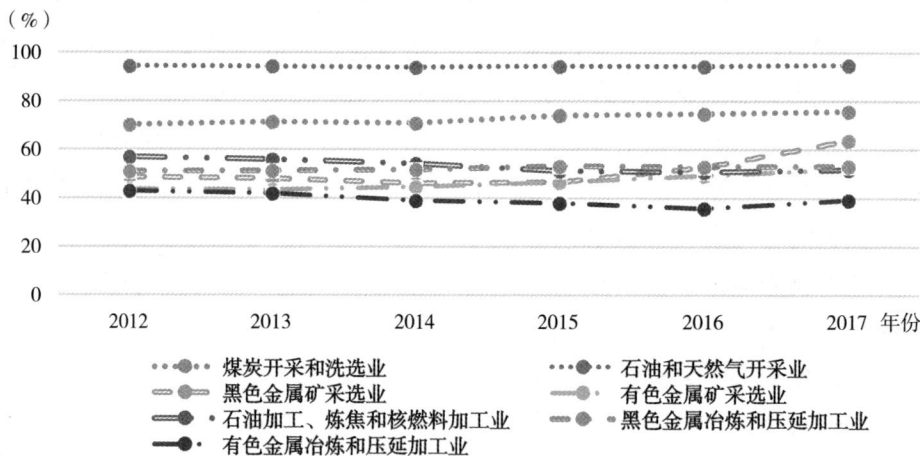

图5　部分行业国有资本集中程度

强。除此之外,中央企业海外布局参与不够,整体上仍处于初级阶段,并面临"竞争性中立"的挑战。这不利于我国国企实现国有资本海外布局的战略性调整。

5. 地方产业性国有企业改革缓慢推进,债务风险较高

整体上看,地方国有企业形成比较合理的国有经济布局和结构,任务还很艰巨。地方国有企业的分布仍然过宽,相当数量的国有资本并不处于关系国家安全和国民经济命脉的重要行业和关键领域。例如,地方国企在竞争性行业加快布局,与民争利;在煤炭、钢铁等领域出现严重产能过剩,不少企业处于亏损或微利状态,

积累了一批"僵尸企业";一些大企业业务庞杂、主业不突出,子企业层级过多、数量过多,母公司对子公司失控。最终,导致企业效率低下。除此之外,涌现出众多承担地方建设的国有平台公司,该类企业主要承担政府融资职能,缺乏清晰的业务运营模式和收益回报机制,企业债务问题十分突出。

三、深入推进国有经济布局优化、结构调整、战略性重组的思路、原则和目标

(一)作为国民经济主体的国企定位

党的十九大以及习近平总书记关于国企改革发展的重要思想对国企的作用、布局和实现形式等方面有了更明确的表述,体现在以下四个方面:一是国有经济地位方面,必须毫不动摇巩固和发展公有制经济,坚持公有制主体地位,发挥国有经济主导作用,做强做优做大国有资本。二是国有经济布局和调整方面,围绕服务国家战略,推动国有经济向关系国家安全、国民经济命脉和国计民生的重要行业和关键领域、重点基础设施集中,优化国有经济布局、有效发挥国有经济整体功能作用。推动国有资本形态转换和结构调整,支持创新发展前瞻性战略性产业,加快处置低效无效资产,提高国有资本配置效率。推动国有企业战略性重组,聚焦发展实体经济突出主业、做强主业,提高国有企业核心竞争力,增加国有经济活力、控制力、影响力、国际竞争力、抗风险能力。三是国有企业功能方面,聚焦战略安全、产业引领、国计民生、公共服务等功能,推动国有企业在创新引领方面发挥关键作用,在产业链供应链水平上发挥引领作用,在保障社会民生和应对重大挑战等方面发挥特殊保障作用,在维护国家经济安全方面发挥基础性作用。四是国有经济实现形式方面,明确提出发展混合所有制经济。积极推进主业处于充分竞争行业和领域的商业类国有企业混合所有制改革,有效探索重点领域混合所有制改革,同时强调,鼓励发展非公有资本控股的混合所有制企业。从中可以得出结论,我国国企与国外国企的功能不同,我国国企是实现政府战略意图的重要力量,公益性和竞争性作用兼而有之,功能需要细分,国有经济布局优化、结构调整、战略性重组即是实现国企定位、细分功能、优化布局的战略举措。

(二)基本思路

1. 范围集中化

布局调整必须首要解决国有经济产业涉及宽泛、实现国家战略意图不明显等

问题,增大国有资本在公益性领域的投入,切实推动国有资本向关系国家安全、国民经济命脉和国计民生的基础性、战略性、前瞻性产业和领域集中。国有经济存量和增量都要明确集中范围,国有资本从一般竞争性领域退出,其他产业领域以混合所有制经济形式实现,控股比例由绝对控股向相对控股甚至金股方式转变。

2. 竞争公平化

市场准入方面破除垄断,清除显性和隐性壁垒,形成竞争性市场结构,这是近中期调整改革的重点和难点。分拆自然垄断性和竞争性业务,在自然垄断行业国有资本发挥控制力的基础上,有条件的领域可采取特许经营方式向社会资本开放;剥离竞争性业务,引导民间资本进入,形成股权多元化、相互竞争的市场格局。除少数公益性企业外,国有资本存在于混合所有制企业中,与其他非公有资本同等使用生产要素,公开公平公正参与市场竞争,同等受到法律保护。

3. 经营资本化

通过组建国有资本投资运营公司等平台,建立国有资本优化布局、有进有退、合理流动、动态调整的机制,而不是维持现有固化只进不出的格局。国有资本必须从不具优势的领域退出,动态流向社会经济发展不同阶段的重点,实现国有资本投资运营服务于国家战略目标的定位。更为重要的是,建立国有资本投资运营公司,持股机构和企业能够建立真正的股东关系,有利于经营权、所有权分离,减少来自政府的行政干预,使企业按现代公司制企业的方向发展。资本化经营后国有资本可进一步降低控股比例,大幅度放大企业资本杠杆作用,借助社会化资本加速企业发展。

4. 股权混合化

在国有经济需要重点进入的行业和领域,除极少部分需要实行国有独资外,大多数行业应采取国有控股、参股形式,吸纳各种经济成分,实现产权的多元化。打破垄断格局,形成公平竞争的市场环境,扩大公私合作领域。进一步完善相互制衡的公司治理结构,形成出资人、董事会、经理层各负其责、协调运转、有效制衡的公司治理结构,避免由"一把手说了算""内部人控制"的危害。

(三)基本原则

政府推动,市场选择。政府要对国有经济的未来发展方向做好准确的定位,明确国有经济的进入领域和投入方式,解决好国有企业退出过程中再就业的援助。以市场化配置资源作为推进国有经济布局优化、调整和重组的主要方式,促进企业成为布局优化、调整和重组的主体,增强企业结构调整的内在动力。

促进公平,体现效率。国有经济的根本职能是要在一定程度上解决市场失灵问题,因此,国有经济布局优化、调整和重组要有利于社会公平与社会和谐。与此同时,国有经济的发展也要符合市场经济条件下的平等竞争和优胜劣汰原则,着力提高国有资产的配置效率。

调整增量,优化存量。处理好增量与存量的关系,在战略性前瞻性、基础性和民生性领域,更大程度地发挥国有经济的主导作用,实现国有资产向上述领域进一步集中。促进国有经济从一般竞争性领域有序退出,为非公有制经济快速发展创造更为广阔的市场空间。

多元混合,放松管制。在国有经济需要重点进入的行业和领域,除极少部分需要实行国有独资外,大多数行业应采取国有控股、参股形式,吸纳各种经济成分,实现产权的多元化。打破垄断格局,形成公平竞争的市场环境,扩大公私合作领域。

(四) 目标方向

着眼于 2025 年甚至更长远,国有经济在整个国民经济中所占比重适度降低,布局更为合理,国有资本绝大部分集中于真正关系国家安全、国民经济命脉和国计民生的重要行业和关键领域,进一步增强在这些领域的控制力、影响力、国际竞争力和抗风险的能力。国有资本形态实现转换和结构得到调整,前瞻性战略产业实现创新发展,产业链供应链水平得到有效提升,低效无效资产得到有效处置,国企间层级布局结构关系更为科学,国有资本配置效率有所提高。混合所有制经济蓬勃发展,主业更加突出,国有经济活力更为凸显,对非公有制经济的引导和带动作用进一步增强,形成国有经济与民营经济优势互补、融合发展的局面。央企和地方国有企业战略性重组完成,企业数量大幅减少。

长远看,国有经济布局调整最终归结为两个方向:一是公益类(非营利性)方向,国有经济在极少数特殊产业和领域不以营利而以完成政府公共政策、提供公共服务、保障国家安全为目标;二是商业性(竞争性营利性)方向,国有经济以混合所有制形式存在于主业处于关系国家安全、国民经济命脉的重要行业和关键领域、主要承担重大专项任务的商业类国企。国有资本以控股或参股的形式发挥国有经济的影响力,从而进一步提高企业的活力与效率。

四、深入推进国有经济布局优化、结构调整和战略性重组的路径选择

(一) 少数承担公共政策功能的国企回归公益性,弥补市场失灵

国防军工、战略物资储备、义务教育、基本医疗养老和公益性研发等领域的国

有企业或机构,更多是以提供公共产品和服务、增进社会效益为目的,明确其公益性。这些领域可继续保留国有独资的形式,非公资本不宜进入。增量改革方面,国有资本加大对公益性、基础性领域的投入,以有效弥补公共服务的缺位,回归国企存在的本来目的,发挥国有经济的控制力。这部分公益性企业或机构属特殊法人,由专门的法规管理,经营去盈利化,利益去内部化,严格规范其行为。

(二)商业类中垄断行业国企垄断性和竞争性功能分拆,在一定时期兼有混合性特征

石油天然气、电网电力、铁路、电信、航空航运等行业,国有资本在发挥控制力的基础上,需推进公共资源配置市场化,着力清除市场壁垒,放开市场准入,通过横向或纵向分拆和对社会资本开放等改革调整,提高经济运行效率和社会的普遍福利,发挥国有经济控制力、影响力。一是细分垄断行业的业务环节。具备网络特征的自然垄断环节由国有资本控股经营,实行以政企分开、政资分开、资本开放、特许经营、政府监管为主要内容的改革,强化独立、客观、外部原则下监管机构的地位,发挥有效监管作用。控股形式主要依据自然垄断范围和外部性影响强弱来区分(见表2)。随着科技进步和市场结构的变化,逐步缩小自然垄断行业的自然垄断性业务的范围,把原来被视为自然垄断行业的大量业务逐步转变为可以引入市场竞争的非自然垄断性业务。二是运用"网运分离,区域竞争""干线公司+平行线竞争"等运营模式,引入相对竞争的经营模式。铁路、电网系统都可适用。铁路支线、城际铁路、城市轨道交通等小型铁路,所需资金规模相对较小、盈利边界相对清晰,适合对社会资本开放。三是区域性网络特征领域也应积极引入社会资本。城市供水、供气、供热,污水处理、垃圾处理、城市公共交通等市政公用事业,可以通过特许经营等方式对社会资本开放,也可通过引入社会资本参股、公私合营形成混合所有制企业。四是放开和分拆竞争性业务,引入社会资本发展混合所有制经济,推进公共资源配置市场化,加强行业监管和社会监督。

表 2　垄断行业 PPP 股权合作形式

具体领域环节	垄断属性强弱	混合所有制形式
电网、铁路主干线、石油天然气主干管网、电信基础网	全国性垄断,关系国民经济命脉	国有资本绝对控股,引入其他资本参与
城市供排水、燃气管网、城市公交行业	区域垄断,影响范围相对局部	国有资本相对控股的PPP 模式
铁路支线、城际铁路、城市轨道交通、油气管网支线、专用输电线路	网络特性相对较弱	国有资本相对控股或参股的 PPP 模式

具体领域环节	垄断属性强弱	混合所有制形式
污水处理、垃圾处理和机场、港口枢纽型设施、原油和成品油商业储备库	网络特性最弱	允许非公资本控股或参股的 PPP 模式

（三）多数商业类国企的竞争属性以混合所有制形式实现，强化市场配置资源的决定性作用

长远看，在竞争领域国有经济分布必然逐步集中，在集中集聚、安全高效、动态调整原则下，以资本的形态存在于前瞻性战略性产业和共性技术创新领域等体现国家战略意图的重要领域。一是处于充分竞争行业和领域的商业类国有资本逐步退出。那些非国计民生、资金技术标准不高、进入壁垒较小且不具备规模竞争优势、效率低下的充分竞争行业和领域的商业类国有企业，如餐饮、旅游、家电、建材、纺织、商贸流通、房地产、轻工等，应促进国有经济逐步降低比重并有序退出，增量国有资本不再进入，为非公有制经济快速发展创造更为广阔的市场空间。在妥善处理好员工安置和债务问题的基础上，采取整体出售、部分股权转让、亏损国企整体破产转让等方式，实现国有经济从充分竞争性领域有序退出。二是降低其他竞争领域国有资本的比重。在其他竞争性领域，如装备制造、汽车、电子信息、建筑、钢铁、有色金属、化工、勘察设计等行业，过去认为属于关系国民经济命脉的重要行业和关键领域，有些已属产能过剩的领域，已不具备支柱地位，需要更多通过引入非公资本来提高效率和创新能力，因此需要国有资本适度流动。重点以混合所有制改革为基石，鼓励非公有制经济以控股的混合所有制形式全面参与，促进民营企业等非公经济成分企业通过并购、控股等方式，参与国有经济布局调整，充分激发非公有制经济的活力和创造力。

五、深入推进国有经济布局优化、结构调整和战略性重组的关键举措

（一）建立国有资本退出的通道与机制

一是科学规划，合理确定时间表和路线图。建议在国民经济和社会发展"十四五"规划体系中设立专项规划，进一步明确优化、调整、重组的具体目标、任务、重大改革举措等，明确国有经济必须保持控制力的产业领域和控制程度，明确参

股、相对控股还是绝对控股。做到统一规划,全盘布局,分阶段实施,为"十四五"时期乃至 2030 年的国有经济布局调整指明方向。二是建立国有资本有序进退的动态调整机制。一方面向重要行业和关键领域、重点基础设施集中,增强国有经济的活力、控制力、影响力、竞争力和抗风险的能力。另一方面对不属于关系国家安全、国民经济命脉和国计民生的重要行业和关键领域的国有资本,建立国有资本有进有退、合理流动、依法转让的动态调整机制,有计划地促进国有资本从充分竞争性行业和领域退出,做到布局"少而精"。混合所有制中的国有资本可以根据国家战略需要,采取绝对控股或相对控股方式保障国有资本在特定领域的控制力,并以相对控股、参股和有序退出的方式,建立动态调整的国有资本流动机制,增强国有资本的活力和影响力。三是大力推进国有资本运营、投资公司建立。这样有利于形成国有资本流动重组、布局调整的平台,从而有效提高国有资本的配置和运营效率。

表3　国有资本流动方向

股权结构	适用企业类型	未来主要举措
国有独资	涉及国家安全和基本公共服务领域的极少数企业或特殊机构	强化其提高公共服务、弥补市场失灵职能,探索制定特殊机构法约束
国有独资或控股	国有资本投资运营公司,战略性矿产、油气等资源开发利用	强化企业的功能保障任务,严格考核环境质量安全等外部性指标
绝对控股或相对控股	铁路主干线、电网等具有网络属性的自然垄断业务环节的企业继续保持绝对控股,部分具有区域垄断地位企业允许相对控股	强化维护公共利益、提高效率目标,完善成本审核、区域比较、价格上限等政府管制方法,通过特许经营对社会资本开放,控股与参股程度取决于自然垄断范围和外部性强弱,允许部分垄断环节社会资本控股
相对控股、参股或金股	广泛竞争领域,以实现政府战略意图为目的的战略性前瞻性关键产业,保护生态环境、支持科技进步的重点企业	还原企业市场竞争主体地位,发挥国有资本的引导带动作用,根据需要决定国有资本股份增减,不设置国有股权比例限制,规范公司治理,减少管理机构的行政化干预,通过建立职业经理人制度更好发挥企业家作用,探索金股、优先股方式
有序退出	不具备竞争优势、效率低下和无法有效发挥国有资本作用的一般竞争性领域	通过产权转让、资产处置等多种方式,整体一次性退出或分批有序退出,发展非公经济控股的混合所有制企业

（二）加快中央企业和地方国有企业战略性重组

一方面,要明确未来企业战略性重组的主要方向。配合国有经济布局优化和结构性调整,未来还应该积极稳妥推进装备制造、造船、化工等领域的战略性重组,持续推动电力、有色、钢铁、海工装备、环保等领域的专业化整合;另一方面,以企业为主体,因业、因企制宜,在重组中充分尊重企业的意愿,摒弃过去仅以降低企业数量为目的、简单做大企业规模的"一刀切"行政性色彩浓厚的重组思路。促进企业积极采取吸收合并、新设合并、换股吸并、资产置换等多元化的重组方式。在调整重组中还需要进一步深化企业内部改革,建立健全现代企业制度,形成崭新的体制机制,从而打造出充满生机活力的新型企业。同时,推进重组整合企业在战略、管理、业务、技术、市场、文化和资源等方面的协同与融合,发生"1+1>2"的化学效应。

(三) 统筹协调,有效防范布局优化和调整进程中的各种风险

面对可能发生的各种风险,如国有资产流失、职工权益受损、社会不稳定等,需要采取有效的措施加以防范。加强与资产评估等市场中介机构的合作,客观、公正地做好国有资产评估、协议转让、挂牌出售等各项工作,强化审计、纪检监察等部门以及社会舆论的监督作用,防范国企改革过程中的国有资产流失的风险。加强调整和重组过程中的员工队伍稳定和职工权益保护,合理足额地支付补偿金额,还清拖欠职工的各项债务,做好养老、医疗等社会保障方面的制度安排,防范职工权益受损的风险。加快建立国有经济布局调整重大事项社会稳定风险评估和预警机制,有效防范因国有经济布局调整而带来的社会不稳定因素,切实预防群体性事件的发生。

(四) 公平竞争,大力完善市场体系

一方面,建立完善统一开放、竞争有序的市场体系。加强产权交易市场、资本市场、金融市场、信息市场、职业经理人市场等相关市场建设,为进一步规范国有经济布局优化、结构调整、战略性重组过程中的产权出让行为提供有力支撑;另一方面,打造各类资本公平竞争的市场环境。制定平等的市场准入规则,保障土地、资金、技术等要素资源分配公平。实行统一的市场监管,清理和废除妨碍市场公平竞争的各种规定和做法。同等保护各种所有制经济产权,营造公开、公平、公正竞争的市场环境,激发各种所有制经济的活力和创造力。

(课题组成员:任旺兵 臧跃茹 陈弘仁 刘方 王丹 易昌良)

"十四五"时期国有经济布局优化、结构调整和战略性重组的思路及路径研究

中信改革发展研究基金会

一、国有经济发展态势分析

（一）党的十八大以来国有经济布局结构调整进展

党的十八大以来,国资监管系统和广大国有企业坚持以习近平新时代中国特色社会主义思想为指导,全面贯彻落实党中央国务院决策部署,积极推进国有经济布局优化、结构调整和战略性重组,取得了显著成效。

1. 国资国企改革全面深化

国有企业按照中央国企改革"1+N"系列文件要求,深入推进"十项改革试点"和"双百行动",公司制改制基本实现全覆盖,党的领导与完善企业法人治理紧密结合,83家中央企业建立了外部董事占多数的规范董事会,企业内部三项制度改革实现新突破,以管资本为主的国资监管职能加快形成,96家中央企业中已有21家成为国有资本投资、运营试点单位。国有资本产权结构更加多元,混合所有制改革深入推进,超过2/3的中央企业子企业成为混合所有制企业,商业一类企业中混合所有制子企业户数占比73.6%。

2. 国有经济控制力进一步巩固

国有资本向关系国家安全、国民经济命脉和国计民生的重要行业和关键领域集中,截至 2017 年底,全国国有资本占比超过 70% 的行业仅有烟草、油气开采、电力热力、水、煤炭 5 个,较 1993 年的 14 个大幅缩减,中央企业国有资本近七成集中在军工、能源、电信、电子等领域,国有企业在核电、新能源、载人航天、深海探测、高速铁路、特高压输变电、新一代移动通信等领域取得了一批标志性重大发展成果,对推动国民经济发展起着"稳定器"和"压舱石"作用。

3. 国有经济影响力有效发挥

国有企业积极参与京津冀协同发展、雄安新区建设、长三角一体化发展等重大区域发展战略,加快重点项目建设,带动各类所有制资本共同助力区域联动发展。国有资本以直接出资、战略入股、发起设立创投基金等形式大力支持战略性新兴产业发展,打造了国有企业结构调整基金、国有资本风险投资基金、国协国同国创国新投资引导基金等新平台新模式,中央企业形成可用创投资本过万亿。2015—2017 年战略性新兴产业销售收入年均增长约 14.7%,利润总额年均增长约 13.9%。

4. 国有经济抗风险能力显著提高

供给侧结构性改革深入推进,化解钢铁、煤炭过剩产能,率先完成阶段性目标。企业平均资产负债率稳步下降,市场化法制化债转股力度加大,债务风险得到有效防范。严控金融业务风险,全面开展专项清理整顿,严防脱实向虚倾向。大力推动瘦身健体,中央企业各级法人户数明显减少,管理层级大幅压缩,"处僵治困"主体任务基本完成,剥离办社会职能和解决历史遗留问题取得历史性突破,企业负担逐步减轻。

5. 国有经济国际竞争力不断增强

国有企业战略性重组稳步推进,20 组 38 家中央企业完成重组,成立了国家管网、中国航发、铁塔公司等专业化新企业,各省区市也结合实际对所监管一级企业开展了重组整合。进入 2018 年世界 500 强的国有企业 83 家,同比 2012 年增加 19 家。国有企业已成为推进"一带一路"建设的主力军,由中央企业合作共建的"一带一路"项目超过 3000 个,中白工业园、亚吉铁路、蒙内铁路等标志性项目顺利实施。

(二) 存在问题及原因

当前国有经济布局结构仍然存在四个方面的问题。

1. 资源配置亟待优化

产业层面,国有经济分布仍较宽泛,多数行业产业集中度偏低,制约了产业提质升级。区域层面,国际化经营能力不足,对全球战略性资源掌控不够;国内东中西部发展不平衡,地区间产业布局趋同问题仍未有效化解。

2. 产业链高端布局不足

自主创新能力不足,高端制造业基础较弱,多数领域仍处在中下游水平,核心关键技术"卡脖子"问题突出,应用基础研究投入力度不够,不少产业链具有明显脆弱性。高端服务业布局不足,商业模式和产业形态仍较单一。

3. 新兴产业基础薄弱

在5G、大数据、人工智能、新材料等事关国家未来的前瞻性战略性产业方面,国有经济投资布局力度不足,控制力不强,引领带动作用和经济支柱作用发挥不充分。

4. 企业核心竞争力亟待增强

企业发展活力不足,对企业家和科技骨干激励不够,主要依靠规模扩张的发展模式未得到根本扭转,真正具有核心竞争力的世界一流企业较少,"大而不强不优"问题仍然突出。

制约国有经济布局结构调整优化的深层次原因是体制机制问题,主要包括以下三个方面。

1. 经营性国有资产集中统一监管体制改革仍不到位

目前,由公共管理部门管理的国有企业、国有资产依然众多,企业人、财、物、事分属多部门管理,部分领域的政企不分、政资不分、"九龙治水"问题仍较严重,工作协调难度极大,一些公共管理部门的管理模式不适应形势变化,压抑了企业发展活力和创新热情。国有资本配置未实现"全国一盘棋",制约了全国国有资本布局结构的整体调整优化与战略性重组。

2. 混合所有制改革存在"体制改革但机制不变"问题

国有企业混改后主要改为国有控股企业形式,然而在监管上往往仍将国有控股企业视同国有独资企业来管人、管事、管资产,非国有资本方除享受收益分配外难以深入参与企业经营管理,混改的力量没有得到充分释放。

3. 企业创新发展激励机制建设不到位

部分企业负责人任职缺乏预期稳定性,创新目标与责任不明,缺乏制定和实施中长期战略的积极性,不利于形成创新的专注力与持久力。缺乏系统性的企业国有资本形成与补充机制,现行国有资本经营预算管理模式难以支撑企业创新发展。创新容错体制机制尚未落地,创新热情和动力不足,一流人才引不来、留不住问题有待解决。

(三)建设中国特色社会主义现代化强国的新使命新要求

1. 开启全面建设社会主义现代化国家新征程的新要求

当前,我国正处于"两个一百年"奋斗目标的历史交汇期,"十四五"时期是开启新征程的第一个五年,具有十分重要的特殊意义。在新的历史时期,国有经济要在推进高质量发展、践行新发展理念、切实转变发展思路和发展方式上当先锋作表率,着力振兴实体经济,不断提高发展质量和效益,继续当好新时代国民经济发展的顶梁柱。

2. 应对社会主要矛盾变化的新使命

我国社会主要矛盾已经转化为人民日益增长的美好生活需要和不平衡不充分的发展之间的矛盾,矛盾主要方面在供给侧。长期以来,国有经济一直为经济社会发展和保障改善民生发挥着基础支撑作用,成功解决了"有没有""大不大"问题,下阶段高质量发展必须深入推进供给侧结构性改革,加紧补齐短板、巩固底板,着力解决"好不好""强不强""优不优"等问题。

3. 百年未有之大变局的新挑战

当今世界正经历新一轮大变革大调整,西方国家推动国际经贸规则重塑,遏制我国特别是国有企业创新发展的意图十分明显,各方面不稳定不确定因素明显增多。同时,新一轮科技革命和产业变革与我国经济结构转型交汇融合,各主要国家纷纷加大创新资源抢夺力度,一些颠覆式创新正以革命性方式对传统产业产生"归零效应"。总体看,国有经济发展面临的外部环境已发生根本性变化,必须相机而动、顺势而为、从长计议、步步为营,从根本上实现新突破、新发展。

二、"十四五"时期国有经济布局优化、结构调整和战略性重组的总体思路

(一)指导思想

以习近平新时代中国特色社会主义思想为指导,全面贯彻党的十九大和十九届二中、三中、四中、五中全会精神,正确认识和准确把握我国发展重要战略机遇期的新内涵,立足新发展阶段,贯彻新发展理念,构建新发展格局,坚持稳中求进工作总基调,坚持推动高质量发展,坚持深化供给侧结构性改革,加快推进集中监管、统筹布局、激发活力、转换动能、融合发展、培育一流,推动国有资本进一步向关系国家安全、国民经济命脉、国计民生的重要行业领域和前瞻性战略性新兴产业集中,持续优化国有资本布局结构,巩固公有制主体地位,增强国有经济战略支撑作用,为开启全面建设社会主义现代化国家新征程作出新的更大贡献。

（二）基本原则

1. 坚持党的全面领导

国有企业是中国特色社会主义的重要物质基础和政治基础，是我们党执政兴国的重要支柱和依靠力量。国有经济布局优化、结构调整和战略性重组必须与党中央要求保持高度一致，不折不扣贯彻落实党中央决策部署，立足新时代中国特色国有企业的功能定位，切实发挥好"六个力量"重要作用。

2. 坚持基本经济制度

以公有制为主体、多种所有制经济共同发展是我国社会主义初级阶段的基本经济制度。必须坚持"四个自信"，坚持"两个毫不动摇"，坚决抵制私有化和去国有化等错误思潮，理直气壮发展壮大国有经济、优化国有经济布局结构、培育世界一流企业，大力发展混合所有制经济，实现人本和资本的深度融合、共同发展。

3. 坚持高质量发展

迈向高质量发展是遵循经济发展规律，不断提升市场竞争力和可持续发展能力的必然选择。必须以高质量发展为导向，坚持进退有序、有所为有所不为，聚焦功能定位，聚焦主责主业，聚焦创新驱动，实现重点突破，实行动态调整，加快打造网络型、平台型、服务型、品牌型、责任型的世界一流企业。

4. 坚持全面深化改革

深化国资国企改革是破解体制机制障碍、加快推进国有经济布局结构优化调整的根本途径。必须从党和国家事业发展全局的高度出发，以是否有利于解放和发展国有企业生产力、有利于国有资产保值增值和提高国有经济竞争力、有利于提高人民幸福生活水平为判断标准，抓准长期以来制约国有经济布局结构调整的深层次、根本性矛盾和问题，攻坚克难推进改革落地。

5. 坚持高水平开放

我国作为世界第二大经济体正在日益融入全球市场。必须坚持世界眼光、国际视野，在大国竞争博弈新态势和国际产业分工新动向中，审视和推进国有经济布局结构调整优化，促进国有经济在高水平开放中发挥更大作用，为培育具有全球竞争力的世界一流企业、推进"一带一路"建设、构建人类命运共同体作出应有贡献。

6. 坚持整体统筹和市场推进相结合

正确处理改革发展稳定的关系、顶层设计和基层首创精神的关系、企业市场化运作和出资人统筹协调的关系。既要支持企业主体按照市场规律、企业发展规律自主推进布局结构调整优化，又要切实发挥出资人在战略统筹、顶层设计、整体调度方面的引领作用，实现国有经济更高层次、更大范围的优化配置。

（三）总体目标

到"十四五"末,国有经济布局结构进一步优化,国有资本有进有退的机制更加完善,国有资本配置和运行效率明显提高,国有经济在落实党中央国务院决策部署、保障国家安全和国民经济命脉、促进经济社会发展、服务改善民生等方面的主导支撑作用充分发挥,国有经济活力、控制力、影响力、国际竞争力和抗风险能力显著增强。

1. 多种所有制经济融合发展实现历史性突破

混合所有制改革的广度和深度大幅拓展,适应混合所有制企业的体制机制更加健全高效,国有资本流动性进一步提高、功能明显放大,各类所有制资本取长补短、相互促进、共同发展的格局基本成型,"人本+资本"高效配置、融合发展。

2. 培育具有全球竞争力的世界一流企业取得显著进展

自主创新能力明显增强,国际化经营规模、质量、效益稳步提升,中国特色现代国有企业制度更加完善,打造30—50家在全球资源配置中占主导地位、引领全球行业技术发展、在全球产业发展中具有话语权和影响力的领军企业,形成一批享誉全球的自主品牌。

3. 集中统一的、以管资本为主的国资监管体制机制更加完善

政企分开、政资分开、所有权与经营权分离有效落地,公共管理部门、国资监管机构、国家出资企业之间的权责边界更加清晰,国资监管方式和手段更加高效,国有资产保值增值责任有效落实。

三、战略重点与发展路径

（一）战略重点

1. 巩固加强一批

坚持总体国家安全观,充分发挥中国特色社会主义制度优势,推动国有资本进一步向关系国家安全、国民经济命脉和国计民生的重要行业和关键领域、重点基础设施集中,巩固强化国有经济在国防军工、重大装备、战略物资储备、能源供应保障、骨干通信网络、骨干物流网络等领域的控制力,加快提升国有经济对互联网、大数据、公共信息服务等新型基础设施的控制力,加大对科研、教育、医疗、养老等公共产品和服务的投入力度,增强满足人民美好生活需要的能力,确保国家长治久安、经济健康发展、人民幸福安康。

2. 创新突破一批

推动国有资本向前瞻性战略性产业集中,整合优势资源,以龙头企业或技术领先企业为依托,在新能源汽车、北斗产业、物流大数据、数字医疗、节能环保等重点领域打造协同发展平台,加快新技术新产业新业态体系化布局。积极向高端制造业、高端服务业发力,加快发展工业互联网,以专项基金等方式加强需求侧拉动,促进制造业高质量转型。聚焦"卡脖子"问题和市场冷门领域,加大科技创新补短板力度,深化军民融合发展,加强产学研用相结合,协同推进行业共性关键技术研究,打造产业创新生态。高质量开展"双创"工作,搭建国有资本创新创业服务网络,用好各类创新创业基金,大力扶持一批在细分行业领先的专精特新企业。

3. 重组整合一批

深入推进供给侧结构性改革,统筹国际国内两方面需要,推进同行业企业横向整合、产业链企业纵向整合、专业化资源跨集团跨区域整合,进一步推动资源向优势主业企业集中,减少无序竞争和同质化经营,提升资源配置效率。积极稳妥开展并购重组,建立健全重组评估机制,加强并购后企业的联动与整合,充分挖掘并购红利。

4. 优胜劣汰一批

坚持市场导向、效益导向,充分发挥市场在资源配置中的决定性作用,加快结构调整和转型升级,完善竞争性领域的国有资本市场化流转和交易机制,持续深化瘦身健体工作,严控产能过剩和中低端产业投资,加大长期亏损、扭亏无望企业和低效无效资产清理退出力度,支持鼓励企业通过资本市场依法合规处置存量资产,回收资本向产业链高端转移。

5. 跨国合作一批

以高质量共建"一带一路"为重点,围绕互联互通市场需求,发挥"三高七路"建设能力,以基础设施建设为骨架,以产业园区为平台,推进装备制造与产能合作,加大能源资源合作开发,提升全球战略性资源掌控能力,加强与所在国企业和第三方跨国公司合资合作,提升国际融资和资本运作能力,构建更加适合跨国经营、符合国际贸易规则的管理架构和资源配置体系,打造一批命运共同体合作建设企业。

(二) 发展路径

1. 打破所有制界限,实现混合发展

分层分类发展混合所有制经济,引导各类所有制资本加大相互融合力度,既支持国有资本投资参与科技创新领域的重点非公有制企业和优秀小微企业的发展,又鼓励非公有资本参与国有企业混改,进一步放宽完全竞争性领域的企业国有股比限制。建立健全更加适应混合所有制企业发展的管理体制机制,不断完善混合所有制企业章程,加快探索国有特殊管理股等配套政策,切实解决"体制改革但机制不变"问题。

2. 打破企业界限,实现整合发展

改革国有资本授权经营体制,进一步探索完善国有资本投资公司、运营公司与产业集团的功能定位。建立竞争性领域国有资本存续经营质量标准,加大企业存量国有资产市场化流转力度,完善增量国有资本"融投管退"机制,更好促进国有资本合理流动。针对重点行业构建跨企业协同发展平台,打破集团公司界限,推进产业联盟体系建设,建立完善开放高效共享的协同协作体系,充分集聚企业发展合力。强化集团内部子企业主业管理。

3. 打破地区界限,实现融合发展

进一步加强中央企业与地方国有企业、各地国有企业之间的企业重组与资源整合力度,依托各地资源禀赋、传统优势和发展基础,发挥不同层级国有企业的差异化优势,不断优化国有资本区域布局,着力打破"诸侯割据"与地方保护,进一步规范市场竞争秩序,推动全国国有资本布局结构的整体优化。增强证券市场融资和重组功能,支持产权交易市场跨区域联合运营,促进企业国有资本跨区域形成与流转。

4. 打破机制障碍,实现竞合发展

深化国有企业改革,完善企业章程,提升企业战略决策能力、资源配置能力、资本运作能力、监督评价能力和党建能力。完善考核分配机制,坚持分类施策原则,创新干部能上能下、员工能进能出、收入能增能减的市场化选人用人机制,打破"大锅饭""平均主义",加大各类专业化人才、国际领军人才的培养和使用力度,加快推进骨干员工持股,激发企业发展活力和内生动力。进一步完善国资监管机制,推进经营性国有资产集中统一监管,落实授权经营体制,实行权力清单和负面清单监管,加快形成有效的以管资本为主的监管体系。

四、有关政策建议

为保障国有经济布局优化、结构调整、战略性重组的重点方向与改革发展路径有效落地,提出以下五条建议。

(一) 强化国资国企改革发展工作的组织领导

国有经济是共产党执政的物质基础和政治基础,国企改革是经济体制改革的中心工作,利益博弈复杂,协调跨度巨大,建议设立中央全面深化国资国企改革委员会,集中研究和统筹推进世界一流企业培育、重大"卡脖子"技术攻关、经营性国有资产集中统一监管、国有企业家和高端科技人才队伍建设等相关工作。

（二）更新企业划分方式

明确停用"国有及国有控股企业""民营企业"称谓,按所有制将企业划分为全民所有制企业、集体所有制企业、混合所有制企业、私人所有制企业。除全民所有制企业(即目前的国有独资、全资企业)以外,公有资本控股、参股企业以及有公有资本参与的有限合伙制企业一律按照混合所有制企业对待,作为独立市场主体,依照企业章程管理。

（三）建立集中统一的国资监管体制机制

探索有力有效的国有资产垂直管理体制机制,强化"全国一盘棋"布局,明确全国经营性企业国有(含金融、文化领域)产权统一由国务院国资委履行出资人职责,根据不同情况授权中央企业和地方国资委按照统一的监管制度管理相关国有资产,政府公共管理部门一律不再行使出资人职责。

（四）加快形成有利于自主创新的体制机制

区分严重受制于人的"卡脖子"技术和落后于人的产业技术短板,采取差异化举措进行攻关。针对核心共性技术等"卡脖子"领域,应按照政府引导、企业主体、市场化运作原则,发挥新型举国体制优势,加强重点攻关,实现有效突破。针对其他产业技术发展短板,应发挥骨干企业引领带动作用,以市场应用为导向,构建产学研用联合体协同攻关。加快研究制定有别于党政机关的、更加符合市场经济规律和企业发展规律的干部人才政策,完善人事、薪酬、审计等工作机制,构建鼓励创新、宽容失败的政策环境,更好激发国有企业家和科技人员的使命责任、经营热情与创新活力。

（五）加大国有资本投入力度

改革国有资本收益分配机制,由国资监管机构统收统支企业国有资本经营收益,除按规定充实社保资金、上缴财政分红外,其余收益集中用作战略性新兴产业发展资本,从根本上理顺出资人权责、落实创新资本来源、规避政府财政补贴问题。支持国有资本布局结构调整,通过国有资产授权经营、划拨地低成本变性、金融机构债权转股权等方式,多途径加强企业国有资本形成力度。对国有企业战略性重组过程中产生的相关评估、确权、税收等费用予以减免,有效降低国有资本布局结构调整优化成本,更好实现做大做强做优国有资本。

（课题组成员：邓志雄　陈鸿　楚序平　于合军

于天荣　胡武婕　刘居正　乔彦斌）

"十四五"时期国有经济布局思路及路径研究

——重点推进国企混改和国企集团整体上市

北京大学国家发展研究院

在分析当前国有企业和国有资本布局现状与问题的基础上，本报告展望了"十四五"时期国有企业改革方向，并以大型国企集团整体上市为重点，研究了大型国企集团层面混合所有制改革（以下简称"混改"）的意义、目标和实现路径。建议"十四五"时期要继续深化国有企业改革，进一步增强国有经济活力、控制力、影响力、抗风险能力。通过重点推进国有企业混合所有制改革、国企集团整体上市，更好激发经济活力和创造力，切实实现"管资本"为主的国有资产监管方式并通过"管资本"来实现国有资本合理流动，推进国有资本布局战略性调整，引导国有资本更多投向关系国家安全、国民经济命脉的重要行业和关键领域、战略领域，把国有企业做强做优做大，更好服务于国家战略目标，进一步提升国际竞争力。

一、当前国有经济（企业、资本）布局现状及问题

当前国有经济布局不尽合理，突出表现为国有资本的行业布局结构不合理，主要集中于竞争性领域和产能过剩产业，在战略新兴产业严重缺失。

深化改革

（一）国有企业和国有资本主要集中于竞争性领域

从国有企业的户数行业分布来看,竞争性行业的国有企业占比在 2003 年至 2010 年间呈下降趋势,在 2010 年后开始上升;垄断性行业的国有企业占比在 2003 年至 2012 年间呈平稳上升态势,2012 年后基本保持稳定;公益性及其他行业的国有企业占比在 2003 年至 2010 年间呈上升趋势,自 2010 年后开始下降。可见,近几年新增的国有企业主要分布于竞争性和垄断性行业(见图 1)。

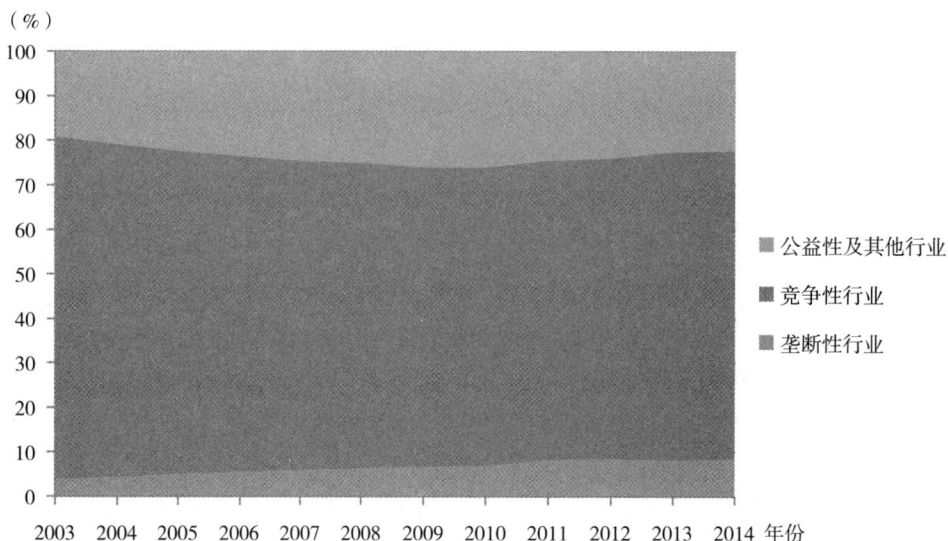

图 1　国有企业户数的行业分布变化

数据来源:财政部。

从国有资本的三大基本行业分布来看,垄断性行业占比显著下降,从 2003 年的 49.44% 下降到 2014 年的 30.08%;公益性及其他行业经历了一个先升后降然后趋于平稳的过程,在 2010 年占比达到高点 17.05%,目前稳定在 13.63% 左右;竞争性行业的国有资本分布增加明显,从 2003 年的 39.51% 上升到 2014 年的 56.29%。此外,无论是国有企业主营收入的行业分布和来源构成,还是国有企业的净利润来源构成,均主要来自竞争性行业。可见,国有资本不仅大量、广泛地分布于竞争性领域,而且不论是占比还是绝对量都还在显著增加(见图 2)。

再进一步细分可以发现,国有资产及与其密切相关的企业户数、从业人员等,主要分布在工业、社会服务业、交通运输仓储业、房地产业和建筑业。从国企分布最为集中的工业来看,国有资产又主要分布在电力、石油石化、冶金、机械、煤炭等领域,这其中以竞争性领域为主(见表 1、表 2)。

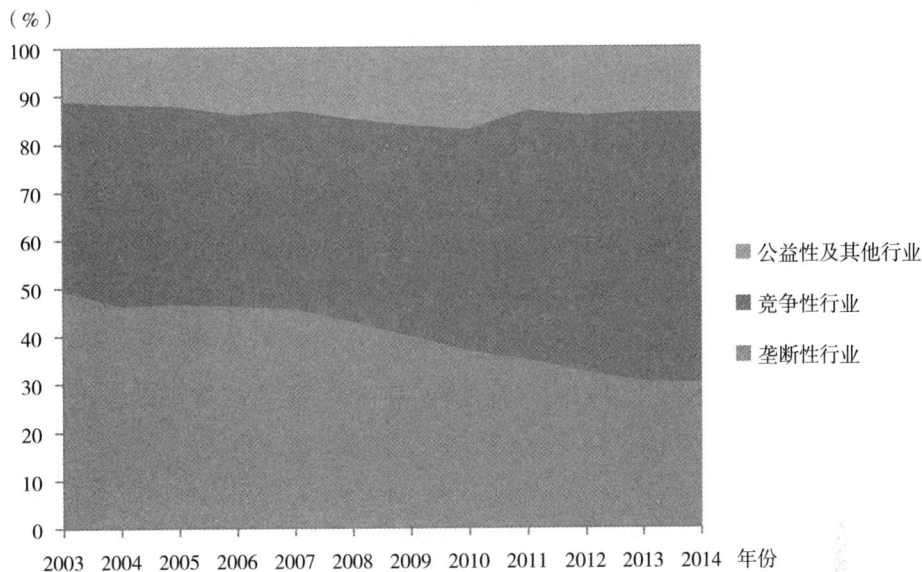

图 2　国有资本的行业分布变化情况

数据来源：财政部。

表 1　2017 年底全国国有企业行业分布分析表

按行业分类	户数（户）	户数占比（%）	年末从业人员数（万人）	从业人员占比（%）	年末合计资产总额（亿元）	资产总额占比（%）
1. 农林牧副渔业	6884	3.7	224.5	6.3	19072.9	0.7
2. 工业	44170	23.6	1625.1	45.3	713289.8	26.3
3. 建筑业	12678	6.8	271.6	7.6	222304.5	8.2
4. 地质勘查及水利业	2031	1.1	15.3	0.4	16166.7	0.6
5. 交通运输仓储业	17033	9.1	499.6	13.9	369987.5	13.6
6. 邮电通信业	1684	0.9	185.5	5.2	70379.3	2.6
7. 批发和零售业	26603	14.2	214.1	6.0	147985.8	5.4
8. 房地产业	20007	10.7	96.0	2.7	287746.2	10.6
9. 信息技术服务业	2763	1.5	27.6	0.8	7044.3	0.3
10. 社会服务业	32017	17.1	238.2	6.6	501055.0	18.5
11. 机关社团及其他	962	0.5	13.9	0.4	3318.5	0.1
合计	6828	3.6	44.3	1.2	12006.8	0.4

资料来源：根据财政部数据整理计算。

表2　2017年底全国工业国有企业行业分布分析表

工业子行业分类	户数	户数占比（%）	年末从业人员数（万人）	从业人员占比（%）	年末合计资产总额（亿元）	资产总额占比（%）
1. 煤炭工业	2266	5.1	256.3	15.8	72059.3	10.1
2. 石油和石化工业	795	1.8	180.6	11.1	109279.4	15.3
3. 冶金工业	2543	5.8	169.1	10.4	83959.2	11.8
4. 建材工业	3233	7.3	56.5	3.5	19715.7	2.8
5. 化学工业	3029	6.9	102.3	6.3	37214.5	5.2
6. 森林工业	145	0.3	2.0	0.1	357.5	0.1
7. 食品工业	1979	4.5	28.6	1.8	5580.8	0.8
8. 烟草工业	142	0.3	19.0	1.2	12068.3	1.7
9. 纺织工业	449	1.0	15.9	1.0	1668.4	0.2
10. 医药工业	873	2.0	26.9	1.7	6703.1	0.9
11. 机械工业	7440	16.8	259.6	16.0	81572.5	11.4
其中:汽车工业	1269	2.9	94.0	5.8	35726.4	5.0
12. 电子工业	1710	3.9	68.2	4.2	21238.9	3.0
13. 电力工业	8102	18.3	205.4	12.6	180325.8	25.3
14. 市政公用工业	6456	14.6	84.7	5.2	36277.2	5.1
15. 其他工业	5008	11.3	149.7	9.2	45269.2	6.3
合计	44170	100.0	1625.1	100.0	713289.8	100.0

资料来源:根据财政部数据整理计算。

（二）竞争性领域国有资本较多集中于产能过剩行业

以上市公司为样本,本报告分析了钢铁、水泥、平板玻璃、煤化工、多晶硅及风电等被国家发展改革委确认为产能严重过剩行业中的国有资产和国有资本占比。结果发现,无论是国有资产还是国有资本,其在产能过剩行业中的占比都显著高于其他行业:比较2003年与2014年,国有资产在产能过剩和其他行业的占比分别是92.50%和69.37%,国有资本在产能过剩和其他行业的占比分别是92.14%和76.35%(见图3、图4)。

（三）国有资本在战略性新兴领域分布较少、占比很低

在上市公司中,我们挑选了移动互联网、互联网金融、新能源、新材料、3D打印等40余类概念作为战略性新兴领域代表,结果同样发现,国有资产和国有资本在战略性新兴领域中的占比显著低于其他领域:2003年至2014年,国有资产在战略性新兴领域和其他领域的占比分别是41.89%和81.87%,国有资本在战略性新兴领域和其他领域的占比分别是50.50%和84.43%(见图5、图6)。近期我们即使

（%）

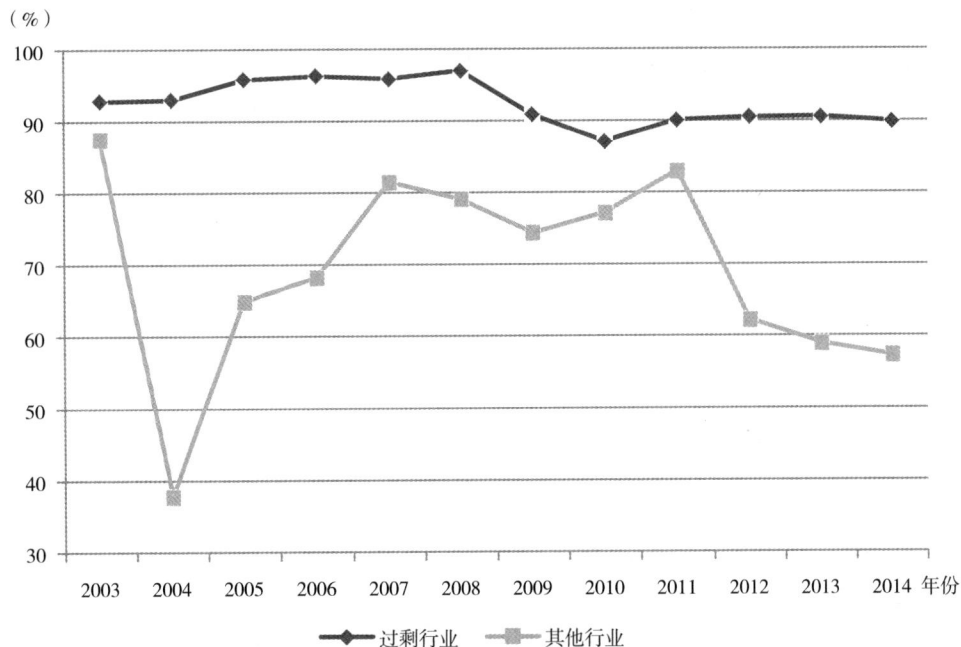

图3　国有资产在产能过剩行业和其他行业的占比

数据来源：万德数据库。

（%）

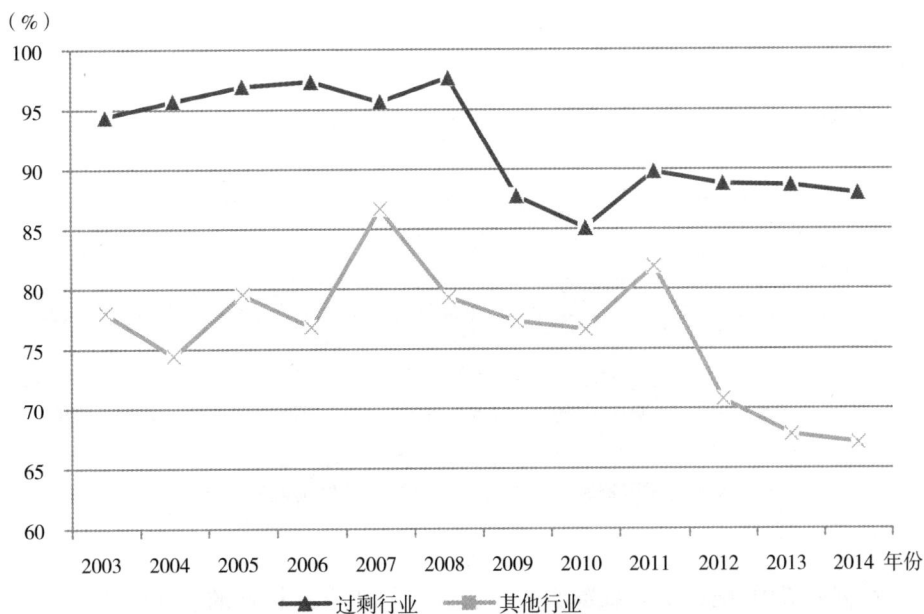

图4　国有资本在产能过剩行业和其他行业的占比

数据来源：万德数据库。

按《战略新兴产业分类(2018)》分类目录统计,国有资本在战略性新兴领域的占比又进一步有所下降,2015 年至 2018 年分别为 51%、47%、45%、44%。

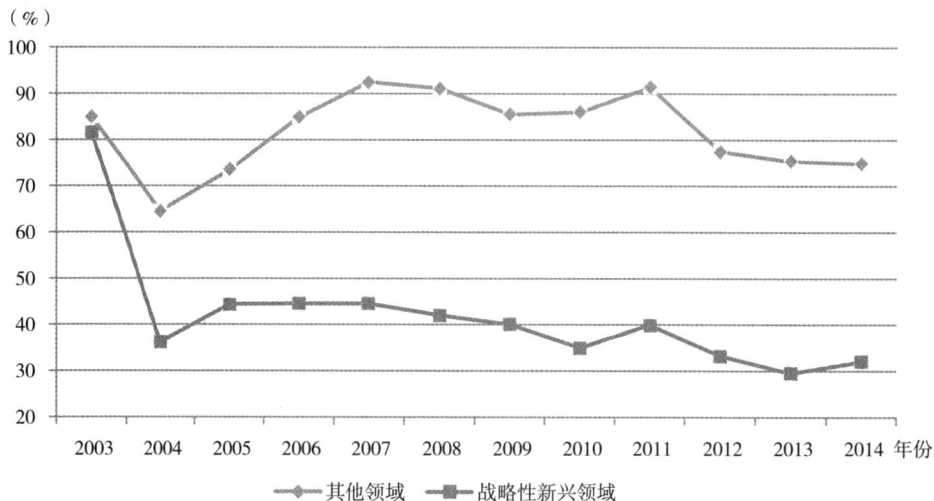

图 5 国有上市公司总资产在战略性新兴领域和其他领域的占比

数据来源:万德数据库。

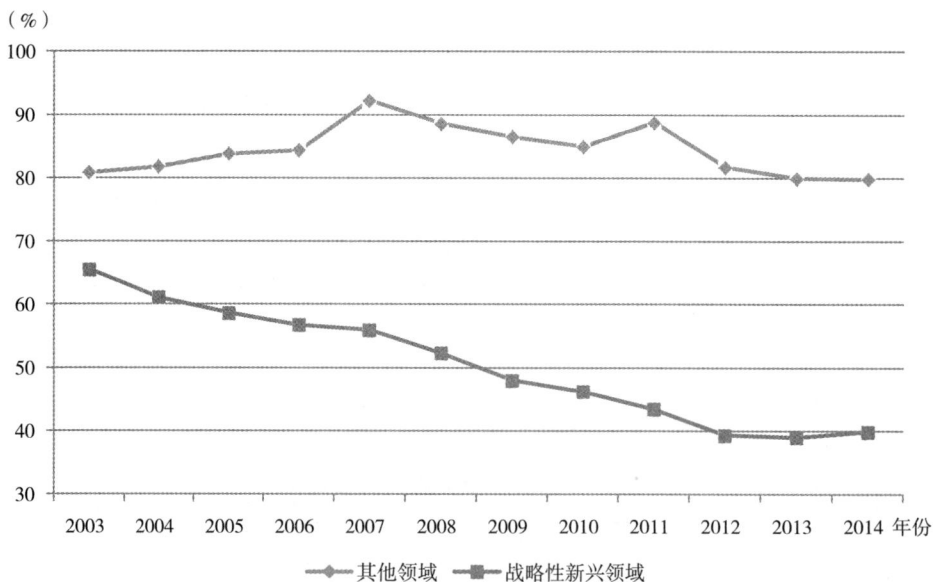

图 6 国有资本在战略性新兴领域和其他领域的占比

数据来源:万德数据库。

在创业板中,国有企业总资产与归属母公司所有者权益的占比也都很低(见图 7)。2018 年,创业板中非国有企业总资产共计约 23308 亿元,而国有企业总资产仅约 1490 亿元,占比仅为 6%;同年创业板中非国有企业归属母公司所有者权益共计约 12419 亿元,而国有企业归属母公司所有者权益仅为 643 亿元,占比仅为

4.9%。由于中国创业板市场重点关注"两高六新"企业,创业板上市企业一定程度代表了中国目前最活跃的高新科技企业群体,可近似视同为战略性新兴领域的一个缩影。因此,这也从另一个角度印证了国有资本在战略性新兴领域布局很少、

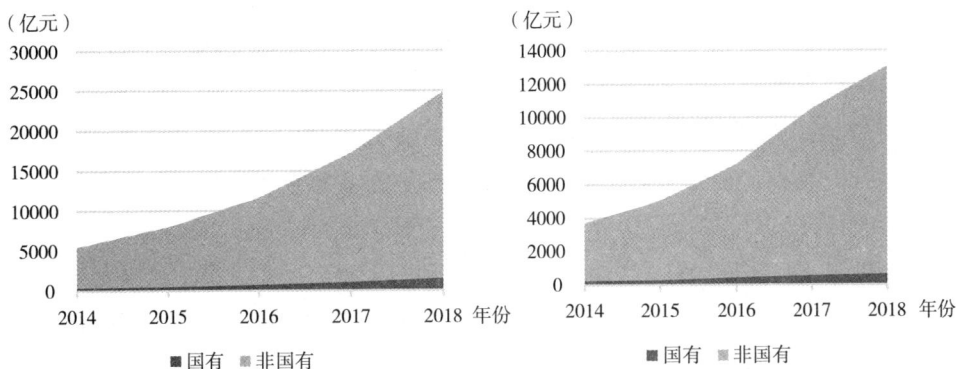

图7　创业板中的企业总资产和归属母公司所有者权益——非国有 vs 国有

数据来源:万德数据库。

占比很低。党的十八届三中全会出台的《中共中央关于全面深化改革若干重大问题的决定》强调完善国有资产管理体制,以管资本为主加强国有资产监管,改革国有资本授权经营体制,组建若干国有资本经营公司,支持有条件的国有企业改组为国有资本投资公司。党的十九大报告强调,要完善各类国有资产管理体制,改革国有资本授权经营体制,加快国有经济布局优化、结构调整、战略性重组,促进国有资产保值增值,推动国有资本做强做优做大,有效防止国有资产流失。深化国有企业改革,发展混合所有制经济,培育具有全球竞争力的世界一流企业,是新的历史起点上,中央对国有企业改革作出的重大部署,是在"十三五"的基础上,思考"十四五"规划时期国有经济布局的思路和路径问题的方向和根本遵循。

在落实中央关于国有企业改革重大部署,如何做到管资本为主,通过管资本来调整国有经济当前布局中存在的主要在竞争领域、产能过剩领域、战略性新兴领域缺失的问题,重点和关键还是发展混合所有制与探索集团整体上市。

二、将国企混改作为"十四五"时期深化国企改革的抓手和突破口

(一) 国企混改对调整布局、结构调整和战略性重组具有独特的意义和作用

国企目前的经济份额约占国民经济的1/3,在许多重要领域有控制性或领先

的地位,实际影响力大于其按经济份额表现的影响力。国企混改,微观看是国企改革的中心环节,宏观看对调整国有经济布局、结构和战略性重组也具有独特意义和作用。

一是混改有利于大型国企在集团内部进行布局及结构调整和优化重组。由于许多大型国企投资布局过宽,因此国有经济的战略性重组必须落实到具体国企的业务及资产重组上,只有具体国企内部布局及结构调整了,才能整体反映国家国有经济布局、结构调整和战略性重组上,这是国家调整的基础。二是通过央企乃至央企与地方同类或者紧密相关产业企业的合并或者跨集团业务重组进行布局结构调整的混改,有助于行业提升竞争力。同级政府所有的国企可以用股权和资产划转方式调整重组。不同级政府所有的国企股权和资产重组要有合适对价及相应的政策安排。在国企有较好基础但国际竞争力还不够的部分装备产业,如高端数控机床产业就需要进行这样的重组及调整。三是有基础的国企通过混改可用市场化方式进行合作乃至并购重组,从而推进国家需要发展的重要产业。合作重组的方式应该市场化,可以国企主导重组,也可以让有条件的民企主导重组,同时国家保留必要的股份。四是通过国企集团层面整体上市的混改,更有利于国有经济布局和结构的调整及相应的战略性重组。大型国企集团内部的混改在战略上必须与集团产业布局结构调整结合,存在相互促进的互动关系;集团层面混改会更大程度倒逼加快集团内业务、资产的结构调整,包括加快国企合并及跨企业资产划转重组后的融合;集团层面混改,尤其是整体上市以后,可以更有实力以更大范围地用资本市场的市场化方式进行不同所有制甚至跨国的产业性的战略重组。五是国企混改本身具有内在动力,是获得社会资金、引入战略投资者、改善治理结构和激励机制、打造企业发展生态圈、进入新领域的最佳方式。

(二) 我国国企发展混合所有制取得重要进展

自 20 世纪 90 年代以来,我国国有企业开展了多种形式的混合所有制实践。主要形式:一是国有企业改制上市,包括整体改制,如中国银行整体改制为中国银行股份有限公司;分拆改制,如上海宝钢集团公司将优质钢铁资产改制设立宝山钢铁股份有限公司并上市;分立改制,如上海石油化工总厂分设上海石油化工股份有限公司并实现上市;海外红筹,如中海油在境外注册股份公司并在香港联交所上市;等等。二是职工持股,包括利用职工身份转换实现全员持股,如安徽海螺水泥;利用增量奖励实现企业骨干持股,如广东 TCL 集团;利用存量购买实现管理层持股,如联想集团。三是引入民间资本或外资设立新的合资企业。如中国建材重组上千家民营企业,以 220 亿的国有资本混合 440 亿民间资本形成了 660 亿权益,撬动了 3600 亿总资产。

中央和地方国有企业发展混合所有制已经达到较高水平。国资委的数据显示,全国90%的国有及国有控股企业(不含金融类企业)完成了公司制股份制改革。中央企业及其子企业中,混合所有制企业户数占公司制企业户数的比例接近57%,中央企业资产总额的56%、净资产的70%、营业收入的62%已进入上市公司。许多央企控股多家上市公司,实现主要资产上市,如中石化、中石油、中国电子等;有些央企的混合所有制程度已超过80%,如中国建材集团各级企业中,混合所有制企业的数量超过85%。地方国有企业混合所有制发展也非常快,如广东省属国企2711户,混合所有制企业占50.8%,其中广州、深圳占比更是超过70%和75%。国有企业的多形式、多层次的混合所有制,实现了投资主体多元化,提升了企业的活力,对国有经济的快速发展发挥了重要作用。

2015年以来,国企混改又取得了很多重要进展。首先,经国务院国有企业改革领导小组批准的国企混改试点企业,三批试点企业已达50家,2019年5月国家发展改革委公布的第四批试点企业数量大幅增加,达160家,其中央企105家。其次,2018年8月开始的加快国企综合改革进程的《双百行动》,其重要内容是推进发展混合所有制经济的改革。国企混改是与企业内部资产优化重组及实行职工持股激励制度改革结合进行的。根据国务院国资委的信息①,至2019年6月"双百行动"参加企业444家,其中113家企业进行了混改,试点企业3466家子企业进行了混改;央企健身瘦体,累计减少企业法人1.4万户,管理层级全部控制在5层以内。再次,试点外的国企也在积极推进混改。根据中国产权协会统计数据②,2016年、2018年两年在产权交易资本市场进行的国企混改产权交易有2055宗、金额3429亿元,分别占三年交易总量的60.3%和56.4%。数据还表明随着混改试点及"双百行动"的推进混改呈加速态势。最后,不同层级混改力度有所不同,上市混改已是重要的混改方式。至2017年底,国资委央企及各级子企业中混合所有制户数占比达到69%,商业一类央企各级子企业混改比例已超过70%,其中建筑、房地产、制造、通信、批发零售5个行业混改户数占比分别为87%、80%、75%、74%和72%,四级及以下子企业超过85%;上市混改进展较快,至2017年底,央企资产总额54.5万亿元,约65%已进入上市公司,比2012年底的54%增长了11个百分点,上市国企数也有所增加。③

特别是党的十八大以来,中央和国务院已经明确国企混改的方向和基本政策,国资委等"1+N"配套政策,为国企混改提供了强有力支撑。根据《中共中央、国务

---

① 见国务院国资委秘书长彭华岗2019年7月16日在国务院新闻办分布会上的介绍"中央企业稳,经济支撑强"。
② 中国产权协会秘书长夏忠仁2019年7月25日在第二届产权交易及混改论坛上的报告。
③ 见 http://finance.sina.com.cn/stock/y/2018-11-15/doc-ihmutuec0261036.shtml。

院关于深化国有企业改革的指导意见》《国务院关于国有企业发展混合所有制经济的意见》明确了国企混改的基本政策。基本原则:政府引导、市场运作,依照程序、规范运作,宜改则改、有序推进。混改方式:多种方式,充分运用整体上市。(1)分类推进混改:竞争性领域商业类国企重在放大国有资本功能;战略性商业类国企保持国有控股,公共基础领域国有控股,其他战略性产业及项目国有资本作用是引领带动;公益类国企有序规范发展混合所有制经济。(2)分层推进国企混改:二级以下国企混改与资产重组、压缩层级的改革结合推进;探索集团层面的混改,特定领域国有控股,其他领域可以整体上市;地方根据情况推进。

根据中央及国务院明确的国企混改的方针政策,国家发展改革委、国务院国资委及中国证监会按"1+N"的分工,还出台了有关的配套实施政策及规则。如有关混改具体部署及政策的国家发展改革委等八部门的《关于深化混合所有制改革试点若干政策的意见》,有关混改产权交易规范的国务院国资委、财政部的《企业国有资产交易办法》等。

(三) 混合所有制的推进还较局部,作用尚未充分发挥

应该看到,混合所有制的推进还较局部、作用尚未充分发挥,主要表现在以下几个方面。

混合所有制的广度和深度还有待提高。目前仍然有相当多的国有企业以全民所有制企业的形式存在,据财政部统计,仍有超过 10% 的全国国有企业是全民所有制企业,涉及总资产约 10 万亿元。一些企业即使实行了混合所有制,但国有股的比重仍然偏高。根据财政部的统计数据,国有企业中国有股权比重(国有资产总量占企业净资产总量的比重)自 2007 年以来一直保持在 80% 左右。在国有控股企业中,国有股权的平均比例仍然超过 67%。国有股权比重超过 70%,甚至高达 80%—90% 的二级上市公司非常普遍。一些企业在发展混合所有制方面裹足不前,有多方面原因,如有些企业负责人担心国有资产流失不敢搞混合所有制,有些企业"规模大、业务杂、负担重、利润少、责任多"导致难混合,有些部门因为担心混合所有制将国有资产"混没了"或者担心失去控制权而坚持国有独资或绝对控股。

许多混合所有制企业未能真正实现机制转换。不少混合所有制企业存在"老体制管新体制"问题。国有资产管理部门仍然沿用"管企业"而不是"管资本"的方式管理混合所有制企业,集团母公司保留全民所有制体制或国有独资的股权结构,混合所有制企业中国有股"一股独大",企业内部盛行"一把手文化",以上这些因素导致行政性管理的"旧体制"层层"渗透"和"传染"到混合所有制"新体制"企业,许多混合所有制企业难以真正转变机制。甚至一些国有股比重较低的混合所有制企业仍然按照国有控股来管理,以四川长虹股份有限公司为例,虽然集团公司

仅持有长虹股份 23.23%的股权,但仍参照国有控股企业管理办法来管理股份公司,如长虹股份有限公司副总经理以上的管理团队必须由绵阳市国资委推荐任命。

国有资本仍未充分流动起来。发展混合所有制不仅要提高国有资本的活力、控制力和影响力,还要让国有资本流动起来,优化国有资本的布局。从目前的实践看,国有资本混合容易,国有资本退出难。这既有认识方面的原因,如有些部门不愿失去对企业的控制,或者担心承担"国有资产流失"的责任;也有体制方面的原因,如国有资本从控股变为不控股需要经过复杂的程序,要承担职工安置的责任,支付高昂的成本。国有资本大量沉淀在传统产业,无法更好服务国家战略,混合所有制的作用也大打折扣。

另一个突出的问题是在国企集团层面混改进展相当慢、总资产证券率提升缓慢。虽然《中共中央、国务院关于深化国有企业改革的指导意见》《国务院关于国有企业发展混合所有制经济的意见》等文件已经明确整体上市是重要的混改方式,还明确有条件的可以集团整体上市。目前的改革也已为集团层面混改创造了基本条件:集团母公司改制及调整股权结构,国务院国资委央企母公司基本上都改制成了公司法的国有独资公司,38 家央企 10%国有股权已经或即将划转给社保基金;集团内资产优化重组、缩小层级和二级及以下子公司混改,包括以子企业上市及整合上市为重点的业务整体上市都进展较快。但至今为止,国企集团层面混改进展还相当慢。除联通混改有部分集团整体混改成分外,非金融业的国务院国资委央企和地方大型国企集团层面的整体混改,至今政策方向还不明确,没有安排试点。这种状况使一个矛盾日益深刻,即国企母公司要维持子企业特别是上市子企业的控股权,而社会资本则希望不仅进行增量混改,还要进行存量混改。数据反映这个矛盾正在深刻化。标志之一是央企总资产证券化率,2012 年到 2017 年上升了 11 个百分点,增长较快,但近两年上升很慢,2017 年到 2018 年只上升 1 个多百分点。①

(四)将国企混改作为"十四五"时期深化国有企业改革的突破口

混合所有制经济是我国基本经济制度的重要实现形式,有利于各种所有制资本取长补短、相互促进、共同发展。进一步发展混合所有制,不仅可以推动企业层面的改革,也可以倒逼国有资产管理体制改革,从而成为深化国有企业改革的突破口。

第一,发展混合所有制是深化国有企业产权改革和推进现代企业制度的重要

① 总资产证券化率,国资委央企,2017 年底为 63.7%,2018 年底为 65%,参考肖亚庆在 2018 年 3 月 10 日和 2019 年 3 月 9 日就"国有企业改革发展"相关问题回答中外记者的讲话。

手段。实践证明,深化国有企业改革的关键和前提是产权制度改革。国有企业只有积极推进产权制度改革,才有可能真正健全公司治理结构,才有可能真正转换经营机制,才有可能更好成为市场竞争主体和独立法人。长期以来,国有企业存在公司治理不完善、内部管理行政化、公司目标多元化等问题,政企不分、政资不分的矛盾突出。通过发展混合所有制,引入民间资本参与投资,加强股东的外部监督,改进公司董事会的结构,采用更加市场化的管理机制。混合所有制企业允许企业员工持股,有助于形成资本所有者和劳动者的利益共同体,也有利于调动国有企业员工特别是经营管理者积极性。混合所有制成为促进企业转换机制的重要手段,推动国有企业建立适应市场经济发展的现代企业制度。

第二,发展混合所有制是实现各种所有制资本共同发展的有效途径。长期以来,国有企业和非国有企业分别被贴上不同的标签,在生产要素使用、市场准入、法律保护等方面存在一些差异。另外,非国有企业体制灵活存在较多优势。发展混合所有制,可以淡化所有制标签,促进市场公平竞争,同时还可以改进国有企业的经营体制,实现各种所有制资本取长补短和共同发展。

第三,发展混合所有制为国有经济战略布局调整打下基础。发展混合所有制,可以实现国有资产的"资本化"。国有资产管理部门按照以管资本为主加强国有资产监管,通过国有资本投资运营公司,调整国有资本在混合所有制企业中的股权,实现"国有经济有进有退",优化国有经济布局。对于市场充分竞争的领域,国有资本可以逐步退出;对于社会经济发展的瓶颈领域,国有资本可以发挥杠杆作用,引导社会资本共同投资。

第四,发展混合所有制是倒逼国资管理体制改革的重要抓手。经验表明,一些重大改革往往由于改革措施不配套或既得利益者的阻挠等原因,难以深入,最终不了了之。因此,推动重大改革的关键是要形成强有力的"倒逼"机制。发展混合所有制本身就是倒逼国资监管体制改革的强有力抓手。混合所有制企业是独立的市场主体,涉及多方利益主体,这必然倒逼国资管理部门改变"管人管事管资产"的传统体制,改革传统国资管理体制管得过多、过细等的行政化监管方式,向"以管资本为主"转变。

第五,在已经二级以下试点基础上,集团层面发展混合所有制的作用将更重要。集团层面混改,我国早就有四大银行整体上市的经验,因此对集团层面混改的质疑,不是实质性反对,而是对不同改革路径前景及条件的认识判断和权宜选择。集团层面混改需要调整集团已经形成的复杂利益及法律关系,难度较大,而推进二级及以下层级公司混改难度不大,更容易操作,因而获得了更快推进。但混改是为了搞活企业,不针对难点往往无法从根本上解决问题。国企集团层面混改事关国企混改乃至国企整体改革的未来战略,应作为"十四五"时期明确推进的方向,进行相应的规划部署。重点探讨国企集团层面混改整体上市（即集团母公司上市）的意义、目标模式及实现路径和配套政策。

三、将国企集团整体上市作为"十四五"时期国有企业管资本的目标和抓手

（一）国企集团整体上市：意义及目标模式的选择

推进国企集团整体上市有特殊重要的战略意义，只要国企集团整体上市后能有较好发展前景，就有必要推动国企集团整体上市。

一是有利于问题导向，解决大型国企内部利益关系复杂、协调成本很高的问题，真正建立现代企业制度的大企业大公司体制。国际一流大企业的基本经营组织体制是母公司上市，专业子公司或者事业部负责业务的经营组织体制。而中国大型国企的基本体制是：国有股"一股独大"，母公司国有独资，其控股的上市子公司也是国有股独大；股权架构倒置，负责集团经营的母公司国有独资，业务子公司产权多元化甚至是上市公司，集团内治理关系与管理关系相混，利益关系复杂；经营组织体系复杂，集团多通过多层级多法人进行经营，母公司承担集团经营责任但直接掌握的资源有限，多数资源都留在产权多元化的上市子公司或其他公司。这种体制架构，内部协调成本高、资源利用效率低，财务效益较差。母公司直接掌握的利润远低于集团合并报表体现的利润，因而上交红利占集团净利润的很低。这种体制结构形式与20世纪90年代开始搞分拆优良资产上市有关，这种体制有历史贡献，但问题也日益突出。集团整体上市将从根本上推动这些问题的解决，进而推动国企建设现代的大公司大企业体制。

二是有利于全面推进国企改革，加快国企机制转变。首先有利于推进国企混改。只搞子公司混改，混改空间有限。因为母公司要协调集团内各企业的关系，承担集团经营责任，必然要求"一股独大"控制主要子公司。国企集团整体上市，混改盘子更大，国家还可以用市场化方式减持国有股份，进一步放大混改空间。其次有利于形成国企持续发展及改革的激励机制。仅在二级以下公司实行激励制度改革，使集团激励失衡，加上信息不对称，容易扭曲改革动力机制，甚至引致出现"逆向选择"和"道德风险"。一些国企用总部员工编制放在上市子公司做法解决激励失衡问题，带来的是企业违规风险，不利于企业建立合规文化。有利于推进国有资本监管体制改革。国资监管体制改革思路之一是将集团母公司改革成投资平台公司，隔离出资人机构和负责经营的子公司，以减少出资机构干预。但是国有独资母

公司很难真正隔离干预;国有独资,政府干预因为约束较少仍然方便;母公司承担集团经营责任必然有控制主要经营子公司的内在动力,由此形式上干预隔离了,实质很难隔离。相比之下,母公司变成上市公司,隔离干预的法律保障水平才能真正提高。

三是有利于大型国企发展成国际一流的大企业。国际一流大企业产品和技术要有国际水平的市场竞争力,还要有国际一流的资源及资本组织整合能力及组织能力。集团整体上市使企业必须整体整合提高企业内的资源组织能力,能整体与资本市场对接提高企业整体价值能力及融资能力,组织能力加资本财务能力能支持企业更好地发展已有业务和开拓发展新业务。

四是有利于直接提升大型国企的财务回报水平和资本价值及其流动性,提升国企的财政价值和公益价值。提升财务回报水平靠的是集团整体上市与内部资产优化重组结合提升企业效率,减少了集团内部利益分流,从集团顶层开始整体强化企业的财务回报责任。提升资本价值及其流动性靠的是整体效率提升及直接对接资本市场。在这种情况下,财政能通过更多的分红和必要时出售股份获得回报,对社保基金的贡献也会更大。必须高度重视提高国企财务回报能力要求的重要意义。世界银行20世纪80年代的一项研究指出,国有企业能够较好发展必须解决三个关键问题:形成竞争性环境,责任明确的财务体制(包括鼓励资本市场融资、财务回报要求、严格财务纪律等),给企业经营权并且严格责任。这些都说明集团整体上市的财务意义不仅在于可以提高效益,增加财政贡献,还事关国企发展和整体改革。

五是有利于推动中国经济及市场经济的发展。国企集团整体上市能放大国有资本的盘子,有利于国有企业或者国家出资企业本身发展,有利于国有资本在需要其支持引领的领域更好地发挥作用。国企集团整体上市必然要求与资本市场互动发展,会同时推动中国资本市场的规模扩大和质量提升,包括提升中国资本市场的开放程度。国企集团整体上市及在此过程中国企需要进一步进行集团内业务及资产的优化重组,会给中国各种投资者乃至国外投资者带来更多投资机会。

六是有重要的国际意义。市场经济国家大型国企改革的主要模式都是整体上市,充分授权,让国有股升值及合理减持流动,让广大投资者受益。国企集团整体上市做法与国际经验接近,有利于借鉴国际经验,亦有利于提升国际理解。如果大型国企的改革方向主要是变成几十个投资公司,这实际上是可以到处"与民争利"的市场化投资公司,将会使国际困惑大型国企改革的方向。国企集团整体上市会扩大中国资本市场规模、整体提高国企透明度,有利于增加中国国企与外国大企业及资本合作的机会,增加外国一般投资者投资中国的机会,还能更好地展示中国推进国企改革的决心及市场化的方向。

(二) 集团整体上市可行性分析

国企集团整体上市有特殊意义,在"十四五"时期实施,也具备必要且可行的条件。

具备基本的政治条件。《中共中央、国务院关于深化国有企业改革的指导意见》已经明确,有条件的可以集团整体上市。而且大型国企,尤其是集团母公司整体上市模式比引入有限数量的战略投资者模式,在政治上更容易被一般投资者和广大国民接受。这就是境外国外大型国企主要选择整体上市模式的重要原因。这类国企上市时政策往往对明确的投资者购买股份的数量有严格的限制,以利于更多的投资者能获得投资机会。

具备基本的政策条件。最主要的政策条件是国家已经明确了不同类型国企的国家股权政策,国资委央企基本都完成公司制企业改制。此外,重要的四大银行整体上市等实践已经表明,中国大型国企整体上市已有成功实践且有较大的政策空间。

具备基本的经济条件。第一,国企上市公司质量及效益较好,以已有上市国企为基础推进集团整体上市。2017 年 A 股上市企业净资产利润率平均值,1031 家国企上市公司为 9.4%,高于全部上市企业 3185 家的 9.3%,高于 2154 家民营企业的 9.0%。第二,大型国企普遍都有二级及其下的上市企业,部分国企证券化率已经较高,近几年集团内资产优化重组一直重视业务整体上市,证券化率会进一步提高,现在以试点方式推进集团整体上市条件已经初步具备。根据我们对 97 家国务院国资委央企不完全统计,其下仅 A 股上市企业就有 290 家,每家央企平均 3 家。根据国资委的报告,央企证券化率在 2018 年底按资产、营收、利润总额计分别为 65%、61% 和 88%,"上市公司已经是央企的运营主体"[①]。我们还统计了 24 家大型国企(22 家为国资委央企,2 家为上海国企)的数据,平均有 A 股上市公司 4 家、H 股上市 1 家;证券化率按上市资产、营收和利润在集团占比分别为 73.7%、71.3% 和 117%(大于 100%,估计与非上市企业效益较差,甚至为负有关);按上市资产和营收的集团占比两个指标分档,7 家两个指标都超过 80%,6 家为 60%—80% 或者至少一个指标在 90% 以上(见表 3)。第三,24 家企业的数据还表明,上市子公司业务相关性较高,128 家上市企业,同业的 50 家,相关业务的 63 家,二者合计 113 家,占上市企业的 88%;控股的 58 家,相对控股的 65 家,合计占上市企业的 96%。业务相同及相关、有较高股份控制权,能为上市企业合并进而集团整体上市提供有利的

---

① 见肖亚庆在十三届全国人大二次会议新闻中心 2019 年 3 月 9 日就"国有企业改革发展"相关问题回答中外记者提问时的介绍和说法。

条件。第四,部分集团企业有通过集团整体上市获得社会资金更好发展的需求。集团母公司通过资本市场获得的资金主要用于:结构升级及发展新兴产业的投资,降低母公司的负债率(上市公司中国企负债率比民企约高 10 个百分点,集团公司会更高),整合集团内业务及资产的相关投资,发展国际业务的投资等。第五,存在现实的企业内外推动集团整体上市的动力。集团整体上市有利于集团整体改进治理机制和实行能覆盖集团总部的激励机制。一些地方大型国企因此几年前就提出集团母公司改制上市的设想。民间投资者建议国企混改应该扩大到增量,集团整体上市有利于扩大增量混改,很多大型国企普遍希望能进行集团整体上市改革。第六,中国日益有支持集团整体上市的社会资金,还可以利用境外资本市场融资。

表3　部分央企按上市资产和营收在集团占比分档

上市资产和营收在集团的占比	企业名称
两指标均 80% 以上	中国交通、中国移动、中国联通、中煤集团、中国中建、上汽集团、上海电气
两指标 60%—80%,或其中一个 80% 以上	华润集团、中国建材、中石化、中石油、五矿集团、中广核
两指标 40%—60%,或其中一个 60%—80%	宝武钢集团、东风集团、大唐集团、中粮集团
两指标 40% 以下,或其中一个 40%—60%	中兵工业、中船重工、中船工业、中国一汽、中国电科、中国信通、中国华能

资料来源:根据 Wind 数据及公司网站数据计算分档。

已有实践经验和支持体系。中国四大国有银行都已经整体上市。中国的证券公司、投资机构、法律及会计和审计体系已有相应的有关经验。

当然,推进大型国企集团整体上市也有挑战:需要有比较全面的安排部署,配套调整有关政策法规,具体负责有关工作的政府和企业的负责人必须有勇于迎接挑战的意愿和较强的协调及管理、沟通能力。最大的挑战是代表国家资本持股的机构,过去持股的是国有独资或者绝对控股的集团母公司,以后持股的将是上市公司,其工作规则及方式需要调整转型。这是国有资本监管规则的重要改革,也是必须应对的挑战。

综合已经具备的条件、分析存在的挑战,本报告认为在"十四五"时期以集团整体上市为重要突破口,分类分步、试点先行推进集团层面混改,逐步推开成为主流方式是必要的和完全可行的。

(三) 推进集团整体上市的关键节点和主要任务建议

从确定规划及推进实施角度看,有关工作可以分为三个阶段。

第一阶段的节点目标是形成集团整体上市改革的初步方案及相应的推进规划的初步设想。形成初步方案的主要工作和任务是：结合调研，在合适的范围内讨论集团整体上市的意义、可行性和方案设计基本逻辑及指南要点，从而形成可选择的试点框架方案，提出需要配套的政策要求并且进行初步评估，以指导实施方案的设计。初步规划设想，应当在与拟选择参加试点的企业共同研究的基础上形成，包括拟参加试点企业的试点方案，不同类型企业的布局，需要配套调整的政策解决方案设计及相应的分工安排，规划进程的初步设想。本阶段的工作应该在一年左右或者稍长些时间内完成。本阶段的工作是基础性工作，要抓紧，同时为保证方案质量，研究准备时间可以更长些。试点企业整体上市方案，包括具体明确上市后国企的战略使命及定位、经营责权；集团整体上市的目标模式及过渡模式构架；整体上市的路径节点安排，包括过渡阶段主要上市子公司的业务及其经营责任；需要特别解决的政策及配套条件。根据经过批准的基本方案，还要制定指导方案实施的实施方案。方案分为基本框架方案和实施方案。

第二阶段是试点方案实施阶段。试点企业有结合本企业的发展战略和实际制定实施方案，并且实施。有关部门要根据方案的实施要求和进程解决好必要的配套政策调整问题。本阶段实施时间应该控制在 2 到 3 年左右，有 5 家或者更多的央企和地方企业参加试点。

第三阶段是总结推广阶段。经过试点实施，配套政策可以比较完善，经验也多了，集团整体上市的推广是“一企一策”。中国四大国有银行历时 12 年（从 2005 年中国建设银行整体上市到 2016 年中国农业银行完成整体上市）才完成整体上市改革。有可能用 10 年到 15 年基本完成大型国企的集团整体上市。因此，全面完成国企集团整体上市改革估计至少需要 10 年到 15 年，要跨“十四五”“十五五”两个五年规划。

（课题组成员：范保群　陈小洪　项安波）

完善产权制度的实施路径研究

清华大学政治经济学研究中心

本报告通过对改革开放 40 多年来我国基本经济制度、分配制度和资源配置方式的变革进行历史回顾和理论分析,揭示了其内在机理和客观必然性;以广义价值理论创新为生产要素按贡献参与分配提供了必要的价值基础;通过论证各种生产要素按贡献参与分配的合理性阐明了保护私有财产和发展非公经济的必然性;通过论证市场配置资源的有效性阐明了建立和完善产权保护制度的必要性;通过揭示乡村振兴、新型城镇化与土地制度改革的内在联系,阐明了有助于城乡融合发展要素互动的体制机制和政策体系;从法律法规视角提出的土地制度改革顶层设计,有助于实现农村集体土地产权与城市国有土地产权同权同价;从公检法三个层面提出的建议,有助于加大保护私有产权的力度。

一、改革开放 40 多年我国产权制度的变革

改革开放 40 多年,我国由单一公有制经济转变为公有制为主体、多种所有制经济共同发展的经济形态。个体经济(1982)、私营经济(1987)得到恢复和发展,逐步成为公有制经济必要的和有益的补充,非公有制经济在我国纲领性文件中不断被认可,最终作

深化改革

为社会主义市场经济的重要组成部分,与公有制经济一起成为社会主义初级阶段基本经济制度(1997),我国宪法也明确保护公民的合法私有财产(2004),"两个同等保护"与"两个毫不动摇"有效助力非公经济发展。

我国分配制度实现了从单一按劳分配到按生产要素贡献分配的转变。从强调按劳分配,到实行按劳分配为主体、多种分配方式并存的分配制度(1987),提出把按劳分配与按生产要素分配结合起来(1997),逐渐确立了生产要素按贡献参与分配的原则(2002)并将其上升为分配制度(2007),进一步强调完善生产要素按贡献分配机制(2012)。坚持按生产要素贡献分配,对于非公有制经济的进一步发展与私有产权的保护有着重大意义。

资源配置方式也发生了根本转变。从改革伊始提出"计划经济为主、市场调节为辅"的原则(1982),到党的十三大发展为"有计划的商品经济"(1987),再到党的十四大确定社会主义市场经济体制改革方向(1992),党的十八届三中全会则将市场在资源配置中基础作用提升到决定性作用(2013),我国社会主义市场经济体制从理论到实践、从政策到法律,都在不断完善中。对于目前的状况,首先从劳动资源配置尤其是人口资源的配置来看,城市的规模、城乡之间的关系仍然受城市人口总量控制指标与户籍制度的限制,仍然体现出计划的色彩。从土地资源配置来看,在我国农村所有集体产权中,当前我国土地资源配置的市场化程度并不算高,尚未完全实现由市场来决定配置,而是由以计划为基础的规划与用途管制来决定,如每年新增的城市建设用地指标是按计划在各省市县分配的。对于"市场决定资源配置"既不能曲解也不能有所限制地理解,党的十八届三中全会所指的"资源配置",并非指特殊的资源,而是一般性的资源,劳动、土地等资源都包括在内,要全面理解市场对资源配置的决定性作用。

二、发展非公经济与保护私有产权的理论基础

我国非公经济发展成果显著,私营企业家政治地位提高,有《宪法》《物权法》等法律保障,"非公经济36条"(2005)和"非公经济新36条"(2010)等政策支持,但仍面临"三难"和"六乱"等难题,"三座大山""玻璃门""弹簧门""旋转门"依然存在,对各类产权特别是私有产权和集体产权保护力度还不够,利用公权力侵害私有产权、违法查封扣押冻结民营企业财产等现象时有发生,检察院对公安部门的行为缺乏约束力,民营企业竞争环境不公平,农村集体土地与城市国有土地同地不同权不同价,农村集体土地产权保护有待加强。

《中共中央、国务院关于完善产权保护制度依法保护产权的意见》中提到的

"利用公权力侵害私有产权、违法查封扣押冻结民营企业财产等现象"之所以时有发生,主要原因是检察院对公安部门以刑事侦查手段强行介入非公有企业经济纠纷、不该立案而立案并不予撤案以及超期羁押等行为不能实施有效的监督制约。

为贯彻落实《中共中央、国务院关于完善产权保护制度依法保护产权的意见》,平等保护各类市场主体,加大对非公有财产的刑法保护力度,严格区分经济纠纷与经济犯罪的界限,准确把握经济违法行为入刑标准,防范刑事执法介入经济纠纷,防止把经济纠纷当作犯罪处理,严禁党政干部干预司法活动、介入司法纠纷、插手具体案件处理,强化检察院对公安部门不当执法的监督和纠错机制,建议:一是通过司法解释强化检察院在刑事侦查经济案件时对当事人的强制措施及对财产及账户的查封冻结措施的程序上的介入。二是当公安部门无法将案件移交检察院进入诉讼程序,检察院将自动立案审查该案是否有乱立案、乱采取强制措施,以对公安部门进行审查,侦查其是否滥用职权。在审查期间相关人员必须停职(包括立案批准人和案件负责人)。三是当公安部门无法在法定时间内将案件移交检察院进入诉讼程序,检察院必须强制要求公安部门予以撤案。四是在立法环节上,乱立案、乱采取强制措施的公安部门责任人要对当事人以及企业的损失予以赔偿。

阻碍我国非公经济发展和私有产权保护不力的一个重要原因是在理论和意识形态上把私有制与剥削看作孪生兄弟,因此,为了消灭剥削和实现共同富裕的理想,消灭私有制、非公经济退场、新公私合营等口号和呼声不绝于耳。实际上,所谓剥削是指无偿占有他人及其生产要素的收益,而根据蔡继明团队创立的广义价值论和按生产要素贡献分配理论,各种生产要素都参与价值创造,判断剥削与否的标准是报酬与贡献是否一致,只要各种要素的报酬等于要素的贡献,就不存在剥削。剥削与私有制没有必然联系:私有制经济中未必存在剥削,公有制经济中未必没有剥削。

广义价值论是按生产要素贡献分配的价值基础,它既不同于劳动价值论也不同于新古典价值论、斯拉法价值论。根据广义价值决定的基本原理,部门比较生产力与部门价值总量成正比,不同部门的比较生产力水平则是由多种要素共同决定的,既包括劳动要素,也包括其他要素。因此,各种生产要素都参与了价值创造,从而为生产要素按贡献参与分配理论提供了逻辑一致的价值论基础。因此,消灭剥削与发展非公经济可以并行不悖。只要我们全面把握按生产要素贡献分配的思想,将价值创造与价值分配二者统一起来,将非劳动收入与剥削区分开来,将剥削与私有制区分开来,保护合法的非劳动收入与保护私有财产就会顺理成章,消灭剥削与发展非公有制经济就能并行不悖,从而可以打破传统观念和思维模式的束缚,使保护私有财产逐渐成为人们的共识,为非公有制经济的进一步发展提供理论依据。

建议通过官方媒体、各级党校、高等院校科研院所,大力宣传党的十六大以来确立的按生产要素贡献分配的原则和制度,明确剥削与私有制没有必然联系,才能从思想上和意识形态上真正把民营企业家当作"自己人",把保护私有产权的法律和政策落到实处。

三、劳动和劳动者权利的保护和实现

《国富论》的作者亚当·斯密说:"每个人对自己劳动的所有权是一切其他所有权的原始基础,所以,这种所有权是最神圣不可侵犯的。"保护劳动的所有权是保护一切其他产权的原始基础。劳动者作为劳动所有权的归属者,其相关权利应该得到法律法规的明文确认以及配套的执法监督机制的保护。劳动者权利主要包括劳动者在雇佣关系中与劳动相关的经济、政治和社会权利。

目前我国劳动者自由迁徙居住的权利尚未得到充分的尊重和保护,突出表现在2.88亿进城务工的农民在就业、住房、医疗、教育、养老等方面,不能享有与当地户籍人口同等的权利,现行的积分落户制度、保障房分配制度、住房限购政策、本地户籍的就业限制,等等,使大量农民工进城不能落户,迁徙不能定居。

公民受教育权受到《宪法》和《义务教育法》保护,但非户籍人口子女无法在常住城市平等享受受义务教育权利的问题依然存在,仍有因手续烦琐而推延入学时间甚至放弃在城市入学机会的现象,应促进义务教育区域间的均衡发展。

公民就业权受《劳动法》保护,但就业歧视依然存在。劳动者在劳资关系中以个人身份出现,我国除第三方组织及体制内的工会以外并没有能够代表劳动者利益的独立组织机构。《最低工资规定》规范了最低工资制度。最低工资标准按照各省份经济发展水平有所不同,多地最低工资标准不断提高、保护作用显著,但执行力仍有提高空间。休息权受宪法保护,但许多企业超过法定加班时间的现象非常普遍,很多企业不仅不能落实职工的带薪休假和法定节假日,甚至不能保证双休日乃至单休日。建议完善工会组织机构,赋予劳动者集体诉讼的权利,人大加强法律监督、政协加强民主监督、媒体加强舆论监督、工会参与劳资谈判。

从养老权的角度看,一方面,城乡二元结构导致城乡劳动者对应的社会养老保险保障也有所差异,其对应的养老权益仍有待进一步均衡;另一方面,人口老龄化问题将会引发更深层次的社会保障体系结构性变化。我国宪法未明确规定退休属性,由于人口结构改变、劳动力短缺等风险,推延退休会造成对劳动者自由选择退休权利的侵害,因此弹性退休制度较为有利。我国男女法定退休年龄差异也应适时予以调整。城乡劳动者的社会养老保险保障有所差异,养老权有待进一步均衡,应有效回应人口变化,避免代际权益不平等。

四、国企改革与国有资本产权保护

"非公经济36条"(《国务院关于鼓励支持和引导非公有制经济发展的若干意见》,国发〔2005〕3号)和"非公经济新36条"(《国务院关于鼓励和引导民间投资健康发展的若干意见》,国发〔2010〕13号),都强调要为非公有制经济创造平等竞争、一视同仁的法治环境、政策环境和市场环境,进一步放宽市场准入,鼓励和支持非公有资本进入基础设施、垄断行业、公用事业以及法律法规未禁止的其他行业和领域。根据《关于推进国有资本调整和国有企业重组的指导意见》,国有经济应对重要行业和关键领域保持绝对控制力,包括军工、电网电力、石油石化、电信、煤炭、民航、航运等七大行业。其中,对于军工、石油和天然气等重要资源开发及电网、电信等基础设施领域的中央企业,国有资本应保持独资或绝对控股。

我国国有经济存在分布过宽现象,几乎所有的国有垄断行业企业都从事一般竞争性行业投资,进入了许多不必进入或者不必进入太多的竞争性行业。多年来,民营企业要求进入上述自然垄断行业的竞争性业务,但缺乏切实可行的实施细则,往往遭遇"玻璃门"。比如石油的开采、进口、提炼、批发、零售、运输等各个环节,民营企业根本无法与中石油等平等竞争。要按照党中央国务院的战略部署,大力推进国有企业混合所有制改革。

混合所有制经济有两重含义。宏观层面上是指混合所有制结构,即一个国家或地区所有制结构中,既有国有、集体等公有制经济,也有个体、私营、外资等非公有制经济,还包括拥有国有和集体成分的合资、合作经济。微观层面上是指混合所有制企业,即在同一企业内部既有公有制因素又有私有制因素,其中包括不同所有制性质的投资主体共同出资组建的企业,也包括一般的股份制企业。

股份制是公私产权的融合。首先,股份制企业具有一定公有性。这主要体现在三个方面:第一,资产来源可能具有公有成分,如国有股和集体股本来就是公有成分。第二,其本身具有公有产权的一般属性,即外部整体不可分的形式,不仅公司法人财产不可分割,剩余收益分配也更加注重所有者共同利益。第三,资本市场和金融创新保证了公司财产完整性,私产流动体现了更多公众性,而非少数大私有者的意志。股份制具有与私有产权相对立的特性,因此具有一定的公有属性。其次,股份制企业也具有一定私有性。股份制企业并不等同于公有制企业,虽然其法人财产权不可分割,但内部私有产权和收益是可以进行分割的。股份制企业以股东收益最大化为目标,更加侧重对效率的追求,股东私有产权可以分割并借助资本市场实现产权流动,因此具有对企业经营者的激励作用和外部约束。股份制同时具有与私有产权一致的安排,因此又具有一定的私有属性。

这两个层面的混合所有制有着内在联系:混合所有制经济结构是公私外在的机械混合;混合所有制企业即股份制是公私内在的有机融合。混合所有制经济结构是混合所有制企业赖以产生和发展的客观基础,混合所有制企业是混合所有制结构发展的必然结果和实现形式。

总之,股份制体现了公私产权的融合,是混合所有制企业的最佳财产组织形式,它体现了公私产权的融合,扬弃了二者的不足,保留了二者的优点,使得相互对立的私有产权和公有产权之间联系起来,是亦此亦彼的中介环节,既注重个人利益又体现了集体一致性,是权利的分工与制衡。我国处在经济转型期,几乎所有的经济关系和经济范畴都体现出了两种对立的经济关系的相互融合、相互渗透和相互过渡,以及彼此的调和与折中。

要按照党的十八届三中全会对新时期全面深化国有企业改革作出的总体部署,改革国有资本授权经营体制,组建若干国有资本运营公司,支持有条件的国有企业改组为国有资本投资公司;进一步改革国有资本管理体制,建立健全混合所有制企业治理机制。推行混合所有制企业职业经理人制度,建立市场导向的选人用人和激励约束机制,通过市场化方式选聘职业经理人依法负责企业经营管理;要改革国有资产监督管理机构,国有资产管理者不能同时担任监督者,监督的职能应交给各级人大及其常委会;要切割国资委官员与国企官员之间的岗位互换。

五、国有矿产资源产权保护与税费改革

矿产资源是经济社会发展的物质基础,具有不可再生性、分布上的不均衡性等特性,我国一些主要矿产资源的储存量是相对有限的。根据《中华人民共和国矿产资源法》第三条的规定,我国矿产资源属于国家所有,由国务院行使国家对矿产资源的所有权。同时地表或者地下的矿产资源的国家所有权,不因其所依附的土地的所有权或者使用权的不同而改变。

国际上对矿产资源普遍采取分类分级管理的制度,对矿产资源所有权和使用权采用集中统一管理原则并采用部门集中下的分类分级管理原则。我国国务院地质矿产主管部门对全国矿产资源分配实施统一管理,矿产资源的勘查、开采实行许可证制度。国务院有关主管部门按照国务院规定的职责分工,协助国务院地质矿产主管部门进行矿产资源勘查、开采的监督管理工作。

　　要区分"自然垄断"与"政府垄断"两个概念。自然垄断,指如果某种产品的生产技术及其市场需求状况具有这样的特征,以至于一个大厂商既能够以有利可图的价格、又能以低于分享同一市场的几个小厂商的平均成本供给整个市场,那么这一个大厂商就会成为该行业的唯一生产者。若由两家或两家以上厂商提供相同产品,将导致更高的平均成本,各厂商均无利可图,造成社会资源浪费。政府垄断,指政府直接行使垄断权力(如酒类专卖、烟草专卖),或将垄断经营权授予某一个(类)企业。它不仅容易导致行政腐败的出现,更会造成市场竞争机制的扭曲。我国的自然垄断行业主要集中在公共基础设施领域,《中共中央关于制定国民经济和社会发展第十三个五年规划的建议》中提到的"电力、电信、交通、石油、天然气、市政公用等自然垄断行业",除市政公用、电网和电信网、铁路网以及石油天然气管道等环节外,应属于竞争性行业,应打破政府垄断向民营资本开放。

　　对矿产资源"税和费"二者之间的处理,不能单纯地以税来代替费。国家征收矿产资源税行使的是作为行政管理者的职能,征收矿产资源补偿费行使的是作为矿产资源所有者的所有权职能,其法律依据、经济基础、计税(费)标准、功能作用各不相同。马克思的地租理论认为,土地所有权在经济上的实现形式就是地租,如果使用土地可以不付地租,那就意味着土地所有权被废除,就算不是法律上被废除,也是事实上的被废除。矿产资源是不可再生资源(可耗竭资源),一经开发利用,就会被持续消耗。所以,矿产资源开发者不仅要为使用矿区土地支付地租,还必须为开采(消耗)不可再生的矿产资源向所有者支付一定的费用,即矿产资源补偿费。根据1994年《矿产资源补偿征收管理规定》的标准,我国矿产资源补偿费本来就明显低于国际水平。《中华人民共和国资源税法(草案)》目前采用税制平移,其税收标准根本不能弥补矿产资源补偿费的缺失。由于过去我国矿产资源补偿费的标准非常低,造成了大量的矿产资源过早地、过量地开发,导致了浪费,因此矿产资源补偿费不仅不能取消,还应该适当提高收费的标准。建议在基本保持"草案"税收标准不变的前提下,恢复对矿产资源补偿费的征收并相应提高收费标准。

六、农村集体土地制度改革和产权保护

　　应严格按公益性原则限定征地范围。我国宪法规定,国家为了公共利益需要,可以依照法律规定对土地实行征收或者征用并给予补偿。但地方政府无论是出于公共利益还是非公共利益的需要,一律都采取征收的办法,损害了农民利益。公共利益不能是商业利益的附带,即使出于公共利益的需要征收农村集体的土地,也要

给予合理的补偿,征地补偿费应主要分配给失地农民。因此,下一步的改革要严格按照宪法确定的公益性征地原则,缩小征地范围。对于城市建设中的非公益性用地,要在符合规划的前提下允许农村集体建设用地与国有建设用地同等入市、同权同价,使广大农民平等地分享工业化和城市化带来的土地增值。

要推动农村集体建设用地与国有建设用地同等入市、同权同价。我国建设用地城乡配置比例失衡,应积极探索农村建设用地入市流转与宅基地有偿退出机制,提升闲置农村建设用地利用效率。党的十八届三中全会通过的《中共中央关于全面深化改革若干重大问题的决定》提出要建立城乡统一的建设用地市场,《决定》指出,经济体制改革的"核心问题是处理好政府和市场的关系,使市场在资源配置中起决定性作用和更好发挥政府作用"。既然土地是最基本的经济资源之一,那么土地市场在土地资源配置中也自然起决定性作用。

相对于其他资源,土地资源配置的外部性可能更加明显,对土地的公益性需求范围可能更宽,因此政府在校正土地市场失灵方面所发挥的作用可能更大,这集中表现在政府的土地利用规划和用途管制上。但政府介入一般的资源配置是为了弥补市场的缺陷而不是取代市场的决定性作用,政府的土地利用规划和用途管制也是为了保证公共利益的实现,对土地市场配置产生的负外部性加以限制,对正外部性给予补偿。

我国城市化进程中出现的一个典型的人地矛盾是:一方面,伴随着偏远农村人口向城市转移住宅用地大量闲置,这些闲置的宅基地没有多大增值空间;另一方面,伴随着城市人口增加城市周边的农地虽有巨大的增值空间,但苦于建设用地指标的限制而不能转用。原国土资源部在部分地区试行的城乡建设用地增减挂钩政策正是为了解决这一矛盾的尝试。有鉴于此,建议取消国土资源部每年下达的全国城乡建设用地"增减挂钩"周转指标,由各省市自治区及地级市根据《全国主体功能区规划》《国家新型城镇化规划》《国土资源"十三五"规划》,在确保国家基本农地数量和质量以及粮食安全的前提下,在农民自愿的条件下,按照市场配置资源的要求,自行决定和调整"增减挂钩"的规模和地区,并在试点经验逐步成熟的基础上,将"增减挂钩"试点范围扩大到全省和省际之间,并允许挂钩增减平衡后的农村集体建设用地与城市建设用地平等竞争,实现城乡建设用地的同地、同价、同权,逐步实现构建城乡统一建设用地市场的构想,扩大市场发挥作用的空间。

我国农村建设用地70%以上是宅基地。根据《土地管理法》《物权法》的规定,宅基地并不具有完整用益物权,其流转限于本集体经济组织内部,不能用于抵押融资,实践中权利主体比较难界定。宅基地的非用益物权化会堵塞农民财产性收入渠道,限制城镇人才、资金向农村流动,加剧城市住宅用地短缺乃至房价飙升。为改变农村建设用地闲置、利用效率低的局面,应积极探索农村建设用地入市流转与宅基地有偿退出机制。应赋予宅基地完整的用益物权,允许其出租、转让、抵押。根据中共中央国务院有关赋予农户宅基地用益物权的精神,建议对《土地管理法修正案(草案)》第六十二条做如下修改:

第一款:农村集体土地所有制保障所有制成员户有所居。

第二款:农村集体土地所有制初始成员的每户村民可以无偿获得1处宅基地,其宅基地的面积不得超过省、自治区、直辖市规定的标准。农村宅基地涉及占用农用地的,由县级人民政府批准。人均土地少、不能保障一户一宅的地区,县级人民政府应当采取措施,保障村民实现户有所居的权利。

第三款:在符合国土空间总体规划和土地利用分区规划前提下,集体建设用地中对于村民超过1处的宅基地,实行有偿使用,有偿使用费通过拍卖来确定,拍卖收入用于村庄公共设施建设和公共服务。

第四款:村民已获得的宅基地使用权具有完整的用益物权属性,可以继承和有偿退还给集体,也可以在集体经济组织内部和外部出租、转让、抵押、担保。

《宪法》第十条也应修改为"城市土地实行国有和集体所有两种公有制",避免"三块地"改革试点、农村集体经营性建设用地入市与宪法相矛盾。

我国新型农业经营主体发展常受到土地规模限制。《关于完善农村土地所有权承包权经营权分置办法的意见》提出,在农村集体土地所有权与农户承包经营权两权分离的基础上,进一步将土地承包权与经营权分离,实行集体土地所有权、土地承包权与土地经营权"三权分置"。"三权分置"顺应了广大农民保留土地承包权、流转土地经营权的意愿和继续务农的家庭以及下乡的工商资本实现农地适度规模经营的要求,有利于新型城镇化和农业现代化。但在强调放活"经营权"的同时又严格限定农地承包权只能在集体经济成员内部发包和流转,将会在一定程度上影响土地规模经营的实现。

要探索建立进城农民承包地有偿转让和退出机制,政府不能强迫进城落户农民放弃农地承包权,也不应限制农民土地承包权的流转。建议在现有试点的基础上,扩大承包经营流转范围,把农村集体经济组织建设成产权明晰、自主经营、开放竞争的市场经济主体。要消除阻碍工商资本下乡的体制制度和政策障碍,加快农业转移人口的市民化,实现城乡之间资源的双向流动,实现农户土地规模经营,为农业现代化创造条件。

现行《物权法》中对城市国有住宅建设用地和农村集体宅基地的用益物权作了不同规定,这是导致农村住房(连同宅基地)抵押难以推行的法律障碍。建议在《物权法》中允许农村集体土地所有者有权在其宅基地上设立用益物权和担保权,将农村"宅基地使用权"修改为:"农村住宅建设用地使用权",允许"农村住宅建设用地使用权人依法对集体所有的土地享有占有、使用和收益的权利,有权利用该土地建造住宅及其附属设施",同时取消对农村宅基地抵押的限制。

七、知识产权保护与创新性国家建设

知识产权概念界定有列举式、概括式、折中式三种模式。我国《民法总则》规定,"知识产权是权利人依法就下列客体享有的专有的权利"。知识产权有广义和狭义之分,狭义知识产权指著作权(含邻接权)、商标权、专利权。知识是以思想体现的无形生产要素,具有纯公共物品的特性,需要产权制度保护。以知识为基础的科技是重要的竞争力。随着经济全球化不断深入,知识产权成为国家、企业之间竞争的重要战略资源,也是衡量一国综合国力的重要依据。当前我国进入经济发展新常态,以科技创新推动发展方式转变,需要营造良好的知识产权保护环境。知识产权法是与市场竞争密切相关的法律制度,也是国家创新战略实施的法律保障。

知识产权为私权,但有些单位在没有合同依据的情况下,将单位员工的作品当作法人作品进行登记,导致知识创造者不能享有全部收益,获益主体往往是拥有运作资本的商家。资本可以轻易地控制知识形成垄断,运用极低成本换取知识专有权却可获得更大的利润。知识创造者与知识利用者的分离,可能会使知识创新意图扭曲,对人类共同福祉并无益。在国家经济利益角逐中,知识产权公权化色彩逐渐增加。必须认清知识产权的目的不是一味对知识资源进行垄断,而是应在鼓励知识生产者创新的积极性与促进新技术传播并能充分发挥其价值之间寻找一个平衡点,在维护个人利益的同时,避免社会福利的缺失。

当前国际贸易中知识产权冲突日益增多,知识产权一直是中美经贸关系的焦点问题,也是美国对华贸易战的主要阵地。面对美国"301 调查"和相关知识产权指责,我国不会接受美国无端指责,反对美国无视我国在知识产权保护方面的巨大努力和取得的显著成就,坚决捍卫自身合法利益。我国也应以此次贸易争端为契机,重新审视知识产权制度,认识到与发达国家之间的差距。

我国知识产权保护的路径选择必须把握国际政治经济发展的现状和未来态势,既要关注国内经济和科技的发展,也要具备国际眼光。应当重视与 WTO、WIPO、APEC 等相关国际组织的交流与合作,积极参与多边框架下的知识产权协调,合理利用《TRIPS 协定》中的弹性条款适度地保持我国知识产权政策的空间,积极推进通过双边或区域性的知识产权或贸易、投资等协议,加快中日韩自贸协定等区域性贸易协定谈判进程,倡导制定"一带一路"区域性的知识产权协议,推进

"一带一路"区域知识产权制度的一体化。

（课题组成员：蔡继明　靳卫萍　李帮喜　王勇　蔡建红　王康　钟一瑞　李蒙蒙　刘媛　刘梦醒　刘畅畅）

完善要素市场化配置的
实施路径研究

北京大学光华管理学院

我国过去 40 多年取得了高速经济增长,但与此同时生产要素市场存在的诸多扭曲和错配严重阻碍了全要素生产率的提高。为了挖掘我国未来经济增长的潜力,要素配置的市场化亟待进一步推进和完善。本报告探讨了劳动力、土地、资金、技术和数据五大要素市场在资源配置上所面临的问题与挑战,并提出了完善要素市场化配置的政策举措和实施路径。

一、完善要素市场化配置的必要性

中国过去 40 多年的高速经济增长从来源上分解,主要受益于跨地区、跨行业和跨所有制的生产要素有效再配置,即从低生产率向高生产率经济活动的过渡。近年来,随着中国经济总量的迅速扩大,传统的生产要素再配置方式对经济增长的驱动能力趋于衰减,这是导致中国经济从高速增长转入中高速增长的关键原因。

中国经济发展存在一系列结构性失衡的问题。例如中国目前常住人口的城镇化率尚不足 60%,而以中国当前人均 GDP 水平,国际上平均的城市化率在 70% 以上;农村的劳动力占比超过 27% 却只贡献了不及 8% 的 GDP;城市的现代服务业的比重仍然

深化改革

偏低;中国制造业在全球价值链的位置还处于中低端,科技创新动力不足。这些问题充分说明中国还存在进一步优化资源配置、提升城市化水平和产业升级的显著空间。

　　中国经济增长放缓与结构失衡现象的背后是生产要素的市场化配置存在许多制度性障碍。制度性障碍导致要素市场化配置中存在诸多扭曲和错配,严重阻碍了生产要素的流动性和生产要素质量的提高。比如就劳动力市场而言,户籍制度改革虽然已初现成效,但城乡二元结构仍未完全破除。由于户籍制度的强大历史惯性,跨城市的劳动力流动仍存在诸多壁垒,大量农民工因户籍限制而无法享受城市的教育、医疗等公共服务。在土地市场方面,传统的城乡二元土地制度长期被人诟病,农民土地征用补偿标准低,农地流转、农地入市、宅基地利用等直接涉及农民能否分享经济增长和城市化收益的问题亟待解决。许多地区工业用地占比过高和亩均产值偏低导致城市土地紧缺与闲置浪费并存。在资金市场方面,国有企业的金融资源占有量与其产值贡献不成比例;中小企业"融资难、融资贵"的问题长期得不到解决;地方政府债务存量规模较大,有待妥善处置。在技术市场方面,关于科研成果的所有权、使用权及收益权界定模糊,导致专利"量大不优",大量科研成果商业转化率低。随着互联网、大数据和人工智能的发展,数据作为一种新型生产要素的价值和意义日益凸显。另外,社会各界对数据隐私和安全问题愈发关切,也对数据的交易、共享及监管问题提出了更为急切的立法需要。

　　上述问题的存在说明生产要素的市场化配置机制尚未真正建立,市场微观主体的活力受到抑制,要素配置的市场化改革亟待进一步推进和完善。

二、完善要素市场化配置的实施路径

　　本报告所讨论的"要素"(生产要素)指在生产产品和提供服务时所必需的各种投入。一般来说,生产要素主要包括土地、资金、劳动力等实物要素,以及在现代化生产过程中发挥着关键作用的技术和组织文化等无形因素。本报告共选取劳动力、土地、资金、技术和数据等五类具有代表性的要素进行分析和讨论。

　　我们认为,要素的"市场化配置"的内涵在于:(1)要素的产权(包括所有权、使用权、收益权等)具有清晰界定,相关权责归属明确;(2)要素在地区间、部门间、企业间可以自由流动;(3)要素的市场价格充分反映其在生产过程中的边际贡献,准确传递要素的供求关系和稀缺性信号;(4)要素市场充分竞争、自由有序、机制合理。

（一）劳动力要素市场化配置

我国劳动力要素市场化配置所面临的核心问题主要在于要素的流动过程受各种制度约束而存在较大的摩擦和扭曲,具体表现为:近年来劳动力在城乡间流动速度放缓,农村劳动力更多是就近城镇化,转移过程还不充分;劳动力在城市间的有效配置尚未实现,导致城市规模普遍偏小;劳动力的人才层次构成上存在供给与需求的结构性失衡,出现了人才培养与市场需求脱节的情况。

1. 深化户籍制度改革

（1）要着力降低城市落户门槛,进一步放松城市公共服务与户籍的绑定,逐步突出"居住与贡献"的绑定原则。

长期以来我国以城镇户口绑定教育、医疗和社会保障等公共服务,导致城市内部"二元劳动力市场"格局长期存在(城市大约有40%的常住人口不能被纳入城市公共服务体系中)。建立和采用"居住证""积分落户"等制度作为户籍制度的补充和替代,逐步解除公共服务与狭义"户口"的捆绑,在充分保障了劳动者权益的同时,也有助于促进劳动力在城乡之间更自由的流动,释放出劳动力市场的更大活力。下一阶段中国城市公共服务供给和财政资金分配标准应该从以"户籍"和"户籍人口"为核心向以"居住证"和"常住人口"为核心转变,从而鼓励城市优化公共服务吸引各类劳动力落户,促进本地经济发展,获得更多的上级政府转移支付。随着中国人口红利的消失、每年新增劳动力的下降以及高端技术人才的重要性日益凸显,中国城市之间将由传统的"招商引资"竞争转向"招人引智"的竞争。深化户籍制度改革将是该重要转型的制度基础,可以促使地方政府基于自身发展定位与规划布局,通过"积分制"等方法为不同类型的劳动者设立"量身定做"的激励条件,实现"精准引才"。

（2）深化机构和行政体制改革,合理放权、简化流程,降低劳动力迁移的行政成本。要进一步推广集中办公、一站式服务、网上办理等工作方法,合理优化户籍业务办理的步骤与用时。要将制度改革与适度放权相结合,减少不必要的审批环节,充分利用基层组织、窗口单位的信息优势,提高工作效率。

（3）采取积极有效措施鼓励城市人才进入农村,推动乡村振兴,实现城乡劳动力双向流动。长期以来,农村劳动力单向流入城市,农村地区和农业部门出现人才"空心化"现象,而实现乡村振兴的目标恰恰需要各类能人、乡贤和技术人才。要充分利用农村在自然环境、房屋土地、乡土人情等方面的资源优势,积极采用聘任制岗位、市场化薪酬和福利待遇(如住房)吸引农村所需的实用人才,实现劳动力在城乡间的"双向流动"。

2. 统筹管理、推进基本公共服务的可转移化改革

(1)要综合推动养老保险、医疗保险等社会保障制度的跨地区转移接续改革,通过提升统筹层次减少劳动者跨地域迁移成本,降低劳动力要素流动的摩擦成本。首先,应逐步统一各地区各项社会福利最低标准,在允许各地保持差异性的情况下制定全国统一的基本社会保障标准(中央与地方共同筹资)。其次,要利用信息化技术,搭建账号与公民个人身份信息挂钩的"一站式"社会保障平台系统,推进公民的社会福利信息跨时跨地的追踪、记录与共享,并基于对投保人缴费路径的科学评估而合理完成各项福利待遇的标准确认与最终发放。最后,按照"公共服务和社会保障与劳动者贡献相匹配"的基本原则,打破对流动人口的差异化对待。中央给地方政府的转移支付应该采取"钱随人走"的原则,突出常住人口这个资金配套标准。

(2)探索建立"教育券"制度。子女教育是中青年劳动力在转移流动中最关切的问题之一,要推动基础教育服务所匹配财政资金的可携带、可转移的改革,使得教育财政资金的分配与人口高度流动的现实相适应。在这种教育支出划拨到生、随券转移的供给机制下,劳动力的跨地域转移不再为迁入地的教育部门带来额外压力,反而为其带来以生为单位的相应的配套资金,充分盘活了流动劳动力和教育供给部门的积极性。

(3)应设计并实行与之相匹配的财政支出分担制度。有效统筹中央、省和市等各级政府的公共资源,分别对应承担公共服务不同水平和层次下的支出需求:中央和省级政府,应负担提供基本社会福利所对应的财政支出,市级以下政府则可在此基础上进一步结合本地情况对公共服务支出进行灵活的设计、调整和配置,实现财权与事权相匹配,兼顾公共服务的效率与公平。

3. 发挥市场引导人才培养的决定性作用

(1)加强教育产出评估机制中的就业导向。扩大高校在专业设置、招生额度上的自主权,促进高校提供与产业发展需求紧密衔接的教育服务。鼓励企业在职业培训中发挥更大作用,提高职业教育的实用性。

(2)实行更加开放的国际人才引进政策。探索实行技术移民政策,尽快制定关于国外智力资源供给、评价方式、引进共享等问题的指导意见和实施办法,出台相关政策,激励海外留学人员归国,吸引外籍高层次人才和紧缺型人才来华。

(二) 土地要素市场化配置

土地产权的逐步赋权放活和市场化改革是我国改革开放40多年来经济快速发展的重要保障之一,但以城乡二元分隔为主要表现的土地制度阻碍了土地要素的市场化配置,这需要我们继续放宽土地要素自由流动的范围,加大农村土地产权

改革的力度和广度,逐步建立城乡统一的土地市场。

土地要素流转面临的主要问题不仅是近郊区农村建设用地直接入市受限,还包括建设用地指标跨区域流动范围受限、增值收益共享缺失法律依据导致的闲置工业用地盘活困难等。农村土地产权改革方面的主要问题则在于建设用地在隐形市场中流转导致的权属关系不明、宅基地改革试点困难重重。

1. 完善部分地区试点的增减挂钩、占补平衡政策,逐步建立全国性建设用地指标交易市场

(1)着力改进城乡建设用地增减挂钩政策,建立全国性建设用地指标交易市场。我国建设用地指标跨区域调剂机制逐渐形成,建设用地在城乡之间的配置效率不断提升。但是全国统一的建设用地指标交易市场仍未建立,区域间和城市间建设用地资源错配问题不断加重。现行以县域内自行平衡为主的城乡建设用地增减挂钩政策将建设用地指标大量配置到县城,建设用地指标无法一次性配置到价值最高的地方。建议充分借鉴和总结部分地区(如成都、重庆)的改革经验,分阶段、分区域层级推动更大范围的建设用地指标交易市场,从地级市、省一级逐步发展到建立全国性建设用地指标交易市场,让建设用地指标逐渐配置到市场价值更高的区域。

(2)在建设用地指标交易和农地直接入市的过程中切实保障农民在土地增值收益分配中的主体地位。农村集体土地所有权是农民最重要的权利之一,建设用地指标流转交易过程中要兼顾国家、集体和农民个体三者之间的利益,应该探索制定保障农民基本收益的制度安排。给定建设用地指标从农村向城市流转的过程中极大地提高了土地资源的配置效率,可以考虑将一定比例的土地交易收入拨与村集体,作为农民基本生活保障专项基金,以防农民在建设用地指标后失地失业、骤富返贫、生活无着。

(3)组建专业复耕认定机构,保证复耕耕地质量。耕地质量与数量都是国家粮食安全的基本保障因素。建立专业的复耕认定机构,进行建设用地复耕的认定工作并定期开展检查,以防复耕的耕地质量不过关、复耕后再次转变为建设用地等问题出现。

2. 扩大农村集体建设用地入市范围,解决农村建设用地使用效率低的问题

(1)探索农村宅基地共享机制,盘活闲置农宅,增加农民财产性收入。拓展农村宅基地使用权流转范围,颁发权属证书稳定农户与租户双方对相关权益的预期。以农房共享的形式盘活农村闲置宅基地,带动提高农村建设用地使用效率,发展乡村文化旅游产业。建立农村产权交易中心,设立正式农村宅基地使用权交易市场,将"隐形市场"合规化并纳入监管。

(2)统筹农地入市和土地征收制度,规范增值收益分享机制,拓展农村集体经

营性用地入市范围。明确农村集体经营建设用地入市范围,采用负面清单管理。进一步规范政府、集体和农民增值收益分配机制,通过调整村集体留存比例来平衡直接入市和征收之间的收益不均衡问题,为解决城镇规划范围内农村集体经营性用地入市受限问题提供保障。

(3)制定集体建设用地使用权到期后的指导意见,稳定交易主体预期,降低交易风险。明确农村建设用地使用权和城市规划范围内农村集体土地产权的归属,制定农村建设用地使用权到期后指导意见,减少交易双方面临的政策不确定性。

3. 探索城市工业用地与商住用地的转换机制,规范增值收益共享

(1)确立工业土地变更用途产生的增值收益共享机制,激活沉睡工业用地,提高土地利用效率,增加政府财政收入。国家应该以规范性文件或指导性意见等形式明确规定政府与工业用地持有人如何共享工业用地用途变更产生的增值收益,以便各地推广实施。

(2)构建新型工业用地出让、考核体系,防止系统性套利行为。增值收益共享机制可能诱导市场主体通过低价购入工业用地、短期投资发展工业、长期变更用途进行套利,催生灰色收入链条。为防范这种风险,应考虑建立工业用地弹性年限制度,提高工业用地使用年限和企业生存年限的匹配程度。推广工业用地产值、税收、就业考核机制,切实提升工业用地使用效率。

4. 深化"三权分置"改革,解决农村土地确权颁证不均衡、不细致和后续土地流转问题

(1)进一步总结各地"三权分置"改革和"三变"(资源变资产、资金变股金、农民变股民)改革的经验,以产权改革为核心激活农村各类生产要素,推动乡村振兴战略的实现。贵州六盘水、陕西榆阳的"三变"改革已经探索出了宝贵的改革经验,值得总结和推广。其核心就是以"三权分置"为基础,在保证农民权益的前提下发展股份合作经济,借助外部的资金和人才条件,实现农业产业化和农村现代化。

(2)增加欠发达地区农村土地确权颁证工作的支持力度,加强农村土地确权颁证完成地区的遗留问题摸底排查及后续跟进工作。农村土地确权颁证工作是实现农村土地大规模流转和集约化经营的基础性工程,要对财政困难的省份提供专项资金或者贷款支持。要最大限度地减少因确权颁证工作不仔细、不细致导致的隐性矛盾和不稳定因素。

(3)增强农村产权交易机构的专业化水平和市场整合度,关闭长期亏损的农村产权交易机构。支持专业的农村产权交易机构市场化运作和跨地区发展,允许产权交易机构进行市场化兼并和整合,解决我国农村产权交易机构数量多、交易半

径小、专业性差的问题。

（三）资金要素市场化配置

1. 充实参与主体,调整监管结构,大力发展债券市场

与各国横向比较而言,我国直接融资占比较低的结构性问题仍然突出。我国直接融资比重约为40%左右,在G20国家中排名居末。其中,债券市场发展程度偏低。当前我国债券市场当中各类债券的监管主体不同,存在监管套利的空间;高收益债券细分市场有待发展,违约债券处置方式尚不完备;评级机构主体多样性不足,债券评级专业化水平和信息含量有待提升;债券机构投资者多为商业银行,商业银行在投资策略上具有同质化特征,再加上商业银行资产负债表的顺周期性,不利于债券定价与债券资本市场风险的分散。为回应上述问题、切实推进我国债券市场发展,可以从以下三个方面着手。

(1)破解债券市场监管分割问题。债券市场改革的重点是要统一各监管主体的监管规则和评级标准,整合信息披露、数据共享、违约处置等方面的流程。包括国债、企业债、公司债在内,我国的信用债逐渐形成了多部门分割监管的债券市场管理体制。监管分割问题的实质不在于监管主体的分割,而在于监管原则的差异以及随之产生的监管套利和效率损失。建议主权级利率债划归财政部进行统一监管,企业类信用债由中国银保监会或中国证监会监管。

(2)要发展高收益债券细分市场,完善违约债券处置流程,进而助力打破刚性兑付。建立高收益债券细分市场和违约债券处置机制能够有效解决相关债券的流动性和定价问题,为债券投资者提供退出渠道和定价参考,进而盘活资金、有序去杠杆。

(3)从地方债信用评级入手,使债券评级制度真正实施。地方政府债券自引入评级机制以来,均为AAA级,评级流于形式,无法在金融市场中起到信息传导作用。充实债券评级主体,如引入外资机构等,兼顾债券评级机构多元性和金融评级系统的稳定性,是破解这一局面的有效途径。

2. 健全股市进入退出机制,提升股市价格发现能力

促进股票市场健康发展的核心思路在于调整由于历史原因遗留的不合理监管约束,健全股市进入退出机制,改进上市公司质量,发挥股市融资功能、降低融资成本,提升股市的价格发现能力。

(1)调整投资者结构,发挥投资者在上市公司治理中的作用。要持续推动社保资金、养老保险金和住房公积金等资金入市,逐步放宽投资上限;同时适当提升港澳台和国际投资者比例,从国内、国际两方面培育和引入机构投资者。要进一步增加金融产品类别,逐步降低对冲基金做空门槛,增强股市的价格发现能力。

（2）同步推进注册制和退市制度建设，改善上市公司质量。由于历史原因，我国目前实行的审批制上市制度已不能满足保证上市公司质量的要求。推行注册制、实行更严格的退市制度，有助于提高资本市场效率。

（3）强化上市公司治理的外部监督，降低融资成本。推进注册制和退市制度是完善上市公司治理机制的有利条件。加大信息披露力度有助于对公司内部治理形成压力。注册与信息公开并行，使得上市审批带来的腐败和利益交换随之瓦解，融资成本得以降低，融资环境亦得以改善。

（4）扭转过度监管和低效监管，平衡对中小投资者的保护和对大股东的激励。当具有完备的退市制度、充足的机构投资者、有力的外部约束之后，可适当放宽为保护中小投资者而设计的针对大股东的严厉监管政策，对大股东的合法收益给予保护，进而纾解由于大股东激励扭曲而导致的企业经营风险和金融风险，提升金融市场总体承压能力。

3. 破题民营企业和中小企业融资难，落实金融服务于实体经济

中小企业融资难问题是一个世界性难题，并非中国所特有。但我国的中小企业在融资方面还特别面临供给端和需求端的双向挤压。就供给侧而言，我国当前的金融体系以银行（特别是大型国有商业银行）为主体，这一金融体系被认为"天然不适合为中小企业融资服务"。在需求侧方面，中小企业不仅面临着大型企业的挤压，更要与地方政府国有企业等不同主体竞争资金。破解中小企业融资难问题，可以从以下四个方面着手。

（1）促进中小企业正规化，增强中小企业信息可信度。持续提升中小企业正规化、数字化水平，力争从根本上解决中小企业融资中的信息不对称问题，辅助金融机构在融资过程中识别风险并合理定价。

（2）引导中小金融机构资金向中小企业定向倾斜。我国金融体系除大型国有商业银行之外，还包括城市商业银行、农村信用社、农村合作银行等众多中小金融机构，此类机构在搜寻中小企业相关信息等方面具备比较优势。

（3）鼓励银行向企业提供综合服务。鼓励商业银行将贷款服务由单一贷款产品向公司开户、代发工资、票据贴现等综合性服务拓展，商业银行定位从简单的资金匹配向综合金融服务转变。完成企业信用记录积累，为中小企业信用体系建设打下坚实基础。

（4）利用大数据、区块链等技术，建立中小企业征信体系，丰富企业融资担保物。开发科技服务产品，提高中小企业的正规化、信息化水平，实现企业经营财务信息的电子化存储。依托区块链技术的不可篡改性，实现区块链技术和供应链金融的"两链融合"，丰富融资担保物。

4. 建立地方政府债务管理体系:处置存量、控制增量、优化总量

(1)财政管理政策和金融审慎政策并举,加强部际协调,以一揽子政策强化对地方政府债务的监管与处置。在财政管理方面,一方面要完善预算硬约束制度,从制度根源上消解地方债扩张风险隐患,另一方面则要明确中央政府对地方政府债务担保和救助的责任边界。在金融审慎方面,从宏观的、逆周期的视角来防范由金融体系顺周期波动和跨部门传染导致的系统性金融风险,即通过限制、收缩金融机构信贷供给额度等政策来防范地方政府举债的道德风险问题。

(2)推动地方融资平台市场化转型。在此过程中,最核心的问题在于地方政府和融资平台公司如何分担既有债务。一方面应当剥离无效资产和不属于融资平台公司的事权,另一方面适当注入优质资产,改善融资平台公司的资产负债结构。

(3)严控地方政府在债券市场以外的融资行为,避免绕过新《预算法》的违规举债。要重点关注以政信合作信托贷款、银票保函和资管计划等形式继续运转通过金融机构表外业务举债的行为,将地方政府债务融资行为尽可能纳入合法合规的框架当中来。

(4)推进地方政府债券发行的市场化定价,培育地方政府债券投资基金等中介服务机构,加快地方债市场的总体发展。在新《预算法》框架下,控制增量、优化总量目标的实现,一方面要靠中央政府、有关部门及各级人大的监督,另一方面也要更多培育市场力量,以地方债券发行、定价、交易的市场化倒逼地方债的质量优化。

(5)加强对地方党政主管和举债主管部门负责人的离任审计,建立长期追责机制。借鉴司法改革等相关领域的经验,明确地方政府举债过程中的个体责任,明确责任认定、历史追溯、惩罚处分的原则与标准,避免过度举债、盲目投资、新官不理旧账等政治周期导致的负面后果。

5. 推进人民币国际化进程,逐渐推动人民币成为国际储备货币

在国内方面,人民币国际化需要具备以下几个条件:第一,GDP 长期增长稳定、货币发行适度,保证货币内在价值的稳定。第二,国内金融市场深入发展,能够允许外国企业和政府以本币进行较大规模的融资。第三,房地产、股票等国内资产价格合理,避免因为资产价格的国际落差导致资金大量流入流出。

在国际方面,需要创造以下条件:第一,经常项目余额基本处于顺差状态,避免国际汇兑发生困难。第二,货币在国际上有稳定的价值支撑,有一定的升值预期。第三,培育离岸人民币市场,可以借力"一带一路"等渠道,增加人民币在国际结算和国际借贷中的使用。第四,拓展中国人民银行和其他国家中央银行的合作,扩大人民币作为外国央行储备货币的作用。

（四）技术要素市场化配置

综合来看,当前我国技术要素市场化配置的核心问题在于专利等技术要素的量大不优;在操作层面,科研成果的产权权属界定不清晰,由此带来的科研人员和科技转化机构的激励问题,科技成果交易的信息不对称问题导致价格难以灵活调整并真正反映技术要素市场供需等。

1. 明确技术创新的产权界定、权责划分及收益分配原则

（1）明确科技成果的产权界定机制以及成果转化的收益分享机制。要就科技成果转化收益在政府与市场主体、单位法人与职务个人之间的分配尽快制定指导性政策。鼓励高校及科研院所出台标准清晰的收益分配方法。

（2）要将零散的法律条款整合为针对"政产学研"合作的专门性法律,解决技术市场的制度矛盾。目前我国有关政产学研合作的法律规定散见于《科学技术进步法》《促进科技成果转化法》等法律文件中,不同法律与政策文本中的规定以及中央与地方性政策间难以统一协调。

（3）通过立法明确政府与社会机构参与科技成果转化的权责边界,完善科技成果转化过程的评估与监测机制。中国现有的科技成果法律体系尚未实现对各主体、各部门全链条式的权责安排,特别是政府职能部门与社会机构之间的权利边界不明确,缺乏对科技成果转化过程的效率评估。

（4）通过有效合作促进我国知识产权保护制度的不断完善。进一步提高知识产权保护的全球化与现代化程度,积极参与国际知识产权新秩序建设。

2. 消除科技成果转化的资本壁垒,实现对各创新主体的有效激励

（1）拓展科研资金来源。改革目前政府直接资助项目的单一形式,可以考虑通过对企业与研发机构间的合作提供资助等方式,形成行政专项资金的多样化资助。

（2）完善科技金融市场。改变传统的由政府作为科研资金单一提供者的局面,大力发展科技金融,充分发挥风险投资、中小金融机构等主体的作用。

3. 减少技术市场供需双方的信息不对称的问题

（1）建立全国性的技术平台信息系统。由于科技成果转化与技术交易涉及产权保护、市场定价、后续利益分配等一系列问题,供求双方存在信息不对称问题。可以通过统一的信息系统促进精准匹配,以数据分析为定价依据,引导制定一致的行业规范。

（2）促进技术市场国际化。充分拓展技术交易的国际市场,通过设立分支机构等方式在国际市场上寻找合适的技术交易需求方,促进技术来源和技术转让对象的国际化。

4. 培育和充实各类市场主体，构建富有活力的技术要素市场

（1）健全技术要素市场，调动研发主体的积极性。培育服务于技术成果转化和交易过程的市场机构，推广成立高校及研发机构内部技术转移办公室，充分调动研发主体和中介部门的积极性，形成有效的科技成果转化链条。

（2）加强创新型人才储备。加快培养高素质的从业人员，通过健全职业资格评估、开展人才培养计划等方式，培养具备技术研究、经济管理、法律咨询、交易决策等方面能力的复合型人才队伍，以专业化建设推动市场化竞争。

（五）数据要素市场化配置

伴随着互联网经济的发展和大数据时代的到来，数据作为一种生产要素的重要性日益凸显。数据作为一种生产要素区别于传统生产要素（如技术）的最大特征是个人数据的隐私权的保护问题，这不仅是资产权益的界定问题，更是个人权利不可侵犯的体现。而数据的开放共享又是人工智能和数字经济发展的命脉之所在，也是中国在下一轮国家间新技术竞争取胜的关键之所在。如何在数据隐私的必要保护与开放共享之间保持平衡，最大限度发挥数据要素的潜在价值，是推动数据要素市场化配置的最大挑战。在此过程中，有两个亟待解决的核心问题：一是如何协调隐私保护和企业对精准数据的强烈需求；二是如何保障数据交易中的有效竞争，避免出现基于数据优势的垄断。为此，我们提出如下建议。

1. 鼓励数据模糊化和问答模式的市场交易，解决数据交易中隐私保护和企业对精确数据强烈需求的协调问题

（1）通过原始数据计算出精确到个体身份信息（ID）、同时经过模糊化处理的数据"指数"，兼顾个体隐私保护和企业数据需求。该类"指数"无法反向推演个体隐私信息，却对企业针对个体的精准营销、精准管理有帮助，目前电商平台（如淘宝网）的各类信用分即为此方法的典型代表，各类为消费者画像的"标签"信息也属于此类操作。在统一的数据交易平台上，不同数据指数之间可以产生直接竞争关系，通过数据企业的优胜劣汰保证指数质量。

（2）通过需求侧与数据库的问答模式进行数据的真伪验证。在当前的产业实践中，问答模式多见于信贷场景，比如个人向消费金融公司贷款时需提交个人信息，资金端通过公安、电信、电商的数据库判断数据的真伪性。问答模式从底层实现了对个体隐私的保护，不涉及提供任何具体数据，只回答一些关键问题。与此同时，数据的获取方总是可以通过更多问题来逼近真实情况，但也要承担相应的数据获取成本。数据精度与获取成本之间的权衡进而成为企业决策的重要维度。

2. 建立数据资产交易所，加强数据算法公式监管，规范市场秩序

（1）建立数据资产交易所，规范数据交易市场。数据资产交易中主要交易的

产品是精确到个体 ID 的指数的使用权。因为数据交易所交易的是数据使用权而非产权,数据购买者不应进行二次销售,否则会引发数据市场的混乱、导致市场迅速萎缩消亡。规范高效的数据交易市场会驱动数据交易合法化,促使数据交易在阳光下进行,接受公众和政府的监管;推进数据资源的资产化,促进企业的数据化转型;提升数据资产之间的市场竞争程度,降低数据资产的使用成本,提高数据的利用效率;形成差异化的数据指数交易竞争形态,满足用户不同场景下的业务需求。

（2）对数据指数的算法公式进行监管,验证数据生产场景,保证数据交易市场的健康发展。一方面要鼓励开发真实且可验证的数据生产场景,提升原始数据的持续生产能力,包括但不限于各类移动客户端、网站等;另一方面要强化对算法公式的监管,提升算法公式的清晰度,在扼制倒卖数据行为的同时强化在算法公式层面的良性竞争。

（课题组成员：周黎安　　王辉　　唐遥　刘冲　曹光宇

刘晨冉　张凯　诸宇灵）

"十四五"时期健全竞争政策实施机制研究

中国经济体制改革研究会

竞争政策是应市场经济对保护竞争的需求而产生的。随着我国社会主义市场经济体制的建立和完善,竞争政策逐步形成并发挥作用。从 2015 年起,中央多次明确提出:要建立健全竞争政策实施机制,强化竞争政策基础地位,完善竞争政策框架,打破行政性垄断、防止市场垄断。因此,健全竞争政策实施机制,是我国"十四五"时期应该尽快完成的制度建设任务。

一、竞争政策的概念、工具及基础地位

(一) 竞争政策的概念

无论在学术领域还是在实践领域,竞争政策的概念都有广义和狭义之分。广义的竞争政策,指一切有利于激发、促进、保护竞争的政策,包括反垄断政策、放松管制行业准入、以竞争标准改革国有企业、控制对企业补贴以防止减损竞争等;狭义的竞争政策,仅指对损害竞争行为(包括来自政府或者企业的限制竞争行为)进行约束的竞争法律制度,它作为对竞争结果的事后调节措施,通常以法律形式出现。在 2007 年中国《反垄断法》的审议过程中,立

法机关将广义的竞争政策定义为："市场经济国家为了保护和促进市场竞争而实施的经济政策。国家通过制定和实施竞争政策，起到保护和促进市场竞争、确保竞争机制在市场中发挥作用，从而提高生产效率，达到优化资源配置的目的。"狭义的竞争政策被解释为"反垄断法制定的依据，反垄断法是竞争政策的表现形式"。

　　除非特指，本报告采用广义的竞争政策概念，并将其定义为：为激发、促进、保护和禁止损害竞争而制定实施的一系列法律、法规和政策的制度总称。

　　需要明确的是，在政府与市场的关系中，竞争政策并不属于市场的无形之手，而是属于政府的有形之手。竞争政策的特殊性在于，它是用有形之手去保护无形之手能够正常发挥作用，是国家经济治理体系中有形之手与无形之手协调发挥作用的有效方式。

（二）竞争政策的工具

　　定位于保护市场竞争的竞争政策，会基于各国实践而具有不同的政策工具，并不断演进。目前，在我国竞争政策的框架下，主要有以下政策工具。

　　1. 反垄断法律体系

　　自 2008 年《反垄断法》实施以来，反垄断法律体系已经形成以《反垄断法》为核心，统领相关行政法规、国务院反垄断委员会指南、部门规章以及规范性文件的较为完备的反垄断法律体系。按照规制对象分类，《反垄断法》主要对经营者和行政机关减损竞争的行为作了禁止性规定。

　　（1）针对经营者行为。《反垄断法》规制经营者的垄断行为主要分为三类。第一类是达成垄断协议；第二类是滥用市场支配地位；第三类是具有或者可能具有排除、限制竞争效果的经营者集中。

　　（2）针对行政行为。《反垄断法》第五章对滥用行政权力排除、限制竞争作了禁止性规定。

　　2. 公平竞争审查制度

　　公平竞争审查是指政策制定机关（包括各级政府及其组成部门）在制定有关政策措施时，要考虑对市场竞争的影响，确保符合公平竞争要求和相关法律法规，在实现政策目标的同时，防止排除和限制竞争，保障市场配置资源的决定性作用得到充分发挥。2016 年经中央深改领导小组审议通过，国务院发文出台了《关于在市场体系建设中建立公平竞争审查制度的意见》，对所有政策制定机关的行为进行规范。

　　3.《反不正当竞争法》

　　《反不正当竞争法》的颁布施行比《反垄断法》早 15 年，在《反垄断法》出台之前，发挥着保护公平竞争、维护竞争秩序的作用。该法对滥用行政权力损害竞争的行为作了禁止性规定。2017 年《反不正当竞争法》修订时,删除了这部分规定。修订后的《反不正当竞争法》主要规制经营者的不正当竞争行为。

4. 其他基于问题导向的竞争政策工具

所有政策工具都是为解决特定问题而产生的。随着我国市场体系建设对激发、促进、保护竞争和禁止减损竞争提出进一步的制度需求,我国可以逐步设计相应的竞争政策工具,以解决相关竞争问题。比如在管制引入竞争行业、国企改革、控制对特定经营者补贴、建立适度的市场准入等等。目前,竞争政策的理论界和实务界比较一致的观点是,我国可以考虑推出竞争倡导制度,根据不同类型的竞争问题,竞争执法机构可以制度性地参与到相关政策的制定当中。

(三) 竞争政策的两个标志性价值

1. 竞争政策是市场经济的制度性标志

竞争政策是应市场经济活动对保护竞争的制度需求而产生的。在市场经济活动中,经营者的竞争行为有可能出现偏差,行政机关的行为也有可能排除限制竞争,如指定交易、地方保护等等。如果没有制度去禁止这些限制竞争的行为,竞争就会被损害,竞争机制就会被扭曲。没有正常运行的竞争机制,就没有真正的市场经济。因此,只要是实行市场经济体制的国家,就必须要制定竞争政策来保护竞争不被扭曲,竞争政策也因此成为市场经济的制度性标志。在市场经济发展的初期阶段,竞争政策以禁止损害竞争的法律为主要政策工具,如《反垄断法》《反不正当竞争法》以及其他散见于不同领域和部门法律中的竞争条款。

2. 竞争政策的基础地位是市场体系成熟的阶段性标志

市场经济制度是逐渐发展成熟的,竞争政策也随之逐渐完善。在这个过程中,竞争扮演着提升效率、激励创新、增加福利、优胜劣汰的重要作用。市场化程度越高、市场体系越成熟,保护竞争机制的重要性就越突出,对竞争政策的要求也就越高。与成熟的市场体系相匹配的竞争政策,不仅要禁止损害竞争的行为,还要激发、促进和保护竞争。市场体系越成熟,就越需要良好的竞争,竞争政策就越重要。若竞争政策能够用竞争的原则去影响、规范其他经济政策,其他经济政策能够保持对竞争的必要尊重,把公平竞争的原则内化于各自政策之中,竞争政策就处于整个经济体系的基础地位。因此,竞争政策的基础地位是成熟市场体系的阶段性标志。这个阶段的竞争政策除了禁止损害竞争,还增加了进一步激发、促进、保护竞争的功能,竞争政策工具会因不同的竞争需要而被设计出来。

如我国 2016 年出台的公平竞争审查制度,其功能定位于解决经济政策中与公平竞争相冲突的问题,要求政策机关在政策制定过程中开展公平竞争审查,保证政策不排除限制竞争,体现了竞争政策更为优先、逐渐转变为基础政策的阶段性特征。公平竞争审查制度,是伴随我国市场体系逐步成熟而出台的竞争政策工具之一。随着我国市场经济制度的不断完善,根据市场对竞争的需要,还会有不同的竞争政策工具出现,竞争政策体系也将更加丰富。

(四) 竞争政策基础地位的特征

1. 竞争政策基础地位的含义

竞争政策基础地位是相对于其他经济政策的关系以及竞争政策在整个经济政策体系的位置而言的。

——从横向上来看,基础地位强调竞争政策具有普遍适用性,可以无条件、无障碍地适用于市场体系的各个领域。

——从纵向上来看,基础地位强调竞争政策具有价值优先性,与其他经济政策相比,原则上处于更高的位阶。除非有明确的法律规定或更高的价值追求(如国家安全、扶贫救灾等),一般与之冲突其他经济政策都需要调整完善。

——从实践角度看,竞争政策的工具能够识别其他经济政策的合理性,及其与竞争损害的比例关系,最大限度地降低其他经济政策对竞争的减损。

同时竞争政策的基础地位并不意味着竞争独大。竞争政策并不是要杜绝与竞争冲突的所有政策安排,而是强调所有的经济政策已经最大限度地考虑竞争、主动降低对竞争的损害。由此,竞争政策的基础地位形成了国家经济治理中的竞争导向,各项经济政策以最大限度保护竞争或最大限度避免损害竞争为价值准则。这个定位与"使市场在资源配置中起决定性作用和更好发挥政府作用"的重大改革部署完全契合。这也是我国在 2015 年前后提出要逐步确立竞争政策基础地位的历史背景和制度原因。

2. 竞争政策基础地位的特征

一是法律约束力强。竞争政策立法具有较高的法律地位,对各类主体的垄断行为有强约束力。美国的《谢尔曼法》《克莱顿法》《联邦贸易委员会法》等反垄断法律由国会通过,具有较高的法律效力。《欧盟运行条约》中关于竞争政策的具体条款成为欧盟竞争政策实施和反垄断执法的基础,对所有成员国都有较强的法律效力。日本的《禁止垄断法》被称作"经济法的核心"。我国的《反垄断法》《反不正当竞争法》由全国人大常委会通过,法律效力较高,公平竞争审查制度由中央深改领导小组审议通过,国务院下发文件,对经济政策具有广泛的约束力。

二是竞争执法机构具有充分的独立性与足够的权威性。竞争执法机构在竞争事务决策以及案件处理上应具有充分的独立性,能够就重大竞争事项对经济政策的决策产生实质性影响。我国竞争执法机构在 2018 年实现了机构统一、职能完整,但权威性、独立性还有待逐步强化。

三是竞争政策工具具有优先性。竞争政策工具优先于宏观经济政策、产业政策、贸易政策等其他政策的工具,并保证以竞争政策工具为主统筹其他政策工具,能够对行政机关、经营者或其他组织的行为施加广泛限制,展现竞争政策优先于其他经济政策的原则。我国的公平竞争审查制度在设计上已经成为政策制定与出台的重要基准,但在实践中并没有全部落到实处。

四是实施机制完善有效。竞争政策的实施必然会对其他经济政策产生影响,有时还会出现分歧甚至冲突。完善的实施机制要确保上面三个方面的要求能够得到制度性落实,尽可能减少、消除政策冲突,保持市场体系的各项制度在公平竞争的原则上基本自洽。

二、"十四五"时期我国竞争政策的实施基础和总体形势

(一)"十三五"时期我国竞争政策取得的主要成就

"十三五"规划《纲要》为竞争政策设定的发展目标是"健全竞争政策,完善市场竞争规则,实施公平竞争审查制度"。经过近五年的努力,"十三五"时期竞争立法、执法取得显著成效,公平竞争审查制度建立并开始实施,竞争执法机构得到优化,国际合作不断深化,竞争政策的推进和实施取得显著成效。

1. 竞争立法工作取得显著进展

竞争执法机构先后发布《反垄断法》的系列配套文件。同时立法机关对《反不正当竞争法》进行了修订,提升了其与《反垄断法》的协同性和互补性,对《旅游法》《体育法》《对外贸易法》《电影产业促进法》《电信条例》《烟草专卖法》实施条例中涉及的反垄断条款进行了修订。

2. 竞争执法机构实现优化

"十三五"时期,国务院反垄断委员会、司法机构、行政执法机构各司其职,在特定的历史时期较好地完成了竞争领域的各项工作。2018年国家发展改革委、商务部、国家工商总局三家反垄断执法机构的反垄断行政执法职能,统一归属新组建的国家市场监督管理总局,实现了反垄断职能的"三合一"。同时,国家市场监管总局还负责实施《反不正当竞争法》和推进公平竞争审查制度,成为全职能的竞争执法机构。

随着机构改革在国家、省、市、县的逐级完成,竞争执法机构的职责更加完整、明确,执法队伍的专业能力得到提升,为竞争政策的进一步推进提供了较为成熟的组织基础。

3. 确立竞争政策的基础地位成为我国市场体系建设的重要内容

2016 年国务院正式发布《关于在市场体系建设中建立公平竞争审查制度的意见》,明确对经济政策实施公平竞争审查,经济政策的制定要体现公平竞争的理念,竞争政策首次在与经济政策的关系中居于优先地位。

2019 年党的十九届四中全会提出要优化政府职责体系,厘清政府和市场关系,完善公平竞争制度,强化竞争政策基础地位。2020 年 3 月中共中央国务院下发《关于构建更加完善的要素市场化配置体制机制的意见》,提出要深化"放管服"改革,强化竞争政策基础地位。2020 年 5 月中共中央国务院发布《关于新时代加快完善社会主义市场经济体制的意见》,要求完善竞争政策框架,建立健全竞争政策实施机制,强化竞争政策基础地位。党中央国务院关于竞争政策的一系列重大部署,使竞争政策从自身发展逐步融入市场体系建设的范畴,成为我国市场化改革的重要路径和制度供给。

4. 竞争法律实施取得显著成效

"十三五"时期,反垄断、反不正当竞争行政执法逐步实现常态化。执法案件覆盖食品饮料、电子信息、公用事业等绝大多数行业,查处对象包含国企、民企、外企、行业协会等各类市场主体。同时,竞争执法机构纠正了一系列滥用行政权力排除限制竞争的做法。各地法院依法判决了多起竞争领域的民事和行政案件。

5. 国际合作持续深化,重点领域达成更多国际共识

"十三五"时期,我国竞争领域国际合作取得丰硕成果。与欧盟竞争总司建立公平竞争审查制度与国家援助制度对话机制。与俄罗斯、巴西、墨西哥等国家竞争执法机构签署合作谅解备忘录,强化了金砖国家合作机制下的竞争政策合作。积极参加反垄断国际会议和自贸协定谈判,在学习借鉴国外经验的同时,展示我国竞争政策取得的成效和进展,参与国际竞争规则的制定。

6. 全社会对竞争文化的认同显著提升

随着竞争政策特别是竞争法律的实施,越来越多的竞争案例产生了广泛的影响力,社会各界对公平竞争重要性的认识不断深化,认可、需要、支持竞争政策的社会环境日益优化,强化了竞争政策的社会基础。

(二)"十四五"时期竞争政策实施的时代背景

一是我国经济从高速增长转向高质量发展,对公平竞争提出了迫切的制度需求。相对于经济高速增长,经济高质量发展对高标准市场体系的需求更为迫切和强烈,更需要竞争政策为经营者提供规则完善、公平公正、创新发展、优胜劣汰的竞争环境。同时,就增长模式而言,传统的增长动能亟待优化升级,新的增长动能有待加快培育,需要建立起有利于新旧动能转换的市场环境。以上诉求,对进一步优

化国内竞争格局,完善国内竞争规则提出了新要求。

二是国际视野下的竞争格局,对我国强化竞争政策带来了挑战和机遇。近年来,世界经济增长低迷,国际经贸摩擦加剧,世界经贸关系复杂化,给全球治理体系带来了挑战。这在客观上要求我国尽快提升、完善我国的竞争制度,既能实现与国际通行的竞争制度接轨,又能够立足我国市场经济发展的阶段性,最大限度地维护国家利益。

三是建设高标准的市场体系,需要由竞争政策推进市场化改革。高标准市场体系建设,对竞争政策在更大范围、更深层次上发挥作用提出了制度需求,也提供了制度空间。以竞争政策为基础,积极构建与高标准市场体系相适应的经济政策体系,既能渐进式解决存量问题,又能体现市场化改革方向;既能解决特定领域、特定行业、特定环节的局部问题,实现小步快走,又能在重点领域、关键环节的重大改革中发挥作用,推进改革迈出关键步伐。

四是切实维护消费者权益,满足人民日益增长的美好生活需要,对制止损害竞争的行为提出了新诉求。满足人民日益增长的美好生活需要,是我国经济社会发展的根本出发点和落脚点。竞争政策的有效实施,可以制止各种垄断行为和不正当竞争行为,提升商品品质、改善服务质量,提升社会总体福利,为保障消费者权益提供制度支撑和有效路径。

(三)"十四五"时期竞争政策实施面临的主要问题

1. 经济政策特别是产业政策排除限制竞争的现象普遍存在,有待于进一步解决

从2016年建立并实施公平竞争审查制度以来,党中央国务院在此后的很多纲领性文件中,多次明确要强化竞争政策的基础地位。但受观念、能力、职能定位等诸多因素制约,大部分政策制定机关的政策目标还难以与公平竞争的原则完全融合。加之我国政策实施路径基本上是从中央到地方逐层贯彻,越是基层不融合的问题越明显,对市场竞争的减损越严重。一方面,排除限制竞争的存量政策还未全部清理到位;另一方面,排除限制竞争的增量政策仍有发生。主要表现在以下三个方面:

一是产业政策定位不准,在税收、补贴、贷款、土地等方面为特定产业或经营者提供特殊支持,降低其成本和风险,也降低了竞争的动力和创新的压力。在实践中,倾向性、选择性的产业政策导致有限的财政资源和生产要素过度向少数领域或少数经营者集中,扭曲了生产要素价格,导致了资源错配。

二是市场准入政策中不公平竞争问题尤为突出,具体表现为地域、行业、主体资格、经营规模等方面的差别待遇、规模歧视等,成为经营者进入市场的主要障碍。

主要包括：设置超出必要标准的行政许可，市场准入程序复杂，操作程序不透明，区别对待不同区域或所有制企业的商品；在项目招标中设置不合理条件，限制外地企业参与本地项目投标；设置歧视性的备案或审批手续；等等。

三是直接限制竞争的行政行为仍无法杜绝。一些政策还存在以有形之手直接干预市场的情形，直接配置资源，直接限制了市场主体之间的公平竞争，也间接限制了消费者的自主选择权。主要包括禁止交易、捆绑交易、指定交易等。

2. 关键领域市场化改革相对滞后

一是财政体制改革滞后，导致地方政府成为类经济体，地方政府之间的竞争甚至超越了企业竞争，一方面为招商引资给予外来企业超优待遇，另一方面地方保护现象时有发生。随着区域经济之间差距的加大，地方政府之间竞争加剧，有的地方政府甚至成为市场竞争的主角，导致市场竞争关系变异，降低了市场竞争的公平性。

二是国企改革尚未完成，竞争关系有待明晰。从竞争角度看，国企的特殊定位与市场竞争的内在规律不能完全融合。国企的战略定位、决策机制、管理机制、社会责任等在竞争上体现为优势和劣势并存，导致国企与其他经营者竞争关系错综复杂，竞争机制难以真正发挥作用。

3. 竞争政策的实施机制尚不健全

一是我国法律法规体系中涉及竞争的内容尚未完全理顺。《反不正当竞争法》《反垄断法》等竞争法律还不能完全满足需要，实施细则、法律解释和补充立法还有空白。竞争法律与部门法、行业法的关系有待于进一步调整。宏观调控、招投标、知识产权、消费者权益保护等专业领域以及金融、交通、电力等重点行业的部门法，还存在不利于促进、激发和保护竞争的内容。清理废除妨碍统一市场和公平竞争的各种规定和做法、打破行政性垄断的重要任务才开始破题，还有大量的工作有待完成。

二是我国竞争执法机构的职能整合还没到位，执法力量仍较薄弱。我国在2018年机构改革中，建立了统一的竞争执法机构，实现了机构优化，但竞争执法机构的权威性、独立性还不能与竞争政策的基础地位完全匹配，存在力量不足、专业人才缺乏等局限，无法保障全方位推进竞争政策。

三是地方市场监管机构的地位难以产生权威性。省级或省级以下市场监管机构大多会受地方经济发展制约，或者受本级地方政府和有关部门制约，难以解决同级政府或有关部门的政策协调问题。而对经营者的反垄断执法，权限来自国家市场监管总局的授权，积极性和能力保障不够充分，也影响了作为竞争执法机构的权威性。

四是竞争政策的执行机制仍有堵点，损害竞争的行为难以及时纠正。竞争领域的行政执行具有举证责任轻、处理时效快等优点,现阶段的主要问题是力量不足、基层执法的专业性不够。而在司法领域,由于原告负有较重的举证责任,司法执行案件相对较少,如果是涉及行政机关的竞争案件,抽象行政行为的可诉性是司法执行的主要障碍,导致一些损害竞争的行政行为难以及时纠正,甚至无法纠正。

4. 竞争文化和有利于竞争的社会氛围有待进一步强化

现阶段政府、消费者、其他社会组织对竞争政策还没有成熟、自觉的认识。其中,政府为了地方经济的发展或本部门利益,会忽视竞争法律的存在而限制排除竞争,消费者中的大多数还没有能力多途径保护自己的利益,救济途径主要是向竞争执法机构举报,很少到法院提起诉讼。而其他社会组织对竞争政策的参与度相对较低,各种专业机构在竞争政策领域还没有充分发挥作用,如案例解读、制度宣传普及、竞争评估等等,仍处于起步阶段,还有很大的发展空间。

三、"十四五"时期强化竞争政策基础地位的总体思路

(一) 指导思想

以习近平新时代中国特色社会主义思想为指导,全面贯彻党的十九大和十九届二中、三中、四中、五中全会精神,紧紧围绕统筹推进"五位一体"总体布局和协调推进"四个全面"战略布局,牢固树立和贯彻落实新发展理念,坚持以人民为中心,贯彻落实《关于构建更加完善的要素市场化配置体制机制的意见》《关于新时代加快完善社会主义市场经济体制的意见》中有关强化竞争政策基础地位的部署和要求,围绕使市场在资源配置中起决定性作用和更好发挥政府作用,完善竞争法律制度,健全竞争政策体系,以预防和制止垄断行为,保护和促进市场公平竞争为重点任务,丰富竞争政策实施工具,健全竞争政策实施机制,促进构建要素市场化配置机制体制,加快高标准市场体系建设,为经济高质量发展营造公平竞争的市场环境。

(二) 基本原则

完善法制,强化执行。加强竞争政策与现行法律体系和行政管理体制的衔接,加快推进各项补充立法工作。建立健全竞争政策实施的保障机制,加强社会监督和执法监督,及时纠正滥用行政权力排除限制竞争行为。

问题导向,创新机制。结合我国竞争政策实施的制度基础和宏观环境,发挥竞争政策在落实发展新理念、推进供给侧结构性改革、培育壮大发展新动能等方面的

积极作用,强化问题导向和目标导向,创新政策实施的方法和路径。

立足国情,统筹推进。着力破除各类排除限制竞争的行政行为,逐步清理废除妨碍全国统一市场和公平竞争的存量政策,加强竞争政策与各类政策之间的协调。着眼长远,做好整体规划,分阶段、分步骤地推进和完善。

(三) 主要目标

到 2025 年,竞争政策的实施机制基本健全,竞争政策基础地位显著强化。竞争领域的法律法规和规则体系进一步完善,竞争政策的工具更加丰富,竞争执法机构的独立性和权威性显著提升,各类排除限制竞争行为受到严格遏制,良好的竞争文化深入人心。在此基础上,竞争政策成为市场在资源配置中起决定性作用和更好发挥政府作用的基础性、导向性和关键性政策载体,成为高标准市场体系建设的核心支撑。

四、"十四五"时期健全竞争政策实施机制的重点任务和重大措施

"十四五"时期,我国要以竞争政策的基本理念和制度标准为基准,依托政策工具,形成有效的制度框架,对各类排除和限制竞争的行为形成事前、事后规范体系,同时进一步激发、促进和保护竞争。

(一) 由立法机构全面清理法律体系中与全国统一市场、公平竞争不相适应的内容

建议由全国人大和省级人大的立法机关牵头,全面、定期清理现行法律、行政法规、地方性法规、部门规章、地方规章中有悖于全国统一市场和公平竞争的内容,废除排除限制竞争的规定,为强化竞争政策的基础地位扫清法律制度障碍。清理标准是《反垄断法》、公平竞争审查制度中设定的标准,清理工作可以吸收竞争执法机构专业人员提供技术支持。

(二) 建立对行政垄断行为的特别诉讼制度

凡是涉嫌排除限制竞争的抽象行政行为,允许特定主体直接提起行政诉讼。如检察机关可就涉及竞争的行政行为提起行政公益诉讼,消费者协会、其他公益性组织及受政策影响的行业协会应该有权对涉嫌滥用行政权力排除限制竞争的行政机关直接提起行政诉讼。这个制度可以有力地制约排除限制竞争的抽象行政行

为,进而推动行政机关尊重公平竞争,实现政策与竞争的协调融合。

（三） 由司法部负责对高层级文件的实质性竞争审查

司法部对规章、行政法规草案、法律送审稿等高层级文件进行合法性审查时,应对涉及竞争的内容开展实体性审查,以保证部门规章以上的高层级的文件不出竞争问题。竞争执法机构可以发挥专业支撑作用,为司法部开展审查实质性竞争审查提供专门的咨询意见。

（四） 赋予省级人大竞争立法权,多层次推动竞争政策的实施

参考欧美等国家分层、全面推进竞争政策的做法,允许省级人大立法机关进行地方性竞争法律立法。对省级行政区域内发生的损害竞争、其影响主要局限于本省行政区域的行为(包括经营者行为、行政机关行为),在《反垄断法》《反不正当竞争法》及公平竞争审查制度的框架下,制定地方性法规。"十四五"时期,可以在上海自贸区、海南自贸区、深圳综合改革试点先行示范区等先行先试。待取得成熟经验后,逐步推广。

在省级人大进行竞争类立法的主要目的,是在区域性实践中,探索产业发展、区域发展以及行业监管等政策目标与公平竞争之间的平衡关系,建立科学合理的以竞争政策为基础的政策融合机制。

（五） 建立与竞争政策基础地位相匹配的竞争执法机构并实现执法常态化

1. 建议参照绝大多数成熟市场经济国家竞争机构设置的做法,成立独立的公平竞争和消费者权益保护机构

统一承担反垄断、反不正当竞争、消费者权益保护、中小企业保护、竞争政策统筹推进等职能。在人员编制、经费保障方面给予竞争执法机构更大支持;同时,要赋予竞争执法机构更强的跨部门协调能力,建立起更加完善的跨部门协调机制。

2. 赋予竞争执法机构在立法中的特别咨询地位,发挥其专业支撑作用

全国人大或者省级人大要把竞争执法机构作为经济类立法的特别审查成员,负责就法律草案的竞争问题提出咨询意见,使竞争执法机构在经济领域立法中有更大的话语权,从而在法律制定上体现竞争政策的基础地位。

3. 实现竞争执法常态化

一是加强执法能力建设,提高执法工作的专业性和科学性。二是依法推进政务公开,完善竞争执法工作信息公开制度。三是重点查处对社会福利影响大、消费

者反响强烈、竞争机制扭曲相关领域经营者竞争违法行为。四是大力查处滥用行政权力排除限制竞争案件,着力破除地方保护、行政性市场壁垒。五是加强对基层竞争执法机构的指导,及时纠正微观层面损害竞争的行为。

(六) 建立竞争倡导制度

对补贴类、市场准入类政策,由竞争执法机构在政策出台前提供专业意见,实现竞争政策与其他经济政策的深度融合。一是参照欧盟竞争主管机构负责监管成员国国家援助(相当于公共财政补贴)的制度,凡是使用公共资源对企业进行补贴,特别是非普惠制补贴的政策,出台前会签竞争执法机构,由竞争执法机构评估补贴对竞争的影响。如果涉及国家安全、扶贫救灾等特殊国家利益,由政策制定机关与竞争执法机构共同协商,找到对竞争伤害最小的方案。二是市场准入类政策出台前应征求竞争执法机构的意见,在市场准入标准中加入竞争考量,统筹准入标准与公平竞争,最大限度地激发和促进市场竞争。

(七) 逐步提升产业政策与竞争政策的兼容性,把竞争政策的原则内化其中

以竞争政策为基础,构建竞争和谐型产业政策。

1. 优化功能性产业政策

把产业政策的功能性与竞争因素相结合,优化政策功能,促进市场竞争。如从扶持企业向扶持科技人才转变;从补贴企业向补贴消费者转变;从补贴企业研发向补贴基础研究转变;从扶持大企业向保障中小企业转变;区分竞争和非竞争的领域和环节,以此降低对不同所有制企业的差别待遇;以合理的产业标准代替行政命令;以税收优惠代替财政补贴;等等。

2. 改进选择性产业政策

以竞争损害最小为原则来实施选择性产业政策。如降低对不同所有制企业的歧视,基本保证所有经营者平等获得生产要素;区分竞争和非竞争的领域和环节,最大幅度引入竞争;减少政府人为设定产业集中度,由市场实现优胜劣汰;以合理的产业标准代替行政命令,由市场作出较优选择;缩小产业扶持的范围和水平,尽可能减少竞争损失;等等。

(八) 把实施竞争政策的情况作为政府工作考核的内容

把实施竞争政策的情况,特别是公平竞争审查和反行政垄断工作纳入政绩考核指标,对违反公平竞争审查制度、滥用行政权力排除限制竞争的有关责任人员和负责人员依法追究责任。

（九）培育公平竞争文化，营造有利于竞争的社会氛围

进一步加强公平竞争的宣传教育，提升社会公众等对竞争政策理念和原则的认知、理解和尊重。鼓励各部门、各地方、行业协会等开展竞争政策培训宣传，在全社会形成促进公平竞争的文化和市场环境。

（十）深化竞争政策国际合作，积极参与构建全球治理体系下的市场竞争新规则

在当前错综复杂的国际政治经贸格局下，中国要坚定推动经济全球化，继续深化竞争政策国际合作，加强与其他司法辖区竞争机构交流，积极推动建立更多惠及后发国家的多边竞争规则等。

竞争政策在我国实施以来，在规制经营者行为、行政机关行为损害竞争方面取得很大的成绩。近年来党中央、国务院多次明确提出要确立竞争政策的基础地位。但是，在竞争领域以外，无论是理论界、实务界还是政策决策层，对竞争政策在国家经济治理法律体系中的地位以及其制度作用，普遍存在着模糊认识。在实际中，竞争政策还难以展示其优先价值，在纠正经营者损害竞争行为时会得到一致认可；在纠正行政机关损害竞争行为时，会面临重重困难甚至质疑；在市场体系建设及改革领域激发、促进、保护竞争的作用，基本被漠视。竞争政策的功能、地位与其应发挥的作用还远远没有得到应有的认可。

强化竞争政策的基础地位，既要遵循竞争法律制度的基本逻辑以及国际发展趋势，更要立足于中国具体的制度诉求和制度背景。在此基础上，将竞争法律嵌入整个国家法律体系，将竞争与各种经济治理方式紧密融合在一起，是我国"十四五"时期或者更长的时期内应该进行的制度建设任务。本报告认为竞争政策是整个国家经济治理的驱动器和方向舵。它提供了体现市场经济体制和市场体系内在要求的一整套理念、标准和工具，确保各项制度安排最大限度保护竞争机制发挥作用，促进经济的发展。它基于公平竞争的原则限定了政府干预市场的边界，促进了政府干预方式的优化。总之，强化竞争政策基础地位，与国家经济治理的现代化和治理能力的现代化密切相关。只有把竞争政策放在国家治理的机制、体制和市场体系建设的高度，把竞争政策融入国家重大政策体系，才能真正发挥其四两拨千斤的作用。

（课题组成员：李青　张占江　汪改丽　盛泽宇）

"十四五"时期深化垄断行业改革研究

中国宏观经济研究院经济体制与管理研究所

　　加快推进和完善垄断行业的改革,是完善社会主义基本经济制度的重要环节,也是"十四五"时期我国经济实现高质量发展,建设现代化经济体系阶段性目标任务的重要抓手。我国的垄断行业改革滞后于整个经济改革的进程,其中,行政垄断严重破坏正常的市场竞争,自然垄断造成了社会生产资源浪费,市场垄断限制了社会资本进入和创新及其成果应用。当前,百年未有之大变局与世界秩序的交叠碰撞,企业参与国际竞争异常激烈,行业垄断阻碍技术进步和产业升级,增加了开放市场与引入竞争的成本,制约了整体社会福利的提高。面对国内外复杂的经济环境对改革所形成的"倒逼"态势,"十四五"时期大力度推进垄断行业改革刻不容缓。

一、加快推进垄断行业改革意义重大且刻不容缓

　　推进垄断行业改革一直是关系我国国计民生、国家安全的重大战略性改革,也是全面深化改革的重点和难点。传统西方经济学意义上的垄断是指市场经济发展到一定程度后所产生的相对立

于竞争的一种经济现象,是市场机制基础上基于市场竞争而形成,同时又反过来否定、限制、阻碍市场竞争的一种状态或者行为。与西方多数垄断行业形成路径不同,我国垄断行业最初均始于行政垄断,大部分是由计划经济体制下行业主管部门翻牌改革而来。按照垄断形成的方式,我国的垄断行业可分为行政垄断、自然垄断和市场垄断三种类型。其中,行政垄断,是指政府及其所属部门凭借行政权利所实施的对某类商品、服务及其他特定种类的商事营业进行控制的行为。自然垄断,是指由于市场的自然条件原因而产生的独占经营。市场垄断,是指少数企业排他性地控制各种要素和产品市场,其特征是垄断主体(经济活动当事人或经济组织)通过市场或经济运行过程的排他性而获取垄断利润。"十四五"时期垄断行业改革将进入深水区和攻坚期,随着改革越向纵深挺进,一些深层次的体制性矛盾冲突将更加凸显,改革面临的障碍和问题将更加复杂。需要以更加缜密的体系性顶层设计保证改革的有序推进,以更大的改革决心和力度深化垄断行业改革。

(一)党中央一直高度重视推动垄断行业改革

自党的十五大提出"打破地区封锁、部门垄断,尽快建成统一开放、竞争有序的市场体系",标志着我国垄断行业改革开始触及深层次的体制性矛盾。2002 年党的十六大提出,"推进垄断行业改革、积极引入竞争机制,打破行业垄断和地区封锁,促进商品和生产要素在全国市场自由流动",标志着我国垄断行业改革开启破冰之旅。之后,在党的十七大报告、十八大报告、十九大报告中始终强调要加快推进垄断行业改革,"使市场在资源配置中起决定性作用"。2016 年,国家"十三五"规划指出要打破行业垄断,减少政府对价格形成的干预。2017 年党的十九大继续强调要"使市场在资源配置中起决定性作用",要求"加快要素价格市场化改革"。2019 年政府工作报告也明确要求,深化电力、油气、铁路等领域改革,自然垄断行业要根据不同行业特点实行网运分开,将竞争性业务全面推向市场。2020 年,《中共中央、国务院关于新时代加快完善社会主义市场经济体制的意见》发布,再次强调要推进自然垄断行业改革,切实打破行政性垄断。党中央、国务院对垄断行业改革一贯高度重视,并且在不同时期根据经济发展中存在的主要矛盾和问题,进行了有所侧重的战略布局。

(二)垄断行业事关国民经济基础的运行发展

我国垄断行业涉及采矿业,制造业,电力、燃气及水的生产和供应业,交通运输、仓储和邮政业,信息传输、计算机服务和软件业,居民服务和其他服务业等多个国民经济行业,在国民经济中占有很高的比重,对国民经济和工业部门的发展具有重要的支撑作用,在国民经济中处于不可替代的基础位置。垄断行业经营效率的高低、产品或服务的盈缺、产品或服务质量的好坏、产品或服务价格的高低直接决定一国经济的发展态势与发展潜力。目前,这些垄断行业由于体制的原因造成经营效率低下,供给紧张,价格不断上涨,服务水平差,公众意见较大。之所以出现民怨现象,最主要的还在于垄断经营体制。只有打破垄断,放开进入,引入竞争,才能从根本上解决垄断行业中的"民生工程",提高社会公众福祉水平。

(三) 深入破题垄断行业改革有必要且势在必行

垄断的巨大危害就在于,通过种种排他性控制,阻止竞争对手(含潜在对手)的进入,限制公平竞争,损害消费者权益,阻碍技术进步,降低经济效率,导致经济停滞。其中,行政垄断阻碍全国统一市场的形成、损害市场主体的独立自主的经营权和消费者的利益、阻碍形成自由、公平的有效竞争秩序;自然垄断造成社会生产资源浪费,加剧了社会收入分配不公,危害公共利益;市场垄断阻碍生产力的发展、限制了社会资本进入和创新及其成果应用,妨碍市场经济体制的建立与完善。由于我国的垄断行业情况更为复杂,除了一般意义上的垄断现象以外,又有明显的特殊表现。如果不能在较短的时期内着力解决垄断行业带来的危害问题,势必会严重影响到我国经济发展和国际竞争力的提升。

二、我国垄断行业改革的基本情况及成效

垄断行业改革是在经济体制改革和市场经济发展的背景下推进的,从改革开放初期到经济体制改革深入再到加入世界贸易组织乃至当前建设新时代经济社会发展,垄断行业的每一次改革无不与国家发展战略息息相关。党的十八大以来,在中央一系列强有力的改革政策推动下,垄断行业改革得以重启,改革的步伐进一步加快,改革的力度进一步加强。通过重组和进一步引入竞争,多个市场主体平等参与市场竞争的格局初步形成。电信行业基本形成了区分业务市场竞争的局面,价格高、服务质量低的问题得到了一定改善。电力行业实行厂网分开,重组发电和电网企业,在竞争环境中引入竞争机制,电价、电力投资及电务监管体制改革进展顺利,电力安全生产和电力建设稳步进行。民航业通过联合重组,形成了三大航空集团公司、多家地方和民营公司、三家民航服务保障企业集团,机场管理体制改革顺利进行。

(一) 垄断行业改革的总体改革成果显著

我国垄断行业改革在摸索中不断前行,尽管改革历经曲折,在艰难阻滞中逐渐

推进。经过40多年的发展在"打破垄断,引入竞争,加快推进和完善垄断行业改革"基本思路的指引下,我国垄断行业改革取得了一些历史性的成就。通过推进垄断行业改革,行业内资源配置效率明显提高,行业间的进入壁垒在逐步减少,垄断行业的总量发展处于稳健的上升中,过去产业发展中出现的供给不足、资金困难等现象已经基本消失,为整个经济增长奠定了良好基础,贡献了重要的力量。

（二）重点领域的改革取得了阶段性突破

针对不同时期、不同产业的矛盾和问题,我国垄断产业改革分别采取了不同路径的改革思路和举措。在电信、电力、民航等重点行业深入推进行业改革和创新,垄断行业的行政性垄断问题初步得到解决,一些垄断行业改革进展较快。在电信、电力、民航等行业,实现了新组建公司与相应行业管理机构的脱钩,政府管理职能基本移交至政府相关部门,初步实现了政企分开、政资分开,重要垄断行业的行政性垄断问题初步得到解决。电力行业组建了电力监管委员会,开创了我国垄断行业运行独立、专业化监管的改革先河;电信、石油石化等行业的企业通过改制上市,引入了多元股东,推动了现代企业制度的建立。

（三）垄断行业市场竞争的格局初步形成

通过重组和进一步引入竞争,多个市场主体平等参与市场竞争的格局初步形成。按照政企分开、政资分开的原则,组建了一批特大型公司或企业集团。通过改制上市,引入了多元股东,推动了现代企业制度的建立,在公司治理结构、运行机制、内部管理制度以及透明度等方面取得了显著成绩。电信行业基本形成了区分业务市场竞争的局面,价格高、服务质量低的问题得到了一定改善。电力行业实行厂网分开,重组发电和电网企业,在竞争环境中引入竞争机制,电价、电力投资及电务监管体制改革进展顺利,电力安全生产和电力建设稳步进行。民航业通过联合重组,形成了三大航空集团公司和三家民航服务保障企业集团,机场管理体制改革顺利进行,统一管理的空管体制改革基本完成。

三、推进垄断行业改革存在的突出问题及原因分析

党的十八大以来,深化垄断行业改革,打破行政性垄断、防止市场垄断,被列为完善社会主义市场经济体制的基本举措。但总体上看,我国高度垄断的重要行业如石油、铁路、军工、金融等行业垄断地位和格局并未实质性改变,垄断行业改革仍然是整个经济体制改革的"短板"。改革进程参差不齐、体制尚不顺畅、政企不分

依旧存在、法律体系不完善、理论体系不健全、市场支配地位的滥用、监管程序仍不规范、改革本身蕴藏巨大风险等诸多因素交织在一起,使得垄断行业改革更加复杂。

(一) 垄断行业既有部门利益盘根错节,改革在摸索中步履维艰

进一步打破垄断,引入市场竞争,会使垄断行业的利益格局产生重大调整,长期固化于垄断企业的高额利润和不合理利益将被减少甚至消除。相应的,垄断企业会找出各种理由,进行博弈谈判。另外,涉及垄断行业改革的问题既复杂又敏感,由于垄断行业改革的整体环境受到各种不确定性因素与利益集团的影响,垄断行业改革较之其他改革面临更多更大的风险和挑战。这些风险很可能会影响改革效果,使改革偏离目标,从而损害国家、消费者及其他相关者的利益。具有关键经济地位的垄断行业改革一旦出现问题,不仅会影响到经济生产与人民生活,而且可能使政府的威信和执政能力受到质疑。

(二) 有效的政府规制体系尚未建立起来,法律制度成为制度供给短板

垄断行业改革法律法规体系不健全,改革缺乏权威依据,这无疑是当前我国垄断行业改革遭遇的一大难题。相关法律法规的滞后和缺失使改革缺乏充足的法律保障,导致垄断行业在改革进程中必然遭遇巨大的阻力,这会拖慢改革进程,甚至可能出现事倍功半的结果。与经济转型、市场化改革相适应的规制体制尚未建立起来,对相关的管理机构缺乏有效的监管和制约。政府职能转变缓慢,垄断行业规制体制改革滞后。我国行业主管部门被赋予了过多的经济规制权力,特别是在市场准入方面和价格政策方面。规制过度、规制不力与规制无效同时存在。垄断行业主管部门并没有成为真正的规制机构。除了电力工业组建了国家电力监管委员会外,其他垄断行业没有建立独立的、专业化的规制机构,管制职能分散在政府的许多相关部门,造成政府垄断行业规制职能过于分散、责任主体不明。

(三) 行政性行业垄断严重破坏正常的市场竞争,垄断国企是改革"硬骨头"

我国垄断行业改革的范围还比较窄,层次比较浅,进展程度差异很大。目前的改革仅仅集中于带有网络性质的自然垄断行业,铁路、邮政,政企分开尚未完成。在体制上,我国仍处于经济体制改革持续进行中,多年的市场化改革使计划经济体制下政府管理的无限性不复存在,但经济体制改革使利益重新调整,各行各业的行政性垄断现象依然较为严重。一方面,在垄断行业组建的国有独资公司,基本上未涉及产权制度改革,这些公司普遍实行总经理负责制,既难以形成规范的法人治理

结构,又难以通过外派监事会的方式形成有效的监督、制约机制,企业经营机制没有根本性的变化;另一方面,由于垄断行业的特殊性,垄断行业国有资产在我国经营性国有资产总量中占很高比例,如何有效实施国有经济的战略性调整,在一些领域如何向社会资本开放还处在研究之中。

(四) 自然垄断行业与"垄断环节"混淆,造成社会秩序混乱和资源浪费

目前我国的垄断行业主要是自然垄断和行政垄断的交织体,自然垄断性业务与非自然垄断业务混淆,自然垄断"泛化问题"突出。在没有完全实现政企分开的情况下,对处于自然垄断地位的行业或企业,政府部门往往利用行政权力,直接干预企业的经营活动,企业也往往借助于政府的权力,设置市场障碍,限制竞争,使自然垄断和行业垄断重合在一起,加大了反垄断的难度。自然垄断环节业务是网络型公用事业中的具体经营环节,并不意味着整个行业都具有自然垄断属性,而与此同时,经营自然垄断环节业务的企业,并不能理所当然地成为所谓的"垄断企业"。自然垄断行业中自然垄断性业务和非自然垄断性业务混生,自然垄断的合理性掩盖了非自然垄断性业务的低效率。这就为非垄断企业利用垄断企业进行价格垄断创造了机会。自然垄断行业定价机制不完善,抬高了消费成本和造成社会资源严重浪费。

(五) 互联网经济下市场垄断限制了创新及其成果应用,改革的"盲点"与难点并存

近年来,中国互联网产业蓬勃发展,互联网市场竞争加剧,竞争态势日趋复杂,互联网行业市场垄断已见端倪,亟须预见性规制。互联网企业的产品同质化严重,在技术创新、产品创新和商业模式创新方面与美国等发达国家相比较还存在不少差距。部分企业缺乏公平竞争意识,甚至有意无意地忽视反垄断合规能力建设,这些进一步加剧了互联网行业已出现的垄断问题。新的商业模式带来反垄断的"盲区",互联网行业新的业态、新的商业模式对传统的反垄断原则和方法提出了诸多挑战。从反垄断法实施的角度看,创新因素的存在可能会扩大反垄断法干预的社会成本,处理维护市场竞争与知识产权保护、鼓励创新之间的关系已成为市场垄断行业改革的难点。

四、深入推进垄断行业改革的国际经验启示

从20世纪70年代后期开始,美国、英国、德国、日本等发达国家相继进行了对

垄断性行业的改革,通过推进产权改革,建立适应竞争的产权模式;着重立法先行,构建保障竞争的法律体系;改革规制机构,健全规制权力的监督体系等保障竞争,让市场竞争机制充分发挥作用;同时,尝试采用激励规制等新的规制方法改进政府对垄断行业规制的效率。我国垄断性行业与美国、欧盟、日本等国具有相似的改革起点,改革的许多目标是一致的。从国际经验上看,推进垄断行业的改革关键是将其竞争性业务与垄断性业务分开,将竞争性环节和业务推向市场,引进不同所有制企业,公平竞争,优胜劣汰,降低成本,提高效率。"十四五"时期,加快垄断行业改革,需要进一步研究借鉴国际上垄断行业改革和发展的举措,为深化我国垄断行业改革提供思考和有益的借鉴。

（一）规范市场竞争秩序,以法律制度为前提,以政府规制为手段

垄断是一种势力,但垄断本身并不违法。拥有垄断地位和有意排斥竞争者这两种行为之间有明显的界限。市场经济是法制的经济,以英国、美国、德国等为代表的发达国家一贯重视通过建立和完善法律法规来规范竞争秩序。从西方发达国家发展历程看,垄断是阻碍形成良好竞争秩序的主要原因。因此,在规范竞争秩序的法律法规中,反垄断法居于核心地位。在西方市场经济国家中,反垄断法通常被称作"经济宪法"或者"经济基本法"。目前世界上有近100个国家建立了反垄断法。在反垄断法之外,很多国家为规范竞争秩序还颁布了其他法律法规,包括公平竞争法,以及与规制或信用体系建设相关的法律法规。例如,德国制定的《反对不公平竞争法》,确定了各种不公平竞争行为的手段和方式,并规定了一系列对策措施。

（二）完善公司治理结构,以产权制度改革提高市场资源配置效率

产权是对各种资源或生产要素的权利,产权安排直接影响资源配置的调节。有效竞争是提高效率的必要条件,产权又是有效竞争的基础。没有一个有效的产权制度,有效竞争就是无源之水、无本之木。即使有竞争,可能也是恶性竞争,会带来社会福利的无谓损失。无论是私有产权还是国有产权,产权制度安排的核心是控制权的问题,在信息分散的情况下,行使控制权面临的主要障碍是信息不对称带来的激励问题。在制度的层面,通过制度安排的方式,比如通过明晰的私有产权制度,解决控制权或激励问题。市场经济的有效竞争是以明晰的产权制度为基础的,产权明晰能充分调动经济行为主体的积极性和创造性。在机制的层面,通过合同的方式,比如通过合同规定达到的经营目标或者资源配置效率结果来实现有效的控制权。在这种情况下,除了明确的合同或机制以外,还需要有一个保证执行合同的司法系统。

（三）建立有效监管模式，改革管制机构，健全管制权力的监督体系

独立性管制机构是指管制机构必须独立于其他政府部门和被管制企业，这样不仅割断管制机构与企业的联系，从而预防"管制俘获"，更加客观、公正地进行管制活动。另一方面，来自公众、媒体的社会监督。有效的社会监督可以有效预防"管制俘获"，保证管制权力行使的公开、公正。有效的社会监督必然要求信息公开。垄断行业政府管制的信息公开涉及管制政策的性质和目的、采取管制行为的理由、管制对相关方和公众的影响、管制行为的进程等内容，这些必须在一定时间内以直接通知或在媒体上公开的方式使管制相关方和公众知晓。

五、"十四五"时期深化垄断行业改革的重要举措

"十四五"时期深入推进垄断行业改革依然是市场经济体制改革的重中之重。深化垄断行业改革核心的目标是促进经济运行效率的提高，直接目标是改善和维护市场中的公平竞争机制，终极目标是提高全社会福利。深入推进垄断行业改革主要是政府和市场两个层面推进，政府层面要从职能转变和理顺与市场关系入手，特别是要把市场准入和价格等作为重点改革环节。市场层面要从破除垄断性行业地位，限制垄断行业企业滥用垄断地位实施垄断行为两方面落实改革任务。

（一）完善改革顶层设计，统筹推进体制机制

1. 尽快达成国有垄断行业改革共识，明确改革的目标

要避免走弯路，造成不必要的浪费，使改革尽快出成效，就必须提高理论研究的准确度和深度，形成成熟完善的理论体系作为改革的指导。在任何情况下都必须明确地坚持国有垄断行业改革的目标，持续深化国有垄断行业改革；加快政府职能转变，深入解决政府"越位""缺位""错位"问题；建立科学的现代企业制度，深入推进垄断行业国有企业治理结构改革，建立现代企业制度；强化政府监管和执法力度，在有效监管下最终形成经营高效、供需平衡、价格合理、服务优质的公平竞争的市场体系。

2. 合理安排垄断行业的改革顺序，循序渐进推进改革

任何改革的先后顺序都很重要，顺序颠倒可能使效果南辕北辙，对于步入深水区的垄断行业改革更是如此。根据各行业特点对不同的国有垄断行业进行细分，规制与放松规制结合，同时在垄断行业内部进行业务细分，有条件、分先后地引入竞争。在具体改革步骤的选择上，选取渐进式改革路径，首先进行竞争模式

和运营模式的改革,其次进行监管模式和执法模式的改革,最后着手产权模式和价格模式的改革。合理有序地对垄断行业进行分步改革,循序渐进才可能取得改革成效。

3. 建立健全垄断行业法律法规体系,使改革有法可依

完善相关立法,解除对垄断行业进行保护的条款,打破行政垄断的壁垒,把建立公平有效的竞争机制并增进全社会的福利确立为垄断行业改革的最终目标。加快制定《反垄断法》配套的规则,构建起完整的《反垄断法》体系,包括配套的行政法规、规章、指南、司法解释以及实施细则等,从根本上缓解由于制度供给不足导致的执法困境。通过法律明确垄断行业管制改革的目标和程序,明确管制机构的设置规则和管制权力,对价格管制、进入管制的改革、对管制监督体系的构建等作出基础性规定,并明确自然垄断行业中的国有企业的法人企业地位、政府与企业的关系等。而基于法律制定过程的繁杂,可以尝试由行政机关先出台相关的法规规章试行,待条件成熟之后再由全国人大及其常委会尽快进行相应的立法。

(二) 打通市场进入壁垒,培育有效市场竞争结构

1. 放宽社会资本市场准入,实现投资主体多元化

采取各种措施,引导、鼓励社会资本进入垄断行业,减少以至消除社会资本进入垄断行业的体制障碍和人为限制,引导非垄断行业的企业合理进入。积极引入民营经济产生竞争,建立公平有效的竞争环境,充分发挥市场资源配置的作用,为垄断行业改革注入活力。积极引导民营经济发展,形成各种所有制经济公平竞争、相互促进的新竞争格局。

2. 分拆现有垄断企业,形成有效的竞争市场

进一步分拆现有垄断企业,把其中的自然垄断性业务与竞争性业务分开。以国有资产管理体制改革为契机,进一步理顺特大型国有企业与政府的关系,加快铁路、邮政等行业政企分开的步伐。在保持自然垄断环节国有资本控股的前提下,逐步把大多数国有独资公司改造成股份有限公司,有条件的企业尽快整体上市。

3. 推进产权和价格制度改革,提高资源配置效率

进一步改变行业主导企业的国有独资产权结构,通过股权多元化来改善企业治理结构,增加企业的资本实力。依靠社会资本建立起的技术合作有效地整合双方的资源和信息,即社会资本可以通过与国有资本合资、合作方式进入垄断业务或竞争性业务领域,也可以独立进入竞争性业务领域。特别在竞争性业务领域,要切实取消国有资本和社会资本的歧视性待遇,保障平等进入。

（三）进一步破除行政性垄断，促进企业竞争

1. 区分行政垄断和自然垄断

进一步推进政企分开，隔断政府与企业的连带关系，使企业真正成为市场竞争的主体。其一是将一个行业性的总公司分解成两个或两个以上的公司，然后对其内部业务进行重组；其二是对两个或两个以上的行业性公司的业务进行重组。

2. 对铁路、油气等行业，尽快实现政企分开、管网分开

加快推进政企分开、管运分离。采取组建铁路公司的形式，允许民营资本参与投资。改革铁路投融资体制，通过一系列资产重组化解铁路债务。

（四）分开自然垄断行业和自然垄断业务，改革非垄断环节

1. 区分垄断行业的非垄断性业务

对垄断性业务和非垄断性业务进行区分，对自然垄断性业务采取在政府控制下垄断经营的方式，在满足社会需要的前提下实现"规模经济"；在非垄断性业务领域引入竞争机制，促使企业提高效率、降低成本。

2. 对电力、电信、石油、民航、邮政等行业，应将自然垄断和竞争环节切实分开

通过资本市场的国有股减持，在非自然垄断环节退出一部分国有资本，给民营经济进入这些领域腾出一些空间。完善基础领域的准入制度，广泛引入市场竞争机制，鼓励民间资本参与基础领域的公平竞争。

3. 对城市公用事业，要尽快健全特许经营制度，形成合理的价格形成机制，积极引导社会资本参与

积极推进价格形成机制改革，建立普遍服务新机制，提高服务水平。实现城市公用事业政事分开、政企分开、事企分开。引入市场竞争机制，提高城市建设运营效率。

（五）建立有效监管模式，防止市场行业垄断形成

1. 鼓励互联网行业新业态和新模式创新发展

鼓励突破核心技术，逐步形成产业持续发展的核心竞争力，同时，加大知识产权保护力度，引导企业通过持续创新、改善用户体验等方式开展高层次的竞争。

2. 完善互联网竞争政策和监管法律制度体系

发挥国务院反垄断委员会的作用，评估互联网行业竞争状况，研究制定有关互联网行业的竞争政策，促进互联网行业有序竞争。加强竞争政策与互联网行业监管政策的相互协调，深入实施公平竞争审查制度，确保互联网行业相关政策措施符合公平竞争的要求。合理借鉴国外的成熟经验和做法，加快完善符合中国国情的

互联网行业竞争规则。

3. 健全互联网行业竞争执法和行业监管机制

依法审查互联网领域的经营者集中,防范通过并购导致市场过度集中,抬高进入壁垒。严厉查处影响公平竞争、损害消费者权益的滥用市场支配地位行为和垄断协议行为。打击市场不正当竞争和恶性竞争行为,鼓励互联网企业开展创新竞争,提高竞争的层次和质量。推动行业自律,建立反垄断社会共治模式。

（课题组成员：汪海　李红娟　李晓琳　石颖　张文明　赵栩）

"十四五"时期金融体系
改革的思路与建议

北京大学国家发展研究院

"十四五"时期金融领域的重点工作是要增强金融对实体经济的支持,同时守住不发生系统性金融危机的底线。构建有效的金融体系需要系统性的策略,要遵循坚持市场导向、顺应金融规律、明细改革次序、统筹金融政策、支持金融创新的原则。努力追求以下三个方面的目标:一是推动金融体系改革,更有效地支持创新和产业升级;二是顺势而为,进一步扩大对外金融开放,增强我国金融体系的国际竞争力与影响力;三是深化金融监管框架的改革,有效防范和化解金融风险。

一、当前我国金融体系存在的突出问题

(一) 当前的金融体系已难以满足实体经济转型需求,迫切需要推进金融供给侧结构性改革

1. 改革开放以来,我国金融体系发展较快,但金融改革进程较慢,金融体系中的扭曲依然显著

我国早在较短时间内建立了机构种类齐全的金融体系,金融规模快速增长。2017 年以广义货币供给与 GDP 的比例衡量的金

融规模已达到 202.6%,位居全球第三。同时,我国金融体系的金融抑制程度还较高,如金融体系以国有银行占主导,民营和外资银行占比较低,多元化直接融资市场发展相对滞后;外资和民营资本银行业准入受到严格限制,民营和小微企业资本市场融资面临严格管制;银行信贷存在所有制和规模偏向;资本账户存在管制;根据世界银行和 IMF 的做法,利用世界经济自由(EFW)数据库,构建的跨国金融抑制指标显示,我国金融抑制程度仍然较高,2015 年在 155 个经济体中排名第 15位,我国的金融抑制水平不但显著高于高收入经济体和与我国处于相似发展阶段的中高收入经济体,还高于中低收入经济体(见图 1)。这些金融抑制的特征导致市场机制在金融资源的配置和定价中所发挥的作用还较有限。

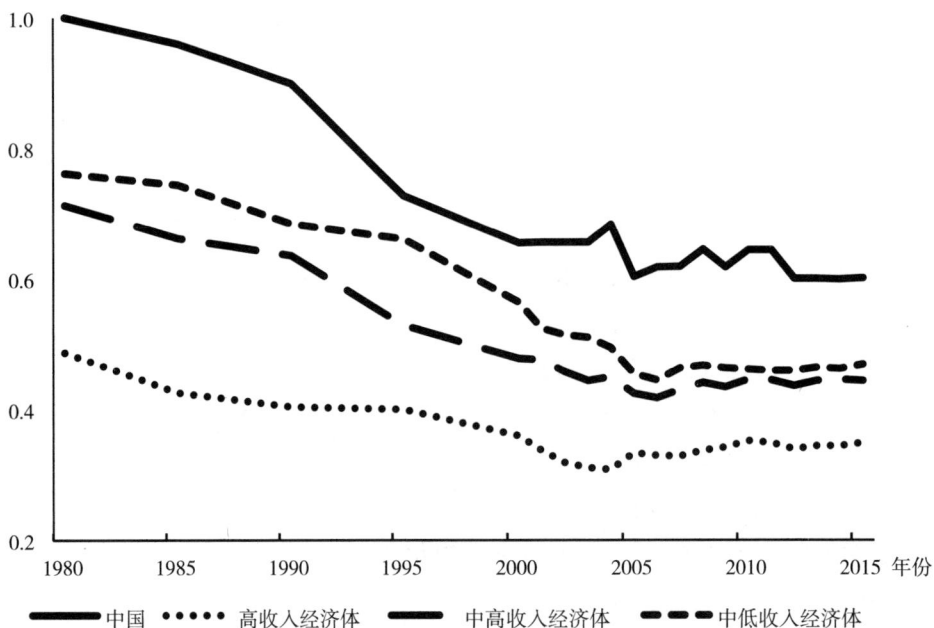

图 1　金融抑制程度的国际比较:1980—2015 年

数据来源:作者根据 EFW 数据库计算。

2. 普遍存在的金融抑制导致我国金融体系中政府与市场边界未能清晰界定,不利于为效率相对较高的民营和小微企业融资

金融抑制集中表现为金融体系以国有大型银行主导,资本市场发展相对较为滞后。尽管随着金融市场化改革,全国性大型银行(四大行和交通银行)资产在银行业总资产中所占比重由 2003 年的 58% 下降到 2018 年的 37%,但占据主导地位。同时期的股份制银行和商业银行(包括城商行和农商行)比重分别由 11% 上升至17% 和由 5% 上升至 23%。然而,外资银行比重仍保持在 2% 以下。由于多数情况下地方政府和国有企业是股份制银行和商业银行的股东,这种银行业结构更有利于为国有企业提供融资支持。

由于国有企业与政府之间的紧密联系:一方面导致金融机构对国有企业的信贷决策并非遵循市场定价;另一方面,政府也可能会对国有企业的融资行为进行直接干预,从而直接扭曲信贷资源配置,造成对私有部门融资的"挤出效应"。因此,国有金融治理中政府与市场的边界界定不清,将导致金融资源配置效率降低。信贷资源对国有企业的"过度供给"而对民营企业有效供给不足,是经济下行期低效产能过剩、供需结构失衡的重要原因。

3. 受抑制的金融体系已不能适应当前经济转型和高质量发展的需求

总的来看,过去 40 年间,我国 GDP 年均增速达到 9%,并且金融体系比较稳定,没有发生过重大金融危机,适度的金融抑制政策并没有妨碍我国经济持续多年的高增长和金融稳定。实证研究发现,改革前期金融抑制对经济增长有正面作用,因为此时的市场机制和监管机制还不够健全,如果短时间将政府管制全部放开,会容易出现风险,金融不确定性增加。而且在这一发展阶段,政府控制的银行主导的金融体系适应实体经济发展需求,可以迅速将存款转换为投资,变成支持经济增长的力量。但研究也表明,在改革后期,抑制性金融政策对经济增长的负面影响更多显现。

我国目前正面临这一问题,现有金融体系难以满足家庭、企业、政府三方面的新需求。一是对于家庭,居民对资产性收入的需求增长却没有得到正规市场的满足。由于银行存款收益率太低,很多居民选择取出银行存款进行投资,然而大量资金没有投向资本市场等正规部门,而是进入了"影子银行"业务。二是对于企业,随着我国经济转型,未来增长点是高成本、高附加值、高技术的民营和小微企业以及服务业,这些企业和产业由创新驱动,对资本市场提出了更高要求。过去粗放式增长依靠银行就能满足融资需求。但大量创新型民企、小微企业的融资需求无法通过银行解决。三是对于政府,很多地方政府融资现在面临"后门堵上、前门没开"的困难,无法从正规资本市场融资,财政紧张,要解决这一问题,还需要为地方政府提供正规融资渠道。

(二)系统性金融风险近年来较为突出,防范和化解系统性金融风险的任务依然艰巨

1. 过去保持我国金融体系长期稳定的条件在经济转型期越来越不可持续

改革开放以来,我国金融体系长期保持了稳定,背后有两个非常重要的贡献因素:一是持续的高速增长,二是长期的政府担保。高速增长的好处是可以在发展中解决问题,一些金融风险问题可以通过增长化解甚至掩盖。政府隐性担保能够确保减少一定程度的金融风险,市场信心不会发生根本动摇。事实上在 20 世纪 90

年代末东亚危机期间,中国的银行业遭遇了非常重大的风险,银行平均不良率高达30%—40%。但因为存在政府隐性担保,没有发生银行挤兑现象,更没有像部分东亚国家那样发生系统性的金融危机。

最近几年,我国金融稳定的局面开始发生变化。尤其是从 2015 年起,发生了一连串的金融风险事件,从股票市场的急剧下挫到货币面对巨大的贬值压力,从理财产品回报率的回调到房地产市场的暴冷暴热,再从杠杆率的居高不下到互联网金融的风险频发,金融风险开始不停地在不同的部门之间游走。金融稳定形势突然发生逆转,跟经济高速增长与政府隐性担保两大支柱发生改变有关。从 2010 年开始,GDP 增长速度持续回落,目前看已经稳定在 7% 以下。虽然各界对我国经济增长减速的原因有各种猜测,但一致的观点是几乎不可能再回到 8% 以上的水平。经济增速下降必然伴随着微观层面的资产负债表的恶化,金融风险因素上升就很难避免。宏观经济形势的变化也明显限制了政策担保或兜底的能力。之前政府的隐性担保化解了部分短期风险,但实际上引发了严重的道德风险,反而容易在经济下行期放大系统性风险。

2. 近年来我国系统性风险呈上升趋势,金融支持实体经济的效率明显下降

我国系统性金融风险的形成,基本上是三大因素交互作用的结果:一是经济增长减速,二是流动性相对充裕,三是管制过严和监管不足同时并存。自国际金融危机以来我国经济增长换挡,从过去的高速增长转向中高速增长,同时还伴随着重要的结构转型与新旧动能转换。这样就必然造成平均的投资回报下降和微观层面的资产负债表恶化,从而使得金融风险上升。

北京大学国家发展研究院编制的"中国金融系统性风险综合指标"显示,系统性金融风险自 2010 年以来一直在稳步攀升,到 2015 年年中前后出现了几个高峰,这与当时股市崩盘和汇市压力高度相关。自 2016 年下半年以来,我国整体系统性金融风险水平呈下降趋势,但这并不一定意味着系统性金融风险的问题已经消除,事实上,2017 年下半年风险水平再次回翘,需要密切关注(见图 2)。

2016 年国际清算银行提出了"风险性三角"的概念,以描述金融危机以来宏观经济面临的主要风险,即杠杆率大幅上升、生产率明显下降和政府宏观经济政策空间收窄。我国在金融危机尤其是 2012 年经济下行以来面临的"风险性三角"问题甚至更为突出。2008 年后我国全要素生产率增长明显下降,甚至出现负增长。据测算,我国边际产出的资本投入(每新增一单位 GDP 所需的资本投入量)由 2007 年的 3.5 上升为 2016 年的 6.3。两方面均显示我国生产率在下降。从财政政策看,历经前期多轮刺激,地方债务风险凸显,大规模集中基建、增加基建债务的余地并不大。货币政策方面,2012 年以来我国广义货币与 GDP 比例上升较快,在世界主要经济体中位列第二。市场流动性过剩导致杠杆率快速上升。这说明经济减速

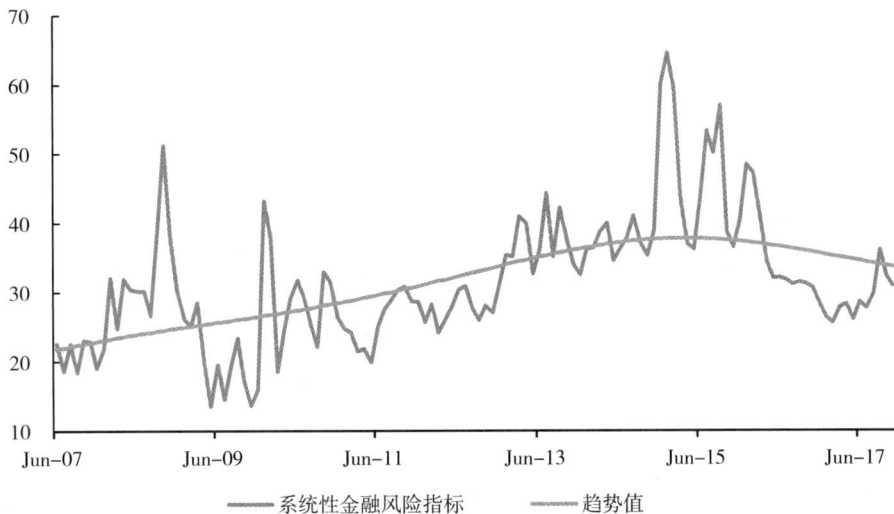

图2 我国金融系统性风险及趋势：2007.6—2017.11

数据来源：作者根据 Wind 数据库计算。

情况下货币供给扩张对经济拉动的效果在逐步下降。如果政府通过大规模刺激追求高速增长，将很可能造成更严重的金融风险。

3. 我国当前的金融监管框架管制过度与监管不足并存

目前的金融监管既存在管制过度的问题，也存在监管不足的问题。过去几年快速发展但同时乱象丛生的影子银行和互联网金融，其实就是正规金融部门管制过度的后果之一，比如利率不灵活，资金所有者想要获得更高的回报，就必须离开表内业务、规避管制。与此同时，当前分业监管的框架已经严重脱离混业经营趋势明显的金融市场现实，不但各部门之间的政策缺乏协调，比如证券监管部门不了解证券市场投资者在银行部门与信托市场加杠杆的现象；同时还形成了监管空白地带，传统的做法是谁发牌照谁监管，这样谁也不愿意监管一些创新性的金融业态。

以影子银行业务为例，2010 年金融监管加强后，以委托贷款为主的影子银行业务增长主要来源于股份制银行和中小银行，而不是国有大型银行。由于国有大型银行的资金、政策优势，股份制及中小银行的竞争更为激烈，货币基金等互联网金融的兴起，在一定程度上也增加了股份制及中小银行的资金成本。在"去产能"和监管加强的背景下，这些金融机构通过影子银行业务进行监管套利的动机增强，因而金融风险上升。尽管部分民营银行的资产质量在经济企稳的过程中得到改善，但股份制银行的高风险业务的潜在风险仍值得重点关注。

最近几年，少数野蛮生长的金融控股集团存在着风险，比如抽逃资本、循环注资、虚假注资以及通过不正当的关联交易进行利益输送等问题比较突出，带来跨机构、跨市场、跨业态的传染风险。分业监管模式下,我国不同行业以及同一行业不同地区间的监管标准存在差异。金控公司的子公司涉及多个金融行业,为实现整理利益最大化,金控公司会通过不同子公司的监管规则差异进行套利,最终导致资产和风险向监管最为宽松的领域或地区转移。以保险公司万能险为例,之前不少保险公司将万能险转化为理财产品,入股银行,再由银行贷款给多家关联壳公司,壳公司增资保险公司,保险公司资本金增加后通过发行更多理财产品,再用上述资金参与资本市场投资与海外资产投资,数倍杠杆放大了风险。

二、进一步推进金融改革的基本思路

"十四五"时期我国金融改革的基本思路应该是进一步推进金融体系的改革、创新与开放,同时平衡与金融稳定之间的关系。通过消除政策扭曲、强化预算约束与市场纪律等措施,让市场机制在金融资源的配置中发挥决定性的作用。通过制度与技术创新,形成多样化的金融产品、机构与市场的格局,更好地为实体经济特别是中小企业提供金融服务。通过系统性的"引进来、走出去"的政策扩大金融开放,改善国内金融体系的效率,提升我国金融特别是人民币的国际地位。通过加强功能监管、审慎监管与政策协调,同时释放局部风险点,尽可能守住不发生系统性金融危机的底线。在此基础上,处理好财政与货币、间接融资与直接融资、"去杠杆"与"稳杠杆"、保持金融稳定与提升金融效率以及"以开放促改革"和"以改革促开放"等之间的关系。

(一) 处理好财政与货币之间的关系

财政政策和货币政策有机结合,才能真正提高政策的可信度。财政政策和货币政策同属于需求管理政策。面对需求冲击和持续性的供给冲击,政府适时运用财政货币政策影响总需求,可实现产出和通胀稳定的双重目标,从而降低经济波动,提高宏观经济稳定性。然而,制定和执行相机抉择的宏观经济政策时,如不考虑市场主体和公众理性预期变化带来的影响,就会由于时间不一致问题导致政策难以实现预期效果。对相机抉择的政策选择施加约束,即明确宣布政策目标和策略,但不限定具体行动,可信的名义锚,向相机抉择的政策施加预期的约束,降低时间不一致性,如果承诺可信,公众的预期就会稳定,从而降低通胀波动。而提高政策的可信度,需要宏观经济政策之间提高协调性,有机结合已形成政策合力,从而引导公众形成一致性预期。

然而,在实践中,我国财政政策和货币政策之间的不协调甚至冲突仍然较多。

国债收益率作为金融市场定价基准的作用难以充分发挥,其主要原因在于国债的发行规模和期限主要考虑财政赤字、平衡预算以及降低发行成本的需要,忽略了国债的金融属性及其在金融市场运行和货币政策调控的重要作用。由于政府职能转变滞后,财政在"三农"、教育、医疗、社会保障、自主创新、节能减排、生态保护等领域的投入严重不足,历史欠账问题没有得到完全解决,资金缺口仍然较大,倒逼货币政策不得不承担部分结构调整的职能,影响了宏观调控的总体效果。

财政作为国有金融资本出资人,应通过完善金融机构公司治理实现国有资产保值增值,国有金融资产的委托代理关系不能更多地体现为行政性的上下级关系,不应定位为金融机构的管理部门。货币作为监管部门,应在保持金融机构稳健运行的基础上,保护好消费者合法权益,并在其基础上提高监管效率以更好防范化解金融部门系统性金融风险。

(二) 处理好间接融资与直接融资之间的关系

交易成本和信息不对称是金融体系的两个显著特征。基于此,金融体系也成为受政府监管最严格的部门之一。在处理交易成本和信息不对称问题上的动态比较优势,也成为金融体系是由银行主导还是市场主导的重要决定因素。就全球而言,存在关于金融结构的一些基本特征事实,如金融中介,尤其是银行,在多数国家是企业最重要的外部融资渠道;一般情况下只有组织完善的大公司才能较容易进入证券市场为其经营活动融资等。在经济发展的初期阶段,金融中介在处理信息不对称问题上,比证券市场更有优势。然而,随着交易成本和信息获取的成本有效降低,金融市场在支持创新、完善公司治理、增强信息揭示和加强风险管理方面的优势会不断上升。

间接融资更支持适合渐进的技术改良,而金融市场在支持根本性的技术创新上具有比较优势。例如,德国、法国等间接融资主导经济体的技术创新主要集中于成熟企业的技术改良,而美国则涌现了大量以新技术为代表的创新企业。实证分析发现,股权市场越发达的国家,外部融资依赖更高的行业其实质性创新水平越高,而信贷市场发展虽然会阻碍外部融资依赖较高企业的根本性创新水平,但会促进渐进性创新。近年来,刚性兑付、"明股实债"等问题扭曲了金融市场。导致我国金融体系资金充裕而资本短缺,大量资金无法有效大量配置到真正从事创新的中小企业。只有加快发展金融市场,建立完备的资本投资机制以及相配套的中介服务体系,才有可能加速科技创新成果向现实生产力的转化,推动科技创新创业企业从无到有、从小到大,进而增强经济活力,形成新的经济增长点。因此,构建有效的国有金融治理体系,关键在于尽快建设多层次的直接融资市场。

（三）　处理好"去杠杆"与"稳杠杆"之间的关系

杠杆率过快上涨是所有风险的集中体现,也是我国金融风险的根源。近年来,传统金融领域的金融风险具体表现为:银行不良率上升,地方政府债务违约风险增大,房地产市场价格过快上涨导致资产价格泡沫,股市、债市等直接融资市场波动加剧,人民币汇率贬值预期导致资本外流等。考虑到我国银行普遍较高的银行资本和拨备率,以及银行不良贷款率趋稳微降,银行业信贷违约风险总体可控。然而,产能过剩行业以及隐性不良贷款等结构性信贷违约风险仍不容忽视。2009年以来,我国房价上涨较快,尤其是在北京、上海、深圳等一线城市,房价收入比或房价租金比例显示了很明显的泡沫。近年随着房地产相关贷款的快速增长,部分区域经济增速的放缓和房地产市场的过度投资,房地产贷款的坏账风险已有显著增加。目前我国地方政府总体负债率和债务率均低于警戒线,但西部和东北地区债务局部风险值得警惕。

基于广义的信贷概念,我国社会债务水平(非金融部门)占 GDP 的比例,在2006年第一季度至2018年第三季度由147.1%跃升至252.7%,显著高于新兴市场经济体179.2%的债务比例,并不断接近发达经济体的债务比例。信贷快速上升过程中也伴随出现了房地产等资产的价格上涨。值得注意的是,目前我国非金融部门的债务结构中,非金融企业部门债务率最高(152.9%),其次是家庭(51.5%)和政府(48.3%)。自2016年初以来,非金融企业部门债务率下降了8.9个百分点,而政府和家庭部门分别上升了5.8个和11.5个百分点(见图3)。上述数据表明企业部门的去杠杆政策取得了一定的成效。但我国的杠杆率挪移具有明显的特色,美国金融危机之后是政府加杠杆、企业与居民减杠杆,而我国是企业减杠杆、居民和地方政府加杠杆,中央政府的杠杆率也没有明显上升。而地方政府和居民的杠杆率快速上升,值得密切关注。地方政府负债虽然仍存在一定程度的中央政府背书,但后者对前者的借贷行为的控制力并不强。居民杠杆率和美国等发达国家相比还比较低,但同等收入水平的发展中国家比已经不低。

通过整合1980—2017年42个经济体分部门杠杆率与金融危机数据,综合考察杠杆增速特别是各部门杠杆增速与金融危机的关系,实证研究发现:一是一旦控制杠杆增速,总杠杆水平对金融危机不再具有显著影响,即控制增速的"稳杠杆"比控制水平的"去杠杆"更有助于维持金融稳定。二是各部门杠杆的相对增速对金融危机有显著影响。具体而言,相比于政府杠杆增速,私人部门(居民与企业)相对杠杆增速越高,则一国发生金融危机的概率越大;其中相比于企业杠杆增速,居民部门的相对杠杆增速越高,则一国发生金融危机的概率越大。因此,当前"管增速"优于"管上限","控部门"优于"控总量";增加政府部门杠杆,有限容忍企业

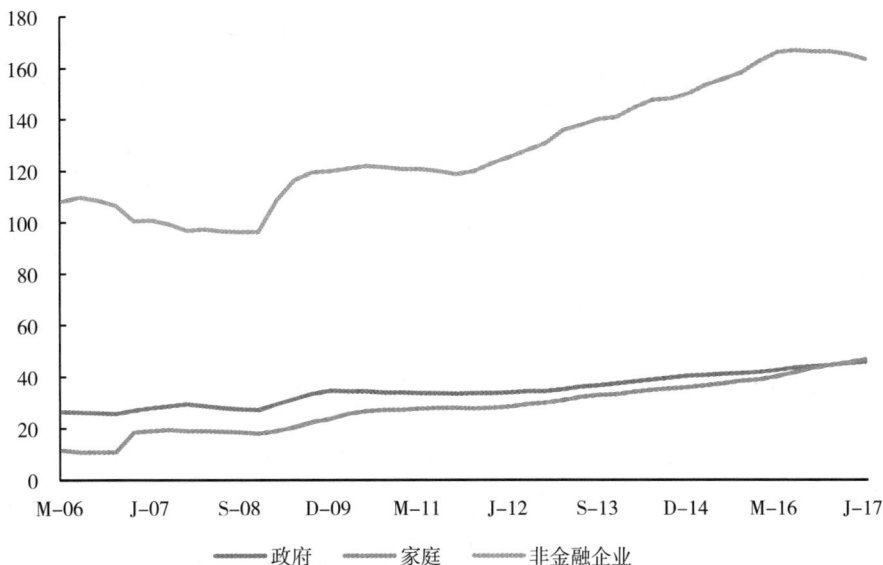

图3 我国杠杆率的组成部分占比：2006.3—2017.9

数据来源：作者根据国际清算银行计算。

部门杠杆，严格控制居民部门杠杆。

（四）处理好保持金融稳定与提升金融效率之间的关系

实现金融创新和金融稳定之间的动态平衡，是全球监管机构面临的难题。金融监管的主要目标在于通过审慎监管和行为监管，保持整个金融体系稳健运行，保护金融消费者合法权益，在此基础上促进金融创新和效率提升。监管与创新之间并不必然矛盾，在二者之间寻求适当的平衡，可以达到监管为创新创造适宜环境、创新为监管提供先进手段的相互促进的良性效果。金融监管不应以金融效率和竞争力损失为代价。在综合经营趋势日益明显以及金融科技快速发展的背景下，这对我国分业监管体制下监管效率和能力提升提出了新的挑战和迫切要求。

当前我国金融监管存在两个显著问题：一是分业监管模式难以适应金融机构综合经营的现实，由此可能导致的监管空白和监管套利，是金融风险积累和上升的主要原因之一；二是行为监管相对缺失。审慎监管的角色如金融体系的"医生"，关注整个金融体系和体系中金融机构的稳健运行；而行为监管的角色如金融体系的"警察"，关注金融机构行为以及产业营销定价是否违规，是否有损消费者利益。因此，审慎监管和行为监管在监管体系中缺一不可。尽管我国"一行两会"均设有金融消费者保护的部门，但在实际工作中，监管部门更注重审慎监管，而行为监管往往被弱化甚至淡化。

积极借鉴国家有益经验,推动监管模式创新,利用金融科技推动监管科技以提升监管效率,是提升我国金融监管有效性的重要途径。金融科技虽没有改变金融业务的风险属性,但在金融业态上呈现出跨行业、多元化、混业化的趋势,且服务的对象多是传统金融体系没有覆盖到的小微企业和低收入人群。基于分业监管格局下的"准入监管"的传统金融监管思路,已不能完全适应新技术驱动下金融的监管需要。由于服务的对象金融专业知识较少,风险承受能力较低,信息披露和消费者权益保护就非常重要。因此,近年来,美、英等多数发达国家主动调整监管理念,重视功能监管和注重金融消费者保护。

(五) 处理好"以改革促开放"和"以开放促改革"之间的关系

我国加入 WTO 后经济实力和国际影响力的快速提升,其最重要的经验是"以开放促改革"。过去近 20 年我国金融管理部门也以金融开放带动促进金融体系内部改革,并取得了不少有益的进展。但金融体系各环节之间的配套链接非常重要,金融改革特别需要关注改革次序问题。例如,中国人民银行在 2015 年底取消了对商业银行存贷款利率波动区间的限制,但由于商业银行风险定价和货币政策利率传导机制的问题并未得到解决,中国人民银行仍在公布存贷款基准利率,利率市场化并没有真正完成。全球金融危机爆发后,国际社会对以美元主导的国际货币体系产生了质疑,对人民币的期待不断高涨,中国人民银行顺势而为,人民币于 2016 年 10 月正式被 IMF 接受加入特别提款权,助推人民币国际化迈上了新台阶。但国内配套金融改革相对滞后,如人民币汇率改革的进展较慢,已经明显制约了人民币国际化的进程。未来减少资本项目管制、汇率形成机制和人民币国际化应协同推进,密切配合。

加强对资本流出入的管制是发展中国家经常采取的维护金融稳定的政策手段。资本账户管制对经济增长的影响,也可能存在两种不同效果。资本账户管制可以消除或减轻外部冲击对国内经济的影响,尤其是以套利为目的的短期资本流动对宏观经济稳定的影响。同时,在资金短缺的经济中,通过严格限制资金流出,政府可以更有效地支配资金的使用,发展政府偏好的产业,以促进经济增长。然而,尽管短期内,资本账户管制有利于维护宏观经济稳定,支持政府发展战略,但是长期来看,资本账户管制扭曲了资本配置和自由流动,造成效率损失。而且,随着经济增长,这种扭曲程度会越来越大,除了造成效率损失,也会引起失衡等结构性风险和通胀、资产价格泡沫等宏观经济问题,从而不利于长期经济增长。因此,资本账户管制对经济增长的影响,取决于两种结果比较的净效应。

考察我国改革期间资本项目管制对经济增长的影响,发现:一是资本项目管制对经济增长的影响并不是简单的线性关系,而是随不同发展阶段,其对经济增长的影响会发生动态变化;二是资本项目管制显著促进了20世纪80年代到90年代的经济增长,而2000年之后资本项目管制对经济增长的阻碍效果越来越显著。尽管资本项目管制对改革期间我国宏观金融稳定发挥了积极作用,但由于管制造成的配置效率扭曲,已经成为制约经济增长和效率提升的显著因素。因此,进一步推进金融开放是支持经济实现可持续增长的重要条件,也是防范和化解系统性金融风险的重要手段。

过去多数金融开放政策和措施,如从人民币经常项目可兑换到外资金融机构进入,从汇率水平调整到开放对内对外双向投资渠道,均需要经过一定的审批程序。这种"审批式"在开放初期作为试验有利于维护稳定,但其缺点是政策的透明度和稳定性不够。随着经济实力和国际影响力的上升,这种缺乏透明度和稳定性的开放策略将不断受到国际社会的质疑。未来金融开放的目标应该是建立新的开放制度体系,从过去"管道式"开放转向整体性开放,由正面清单更多转向负面清单,这既有利于我国金融开放与国际接轨,也有利于境内外投资者进行更有效的资产配置。

三、"十四五"时期推进我国金融体系改革的政策建议

为提升"十四五"时期金融支持实体经济的效率,助推实现高质量发展,提出以下政策建议:

(一) 更加积极地发挥国务院"金融委"的统筹协调功能,进一步强化预算约束与市场纪律,稳健地协同推进市场导向的金融供给侧结构性改革

"十四五"时期应更加重视国务院"金融委"的政策协调与统筹功能,形成政策合力。一是金融改革与非金融改革的协调,比如解决国有企业软预算约束问题,是利率市场化和资本项目开放的重要条件;二是中央与地方、财政、货币、监管以及金融发展等政策之间的协调;三是对内与对外金融政策的协调,比如金融机构的对外开放,取决于外资金融机构能否真正享受准入前国民待遇,公平竞争;四是协同推进金融开放政策,比如金融机构和金融市场开放、完善汇率形成机制改革和减少资本管制之间存在较高的关联度,而当务之急应该是加大汇率的灵活性。

虽然在改革的早期,适度的金融抑制政策对经济增长与金融稳定是有利的。但这样的政策也造成了不少负面后果,比如利率管制导致金融资源配置低效,普惠金融很难发展,加剧了我国经济发展不平衡、不充分的问题。比如政府的隐性担保也加剧了道德风险问题,"僵尸企业"不能出清、资不抵债的金融机构不能退出,必

然会降低金融资源的利用效率,放大金融风险。因此,要提高金融支持实体经济的力度,最重要的前提条件就是要让金融市场有效运转,有效的金融市场起码要具备三个方面的特征:一是市场化决定的资金价格,包括利率、汇率和债券收益率;二是由市场而不是政府配置金融资源,包括银行信贷、证券市场融资甚至跨境资本流动;三是市场出清机制,允许产品违约、机构破盘。当然,放开之后可能会增加市场的波动,这个问题应该通过监管而不是管制来解决。尽快纠正并消除金融体系的扭曲,完成利率市场化改革,疏通货币政策传导机制,是提高金融支持实体经济、提升金融治理效率的关键因素。

（二）政策理念与策略应与时俱进,在风险可控前提下鼓励金融模式创新,主动接受和利用新技术改善融资服务,推动新旧动能转换以支持创新创业

目前出台的旨在缓解小微企业融资难题的政策,存在过于追求短期效果与忽视长期机制建设之间的冲突。风险比较高的企业应该支付更高的资金成本,这是金融市场的基本要求和规律。自 2013 年起,国务院每年均出台旨在缓解小微企业融资难、融资贵的问题的政策文件。这些政策文件多是强制要求银行增加对小微企业贷款,同时要把融资成本降下来。然而,小微企业在传统金融体系中融资难,主要原因在"获客难""风控难"以及贷款利率不够灵活。因此,虽出台了多项政策,但由于未能抓住问题本质,导致政策实际效果有限,民营和小微企业融资难、融资贵问题并未有效缓解。

应主要接受和利用新技术,线下"软信息"和线上大数据充分结合以改善对小微和民营企业的融资服务。影子银行、互联网金融等非正规金融部门的出现满足了实体经济供求两方需求,实际支持了小微企业和民营企业。全覆盖和穿透式的监管有利于提高监管效率,但也需考虑监管政策的实施做法对实体经济带来的效果,不能为了控制金融风险而造成更大的金融风险。好的监管应既要管控短期风险,又不以金融效率和竞争力损失为代价,并积极以监管创新应对业务创新。

小微企业天然具有风控难的特征,传统银行为其提供融资支持的意愿低。目前我国长三角地区很多中小银行正在作出新的尝试,给小微企业提供融资时更多关注的不是财务信息、抵押资产、有无担保等,而是如借款人人品等线下软信息,这种业务做得较为成功。线上大数据则可以借用互联网平台,突破"获客难"和"风控难"的障碍,有效服务大量小微企业与低收入人群。我国有些金融机构在这两面都已经取得了很好的成功经验,值得普遍推广。

（三）准确把握金融规律和发展趋势，改善国有金融资本布局以提升配置效率，积极发展多层次资本市场，集中力量为金融科技发展补齐短板

金融综合经营以及数字科技与金融活动进一步融合，是目前金融发展的基本趋势，也是金融机构在经济全球化进程中提升竞争力的必然选择。试图回归分业经营、抑制数字金融发展的努力，不然不会降低风险，反而会滋生甚至放大新的金融风险。金融治理应顺应金融规律加强治理能力建设，并利用金融创新及时进行监管创新。国有金融资本管理应坚持退出与集中并重，重点应放在为金融市场提供更高质量重要基础设施以及加强系统重要性金融机构内部治理等领域。对于竞争比较充分的中小商业银行，国有资本可以进一步退出，更多交由市场竞争，减少对国有金融资本的占用；积极发展多层次的资本市场特别是股权融资，适时推出注册制和退市机制，发挥好资本市场"晴雨表"功能，重视上市公司再融资功能和资产重组以及分红等制度建设，以支持实体经济创新的多种形式的融资需求。

集中力量为金融科技发展补短板，改善金融基础设施建设，特别是加强政府数据的统一管理及对外开放。监管部门应该积极支持市场化的、服务民营企业的、风险可控的金融创新，具体来说，短期内可以在三个方面发力：发放牌照、开放征信系统、解决远程银行开户的问题。在保证客户资料因素和数据安全的前提下，尤其要重视政府信息系统与互联网平台机构的大数据整合。我国金融科技发展面临的最大短板之一就是缺乏大数据。比如在当前信用文化的条件下，要求 P2P 平台只能做信息中介，又不允许平台调用央行的征信系统数据，绝大多数平台都无法生存。但实际上政府有很多信息，可以通过统一管理、处理，支持金融科技的发展。这样既有利于我国支付体系、网络贷款等领域保持世界领先地位，也有利于我国传统金融机构利用金融科技，改变传统服务模式，提高金融服务效率。

（四）尽快构建符合我国实际的金融安全网，继续推进金融监管框架改革，借鉴"监管沙盒"有益经验处理好金融创新与稳定的关系，积极以监管创新应对业务创新

应对系统性金融风险要以"防范"为主、"化解"为辅。目前，金融监管总是被动地跟在风险后面跑，无论在通道业务还是在网络贷款领域都是如此。但要及时有效防范与化解金融风险，必须实时掌握金融系统的风险动态，因此需要建立一套日常的风险监测与分析机制，帮助作出前瞻性的判断并提出相应的政策建议。我国在 2015 年 5 月建立存款保险制度，但至今尚未处置过任何金融机构的风险问题，这种现象不改变，存款保险制度只是"形同虚设"，无法扭转政府兜底的做法和道德风险的问题。

金融科技创新使得金融混业经营特征进一步明显,且部分金融科技创新的出发点正是监管套利。当前的分业监管体制在应对类似情况时,往往存在监管滞后或是监管空白。建议监管机构针对金融机构监管时,借鉴"监管沙盒"的做法,在将金控公司与金融科技相关的新产品和新业务的风险控制在一定范围的基础上,鼓励金融机构开展提高金融效率、增加金融有效供给的创新。同时,建议监管机构积极利用金融科技以促进监管创新,如针对复杂的关联交易和多层嵌套的金融产品,可考虑采用区块链保证交易数据可靠的技术特征,监测交易的去向和底层资产质量,提高监管有效性。

"金融委"成立后,监管框架的重构将再次被提上议事日程。目前分业监管的模式已经难以有效监管混业经营的金融机构。在混业经营的趋势下,金融监管应尽早转向按经营业务的性质来划分监管对象的金融监管模式。金融创新带来产品过于复杂,由于金融消费者专业知识不足,易造成投资的非理性,是引起金融危机的重要原因。从国际经验看,审慎监管和行为监管相对分离的"双峰"模式更加稳健。在转向功能监管的过程中,建议将我国目前的"一行三会"内部已经建立的分散的金融消费者保护部门进行整合,建立统一的、独立性更高的金融消费者保护机构,在加强对金控公司交叉性金融产品和服务的信息披露、产品定价及产品出售等行为监管的基础上,加强消费者金融基础知识普及改善消费者对金融产品和金融交易的理解,更多发挥市场机制作用,提高金融消费者风险承担意识和能力。

(五) 建立与开放金融体系相匹配的宏观审慎监管框架,重视金融开放的次序和先决条件,增加汇率灵活性,落实准入前国民待遇和放松外资机构持股比例

建立宏观审慎监管框架,是平衡效率与稳定之间关系的重要途径。中国人民银行已经搭建了涵盖七个方面的宏观审慎评估体系,其中涉及跨境融资风险。建议监管机构以此为基础,完善与开放金融体系相匹配的宏观审慎监管框架,包括制定好金融开放的路线图和时间表;动态调整开放策略,规避跨境资本流动等相关潜在风险;合理控制外债规模,优化债务结构。

我国应协调推进金融开放,注重开放的次序和先决条件。我国金融开放可参考以下顺序:整顿财政纪律,改善财政状况;贸易自由化和国内金融部门改革;汇率改革;资本项目可兑换。尽管有些步骤可同时进行,如国内金融部门改革与人民币汇率形成机制改革,总体上可采用这个顺序实现金融开放。

当前一段时间为增加人民币汇率灵活性改革提供了重要的时间窗口。从国内外实践看,经济形势好的时候改革汇率形成机制风险较小,而宏观形势差的时候改革风险较大。2016年底以来,外汇市场的持续贬值预期已基本消除,实体经济也

相对稳定。建议金融管理部门把握住当前有利时机,果断推进改革,同时做好应对各种突发情景的预案。适时完成汇率市场化改革,将为我国扩大金融开放和完善金融调控提供重要的体制机制保障,也将向国际社会发出积极的改革开放信号,增强我国参与国际金融事务的代表性和话语权。

落实准入前国民待遇和放松外资机构的持股比例,真正推动金融机构的开放。应该按照内外资同等对待的原则,在持股比例、设立形式、股东资质、业务范围、牌照数量等方面对中外资机构一视同仁,为外资进入中国市场提供公平公正的竞争环境。可以放开银行业、证券业和保险业的外资持股比例限制,允许设立外商独资证券公司和独资寿险公司;取消对外资银行股东总资产的要求,取消对外资银行开办人民币业务的最低开业年限要求,取消对合资证券公司中方股东必须有一家是证券公司的限制;不再通过牌照数量限制合资寿险公司发展,考虑给予独资寿险公司新的区域经营牌照;同时,为鼓励金融机构"走出去",应进一步放松对商业银行海外布局设点的限制,对新设二级机构只保留报备程序,无须审批,允许在母国和东道国的机构设立申请同时进行,避免相互等待、拖延时间。

(六) 有序推进资本项目可兑换,高度警惕持续大幅度的经常项目逆差与短期大规模资本流动,推动"一带一路"金融科技互联互通,建立跨境资本流动的管理框架,稳健推进人民币国际化进程

一是要高度警惕持续、大幅度的经常项目逆差。经常账户逆差意味着国际资本流入而对外负债。20世纪末以来发生过金融危机的新兴市场国家经验表明,这些国家前期有巨额的国际资本流入,但之后在某个期间忽然出现外资流入大量削减甚至发生资本大规模流出,这种"资本急停"显著增加了新兴市场银行危机和货币危机的概率。二是要高度警惕大规模短期资本流动。短期大规模资本流动会加剧金融市场波动。可考虑采取宏观审慎的做法,对短期资本流动进行额度管理,或通过征收"托宾税"的方式,提高短期频繁流动资本的进入成本。甚至在必要情况下,可采取直接管制短期资本流动的措施。

重视以金融科技合作为突破口,加快"一带一路"项目在沿线国家落地实施,积极构建全方位的对外投融资框架。当前,我国的金融科技在商业模式和技术上均取得了领先地位,受到沿线地区尤其是东南亚国家的欢迎,这些国家均表现出与我国科技企业加强合作的强烈意愿。政府应理性支持金融科技的国际合作,注重发挥企业尤其是民营企业的市场主导作用,协助推动"一带一路"金融科技的互联互通。积极构建全方位的对外投融资框架,通过合理的融资安排、适当的风险分担机制和合适的金融工具,降低我国海外投资的不确定性,提高项目的经济效益。

分散化、多样化将是未来跨境资本流动管理的改革方向。建议尽快构建"双

支柱"的跨境资本流动管理框架。在微观层面,促进资本项目可兑换,服务贸易投资便利化;同时把监管的重点从事前转向事中、事后,强化真实性、合规性监管。在宏观层面,构建资本管制和宏观审慎两个维度的管理框架,同时尽快完善政策工具箱,完善宏观审慎监测评估机制和压力测试,作为规则监管和现行管理工具;保留"托宾税"等资本管理手段,作为逆周期调控和事后管理工具。但是,跨境资本管制应该是临时性的措施,应该利用跨境资本流动管理为其他改革和调整争取时间,如提高货币政策独立性,改善宏观经济运行效率;抓紧处置金融风险;支持民间部门资产负债有序调整,更好适应汇率弹性的增加。与此同时,应稳健推进人民币国际化的相关举措,包括增加离岸人民币市场的流动性、增加国际贸易与投资的人民币结算、扩大人民币在国际支付和储备中的比重甚至推动国际市场的人民币计价,稳健推进人民币国际化进程。

(课题组成员:黄益平　王勋)

"十四五"时期我国金融改革
发展的战略目标与实施路径研究

中国社会科学院国家金融与发展实验室

2019 年 2 月 22 日,习近平总书记在主持中央政治局第十三次集体学习时提出,要深化金融供给侧结构性改革,增强金融服务实体经济能力。习近平总书记强调,深化金融供给侧结构性改革必须贯彻落实新发展理念,强化金融服务功能,找准金融服务重点,以服务实体经济、服务人民生活为本。这是党中央深入分析国际国内经济金融形势,准确把握金融本质之后作出的重大战略抉择,应当成为"十四五"时期我国金融改革发展的主线。下面拟围绕金融供给侧结构性改革这一主线,对"十四五"时期我国金融改革发展的战略目标与实施路径进行探讨。

一、"十四五"时期金融改革发展的主线:金融供给侧结构性改革

(一) 金融供给侧结构性改革的要义

2019 年 2 月 22 日,习近平总书记发表有关金融供给侧结构性改革的重要讲话,勾画出我国当前和今后一个时期内金融进一步改革和发展的总纲。以此次讲话为标志,党中央对未来我国金融

深化改革

改革和发展已经有了深思熟虑的战略谋划。因此,习近平总书记强调的深化金融供给侧结构性改革任务理应成为"十四五"时期我国金融改革发展的工作主线。

特别需要指出的是,与以往不同,我国"十四五"时期全面实施的这一轮新的金融改革是自 2015 年下半年启动的"供给侧结构性改革"的有机组成部分。因此,深刻理解供给侧结构性改革的丰富内涵,体悟金融改革与供给侧结构性改革相互支撑、彼此照应的契合关系,是我们科学谋划"十四五"时期金融改革发展战略目标与实施路径的前提性条件。

如果说需求侧改革着眼于提高国内投资、国内消费和出口水平,以及这三项需求相互配合的格局,借以保持经济平稳增长的话,供给侧结构性改革则着眼于提升劳动、土地和资本等生产要素的配置效率,着眼于科技创新及其产业化,着眼于体制和机制的改革和完善,目的是提高经济发展的质量和效益。

与实体经济相比,金融无疑是第二性的。因此,金融供给侧结构性改革的目标和任务,是由整体经济的供给侧结构性改革所规定的。由此可知,金融供给侧结构性改革的最终目标,是通过金融结构的调整、通过金融产品和金融服务的创新,来提高劳动、土地和资本的配置效率,推进技术进步和体制机制创新,借以发挥市场在资源配置中的决定性作用,推动我国经济高质量发展,从而更好地满足广大人民群众日益增长的需求。

总之,金融供给侧结构性改革,是党中央在深刻认识近年来国内外经济金融形势发生巨大变化的前提下,在全面总结中国金融业 40 年改革发展经验的基础上,在中国经济发展进入新时代的关键时刻,提出的旨在全面更新我国金融业面貌,推动金融业高质量发展的一项意义深远的战略安排。"十四五"时期金融改革发展的各项工作都要围绕金融供给侧结构性改革这一主线来设计谋划和付诸实施。

作为我国整体经济的供给侧结构性改革的有机组成部分,金融供给侧结构性改革的内容可从两个层面认识:第一个层面关乎基础理论,探讨金融与经济的关系,着重阐述的是金融在国民经济中的重要地位,重点确认的是金融服务实体经济的根本方向。第二个层面涉及金融改革和发展的主要领域或主攻方向,优化金融结构、管理好金融风险、创建有利于市场机制运行的货币金融环境、积极稳妥发展金融科技以及稳步扩大对外开放等,构成其主要内容和入手处。这五个方面亦构成"十四五"时期实现金融供给侧结构性改革战略目标的五条基本路径。

(二) 金融在国民经济中的重要地位

关于金融在国民经济中的重要地位,学界一向就有很多论述。习近平总书记在 2019 年 2 月 22 日中央政治局第十三次集体学习中给出的概括,无疑最全面、最深刻。总结起来,有如下三个要点:

第一,"金融是国家重要的核心竞争力"。在这里,金融首先被置于全球视野加以讨论:它关乎中国在全球经济金融体系中的地位和作用,而且是举足轻重的国家核心竞争力之一。

第二,"金融安全是国家安全的重要组成部分"。在这里,金融不仅是一种经济活动,不只关乎国家的富裕和人民的福祉,而且是构成国家安全体系的核心要素。

第三,"金融制度是经济社会发展中重要的基础性制度"。这一句概括,阐述的是金融体系同经济社会之间的关系。它明确告诉我们,金融不仅是支撑国家社会经济正常运行的"四梁八柱"之一,而且是构成各项社会经济制度的基础。

二、金融供给侧结构性改革的战略目标:增强金融服务实体经济能力

(一) 金融与实体经济的关系

论及金融服务实体经济,几乎人人都可置喙。总的来说,责难者居多。但是我们注意到,在 2019 年 2 月的中央政治局第十三次集体学习中,习近平总书记基本上没有重复我们已经听惯了的类如"贷款难、贷款贵"的责难,而是集中阐述了金融同实体经济共生共长、彼此依赖的关系,其中有三段话值得我们深入思考:第一段话是"经济是肌体,金融是血脉,两者共生共荣"。这段话,对金融与实体经济的关系给出了一个新的比喻,即血脉和肌体的关系,把两者关系提升到有机状态,揭示了两者间共生共死的关系。第二段话是"金融活,经济活;金融稳,经济稳"。第三段话是"经济兴,金融兴;经济强,金融强"。看到这种严格对仗的表述,大家就会知道,这是经过反复推敲的理论结晶,值得认真琢磨。不妨尝试解读如下:第二段话皆以"金融"为前导,说的是金融与经济之间的"活"与"稳"的关系。可以明显体会到,金融之于经济,显然是第二性的,它发挥的是附属的、辅助的、服务性、支撑性的作用。第三段表述皆以"经济"为前引,说的是经济与金融之间的"兴"与"强"的关系。很显然,这里说的是经济对于金融的决定性作用,是决定其能否兴、能否强的因素,是第一性、主导性、基础性的作用。以上三段,是关于金融与实体经济之间关系的最新表述,是一套深刻的理论逻辑。这三段话放在一起,可以构成一套完整的关于金融与实体经济关系的理论体系。

"十四五"时期我国金融改革发展要以金融供给侧结构性改革为主线来展开,而金融供给侧结构性改革的战略目标则是增强金融服务实体经济能力,促进血脉

畅通,激发肌体活力,为我国经济高质量发展提供有力支撑。

(二) 从金融服务实体经济角度看我国金融体系现状

在实体经济发展中,金融到底能做什么?

在市场经济条件下,一切社会经济活动都是通过交易而展开的,凡交易就需要有货币,货币有条件移转就会有金融,这就使货币金融活动深深渗透到社会的各个领域和各个层面。尽管金融活动纷繁复杂,但是在这个水乳交融的过程中,其发挥的作用,最终只是在资源配置过程中发挥媒介作用,并无其他。

因此,所谓"金融要服务实体经济",最根本的要求,是金融体系有效发挥其媒介资源配置的功能;所谓为实体经济提供更好的金融服务,则要求的是降低流通成本,提高金融的中介效率和分配效率。

金融业的收益来自实体经济,因此,有效服务实体经济,是金融业安身立命之本。当我们看到金融机构在向企业提供贷款时逡巡不前,当我们看到企业发行的债务产品或权益产品在市场上不为广大投资者接受,就应冷静地看到,资金的融通活动在这里难以实现,是因为实体经济中存在着越来越大的风险;而金融机构和广大投资者规避这种风险,恰恰是一种理性的行为。

更进一步分析,在经济新常态下,我国经济发展的基本特征之一,就是大部分实体经济尚未找到新的发展方向,就是投资收益不断下滑并导致投资率下行。这种状况,使得金融体系的融资功能失去了目标和依托。在这种局面下,金融与实体经济保持一定的距离,并非不可思议的事情。

换言之,在整个经济的运行中,金融其实只是配角。当金融领域风险频发、乱象丛生时,实体经济这个主角难辞其咎。当然,金融这个配角自身也有问题,那就是:它在履行自身功能方面已经越来越不尽责,甚至"自娱自乐",以至于从负面干扰了实体经济的运行。面对此状,正确的做法就是将金融的发展拉回到媒介资源配置、提高资源配置效率的基本功能上。舍此,都会误入歧途。

(三) "十四五"时期金融供给侧结构性改革的主要任务

基于以上分析,应围绕金融功能来思考"十四五"时期我国金融供给侧结构性改革的主攻方向,切实增强金融服务实体经济能力。经过40多年的改革,作为在市场经济条件下承载资源配置机制的金融体系,依然存在怎样一些缺陷,阻碍了它去有效发挥媒介资源有效配置的功能? 厘清了这些问题之后,"十四五"时期进一步金融改革发展的方向、重点和内容,自然就呼之欲出,金融服务实体经济的战略目标,当然也就容易落实。

目前还存在怎样一些障碍和缺陷,使得我国的金融体系难以很好地发挥有效引导资源配置的功能呢？（1）现有的金融结构存在严重扭曲,基于这样的结构,金融体系不能满足国民经济进一步发展和改革的需要。（2）防范和化解重大金融风险的能力与高质量发展的要求还有明显差距,去杠杆等防风险领域的战略性任务远未完成。（3）引导市场得以有效配置资源的基准价格——利率、收益率曲线和汇率等——尚未完全市场化,金融体系的所有制歧视还普遍存在,金融市场基础设施还不够完备。（4）金融科技发展已经积累了一些泡沫,值得高度警惕。（5）在金融对外开放方面,无论是走出去,还是请进来,都还存在重重障碍。

为了弥补上述缺陷,"十四五"时期的金融供给侧结构性改革战略应沿着优化金融结构、管理好金融风险、创造有利于市场机制运行的货币金融环境、积极稳妥发展金融科技、稳步扩大对外开放等五条路径向前推进。以上五个方面组合在一起,构成了"十四五"时期中国金融改革发展的五大任务。

三、实施路径之一:优化金融结构

我们将优化金融结构置于极端重要的地位,无非是因为,在现实中,任何事物都是以某种结构示人并基于该结构发挥作用的,因此,我们说现行的金融体系不能很好地服务实体经济,主要指的是,现有的金融结构存在严重扭曲,基于这样的结构,我们的金融体系不能满足国民经济进一步发展和改革的需要。

（一）我国金融结构扭曲的主要表现

在金融学的术语体系中,所谓金融结构扭曲,主要表现在金融资源的"错配"上。就我国当前的情况看,三个方面的错配表现得尤为突出。

1. 期限结构错配

期限结构错配说的是,我国金融体系严重存在"借短用长"现象。基于中国现存的金融结构,我们能够筹集到的资金期限相对较短;而基于中国现在的发展阶段和面临的任务,我们对资金需求的期限却相对较长。资金来源期限短、资金使用期限长,两者之间存在期限错配,此即最主要的扭曲之一。这种"期限错配",是中国各类系统性金融风险的根源之一。

虽然期限错配在世界各国金融体系中普遍存在,但这一问题在中国显然尤为突出,因为中国是一个发展中国家,是一个工业化仍在进行中的国家,是一个正在大力推动城市化的国家,在这样的发展阶段上,我们对长期资金的需求比任何国家都甚。但是,基于现行的间接融资为主的金融结构,我们的资金来源期限又相对较短,这就使得克服期限错配成了中国金融供给侧结构性改革长期且艰巨的任务。

2. 权益错配

在中国现行的金融结构下,我们动员的资金大部分只能形成借款者的负债,能形成资本、形成筹资者权益的比重相对较小,这就形成了权益错配。在改革开放初期经济高速增长过程中,由于经济规模扩张极为迅速,经济运行的突出问题是资金短缺,此处论及的资金结构的权益错配问题并不明显。然而,当经济进入中低速增长的"新常态",下行压力逐步显现,问题资产逐步"水落石出"之时,权益资金形成不足的问题就渐次显露。我们现在谈之色变的债务负担过重、杠杆率飙升、资本成本过高等问题,都与我国金融结构的权益错配密切相关。

3. 服务对象的偏颇

服务对象的偏颇说的是,迄今为止,我们的金融体系,主要还是为高收入阶层、大型企业和国有企业服务的。这些机构和个人获得了充分、在一定程度上已经是过度的金融服务。而对于广大中等收入及以下水平的普通居民、对于广大的中小微企业、对于广大的民营经济等这些更需要资金及金融服务的经济主体,我们提供的产品和服务严重不足。

(二)"十四五"时期优化金融结构的方略

所谓优化金融结构,主要就是要纠正以上三个扭曲。改革的方略可以概括为以下三条。

1. 优化金融机构体系

第一条方略,健全商业性金融、开发性金融、政策性金融、合作性金融,分工合理、相互补充的金融机构体系,构建多层次、广覆盖、有差异的银行体系。

关于健全四种性质的金融机构体系问题,早在党的十八届五中全会决定中就已有部署。遗憾的是,几年前的部署,至今并未得到有效落实。提出四种性质的金融活动并举,是我国面对新时期、新任务的一大创新。

我们发展金融体系的任务一次又一次地从基层做起,发展信用社、发展村镇银行、支持小额信贷发展等等,不一而足。但是,发展到今天,中国仍然还是大银行的天下,更严重的是,无论何种规模、居于何地,几乎所有银行的业务结构都是高度同构化的。所以,提出发展多样化的金融机构的目标,切中了我国金融结构的弊端。"十四五"时期优化金融机构体系的关键,就在于真正落实党的十八届五中全会决定,健全四种性质的金融机构体系。

进一步地看,在中国的未来发展中,健全银行体系、大力发展保险及养老金、发展各类非银行金融机构,当属重中之重。这些机构的发展,不仅有助于解决业已到来的人口老龄化问题和失业规模增大的问题,而且有助于发展机构投资者,为我国资本市场发展提供可靠的资金来源。

2. 优化金融市场体系,加强资本市场制度建设

第二条方略,建设规范、透明、开放、有活力、有韧性的资本市场,完善资本市场基础性制度,把好市场入口和市场出口两道关,加强对交易的全程监管。

近年来,资本市场得到国家宏观调控部门越来越多、越来越大的重视。但是我们也注意到,发展资本市场的重点,渐次也有调整。习近平总书记 2019 年 2 月在中央政治局第十三次集体学习时的讲话中,发展"多层次资本市场""提高直接融资比重"等经常念的"经",似乎较少被提及,而资本市场自身的体制机制建设问题,则被提到了首位,中央对于资本市场基础制度的重视,要求把好市场入口、出口两道关,要求加强对交易的全程监管等等,在过去也都比较少见。

因此,"十四五"时期,金融市场体系优化调整的主攻方向是改革完善资本市场基础制度,促进多层次资本市场健康稳定发展,提高直接融资特别是股权融资比重。

设立科创板并试点注册制是当前金融市场体系优化调整的一项重点任务,科创板的设立具有先行先试的示范效应,它的运行可以为我们改革完善资本市场的上市、发行、交易、监管等各个环节的基础性制度积累宝贵经验,成为建设规范、透明、开放、有活力、有韧性的资本市场的一个试验田。在科创板建设过程中,基础性的体制机制建设具有决定性意义,既要充分吸收国外先进经验,更要因地制宜,探索符合国情的基础性制度框架。

除了科创板之外,资本市场体系建设还有以下三个方面要在"十四五"时期有所突破:(1)加快完善以机构为主、公开转让的中小企业股权市场;引导私募股权投资基金、风险投资基金健康发展;支持创新型、成长型企业通过公募和私募的方式进行股权融资;建立健全不同层次市场间的差别制度安排和统一的登记结算平台。(2)应当给区域性资本市场"正名",让市场基于区域之差别,建立不同层级,服务于区域发展的资本市场。(3)规范发展债券市场,其中最重要者,一是允许发行市政债券,二是大力推行资产证券化。

为了更好地服务于未来改革发展的主攻方向,我们还须建立致力于长期融资的长期信用机构体系。其中,服务于基础设施建设、城镇住宅发展和城市化发展的长期信用机构,应当成为发展的重点。同时,完善支持创新的风险投资机制,完善政策性担保体系,推动新型产融结合,以及发展助力资本形成的金融租赁等等,也都是题中应有之义。

3. 调整产品结构

第三条方略,在调整产品结构方面,强调以市场需求为导向,积极开发个性化、差异化、定制化金融产品。

我们知道,个性化、差异化和定制化的本质,具体到产品和服务层面,就是"非标准化",与之对应的,则是"出表""出场""脱媒"等等。

近年来,随着金融创新风起云涌,我国金融产品"非标准化"趋势十分明显,但由于监管未能及时到位,监管真空和重叠监管同时存在,再加上资本市场的杠杆融资推波助澜,致使资管领域积累了大量风险。在这种情况下,对资产管理业进行整肃,亦属正常。但是,要求资金由表外回到表内,由场外回到场内,由多样化变为单一化,由资本市场回到银行资产负债表内,只能是一种应对风险的权宜之计,作为发展的方向,"十四五"时期我们还是要继续培育适宜的环境,支持金融产品和金融服务"出表""出场""脱媒",向"个性化、差异化、定制化"的方向发展。

调整产品结构的另一方面任务,就是要增加中小金融数量和业务比重,改进小微企业和"三农"金融服务,选择那些符合国家产业发展方向、主业相对集中于实体经济、技术先进、产品有市场、暂时遇到困难的民营企业给予重点支持。这一类任务的提出,显然是与近年来小微企业和民营企业经营困境加剧密切相关,在进一步改革的过程中对此进行纠正,自属必然。"十四五"时期的工作重点:一是要支持鼓励金融机构在信贷活动中扩大抵押物的范围,并按照企业不同产品的生命周期来确定贷款的期限,而不是反过来让企业来适应银行的贷款期限。二是要探索建立适应服务实体经济需要的金融监管制度和金融机构内部激励机制,完善银行内的尽职免责制度,开发实体企业和银行共担风险的金融产品。

四、实施路径之二:管理金融风险

(一) 正确把握实体经济发展与管理金融风险的关系

做好"十四五"时期的金融风险管理工作,最根本的是要正确把握金融和实体经济、金融发展和金融风险之间的关系。习近平总书记关于金融风险管理的一系列论断,为我们指明了方向。

习近平总书记强调,防范化解金融风险特别是防止发生系统性金融风险,是金融工作的根本性任务。这就规定了我国金融改革和发展过程中一项须臾不可忘记的重要任务。

不过,关于防范和化解金融风险,我们更应当仔细体会如下三个表述背后的深刻含义:

第一,实体经济健康发展是防范化解风险的基础。这里体现的还是习近平总书记一贯的分析逻辑:讨论金融风险,首先要讨论作为其服务对象和发展基础的实体经济的风险,而且,从根本上说,金融健康与否,首先取决于实体经济健康与否。

第二,要注重在稳增长的基础上防风险。这里分析的是防范和化解金融风险同稳增长之间的关系,很明显,稳增长被置于优先地位,我们应当在实体经济稳定的基础上管理金融风险。

第三,坚持在推动高质量发展中防范化解风险。这说的是发展和管理金融风险之间的关系,强调要在推动高质量发展中防范和化解金融风险,换言之,处于优先地位的,仍然是高质量发展。

总而言之,正确处理上述几对关系,构成了"十四五"乃至更长一个时期内我国金融改革和发展的重要内容。可以认为,这是迄今为止关于防范和化解金融风险最新,也是最系统、最全面的表述。

"十四五"时期,我国经济金融经过上一轮扩张期后,正处于下行"清算"期。国际金融危机的影响,加重了管理金融风险的担子。中美贸易摩擦的深入和长期化,使得中国改革开放的任务高度复杂化。防范和化解金融风险必将成为贯穿"十四五"时期全过程的长期工作任务。

(二) 去杠杆:防风险的长期任务

金融危机的教训表明,金融风险的重要源头在于过度借债导致的高杠杆。因此,几乎可以说,所有的防范和化解金融风险的任务,都将落实到去杠杆上,也正是在这个意义上,去杠杆是我们的长期任务。

从理论上,杠杆的作用是显而易见的。使用杠杆是现代社会运行不可或缺的基本活动,因此去杠杆不等于不要杠杆,而是要充分考虑债务的可持续性,平衡好稳增长与防风险的关系,把杠杆有利于经济发展的方面留下来,把它造成金融风险的那部分去除,以确保经济持续健康发展。

问题的困难之处在于,在大多数国家中,稳经济和去杠杆在本质上都是相矛盾的,这是因为,多数国家的经济增长都是债务驱动型,即经济增长的第一推动力来自借债,反之,没有借贷资金支持,几乎所有的经济活动都无法开展;要想稳增长,就必须容忍杠杆率攀升。基于这种密切联系,稳经济和去杠杆之间便存在顾此失彼的替代关系。正是因为如此,在多数情况下,稳经济可能更为重要。

在上文中,我们已经提及了几对重要关系,即经济稳定与防范和化解风险,经济稳定第一;高质量发展与防范和化解风险,高质量发展优先;等等,说的就是这个意思。基于这种优先顺序,我们就会冷静地判断去杠杆在整体宏观调控操作中所居位置,因为去杠杆是防风险的集中举措,所以它要服从于金融稳定、服从于经济稳定、服从于高质量发展。但是,从另一侧面说,由于高杠杆几乎构成一切金融风险的渊薮,去杠杆又必须"警钟长鸣",如此,去杠杆的任务非但没有结束,而是更为艰巨、更为复杂、更为长期化了。

自 2015 年底供给侧结构性改革战略实施以来,我国的结构性去杠杆已经初见成效,2018 年我国宏观杠杆率出现了 7 年来的首次下降。但杠杆率居高不下的体制根源仍未根除,去杠杆依然任重道远。

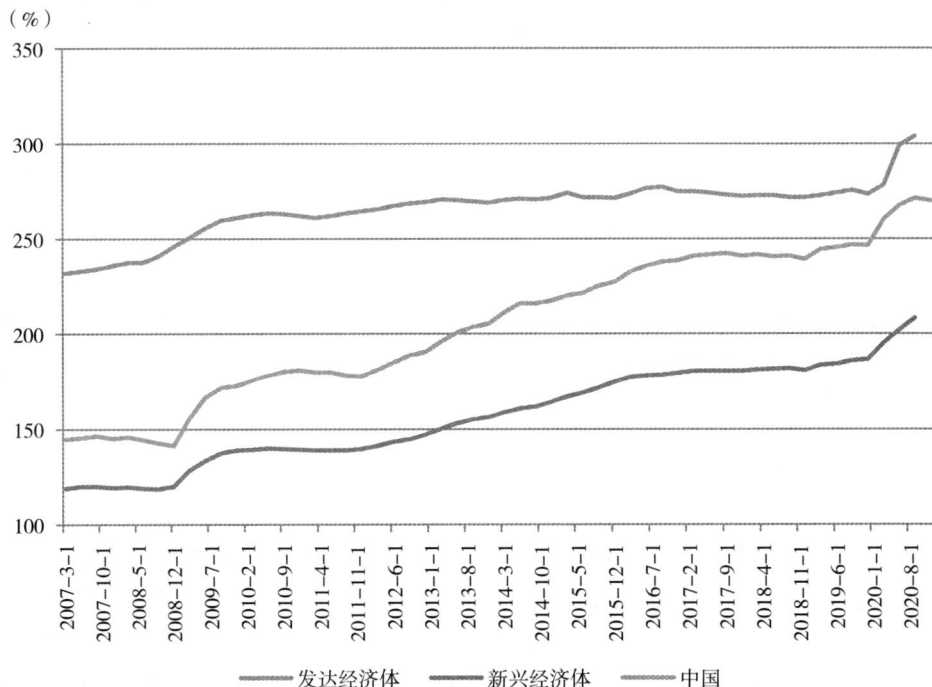

图 1　宏观杠杆率的国际比较

数据来源:国际金融协会(IIF);国家资产负债表研究中心(CNBS)。

如图 1 所示,在新冠肺炎疫情冲击之下,2020 年我国宏观杠杆率增幅为 23.6 个百分点,不但低于 2009 年 31.8 个百分点的增幅,也低于发达经济体 2020 年前第三季度 30.7 个百分点的增幅。与此同时,我国实际 GDP 增长 2.3%,名义 GDP 增长 3.0%,是全球唯一实现正增长的主要经济体。不容否认,在内外部不确定性增强的情况下,突出稳增长无疑是正确的选择;但如何保持定力、坚持结构性去杠杆,仍是未来政策面临的严峻挑战。尽管如此,2020 年底中国实体经济部门的债务相当于 GDP 的 2.7 倍,处在非常高的水平,特别是高出新兴经济体杠杆率(208.4%)61.7 个百分点。① 疫情冲击导致我国总体金融风险进一步上升,称其为债务"灰犀牛"一点也不过分。

"十四五"时期我国去杠杆战略的总基调应定位为稳中求进,要在把握好稳增长与防风险之间微妙平衡的前提下推进结构性去杠杆。

所谓"稳",就是在经济出现新的下行压力时,要从需求侧发力,稳住总杠杆,

————————

① 数据截止到 2020 年第三季度(IIF)。

从而稳住总需求,应对国内外各种不稳定不确定因素的冲击。由于前期居民部门加杠杆速度过快,今后需要更多依靠中央政府加杠杆和地方隐性债务显性化等办法来稳住总杠杆。

所谓"进",就是立足长远,从供给侧发力,用改革的办法推进结构性去杠杆,特别是要推进"僵尸企业"的破产重组,让市场清理机制发挥作用;硬化国企与地方政府的预算约束,破除政府兜底幻觉;强调市场规律和竞争中性,促使金融体系平等对待各种所有制企业。

在过去40年乃至70年间,中央政府在动员资源的同时,承担了隐性担保和最后兜底责任,也承担了所有的发展风险。这是我们的赶超秘诀所在。那么"十四五"时期,政府还有没有能力承担所有风险来推进发展,这是需要思考的重大问题。从这个角度,未来如果我们要防范和化解杠杆率快速攀升带来的风险,最重要的还是要从体制上解决好国有企业和地方政府债务问题。中央推出从体制机制上抑制国有企业与地方政府加杠杆的举措,对于硬化约束机制、打破刚兑和减弱隐性担保都将起到十分重要的作用,这样的改革努力,不要因为重心偏向稳增长而放弃。

五、实施路径之三:创造有利于市场机制运行的货币金融环境

创造有利于市场机制运行的货币金融环境,其要义是沿着建设社会主义市场经济的道路向前推进金融改革与发展,并纠正一切与这一目标相违背的体制机制。在这个方向下,"十四五"时期应当着力在如下两个方面取得进展。

(一)"三率"市场化

说起金融的重要性,人们一般想到的都是"筹资"。然而,这并非货币金融之功能的全部,在市场经济条件下,货币金融的又一类重要作用就是,它通过利率、汇率、收益率等一系列的"价格"指标,形成重要的决策指标。一方面,引导金融资源向最有效率的领域流动;另一方面,为市场和广大的市场参与者提供一种参数,引导他们将自己拥有的资源配置到最能发挥效力的领域和用途上,从而获取最大化的经济收益。

"十四五"时期,我们要在"三率"市场化方面形成共识。要促使各个方面都认识到,在国内,利率的市场化关乎我们能否有效地将有限的资源配置到最有效率的领域、地区、行业和企业手中;着眼全球经济,汇率的市场化关涉我们能否有效地利用国内国际两个市场,从而实现国民经济效益最大化;而国债收益率曲线的完善,

则决定了我国金融产品定价的合理性和科学性,从而,在微观层次上,关涉资源配置效率。我们常说,在市场经济中,是市场力量在引导资源配置。市场靠什么引导? 靠金融资源的流动。金融资源依据什么流动? 依据此处所说的三个"率"所揭示出的信息,其重要性不言而喻。

利率市场化绝不仅仅意味着"放开",它至少包括三大要义:(1)建立健全由市场供求决定利率的机制,使得利率的水平、其风险结构和期限结构由资金供求双方在市场上通过反复交易的竞争来决定;(2)打破市场分割,建设完善的市场利率体系,建设核心金融市场并形成市场核心利率,建立有效的利率传导机制;(3)中央银行全面改造其调控理念、工具和机制,掌握一套市场化的调控利率的手段。这样看,我国利率市场化的任务还很繁重;"放开存款利率上限",其实只是我们必须完成的并不具有决定性意义的任务之一。

为了提高利用国内国外两种资源的配置效率,促进国际收支长期均衡,我们必须完善人民币汇率的市场化形成机制。为达此目标,必须大力发展外汇市场,增加外汇市场的参与者,有序扩大人民币汇率的浮动空间,完善汇率形成机制,尤为重要的是,央行必须大规模减少其对市场的常态式干预。

收益率曲线是固定收益市场的主要收益率,它反映无风险收益率基准在各个期限上的分布;基于这条曲线,其他各种固定收益产品才能根据各自的风险溢价来有效定价。在我国,国债收益率曲线已在 20 世纪开始编制,但囿于各种条件,其缺陷依然明显,使之日臻完善,是下一步改革的重要任务。在这方面,完善国债发行制度,优化国债期限结构;完善债券做市支持机制,提高市场流动性;改善投资者结构,增加交易需求;完善国债收益率曲线的编制技术;适时引进境外投资者等,都是必不可少的功课。

(二) 破除金融体系的所有制歧视

创造有利于市场机制运行的货币金融环境,就意味着要让市场在资源配置中发挥决定性作用。这就要求我们破除金融体系的所有制歧视,遵循"竞争中性"原则,平等为各种所有制企业提供高效率服务。

我国的基本经济制度是多种所有制共同发展,当前民营企业和小微企业在国民经济中的占比很高,科创型企业快速增长,这是数十年市场化改革的宝贵成果。尊重市场规律意味着要大力破除金融体系的体制偏好,按照竞争中性原则平等为各种所有制企业提供金融服务。在实体经济融资难融资贵的大环境下,特别要致力于精准支持那些符合国家产业发展方向,主业相对集中于实体经济,技术先进,产品有市场,暂时遇到困难的民营和小微企业。这将在要素资源获取、企业经营运行等方面为非公有制经济发展创造良好环境。这有利于激发企业家精神和市场主体活力,增强发展内生动力,顶住经济下行压力;同时也是坚持"两个毫不动摇",完善社会主义市场经济体制的必然要求。落实竞争中性原则,将成为我国深化各领域改革的方向之一。

六、实施路径之四:积极稳妥发展金融科技

(一) 发展金融科技的战略意义和主要作用

积极稳妥推进金融科技发展,将极大地优化我国经济和金融发展的要素基础和结构,助力于提升我国经济发展的质量。鉴于我国在金融科技发展上目前处于第一方阵,所以,积极稳妥推进金融科技发展,将可能为我国赢得核心竞争力。

首先我们应当知晓,发展科学技术,是供给侧结构性改革的主要内容,推动科学技术发展,特别是推动科技产业化,从来就是供给侧结构性改革的主要着力点,是落实新发展理念,实现创新发展的基础。供给侧结构性改革体现在金融领域,就是大力发展金融科技。发展金融科技的要义,就是使创新成为推动金融服务供给结构变革和提升金融服务效率的根本动力。

金融业的发展历来同科技发展有着密切的关系,在历史上,金融业一向就是最新科技的主要使用者。金融科技发展对金融发展的革命性影响:一是有助于破解信息不对称这一始终困扰金融发展的难题;二是提供更可靠的信用基础,助力金融体系正常运行;三是准确地提供各种要素的流转轨迹,便利金融服务实体经济;四是让各个部门、各个主体都能够显示自己的偏好,为资源配置提供有效的参数;五是降低金融服务成本,有效接通普通大众和小微企业。

可见,现代科技可以全面地改造传统金融,让金融更好地服务实体经济。无论是金融机构的调整、金融市场的重塑还是金融产品的开发,金融科技都可以在其中发挥关键性作用,特别是在支付清算、资源配置、分散风险、有效激励、提供信息等各个方面弥补现有金融体系的短板。在此基础上,我们还应当清醒地认识到,只有在金融科技大发展的基础上,我们才有可能让普惠金融和绿色金融真正发展起来并落在实处,从而做到真正为广大人民群众服务,实现绿色发展和共享发展。

(二)"十四五"时期发展金融科技的两个战略性问题

应当指出的是,金融科技不是科技,其本质是金融,金融科技企业必须做好上述五类事情,才能保证自己不是在制造泡沫。最近几年来,我们已经在这个领域积累了一些泡沫,值得高度警惕。我们不希望如火如荼的金融科技,成为又一个互联

网金融。

"十四五"时期应当对我国和世界金融科技发展的经验教训有精准的分析和把握,并据此提出运用监管科技,规范金融科技运行的战略思路。其中有两个问题至为重要。

其一是改革我国金融体系中的若干基础性制度安排。

回顾近些年来我国互联网金融与金融科技的发展历程,互联网金融的发展在中国创造出了第一波的科技"泡沫",引发了多种类型的金融风险,致使七部委联手于2016年开始对互联网金融进行整顿,至今尚未结束。

互联网金融在中国的大起大伏值得我们深思:为何一个技术上非常先进而且可能带来行业革命的好东西,突然就转变成为一个"作恶多端"的东西,以至于需要多个监管部门联合出手整治? 追根溯源,是因为它赖以发展的经济和金融环境存在一定的扭曲,以至于让技术上先进的互联网金融走上了歧途。在未来五年金融科技发展进程中,只有构建起机制健全、运行正常的金融体制机制,才能促使新的技术应用沿着正常、有效率的路径发展,才能产生正面、积极的效果。

我们的传统金融业发展还很不充分,仍然存在很高的"租",我国金融业"制度性利差明显,一度存在坐地收钱的强势思维"。这种租金之高,不断吸引着人们利用各种手段去规避监管,以期进入金融领域去分享垄断利润;面对几乎唾手可得的"租",人们当然不屑于去花费精力进行真正的金融创新。从互联网金融的沉浮中可以得到的认识是:我们必须首先建立充分有效的市场竞争机制,解除金融压抑,放开市场准入,"挤干净"我国金融领域因过度管制所形成的"租"。在此基础上发展金融科技,它们才不会走上"寻租"之歧途,它们才会向科技要竞争优势,向科技要金融效益。

其二是金融科技和监管科技的发展要围绕信息这一核心要素展开。

手中握有现代科技手段,我们就不会局限于过去单一的结构性信息,而应将大量的非结构性信息,如社交信息、影像图像信息等囊括在内。在此基础上,整个金融业的信息链条还扩展到信息收集、处理、分析和挖掘等多个环节。针对中国的现状,如下三个方面尤其需要重视:第一,破除"信息孤岛"。目前,中国的信息不可谓不多,各个行政部门、事业单位、企业都会收集信息,但遗憾的是,由于缺乏协调,不同部门之间信息存在割裂的孤岛。如何实现这些信息的打通和共享,以及在监管部门、商业领域之间的合理合法使用,便成为一个重要问题,其涉及面很广,需要顶层设计,层层推进。第二,各类信息的数字化问题。信息的数字化,并不仅仅意味着将现存的各类信息换一个数字的载体去保存,而首先是将所有的信息数字化,然后将这些数字信息筛选、集成,变成可以方便查询、可以编程、可以依据一定的算法进行挖掘的活"库"。第三,提升算法和算力,促进人工智能(AI)发展。从中国情况来看,经过不懈的努力,我国的算力已经有了突飞猛进的提升,但是由于长期不重视科学研究,我国算法在世界上依然处于学习、引进水平。这种状况与我国整个科学教育体系偏理工、在理工里面偏工程的格局有关。因此,发展金融科技和监管科技,必须改革我国的基础教育制度和研究体系。

七、实施路径之五:稳步扩大对外开放

扩大金融业对外开放是一个老话题,却是一个常议常新的话题。那么,经过长达40多年的改革开放,在金融对外开放方面,"十四五"时期我们将面临怎样的新任务,我们的开放战略又将如何深入推进呢?

在百年未有之大变局下,扩大对外开放不是简单地"要开放",而是要根据国际经济金融发展的形势变化和我国发展战略的需要,以促进中国经济金融健康发展、促进全球经济和谐共生为目标,研究制定新的改革开放措施。也就是说,金融对外开放要有针对性,要有问题意识,应当问题导向,绝不能"本本先行"。这是金融对外开放的基本原则。

在这个原则基础上,中国金融业的进一步对外开放,应当有如下三个要点:

第一,提高中国金融业在全球的竞争能力,扩大金融高水平双向开放。中国的金融供给侧结构性改革,是置于中国融入全球化金融体系的大战略之中的,是将中国置于全球之中,进而希望积极发挥作用的一种战略安排,所以,中国金融业对外开放,为的是提高我们在全球范围内的竞争力,扩大金融高水平双向开放等等,只是其包含的具体内容。更重要的事情:一方面,要全面提升国内金融机构的国际竞争力,以便它们能较快适应全球金融的环境,较快、较深入地融入全球金融系统之中;另一方面,要按照国际标准和国际惯例,改造国内金融乃至经济运行的体制机制、法律架构、营商环境,形成对国际资本的吸引力;同时还要利用"一带一路"等新型制度安排,稳步推进人民币国际化,做到积极有为,水到渠成,与国内改革和发展相辅相成,统筹安排。

第二,提高开放条件下经济金融管理能力和防控风险能力。这里的着眼点还是推进全球化深入发展,主要关心的问题是:我们的金融市场对外开放了,大量我们不熟悉甚至不知道的事物接踵而来,如何去管理这样一个日趋复杂的金融世界,我们并无经验。所以,提高经济金融管理能力和防控风险能力,比过去任何时候都重要。特别需要指出的是,迄今为止,我国的金融风险确实得到了有效的管控,然而,我们的监管有效性在相当程度上是靠行政性手段保障的。如何主要运用经济和法律手段来实施监管,是我们在进一步对外开放过程中所要解决好的关键问题。

第三，提高我国参与国际金融治理能力。随着中国经济和金融实力的提高，随着中国经济和金融与全球经济和金融日益密切地联系在一起，随着"你中有我，我中有你"的世界新格局日益加深和成熟，参与金融的全球治理，表达我们的看法，发出我们的声音，表明中国的立场，维护中国及广大发展中国家的利益，不仅有了必要性，而且有了可能性。然而，当我们初步摆脱几百年来被动接受外部规则的局面，站到了世界发展的前沿之时，我们实际上是"心中无数"的。如果说管理社会主义市场经济运行，对我们而言已然是新鲜事物，那么，积极参与全球经济金融治理，并在其中逐渐发挥重要作用，则是一个全新的挑战。

根据问题的紧迫性和重要性，围绕"十四五"时期金融开放的工作重点提出如下几项政策建议：

第一，加快实现人民币资本项目可兑换。我们的对外开放，无论是"走出去"，还是"请进来"，都还存在重重障碍，其中，资本项目管制和人民币不可兑换，是最主要的障碍。中国要想成长为在国际事务中发挥更大作用的负责任大国，就必须破除这些障碍。

在我国金融对外开放已经取得相当进展的基础上，进一步改革的重点将置于：转变跨境资本流动管理方式，便利企业走出去；推动资本市场双向开放，有序提高跨境资本和金融交易可兑换程度；同时，建立健全宏观审慎管理框架下的外债和资本流动管理体系，提高可兑换条件下的风险管理水平，保障国家金融安全。

第二，在国务院金融委的领导下，加强部门信息共享和政策协调，加强跨境资本流动监测预警，完善舆情监测分析机制，形成政策合力。特别是要努力做到风险早发现、早预警、早处置，并在情景分析、压力测试的基础上拟定应对预案，重点要模拟演练防范化解跨市场的传染和攻击。

第三，建设有深度广度、有流动性的金融市场体系，提高吸收内外部冲击的能力。这项工作的成功将有利于金融体系有效吸收负面冲击和风险损失，确保基本功能不减弱、不中断，阻止实体经济和金融体系的恶性循环，简言之，就是提升金融韧性。而2008年金融危机的经验教训表明，提升金融韧性是抵御外部攻击和化解金融风险的固本之策，至关重要。

第四，牢牢把握金融开放的主动权和主导权，成熟一项推出一项，扩开放与防风险要同时研究、同时部署。

（课题组成员：李扬　董昀）

"十四五"时期推进金融改革开放的阶段性目标、步骤和路径研究

本报告通过分析评估"十三五"时期我国金融改革开放和发展情况,梳理存在的主要问题;结合对国际经济金融形势的分析判断和我国经济发展战略的需要,提出"十四五"时期我国金融改革开放的阶段性目标、步骤和具体路径,并就在"十四五"时期重点推进的重大举措提出相应的建议。本报告在对金融改革开放总体研究基础上,重点聚焦于金融开放、金融风险防范等主题领域。

一、"十四五"时期推进我国金融改革开放的基础和环境

(一)"十三五"时期我国金融发展打下比较扎实的基础

经过前几年的发展,我国金融部门整体实力取得稳步提升。全社会融资规模持续增长,积极支持实体经济发展;一批重要金融机构和金融发展平台建立,金融市场体系更加完备;金融监管体制实施重大改革,国务院金融稳定发展委员会的成立为我国金融业的稳定发展提供有力的组织体制保障。

金融组织体系进一步完善。我国各类金融机构数量近年来一

深化改革

直持续增加,非银行类金融机构数量增长速度高于银行类机构,但非银行类机构总数与银行类机构数量相比,仍有较大差距。截至 2018 年底,我国银行业法人单位数量为 4602 家,较 2014 年的 4090 家增长了 512 家;证券公司数量由 2014 年的 121 家增长到 131 家,增长了 10 家;基金管理公司共 120 家,较 2014 年增长了 25 家;期货公司和保险公司数量都有所下降。从各类机构数量增长速度来看,非银行类金融机构增加速度明显高于银行类机构,但就机构的绝对数量进行分析,银行与非银行仍有较大差距。

利率市场化改革基本完成。中国人民银行遵循先放开贷款利率,后放开存款利率;先放开长期利率,后放开短期利率的政策操作思路,稳步推进了这一金融市场最为看重之价格工具的市场化进程。2015 年 10 月 24 日起,央行下调金融机构人民币贷款存款基准利率和存款准备金率,另对商业银行和农村合作金融机构等不再设置存款利率浮动上限。这意味着央行打开了商业银行存款利率浮动的空间,存款利率市场化已接近完成。同时,这也标志着我国利率市场化打通了最后一公里,完成了最后一跃。利率市场化收官之后,更为重要的考验是需要强化金融机构的市场化定价能力,在此基础上为参与各方提供各不相同的多样化金融产品和服务。央行货币政策方面则需要进一步疏通利率传导机制,并重塑货币政策框架。

资本市场改革创新出现重大突破。2019 年 7 月,科创板正式推出。科创板无论在新股发行制度、交易制度,还是退市制度诸方面,都是股票市场制度的重大创新。实施注册制,意味着行政审批被废除,优质的资产可以通过注册制的方式实现 IPO,不仅改变了原有的双方关系,而且抑制了现有通过买壳的方式实现上市的现象。

进一步深化金融监管体制改革。2017 年 11 月,经党中央、国务院批准,国务院金融稳定发展委员会成立。成立金融稳定发展委员会是为了强化中国人民银行宏观审慎管理和系统性风险防范职责,强化金融监管部门监管职责,确保金融安全与稳定发展。“一委一行两会”监管体制或将成为未来很长时期我国金融业监管体制运行的新格局。金融分业监管体制必须与时俱进,才能克服金融业发展过程中涌现的各种新问题,为从根本上遏制金融市场乱象夯实制度保障。此次金融监管体制改革将对推动我国金融业向制度化、现代化、国际化方向迈进起到重要作用。

尽管在这一时期也出现不少问题,甚至酿成一些金融风险,但经过领导决策层、政府相关部门的及时合理处置,以及金融业界的共同努力,初步解决了出现的问题,保持了我国金融体系的稳定运行。而且,经过这些事件,也使得全社会上上下下对于金融的重要性,对于金融与经济的本质关系,有了更加深刻的认识,从而进一步形成共识,共同推进我国金融部门的供给侧结构性改革,加大金融部门的开放。这些成绩进展都将为我国下一阶段"十四五"时期推进金融改革开放奠定较坚实的基础。

（二）"十四五"时期我国金融改革开放面临的问题

当前我国推进金融改革开放进程中,面临的主要问题包括地方政府债务负担沉重、传统间接金融发展模式转型困难、人民币国际化进程受到挑战以及房地产市场运行承压等方面。这些问题对我国"十四五"时期加大改革开放步伐构成压力和挑战。

地方政府债务规模负担沉重。金融改革与开放的前提是金融稳定,其中核心问题之一是地方债务的规模核定与化解。截至 2019 年 6 月,官方披露的地方政府债务余额为 205477 亿元。另外,近年来地方政府负有偿还责任的隐性债务快速增长,已经引起了广泛关注,成为金融风险"灰犀牛"。因此确定地方政府债务规模、明确需要解决的难点,防范可能的金融风险。

传统间接金融发展模式面临巨大挑战,银行服务与实体经济需求存在不匹配问题,突出地表现在对制造业和科创企业的支持。银行业如何更好地匹配制造业企业的金融需求是"十四五"时期必须解决的问题之一。实体经济获金融支持仍然存在一定难度,中小企业、民营企业的融资难、融资贵等问题仍十分突出,金融服务实体经济的政策缺乏有效的政策抓手。金融业的资管通道等受到限制以后,并没有促使资金很好和充分地流入实体经济,为经济社会发展创造金融条件。小微普惠金融、绿色金融、惠农金融等政策存在一定的重叠,精细化程度也不高,处于粗线条式政策扶持。

人民币国际化面对的挑战和压力。2019 年 7 月初,中国人民大学发布的《人民币国际化报告 2019》显示,2009 年底,人民币国际化指数（RII）只有 0.02%,经过 10 年的发展,截至 2018 年底,RII 达到 2.95%;到 2019 年第一季度,RII 初步匡算值达到 3.20%。此外,人民币正式加入特别提款权货币篮子,并逐渐成为国际金融市场以及全球官方外汇储备值得信赖的可选择币种之一。但是,人民币国际化进程遇到强力挑战。由于缺少对人民币的认知度,主流投资者很难抛弃他们更熟悉的货币和资产,转而增加对人民币的敞口。货币和资产的波动性加剧了人民币的品牌形象问题。全球经济复苏趋缓不利于人民币国际化。现有国际货币的阻挠和习惯势力。

房地产市场运行承压。我国房地产行业一直在市场发展机制与宏观调控政策的博弈中前行。自 2016 年第四季度房地产行业进入强调控区间以来,经过 2017年多次调整深化,2018 年政策总基调体现为一方面坚持调控稳定房价,另一方面支持刚性购房需求。2019 年在"稳金融,稳预期"的宏观背景之下,房地产政策将坚持底线思维,稳妥推进,力求市场平稳健康运行。但是,房地产行业对现金流持续性要求很高,所以对融资和再融资渠道的依赖程度较高,对资金成本敏感度高,在市场流动性偏紧的情况下,面临一定的融资压力,风险程度偏高,不排除"十四五"时期房地产价格出现明显下降的风险,这一风险将对我国的经济金融发展带来巨大的冲击,对此我们必须保持足够的警惕。

(三)"十四五"时期我国金融改革开放的国内需要和国际环境

改革开放以来,中国金融业发展取得了历史性成就,党的十八大以来,金融改革和开放得到有序推进,金融风险得以有效治理,金融产品日益丰富,金融服务普惠性增强,金融监管得到加强和改进。但是,在总量扩张的同时,金融业的市场结构、经营理念、创新能力、服务水平还不能很好适应经济高质量发展的要求,存在诸多矛盾和问题。近期一方面要警惕金融周期与经济周期的"脱钩"问题,另一方面还要重视金融资源错配问题,提高金融供给与需求的匹配度。深化金融供给侧结构性改革,要求从原先注重总量扩张转向更加注重提高金融供给的质量、效率和水平,增强金融服务实体经济的能力,以更好满足经济高质量发展的需要。

具体而言,支撑未来中国经济的高质量发展需要进一步的金融改革开放:(1)经济总体规模持续增长需要进一步金融改革开放。从经济总量及其与世界主要国家比较的视角来看,中国正在逐步缩小与发达国家之间的差距。但是,中国金融体系的发展程度却远远滞后于经济规模发展速度,与中国作为世界第二大经济体的地位不相匹配。因此,未来经济持续增长的实现需要资金等各类资源要素的进一步优化配置,作为国家重要的核心竞争力和国家安全的重要组成部分,金融发展应当满足经济社会发展需要,实现经济与金融两者间的共生共荣。

(2)中国经济转型和产业升级需要进一步金融改革开放。从本质上看,经济结构的调整是要素的调整,其调整过程就是包括资金在内的要素投入从传统产业向新兴行业转换的过程。资金如何从传统行业中退出,如何引导其进入新兴行业,需要金融的改革开放给予进一步的支撑,要推出创新性和针对性强的金融措施,与财政政策、产业政策等相互配合,为稳增长、调结构以及提高整体经济活力提供支撑。更重要的是,产业发展,尤其是代表前沿技术的战略性新兴产业的发展需要集聚全球先进的技术,因此企业需要通过投融资、并购在全球范围内配置资源,因此更加需要高效开放的金融系统予以支持。

(3)经济开放需要进一步金融开放。自2001年加入WTO后,中国在融入世界经济的历程中获得长足发展,成为具有全球影响力的贸易大国。世界对中国经济的依存度逐年上升,中国作为消费市场、供应方和资本提供方的重要性日益凸显。然而,我们必须看到,与经常项目开放程度相比较,中国的资本项目开放程度,尤其是金融领域的开放程度还远远不够,与中国作为世界贸易大国的地位并不相符,这些问题的解决需要加快投融资汇兑便利化改革,进一步深化金融改革开放,实行金融监管负面清单管理,在严格风险管理基础上推动投融资汇兑便利化。

(4)防范和化解金融风险需要进一步金融改革开放。当前中国金融领域存在一定程度的潜在风险,防范化解金融风险需要把维护金融安全作为治国理政的一件大事,要坚持底线思维、问题导向,强化安全能力建设,通过借鉴国际经验完善国内金融行业发展。同时,我们并不能因噎废食,就此停止进一步实施金融改革开放的脚步。现有金融业开放领域,如放宽金融业准入限制、稳步推进人民币国际化以及提升金融市场双向开放程度等均有利于提高我国金融市场化程度,提升金融机构效率。因此,金融业开放要与防范金融风险并重,金融开放程度要与金融监管能力相匹配。作为竞争性服务业,金融业对外开放应遵循准入前国民待遇和负面清单原则,并须与汇率形成机制改革和资本项目可兑换进程相互配合,共同推进。金融改革开放需要与国际经济金融发展形势变化和我国发展战略需要相匹配,在深化改革和开放进程中同时维护金融安全,不断提高金融业竞争能力、抗风险能力和可持续发展能力。

2019年以来,全球经济下行压力加大,全球贸易、投资、工业生产等活动放缓态势更加明显,保护主义、单边主义和逆全球化对全球经济活动的干扰加大,大部分主要经济体面临程度不同的经济下行压力,发达国家货币政策拐点显现,部分新兴经济体出现金融动荡,世界经济处于周期性见顶回落阶段,下行风险加大。

毋庸讳言,与"十三五"时期相比,"十四五"时期我国金融改革开放所面临的国际环境不够理想。一方面,国际经济金融形势比以前更加复杂多变,多个方面的不确定性进一步增加,甚至经常出现一些完全打破以往常规的情况;另一方面,随着我国经济金融实力和影响力的提升,国际社会对我国的期望和要求也发生了较大的变化,我们需要以完全不同的定位和姿态去参与国际经济金融事务。在这样的环境中,我们一方面要坚持改革开放的大方向不变,积极推进时机成熟的改革和开放举措;另一方面也要保持清醒的头脑,对于一些不够确定的改革开放举措,须谨慎行事。

二、"十四五"时期我国金融改革开放的阶段性目标、步骤和路径分析

正确理解金融与经济之间的本质关系并严格落实执行其中的政策含义,是"十四五"时期推进我国金融改革开放必须遵循的指导思想和顶层逻辑。这一逻

辑就是:金融与经济相辅相成、共生共荣,经济是肌体,金融是血脉,但经济是本源性的、主导性的,金融是次生性的、辅助性的。经济决定金融,金融必须为经济服务。

金融是现代经济的核心,是资源配置和宏观调控的重要工具,更是推动经济社会发展的重要力量。所以,金融活,经济活;金融稳,经济稳。另外,经济发展是金融发展的前提和基础,金融资本的产生是为实体经济发展服务的。所以,经济兴,金融兴;经济强,金融强。实体经济是金融发展的根基。实体经济发展决定金融业的发展。如果脱离了实体经济发展,金融业发展很容易就成为无本之木、无源之水。而且经济发展与增长本身就是金融安全与稳定的"压舱石"。没有坚实的经济基础,金融将危机四伏。

因此,"十四五"时期我国金融改革开放的任何举措,都要从金融服务实体经济的本质出发,以有利于实体经济发展为根本宗旨,而不是为改革而改革、为开放而开放。同时,防范金融风险除了要做好金融领域本身的规范和监管等事情之外,还要重视实体经济发展的"稳定器"和"压舱石"作用。

(一)"十四五"时期我国金融改革开放的阶段性目标

1. 提高我国融资体系结构中的直接融资比例

我国融资体系结构的显著特征就是间接融资占比过高,直接融资严重不足,融资结构呈现畸形状态,这一状况长期以来一直没有改观,并成为不少问题产生的根源。对此,在"十四五"时期必须加以调整,并有所突破。这也是金融供给侧结构性改革的重要内容之一。

根据央行发布的数据,2018年末,社会融资规模存量约200万亿元,其中商业银行贷款、信托贷款等各类间接融资存量超过160万亿元,占比超过80%;直接融资方式的债券、股票融资约34万亿元,占比约17%,其中的股票融资不到4%。从近几年的融资增量数据看,也大致是这样的情况。

融资结构不合理、间接融资占比过高:一方面造成我国企业融资难问题长期得不到解决,尤其是中小微企业的融资难、融资贵问题;另一方面,这也是我国全社会杠杆率特别是企业的杠杆率高企的基础性原因,因为各类贷款融资和债券融资,都是债务性融资,占比超过93%,而权益性融资比例极低,各类市场融资主体都主要在依靠负债进行融资,这样的融资结构必然导致杠杆率偏高。并且,杠杆率过高又是导致各类金融风险的重要的基础性原因。

因此,在"十四五"时期,必须加大对资本市场改革和开放的力度,一是从股票市场基础性制度供给、证券市场投资者、证券市场投资资金供给等方面,加快推进相关改革举措;二是从引进境外投资者、增强与境外证券市场互联互通等方面,扩大资本市场对外开放,以此来促进我国资本市场健康、规范、快速的发展,提高我国直接融资比例。

2. 提高金融业全球竞争能力,扩大金融高水平双向开放

经过近几十年的发展,我国金融业资产规模已经相当庞大,多家商业银行已位居全球商业银行前列,但金融机构和金融市场的整体实力显得不够,其全球竞争力和影响力有待提升。

中国人民银行最近公布的数据显示,2019 年第一季度末,我国金融业机构总资产为 302.71 万亿元。其中,银行业机构总资产为 275.82 万亿元,证券业机构总资产为 7.78 万亿元,保险业机构总资产为 19.11 万亿元。事实上,银行业总资产已稳居全球第一,在 2016 年底就已经超过欧盟所有商业银行的资产总和,是美国银行业总资产的两倍多。但是,银行业一家独大,证券业发展规模严重不足,整体金融业结构严重畸形,大大削弱了金融业的整体竞争力。另外,金融机构的经营管理能力、金融服务效率等,与国外优秀金融机构相比存在明显的差距,有一定规模、具备较强经营能力的证券业机构更是乏善可陈。金融市场虽然有规模庞大的交易量,但在全球金融市场的整体影响力非常有限。

因此,"十四五"时期金融改革开放的一个重要目标就是明显提升我国金融业的全球竞争力。

一是要加大改革力度,目前重要的是要真正落实金融机构的现代企业制度建设。金融机构现行公司治理结构重形式轻实质、形似而神离的问题突出,"三会一层"内部制衡机制形同虚设,信息披露严规制宽执行,激励约束不到位、大股东操控、管理层控制和外部干预等问题还是非常严重,这距离现代企业制度目标存在较大差距,而且这些问题既有碍金融机构经营管理能力的提升,也是产生金融风险的重要原因之一,因此必须加以改革调整。

二是要扩大金融业的高水平双向开放,在开放性竞争中磨炼和提升金融业的全球竞争力。我国可考虑大幅度地放宽金融业的市场准入。海外金融机构的进入,竞争压力的增加将促使中国金融机构改善服务,更好地为实体经济和公众服务。外资金融机构进入中国除引入资金外,更重要的是让中国金融机构可以学习外资金融机构更加成熟的制度规范、管理经验和产品技术,并借此培养一批真正和国际接轨、了解国际市场规则的专业金融人才。随着金融业开放的逐步深入,中国境内一批真正具有专业能力的金融机构会脱颖而出,而那些只是依靠牌照垄断甚至裙带关系做业务的金融机构则会走向死亡,从而金融业的整体竞争能力必然提升。

开放金融业市场准入与资本项目可兑换有较大的关系,但这是两件事情,放松金融业市场准入不必要求放松资本管制,所以不能以资本管制为理由阻碍市场

开放。

3. 提高金融业在开放环境下的风险管理能力

在开放的环境中,金融机构和金融业监管部门的风险管理难度大大提高。在熟悉制度规范、掌握市场信息、具备管理能力和金融科技能力等方面,都比较欠缺的情况下,要面对陌生的、复杂的金融世界,管理不确定的金融风险,确实是一个很大的考验。但这是我国金融业界必须面对的现实,并且必须在不断的考验中提升自己的风险管理能力。

"十四五"时期金融业提升全球金融风险管理能力:一方面要加强自身金融体系的制度规范建设,以规范的制度来保护自己,去面对金融世界的大风大浪;另一方面要加快推进金融体系的市场化改革。应对风险,有些情况下需要依靠实力去抵御,并粉碎到来的冲击;但在有些情况下,需要依靠灵活和弹性去化解。比如面对资本的异常流动,有时可以凭借储备实力进行干预,有时还是要通过弹性汇率的波动自然消弭,不能硬拼。而要做到这样,必须依靠不断推进的市场化改革。

4. 提高参与国际金融治理能力

与以往不同,"十四五"时期我国金融开放的一个新的战略目标,就是要提高我国参与国际金融治理能力,积极参与国际金融治理。这是我国经济金融发展水平不断提高的体现,也是我国必须承担的国际金融发展责任的体现。

全球经济金融发展呈现不断融合的新趋势,我国经济金融与全球经济金融的联系也日益密切。随着我国经济实力和影响力的不断提高,我们有必要也有能力积极参与全球金融治理,在全球金融舞台上发出我们的声音,表达我们的看法,表明中国的立场,以维护中国及广大发展中国家的利益。

积极参与全球金融治理体系,就是要在全球金融规则制定中提出中国方案、贡献中国智慧,不断提升我国的影响力和话语权。尤其重要的是,我们要紧紧抓住"一带一路"建设、区域全面经济伙伴关系协定(RCEP)等机遇,积极参与推动相关金融规则的调整和制定,并从中不断提高我国的国际金融治理能力。

(二)"十四五"时期推进金融改革开放的步骤

考虑到国内经济运行比较困难,同时又要防范系统性金融风险;国外贸易保护主义抬头,金融贸易环境极其复杂,因此,"十四五"时期推进金融改革开放,一定要遵循谨慎原则,视相关的环境条件成熟与否再决定是否推出改革开放举措。

金融开放不是一放了之,也不是一步到位的大爆炸式改革,而是在完善宏观审慎管理、加强金融监管、提高金融市场透明度等各项条件成熟情况下,稳步有序推进开放,确保金融业开放、金融市场开放、人民币汇率形成机制改革、资本项目可兑换以及防范金融风险等方面的协同发展。

总体上，推进金融开放要遵循三大原则和步骤：

第一，准入前国民待遇加负面清单管理制度。准入前国民待遇指在企业设立、取得、扩大等阶段给予外国投资者及其投资不低于本国投资者及其投资的待遇。

第二，金融业的对外开放与汇率形成机制的改革，和资本项目可兑换的改革进程要相互配合，共同推进。

第三，在开放的同时要重视防范金融风险，使金融监管的能力要与开放的程度相匹配。

"十四五"时期，在坚持持续扩大开放的前提下，具体推进金融开放举措应持谨慎态度，这也符合我国长期以来经济体系开放的道路模式。根据谨慎开放的思路制定的政策可能不会是最优政策，但也可能使我们避免犯下不可挽回的错误。当今世界充满不确定性，推进金融开放的外部条件处于不断的变化过程中，很难明确地设计出完全正确的路径和步骤。

因此，金融开放可以有大体上的先后次序和步骤，但不应列出明确的时间表。最近 5 年来的事实已经证明，亮出一份资本项目开放的时间表是不明智的。当我们仍然存在产权保护有待提高、汇率缺乏弹性等结构性问题的时候，即便拥有大量外汇储备，其金融体系的抗冲击能力也是脆弱的。放弃资本管制就使我们的金融体系暴露在大规模资本外流冲击的威胁之下。经济发展过程充满不确定性，无人知道何时大规模资本外流的压力会突然上升。在金融开放问题上，用资本外流来倒逼改革是一种风险极高的策略。

（三）"十四五"时期推进金融改革开放的路径

1. "一带一路"倡议是我国推进金融改革开放最重要的、全方位的路径

"一带一路"倡议是推动开放合作、促进和平发展的中国方案，得到国际社会广泛关注和许多国家积极响应。经过近几年的不懈努力，"一带一路"建设取得阶段性成果，积极效应正在显现。通过"一带一路"建设进程，可以全方位推进我国金融改革开放。

（1）通过"一带一路"建设，推进人民币国际化进程。在"一带一路"建设过程中，我国与沿线国家和地区可以通过货币互换、贸易投资中的人民币结算等方式，推进人民币国际化。

（2）通过"一带一路"建设，推进我国资本市场开放，并扩大与沿线国家和地区资本市场的合作。我国证券市场的国际化发展是必然选择，"一带一路"是一个很好的契机，证券交易所合作、发行国际债券等都是重要的资本市场开放举措。通过与"一带一路"沿线国家合作，共同打造互联互通的资本市场：一方面，可鼓励沿线国家的金融机构来华参与二级市场交易，欢迎优质的沿线国家企业来华直接融资；

另一方面,中国也可通过入股、技术咨询等方式参与沿线国家的资本市场建设,以更好地保护投资者权益,为各国企业在这些沿线国家融资提供便利。

(3)通过"一带一路"建设,我国金融机构加快"走出去"步伐,为中国企业在沿线国家和地区投资发展提供金融服务,为当地企业的发展以及当地企业在中国的发展提供金融服务。这是我国金融机构提升国际经营管理能力、服务能力和国际竞争力的重要途径。

(4)通过"一带一路"建设,我国可以与沿线国家和地区加强在跨国金融监管合作,并提升我国国际金融治理能力。

因此,"一带一路"建设是"十四五"时期我国推进金融改革开放的最重要的路径。

2. 放松金融机构市场准入是我国推进金融业开放的重要路径

"十四五"时期我国可以大幅度提升金融服务领域的开放力度,这不仅是提高我国金融服务能力所必需的,在操作上也是可行和可控的。扩大金融服务业的开放,放松金融机构市场准入就是重要路径。允许外国资本进入我国金融业,放松直至取消外国资本投资比例限制,一方面大大提高我国金融服务业的国际化程度,另一方面也将明显提升我国金融业的整体服务能力和竞争能力。

3. 金融市场的互联互通是我国推进金融市场开放的重要路径

与金融业开放相比较,金融市场的开放需要稍加谨慎,金融市场的快速、全面的开放并不是明智的选择。根据目前国内外金融市场的实际情况和以往的经验,"十四五"时期继续加大与境外金融市场的互联互通,是我国金融市场扩大开放的有效的、可行的途径。可以根据沪港通、深港通、沪伦通等合作举措积累的经验,继续与全球其他金融市场建立互联互通的合作关系。由此将显著提升我国金融市场的开放力度,以及我国金融市场的服务能力和影响力。

三、关于"十四五"时期应加快推进一些金融改革开放重大项目的建议

根据国际经济金融形势的分析判断和我国经济发展战略的需要,根据我国当前金融改革开放的基础,我们认为,"十四五"时期可以重点推进以下重大项目或者重大举措。

(一) 建设"一带一路"金融中心

建设"一带一路"金融中心,一方面有力地支持"一带一路"建设,另一方面也

必将有力地促进我国金融领域的开放和我国金融业自身的改革与发展。"一带一路"金融中心落地上海,主要建设内容:

1. 设立上海证券交易所"一带一路"板

——在上海自贸区制度框架内创设证券市场"一带一路"板,为上海证券交易所组成部分,由上海证券交易所运行管理。

——"一带一路"板为国际开放性证券交易市场,国内企业、"一带一路"沿线国家(地区)企业可在"一带一路"板发行股票、债券等标的,投资者则向全球开放。

——"一带一路"板以人民币计价交易,企业所融资金投资于"一带一路"项目建设。

——在推出交易产品时序上,可以考虑先进行债券的发行和交易,在磨合和完善相关的交易、结算、资金流动等法规制度之后,再发行和交易股票。在股票发行方面,可以先选择主营业务为"一带一路"项目发展的中资独资企业、中资控股的中外合资企业;再逐步扩展到"一带一路"沿线国家企业。

2. 建设离岸金融中心

配合加强资本进出管理的需要,应考虑建设离岸金融中心。较严格的资本进出管理,在一定程度上限制了非居民的人民币业务和外汇业务,这就需要发展离岸业务相配合,以为非居民提供金融服务。鉴于目前境外人民币离岸金融业务的发展情况,我们认为,"十四五"时期,应在上海建设离岸金融中心,加快离岸金融业务发展。

(二) 形成更具弹性的人民币汇率机制

更具弹性的人民币汇率形成机制,是推进资本项目可兑换和人民币跨境支付的必要前提,更进一步分析,是加大金融业、金融市场开放的前提。所以,"十四五"时期,应该把建设更具弹性的人民币汇率形成机制放在突出重要的位置。

在建设市场化、更具弹性的人民币汇率机制方面,具体步骤主要包括以下方面:

一是优化中间价报价机制,逆周期因子仍可以使用。二是扩大汇率波动幅度,增加汇率弹性,可进一步放开汇率波动幅度,逐步达到3%至5%。三是发展外汇市场,吸引不同偏好的市场主体参与交易。四是丰富交易的产品和衍生产品,应推出人民币外汇期货。五是平衡市场的供求关系,在资本进出、汇率波动较大时,可以使用相关谨慎的宏观调控政策加强对汇率的管理,平衡市场供求。

(三) 加快推进金融市场金融基础设施的集中统一

我国金融市场的金融基础设施存在明显的分散化特征,这在债券市场方面表现得尤为突出。证券交易在上海证券交易所、深圳证券交易所和全国银行间同业拆借中心三家市场进行；证券的托管结算有中央结算、中国结算和上海清算所三家，而且是交叉对应。这种基础设施分散化状况与成熟国际金融市场发展趋势不符，同时也带来不少弊端：

第一，割裂了市场，每一个托管结算体系基本上就意味着一个子市场，而且子市场之间难以有效连通。我国债券市场的分割，监管政策可能只是一方面的原因，托管结算基础设施的分割才是真正的技术壁垒更深层次的原因。

第二，降低了效率，全市场上万家参与者都必须要建设三套体系去对应三个托管结算体系，这是重复建设。不仅如此，每一家投资机构对流动性的管理，资产的管理都要分散成三块，效率降低了。市场之间还形成价差，这样的价差妨碍了统一债券收益率的形成，最后降低了市场配置资源的效率。

第三，分散的托管结算基础设施还影响对整个市场进行全面及时的风险监控和运行监测。

第四，分散托管也影响了开放的效率，境外投资者必须要在多家基础设施开立账户才能进入这个市场，市场的竞争力降低了。

因此，在"十四五"时期，必须解决这一金融基础设施分散化问题。在改革调整监管体制的基础上，梳理集中金融托管结算体系。中央结算公司给全市场提供债券的托管结算服务。中证登专注于股票的托管结算。上清所回归本原，真正做金融市场的中央对手方（CCP）。

（四）建设大宗商品国家战略储备系统

建议在"十四五"时期，进一步加快推进大宗商品国家储备系统工程建设。可以考虑建设石油、金属矿产和粮食农产品三大国家储备系统。这一项目的建设，一方面在目前复杂多变的国际经济金融环境下保障我国经济社会发展的稳定和安全，另一方面也可以使这一大宗商品国家储备锚定人民币价值的一个非常重要的工具。

（课题组成员：韩汉君　詹宇波　陈明艺　徐美芳）

"十四五"时期产业政策创新研究

中国社会科学院工业经济研究所

　　"十四五"时期是我国由"制造大国"向"制造强国"迈进的关键时期,制造业的增速、产业结构、要素结构和技术能力都将发生深刻的变革。为了适应制造业发展方式的深刻转换,产业政策必须相应地进行调整。然而,我国制造强国建设面临新一轮科技革命和产业变革以及全球经济秩序重构的挑战,这决定了未来我国工业化并无发达工业国家的一般模式可循。"十四五"时期,面向制造强国的产业政策调整根本上是政府和企业根据不断变化的内外部环境紧密协作、快速调整和动态适应的过程。

一、对"十四五"时期我国工业化趋势的判断

　　党的十九大报告对中国未来的长期发展作出了明确的战略安排,是研究中国产业结构长期变动趋势的基本指导框架。以中国经济发展进入新常态或新时代的重大转变为依据,总地看,"十三五"时期是中国产业高质量发展升级的初步推进期,2020—2035年将是中国产业高质量发展升级的加速推进期,而2035—2050年将是中国产业高质量发展升级的相对稳定期。因此,从"十四五"时期到2035年,是分析中国产业高质量发展升级中长期趋势的重

深化改革

点时段。

(一) 产业高质量发展影响因素的变化

"十四五"时期中国产业高质量发展将进入一个重要的新时期,影响高质量发展的主要因素将发生新的变化,其中的重大影响因素包括以下几个方面。

一是推动产业高质量发展的政策导向。产业高质量发展是解决发展不平衡不充分的矛盾、满足人民日益增长的美好生活需要的重要内容。推动高质量发展的指标体系、标准体系、统计体系、政策体系等方面,包含对产业高质量发展的内在要求,会使产业高质量发展的趋势和特点更加明朗,有利于增强对产业高质量发展升级的引导和促进作用。同时,这些指标体系、政策体系与绩效评价、政绩考核结合起来,对企业行为、政府行为具有约束性和调控力,将加大对产业高质量发展的影响。

二是新技术革命和工业革命影响高质量发展。新技术的应用催生了新产业、新业态、新产品、新模式,扩大了产业的生产规模和延伸链条;新技术的应用降低了制造成本和价格,促进了产业部门劳动力的流动转移;新技术的应用通过产业间的关联和传导机制,带动了产业结构的调整升级;新技术的应用促进传统产业的技术改造和更新,使新兴产业与传统产业融合生长;新技术的应用刺激新的消费和投资,通过影响需求结构引领产业高质量发展;新技术的应用推动产业部门分工合作的变化和一体化生产的发展;新技术的综合应用将促进制造业与服务业的融合发展,使产业的边界变得逐渐模糊。

三是新一轮深化改革开放。对产业高质量发展直接发挥作用的改革举措包括:深化供给侧结构性改革,有利于继续解决产能过剩的矛盾;深化国资国企改革,有利于提高国有资本配置的灵活性和有效性,推动国有企业加快调整优化产业结构;深化财税体制改革,有利于改善中央与地方的事权财权关系,规范地方政府的行为取向,减少地方政府对产业高质量发展的过度干预;等等。间接发生影响的改革举措包括:深化土地使用制度改革,有利于改变地方政府对卖地收益的依赖,减弱地方政府热衷发展房地产业对产业高质量发展的影响;深化金融体制改革,有利于打破金融部门的垄断地位,推进金融产业与实体经济协调发展,增强金融企业支持、服务产业升级的作用;等等。同时,进一步扩大对外开放,提升开放型经济水平,也对产业高质量发展具有重要作用,如推进"一带一路"倡议的实施,扩大自由贸易区试点,探索建设自由贸易港,等等。

(二) "十四五"时期我国工业化进程评估

根据中国社会科学院工业经济研究所工业化水平综合指数预测,到 2020 年中国会基本实现工业化,再经过 10 年到 20 年的工业化深化过程,到 2035 年中国将全面实现工业化。"十四五"时期我国工业化仍然大有可为。一是我国工业化尚未完成,虽然当前进入工业化后期阶段,但整个"十四五"时期将仍处于工业化后期阶段。若放置在全球视野下,以工业强国作为参考系,我国在全球范围内的工业化水平将会低于上述评估值,我国的工业化还将是一个长期的过程。因此,"十四五"时期我国产业政策的核心是支撑工业化进入高质量发展阶段。二是东部地区已经进入工业化后期,中部和东北在"十四五"时期将进入工业化后期,但西部地区在"十四五"时期进入工业化后期难度较大,我国工业化仍有广阔的市场空间,工业仍是支撑经济增长的主要动力。三是解决核心技术受制于人的"卡脖子"问题,工业进一步提质增效仍然大有可为。

(三)"十三五"时期实施产业政策的主要经验

"十三五"时期实施产业政策积累了新的经验:产业政策成为宏观经济调控的重要组成部分,成为推进经济转型发展的基本手段。同时,"十三五"时期的产业政策呈现新趋势和特点。第一,产业政策的框架内容有了调整变化,产业结构政策的范围相对缩小,产业政策融入了改革开放的新要求,产业政策的主要任务更加集中。第二,实施产业政策的手段逐步调整变化,从较多运用计划经济、行政管理手段向更多运用市场化、法治化手段转变,与政府部门简政放权改革相结合。第三,中央反复强调要更多依靠深化改革的办法,并不断释放推进改革开放的信号和举措,特别是通过加快提高扩大开放水平倒逼经济体制改革进一步深化,以此加强对产业政策实施过程的改革思路导向。这都将对"十四五"时期产业政策产生惯性影响。

(四)"十四五"时期产业高质量发展面临的挑战

一是妥善化解工业产能过剩问题的挑战。现阶段的产能过剩是总量矛盾与结构矛盾交织的结果,背后有体制性问题的深层影响,将是一个需要中长期面对和解决的问题,不要寄希望于世界经济较快复苏、国内经济企稳回升;要坚持用市场化、法制化的办法,努力减少计划经济、行政手段色彩的措施;要提高产能过剩行业的进入门槛和加强严格规范的市场监管,又要推动企业兼并重组和提高产业集中度;要加快深化国资国企改革,从体制上解决地方保护主义和区域市场分割问题,建立健全过剩行业产能退出的机制,多措并举处置各类国有"僵尸企业"。

二是在新的国际政治经济形势下加快发展战略性新兴产业的挑战。大力发展新兴产业特别是战略性新兴产业,要发挥市场经济条件下的社会主义集中力量办大事的制度优势,更大力度加快提升自主创新能力;要更加注重应对国际贸易壁垒的挑战,从根本上支持民族新兴产业的发展。

三是开辟中国制造强国独特模式的挑战。"十四五"时期在中华民族伟大复兴的百年大计中具有举足轻重的地位,但会面对新一轮技术革命的趋势,作为特殊发展中大国的基本国情,具有中国体制改革和产业政策主导的特点,世界上还没有任何一个或几个国家的产业高质量发展模式可以直接对中国具有参照作用。

四是有效防范"过早去工业化"的挑战。中国经济发展虽已进入工业化后期阶段,但作为发展中大国的基本国情没有改变,需要继续发挥制造业在发展中的重要作用。中国进入中等收入阶段后,制造业生产效率增长率和实际占比双双下降,至少已经出现了统计意义上的去工业化趋势,甚至可能出现了"过早去工业化"的趋势,必须要引起高度的重视。日韩的成功经验表明,中等收入经济体可通过持续地培育和发展新兴产业,延伸产业链继续实现制造业的规模经济;可通过资本深化和加强产业创新体系建设,持续提升制造业的效率经济。

二、全球产业发展格局演变与工业强国产业政策动向

(一) 新一轮科技革命与产业变革对产业政策创新的要求

"十四五"时期是全球新一轮技术革命重大技术的密集收获期,也是技术红利向产业发展动力转变的关键时期,对我国乃至全球的产业政策具有重大影响。一是不同于以往技术经济范式的转换高度依赖于物理装备的升级,驱动未来产业变革的核心要素将是数据,数据要素将会成为决定未来工业化水平的最稀缺的要素。二是随着数据要素(及其相派生的传感器)成为新一轮长波的核心投入,新一代信息通信基础设施的配套升级尤为必要,5G 网络、千兆宽带等新一代互联网基础设施的逐步完善将为数据要素的积累和配置提供有力支撑,同时数据的利用能够提升新一代互联网基础设施的投资收益率,从而形成新工业革命的两大核心构件。三是制造智能发挥先导产业的作用,引领产品的智能化和网络化,推动生产和管理流程智能化,推动研发设计的网络化协同发展,推动企业组织变革,推动制造业企业服务化转型。四是新型生产组织方式的兴起,刚性生产系统转向可重构生产系统,大规模生产转向大规模定制,企业内部组织结构需要调整,工厂制造转向社会化制造,平台型企业对产业链、价值链的掌控力前所未有。

根据产业变革对"十四五"时期产业政策的新要求,未来我国的产业政策调整应按照技术经济范式核心组件的变化规律进行系统性的调整,加强顶层设计,增强各类政策之间的协调性。一是从重视"硬"装备到"软"系统,加强数据要素的积累

和开发利用,促进制造装备、工艺、产品和服务的智能化。二是信息通信基础设施升级需要加速推进,加强信息通信服务商与工业企业的对接,在信息通信技术的标准制定方面加强国际合作,以信息通信技术标准的国际合作推动智能制造的国际化发展。特别是针对美国的 5G 技术路线调整,迫切需要政府、企业、科研机构等各方主体形成相互协调、共同推进的机制。三是数据要素和新一代互联网技术向制造业领域的渗透亟须加速,推动我国具有全球影响力的互联网企业尚未将资本、数据、品牌、人才和技术优势导入制造业领域,积极探索适合我国国情的制造业智能化发展之路。四是以开放、包容的态度对待生产组织方式的变革,给予新型生产组织试错机会,及时调整不合时宜的管制和政策。

(二) 全球主要工业国家战略调整对产业政策创新的要求

为抢抓新一轮技术经济范式变革的机会窗口,美、日、德等世界主要大国呈现出产业科技发展思路"固传统阵地",发展重点领域"抢新兴高地",发展措施打"政策组合拳"的态势。其中,美国制造业复兴计划尤为值得关注。

新一轮科技革命和产业变革方兴未艾,美国的制造业复兴计划可能再次引发全球"大分流"。美国制造业复兴计划的本质,是依托其在新一代信息通信技术(ICT)、新材料、生物技术等通用技术领域长期积累的技术优势,加快促进人工智能、数字制造、3D 打印、工业机器人、绿色制造等先进制造技术的突破和应用,推动全球工业生产体系朝着有利于美国技术和资源禀赋优势的方向转变。美国产业政策的导向,是要改变美国过度依赖服务业的经济结构,激发新的制造业投资活力,增加可贸易品出口,减小美国贸易逆差压力,寻求经济再平衡。美国产业政策的原则,是实现美国技术优势与产业优势的再匹配。制造活动大规模对外转移,不仅让美国的制造业相对规模和贡献快速下降,而且影响到美国赖以安身立命的研发能力,制造业的复兴不仅是要形成新的经济增长点,更是要巩固和加强美国的创新能力。美国产业政策的着力点,是争夺未来产业竞争制高点。人工智能、智能制造、3D 打印、生物医药、清洁能源等先进制造技术成为美国制造业复兴的重点。美国产业政策并非要重构完整制造业体系,而重点是率先突破和使用先进制造技术与制造工艺。因此,美国的战略意图,并不是要将海外的中低技术产业转回国内,而是在国内建设生产效率更高、高技术产业的产业化更强的制造基础。

在政策框架与实施方面,美国建立与先进制造技术和先进制造业发展相适应的政府组织和管理体系,新设立了一系列旨在专门促进政策落实的或者由政府部门牵头的机构和工作小组;统筹管制、税收和贸易政策,对内降税鼓励投资,对外提高关税和施加其他贸易限制;在"减少不公平贸易"的旗帜下,加强对国际贸易利益的争夺;完善发展先进制造的产业和技术基础设施,构建先进制造业创新体系;

大幅提升对先进制造技术的 R&D 支持;稳固人才管道,大量培育满足先进制造业发展所需的技能工人和专业人才。综合判断,美国致力于引领全球技术发展的趋势,力图率先将科技优势转化为产业和经济优势;美国谋求技术和产业的领先地位,果断采取了包括贸易、知识产权、科技创新在内的保护主义政策工具;坚持国家在推动基础设施升级方面的主导力量,特别是在完善支撑先进制造业发展的科技和教育基础设施方面发挥不可替代的作用。这将持续影响我国产业发展的外部环境,同时美国促进制造业创新发展的政策值得我国加以借鉴。

(三) 全球产业分工与治理体系变革对产业政策调整的要求

从能动性因素看,经济全球化浩浩荡荡的大势不会逆转,全球产业分工仍在进一步深化:一是新的技术革命催生新的产业、新的生产组织方式,为重塑全球产业分工格局带来了新动能;二是虽然全球产业分工造成部分社会群体利益受损,但全球产业分工深化所创造的红利具有压倒性,全球产业合作的意愿仍是主流;三是跨国物流成本和信息成本加速下降,全球市场一体化程度明显提高,市场规模经济为全球产业分工扩展提供了必要条件;四是跨国投资与贸易协定仍处于快速增长阶段,为推动全球产业分工进一步深化降低了制度性成本。

随着大国关系深刻而复杂的变化,全球"治理赤字"能否得到有效解决,对经济全球化和全球产业分工格局带来一定的不确定性。但是,多边主义仍是全球治理变革的主导方向,是一国参与新一轮科技和产业竞争、有效应对新工业革命挑战、推动全球经济增长和解决发展分化问题的理性策略选择。

"十四五"时期影响全球产业分工格局变化的新趋势。全球工业化数字化、网络化、智能化趋势正在重塑各国比较优势和竞争优势,发达国家和发展中国家之间的产业博弈面临较大不确定性;产业链分工前端包容性提高,但终端生产与消费之间的环节将被压缩;后发经济体实现发展追赶能否实现有很大不确定性;在推动形成全球产业分工格局的过程中,需求总量很重要,需求的结构和地域构成也同样重要;全球化与反全球化的博弈将持续存在,长期趋势下中短期波动回潮将反复出现。

三、"十四五"时期我国产业政策创新的总体思路

中国特色的产业政策是中国特色社会主义市场经济体制框架中的一项重要政策内容,是与推进产业和经济赶超的战略相联系的。为了适应经济发展的新常态或新阶段,促进产业结构的调整升级,"十四五"时期我国要加快建设现代化制造

业体系,这不仅是推动我国制造业高质量发展的需要,也是顺应全球工业化发展趋势的需要,更是支撑我国构建现代化经济体系战略目标的需要。

(一)"十四五"时期产业政策的基本取向

一是提升核心能力与提升效率相结合,缩短或者破坏产品生命周期演进的一般路径,充分利用中国的市场和制造优势不断提升复杂装备的架构创新和集成能力。

二是完善创新体系与激励扶持企业相结合,加快构建有利于创新发展的市场制度体系,加快推进要素市场化改革,为新兴产业发展创造公平的竞争环境,建立健全知识产权制度,完善知识产权执法体制,为科技服务机构发展提供良好的环境与政策,提高公共科技投入的效率,构建多层次的创新人才与产业技术人才的培养体系。

三是结构性政策和功能性政策相结合,进一步完善扶持性产业政策工具体系,关注前沿技术和小企业技术创新领域,提高补贴资金的使用效率和透明度。

四是研发、应用示范和产业部署相结合,形成关键技术、产品的研发与应用示范为重点,结合重大工程建设和行业发展需求,加强产业部署,形成特色、全链条的产业链,促进现代化制造业体系建设,要从制造业智能化的高度审视新一代互联网基础设施的发展战略。

五是发挥市场在资源配置中起决定性作用与更好地发挥政府作用相结合。政府的作用集中体现在加快发展人工智能、大数据、物联网等反映新一轮技术革命、工业革命趋势的战略性新兴产业、高新技术产业和技术密集型产业,依托发展前景广阔的先进制造业带动传统产业的技术改造;加强新时期产业结构政策在培育主导产业、发展新兴产业与改造传统产业方面的综合作用,加强推进制造业升级与发展振兴服务业的政策联动效应。

(二)全面构建促进制造业高质量发展的政策体系

1. 及时调整制造业战略导向和政策实施方式

在总体战略导向上,弱化"对标"或"赶超"欧、美、日,强化突出通过统筹部署构筑中国制造业的核心能力,为全球制造业发展作出中国的原创性贡献。强化在新工业革命浪潮中构筑中国制造业核心能力的政策导向,对外体现了中国通过原始创新与全球工业国家共同推动人类技术进步和产业发展的愿景,对内容易凝聚各级政府和广大企业形成实现中国制造业更高质量发展的战略抱负。

在总体发展思路上,弱化重点产业和领域选择,突出新一轮工业革命背景下的通用技术创新和产业统筹部署。应借鉴美、德、日等国家的经验和普遍做法,在战略任务的拟定方面,强调推进制造业数字化、智能化、网络化应用所涉及通用技术和使能技术的原始创新和技术突破;强调对于新技术创新和应用(而非产业)的统筹部署。例如,在促进5G和千兆宽带技术创新和应用方面,应当避免使用支持特定5G和千兆宽带领域的发展等表述,而强调通过促进5G和千兆宽带应用场景发展、基础设施投资、参考架构建设等内容,完善5G和千兆宽带创新链和产业生态的任务导向。

在具体重点任务上,弱化技术创新导向的智能制造、绿色制造和高端制造,强化管理创新导向的服务型制造和制造业品质革命。要通过科技创新、提高科技创新能力,大力发展智能制造、绿色制造和高端制造,促进中国制造业抓住当今世界新工业革命重大机遇,推进制造业与服务融合的服务型制造以及推进中国制造业品质提升。顺应制造服务化发展方向,引导制造企业从注重生产和产品逐步向注重"产品+服务"趋势发展和演进,提升制造业附加值,促进制造业的全要素生产率的提升和高质量发展。全面解决中国的制造业品质问题,通过制造业品质革命全面提升制造业产品和服务的品质,建设制造强国。

2. 着力完善现代制造业创新体系

加快促进产业政策向创新政策转型,将政策资源配置的指向由特定的产业逐渐转向技术创新。目前我国产业政策的基本指向仍然是产业或产业领域,而反观美、日、德等国家的税收、财政等结构性产业政策措施,都是指向这些产业或领域特定的技术研发环节,引导企业重点投资创新的薄弱环节,同时规避国际规则关于产业补贴的禁区。

加快部署与战略性前沿技术、通用技术和共性技术的技术经济要求相适应的科技设施和机构。推动我国产业结构的日益完备和技术水平向国际前沿的逼近,大幅减少税收优惠和财政补贴,将产业政策资源更多地配置到公共服务体系建设,重点投资于科技基础设施、共性技术研发服务和技术扩散服务三个部分。

3. 提升应对全球产业科技竞争的能力

摒弃"小科技"思维,形成"大科技"的战略体系。我国科技与经济"两张皮"、军口和民口"两张口",问题的根源在于长期存在多部门"条条管理、块块分割"的格局,已经严重制约我国参与世界"科技战"的能力。我国必须形成"大科技"的战略体系,不能再走就科技论科技的老路,在百年科技强国建设的进程中,加强与质量强国、航天强国、网络强国、交通强国、数字中国、智慧社会的深度融合。

加强金融与产业科技的深度融合,用金融体系的现代化支撑全球产业科技竞争。提高国际金融资本支持我国制造强国和科技强国建设的利用水平,完善和拓展国际性科技金融债权融资服务体系,发展推出国际化科技保险与担保服务体系,发展科技金融中介服务体系。提高国际产业资本支持我国科技强国建设的利用水平,大力引进科技产业龙头总部、研发中心等功能性总部,打造国际性知识产权运营和科技孵化体系。支持我国产业资本"走出去"整合全球科技创新资源,在金融机构、支持形式及工具、金融制度与政策、并购及收购便捷的通道等方面提供便利。在具备条件的地区(如北京、上海等)建设全球金融科技中心,协同推进全球科创中心建设与金融中心建设。

加快构建适应全球科技战的"四梁八柱"。布局和建立跨学科、任务导向、长周期研究项目的国家实验室,保持学术和具体事务管理上的独立性和灵活性,实行内部考核与外部评估相结合机制。布局和建立治理机制完善的工业技术研究院,致力于低成本、集成化、网络化和智能化的共性技术研究开发和推广。建立促进先进适用技术推广扩散的全国性技术转移平台,共享科技创新成果。构建更加符合中小企业和高科技创业企业要求的公共服务体系,按照公益性、商业性分类扶持。

强化产业科技创新内生激励,增强对全球科技创新要素的集聚力。我国国内创新型企业对加强知识产权的需求渐超外企,加快推动知识产权强国建设宜早不宜迟,应加强知识产权保护相关法律体系及其执行机制,提供一体化的知识产权公共服务,加强知识产权国际组织合作力度,提升中国保护知识产权的国际声誉。深入总结近年来商事制度改革的经验,在产业科技创新领域深入推进"放管服"改革,建议试行科技创新"负面清单",法无禁止即可为,缩短新技术、新发明、新业态、新模式的商业化周期,激发市场在配置创新资源中的决定性作用。

4. 调整与完善新国际秩序下的对外开放政策

正确处理对外开放与自主创新的关系。重视发挥外资对中国制造业转型升级的作用,充分发挥外资在高端、智能、绿色等先进制造业和工业设计、现代物流等生产性服务业的作用,促进中国制造业沿着高端化、智能化、绿色化、服务化方向转型升级。

提高应对外部风险的能力。在"一带一路"建设的具体实施中弱化对印度和东南亚主要潜在制造业竞争国家的投资,特别是控制对这些国家在高铁、高速公路等交通基础设施领域和电力等能源基础设施领域的投资,抑制其制造业综合成本优势的形成。策略性使用产业政策,引导地方产业政策要灵活适应 WTO 等国际竞争规则。

5. 调整与完善重点产业政策工具

调整与完善公平竞争政策。放弃"扶大限小"、选择特定企业、特定技术、特定产品等进行扶持的产业政策模式,将政策重点转为"放松管制与维护公平竞争"。消除市场准入中的所有制、企业规模歧视和隐性市场进入壁垒,让不同所有制、不同规模的企业具有公平进入市场的权利,将准入管理局限在生态与环境保护、产品与生产安全、劳工权益保护方面。制定全面、完善的公平竞争法,切实保障各种所有制企业依法平等使用生产要素、公平参与市场竞争、同等受到法律保护,严格约束地方保护主义行为以及为本地企业提供损害公平竞争的各类补贴与优惠政策。加快垄断性行业的改革,在可竞争环节引入竞争,在自然垄断行业严格监管。

调整与完善金融政策,让金融体系更好地为实体经济尤其是制造业的发展服务。积极稳妥推动利率市场化进程,使投资者在信贷过程中承担真实的资金成本与风险成本,从根本上抑制低效率的粗放型投资,倒逼工业企业尤其是国有企业提高自身的生产效率和经营绩效。实施稳健、偏中性的货币政策,加快建立多层次市场化金融体系,适当放宽创业板对创新性、成长型企业的财务准入指标,大力发展风险投资基金、创业投资基金和私募股权投资基金。

调整与完善财政与税收政策。对重污染、高能耗的消费品实行高税率,将煤炭及其他非金属矿原矿、铁矿及其他金属等具备条件的税目改为从价计征,将目前与环境保护有关的收费项目改为税收。实施以鼓励企业创新与研发、技术改造、节能与环境保护投资以及促进新兴产业发展为主的税收优惠政策,将高新技术产业优惠政策的重点调整为对其技术与产品的研究开发、技术转移环节。将补贴政策的重点从需求端转变为针对消费者的需求侧补贴,将补贴范围和规模尽可能控制在弥补市场的合理范围之内,取消WTO《补贴与反补贴措施协议》绝对禁止使用的出口补贴和进口替代补贴。强化产业补贴的各项法律、法规和制度建设,建立从政策发布、项目申报到审批以及验收的各个环节公示与监督制度,积极推行财政对企业直接补贴公示制度。

调整与完善人力资源政策。鼓励企业与学校合作培养高素质技能型人才,加大财政支持力度,在法律层面为这种企校紧密合作的职业教育模式提供制度保障。推动职业教育与高等教育紧密结合,培养实用型创新人才,积极探索高校开展基础教育培训,应用技术研究机构提供实践指导的教育模式,鼓励和支持专业技能优秀的学生创业。加快创新型人才培养,鼓励企业与国内外大学、科研院所之间加强高层次专业人才的培训和深造,鼓励和促进学校与企业技术应用相结合的现代制造技术教育。设立引进人才的专项资金,通过项目启动资金等措施拓宽海外人才引进渠道。

6. 调整与完善产业政策实施机制

以地方政府创新发展构建产业转型升级长效机制。通过积极的财政体制改革或地方政府的政绩评价体系改革来强化地方政府的创新激励,有效推进知识产权保护、资本市场建设、消费环境建设等改革,引导地方政府的行为。

以构建产业政策工具组合避免政策选择极端化。根据不同的结构性产业政策工具适用的具体情境,灵活地选择政策工具组合,有效发挥不同政策工具的互补性,而不是过度依赖财政补贴等个别政策工具。

以消费者权益保护形成标准倒逼质量提升的机制。探索产品质量安全问题厂商举证、雇员对食品安全负有强制性举报责任等制度，降低消费者的维权成本，解决消费者与产品之间的信息不对称，以消费者权益倒逼企业技术标准提升，以标准提升倒逼产品质量提升，是中国制造业转型发展的重要机制。

以加强知识产权保护激发小微企业和创新创业活力。尽快研究如何制定一个可置信的时间表，在稳步推进知识产权保护的同时，尽可能减少新的竞争范式带来的经济冲击。

以加强企业信用建设降低企业融资和社会化管理成本。切实消除政府部门和垄断部门之间的行政壁垒，实现信息孤岛之间的共享互通。在完善企业信用体系的基础上，在规范投融资行为和政府监管行为的基础上把资本市场的容量做大，使更多的企业可以借助社会资本的力量转型升级。加强职业经理人信用体系建设，促进民营企业二次创业和转型发展。

7. 建设与完善产业政策评估机制

重视建立科学、完善的政策评估体系建设，促进第三方、独立评估机构的发展。建立科学的政策评估程序和标准，在公开透明、充分参与、真实可靠、公开一致四项基本评估原则的基础上，审慎选择评估专家，严格评估程序，鼓励国际评估和国外专家的参与。改进政策评估的方法，在政策评估过程中引入自然实验的评估方法，更为有效、更为准确地评价政策的实施效果，使政策部门更为有效地使用产业政策资源。

（课题组成员：黄群慧　贺俊　黄阳华　江飞涛　江鸿）

优化营商环境研究

中国宏观经济研究院市场与价格研究所

营商环境是指贯穿于市场主体从开办、运营到注销整个过程以及交易、合同执行和纳税等各个环节的各种外部条件的总和,是一个反映企业生产经营活动难易程度的系统性环境。习近平总书记多次强调:"改善营商环境和创新环境,降低市场运行成本,提高运行效率,提升国际竞争力。"李克强总理明确指出,营商环境就是生产力。"十四五"时期,世界各国围绕资本流动、产业发展、技术创新的竞争将更为激烈,国内经济增长、产业升级、创新创业也将面临新形势。必须持续改善营商环境,形成滋养企业发展、创新创业的丰厚土壤,吸引资金、人才、技术等各种发展要素聚集,激发各类市场主体的活力,推动经济高质量发展。

一、营商环境概述

准确界定营商环境的概念,确定其内涵和外延,明确当前进一步优化营商环境面临的内外部环境,是"十四五"时期持续优化营商环境的重要前提。

（一）营商环境的内涵

不同国家和组织对营商环境认识各有侧重,但其核心要义基本一致。根据我国《优化营商环境条例》,营商环境是指企业等市场主体在市场经济活动中所涉及的体制机制性因素和条件。根据世界银行定义,营商环境是指伴随企业整个经营活动过程(包括从开办企业、生产运营到退出市场的各环节)的各种周围境况和条件的总和。经济合作与发展组织认为,营商环境是"支配商业活动所必需的政策、法律、制度、规则等一种复杂的融合体"。

（二）营商环境的外延

从企业角度看,营商环境涵盖了企业从开办、建设、运营到退出的全生命周期。市场准入是否畅通、企业开办程序是否精简,决定了一个经济体能否有新鲜血液持续注入,在位企业能否在外部竞争压力下持续改善生产经营。行政审批是否精简、企业建设活动能否去除繁文缛节的束缚,决定了企业真正参与资源配置、开展生产经营的前期成本,在很大程度上影响着企业的经营效率与投资回报。市场竞争是否公平、产权保护是否严格、税收办理是否便捷,决定了企业运营的制度性交易成本,也决定了市场资源配置的效率。企业退出是否顺畅是市场优胜劣汰的关键,决定了存量市场主体结构的合理性,是影响整个市场乃至整个经济体效率的重要因素。

从政府角度看,营商环境包含企业生产经营活动中面临的各种制度因素和政策环境。企业的任何生产经营活动都是在特定的制度环境下开展,过高的制度性交易成本既影响新企业开办的积极性,也会影响企业生产经营的便利度、开展各项业务的经济成本和时间成本。法治环境和政务服务环境是营商环境的重要内容,包括法律制定、规则建设、依法行政、司法执法、宏观调控、行政审批、公共服务、市场监管等诸多方面内容。

从市场角度看,营商环境还包含影响企业运行成本和效益的外部市场环境。良好的市场环境包括:畅通的市场准入,主要是公平、透明、可执行的市场准入规则;公平的市场竞争,主要是保障竞争机会、竞争规则、竞争手段、竞争结果各方面公正性的竞争环境;健全的信用体系,主要是具备完善"守信激励、失信惩戒"机制的信用环境;高效率的要素配置,主要依托要素价格市场决定、流动自主有序、配置高效公平的要素市场;顺畅的退出机制,主要是依法依规、便捷有序的企业破产配套制度。除此之外,还应包括完善的基础设施、和谐的社会环境等。

二、优化营商环境的重要意义

营商环境是政府与市场的重要结合点，良好的营商环境，是吸引力、竞争力，更是创造力、驱动力，对于激发微观主体活力、健全政府管理体系、提升对外开放水平、增强区域综合竞争力都有非常重要的意义。

优化营商环境是激发微观主体活力的重大举措。优化营商环境可以从企业生产经营的各个环节打破对企业的不合理约束，降低企业生产经营的制度性交易成本，营造更加公平的竞争环境，是激发微观主体活力的有力举措。一方面，随着营商环境改善，企业的价值创造功能将不断显现，企业的社会价值也会不断凸显，这将持续激发勇于创新、坚忍不拔的企业家精神；另一方面，竞争环境改善将推动有创新能力的企业竞争力不断强化，有实力的企业盈利能力不断提升。这将促进市场中的优胜劣汰，也将激发企业通过强化创新、改善管理来提升企业竞争力的积极性。

优化营商环境是健全政府管理体系的重要内容。只有以法治化建设为基础，建立健全符合市场经济规则和政治治理体系现代化要求的政府管理体系，做到规则公开透明，监管公平公正，才能给市场主体以稳定预期。法治在优化营商环境方面具有固根本、稳预期、利长远的作用。面对复杂多变的国内外形势，通过法治化手段持续优化营商环境，以公正监管促进公平竞争，鼓励和支持创新，才能提振企业信心，把市场主体发展动力更好转化为经济发展的新动能，对于提升政府治理体系和治理能力现代化水平有重要意义。

优化营商环境是提升对外开放水平的有力支撑。优化营商环境要求对标国际一流水平，加强与国际通行经贸规则对接，在更广领域扩大外资市场准入。通过优化营商环境，从开办企业、办理施工许可证、获得电力、登记财产、获得信贷、保护中小投资者、纳税、跨境贸易、执行合同和办理破产等方面改善政府服务，可以降低企业、组织和个人的交易成本，营造良好的"招商、亲商、安商、富商"氛围，不断增强对外部投资的吸引力。

优化营商环境是增强区域综合竞争力的有效手段。从区域发展特征看，越是营商环境好的地区，对企业的吸引力越强，区域竞争力越强，经济发展水平越高。因此，要提升后发地区的区域竞争力，必须与国内经济发展水平较高的地区对标，与国际接轨、与世界融合，打造国际化、法治化营商环境。通过优化营商环境，提升区域内的政务服务水平，提高区域内的资源配置效率，增强区域内市场主体的创新能力，将不断提升本地区的区域竞争力。

优化营商环境是促进经济转型升级的重要抓手。从转型升级动力看,以创新为核心的新经济、新产业是转型升级的重要引擎。要全面落实创新发展理念,不断提升创新能力,必须大力引进外部创新资源,引进新的商业模式和管理理念。从"四新"经济区域分布看,往往是那些市场意识浓、创新观念强、营商环境优的区域,新产业、新技术、新模式、新业态发展势头更好。各地区要加快转型升级步伐,必须不断优化营商环境,吸引优质产业和高层次人才,培育一流企业,推动经济持续转型升级。

三、"十四五"时期优化营商环境的发展背景

"十四五"时期,国际国内环境都面临深刻变化。国际上新竞争格局正在形成、新规则构建正在加速,国内新产业蓬勃发展、新技术加快应用,这些既对优化营商环境提出了更高要求,也为进一步优化营商环境创造了更好条件。

(一)"十四五"时期优化营商环境的国际背景

从国际环境看,在全球治理机制变革、大国博弈加剧、逆全球化趋势抬头背景下,国际竞争持续加剧,各国对产业资本的争夺更为激烈,我国需要进一步吸引国际投资、提升国内企业国际竞争力、寻求全球治理的制度性话语权,优化营商环境必须适应国际形势的新变化。

一是发达国家推动制造业回流,吸引国际投资的竞争进一步加剧,优化营商环境必须着眼于扩大利用外资。当前,国际投资贸易领域出现了一些新趋势,以美国为首的发达国家大力实施"再工业化"战略。相关国家在国际上通过政治施压、产业脱钩等手段逼迫电子信息、汽车制造等行业跨国公司回国设厂,在国内通过补贴、减税、加强基础设施建设等方式改善制造业营商环境,同时通过大力发展以电子信息、生物技术、新材料、新能源等为代表的新兴产业发展,吸引国际资本。在争夺国际资本的较量中,营商环境是关键变量之一。优化营商环境必须着眼于提升重点城市的国际化水平,在经贸规则、要素市场等各个方面与国际接轨,在市场准入、税收政策等方面为外资企业提供公平竞争环境,提升对外国资本的吸引力。

二是全球产业分工格局孕育新变化,产业领域的国际竞争日趋激烈,优化营商环境必须着眼于提升国内企业的国际竞争力。"十四五"时期,全球产业分工格局孕育新变化,特别是新一轮科技革命和产业变革兴起,为我国发挥市场、劳动力等优势,加快新兴产业发展提供了重大机遇,同时也带来严峻挑战,使我国制造业发展面临"前有堵截、后有追兵"的严峻形势。维持并不断提升国内企业的国际竞争

力是"十四五"时期我国产业发展面临的重要课题。要进一步夯实实体经济根基，必须持续优化营商环境，通过降低制度性交易成本，畅通产业链循环，打造高水平产业生态圈，提升产业综合竞争力，使国内企业能够更好参与国际竞争。

三是国际经贸规则正在酝酿新的变革，我国迫切需要提升国际规则制定中的制度性话语权，优化营商环境必须着眼于适应和引领国际经贸规则变革。当前，传统的国际多边自由贸易体制正面临挑战，新一轮国际贸易规则制定正在加速开启。发达国家试图以准入前国民待遇和负面清单管理为基础全面扩大市场准入，将劳动标准、环保标准、知识产权、政府采购、竞争中立等新一体纳入谈判范围，为经贸规则标准提高设立新标杆，抬高发展中国家参与经济全球化门槛。在这一背景下，我国迫切需要提升规则制定中的制度性话语权，优化营商环境既是完善国内规则体系的需要，也是积极参与国际规则构建的需要。

（二）"十四五"时期优化营商环境的国内环境

从国内环境看，未来一段时期，国内经济下行压力加大、传统比较优势消退、科技革命重塑产业格局，对进一步推进"放管服"改革、加强和规范事中事后监管、提升政务服务能力和水平提出了更高要求，优化营商环境必须适应国内形势的新变化。

一是保持经济平稳快速增长面临更多挑战，优化营商环境必须着眼于激发市场主体活力，缓解经济下行压力。考虑到全球疫情发展的不确定性仍然很强，新冠肺炎疫情对全球经济的影响将不局限于短期，"十四五"时期我国都有可能面临较为复杂的内外部环境，经济增长的压力难以消除。应对经济下行压力，除了加强逆周期的宏观调控外，更应该通过改革的方法破解制约经济发展的瓶颈。在经济复苏阶段，优化营商环境也需要针对性解决企业成本高、融资难、税负重等方面的难题。

二是科技革命重塑产业格局，我国进入新旧动能转换的关键期，优化营商环境必须着眼于新兴产业和重点领域发展需要。"十四五"时期新技术和新产业发展带来的机遇和挑战都对优化营商环境提出了新的要求。一方面，需要完善支撑新产业发展的基础设施。新兴产业的发展对电信、网络、数据等方面的基础设施提出了更高要求，这些领域理应成为优化营商环境关注的重点。另一方面，需要完善支撑新兴产业发展的规则体系。随着移动互联网、大数据、人工智能等行业的发展，数据产权的界定与保护、数据交易平台的建设、数据隐私的保护、网络和数据交易行为的监管规则和制度体系关系到行业的健康发展，也应该成为优化营商环境的重要内容。

三是发展水平提升、发展阶段变化和发展战略推进对经济发展提出了新要求，优化营商环境必须着眼于补短板、强优势。经过多年持续稳定发展,我国人均GDP 已突破 1 万美元,"十四五"时期将进一步提升,有机会迈过世界银行设定的高收入国家门槛。从产业升级角度看,随着我国发展水平的提升,国内产业在国际市场上的竞争位势也将不断提升,国内企业向产业链上游攀升不仅对企业经营方式、要素使用等提出了新要求,也对营商环境提出了新要求。从区域格局看,中西部地区发展水平仍相对落后,必须首先在营商环境方面缩小与东部地区的差距,才有可能吸引更多资本、激发经济活力。从市场主体看,要进一步激发市场主体活力,实现高质量发展,必须持续优化民营经济和中小企业发展的营商环境。从重点功能区看,国家级新区、经开区、高新区等是落实国家发展战略、引领地区经济发展的龙头,在集聚资本、促进创新、形成产业集群等方面具有不可替代的作用,需要针对相关重点区域,结合各自管理模式和发展优势持续优化营商环境是发挥其战略引领作用的关键。

四、"十四五"时期优化营商环境的问题与短板

我国在优化营商环境上采取了大量改革举措,取得了显著成效。同时也要注意到,我国营商环境与国际前沿水平相比还存在提升空间,跟市场主体的期盼相比还存在一定差距。

(一)"十四五"时期优化营商环境面临的主要问题

一是公平正义的法治环境仍有待完善。一方面,产权制度不完善,产权保护力度不够,影响企业家精神发挥。在部分地区,利用公权力侵害私有产权、违法查封扣押冻结民营企业财产等现象时有发生;知识产权保护不力,侵权行为得不到应有的制裁;一些产权案件久拖不决,严重影响企业正常生产经营活动。这些现象都在一定程度上影响了企业和企业家的积极性。另一方面,部分地区政府存在不诚信、不守法问题,加大企业生产经营成本,影响企业家投资兴业意愿。少数地方政府或是出尔反尔、违约毁约,或是因政府规划调整、政策变化导致当事人签订的民商事合同不能履行。有的地方政府招商引资时过度承诺,优惠政策无法落实,一些地方出现政府换届后"新官不理旧账"的现象。

二是透明高效的政务环境需继续改进。一方面,隐性审批依然存在,行政审批的环节和流程需要进一步精简。尽管行政审批改革已经取得显著成效,但在一些地方由于政策落实不到位、政策设计不合理、政策衔接不顺畅,导致企业仍需花费大量人力、物力去开展报批工作。有些审批事项涉及多个部门、多个环节,由于权

限下放不配套、不同步,造成企业上下奔波,很不方便。有些市县政务大厅授权不充分、运行不规范,一些已进驻的单位仍然存在"人进事不进、事进权不进"的问题,行政服务的可及性和便利性难以有效提升。另一方面,多头监管和分段监管加重企业负担。在分段式监管制度设计下,各监管部门既存在监管竞争又存在相互推诿,导致出现竞相监管和监管空白并存的现象。竞相监管往往使企业不得不应对多个部门的监管,承担过高的制度成本。不同部门在各自出台的规定或政策中存在分歧,企业可能无所适从。还有可能各个部门对同一项监管工作重复检查,加重企业负担。各个部门还存在信息沟通不畅的情况,一家企业需要向各个监管部门分别提交材料,承担多重成本。此外,税费领域存在减税降费不到位、办税流程复杂等方面的问题。在财政收入放缓的大背景下,一些地方为了完成税收任务,存在收过头税的现象。有的地方在执行法定的税费减免政策打折扣,随意提高税率,或巧立名目增设新的收费项目,或在已经实施的收费项目中过度监管和过度活动。企业还存在办税流程复杂等方面的问题。

三是竞争有序的市场环境尚未完全确立。主要反映为:竞争地位不平等影响民间投资积极性。一些地方基于所有制结构、经营规模、经营期限、所在地域的歧视性政策大量存在,导致资源过度向国有企业集中。民间资本进入金融、石油、电力、铁路、电信、资源开发、公用事业等领域仍存在诸多障碍。一些地方政府及职能部门,对当地骨干企业或招商引资重点项目,执行不同于其他企业或项目的质检程序、环保标准、处罚标准。在公共项目招投标过程中,部分地方集中招标采购或特许经营权招标前后需要经过多道确认或审批程序。竞争手段不公正扭曲要素和资源配置。尤其是在服务领域,服务市场垄断结构的形成大多与行政力量干预有关,导致大量低效资源聚集在相关行业,既影响这些行业生产效率的提升,也挤占了其他行业的要素投入。

四是诚实守信的社会环境需进一步营造。一方面,社会信用体系有关的法律和制度建设有待加强。在立法方面,尚未制定专门的法律来全面规范信用信息的公开和使用、信息主体的权益保护,相关部门及地方规章建设水平不一。在执法方面,企业制假售假、商业欺诈、逃债骗贷现象仍然突出,不少行为不能依法受到惩处。另一方面,建立在社会信用基础上的奖惩机制仍不完善。在市场竞争中,没有给诚实守信者提供发展机遇和发展空间的激励,其公平竞争的行为难以通过现有的信用体系为其他市场主体熟知,无法为其创造可观的经济收益。惩戒失信违约行为的有力措施欠缺,失信成本过低,失信者的发展机会、利益没有因失信行为而受到限制或损失。

(二)"十四五"时期优化营商环境需补齐的短板

一是法治意识和服务意识还有待提升。一些部门监管方式"一刀切",即平时不闻不问、执法不力,为应付清理整顿、督导时采取"救火式监管"和"应景式监管"等简单粗暴的处理措施,不给整改企业留出合理时间,甚至紧急要求"一律关停""先停再说""以停代治"等,直接影响企业生产经营,给企业造成很大伤害。部分部门和单位在尊重、支持、善待民营企业家和营造亲商、重商、护商的社会氛围等方面做得还远远不够,有效服务企业发展的手段、方式和举措还有待于进一步优化和提高,行政审批事项有待于进一步规范。

二是政府管理理念和模式有待更新。"数字政府"建设在"供给侧"得到了较大的重视,但从"需求侧"看,网上办事大厅因存在系统不稳定、指引不清晰、服务功能有限、线上线下重复提交等问题,导致系统使用率不高。在信息资源整合共享方面与国际标杆也有较大差距。信息散落于多个部门,数据孤岛、割据现象严重,难以整合利用、产生价值。政策信息传递、宣传、普及以及精准服务等方面仍存在短板。由于精简流程,一些业务包揽在一起,使得其工作业务扩大变复杂,窗口工作人员很难兼顾多种业务或不够熟悉新的改革规定,没办法把需要准备的材料一次性告知清楚,制约了业务办理效率的提高。

三是市场主体获得感和满意度还有待提高。审批便利化程度有待进一步提高。目前,变相审批和非行政许可审批仍然较多,企业反映手续多、材料多、时间长、收费多、中介多、效率低等问题依然存在。较高的综合税费成本使企业负担沉重。据世界银行《2020 营商环境报告》,我国企业的综合税费率为 59.2%,在世界上仍处于较高水平。一些政策的出台是由于新情况出现而作出的临时性对策,"头痛医头、脚痛医脚"的痕迹明显。此外,行政审批过多过繁、路径不清晰、流程不透明,使企业各类手续的办理试错成本高、代价大。

五、进一步优化营商环境的总体思路与重点任务

"十四五"时期,要持续激发市场主体活力,奠定经济稳定增长的微观基础,必须适应发展阶段、发展环境变化进一步优化营商环境。

(一)总体思路

"十四五"时期进一步优化营商环境的总体思路是:以习近平新时代中国特色社会主义思想为指导,统筹推进"五位一体"总体布局和协调推进"四个全面"战略布局,坚持稳中求进工作总基调,坚持新发展理念,深入推进"放管服"改革,以市场主体需求为导向,以深刻转变政府职能为核心,创新体制机制、强化协同联动、完善法治保障,对标国际先进水平,最大限度减少政府对市场资源的直接配置,最大

限度减少政府对市场活动的直接干预,加强和规范事中事后监管,着力提升政务服务能力和水平,切实降低制度性交易成本,为各类市场主体投资兴业营造稳定、公平、透明、可预期的良好环境,更大激发市场活力和社会创造力,增强发展动力。

(二) 政策导向

——更加注重适应和引领国际经贸规则变革。要更加注重国际经贸规则的变革方向,充分借鉴吸收国外的先进经验,提升国内企业对国际市场的适应能力;更加注重总结推广国内的好做法好经验,并把相关做法上升到制度规则层面,为引领国际规则变革创造有利条件。

——更加注重新兴产业和新兴领域营商环境优化。持续完善电信、网络、数据等方面的基础设施,建立健全数据领域的市场规则,持续优化数字经济发展的营商环境。加快构建有利于创新的市场监管体系、投融资体系、创新体系,为人工智能、生物医药、新材料、新能源等行业发展营造良好环境。

——更加注重民营企业和中小微企业营商环境优化。更加关注民营企业、中小微企业营商环境,出台更有针对性的扶持政策,切实解决好相关企业的融资难、融资贵问题,减轻中小微企业负担,营造更加宽松的发展环境。

——更加注重重点功能区和后发地区营商环境优化。按照"强化先发地区优势,补齐后发地区短板"的要求抓好重点功能区和后发地区的优化营商环境工作。在经济发达地区要更加关注国家级新区、自由贸易试验区、经开区、高新区,围绕其在集聚资本、促进创新、形成产业集群等方面的功能,着力优化项目投资、研发、人才引进、技术交易等环节的营商环境。对于经济相对落后地区,要更加注重三四线城市、县城、乡村地区的营商环境优化,着力补短板、强弱项,遵循县域经济发展规律,为促进城乡融合、乡村振兴营造良好营商环境。

——更加注重提升市场主体获得感和认同感。需要紧扣企业需求,瞄准企业"痛点",打通市场"堵点",着力推进政务诚信建设,完善要素市场化配置机制,加大产权保护力度,大力降低企业融资成本,减轻税费负担。通过破解企业营商中的现实难题,不断增强市场主体获得感。

(三) 重点任务

一是持续加强营商环境制度建设。实行权力清单、责任清单管理模式,加强监管制度创新。明确政府治理边界,优化政府治理机制。营造公平有效的市场环境与制度供给,有效加强监管水平与层次,尊重企业成长发展规律和经营运行机制,尽量减少行政行为对企业运营不必要的干扰。完善政策实施机制,加大追责问责力度,建立营商环境的绩效评价体系,把优化营商环境的各项工作纳入绩效考核。

二是更大力度推进关键环节改革。采用清单管理制度,开展自贸试验区"证照分离"改革全覆盖试点,提升改革工作成效。分类施策推进改革,把握好"进四扇门"的办法,按照直接取消审批、审批改为备案、实行告知承诺、优化审批服务等方式。推动诉讼事项跨区域远程办理、跨层级联动办理,着力破解异地诉讼、跨域立案难题。

三是更高起点推进简政放权工作。最大限度减少政府对市场资源的直接配置,减少微观管理事务和具体审批事项,对企业开办、纳税、施工许可、水电气报装、不动产登记等事项大幅精简审批、压缩办理时间。从根本上转变政府职能,从以微观管理、直接管理为主转向宏观管理、监督管理为主,政府集中力量管好市场管不了或管不好的事,把政府不该管的事交给市场。最大限度减少政府对市场活动的直接干预,逐步做到"少而精""简而精",退出没有必要涉足的领域,交由市场进行更有效率的调节。

四是加快构建亲清新型政商关系。构建政商交往负面清单,重点理清政商交往边界、维护企业合法权益、营造廉洁从商氛围、强化监督保障措施。打造"惠企政策直通车"常态化机制。加强与市场主体、商会组织的沟通协商,拓展"互联网+"政务服务场景,针对企业痛点问题扩大服务范围、提升服务效率。定期梳理发布惠企政策清单。完善企业投诉和免罚机制。

五是确保市场主体公平参与竞争。逐步构建竞争中性的规则体系和政策框架,要求各部门把竞争中性原则贯穿于经济领域重要文件之中,加强各类经济政策与竞争政策的协调。以重点领域改革为抓手优化企业公平竞争的体制机制与市场环境,深化电力、油气、铁路等垄断领域改革,根据行业特点实行网运分开,将竞争性业务全面推向市场。以提升决策科学性为目标加强事前政策协调和公平竞争审查,加强竞争政策与产业政策协调,对所有增量政策实施公平竞争审查,防止出台偏向性或歧视性经济政策。围绕反行政垄断执法建立事后纠偏机制,着力破除滥用行政权力制造的市场壁垒,清理违法给予市场主体的各项优惠政策,清理针对民企的歧视性技术标准、行政许可和备案审批手续。

六是建立健全市场主体退出机制。实现破产案件繁简分流,提高审判效率。根据案件繁简程度不同,构建分类处置机制,实行简案快审、繁案精审。加强破产审判专业化建设,促进破产审判能力全面提升,探索建立破产案件繁简分流机制,健全破产案件快速审理机制,继续加强破产审判专业化建设。大力推进信息化应用,提升破产审判效率。提升破产处置的协同力,加强部门间的协作配合,推动执行联动机制,提升涉及职工安置、税费减免、历史财产处置、企业信用修复、工商税务注销等一系列问题的处置效率。

七是持续提升减费降税综合绩效。从中央层面统筹协调,制定"一揽子方案"

彻底减轻企业负担,系统梳理政府收入中的税、费、租、价,对交叉部分进行整体合并。提高结构绩效,整治物流领域不合理收费,进一步清理政府部门下属单位、商业银行、行业协会商会、中介机构等涉企收费。考核执行深度,落实"一打纲领不如一个行动"精神,加大对地方政府减税降费的督导与考核,缩小政策执行中上热下冷的"改革温差"。

八是着力解决市场主体痛点问题。大力破除制度落地执行的隐性壁垒,突破营商环境建设的"中梗阻",改善政策落地效应。注重落地实施,确保取得实效。强化政策服务、协同、评估,以提高到达率、精准率、满意率,推动各项政策落实落地,避免政策制定和实施虎头蛇尾,防止重出台、轻落实。

九是适应引领国际经贸规则变革。积极对标国际先进发展水平,聚焦我国营商环境关键领域和薄弱环节,考虑中国特色和市场发展实情,建立与我国经济社会发展相适应的个性化发展路径。缩减自贸试验区负面清单,减少禁止和限制外商投资行业的数量,并减少外方必须同中方合资进入的行业数量。明确和规范负面清单中关于市场准入和投资程序的内容及表述,对外商投资企业是否可获得许可证,以及如何申请许可证作出确切说明。

十是完善指标体系与评价机制。完善优化营商环境试评价指标体系,对标国际先进,抓住纳税、获得信贷、跨境贸易等短板弱项,推出有针对性改革举措,定责任定时限逐项落实,加快推广社会认可、行之有效的做法,推动营商环境持续改善。逐步在全国推行营商环境评价机制。

（课题组成员：刘志成）

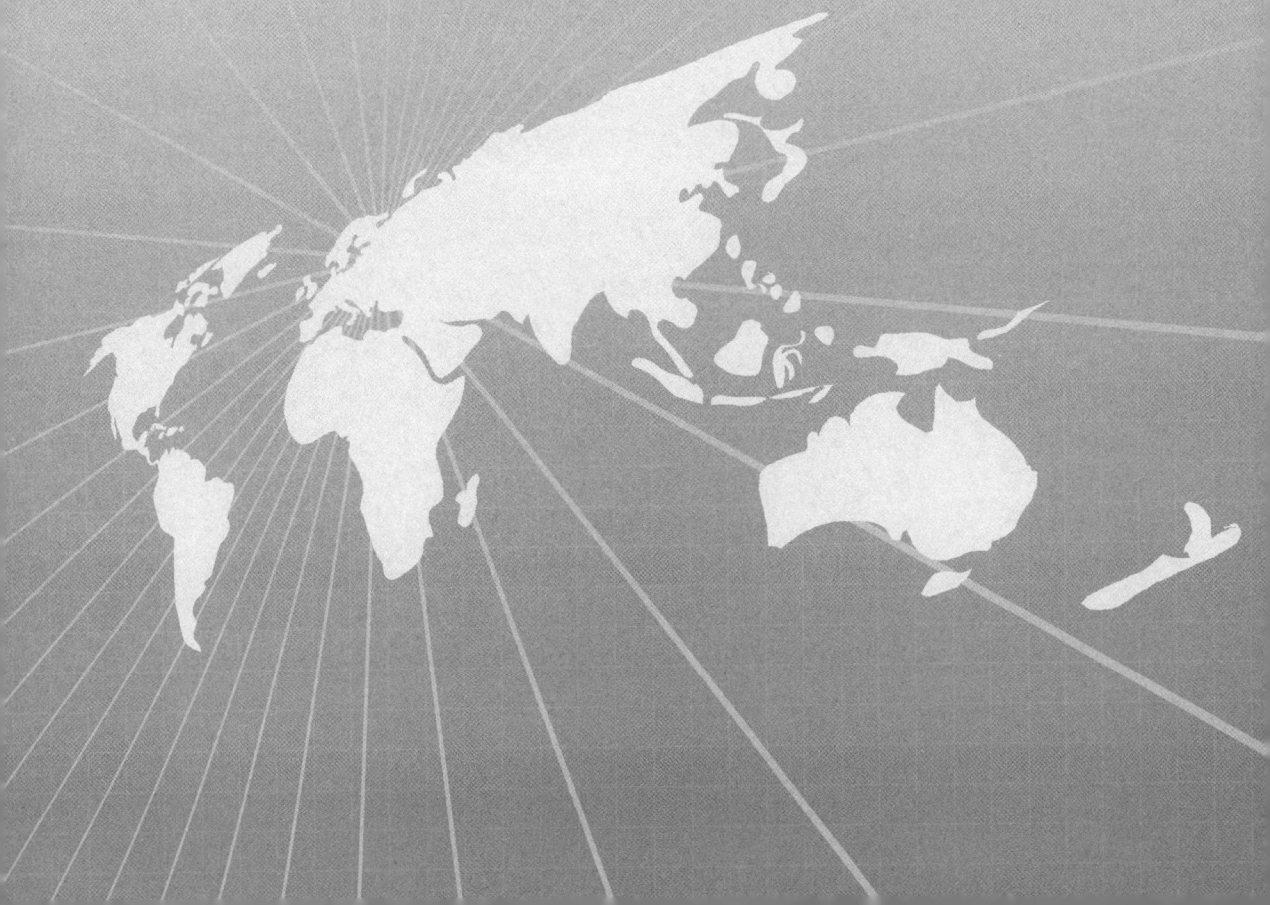

>>> 城乡区域

面向 2035 年的新型城镇化战略研究

中国科学院地理科学与资源研究所

2014 年《国家新型城镇化规划（2014—2020 年）》发布以来，新型城镇化建设已取得显著成效，坚持"以人为本"的中国特色新型城镇化道路已成为共识，户籍制度改革推动了人的城镇化与市民化过程，城市中低收入群体的居住条件和环境质量得到改善，依托城市群优化了城镇化空间形态与国土开发结构，"两横三纵"的城市化战略格局推动了国土空间开发更加均衡，加快了资源型城市和工业城市的更新建设以及产业转型升级。国际国内环境发生着深刻变化，给新型城镇化建设带来新的挑战，疫情、经济等因素使全球发展不确定性加剧。

新型城镇化是中国实现现代化的必由之路，它具有战略性、综合性和长期性，不仅关系城镇化质量提升，也关系中国向高质量发展转型，关系到新时代"两阶段目标"的顺利实现。2020 年至 2035 年，恰逢两个一百年的历史交汇，是全面建设社会主义现代化国家新征程的开启阶段，是基本实现美丽中国、高质量新型城镇化的关键时期。因此，及时谋划和部署当前至 2035 年中国的新型城镇化战略，对中国跨越"中等收入陷阱"、迈入发达国家行列具有极为重要的意义。

本报告简要总结党的十九大以来中国新型城镇化发展和人口流动的主要进展趋势，从国际视角梳理了和新型城镇化密切相关

的新发展理念,包括联合国 2030 年可持续发展目标(SDGs)、包容性城市、城市韧性、新城市议程等,重点构建了面向 2035 年新型城镇化发展愿景、目标和战略重点。

一、党的十九大以来中国新型城镇化发展的主要进展趋势

党的十九大报告对经济建设、民生和生态问题给予了较大关注,对新型城镇化的论述充分体现出以人为本、公平共享和可持续原则。2018 年政府工作报告中教育、就业等民生问题受到广泛关注。党的十九大后,中国新型城镇化表现出 5 个方面的新态势:

一是走中国特色新型城镇化道路成为广泛共识。国内对城镇化理论认识由城镇化严重滞后论断转向新型城镇化共识,由关注数量增长向重视质量提升转型。党中央、国务院对新型城镇化的科学决策和有力实施,推进了新型城镇化在中国落地生根、深入人心。从盲目赶超发达国家转向符合中国实际,中国城镇化发展应立足中国的基本国情,走出一条具有中国特色的符合实际的新型城镇化道路,要兼顾到中国本身存在的资源条件的限制和中国各地区城镇化发展条件和基础存在的显著差异,城镇化需要充分考虑各地区不同的资源环境承载能力,发展具有地域特色、发挥文化传承、多样化的新型城镇化类型。从土地城镇化转向人的城镇化,新型城镇化要坚持以人为核心、倡导"四个注重",落脚点是注重提升人民群众获得感和幸福感。这要求从过去冒进式城镇化向新型城镇化转变,即从以老城区的蔓延式扩张和新城新区的建设为重要内容的土地城镇化为主模式向以城市就业岗位、住房公共服务供给与农民工需求相匹配的人的城镇化为主模式转变。此外,城镇化还需要充分考虑各地区不同的资源环境承载能力,发展具有地域特色、发挥文化传承、多样化的新型城镇化类型。

二是新型城镇化是破解新时代不平衡不充分的发展主要矛盾的重要抓手。当前,中国社会主要矛盾已经转化为人民日益增长的美好生活需要和不平衡不充分的发展之间的矛盾。由于新型城镇化具有丰富内涵及不平衡不充分的特质,实现新型城镇化具有牵一发而动全身的重要意义。因而,城镇化的高度综合性就成了破解新时代不平衡不充分的发展主要矛盾的重要抓手。同时,新型城镇化要与乡村振兴协同推进,城市化是农村地域上劳动力、人口、土地等要素向城镇地域转移或转变的区域空间上的过程,从而导致各种规模城镇的形成与发展,使城市生活方式得到扩展。城乡关系是城镇化重要内容,城镇化背景下也要留得住乡愁。新型城镇化和"一带一路"是当前国家实施的重大战略,是关系现代化全局的大战略,

是最大的结构调整,事关几亿人生活福祉。为了两大战略扎实推进,"一带一路"长远发展需要与国内发展战略相结合,就需要积极探索"一带一路"与新型城镇化耦合及其协同推进的作用机制。

三是新型城镇化在新时代背景下需要细化和深化。其一,人的城镇化与基本公共服务均等化。要围绕人的城镇化,深入分析流动人口群体的规模、特征、分布格局与迁移机制等积极推动具备一定条件的农民工实现市民化,在各级各类城市能够安居乐业,同时,通过与乡村振兴的融合,推进城乡基本公共服务均等化,实现城乡统筹的新型城镇化。其二,生态文明与可持续城镇化。要加强可持续城镇化研究,既要努力提高城镇化水平,同时也要保护好生态环境,城镇发展与生态发展不应是互相对立,是可以互帮互助、协同推进的。其三,社会治理与制度创新。新型城镇化的核心在于人的城镇化,所以要改变以往以土地城镇化为核心的社会治理方式,要着力于打造共建共治共享的新型社会治理格局,加强社区治理体系建设,推动社会治理重心向基层下移,发挥社会组织作用,实现政府治理和社会调节、居民自治良性互动。其四,空间治理与空间规划。国土空间是实现中国梦的最重要的自然物质基础。中国国土空间辽阔,区域间差异性显著,实现国土空间的有序管理、科学开发、合理利用,健全空间治理的法规制度、健全空间规划体系,将成为党的十九大后中国加快空间治理体系现代化、提升空间治理能力的重大战略任务。

四是城市群发展的重要性不断增强。京津冀协同、粤港澳大湾区、长三角城市群、中西部地区重点城市群以及国家级新区等空间载体在新型城镇化中引领作用更加凸显。尽管各个城市群在区域乃至全国范围内均有重要意义和重大影响,但是仍存在一定的发展问题和发展差距。比如,京津冀城市群不均衡发展问题,长三角城市群国际竞争力仍有待加强,中西部地区重点城市群发育程度依旧较低。新型城镇化和京津冀协同发展、长三角一体化、粤港澳大湾区、长江经济带等重大区域发展战略需要有机整合,进一步紧密结合、融合推进。城市群和国家新区作为国民经济发展的重要引擎,在经济发展上起到引领作用,探索高质量城镇化发展方式,在行政体制改革、社会领域改革等方面探索新型城镇化特色化模式。加强新型城镇化的基础研究,提升地理学服务国家新型城镇化能力。

五是新型城镇化和城乡融合发展。随着人的城镇化和市民化进程的不断推动,特大城市积分落户制、居住证制度、全面取消城区常住人口 300 万以下的城市落户限制等户籍改革为农业转移人口落户城镇提供了新路径,安居工程、棚户区改造和城市环境提升等工程有效改善了城市人居环境。农民是人的城镇化的关键,也是乡村振兴的重要主体。城镇化与乡村振兴是不可分割的整体,市民化是城市发展与乡村振兴的重要纽带。统筹新型城镇化和城乡融合发展两大战略,采取多种途径着力推进市民化进程,有助于重塑新型城乡关系。一方面,进一步加快户籍及其关联的社保等系列化制度的综合改革,推动流动农民工在工作城市享有与本地人相同的就业、教育、医疗的机会和待遇;另一方面,需要更加重视以县城为主要载体的新型城镇化建设,形成农村转移人口的就近市民化,推进城乡融合高质量发展。

随着新型城镇化发展出现新变化,中国人口流动近些年来也呈现出新趋势。改革开放初期,东南沿海地区拥有较好的区位优势和改革先机,成为人口增长较为迅速的区域。1990—2000年,人口向东部地区流动趋势显现,东部城市群、都市区成为人口聚集地,核心大城市人口集聚能力提升,北京、上海、广州、重庆、南京等城市群核心城市表现较强的人口集聚性,而邻近这些大城市的中小城市人口流失严重。2000—2010年,人口向东部地区流动态势继续增强,特大城市、超大城市集聚加剧,中部和西南部省份人口出现负增长,省际流动人口向东部地区流动态势加剧。2010—2015年,人口开始呈现向中西部地区回流的趋势,尤其是中西部城市群的核心城市集聚能力提升,沿海地区大城市人口增长放缓,东北地区人口流失加剧。

二、国外城镇化发展实践的新理念及其政策启示

2016年,全球城镇化率为54.5%,城市人口规模已经超过农村人口,城市以2%的土地面积创造了70%的GDP,也产生了70%的温室气体、70%的垃圾、超过60%的能源消耗。城市占据着全球很小的土地面积,却创造了全球绝大部分财富。城市作为人类集中居住地,不仅代表着经济的发展,还意味着社会进步和创新集聚。但城市迅速发展也造成了大量的资源消耗、环境污染等问题。面对城市迅速发展带来的机会与挑战,越来越多的人意识到城镇化既是现代化的必然规律与趋势,又是一把双刃剑。城镇化道路选择是决定城市经济社会发展、社会融合公平、应对气候变化、实现全球可持续发展的关键。

西班牙工程师在著作中首先使用了“城镇化”一词后,沃斯在1938年初步指出城镇化是一种特殊的生活方式,影响着社会关系与人的个性。20世纪后,“城镇化”作为一种名词和现象,风行世界。随着城镇化研究的丰富,地理学、建筑学、经济学、社会学等学科均赋予了城镇化新鲜的内涵。城镇化的本质内涵是人类生产、生活方式从农村向城镇转化的自然历史过程,表现为人口城镇化、土地城镇化、经济城镇化和社会城镇化。更加注重发展质量的新型城镇化在原内涵基础上不仅指城镇—农村的转型过程,更是指城镇内在提升过程。

近年来,国外对城乡发展提出了许多相关的重要发展理念,包括可持续发展目

标、包容性城市、城市韧性、新城市议程等重要研究内容中的新思想。可持续发展目标蕴含着对经济发展、社会进步、环境保护的祈盼,体现出对可持续发展的美好追求。包容性城市思想体现出了"以人为本"的深刻精神,主要体现在对非正规经济、基础设施和服务、移民问题、管理与规划等问题的关注。城市韧性是应对冲击和干扰并及时恢复更新的能力,既表现为隐性城市问题的自我调整和优化能力,也表现为对突发灾害的抵御和自我修复水平。新城市议程是可持续发展转型的行动计划,提倡包容、共享、绿色、安全、健康等发展理念。

国外新的发展理念对中国新型城镇化建设具有一定启示,进一步加强包容共享、增强韧性、区域协调、规划引导、可持续发展等新型城镇化高质量发展内涵。包容共享是新型城镇化的核心,要实现向以人民为中心城镇化发展模式的转变,建设包容性城市。增强韧性主要是指加强新型城镇化过程中应对灾害、变化等的能力和保障,要重视过去城镇化发展中资源环境、自然灾害等方面历史欠账所带来的城市脆弱性问题,通过城市规划和管理和建设提升,完善城市韧性系统。区域协调是新型城镇化的关键,要关注不同尺度的不协调问题,实现地区、区域、城乡、城市内部的协调发展。规划引导是新型城镇化的重要手段,新型城镇化进程中要妥善运用规划引导手段,遏制无序、粗放的城镇化发展模式,引导有序、集约新型发展模式。可持续发展是新型城镇化的重要内容,要协调不断的人口增长与有限的资源环境的关系,加强生态文明与美丽中国建设,实现经济、社会、生态三方面的协调发展。

在城镇化发展驱动力与效益上借鉴发达国家经验。从城镇化新阶段的动力机制来看,美国和日本在城镇化过程中传统工业的主导地位逐步让位于信息服务业、金融业等第三产业。中国新型城镇化发展动力应该转向知识技术型产业、新型服务业和中高端制造业,更加注重经济增长和社会发展领域的融合。从城镇化新阶段的财政支出来看,发达国家对社会保障、医疗保健等"软性"基本公共服务的财政投入力度较大。相当部分发达国家在城镇化过程中增大了社会保障、医疗保健、环境保护的财政投入力度。未来财政支出方向进一步加强社会保障、医疗保健等"软性"基本公共服务上,将人的城镇化作为核心,以解决民众生活生产需求、公共服务均等化为目标推动高质量发展。

三、面向 2035 年新型城镇化发展愿景构建

中国城镇化进程波澜壮阔,经历了人类历史上最大规模的由农民向市民、由农村向城镇的大转移,这种转移的速度和规模非常惊人。过去 30 年的城镇化进程中,城市数量不断增加,城市规模不断扩大。中国城镇化发展速度和规模均是空前

的。与此同时,中国城镇化进程具有半城镇化特征,体现为社会性和空间性两个方面。从社会性来看,出现了日益扩大的候鸟式农民工群体,留守妇女、老人与儿童等问题突出,中国式春运等现象都与此密切关联。中国农民工数量继续增长,但其中多数人并没有达到城市生活水准,也没有真正融入城市社会。此外,城镇化进程中城乡差距扩大,农民面临空心化风险。中国基本国情具有特殊性,人类宜居空间有限。中国不同地区的自然基础存在着巨大差异。中国地势三大阶梯和三大自然区在相当程度上决定了中国城镇化发展和经济社会活动的宏观框架和基本格局。中国拥有城镇化和经济增长的双重丰富又曲折的发展实践经历,而经济全球化、信息化与信息技术革命等外部因素涌现,中国城镇化的影响因素复杂而又交织。中国城镇化的另一个重要特征是政府主导城镇化模式,这种模式确实在一定阶段发挥了重要作用,在当前却面临着变革、创新和完善,以适应城镇化新发展。

过去 30 年间,中国城镇化对世界产生了巨大贡献,是对世界城镇化率贡献最大的国家,高达 42.32%。中国城镇化促进了世界城镇化进程的大发展,伴随着城镇化大发展也带动了世界经济增长和复苏步伐。中国城镇化孕育着巨大发展机遇,也面临着可持续发展的巨大挑战。从全球视野来看,中国城镇化发展恰好处于承上启下的中间阶段,具有承前启后的性质特点。一方面,中国要积极向发达国家学习城镇化的经验,这样的经验对于中国新型城镇化建设有着很好的启示意义;另一方面,中国城镇化发展历程和经验为全球欠发达国家和地区,在城镇化发展、消除贫困、拉动就业、改善基础设施、促进经济增长等方面提供了很好的示范和样本作用。

与传统城镇化不同,新型城镇化的理论内涵更为丰富,至少包括 4 个方面内容:人本性、协同性、包容性和可持续性。人本性是中国新型城镇化的本质属性,以人的城镇化为核心,实现产业结构、就业方式、人居环境、社会保障等一系列由"乡"到"城"的转变。稳步推进城镇基本公共服务常住人口全覆盖,不断提高人口素质,促进人的全面发展。要素协同是新型城镇化发展的重要内容。人口、土地、经济和社会等关键要素应保持相适应和匹配的速度演进,并在空间的集疏过程中相互匹配,稳步推进新型城镇化。包容性强调城镇化过程中的公平和正义,重点关注城乡统筹、城市流动人口、脆弱群体等方面,争取让更多人民群众共享城镇化成果。新型城镇化与乡村振兴战略紧密结合,推动城乡统筹发展。流动人口问题是新型城镇化着力的重点。新型城镇化关注脆弱群体的情感和物质环境,关注社会阶级分化现象。可持续性是新型城镇化的重要内涵,至少包括资源节约、环境友好、生态多样和气候变化适应的新型城镇化发展目标。新型城镇化放弃传统粗放用地、用资源的发展模式,充分考虑资源环境本底的承载能力,统筹优化城市国土空间规划、产业布局和人口分布,提升城市可持续发展能力。

面向 2035 年,中国新型城镇化总体发展目标是实现高质量的新型城镇化。其内涵主要分为以下五个方面:

第一,高质量人的城镇化。习近平总书记指出,新型城镇化要坚持以人为核心、倡导四个注重,落脚点是注重提升人民群众的获得感和幸福感,所以新型城镇化核心主要放在人的城镇化上,既要考虑农民城市非农就业岗位提供的数量和质量,也要考虑城市基本公共服务供给能力,进城务工农民工应能公平享受到打工所在城市的基本公共服务,提供更为完善的社会保障体系,因此新型城镇化也是一种城市内的各种居民都能安居乐业的城镇化模式。

第二,城乡统筹的城镇化。高质量的新型城镇化是城乡统筹的城镇化。城乡统筹以城乡发展一体化和乡村振兴为主要依托,建立形成城乡一体的空间规划体系、城乡互补的经济发展模式、城乡互动的产业发展机制和城乡平等的要素体制机制。城乡统筹的城镇化以可持续发展和追求质量为内涵,通过城乡统一规划、城乡产业融合、城乡体制改革,寻求城市与农村二元结构的最佳结合点。城乡统筹的城镇化,是城乡空间格局优化、城乡产业互补、城乡密切联系、城乡差距缩小、城乡居民平等、城乡生态美好的城镇化。

第三,区域协调的城镇化。区域协调发展战略是在党的十一届六中全会中提出的,其中主要包括积极推进西部大开发,振兴东北地区老工业基地,促进中部地区崛起,鼓励东部地区率先发展,积极发挥各个地区的优势和积极性,通过健全市场机制、合作机制、互助机制、扶持机制,逐步扭转区域发展差距拉大的趋势,形成东中西相互促进、优势互补、共同发展的新格局。在区域协调不断优化的同时,中国区域发展差距依然较大,无序开发与恶性竞争仍然存在,区域发展不平衡不充分问题仍然突出。而区域协调的城镇化是因地制宜的城镇化,是根据东中西及东北各地区发展的特点因地制宜提出相应的城镇化发展模式,各区域体现各取所需、各展所长,在各个区域已形成的自我轨道上通过优化资源配置与可持续增长实现区域内部"自平衡"状态,最终达到区域整体的"帕累托最优"动态平衡;区域协调的城镇化是合作共赢的城镇化,是区域内部突破行政壁垒形成各种要素自由流通实现高质量一体化,是区域之间合作共赢、相互融通补充,共同实现整个国家高质量城镇化。

第四,可持续发展城镇化。可持续发展城镇化是以资源节约、环境友好、生态多样和气候变化适应等为目标的乡村—城镇转型过程和城镇内在提升过程。可持续发展城镇化要求中国根据不同区域的资源环境承载力合理确定区域范围内城市数量、规模和空间集聚形态及分布,优化国土空间格局,积极适应气候变化带来的困难和挑战,在人口流动、经济发展、用地扩张和社会转型的过程中充分协调人类社会和地理环境的关系,促进人与自然的和谐发展。(1)可持续发展城镇化是一种资源节约型城镇化。要求中国在城镇化进程中适度地开发资源,高效合理地使用资源以及珍惜保护资源。资源节约的对象不仅是市场交易中直接的土地、矿产、水等资源消耗,而且是城镇化进程中粗放型城镇发展模式带来的间接的资源消耗。(2)可持续发展城镇化是一种环境友好型城镇化。要求中国在城镇化进程中改变重经济增长轻环境保护的老面貌,注重城镇与乡村间合理有序发展,注重城镇内在的环境品质提升。(3)可持续发展城镇化是注重保护生态多样的城镇化。注重保护生态多样要求中国在城镇化进程中处理好自然系统、经济系统和社会系统的关系,保护自然系统中的非生物、动植物和微生物等各种组分,加强城市生态系统的自我修复、自我更新的能力。(4)可持续发展城镇化是适应气候变化的城镇化。要求城镇在灾害应对、修复和重建三个方面优化城市物质空间和完善基本功能,增强城市韧性来抵御未来不确定的气候变化风险。

第五,格局优化的城镇化。优化城镇化的空间格局,协调东西部地区城镇化发展,探索多样化的区域模式,是实现城镇化发展从数量型转向质量型、从非均衡转向相对均衡的必然要求。推进城镇化空间格局优化,要充分考虑中国国土资源开发格局以及京津冀协同发展、长江经济带和"一带一路"等国家战略,按照"重点布局、极核发展、轴带辐射、协调推进"的空间发展思路,针对创新引领具有国际竞争力的城市群、重点开发提升承载的城市群、适宜居住生活的中小城市和小城镇等不同区域发展需求,因地制宜地构建多样化的城镇化发展格局。

四、面向 2035 年新型城镇化发展战略重点

高质量新型城镇化是今后中国实现高质量发展的关键。为了适应新时代、新变化和新因素,国家新型城镇化战略亟待需要进入 2.0 升级版,新型城镇化规划的战略重点需要及时作适应性调整和变革,以促进中国城镇化全面提升质量、推进人的城市化、实现高质量发展的目标。

第一,要实现有序推进农业人口市民化向高质量推进人口市民化转变。为适应新时代,满足城镇化的高质量发展阶段的新要求,需要:(1)推动高质量城镇基本公共服务供给。建成完善的养老服务设施、便捷的医疗服务设施、现代化的教育培训设施、高效的科技创新设施,健全的社会保障设施和金融、保险等其他公共服务设施。(2)推进城镇基本公共服务的公平共享。使农民工群体和城市弱势群体能够共享城市里医疗、教育、保障、文化体育等各项基本公共服务,同时促进农村转移大学生、研究生、技校毕业生等新市民群体的市民化,发挥好城市的辐射带动作用,将大中城市的基本公共服务设施和基础设施延伸到中小城市,实现中小城市与

城镇基本公共服务均等化,同步提升城市和城镇发展质量和建设质量,逐步实现大、中、小城市的基本公共服务均等化。(3)全面放开大中小城市的落户限制(除个别超大城市)。同时可以剥离户籍福利功能,还原户籍登记功能;可以增加农民社会福利,逐步推进公共服务的属地化和均等化;也可以通过渐进式改革,逐步扩大从移民到市民的制度化通道;着力推动与户籍制度相联系的城乡之间的综合配套的制度改革。

第二,要实现推动城乡发展一体化向城镇化与乡村振兴双轮推动转变。(1)加快城乡规划、建设与发展的一体化。加快城乡规划一体化,统筹城乡空间规划。突出主体功能区导向,明确省市主体功能区范围。划定国土空间三条红线,控制重点开发区开发速度,集约节约利用土地。禁止限制开发区大规模城镇开发,严格控制土地用途变更。统筹城乡基础设施建设。发展城乡交通,加强城乡联系。根据主体功能区划的要求,引导人口流动和安排基础设施建设。统筹城乡产业发展。统筹协调不同主体功能区环境保护和产业发展,控制工业和生活污染,促进产业多样发展、有机组合。加快城乡体制机制一体化,统筹城乡要素市场建设。在城乡劳动者就业、医疗、养老保险及社会救助制度等基本公共服务实现均等化。(2)坚持乡村振兴战略。促进农村产业兴旺。优化农村产业布局,推进农业资源整合,培育农村新业态新模式,普及农业专业技术知识。促进农村生态宜居。加强农业生态保护,发展绿色生态产业,加强农业污染治理,优化农村景观,改善农村基础设施和公共服务。促进农村乡风文明。促进乡村文化传承,推进城乡文化、新旧有机结合。促进农村治理有效。加强农村基层组织建设,改善农村治理机制,探索民生自治模式,推动科学决策与机制创新。促进农村生活富裕。全面消除农村贫困,促进农村居民共享现代化成果。推进农村居民社会保障机制建设和农村保险制度,加强企业—农民—农业合作社产业和资产运营合作拓展农民增收渠道。(3)农村一二三产业融合发展。促进农业规模化、集中化、资本化、企业化经营。明确各地区种植的主要农产品,减少农业生产盲目性。加强产业指导,避免市场争夺。加快构建"龙头企业+农业合作社+农户"的合作机制,明确三方职责。全面推进农业机械化,促进农业规模化生产。发展农产品精深加工,促进农产品加工业精细化经营。优化农产品加工业区域布局,开展农产品定制化服务和精细化经营,严格控制加工食品安全,推进农产品加工溯源机制建设。建立"农户—企业—市场"直接对接的产销一体化机制,打造农产品品牌,创新产品宣传手段。创新农业与第三产业融合模式。发展产业融合信托机构,提供专业化经营咨询服务。鼓励城市经济、民营资本和外资进入发展新业态、新模式,建立产权及利益分配机制。推进休闲农业和乡村旅游示范县建设,探索多样化的产业融合模式。推进农村电子商务建设。挖掘地方农业文化,打造地方农业标识。探索发展新业态。结合农产品加工业,深入开发新农业功能。

　　第三,要实现优化城镇化的布局和形态向建设多样化新型城镇化模式转变。国家陆续公布了三批新型城镇化试点地区,及时开展自下而上的经验总结,开展独立客观的第三方评估,凝练新型城镇化的区域模式。(1)打造东中西部区域特色的新型城镇化模式。以西部、东北、中部、东部4大板块为基础,根据其本身发展特点以及发展基础制定不同城镇化模式,东部发达地区城镇化质量提升模式、中西部地区人口就近城镇化模式以及东北地区城镇化与工业化融合发展模式。(2)促进城市群—都市圈—大中小城市的协调发展。京津冀协同发展、粤港澳大湾区、长三角城市群、珠三角城市群等成为引领高质量发展的重要动力源泉,着力推进城市群人流、物流、信息流等要素一体化。加快城市群一体化体制机制建设,提高大城市精细化管理水平,促进特色小城镇高质量发展,加快形成统筹有力、竞争有序、绿色协调、共享共赢的协调发展新机制,将为中国经济持续健康发展提供内生动力。(3)加强各类特殊地区的新型城镇化支持力度。针对独特地形地貌以及自然资源限制的地区,制定特色城镇化发展模式。从不同地带特征来看,有土地资源约束下的山地城镇化模式,水资源约束下的绿洲城镇化模式,传统农区和垦区的城镇化模式,以及海岸带城镇化模式等。加大对边境地区、资源型城市、农区垦区、革命老区、收缩城市、民族特色、文化传承地区等的新型城镇化支持力度,实现特色城镇化模式。

　　第四,要实现提高城市可持续发展能力向推动美丽中国与绿色城镇化转变。新型城镇须充分考虑城市创新能力提升、城市宜居环境打造、城市营商环境建设、资源环境承载、气候变化适应、国土空间优化等新问题。(1)提升城市创新能力。发挥城市集聚资源的作用,加快城市创新驱动发展。巩固城市的经济基础,激发城市创新的动力。鼓励科研创新活动,鼓励科技成果转化。提升城市的教育文化,培育创新型人才,激发创新潜力。完善社会科研体系,建立多主体联动的社会科研体系,全面提升自主创新能力。优化技术环境,集中投入资源,释放城市创新活力。加快创新基地建设,发挥开发区的创新带头示范作用,优化创新服务。(2)打造城市宜居环境。加强自然生态建设。构建城乡间山水林田湖草生命共同体,构建城乡生态圈;加强居住区域的环境配套和生态建设,提高居住环境质量。加强社会环境建设。推进社区的安全保障工作和住宅民生工程,优化配套公共服务;促进居民多样的就业发展和文化娱乐设施享用,营造良好的人文氛围。加强物质设施建设。完善城市布局,遏制城市无限制蔓延,完善旧城更新和新区建设的互动关系,加强市政公用设施建设和公共基础设施建设,加快城市多体系交通建设。(3)建设城市营商环境。破除各种不合理门槛和限制,营造公平竞争市场环境。推动外商投资和贸易便利化,持续提升审批服务质量,进一步减轻企业税费负担,加强和规范事中和事后监管,强化组织领导,革新创新监管理念和方式,以提高对外开放水平和工作服务水平,降低经营成本,营造良好创新创业环境。(4)资源环境承载的城镇化。加强对区域资源环境承载的研究,把握区域资源环境承载限度。建立城镇化发展的资源环境承载能力监测预警机制,探究资源、环境等构成的承载体和人类城镇化活动之间的关系。立足资源环境承载能力,建设资源节约型和环境友好型城市。推行适度适速的城镇化发展模式,提高城镇化发展质量。各级规划中明确资源环境约束指标,划定生态红线。(5)气候变化适应的城镇化。加强对分区域气候变化和灾害动因机制等方面的科学研究,强化对极端气候风险事件监管和预测。划分全国气候变化和主要灾害影响区,实现低成本地差别化区域管理,必要时建立城市小气候检测预警系统与气候风险评估机制,形成系统的"检测预警—应对适应—管理优化"气候灾害应对机制,建立基本的降灾、减灾、防灾的城市环境韧性系统。(6)国土空间优化的城镇化。通过四大板块的区域总体协调、老少边穷地区的发展、城乡统筹、陆海统筹、全方位对外开放与乡村振兴等系列战略的实施,着力解决区域间和区域内部发展不平衡的问题。在主体功能区战略指引下优化国土空间开发格局,统筹发展陆海洋空间,构建国土空间城镇化、农业和生态安全三大战略格局,针对四大主体功能区域差别化地完善开发政策,逐步形成人口、经济、资源环境相协调的国土空间开发格局。

第五,要实现改革完善城镇化发展体制机制向探索城镇化体制机制改革与创新改变,突破人口管理与户籍制度、深化国土规划与管理制度、完善城乡管理机制和强化资金保障机制。(1)人口管理与户籍制度突破。创新人口管理机制,建立健全城乡统一的新型户籍制度,以打破城乡壁垒、增强城乡流动。全面放开除个别超大城市外的大中小城市的落户限制,积极落实1亿农业转移人口落户城镇的目标,解决非户籍人口在教育、就业、医疗、养老、住房保障等方面的实际问题。(2)国土规划与管理制度深化。进一步深化国土规划与管理制度,促进资源的优化配置,提高国土资源对经济社会持续、协调、健康发展的保障能力。例如,在土地征收方面,要严格限定征地范围,加强土地征收立法,切实保障被征地者的根本权益。采取科学合理的救济措施,为被征地者提供相应的就业培训机会,确保其长远生计。在农村土地流转方面,完善土地承包经营权流转的相关法律体系,进一步盘活农村土地,为农业现代化的实现奠定基础。(3)城乡管理机制完善。完善城乡管理机制,打破城乡二元结构、实现城乡协调发展。首先,要发挥城市的"龙头"作用,巩固、扩展、提升城市管理成果,为乡村治理做好示范带头作用。其次,要创新城乡治理方式,推进城乡综合整治,不断提升城乡人居环境和人民生活质量。此外,要做好城乡规划的编制和落实工作,引导城乡空间有序融合,确保城乡资源的统筹安排和合理利用;完善督查通报问责制度,确保各部门要按照各自职责认真履职;努力实现决策的多元化和透明化,提高公众和非政府组织的参与程度。(4)资金保障机制强化。首先,完善财政资金投入机制。压缩一般性支出,盘活存量资金,确保重点项目建设的资金需求。其次,完善投资融资机制。规范投资融资模式,吸引社会资本参与投入。大力推行政策性金融和开发性金融支持模式,引导撬动社会资本积极参与公共服务供给,形成多元化、可持续的公共服务资金投入和管理机制。最后,完善资金投入监管机制。根据简化高效、安全严密的原则,严把预算执行计划申报关、资金使用关、财务核算关,全方位加强资金监管。并以推进绩效管理为目标,构建项目资金事前、事中、事后全方位的监督机制。

（课题组成员：陈明星　陆大道）

面向 2035 年的新型
城镇化战略研究

国家发展和改革委员会城市和小城镇中心

党的十九大报告作出中国特色社会主义进入新时代的战略判断,提出到 2035 年基本实现社会主义现代化的奋斗目标。对照新时代的要求,我国城镇化存在着发展不均衡不充分的现象,仍有较大的优化提升空间。为实现社会主义现代化奋斗目标,当前亟须厘清城镇化发展中的突出关键问题,明确城镇化发展的基本目标,构建提升城镇化质量的制度框架,推动城镇化健康可持续发展,通过新型城镇化发展不断满足人民对美好生活的需要,有效增加国内需求,推动经济高质量发展,并将中国经验不断推向世界,提升参与全球治理能力。

一、世界城镇化发展的主要趋势

1960—2016 年,全球城市化率年均增幅为 0.37 个百分点,其中从 20 世纪 80 年代开始,增长速度明显加快,这主要是受中国快速城市化发展的影响,若刨去中国,1960—2000 年期间全球城市化增长速度呈现下滑态势。此外,进入 21 世纪后,印度、印度尼西亚、尼日利亚等部分新兴市场国家城市化发展速度相继加快,在一定程度上也推动了全球城市化发展重新加速。

（一）全球城市化发展的主要特征

一是城市化率在30%—70%区间内增长速度较快。按照城市化发展水平进行分组研究可以发现,1960年以来城市化率超过70%的国家,其城市化发展总体平稳,年均增幅仅为0.27个百分点;城市化率在30%以下的国家,增速也相对平缓,年均增幅为0.33个百分点;而城市化率在30%—50%和50%—70%之间的国家,明显保持较高的城市化速度,年均增幅分别达到0.65个和0.58个百分点。剔除中国影响后,年均增幅也可以达到0.54个和0.53个百分点,加速态势显著。

二是中低收入和低收入国家城市化进程已进入加速阶段。按经济发展水平不同分别计算,2016年,高收入国家、中高收入国家、中低收入国家和低收入国家的城市化率分别为81.4%、65%、39%和31%。目前高收入国家城市化水平已基本稳定,增幅已降至每年0.2个百分点。中高收入国家城市化总体水平(不包括中国)达74.5%,年均增幅0.35个百分点。21世纪以来,中低收入和低收入国家城市化率年均增幅已从2000年的0.32个和0.26个百分点提高到2016年的0.46个和0.43个百分点,成为推动全球城市化快速发展的主要动力。

三是大城市和都市圈对人口吸引力持续加强。按照联合国数据,1950—2015年,全球1000万人口以上城市从2个增长到29个,吸纳城市人口的比重从3%提高到12%,100万人口以上城市吸纳城市人口的比重从24%提高到了42%。联合国预测数据显示,到2035年全球100万人口以上城市吸纳城市人口的比重将达到48%。

四是高城市化水平国家首位城市人口处于低速增长。根据研究发现,高收入、高城市化水平的国家,其首位城市的人口增速逐渐下降;而中低收入国家,其人口向首位城市的集聚速度越来越快。从不同历史时期的变化看,当一个国家城市化水平超过70%以后,人口向首位城市的集聚速度将逐步趋于低水平稳定态势。

（二）全球城市化的趋势和中国角色

一是在中国城市化引领下,全球仍然处于快速城市化发展时期。预计到2035年,全球城市化率将达到62%左右,累计新增近14亿城市人口。其中,中国、印度、巴基斯坦、孟加拉国、伊朗、印度尼西亚、越南、泰国、尼日利亚、刚果、安哥拉、埃塞俄比亚、坦桑尼亚、肯尼亚等14个国家将新增9亿城市人口,接近全球新增城市人口的65%;亚洲地区新增城市人口将接近8亿,占全球城市新增人口的一半以上。届时中国将有10.6亿人口生活在城市,贡献超过2亿的新增城市人口。

二是全球城市化快速推进将对全球发展产生深远影响。不同发展阶段的国家在城市化发展中面临着不同的需求,城市化将成为未来全球治理的重要内容。对可持续城市化以及生态、低碳、绿色、宜居的要求,在一定程度上显示了不同发展水平国家城市化理念的区别。快速城市化国家面临着就业、贫民窟的改善、城市管理水平的提升、城市病问题的根治等巨大压力。城市化将是未来全球治理的重要内容,这为我国深度参与全球化和全球城市治理提供了良好的机会。

三是中国城镇化发展为全球城镇化进程提供重要经验借鉴。我国在高铁、互联网、通信、城市基础设施建设等方面的成就举世瞩目,城市共享经济融合发展更是有独到之处。中国城镇化发展需要借鉴发达国家经验,而中国模式和技术路径对全球城市化的经验也有重要的贡献。需要注意的是,上述 14 个城市人口增长较多的国家大部分都位于"一带一路"沿线地区。当前"一带一路"沿线绝大多数国家正处于城镇化快速发展阶段,城镇化总体发展水平还不高,推进城镇化合作既是增进各国人民福祉的内在要求,也为输出我国城市化发展模式和经验提供了有利载体。

四是中国城镇化的新技术应用也将带来巨大的市场。城市化是技术革命和创新经济的重要载体。无论是电子技术创新,还是以信息技术和互联网为基础的新一轮技术革命,其起源和应用都以城市为主体。如今城市中以物联网、人工智能、共享经济等为代表的新技术、新理念广泛融入城市社会,深刻地改变了城市生产、生活,也改变了城市建设、服务和管理方式。城市和区域间要素流动的方式发生重组,传统城乡二元结构发生变化。城市将在智能物流和便捷通信基础设施体系中寻求新的发展机会,通过更有效的区域服务引领腹地经济接入全球市场网络,而乡村地区则通过互联网参与到宏观区域的竞争和合作中。

二、新时代推进新型城镇化发展仍然具有重要意义

推进新型城镇化是适应新时代经济社会发展矛盾转变的内在要求,是满足人民对美好生活需要的重要举措,也是经济增长的持久动力。

(一)新型城镇化是建设社会主义现代化的必要内容

世界各国的发展经验表明,现代化是依托工业化、城镇化由传统农业社会向现代社会转变的过程,城镇化与工业化、现代化相伴而行、相互促进。城镇化是国家现代化的重要内容,也是衡量一国现代化水平的重要标志。过去 40 多年的发展经验表明,减少农民才能富裕农民,必须通过新型城镇化发展,推动城乡融合发展,才能保障我国现代化建设的顺利推进。

（二） 新型城镇化是提升发展质量的根本手段

我国农民工在城镇消费占收入的比重仅为 34.2%,远低于城镇居民 61% 的水平,通过新型城镇化,可以促进农民工完全融入城市,释放消费对发展的拉动作用。我国公共设施存量仅为西欧国家的 38%,北美国家的 23%,补齐城镇公共设施短板可以提升居民生活幸福感和获得感。通过改变过去城市粗放发展模式,使资源利用更加节约,让生态文明融入城镇化发展全过程,使发展更加绿色低碳。

（三） 新型城镇化是推动创新发展的外在动力

无论是电子技术创新,还是以信息技术和互联网为基础的新一轮技术革命,其起源和应用都是以城市为主体。如今城市中以物联网、人工智能、共享经济等为代表的新经济,已经对社会进步和经济发展产生了巨大的影响。推进新型城镇化可以进一步增强城市发展的包容性,降低创业和创新的成本,推动社会纵向流动,充分激发各类市场主体的活力。

（四） 新型城镇化是对外开放合作的重要主题

推动城镇化国际合作也是扩大多双边投资、贸易、技术、文化等交流合作的重要平台,积极在"一带一路"合作中推进城镇化合作,并充分利用 G20、APEC 等合作平台,将为彼此发展奠定良好基础。当前应当加快推动城镇化国际开放与合作,形成"引进来"与"走出去"相结合的互利共赢局面。

三、面向 2035 我国城镇化发展面临的问题和基本判断

展望 2035 年,我国城镇化将从快速发展步入稳定成熟时期,而当前正处于重要的转折期。

（一） 影响未来一个时期城镇化发展的主要问题

我国城镇化经历了快速发展阶段,取得了举世瞩目的成就,但是我们也要看到,当前城镇化面临着发展不平衡不充分的问题,这主要表现在以下六个方面。

一是人群之间不平衡。城镇二元人口现象是城镇化发展不充分的根本表现之一,本地城镇户籍人口和外来农民工之间在收入水平和公共服务供给方面存在较大差异。如公共服务方面,2016 年农民工参加城镇职工基本养老保险、城镇职工基本医疗保险、失业保险、工伤保险等四项保险的比重分别为 20.7%、

17.1%、26.7% 和 16.5%，均远低于城镇居民的 61.3%、47.3%、37.6% 和 40.3%。由于城镇人口二元现象的存在，农民的土地权利市场化退出渠道不畅，不能给予农业转移人口长期稳定预期，人口的流动长期存在，影响了城市化人口消费和投资潜力的释放。随着户籍制度改革的推进，基于劳动者城乡户籍身份差异的城市二元分割逐渐演变为特大城市户籍计划管理体制下常住就业人口和流动人口之间的分割和固定、正规就业制度下劳动者与灵活、非正规就业制度下的劳动者分割。

二是区域之间不平衡。2016 年东部地区城市化达 65.9%，而西部地区为 50.2%，相差 15.7 个百分点。如不考虑直辖市情况，广东省城市化水平最高为 69.2%，最低的西藏和贵州仅分别为 29.56% 和 44.15%，其他低于 50% 的省份还有 8 个，除河南外全部在西部地区。若刨去直辖市，2000—2016 年城市化增幅不足 10 个百分点的省份有 2 个，分别是吉林和黑龙江，仅增长 6.29 个和 7.66 个百分点。

三是城市之间不平衡。我国城市是具有行政等级的，高等级城市有更大的经济社会管理权限，由此造成不同层级城镇之间发展机会的不均等。高行政等级城市可以通过行政手段和行政等级优势攫取下级城市的资源，如项目、资金、土地指标等，而行政等级低的城市的发展和活力则相对受到抑制，从而扩大了城镇间发展的不平衡。如在土地方面，省会城市每增加一个城镇人口所需要的土地是县的 2 倍多；在金融方面，2015 年市辖区金融机构贷款余额占全市的比重为 77.98%，而市辖区人口占比为 34.48%。

四是新城和老城之间不平衡。我国城市的中心城区绝大多数在老城，老城集聚了城市的商业、居住、文化、行政等多项功能，也承载着城市的历史记忆。随着城镇人口的增多，一些地方把新城新区作为城市空间拓展的主要方向，此后政府资金投入方向主要集中在新城新区，对老城关注不多，投入不够，导致新城老城之间视觉反差巨大。甚至有的地方政府为加快新城发展步伐，通过行政推动将老城的优质公共服务资源向新城转移，使得一些老城开始出现衰落迹象。部分新城建设过程中过度依赖于政府和地产商，未能实现城市功能、产业与人口的有机融合，出现一些功能单一的"睡城"，甚至还产生了一些"空城"，这使得城市可持续发展能力受到挑战。

五是政府债务与财政收入出现失衡苗头。通过融资来搞城市建设是当前各地的普遍做法。2017 年审计署报告显示，"至 2017 年 3 月底，审计的 16 个省、16 个市和 14 个县本级政府承诺以财政资金偿还的债务余额，较 2013 年 6 月底增长 87%，其中基层区县和西部地区增长超过 1 倍"，而同期我国财政收入仅增长 23.5%，债务增长远快于财政收入增长速度，加大了财政金融风险。

六是城市化发展存在不充分现象。城镇土地利用效率不高,过去十几年我国城市建成区人口密度从每平方公里 8000 多人下降到 7000 多人,离每平方公里 1 万人的城市建设用地人口密度标准还有较大差距。在行政主导的城市发展模式下,业主缺乏主动参与城市发展的渠道和手段,城镇发展模式单一,居民参与度不高。城市发展包容性不高,不顾城市人口和产业多元化的客观规律,以学历、技能、行业等设置城市落户门槛,驱赶所谓的"低端产业"。适应人口跨区域流动的城市化发展机制还不健全,在建设用地指标配置、财政转移支付、农村土地退出等方面的激励和保障措施还有待进一步完善。

(二) 城镇化发展支撑要素和条件发生变化

过去城市化的快速发展得益于黄金年龄农村劳动力进城,为城市产业发展提供了充足的劳动力,支撑着城市空间的扩张,推动了城市土地价格的上涨,为城市空间扩张提供了资金支持,农民进城、产业发展、城市建设之间成为相互强化的闭环。当前随着外部形势的变化,推动城市快速发展的市场红利正在逐渐消退,推动城市化快速发展的条件发生了如下变化:

一是宽松人口条件逐步消退。过去我国进城农民总量快速增长,得益于农村劳动年龄人口向城市和非农产业的快速转移,劳动年龄人口包括新增劳动年龄人口以及已经进入劳动年龄的存量人口两个方面。当前,依靠农村劳动力"双轮驱动"的人口转移方式已经基本完成。从第六次全国人口普查各年龄段农村人口转移比重可见,21—30 岁年龄段的农村劳动力转移比重在 2010 年时已达 73%,这一年龄段人口继续转移空间已不大。2010—2016 年,50 岁以上的农民工占比从 2010 年的 11.8% 提高到了 19.2%,总量增加了 2546 万,占农民工总量增加的 64.5%,50 岁以上农民工已经成为农民工总量增长的主体,可见未来存量农村劳动力转移空间已经有限。

二是城市建设融资条件的变化。近年来,中央政府加大了控制地方政府债务的力度,防范金融风险避免出现较大的债务危机已成为政府工作重点,特别是避免变相增加地方政府债务的问题尤其得到重视。这意味着通过融资搞城市建设的模式面临着深层次调整需求,城市建设资金来源亟须转变。同时,随着"营改增"稳步推进,国地税实行合并,房地产税收不再是地方独享税种,地方政府推动房地产发展动力将会随之降低。将来房产税一旦出台,地方政府可以不再依靠空间扩张来获取财政收入增长,以空间规模扩张为特征的城市发展动力也会减弱。

三是国际市场不确定性的增加。过去几十年是世界经济的"黄金发展期",我国通过积极参与全球分工,推动了经济快速发展,支撑了城市的产业发展。金融危机以后,世界主要发达国家更加重视工业发展,特别是美国推行的"再工业化",推动了经济全球化利益格局的再调整。多边贸易体制运行受到挑战,双边或区域自贸协定成为主流,"逆全球化"、贸易保护主义呈现升温态势。东南亚等地区的一些发展中国家,利用比我国更加低廉的土地和劳动成本,对我国传统优势产品形成了明显的替代效应。随着国际环境的变化,我国继续依靠国际市场扩张带动增长的传统路径已难以为继。

四是城市化从城乡关系向城乡、区域间关系的演变。伴随着城市化的快速发展,人口跨区域流动增多,大规模人口流动对人口流入地区和人口流失地区的公共资源配置造成极大压力,使得传统依托户籍人口配置公共资源的机制受到了极大冲击。在目前的政策体系下,地方政府解决外来人口的落户和公共服务问题上能够获得的政策支持并不多,城镇居民与外来人口之间所形成的福利差距已固化,本地居民反对的现象也时有发生。解决城市化过程中的人口问题已经不再是单纯地处理城乡关系,已经演变成为城乡间、区域间的关系,需要进一步调整流入地和流出地的关系,加大了城市化进程中改革的难度。

(三)城镇化发展的基本判断

按照城市化表现出的一般规律,我国仍处于城市化率 30%—70% 的较快发展阶段,与发达国家 90% 左右的城市化水平相比还有较大差距。随着劳动年龄人口的减少,特别是农村青壮年劳动力数量的逐渐减少,我国城市化速度将从高速向中高速转变,城市城镇发展也将由规模扩张向质量提升为主转变。预计我国还将持续 20 年以上的城市化进程,到 2035 年,我国城镇化水平将稳定在 80% 以上。

一是城市化发展空间仍然较大。总体上我国仍然处于城市化快速增长阶段,在未来 15—20 年内城市化还有较大发展空间。主要考虑是,城乡居民收入和非农产业与农业之间生产效率差距仍然较大,农村人口向城市转移的动力还非常强劲,随着第三产业成为主导产业,就业和经济增长之间的弹性变大,城市化对经济增长速度的依赖下降。但是受农村人口结构客观条件的变化,城市化速度将从高速向中高速转变,城市化将从农村劳动力进城为主向以农村劳动力及其家属进城为主转变。

二是城市化是经济增长的持续动力。通过农民工市民化,把农村的消费行为转化为城市居民的消费行为,可以带动消费需求的增长。城市人口增加,将带来对城市基础设施建设需求的增加,以及投资需求的增长。与此同时,人口进城后就业结构的转变,将带来要素资源配置效率的提升,同样可以成为经济增长的动力。另一方面是来自城市化质量提升,要不断满足城市居民对美好生活的追求,推动新技术与城市发展的结合,需要城市在基础设施、公共服务等各方面作出相应的安排,也会同步带动经济增长。

三是区域间城市化发展将逐步趋于均衡。随着东部城镇化水平的提升,城镇化发展速度已开始放缓,而中西部城镇化则在加速。从2011年开始,中西部地区的城市化增长全面超过了东部地区。中西部地区一些中心城市近年来也在不断出台政策,加快产业发展,产业支撑力度不断加大,对人口的吸引力不断加大。随着就业市场一体化程度的加深,在人口区域间自由流动的状况下,伴随着城市化的成熟,区域间城市化发展差距将不断缩小,最终趋于均衡。

四是以都市圈和城市群为主体形态的城市化格局形成。随着交通基础设施条件改善,区域联系的交通成本得到了大幅度降低,促进了区域人流和物流等要素的流通,拉近了城市之间的距离,改变了各类资源的空间配置,在一定程度上打破了资源配置的行政界线,加速了各类不同等级城市在区域内的联系,有力地促进了都市圈和城市群的发展。部分区域中心城市吸引人口能力在不断加强,依托这些中心城市的都市圈逐步成熟,城市间连接形成的城市群吸纳人口比重也在不断提高。未来中国最值得期待的五大城市群将是粤港澳大湾区城市群、长三角杭州湾城市群、渤海湾城市群、成渝城市群和长江中游城市群。

五是新型城市发展机会增多。片面追求空间快速扩张的城市粗放发展的模式开始转型,要求城市发展开始从注重空间扩张向注重品质提升转变,打造更加注重服务、市场、人文和品质的便利城市街区转变。城市在发展中不再单纯地追求物质的建筑现代化,而是更加注重历史文化的传承与延续,城市的人文色彩更加厚重。城市与新技术应用更加紧密,加强城市发展与环境保护之间的协调,降低资源和能源的消耗水平,城市发展更加倡导绿色、低碳、循环、可持续的城市生产生活方式和城市建设运营模式。通过科学划定城市开发边界,防止城市盲目扩张和粗放建设,提高城市土地利用效率和城市容积率,鼓励城市进行更新改造。

六是城市存量空间存在改造需求。我国老城区普遍存在基础设施老化、服务功能不健全、安全隐患多等问题,使得老城区城市功能发挥受到限制,发展活力受限。部分新城在建设过程中,没能实现城市功能、产业与人口的有机融合,城市可持续发展能力受到挑战。未来我国城市空间仍然会不断扩大,城市发展需要统筹新城和老城改造的需求,既要让新城和老城功能更健全,居民生活更方便,产业更亲民,城市发展更持续,同时也要在空间集约节约利用的基础上,为城市发展提供充分的空间载体。

四、2021—2035 年提升城镇化发展质量的对策建议

（一）主要任务

城镇化是现代化的必由之路,高质量城镇化是现代化发展的必要条件,当前我国正处在城镇化从数量提升向质量深化的攻坚时期,城镇化发展既要面临着城乡人口结构的转变,也要解决农业转移人口市民化问题;既要面对产业结构的转型升级,也要解决庞大农业转移人口的就业问题;既要化解地方政府债务问题,也要为城市建设谋求新的资金来源;既要提升城市管理效率,也要推动以形成城市群为主体形态的城镇化战略格局;既要面对城市人口增多对能源资源消耗的加大,也要面对生态环境压力日益加剧的困境;既要关注大城市"城市病"问题,也要积极培育中小城市。

在新时代,城镇化发展要实现城市生活更方便,管理更科学,资源利用更高效,城市发展更可持续,城镇化区域布局更优化,由此需要做好以下重点任务:一是推动城市二元人口的融合发展,为进城人口提供均等的发展机会和公共服务,逐步消除城市人口二元现象;二是建立城乡融合发展体制机制,逐步破除限制城乡要素双向流动的体制,建立鼓励工商资本下乡的政策体系;三是推动老城与新城深度融合,实现新城和老城之间资源均衡配置,推动旧城更新与功能提升,规范新城新区,不断提升新城密度;四是推进城市供给侧结构性改革,借鉴供给侧结构性改革思路,让更多市场主体参与进来,激发多主体活力,培育新的经济增长点;五是建设新型城市,推进智慧城市、低碳城市、人文城市、健康城市等新型城市建设;六是建立适应新时代的城市区划管理体制,特大镇设市顺畅推进,减少行政层级,推动城市管理与区域管理的逐步分开;七是建立多元化城市化投融资机制,提升政府资产运营效率,出台实施房产税,规范发行市政债;八是建立城市群协调发展体制。

（二）提升城镇化发展质量的制度框架

城镇化发展质量事关人民生活品质的提升,事关国家现代化建设全局,要从人民对美好生活追求的角度出发,调整城市政策导向,调整政府财政资金使用方向,推动城市发展转型,让在城市中生活和就业的人口共享各类城市公共服务,拥有更多分享城市发展红利的机会,城市间获得更加平等的发展机会,城乡建设用地活力进一步释放,智慧城市等创新技术在城市管理和居民生活应用更加广泛,推动城镇

化发展质量不断提升。

一是深入推进农业转移人口市民化进程。为切实提高城市包容性，第一，除极少数超大城市外，取消农业转移人口在就业地落户门槛，优先解决农村学生升学和参军进入城镇的人口、在城镇就业居住 5 年以上和举家迁徙的农业转移人口及新生代农民工落户问题。第二，以居住证为载体，向未落户人口提供城镇基本公共服务及办事便利，显著提高居住证发放量，鼓励城市群及都市圈内居住证互认，鼓励不断扩大居住证上的公共服务内容。第三，完善社会保险关系转移接续政策，扫清社会保险关系在城乡、地区间接续的制度障碍，推动农民平等参加城镇各类社会保险。第四，落实公办学校普遍向随迁子女开放政策，鼓励把民办教育机构作为公办学校的有机补充，鼓励公办学校教师到民办学校轮流任教，加强对民办学校教育质量的管理和服务。第五，加强对农业劳动力就业转移服务，建立就业信息发布平台，加大对农业劳动力的职业技能培训力度，健全覆盖农民、贯穿农民学习工作终生、适应就业创业和成长需要的终身职业培训制度。第六，为农民建立多渠道住房保障体系，对暂不具备购房能力的农民，建立稳定租期和租金等方面的制度，支持其通过住房租赁市场租房，长期稳定居住。第七，深化"人地钱挂钩"的配套政策，健全"人钱挂钩、钱随人走"各项政策，督促省及以下政府间建立财政转移支付同农业转移人口市民化挂钩机制，尽快推动"挂钩"政策细化落实。

二是加快推进城乡建设用地制度改革。用地制度改革是推进城镇化发展的关键。第一，依法保障农民宅基地使用权，按照自愿原则，采取政府赎买等方式引导在城镇落户农民退出宅基地使用权。第二，建立集体建设用地使用权公开交易平台，引导社会资本和专业咨询机构参与集体建设用地利用，打破集体建设用地利用的封闭性。第三，允许集体经济组织及成员按照规划利用存量集体建设用地建造工业园区和租赁住房，承接城市工业企业外迁，提供多元供给主体的租赁住房，并引导金融机构进行扶持。第四，将集体建设用地上建设的自住和经营性租赁房屋纳入不动产征税范围，减少政府对土地出让的过度依赖。第五，推进城镇低效用地再开发，对原土地使用权人利用旧厂房、闲置仓库等用地兴办服务业，经批准并补缴相应税费后可采取协议出让等方式供应。

三是完善城市化融资保障机制。政府适度规模举债，能够弥补建设资金不足，符合代际公平原则，也是国际通行做法。第一，加强资产运营，通过特许经营等方式创新存量资产经营，使存量沉淀资产能够产生稳定现金流。第二，结合城市发展和产业导入，推动形成具有稳定收入能力的国有资产，规范资本实力强的大型投融资平台内部治理结构和风险管控机制，强化市场化主体特征。第三，对摊子铺得太大的城市，要及时收缩，避免新建城区人口、产出、商业密度过低等问题，把城市资本运营的重点放在存量空间，在房产税等税收政策工具的配合下，集中力量把存量空间价值激发出来。第四,完善融资保障机制建设,建立健全地方债券发行管理制度和评级制度,允许地方政府发行市政债券,研究建立城市基础设施、住宅政策性金融机构,为城市基础设施和保障性安居工程建设提供规范透明、成本合理、期限匹配的融资服务。

四是加大行政管理体制改革步伐。赋予地方更大自主权,加大对基层政府放权力度,构建大中小城市和小城镇协调发展机制。第一,改变按照行政等级配置资源的模式,减缓特大城市要素过度集中的压力。探索完善区域治理新模式,建立城乡间要素平等交换机制,增强城市对农村的带动作用。划定城市发展边界,扼制城市空间过快增长势头,促进城市从粗放发展向精细管理的转变。第二,重点以"切块设市"模式推动特大镇设市。加大切块设市探索力度,切块设市可以以镇为单位进行设置。简化设市标准,将城区人口规模作为设市的主要条件,按照城市的标准进行建设和公共服务配置。第三,把城市市区人口密度和人口规模作为判断是否需要新设区拓展发展城市空间的基本依据。第四,弱化行政等级,逐步减少依据行政等级配置经济社会管理权限和公共服务资源的政策,通过综合配套改革,使其管理权限与管辖的经济、人口规模相适应。

五是强化城市化发展的产业支撑。推动城市产业发展需要重点处理好三个方面的关系。第一,处理好服务业和工业发展布局的关系。城市中心区的产业主要是以服务业为主体,工业布局可以结合城市群、都市圈实际状况,以中小城市为主体,配合乡村振兴战略实施进行布局。第二,处理好新经济和传统服务业的关系。只要有人就有对所谓"低端服务业"的需求,这正是一个城市确定所需要的功能和产业,是城市存在的基础,新经济培育决定了一个城市在全国甚至全球城市格局中的地位,两者相互促进、缺一不可。第三,处理好内需和外需的关系。未来城市发展要不断提高城区人口密度,创造城市便利创业和就业的空间和政策条件,提高服务质量,打造百年服务老店,创造适宜消费的环境条件,更好激发内需空间。

六是推进城市发展转型。激发多主体活力,培育新的经济增长点。第一,从政府主导到多元参与转变,推动多元化社会主体参与,实现城市发展多轮驱动,让更多市场主体成为城市发展合伙人,能够参与城市发展,形成良性互动格局。政府要减少大包大揽行为,强化精细化管理,按照市场化方式推进城市更新和社会事业发展。第二,从地产开发向土地复合利用转变,土地的混合利用有利于实现土地利用价值最大化,可在不妨碍公共安全的前提下,允许和鼓励业主进行商住混合使用的改造,放宽对土地和建筑用途转变的行政审批条件,简化审批程序,对符合规划要求的项目可以实行备案制。第三,从大尺度建设到小尺度开发转变,将土地从之前的大规模出让转变为小块出让,为更多的市场主体参与城市建设和发展提供机会。在城市改造中,将大拆大建式改造模式向微改造方式转变。借鉴特色小镇发展思路,从大规模新城新区建设为主,向打造注重服务、市场、人文和品质的便利城市街区转变。第四,从注重新城建设向城市功能完善转变,鼓励各类市场主体对城镇存量住房进行功能改造,满足居民的养老、健康、教育等基本需求,实现地产发展向新建与改建"双轮驱动"转变。

七是健全城市治理体系。推进"绣花"式城市治理管理体系。第一,创新城镇规划管理,整合规划职能机构,建立经济社会、基础设施、公共服务、生态环境、历史文化、开发保护、空间利用等统筹的"多规合一"。第二,加快建设网络信息基础设施,为智慧化城市管理提供强有力的技术支撑。强化数据开放分享和隐私保护的立法,打破政府不同部门主动放弃对数据和权利的垄断,使分散的数据资源更多集合成为有效公共资源,使政府的权利运行和公共管理事务通过智慧管理平台整合与互联互通,变得更加公开透明、合规、高效并可监督。第三,推动城镇社会管理创新。积极转变城市管理理念,形成政府、社会、公民等多方主体参与、良性互动的现代城市管理格局,整合基层社区服务资源,将部分基本公共服务和管理整合下移到社区。

（课题组成员：范毅　戴璐）

面向现代化的新型城镇化战略重点任务研究

清华大学中国新型城镇化研究院

北京清华同衡规划设计研究院

本报告立足于服务国家发展大局,面向新型城镇化升级版要求,聚焦城乡治理体系提升的瓶颈点和关键点,基于城镇化和乡村振兴两个视角,构建"问题和趋势分析—目标内涵—重点任务—战略举措"的逻辑链条,全面解读 2035 年基本实现社会主义现代化的有关要求,梳理《国家新型城镇化规划(2014—2020 年)》战略任务实施情况,深入分析推进新型城镇化高质量发展面临的短板问题,结合国际先进经验和客观规律,研判我国下一阶段城镇化的特征及核心要素的重大变化趋势,研究面向现代化的新型城镇化内涵和发展目标,提出面向现代化的新型城镇化的重点任务和改革举措。

一、新型城镇化工作成效与问题

我国新型城镇化建设取得显著成效。三个"一亿人"目标有望如期完成,农业转移人口市民化配套制度不断完善。以"城市群+中心城市"为主体的城镇化空间格局基本形成。城市功能和可持续发展能力进一步提升。农村建设和农村产业融合发展成效显著。新型城镇化相关体制机制改革稳步推进。但也面临着人群

发展不平衡、区域发展不均衡、城镇化主体作用发挥不充分、城市发展不协调、城乡要素流动不充分等问题。

二、当前我国城镇化发展阶段特征

未来我国城镇化阶段面临四个转变：一是历史阶段转变，从全面小康到面向现代化；二是城乡关系转折，从城乡二元向城乡融合迈进；三是发展理念转型，践行习近平新时代中国特色社会主义思想；四是治理体系重构，推进国家治理体系和治理能力现代化。

三、面向现代化的城镇化战略目标与核心内涵

（一）现代化内涵解读：以人的现代化为核心

以人的现代化为核心，实现全面现代化，实现全体人民的全面发展。推进"五位一体"的现代化、人与自然和谐共生的现代化、中华文化永续发展的现代化、国家治理体系和治理能力的现代化，最终实现建成富强民主文明和谐美丽的社会主义现代化强国的伟大目标。紧紧围绕以人民为中心的发展思想，分别考量个体人和社会人，不同类型人群，不同地域人群，前人、当代人和后人等不同群体自主、多元、公平、全面的发展需求，最终实现人的全面发展、共同富裕的新型城镇化根本目的和社会主义现代化目标。

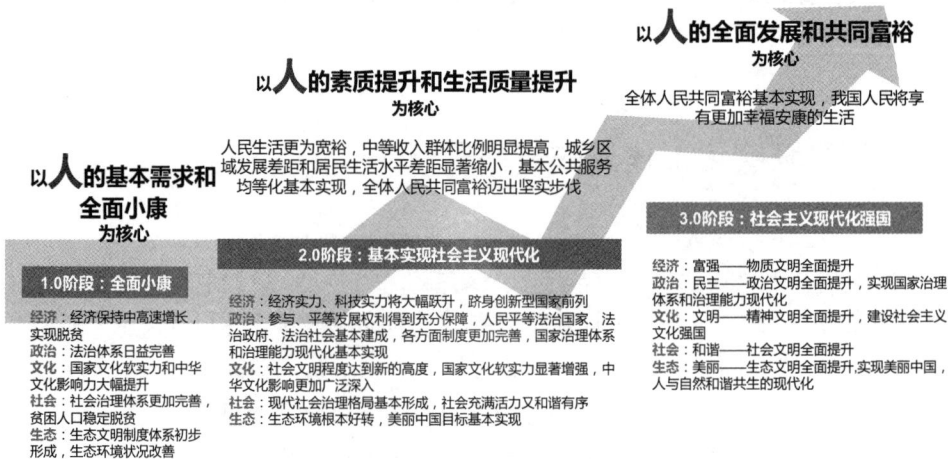

图1　以"人的现代化"为核心的现代化内涵解读

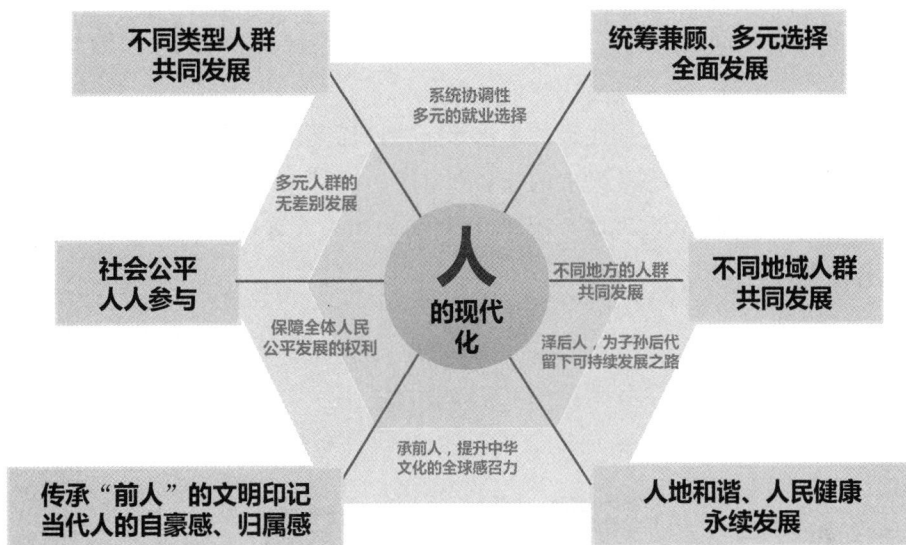

图2　以"人的现代化"为核心，实现全体人民的全面发展

（二）指导思想：走以人民为中心的城镇化中国道路

以习近平新时代中国特色社会主义思想为指导，深入贯彻党的十九大和十九届二中、三中、四中、五中全会精神，紧紧围绕统筹推进"五位一体"总体布局和协调推进"四个全面"战略布局，按照社会主义现代化"两步走"战略要求，坚持以人民为中心的发展思想，牢固树立新发展理念，协调推进乡村振兴战略和新型城镇化战略，坚持以人为核心推进新型城镇化，以实现新型城乡关系和服务人民安居乐业、共同富裕为主要目标，以城乡治理体系和治理能力的现代化为主要抓手，走出一条以人民为中心，人地和谐、城乡共生、空间共享的城镇化中国道路。

（三）发展道路：以人民为中心，人地和谐、城乡共生、空间共享的城镇化中国道路

以人民为中心要求把农村人口城镇化、农业转移人口市民化、城市人口、乡村人口等，作为城镇化的整体统一考量，把各类社会群体都纳入城镇化全局，响应民生需求，消除城乡对立，实现社会融合。

人地和谐要求将绿色发展理念贯彻落实在城镇化和城乡发展建设的全领域全过程中，调适城乡开发建设、功能运行与自然生态、资源、环境的和谐共生关系，增强乡可持续发展能力，实现"美丽中国"和"健康中国"。

城乡共生要求城镇化的制度设计避免对人的身份进行划分与空间隔离，破除妨碍城乡要素自由流动和平等交换的体制机制壁垒，促进城乡权利对等、资

源平等交换、公共保障平衡分配等,持续缩小城乡居民生活水平差距,实现基于人的多样性空间需求的广泛、多向、自由流动,实现城乡公平、相辅相成、相得益彰。

空间共享要求明确空间生产的需求导向,回归空间使用价值的创造,使城乡居民和社会各阶层都能够享受发展的权利和空间的权利,在和谐、有序的城乡空间实现安居乐业、共同富裕,实现城乡治理现代化,构建人人有责、人人尽责、人人享有的社会治理共同体。

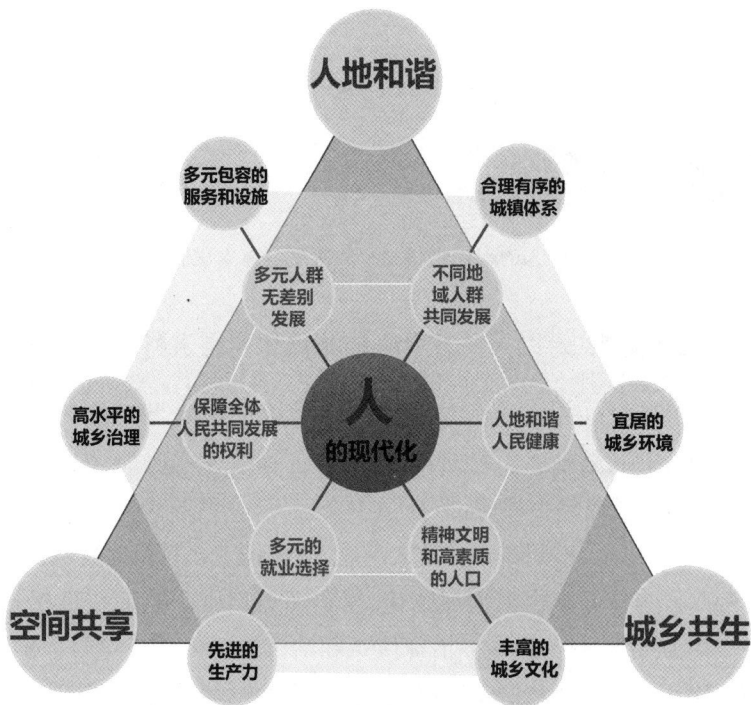

图3　以人民为中心的城镇化道路

（四）核心内涵:“二十四字”内涵

围绕人的现代化,统筹兼顾效率和公平,坚持走人本共享、六化协同、布局协调、绿色健康、文化传承、治理现代的城镇化中国道路,实现新型城乡关系和服务人民安居乐业、共同富裕的城镇化最终目标。

人本共享——不同类型人群共同发展。以“人”的需求为中心,响应多元人群差异化需求,从满足基本需求向满足多元化、多层次全面需求转变,促进空间资源公平分配和社区协同治理,建设公平共享的城乡中国。

六化协同——统筹兼顾、多元选择全面发展。实现城镇化与新型工业化、服务业规模化、农业现代化、绿色化和信息化协同发展。

布局协调——不同地域人群共同发展。支撑国家安全、区域协调发展、主体功能区和乡村振兴等战略,实现区域相对均衡发展、大中小城市协同发展、城乡融合发展。

绿色健康——人地和谐、人民健康永续发展。坚持人地和谐、可持续发展的绿色城镇化模式,建设美丽中国、健康中国,实现生态优先、绿色发展、底线约束、人地和谐、人民健康、宜居宜业。

文化传承——传承"前人"的文明印记,提升当代人的自豪感、归属感。保护和挖掘中国优秀传统人居文化和优秀典范,建构并落实中华文明标识体系,提升中华文化全球感召力,实现历史文脉延续,突出地域特色,满足人民自豪感和幸福感。

治理现代——社会公平、人人参与。全力推进城乡治理能力的现代化,为中国城镇化的持续健康发展提供基本保障。

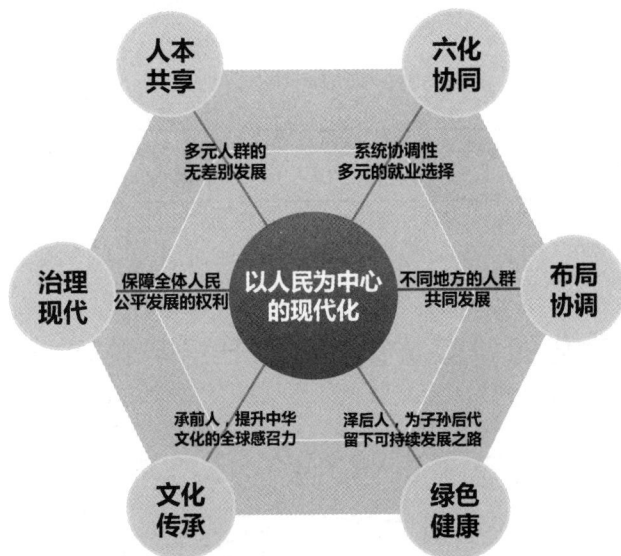

图4 城镇化"二十四字"内涵

(五)核心指标:人的需求导向

围绕"人"的需求,从供需两端衡量各类人群的就业保障、住房供给和公共服务三大民生需求,结合重点人群的重点需求形成的战略任务,设置9个具体指标,构建需求导向的、反映城镇化质量的核心指标体系。

表 1　需求导向的城镇化核心指标

民生需求	序号	具体指标	目标导向
就业保障	1	劳动年龄人口平均受教育年限(年)	全体人群人力资本素质不断提升
	2	城镇新增就业人数(万人)	城镇就业水平不断提升,保障就业权利
住房供给	3	住房保障覆盖常住人口比率(%)	保障常住人口的住房权利,提升对新市民的住房保障程度
	4	进城农民工享受住房保障比例(%)	加快提升对农民工的住房保障覆盖程度
	5	住房消费支出占总消费支出的比例(%)	引导住房消费支出控制在一定比例内
公共服务	6	千人医疗卫生机构床位数(张)	加快提升基本医疗服务能力和供给水平
	7	公共教育投入占地区生产总值比重(%)	加快提升公共教育服务能力和供给水平
	8	千名老人养老床位数(床)	加快提升养老服务能力和供给水平
	9	公共服务消费支出占总消费支出比例(%)	引导教育、医疗等公共服务消费支出控制在一定比例内

四、面向现代化的新型城镇化战略任务与关键举措

新型城镇化的重点任务,需要从政府职能出发,重点关注特定人群的重点需求,将其作为政府的工作重点。

(一) 持续推进农业转移人口市民化,重点关注保障性住房、教育培训和社会融入等农业转移人口公共保障需求

1. 战略任务

"十四五"时期再完成1亿农业转移人口落户,到2035年实现城乡统一的居住登记制度,农业转移人口将成为历史概念。随着农业转移人口市民化通道打开,"十四五"时期农业转移人口规模将持续缩小。预计到2025年,我国农业转移人口将由2.26亿人减少到1.3亿人,常住与户籍人口城镇化率差距由16个百分点缩小到9个百分点。到2035年,全国基本建立城乡统一的居住登记制度,城乡人口实现自由迁徙,农业转移人口全部实现市民化。

需要重点提升农业转移人口的保障性住房覆盖率。未来我国城镇保障性住房

覆盖城镇家庭户比例稳定在30%,重点提升农业转移人口的保障性住房覆盖比例至20%左右。预计到2025年将有2100万套保障住房缺口(含进城农民工保障住房800万套左右),到2035年有3500万套左右保障住房缺口。

此外,还需要提高农业转移人口在城镇稳定就业的机会,关注其子女教育、医疗保险等市民化待遇等,促进社会融入等。

2. 关键举措

打破城乡和区域分割的差异化户籍结构,建立全国统一的可以自由迁徙、没有利益差别的一元化人口管理制度,真正实现人口自由流动。根据地区差异化特点和流动人口的需求,建立分梯度、多层次、渐进式的人口管理和服务新机制。继续推动居住证制度覆盖全部未落户城镇常住人口,优化和改进居住证与城镇户籍之间的制度衔接。建立基于常住人口规模的各级政府财政分担、转移支付、土地指标奖励机制。同步推进户籍改革相关的土地制度、社会福利制度的联动改革。

建立租购并举的住房供应和保障制度,改变出租房屋的供给结构,保障住房需求。加快发展住房租赁市场,发挥国有租赁企业对市场的引领、规范、激活和调控作用,支持部分人口净流入、房价高、租赁需求缺口大的大中城市多渠道筹集公租房和市场租赁住房房源;旧城更新规划时,可采取可支付住房解决方案来涵盖非户籍人口住房需求。补偿给村民的合法住房可建设成为与新生代农民工需求相匹配的小面积可支付住房。利用大数据技术,对不同流动人口住房需求进行针对性的供需匹配指导,并在保障房社区配建适宜的养老服务设施。

消除农业转移人口在城市就业的制度障碍和政策歧视,完善针对性学习培训机制,保障平等就业,拓宽就业渠道。推动教育机会均等化,保障随迁子女接受高质量教育的需求。提升农业转移人口在城市生活的各项权利,行政管理和社会公共服务一视同仁;取消带有城市偏向性的就业政策,消除对农业转移人口的就业歧视。加大对新生代农业转移人口的教育资源分配,建立以政府为主导、学校、民办机构与远程网络培训相结合的多层级技能培训体系,满足新生代农业转移人口发展的个性化需要。提高民办学校对外来务工子女的吸引力,缓解由于优质教育资源紧缺造成的随迁子女入学压力;逐步放开随迁子女异地高考的权利,逐渐放宽年限要求,逐步实现城市流动人口和户籍人口享有均等化的受教育机会。

打通参与政治活动、社区治理渠道,促进农业转移人口在城市的社会融入,建设包容性城市。构建包容性的现代城市发展政策,通过社会赋权,予以农业转移人口表达诉求、维护合法权益、参与政治活动的机会和渠道;鼓励其参与社区治理,参与所在社区的自治进程,确立"主人翁"地位。

（二）完善老龄人口的服务体系和保障制度

1. 战略任务

"十四五"时期老龄人口将增长 8000 万左右,从 2018 年的 1.66 亿增长至 2025 年的 2.46 亿,占总人口比重达 17%,进入深度老龄化社会;到 2035 年老龄人口将增长至 3.27 亿左右,占总人口的 23%。其中失能老人 2025 年将增加到 5200 万人,2035 年将增加到近 7000 万人。

随着老龄人口规模和失能老人数量的快速增长,养老和健康服务供需矛盾更加突出。针对失能老人的社会支持政策缺乏,需要大规模增加养老设施和提升养老服务,完善养老服务业社会支持政策。"十四五"时期全国住宅小区养老服务设施配建达标率应达 100%,65 岁以上老人健康管理率应达到 85%。

2. 关键举措

以居家社区养老为重点,建立健全多层次的综合养老服务体系,建设老年友好型城市。加大对居家和社区养老的支持力度,提升服务覆盖率和服务水平。整合社区、养老产品和养老服务供应商、卫生健康机构和志愿者队伍等资源,培育居家上门服务的提供主体,鼓励开展"嵌入式"社区养老服务,提高老旧住区和老年人家庭的无障碍改造。构建多样化的养老服务体系。探索医养结合的养老模式、推动社会养老机构向护理型服务转型、推进"互联网+"养老服务创新。

优化老年人社会保障制度,完善农民工返乡养老服务体系。将失能老人、困境家庭老人纳入政策兜底范围,增强保障力度,将困境家庭老人生活服务补贴、失能老人护理补贴纳入国家基本公共服务清单。拓宽农民工返乡养老资金和农民养老资金收入来源,农村集体经济、农村土地流转等收益分配充分考虑解决本村老年人的养老问题,引入社会公益服务、农村基层互助和市场力量,多途径共同健全完善农村养老服务体系。

加大对养老产业的金融、土地、财税政策支持。拓展养老服务投融资渠道,引导社会资本参与养老服务业项目建设与运营,鼓励地方政府结合地区实际,研究发起设立养老产业基金;加大对养老服务设施供地的政策优惠,鼓励租赁供应养老服务设施用地和盘活存量用地、利用集体建设用地兴办养老服务设施,并配套相应扶持政策;减轻养老服务税费负担,对在社区提供日间照料、康复护理等服务的养老服务机构给予税费减免扶持政策,落实养老服务机构用电、用水、用气、用热等享受居民价格政策。

(三) 满足中等收入人群的多样化需求

1. 战略任务

"十四五"时期,我国中等收入群体将达到 6.5 亿人左右(按 5%左右经济增速),占总人口比重将达到45%,较 2017 年约增加2.5 亿人;2035 年中等收入群体将达到9.3 亿人左右(按 3%左右经济增速),占总人口比重可能超过60%。

旅游、文化、体育、健康、教育培训等重点领域服务消费需求将明显增加,智能化、个性化、体验式、定制型等消费新需求不断涌现,需要走以人民为中心,以"绿色、人文、创新、智能"为特征的内涵式、集约型现代城市发展道路,并不断提升社会主义现代化城市治理能力和水平。为满足日益壮大的中等收入群体的多样化需求,需要推进服务消费持续提质扩容,在旅游、文化、体育、健康、教育培训等重点领域,提供高质量的产品和服务;积极培育网络消费、定制消费、体验消费、智能消费、时尚消费等消费新热点,需要鼓励与消费者体验、个性化设计、柔性制造等相关的产业加快发展。

2. 关键举措

以建立绿色城镇化绩效考核机制为重点,完善绿色生态规划、建设、管理标准体系,建设绿色健康城市。设计以资源开发、能源节约、生态保护、优化环境等为核心指标的绿色 GDP 政绩考核体系,将绿色发展理念融入国土空间规划指标体系和技术流程中,纳入用地、设施、环境、建筑的规划、建设、管理标准体系中。激活绿色资源价值,完善生态产品和服务价值实现的补偿机制与市场机制。建立生态保护成效与资金分配挂钩的激励机制,构建生态产品价值核算体系,完善生态产品价值实现的投融资机制和技术标准。

保护传承中华文化,保护老城,完善城市更新制度,建设现代人文城市。应重视城市规划建设中的"文化建构",挖掘优秀传统人居文化,建构"有温度、有记忆、有乡愁"的人居文化;着力塑造城市品牌,提升城市文化品位,充分发挥人文城市内涵的文化品牌效应,助力城市特色化、差异化发展。提升公共文化服务品质和效能,建立优秀传统文化传承和发展体系。创新中国人居环境理论与教育体系,丰富完善中华人居文化和人居建设理论,提升中国人居环境理论在全球的影响力和感召力。建立健全城市更新制度和技术体系,促进城市建成地区的质量提升。

以供给侧结构性改革创新城市发展动能,培育跨界交流的创新创业网络,建设创新创业创意城市。以供给侧结构性改革发展消费经济,推动制造业和生产性服务业深度融合、深化业务关联、链条延伸、技术渗透,促进产业颠覆性创新。充分激发各类创新主体的活力,营造专业化、多样化的交流网络,降低创新创业成本,增强创新经济策源能力;发展高水平开放型经济,降低国际高端要素进入国内的制度性交易成本,打造国际化营商环境,持续深化制度型开放。

加快建设数字基础设施,提高城市治理智能化水平,建设现代数字城市。搭建智慧政务服务和行政审批、社会信用体系的信息化基础平台,推进政务数据的整合共享与开放应用,深入推进"互联网+政务服务"改革创新,提升城市治理体系和治理能力现代化。加快推进新型城镇化大数据公共服务平台、数字城市信息化平台建设,形成数据驱动的集成—智能—交互多目标智慧决策支撑体系,推动城市精细化管理和公共服务精准供给,提高城市规划、建设、管理的效率,增强公共服务供给的导向性和精准性,切实提高人民群众的获得感、幸福感和安全感。

提升城市治理的社会参与度,建设包容共享型人民城市。推动城市精细化治理和公共服务精准供给,探索更加开放、民主的城市多元共治模式。支持社会组织和基层社区参与城市精细化治理,推进社区治理模式创新,构建共建共治共享格局;保障城市公共空间规划开放性,限制以资本逐利为主导的公共空间开发。构建完善城市更新编制、审批和实施管理的制度体系和政策机制,建立以建设用地指标转移为核心的土地开发损益平衡利益协调机制。探索城市更新的规划建设、投融资、多主体合作开发运营模式。创新高密度空间治理机制,促进交通用地一体化发展和公共服务均等化配置,着力治理城市病,提高大城市精细化管理水平。

(四) 实现布局协调的城镇化空间新格局

1. 战略任务

基于大国城镇化的特殊性,面向 2035 年基本实现现代化的要求,落实主体功能区战略、国家安全战略、区域协调发展战略和乡村振兴战略,按照全球竞争、国土安全、区域均衡、中心引领、圈群发展、县域活力、乡村振兴的原则,立足资源环境承载能力和传统优势格局,融入基于全球供应链和价值链的全球城市网络,顺应国家人口发展趋势、产业发展趋势和对外开放格局,聚焦"区域相对均衡发展、大中小城市协同发展、城乡融合发展"的城镇化三大协调发展要求,构建"中心城市引领、城市群为主体、主体功能明确、高效扁平组织、城乡融合发展"全面协调的城镇化总体格局。

突出大城市和县城两极,构建哑铃型城镇体系结构。根据资源环境承载能力,依靠市场力量和国家规划引导,进一步增强中心城市的人口和经济承载能力,稳步增设一批中小城市,引导各规模等级城市结合资源禀赋和区位优势走特色发展道路,优化城镇规模结构,实现全球城市、国家中心城市、区域中心城市与中小城市协调发展。预计全国常住人口城镇化率 2025 年将达到 66% 左右,2035 年达到 73% 左右。到 2035 年,我国将拥有 10 个左右超大城市、16 个左右特大城市、130 个左右大城市、180 个中等城市、550 个小城市和 1000 个左右的县城。100 万人以上的大城市人口总数为 4.5 亿人, 占全国城镇人口比重约为 43%;100 万人以下的中小城市城镇人口数量约为 2.18 亿人, 占全国城镇人口比重合计约为 21%;全国县城和镇总城镇人口将达到 3.8 亿人, 占全国城镇人口比重合计约为 36%。

2. 关键举措

通过协同推进流域战略与板块战略, 实现经济格局与自然格局匹配, 落实主体功能区战略, 完善空间治理。充分发挥长江经济带横跨东中西三大区域的战略价值, 促成上中下游优势互补、协作互动、合作共赢, 推动长江三角洲生产制造和科技研发能力向中上游扩散, 缩小东中西部地区发展差距。落实黄河流域生态保护和高质量发展国家战略, 共同抓好大保护, 协同推进大治理, 因地制宜构建有地域特色的现代产业体系, 促进沿线各省区之间优势互补、增强合作。

突出中心城市引领, 强化城市群为主体的国家优势地区和其他地区的安全保障。重点推动京津冀城市群、长江三角洲城市群、粤港澳大湾区、成渝城市群和长江中游城市群五大世界级城市群建设, 提升人口和经济集聚能力, 构建开放创新的现代经济体系, 提升全球影响力。提升国家级和区域级城市群人口和经济承载能力, 吸引区域人口向城市群内大中小城市和小城镇迁徙。建立健全城市群协调发展机制, 推动城市间产业分工、基础设施、公共服务、环境治理、对外开放、改革创新等协调联动。

凸显都市圈作为城市群的引擎和组织核心的作用, 实现中心城市功能聚集与结构优化的双重目标。第一, 建设以中心城市为核心、大中小城市协同发展的现代化都市圈, 建立"省级指导+中心城市主导+周边城市主体地位"的协同架构。优化行政区划设置, 实行扁平化管理, 形成高效率组织体系。第二, 引导都市圈共建共享互利共赢发展。加强市郊铁路在内的轨道交通建设, 构建跨行政区网络交通体系。以基本医疗和基础教育作为主要抓手, 以市场化手段推进公共服务共建共享。加强都市圈产业分工协作, 强化核心圈的创新尖峰和辐射圈先进制造基地的耦合, 提高产业整体竞争优势, 激发发展动能。

大力培育提升全球城市的开放、创新和经济控制能力, 引领带动国家和区域竞争力提升。明确北京、上海、香港、广州、深圳全球城市建设重点和方案, 稳步提升全球影响力。推动全球城市集聚创新要素, 培育具有全球影响力的科技创新高地。推动全球城市全面提高开放水平, 形成与国际通行规则相适应的投资、贸易制度。推动全球城市发展高端服务业, 提升跨国公司总部的影响力、控制力以及辐射力。

大力培育一批国家和区域中心城市, 增强区域辐射带动能力。引导中心城市在产业转型升级、创新驱动等领域率先发展, 提高现代服务能力和对先进制造业的支撑能力。支持中心城市及相关企业参与全球竞争与合作。引导中心城市强化区域辐射带动作用, 促进区域整体协同高效发展。以中心城市为支点, 引导国土相对均衡开发,保障国家繁荣稳定和长治久安。引导中心城市践行新发展理念,探索国家新型城市建设的示范道路。国家职能机构、国家级重大政策区、国家重大建设项目和资源的布局选址优先选择中心城市,保障中心城市合理发展的建设空间,推动各类创新政策的先行先试。

增设一批中小城市,引导特色发展,赋予县级单元更多发展机会。积极稳妥推进县改市、镇改市等工作,增设一批中小城市,完善城镇规模结构。落实主体功能区战略,分类施策,引导中小城市特色发展。在城市群和都市圈范围内的中小城市和县城,深度融入城市群和都市圈,与中心城市形成功能互补、合理分工的发展格局。非城市群和都市圈范围内的中小城市和县城,走特色发展道路,夯实产业基础,保障民生底线,增强其在保障粮食安全、生态安全、边疆安全等方面的功能。赋予县级单元更多发展机会,保障发展权。远景展望取消市代管县模式,以省直管县模式,赋予县级单元平等发展权。以提升就业保障能力、公共服务与基础设施水平为重点,推进就近就地城镇化。

(五) 打通城乡要素双向流动通道,建设美丽乡村

1. 战略任务

实施乡村振兴战略,建设美丽乡村。因地制宜、分类引导、逐步推动乡村实现"产业兴旺、生态宜居、乡风文明、治理有效、生活富裕";复兴乡村多元价值,发挥乡村的自然生态环境优势,传承和活化利用农耕文化、民族文化、传统文化等文化资源,保护村落风貌和传统聚落形式,建设成有田园风貌和村落形态,有现代化设施、有活力产业、生态宜居、文化多元、能留住村民和外来人才的美好乡村。

2. 关键举措

推动城乡要素流动从乡—城单向流动转向城乡双向、多向流动,逐步破除妨碍城乡要素自由流动和平等交换的体制机制壁垒。探索异地村民化体制机制,深入开展新型职业农民教育、培训和评价工作;健全乡村财政投入保障机制,完善乡村金融服务体系,规范引导城镇工商资本下乡创业兴业;建立农业科技成果快速转化和推广应用机制。加快完成农村集体资产清产核资和确权工作;推进经营性资产股份合作制改革,将农村集体经营性资产以股份或者份额形式量化到本集体成员。健全城乡公共就业创业服务,加强农技指导、信用评价、保险推广、市场预测、产品营销等服务。

复兴乡愁文化和乡村多元文化价值,强化文化传承,发展乡村特色文化产业,丰富乡村文化服务体系,活化优秀传统文化。发展乡村特色文化产业,融入创新元素和现代设计要素,培育新产业新业态。健全公共文化服务体系,完善镇村图书馆、综合文化站等文化设施。以乡遗博物馆、传统村落数字博物馆等文化场馆建设

为抓手,建设地方特色、山水特色、少数民族特色文化展现场所。实施农耕文化传承保护工程,划定乡村建设的历史文化保护线,实施非物质文化遗产传承发展工程、传统工艺保护传承和振兴工程。建立新乡村文化价值,提高文明村和文明乡镇的占比。

持续提升乡村建设水平,缩小城乡基本公共服务差距。以"适宜性"为核心优化乡村市政基础设施配置,推进乡村水、电、信息、垃圾处理、消防等基础设施的建设完善和提挡升级,健全分级分类投入机制,重点吸引社会资本。以养老设施和初等教育设施的高效配置为重点,推动公共服务向小城镇和农村延伸。健全镇—村两级医疗卫生服务体系,完善城乡统一的社会保险制度和社会救助体系。

推动乡村经济多元化和农业全产业链发展。推动农业现代化,完善现代农业产业体系、生产体系、经营体系和生产力布局。建设提升一批农产品物流园、循环经济试点示范区和电商示范基地,带动农业提质升级。推动一二三产业融合,培育新业态新模式,建设一批一二三产业融合示范园。推动农业信息化发展,建设国家、省、市级综合农业云平台,持续建设完善农产品可追溯体系。

健全乡村治理体系,优化人才引进机制。建立自治、法治、德治"三治融合"的中国特色乡村治理体系。健全农村公共法律服务体系,加强对农民的法律援助、司法救助;建立乡村"道德理事会"机制,推行"村务监督"模式;建立完善乡村治安防控体系。提升基层干部待遇,加强对口帮扶、人才交换体制建设。以创业园为抓手,完善人才返乡创新创业服务;建立多元、本土化的创新创业激励机制。

（课题组成员：尹稚　卢庆强　江艺东　王强　吕晓荷　陈珊珊　闫琳）

面向现代化的新型城镇化战略目标指标研究

浙江大学公共管理学院

我国目前的城镇化进程正处于两次现代化转型的叠加期,既要完成发达经济体第一次现代化转型中城镇化的基本任务,又要面对第二次现代化转型的新形势。立足于两次现代化转型叠加期的现实约束,以及参考发达经济体的成熟经验,本报告以"惠及全民"的城镇化作为总体战略目标,围绕均衡化、多元化、网络化、智能化和生态化五大重要工作部署,考虑和设计了面向现代化的新型城镇化的指标体系。指标选取过程中,既保留了本轮新型城镇化规划中的部分指标,也新增了部分前瞻性指标,突出更全面、更公平、更可持续的导向,建设环境健康可持续、社会公平包容、全民共建共治共享的城镇化。

一、现代化趋势及其对城镇化的影响和导向研判

(一)现代化趋势研判

工业革命使大部分发达国家完成了从农业社会走向工业社会的第一轮现代化转型。二战结束后,这一以经济为中心的现代化

转型一方面进一步催生了以信息技术为核心的新技术革命,客观上驱动着现代化走向第二次转型;另一方面,日益严重的气候生态环境等问题主观上要求现代化的第二次转型。

第二次现代化转型给人类社会带来的变化是颠覆性的。首先,以 1987 年联合国可持续发展理念的提出为代表,以人为中心、全面发展的现代化理念逐渐深入人心。其次,社会形态正在从工业社会走向知识社会,以生产者为中心的创新模式正在向以用户为中心的创新模式转变,创新正在经历从生产范式向服务范式转变的过程。

我国现代化之路的突出特点是以工业化为动力的第一轮现代化进程与第二轮现代化转型进程相叠加,这意味着我国需要同时完成两次现代化转型。城镇化被视为实现现代化的必由之路,然而我国过去以增长为核心的城镇化忽视了人的主体性,由此产生了经济、社会、土地、环境等方面的矛盾与冲突。2014 年开始的"以人为本"的新型城镇化建设虽然取得了一定成效,但重点工作仅停留在人口城镇化层面,部分人群的主体地位仍未得到足够的尊重。

人的主体性是现代性最基本的问题,人在城市发展中所具有的主体资格、能力、素养是城市实现现代化的重要标志。正是对每一个具体的个体权利的尊重,让每一个个体在城市中享有平等的机会,发挥其能力和特长,并在城市生存和发展,甚至参与城市的构建和改造,城市才能真正成为每个人的城市,这正是世界城市化发展的趋势与方向,是实现未来城市可持续发展的必要条件。

(二) 面向现代化的城镇化特征

1. 城市发展从趋同化走向个性化

工业革命时代第一次现代化转型过程中,标准化流程下的机械大生产使人成为生产体系中的工具和零件,人的主体性被压抑,城市作为工业化生产的载体,在此过程中也必然被趋同化。一方面表现为城市规模扩张趋同化,城市功能趋同化,城市产品、服务、形态、形象无差别化等;另一方面表现为对体现城市个性和特色的城市自然历史文化景观的不予重视甚至人为破坏,致使千城一面。第二次现代化以"人"为最终价值取向,而以互联网为代表的"去中心化"知识社会的到来,也为人的主体性重塑提供了客观技术条件,城市发展进入了以"人"为中心的个性化发展阶段。

2. 城市环境从钢筋混凝土化走向生态化

工业革命后的城市,以工矿企业发展为核心动力,在成为工业发展主体的同时也成了区域的主要污染源。随着现代人主体意识的增强和对美好生活的追求,环保意识和可持续发展理念越来越深入人心,促进城市和自然更加和谐已成为各国大中小城市的共同行动目标。

3. 城市体系从层级化走向网络化

在信息时代的组织转变进程中,全球生产网络在空间上呈现出扩散性和集聚性的双重特点,即"集中式的分散"和"分散式的集中",或者"整体分散、优势集中"。一方面,城市布局更趋向于多中心的网络状结构,其向外围的扩展也呈现多极化复合发展态势。每个城镇都是网络结构上地位平等的点,彼此相互联系组成一个有机的整体。另一方面,城市职能的扩散是有限度的,大多还是围绕传统城市中心进行,相互渗透乃至融合,形成区域中城市的组合体。

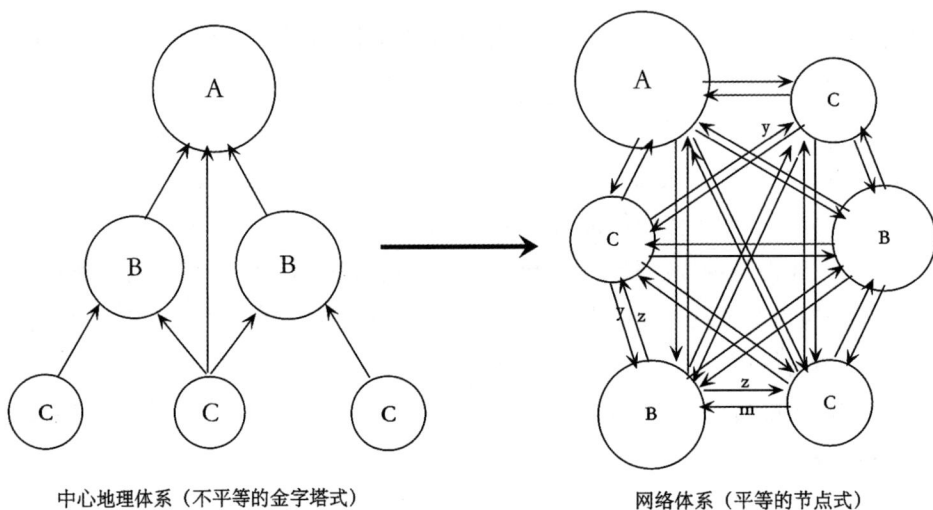

中心地理体系(不平等的金字塔式)　　　网络体系(平等的节点式)

图1　城市体系的转变

4. 城市生产和生活从机械化走向智能化

第二次现代化转型过程中,互联网、大数据、云计算与人工智能的发展,为未来城市智能化的到来奠定了技术基础。越来越多的城市开始在生产、生活服务、城市治理等各个方面实践智能化转型,如新加坡、韩国松岛等,谷歌公司在加拿大多伦多东海滨打造的 Google Sidewalk City,正是未来城市智能化的蓝图。

(三)现代化浪潮下我国城镇化面临的问题与挑战

1. 还未完全实现第一次现代化转型要求的人口转移

受包括户籍制度、财政制度、土地制度等在内的城乡二元体制的制约,大量从农村到城里务工的人口错过了城市化的最佳时机,"青出老回"成为我国城镇化进程中的一个独特现象。如何改革旧体制,使那些为城市建设作出了巨大贡献的外来务工人员,真正从农村转移出来融入城市生活,是我们接下来要面临的巨大挑战。

2. 还未充分做好应对第二次现代化转型冲击的准备

第二次现代化转型强调人的主体性，崇尚个性化发展，换句话说，强调以创新驱动城市发展，而我国当前城市发展的主要驱动力还在于"人口红利"和"土地红利"。随着老龄化时代的到来（见图2），"人口红利"趋于衰竭，而对土地财政的高度依赖性（见图3）不知何时才能真正摆脱。以上都对我国下一步能否实现高质量的新型城镇化提出了巨大的挑战。

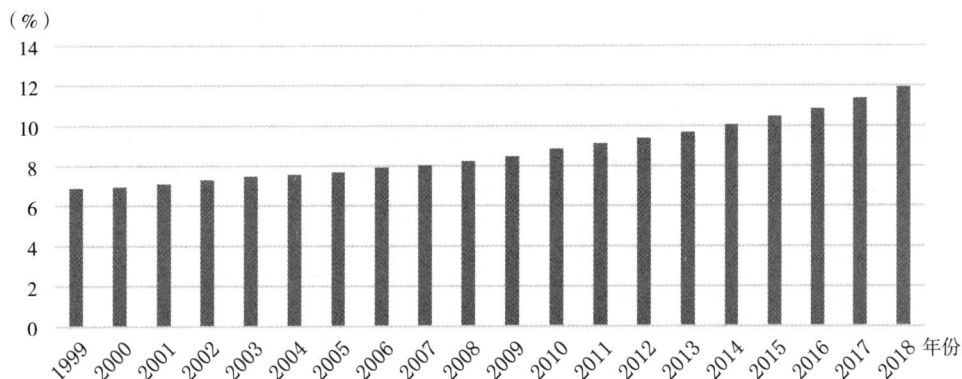

（%）

图2　中国的人口老龄化趋势

数据来源：国家统计局数据，课题组整理。

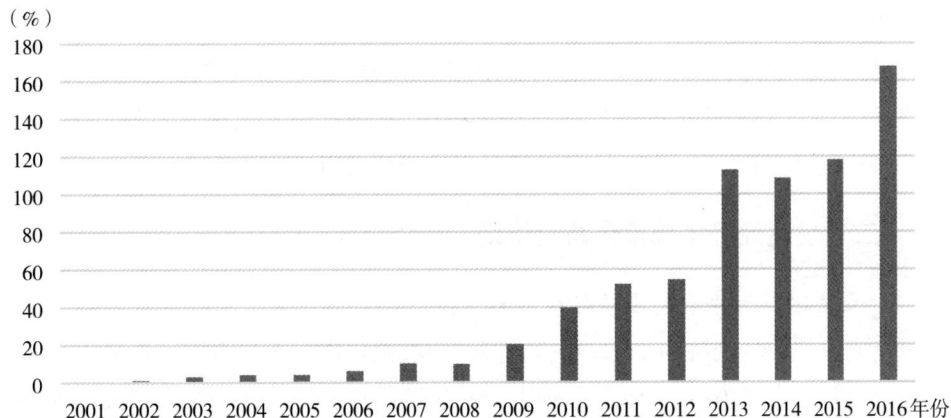

（%）

图3　土地收入占财政收入的比重

数据来源：统计年鉴数据，课题组整理。

二、发达经济体城市化成熟经验总结

（一）发达经济体城市化进程梳理

根据中国 2019 年的人均 GDP 数据（10216 美元），整理并分析美国、英国、德国、日本、韩国等发达经济体在同等人均 GDP 条件下的城镇化率，大致在 70%—80%，具体年份数据如下表所示。

表 1 典型发达国家城镇化率达到 70%—80%的年份及跨越时间段

国家	70%水平年份	80%水平年份	跨越时间
美国	1961 年	2006 年	45 年
英国	1960 年前*	2006 年	大于 46 年
德国	1960 年前*	2018 年后**	大于 58 年
日本	1968 年	2002 年	34 年
韩国	1988 年	2002 年	14 年

注：*《世界城市化愿景（1960—2018）》中仅涵盖 1960 年及之后数据，英国、德国 1960 年城镇人口占总人口比例分别为 78.44%、71.38%；**《世界城市化愿景（1960—2018）》显示，2018 年底德国城镇人口占总人口比例为 77.31%。

资料来源：世界银行数据库，《世界城市化愿景（1960—2018）》。

相比于中国，同等人均 GDP 水平下的典型发达国家，其城镇化进程表现为以下特点：一是人口城镇化率水平明显高于中国；二是已进入城镇化发展的后期阶段；三是城镇化与经济、产业、社会等诸多领域的高度协同发展。

（二）发达经济体城市化路径识别

1. 立足比较优势避免城镇路径趋同

以成熟的市场经济为基础，发达经济体的城镇化强调减少政府的直接干预，以行政力量配合市场力量，实现基于地方比较优势的多元城镇化路径。以美国为例，其城镇化过程以市场调节为主、政府调控为辅：新中国成立初期，商业贸易是城镇化主要动力，促进了东北部地区的繁荣；在内战后至 20 世纪 20 年代，中西部地区以新重工业区的身份成为全美经济中心；20 世纪 60 年代以来，太平洋沿岸后来居上，成为高科技聚集区。在这个过程中，政府作用更多体现为推行城市精明增长的理念，针对过度郊区化造成的土地资源、城市基础设施投资浪费严重等现象，设定空间拓展界限予以控制，而非直接对市场配置资源的逻辑进行干扰。

2. 调整发展动能助力城市可持续发展

持续的技术创新和市场经济的成熟发育是发达经济体城市保持繁荣、减缓衰退的基本动力,这也带来了高效、和谐、健康、可持续发展的人类聚居环境。从城镇化的加速阶段到后期阶段,为抵消工业过度发展带来的生产过剩、环境污染等危机,服务业逐渐成为城市的主导产业,这在美国体现得更为明显——2018 年,美国的三次产业增加值之比已成为 0.9∶18.9∶80.2,第三产业在美国产业结构体系中已处于主导地位。

3. 要素高效流动促进城镇体系协同

为充分发挥城市的规模效益,同时避免资源过于集中带来的"大城市病"等问题,发达经济体的大中城市通过引导城乡间、区域间要素的流动方向,充分消除劳动力、土地、资金、信息等的流动壁垒,推进整个城镇体系的均衡协同发展。如德国通过多轮规划,加强不同规模城市间的劳动分工、专业化协作和高度的交通可达性,逐步建立起一个由多个重要城市构成的多中心均衡发展城市体系网络。

4. 政府有效治理防范非传统安全风险

随着城市人口、功能和规模不断扩大,发展方式、产业结构和区域布局发生了深刻变化,城市运行系统日益复杂,非传统安全风险不断增大。其中突出的一点就是数据安全风险,因此,发达国家对以数据安全和隐私问题为主的非传统安全问题作出了提前预判布局,并通过优化治理结构进行危机治理,如美国建立"国土安全式"架构,从国家战略高度将保护意识和降险理念集成于国家风险治理系统,建立全社会集成、共同参与的动员运行机制。

三、面向现代化的新型城镇化内涵界定与目标建构

(一) 面向现代化的新型城镇化内涵:惠及全民

面向现代化的新型城镇化要着力解决当前城镇化面临的不充分、不均衡问题,朝着城镇化质量提升、区域之间、城乡之间的差距显著缩小的方向发展,走出一条"惠及全民"的城镇化道路。

"惠及全民"的城镇化关注"惠及",强调覆盖"全民","惠"即城镇化的发展成果,"及"指保障并增进所有人共享城镇化发展成果的机会和能力;"全民"围绕全民多元化多层次的全面需求,强调城镇不同主体发展权利的同质均等性,使更广泛人群从城镇化中获益。惠及全民的城镇化是以惠及全民理念引领城镇化的转型升级,突出更全面、更公平、更可持续的导向,建设环境健康可持续、社会公平包容、全

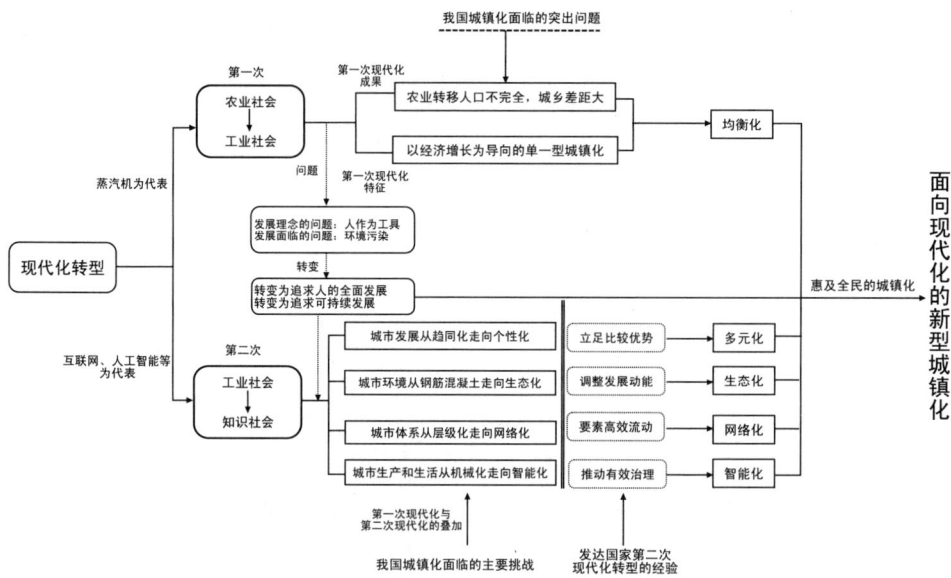

图 4　面向现代化的新型城镇化:基本框架

民共建共治共享的城镇化。

（二）面向现代化的新型城镇化发展目标:"五化"协同

1. 均衡化

惠及全民的新型城镇化,首要任务就是推进以均衡为导向的城镇化结构转换,使全体居民和全体农民共享城镇化发展成果,这包含以下两方面的目标要求。

其一,全力提升城镇基本公共服务的覆盖范围,使生活在城镇的居民享有同等城市权利。一方面,统筹推进户籍制度改革,促进有能力在城镇稳定就业和生活的农业转移人口举家进城安居落户;另一方面,推动基本公共服务体系逐步过渡到高质量、同质化模式,使进城落户的农业转移人口在就业、医疗、教育、文化等方面全面融入城市生活,成为真正意义上的"市民"。

其二,打破体制藩篱,以城乡间要素的双向流动带动城乡融合。结合乡村振兴等战略,打破城乡要素自由流动的制度性通道,建立"人、地、钱"的城乡融合发展机制,形成以工促农、以城带乡、工农互惠、城乡一体的新型工农、城乡关系。

2. 生态化

惠及全民的新型城镇化,要求摒弃传统粗放式的城镇化发展模式,把生态文明理念全面融入城镇化进程。

其一,坚持人与自然和谐共生的基本理念,推进城镇化中的环境保护,具体包括:转变经济发展方式,建设循环高效的绿色经济体系;围绕城市生态修复,加强污染治理力度;加强城市绿色基础设施建设、推行绿色生活及消费方式,构建环境保护机制体系等。

其二,充分考虑资源和环境的承载力,减少城镇化进程中产业集聚和人口集聚造成的资源环境负担,具体包括科学合理规划城市布局、转变经济发展方式,推动形成绿色、低碳的生产生活方式和城市建设运营模式等。

3. 多元化

惠及全民的新型城镇化,要求充分激发城镇化扩大内需的潜力,全面提升城镇化的增长质量。为此需要激发多元主体活力,为城镇化提供持久的内生动力。

其一,深化供给侧结构性改革,全力打造以城镇化为载体的新兴市场平台,包括:着力优化营商环境,助力市场主体依次越过市场"寒冬"、融资障碍、转型阵痛这"三座大山";深化投融资体制改革,缓解城镇化发展的资金要素约束。

其二,顺应科技进步和产业变革新趋势,以创新赋能城镇化,使城市率先实现由工业经济向知识经济的转换,进而推动创新通过价值链和产业链渗透其他产业甚至整个城乡体系,实现城镇化发展由速度型向质量型的转型。

其三,加强社会治理制度建设,不断完善"党委领导、政府负责、社会协同、公众参与、法治保障"的社会治理体制,打造政府治理与社会调节、居民良性互动的共建共治共享城市治理格局。

4. 网络化

惠及全民的新型城镇化,要求构建大中小城市协调发展的城市网络体系,充分释放城镇化潜能,拓展城镇化发展成果的辐射范围。

其一,结合城市群和都市圈的规划建设,破除大、中、小城市和农村间阻碍要素和产品自由流动的制度性障碍,推动城镇体系内产业分工和产业链空间分布的优化,促进大中小城市和小城镇协调发展。

其二,推动以城镇体系为单位的"织网工程",构建无缝连接的一体化综合交通系统和通信信息系统,借助高效的物理连接(交通系统)和虚拟相通(信息系统),降低人、物、资金和信息等要素的自由流动成本。

其三,优化打造城镇体系内的网络节点。推动核心城市融入全球竞争市场,进而拓展和提升所在城镇体系在全球范围内的凝聚力、吸引力和辐射力;促使中小城市改变盲目外延式扩张和分散发展的趋势,转变为依托所在的城镇体系,按分工效益、规模效益以及比较成本优势原则等确定各自的发展目标,构筑专业化分工、特色化明确、错位经营的城镇网络格局。

5. 智能化

惠及全民的新型城镇化,要求面向未来,推动物联网、云计算、大数据等新一代信息技术的创新应用,实现物质资源、信息资源和智力资源等与城市经济社会发展的深度融合。

其一,将信息和通信技术手段深度融入政府业务服务和城市应用服务之中,感测、分析、整合各项关键信息,建立城市公共信息平台和数据库,对包括民生、环保、公共安全、城市服务、工商业活动在内的各种需求作出智能的响应。

其二,借助数量化、网络化的交互式数据信息平台,整合社会多个部门的信息、知识、资源与技术等,将服务需求与服务供给高效对接,解决信息不对称而导致的个性化服务需求无法满足的问题,为全民创造更美好的城市生活。

其三,高度重视与城市智能化相伴而生的数据安全和隐私问题等,将信息安全作为城镇化健康、持续发展的重要基础,从安全策略、安全管理、安全运营、安全技术、合规评测、服务支撑等维度出发,构建城镇化中的信息安全保障体系。

四、面向现代化的新型城镇化战略核心与工作重点

(一)面向现代化的新型城镇化战略核心

传统城镇化进程将"人"视为服务于城市建设的个体单元,尤其是庞大的农业转移人口,主要作为劳动力参与城镇化建设,缺乏成为真正意义上的"市民"、行使城市权利、享受城市发展成果的基本机会;同时,农业转移人口的市民化难题导致城乡发展出现脱节,广大乡村地区出现了空心化现象,留守老人、留守妇女和留守儿童问题严重。

基于此,面向现代化的新型城镇化战略将围绕"惠及全民",着力消除人口城镇化相对滞后的矛盾,推动更多的农业人口转移实现市民化。与户籍制度改革相配合,取消户籍人口城镇化率这一指标,将提升常住人口城镇化率作为基本目标;加强市政公用设施和公共服务设施建设,增加基本公共服务供给,稳步推进义务教育、就业服务、基本养老、基本医疗卫生、保障性住房等城镇基本公共服务覆盖全部常住人口,增强对人口集聚和服务的支撑能力。同时,为提升人均意义上的城镇化水平和质量,应保证大部分的城市居民能够享受到平均左右的收入水平。

(二)面向现代化的新型城镇化工作重点

面向现代化的新型城镇化应突出以下工作重点,实现城镇化健康有序发展。

1. 稳步推进"人"的城镇化

推进农业转移人口享有城镇基本公共服务。保障随迁子女平等享有受教育权利,以公办学校为主接受义务教育;采取廉租住房、公共租赁住房、租赁补贴等多种

方式,拓宽中低收入家庭的住房保障渠道;根据常住人口配置城镇基本医疗卫生服务资源,尤其是将农民工及其随迁家属纳入城镇卫生服务体系;扩大社会保障覆盖面,完善全国统一的城乡居民基本养老保险制度,整合城乡居民基本医疗保险制度,鼓励农民工依法参加当地城镇居民基本医疗保险。

2. 合理布局城镇空间体系

优化城镇化空间布局和城镇规模结构。构建大中小城市和小城镇协调发展的"两横三纵"城镇化战略格局;发挥京津冀、长江三角洲和珠江三角洲等东部城市群支撑全国经济增长、促进区域协调发展、参与国际竞争合作的重要作用,打造世界级城市群;在严格保护生态环境的基础上,加快中西部地区产业集群发展和人口集聚,培育成渝、中原、长江中游、哈长等中西部地区城市群成为推动区域协调发展的新增长极。

促进大中小城市和小城镇协调发展。完善综合运输通道、区际交通骨干网络以及全国性的通信网络,强化大中小城市和小城镇之间的交通通信联系,突出中心城市的综合性辐射带动作用,以及中小城市和小城镇、特色小镇的专业性服务功能。

3. 提高城市可持续发展能力

强化环境保护和生态修复。把生态文明理念全面融入城镇化进程,推动形成绿色低碳的生产生活方式和城市建设运营模式;完善废弃物循环回收体系和垃圾分类处理系统,加强城市固体废弃物循环利用和无害化处置;按照改造更新与保护修复并重的要求,健全城市更新机制,在保留历史底蕴和人文特色的前提下优化提升旧城功能,全面改善人居环境。

节约集约利用资源,推进低碳发展。坚持密度较高、功能混用和公交导向的集约紧凑型开发模式,严格控制人均城市建设用地;改造提升传统产业,淘汰落后产能,减少经济发展带来的能源消耗。

增强城市产业体系的市场活力。根据城市资源环境承载能力、要素禀赋和比较优势,构建大中小城市和小城镇特色鲜明、优势互补的产业发展格局;改善营商环境,不断解放和发展社会生产力,增强经济活力,推动高质量发展。

发挥城市的创新载体作用。顺应技术进步和产业变革趋势,推动城市走创新驱动发展道路;加大科技研发投入,营造创新的制度环境、政策环境、金融环境和文化氛围,激发全社会创新活力;充分利用城市规模经济产生的专业化分工效应,激发创业活力,促进以创业带动就业。

扩大城市生活服务供给。适应居民消费需求多样化,提升生活性服务业水平;推进智慧城市建设,强化新型基础设施建设;推动信息技术创新与城市经济社会发展的深度融合,强化智慧化信息应用和新型信息服务的社会化开发利用;增强城市信息系统和信息资源等的安全保障能力。

4. 统筹城乡有机融合

推进城乡公共服务一体化。扩大公共财政覆盖范围,加快基础设施和基本公共服务向农村延伸;全面建成覆盖城乡居民的社会保障体系,推进城乡社会保障制度衔接,推进城乡基本公共服务均等化;在经济发达地区推进城乡公共服务一体化试点。

建设城乡统一的要素市场。建立城乡统一的人力资源市场,落实城乡劳动者平等就业、同工同酬制度,逐步缩小城乡间劳动力收入差距;建立城乡统一的建设用地市场,保障农民公平分享城市发展带来的土地增值收益;建立城乡统一的资本要素市场,引导更多人才、技术、资金等要素投向农业农村。

5. 创新城镇化发展体制机制

消除城乡二元结构的体制机制障碍。全面推进户籍管理制度改革,逐步消除城乡区域间户籍壁垒;建立健全农业转移人口市民化推进机制,并健全由政府、企业、个人共同参与的农业转移人口市民化成本分担机制;加快推进城乡要素平等交换和公共资源均衡配置,让广大农民平等参与现代化进程、共同分享现代化成果。

完善跨区域城市间的协调联动机制。探索建立以城市群为核心的城市间管理协调模式,破除行政壁垒和垄断,促进生产要素的自由流动和优化配置;建立成本共担和利益共享机制,促进基础设施和公共服务设施共建共享,实现城镇体系一体化发展。

加强和创新城市社会治理。配合智慧城市的建设进程,创新城市治理方式,提升城市治理水平;实现信息和通信技术手段与政府业务服务和城市应用服务的深入融合,提升城市治理成效;顺应城市社会结构变化新趋势,创新社会治理体制,充分激发自下而上的社区、村集体基层参与活力。

五、面向现代化的新型城镇化指标体系设计

(一) 传承性指标

根据上一轮指标的实施情况及新阶段可能出现的社会经济变化,我们对上一轮具体指标进行筛选,结果与理由如表2所示。

表 2　本轮指标体系筛选

指标名称	2012 年	2020 年	筛选结果	理由
城镇化水平				
常住人口城镇化率(%)	52.6	60 左右	保留	提高常住人口城镇化率仍然是下一阶段的重要目标
户籍人口城镇化率(%)	35.3	45 左右	删除	随着户籍制度改革的深入,户籍人口城镇化率的统计意义消失
基本公共服务				
农民工随迁子女接受义务教育比例(%)	—	≥99	替换	◇该指标目标数值在 2020 年已接近100%,所以下一阶段将关注点转移到农业转移人口对公共教育资源的使用情况 ◇替换为"义务教育阶段公办学校接收随迁子女比例(%)"
城镇失业人员、农民工、新成长劳动力免费接受基本职业技能培训覆盖率(%)	—	≥95	删除	该指标目标数值在 2020 年已接近100%
城镇常住人口基本养老保险覆盖率(%)	66.9	≥90	替换	◇该指标目标数值在 2020 年已接近100%,所以下一阶段的新建指标主要用以衡量社会保障体系质量和均衡化程度 ◇替换为"基本养老保险待遇倍数(测算公式为:职工基本养老保险人均基金支出/居民基本养老保险人均基金支出)"
城镇常住人口基本医疗保险覆盖率(%)	95	98	替换	◇该指标目标数值在 2020 年已接近100%,所以下一阶段的新建指标主要用以衡量社会保障体系质量和均衡化程度 ◇替换为"基本医疗保险待遇倍数[测算公式为:职工基本医疗保险人均基金支出/城镇(城乡)居民基本医疗保险人均基金支出]"
城镇常住人口保障性住房覆盖率(%)	12.5	≥23	替换	替换为"中低收入家庭住房保障率[测算公式为:(享受保障性住房家庭数+享受住房补贴家庭数)/城镇常住中低收入家庭户数]" 新建指标可以防止"应保未保"和"过度保障"的同时存在
基础设施				
百万以上人口城市公共交通占机动化出行比例(%)	45	60	删除	该指标在实践中可操作性差
城镇公共供水普及率(%)	81.7	90	删除	该指标目标数值在 2020 年已接近100%

续表

指标名称	2012 年	2020 年	筛选结果	理由
城市污水处理率（%）	87.3	95	删除	该指标目标数值在 2020 年已接近100%
城市生活垃圾无害化处理率（%）	84.8	95	替换	◇该指标目标数值在 2020 年已接近100%，新建指标应该鼓励垃圾回收再利用，符合最终垃圾处理减量化导向 ◇替换为"人均最终垃圾处理量（测算公式为：需要通过焚烧或填埋等方式进行最终垃圾处理重量/常住人口数量）"
城市家庭宽带接入能力（Mbps）	4	≥50	删除	该指标已滞后于技术发展趋势
城市社区综合服务设施覆盖率（%）	72.5	100	删除	该指标目标数值在 2020 年已接近100%
资源环境				
人均城市建设用地（平方米）	—	≤100	替换	◇该指标存在明显的区域差异，无法体现土地集约利用情况，新建指标通过万元生产总值耗地量的变化，鼓励地方提高土地使用效率 ◇替换为"万元生产总值耗地量降低率（%）［测算公式为：（当年建成区面积/当年地区生产总值）/（上一年度建成区面积/上一年度地区生产总值）-1］"
城镇可再生能源消费比重（%）	8.7	13	替换	◇该指标只能反映当年地区可再生能源消费情况，新建指标通过变化率的方式，鼓励地方逐年提高非化石能源的使用率，避免停滞不前情况的出现 ◇替换为"非化石能源占一次能源消费比重提升率（%）［测算公式为：（当年非化石能源消耗总量/当年一次能源消费总量）/（上一年度非化石能源消耗总量/上一年度一次能源消费总量）-1］"
城镇绿色建筑占新建建筑比重（%）	2	50	删除	该指标在实践中可操作性差
城市建成区绿地率（%）	35.7	38.9	删除	该指标在实践中可操作性差
地级以上城市空气质量达到国家级标准的比例（%）	40.9	60	保留	—

（二）新增指标

根据新阶段可能出现的社会经济变化，增加以下指标，指标说明如下，指标体系详见表 3。

1. 质量指标

从发达国家城市化的经验来看,一个健康发展的城市,其城市劳动者收入水平不断提升,且收入水平的分布大致符合正态分布,通俗地说,就是大部分的城市居民能够享受到平均左右的收入水平。一个标准差范围内的人口比例为68.3%,两个标准差范围内的人口比例就达到95.4%,测度城镇化的质量水平,用中位数与平均数的比值,可以很好地衡量收入的合理程度:中位数和平均数比值越小,说明更多的人收入低于平均水平;比值越大,拥有平均收入水平以上的人数越多。在符合正态分布的基础上,人均收入水平的提升将意味着城市整体收入水平的健康提升。

城市劳动者人均收入增长率:(当年劳动者人均收入水平−上一年劳动者人均收入水平)/上一年劳动者人均收入水平

劳动者收入水平偏差率:根据每位劳动者(以常住人口为基础)收入数据,计算人均收入水平和中位数,然后通过人均收入水平除于中位数计算劳动者收入水平偏差率。

$$
劳动者收入水平偏差率 f(x) = \begin{cases} \dfrac{\dfrac{\sum_{1}^{n} x_i}{n}}{x_{(n+1)/2}}, & n\ 为奇数 \\[4ex] \dfrac{\dfrac{\sum_{1}^{n} x_i}{n}}{\dfrac{x_{n/2} + x_{(n/2+1)}}{2}}, & n\ 为偶数 \end{cases}
$$

2. 均衡化指标

除上文提及的义务教育阶段公办学校接收随迁子女比例、中低收入家庭住房保障率、基本养老保险待遇倍数、基本医疗保险待遇倍数等4个改进指标外,新增以下4个指标来衡量均衡化。

每万人拥有全科医生数:本指标用以衡量人民群众基本医疗卫生服务需求的满足情况,有益于促进增加全科医生供给,加强基层医疗卫生服务力量。

每万人拥有护工数:目前一线护理人员数量缺口极大,养老护理人员素质偏低、流动性大等问题已成为制约中国老年服务业发展的瓶颈,本指标预计可以起到持续推进优质护理服务的作用。

城乡人均义务教育支出之比:用城镇人均义务教育支出与农村人均义务教育支出之比衡量城乡义务教育的差距和均衡情况。

城乡居民人均可支配收入比:比较城镇人口和乡村人口之间的收入差距,可以在一定程度上衡量两类群体的生活质量差距情况。

3. 多元化指标

在本指标体系中,我们主要从以下三个维度对城镇化建设情况进行评价:①改善营商环境,激发市场活力;②加大技术投入,实现创新驱动;③探索多元治理,提高治理水平。本小节指标均为新增指标,主要参考了科尔尼公司、日本森纪念财团都市战略研究所等国际咨询公司的评价指标体系。

民营资本在产值和固定资产投资方面的比重:用以刻画地区民营经济活力程度,为建立多元化的投融资机制创造条件。

外商直接投资占当地生产总值比重:用以描述地区对外开放程度,为建立多元投融资机制提供依据。

营商环境:营商环境评价较为复杂,可交由第三方评估机构评估。

办公场所的实际出租率:参考日本森纪念财团都市战略研究所发布的全球最具影响力城市排名,直接反映当地经济情况,是评价当地市场活力的重要指标。

R&D 占 GDP 比重:从研发投入测度城市的创新能力。

劳动年龄人口平均受教育年限:从人力资本测度城市的创新能力。

每万人当年所创造的专利价值:用以衡量地区创新所带来的实际效果,引导地区进行有意义、有价值的创新活动。

政府年度举办听证会次数:用以衡量决策过程公开化程度。

每万人拥有非政府组织数量:用以衡量地区多元主体参与的可能性。

4. 生态化指标

在本指标体系中,我们主要从环境保护和资源集约两个维度展开对生态化的评价。除保留地级以上城市空气质量达到国家标准的比例外,用人均最终垃圾处理量替换城市生活垃圾无害化处理率,再新增以下指标:

城市水环境功能区水质达标率:随着城市社会经济发展,城市对水资源的需求不再仅仅停留在对生活、生产用水等水供给资源方面,更需要水景观资源满足人对自然环境的需求。

人均最终垃圾处理量:测算方式为需要通过焚烧或填埋等方式进行最终垃圾处理重量/常住人口数量,客观真实反映地区垃圾资源化处理情况,鼓励垃圾再回收和利用。

重点污染源在线监测情况:使用实现自动在线监测的重点污染源数量占所有重点污染源数量比重来保证在线监测数据的有效性,切实发挥在线监测数据在环境管理中的作用。

企业事业单位环境信息公开率:将公开环境信息的企事业单位数占辖区内重点排污企事业单位数的比重纳入指标体系,保障公众依法享有获取环境信息、参与和监督环境保护的权利,激励企事业自觉改进其环境绩效。

万元生产总值耗地量(平方米)降低率:利用新增建设用地总量(平方米)与GDP(万元)的比值的降低率,衡量土地集约利用程度。

万元GDP能耗降低率:发展非化石能源,提高其在总能源消费中的比重,能够有效降低温室气体排放量,保护生态环境,降低能源可持续供应的风险。

非化石能源占一次能源消费比重提升率:本指标数值的增加反映一个地区节能降耗的工作成效,是绿色发展理念落地生根的具体体现,也是主动调整经济结构的结果。

5. 网络化指标

互联网与现代化交通运输网络的发展,大大拓宽了城市的活动空间,使城市得以延伸其各种功能的地域分布,加速了城市之间物质、技术和人才等流通的便捷性,使每个城镇都是网络结构上地位平等的点,而且彼此相互联系,形成一个有机的整体。城市网络指标测算包括但不仅限于以下几个方面。

人口流动网络:大数据时代使得基于个体粒度的海量时空轨迹来获取人类移动模式成为可能,全面反映流动人口在各城市间以及城市内部流动的方向性与强度。

交通流网络:将任意两个城市间航班班次、高铁班次、公路交通班次进行排列组合,从而获得中国任意两个地级市(或直辖市)之间的交通工具信息,包括起点、终点、出发时间和降落等。

信息流网络:较以往利用官方渠道统计数据进行城镇体系研究,信息流数据具有精确、动态、实时的特点与优势,一定程度上反映的是城市之间经济和社会等多方面的联系,折射的是一种城市综合实力较量。

企业网络:城市网络的本质是城市之间的经济联系,企业的组织关系与区位策略是经济联系的构建者,隐含了城市之间的资本、信息、人员和产品等要素流通。

电子商务网络:以电子商务平台作为对象,采集主要类别的商品交易数据,包括了交易过程中买方和卖方所在城市、交易金额,将两城市间的交易总额视为城市间的流量数值。

总体来说,相对于统计年鉴中常见的"属性"数据而言,城市网络分析需要城市间的"流数据"。定义R_{ij}在一定时间段内城市i流向城市j的流量数据(人流、交通流、信息流等),R_{ji}则属于方向相反的流量数值。基于流量数据的特性,可计算以下几个指标,构建城市网络。

考虑到流量的方向性,城市流入量与城市流出量计算方式如下:

$$城市流入量_i = \sum_{i \neq j} R_{ij}$$

$$城市流出量_i = \sum_{i \neq j} R_{ji}$$

不考虑到流量的方向性,定义两座城市之间的网络联系强度 $= R_{ij} + R_{ji}$

此外,使用城市中心度衡量城市与其他城市的联系能力,使用网络密度反映网络中城市关系的稠密性。

6. 智能化指标

随着科学技术的进步,以人工智能、大数据、云计算为代表的现代技术逐渐渗透人们的生活,也将对城镇化建设造成冲击与影响。本小节指标的设计主要参考了《新型智慧城市评价指标(2016 年)》,更为侧重衡量与评估地方政府应用新技术的能力,且主要是在城市治理和生活服务两方面的运用情况。

一站式办理率:用以衡量地方政府提高适应新技术的能力,推动信息公开率。

公共信息资源社会开放率与信息资源部门间共享率:用以评价地方政府对数据资源掌握与处理能力,为适应大数据背景下的城市治理打下基础。

移动互联网城市服务公众使用情况:用以刻画公众对政府提供的移动信息服务的接受度。

人均使用 APP 数量:用以刻画公众日常生活的智能化。

表 3　面向现代化的新型城镇化指标体系

广义分类	目标领域	入选指标	计算公式或依据
核心指标		常住人口城镇化率	城镇常住人口/总人口
		城市劳动者人均收入增长率	见指标说明
		劳动者收入水平偏差率	见指标说明
均衡化	城市权利	义务教育阶段公办学校接收随迁子女比例(%)	义务教育阶段公办学校接收随迁子女数量/随迁子女总数量
		中低收入家庭住房保障率(%)	(享受保障性住房家庭数+享受住房补贴家庭数)/城镇常住中低收入家庭户数
		每万人拥有全科医生数	城镇范围内全科医生人数/城镇常住人口数量(万人)
		每万人拥有护工数	城镇范围内全科医生人数/城镇 65 岁以上常住人口数量(万人)
		基本养老保险待遇倍数	职工基本养老保险人均基金支出/居民基本养老保险人均基金支出
		基本医疗保险待遇倍数	职工基本医疗保险人均基金支出/城镇(城乡)居民基本医疗保险人均基金支出
	城乡融合	城乡人均义务教育支出之比	城镇人均义务教育支出/农村人均义务教育支出
		城乡居民人均可支配收入比	城镇居民人均可支配收入/农村居民人均可支配收入

续表

广义分类	目标领域	入选指标	计算公式或依据
生态化	环境保护	人均最终垃圾处理量	需要通过焚烧或填埋等方式进行最终垃圾处理重量/常住人口数量
		城市空气质量达到国家二级标准的比例(%)	空气质量达到二级标准天数/监测年度总天数
		城市水环境功能区水质达标率(%)	城市市区地表水认证断面和近岸海域认证点位检测结果按相应的水体功能标准衡量,不同水环境功能水质达标率的平均值
		重点污染源在线监测情况	实现自动在线监测的重点污染源数量/所有重点污染源数量
		企业事业单位环境信息公开率	公开环境信息的企业事业单位数/辖区内重点排污企业事业单位数
	资源集约	非化石能源占一次能源消费比重提升率(%)	(年度非化石能源消耗总量/年度一次能源消费总量)/(上一年度非化石能源消耗总量/上一年度一次能源消费总量)-1
		万元生产总值耗地量降低率(%)	(年度建成区面积/年度地区生产总值)/(上一年度建成区面积/上一年度地区生产总值)-1
		万元GDP能耗降低率(%)	(年度能源消耗总量/年度地区生产总值)/(上一年度能源消耗总量/上一年度地区生产总值)-1
多元化	市场活力	非公有制企业产出占比(%)	年度非公有制企业产值/年度地区企业总产值
		非公有制企业投资占比(%)	年度非政府固定资产投资/年度地区固定资产投资
		对外开放程度	FDI/GDP
		营商环境	建议第三方评估
		办公场所实际出租率(%)	办公场所实际出租面积/办公场所总面积
	技术创新	R&D占GDP比重(%)	—
		劳动年龄人口平均受教育年限(年)	—
		每万人所创造的专利价值	当年该地区新增专利总价值/常住人口数量(万人)
	社会治理	决策过程公开化程度	地方政府年度举办听证会次数
		每万人拥有非政府组织数量	当年登记在册的非政府组织的数量/常住人口数量(万人)

续表

广义 分类	目标领域	入选指标	计算公式或依据
网络化		人口流动网络	移动、联通手机信令数据
		交通流网络	航班班次、高铁班次、公路等交通工具信息
		信息流网络	微博、百度指数等
		企业网络	各城市的总部与分支机构分布
		电子商务网络	电子商务平台的商品交易数据
智能化	城市治理	一站式办理率	实现线下一站式办理的政务服务事项数量/政务服务事项总数
		公共信息资源社会开放率	可API访问的已开放的公共信息资源类别数量/需要开放的公共信息资源类别总数
		信息资源部门间共享率	制定信息资源目录并提供共享的部门数量/政府部门总数量
	生活服务	移动互联网城市服务公众使用情况	通过移动互联网使用过城市服务的用户数量/城市常住人口数量
		人均使用APP数量	—

（课题组成员：张蔚文　李学文　宋海朋　董照樱子
卓何佳　麻玉琦　于晨炜）

2020年后新型城镇化趋势和阶段性特征分析

中国城市规划设计研究院

2019年,我国城镇化水平突破60%,意味着我国全面进入城镇化的中后期。从国际经验来看,"城镇化中后期"是一个经济、社会、文化、空间组织结构等发生变革的全新时期,需要重新审视我国城镇化发展特征与未来的主要影响因素,判断未来城镇化可能的发展水平与空间主要载体;"城镇化中后期"也是消化城镇化快速扩张时期累积矛盾的重要窗口期;因此,在趋势与特征分析基础上,本报告试图从政策角度提出建议,以期新阶段新格局新理念下我国城镇化实现更高质量的发展。

一、我国城镇化发展现状特征

(一)人口总量增长放缓,趋于稳定

1983年以来,我国人口总量不断增长,但增长速度逐渐放缓。1987年人口增速为1.67%,为35年以来的最高值,此后人口增速持续下降。2015年我国实施全面"二孩"政策以后,人口增速先升后降,整体下降趋势并没有得到改变。

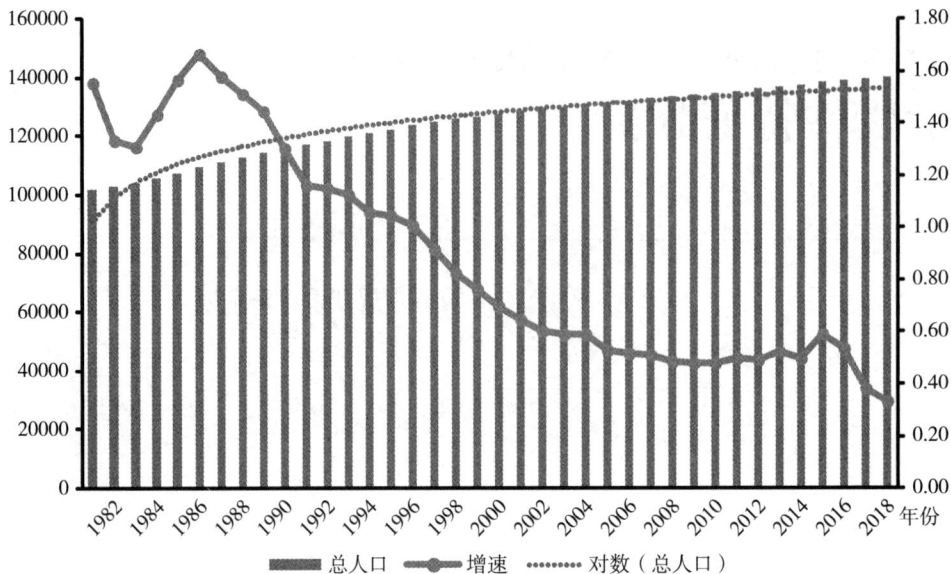

图 1　全国人口规模与增速变化(1981—2018 年)

数据来源:1982—2019 年中国统计年鉴及公报数据。

(二) 城镇化速度趋缓,但依然很快

2018 年,我国城镇人口 8.31 亿人,城镇化率 59.58%,位于"诺瑟姆"曲线的第二个拐点之前,整体仍处于高速增长阶段。2000—2015 年,我国城镇化水平年均提高 1.3 个百分点;2015—2018 年,城镇化水平年均提高 1.16 个百分点,较之前略有下降,但仍处于较高水平。借鉴其他大国①的城镇化经验可以推断,在城镇化率达到 75%之前,我国城镇化速度仍将维持在较高水平。

(三) 人口流动呈现近域化特征

近年来,人口流动呈现出越来越明显的近域化特征,跨省流动占比不断下降,省内流动占比上升。越来越多的流动人口选择在省内择业。对于人口流入型地区,其外来人口中来自周边邻近地域的比例不断提升。以流入型城市东莞为例,近几年其外来人口中来自广东省内的人口比重逐渐上升,2016 年、2017 年分别增长 0.4 个百分点和 1.7 个百分点②。对于人口流出型地区,其人口流出方向也更加趋近于周边邻近地域。以流出型大省安徽为例,2011—2017 年其跨省流出人口中流

_____

① 本报告中大国界定为面积大于 200 万平方公里、人口大于 1 亿人(2017 年)或 GDP 总量大于 1000 亿美元(2017 年)。

② 数据来源:2017 年、2018 年东莞市统计年鉴。

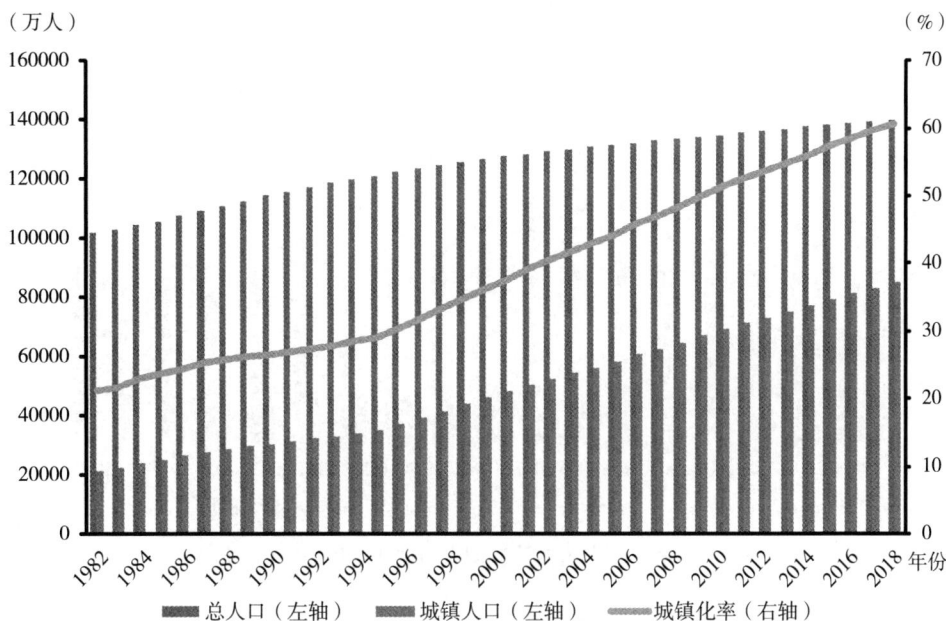

图 2　全国城镇人口规模与城镇化率变化（1981—2018 年）

数据来源：1982—2019 年中国统计年鉴及公报数据。

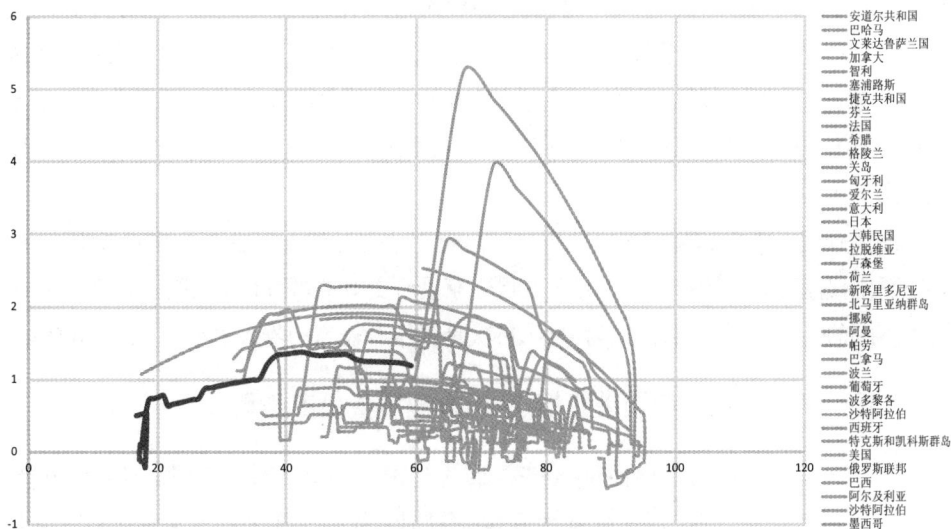

图 3　大国城镇化增速与城镇化率相关分析

数据来源：世界银行数据库。

向江浙沪的人口占比从 75.7% 提高到 79.3%。①

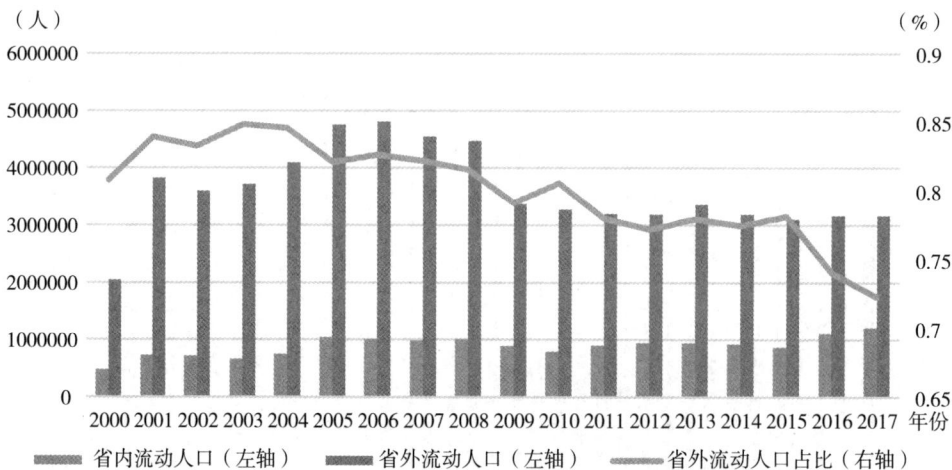

图 4　东莞市来自省内外流动人口占比（2000—2017 年）

数据来源：东莞市统计年鉴。

（四）流动人口落户意愿强烈，需求呈现多元化特征

流动人口中新生代比例逐年提高，且具有强烈落户意愿和能力。流动人口中新生代占比从 2013 年的 48.8% 提高到 2017 年的 65.1%。与老一代相比，新生代流动人口平均受教育水平较高，就业难度相对低，且对于在居住地留居、落户表达出强烈意愿。调查显示，97.3% 的新生代流动人口喜欢现在居住的城市，95.3% 关注现在居住城市的变化，93.3% 表示愿意融入本地人中，代表新生代流动人口有强烈的落户与融入意愿。

新生代流动人口的需求也更加多元。相较于过去流动人口主要关注收入水平，调查中新生代流动人口的首要需求是子女可以享受到更好的教育机会，占比为 22%；其次是更广阔的个人发展空间，占比为 19%；再次是工作有较高的收入水平，占比为 16%。

（五）东中西人口集聚差距缩小，但发展质量仍不均衡

2010 年以来，我国东中西部人口集聚的差距在不断缩小。如表 1 显示，东部地区人口占比仍在提升，但速度逐渐放缓；中部地区人口流出程度有所减缓；西部地区人口从流出转为流入，开始呈现集聚状态；东北地区在加速流出。各地区人口集聚差距缩小，但发展质量仍不均衡。考察固定资产投资占比可以发现，中西部地区固定资产投资占比远高于东部地区，经济发展质量差距明显。

---

①　数据来源：2012 年至 2018 年安徽省统计年鉴。

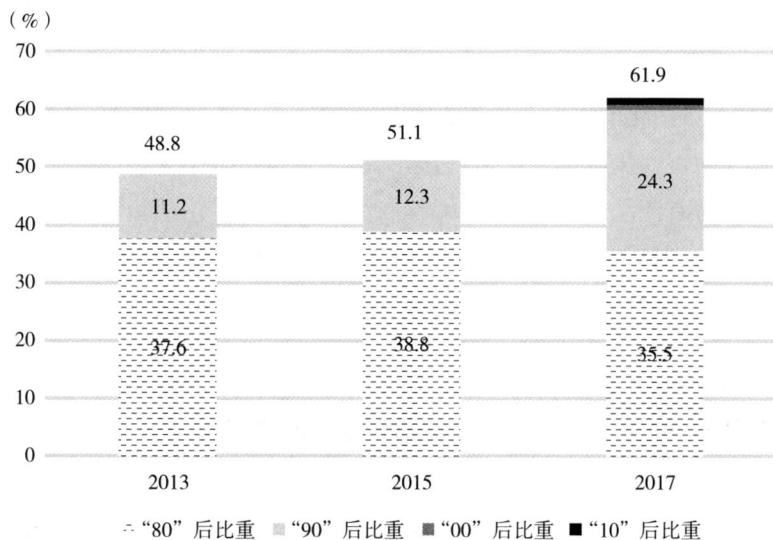

图 5 不同年龄段新生代流动人口占比（2013—2017 年）

数据来源：2014—2018 年中国流动人口发展报告。

表 1 东、中、西部 2000—2018 年人口占全国比重变化 （％）

人口分布	2000—2005 年 占全国比重年均变化	2005—2010 年 占全国比重年均变化	2010—2015 年 占全国比重年均变化	2015—2018 年 占全国比重年均变化
东部地区	0.20	0.32	0.07	0.06
中部地区	−0.11	−0.12	−0.02	−0.01
西部地区	−0.07	−0.17	0.01	0.03
东北地区	−0.02	−0.03	−0.04	−0.08

数据来源：中国统计年鉴。

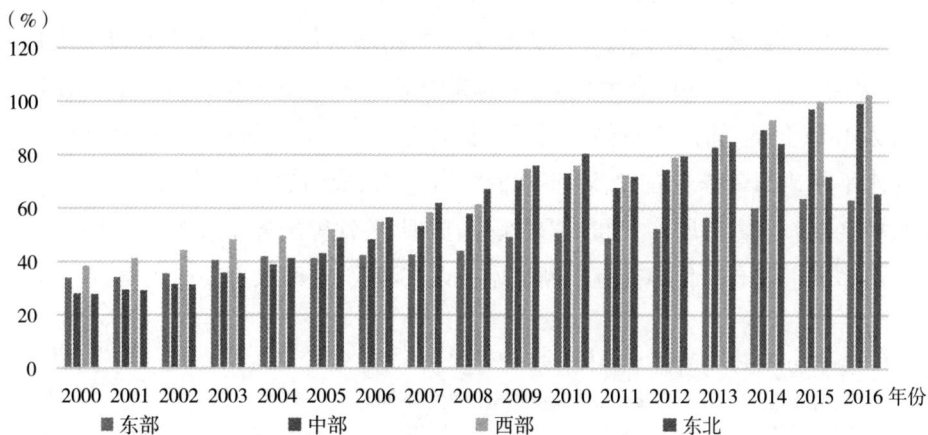

图 6 各地区固定资产投资占 GDP 比重

数据来源：2001—2017 年中国统计年鉴。

（六）小结

当前我国城镇化的发展呈现出五个显著特征。从人口规模看，人口总量增长放缓，且趋于稳定。从城镇化水平看，速度趋缓，但依然很快。从人口流动看，流动更趋近域化，跨省流动占比不断下降，省内流动占比上升。从流动人口的需求看，新生代流动人口的需求更加多元化，落户意愿也更加强烈。从人口集聚的态势看，东、中、西部的差距开始缩小，但发展质量仍不均衡。

二、2020 年后我国城镇化面临的主要挑战

2014 年，中共中央、国务院印发《国家新型城镇化规划（2014—2020 年）》，提出"大量农业转移人口难以融入城市社会，市民化进程滞后"等需要着力解决的突出问题。根据当前的发展趋势，本报告认为，2020 年后我国城镇化将面临以下六个方面的主要挑战。

（一）人口老龄化、少子化带来人口红利消失的挑战

我国出生人口大幅减少，人口红利消失。2018 年我国出生人口为 1523 万人，较 2017 年大幅下降 200 万人，创 1949 年以来新低。[①] 2018 年我国出生率降至 10.94‰，也是 1949 年以来最低水平，总和生育率降至 1.52。[②]

我国劳动力总量下降，出现历史性拐点。2013 年我国劳动年龄人口（15—64 岁）达到 10.06 亿峰值，近几年我国劳动年龄人口每年减少 200 万—300 万人，预计到 2030 年，劳动年龄人口将降至 9.6 亿人左右。

老龄化问题突出，社会抚养压力加大。根据联合国标准，65 岁及以上人口超 7% 为老龄化，14% 为深度老龄化，20% 为超级老龄化。2018 年，我国 65 岁及以上人口为 1.67 亿人，占总人口的 11.9%。据联合国人口司[③]预测，至 2035 年我国老龄化水平将达到 20% 左右，2050 年达到 27% 左右，成为超级老龄化国家。老龄化带来社会抚养压力的增加，同时带来医疗、护理、餐饮等服务需求的全面上升。

典型城市群老龄化率高且不断加剧。以京津冀、上海大都市圈为例，典型城市

---

① 除 1960—1961 年自然灾害时期外。

② 数据来源：中国统计年鉴，无特殊说明全国数据下同。

③ 联合国经济和社会事务部人口司《世界人口展望 2019 年》预测方案，预测数值取中间值（median）；United Nation, DESA, Population Division, World Population Prospects 2019, http://population.un.org/wpp/。

群、都市圈的老龄化问题同样突出。2015 年上海大都市圈内老龄化率已达 12.6%,高于全国平均水平。年龄结构老化加速,2010 年以后上海大都市圈、京津冀、粤港澳大湾区的老龄人口占比都在迅速提高。

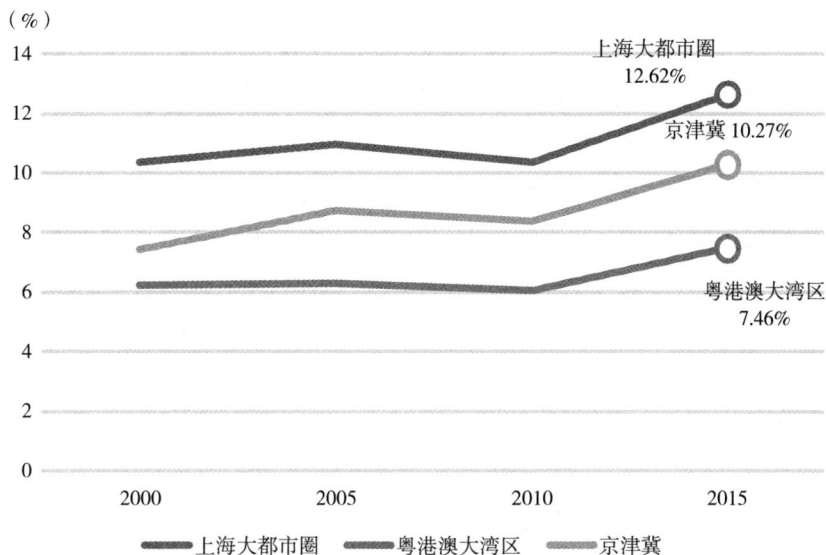

图 7　上海大都市圈、京津冀、粤港澳大湾区的老龄化率

数据来源:全国、江苏、浙江、广东 2000 年、2010 年人口普查资料;全国、江苏、浙江、广东 2015 年 1% 人口抽样调查资料;香港特别行政区政府统计处数据;澳门特别行政区统计暨普查局数据。

(二)产业空心化带来城镇化动力不足的挑战

产业结构调整带来制造业空心化的挑战。我国人口红利消失,制造业,尤其是劳动密集型产业从最初东部向中西部梯度转移演变为向境外转移,形成一定程度的产业空心化。以纺织服装产业为例,营收 2000 万规模以上纺织业企业数量从 2011 年的 2.2 万余家降至 2018 年底的 1.9 万余家,纺织企业搬迁至成本低廉东南亚国家的趋势明显。

二、三产就业增长较慢,难以支撑城镇化快速提升。2013—2018 年,我国城镇化增速一直持续在 2.2%—2.9%,而二、三产从业总人口的年均增速为 1.6%,二、三产就业增长较慢,带来城镇化动力不足的挑战。

(三)"机器换人"带来职业需求与人才供给不匹配的挑战

短期内,"机器换人"将对二产从业人数造成一定影响。2012 年开始,长三角、珠三角的制造业企业逐渐开始"机器换人"。受"机器换人"影响,近年来全国二产从业人口持续下降。2013—2018 年,我国二产从业人员减少 2005.0 万人,下降 10.4%。① 以东莞为例,二产从业人口从 2013 年的 200.1 万人下降到 2018 年的 192.7 万人。②

面向未来,"机器换人"将会取代大部分现有的行业与工作,但并不会带来总工作岗位减少。据麦肯锡预测,至 2055 年自动化将取代全球 50% 的有薪工作,但也同时会带来大量新的就业岗位,但需要提升工作技能来应对即将到来的就业大变迁时代。夏季达沃斯《2018 未来就业报告》认为不用过分担心"机器换人",相比流失的 7500 万个职位,预计到 2022 年将新增 1.33 亿个新型劳动分工的职位。

就业结构将发生剧变,就业供给与新的职业需求将面临显著的矛盾,尤其是流动人口、农民工的就业升级问题。未来我国需求增长较多的职业是医护人员、教师、创意人员、技术专家、经理及管理人员等,但目前新生代流动人口的就业行业结构与老一代差异并不大,仍然集中在批发零售(19.9%)、制造(17.7%)、住宿餐饮(12.8%)和居民服务(10.5%)等行业。

(四) 城镇密集地区空间品质不高的挑战

城镇密集地区旧城旧村品质不佳,人居环境堪忧。当前,我国棚户区改造工作取得一定进展③,但老旧小区更新改造工作尚未全面推开。城市老旧小区大多已跟不上时代的发展,配套设施不齐、违章搭建严重、停车位不足等问题日益凸显。未来十年,我国 20 世纪八九十年代修建的大量大型高层住区达到 30 年房龄,急需维护翻新、更新改造,但更新资金筹措、改造实施组织等都面临多重问题。

城镇密集地区产业空间效率偏低,空置问题突出。当前我国主要工业用地平均容积率在 1 以下,国家级开发区工业用地平均容积率仅为 0.9。④ 对比日本、新加坡,我国工业用地容积率整体偏低,工业用地闲置问题突出。

(五) 城镇收缩地区公共服务撤并的挑战

城镇收缩地区公共服务撤并趋势明显。据调查,我国有 26.71% 的"收缩型城市"⑤,其中东北地区较为严重。⑥ 收缩型地区政府财力有限,大量中小学和教学

① 数据来源:2014—2019 年中国统计年鉴。
② 数据来源:2014—2019 年东莞统计年鉴。
③ 住建部统计数据显示,至 2018 年 11 月我国完成各类棚户区改造 616 万套。
④ 数据来源:自然资源部,2019 年 1 月,《关于 2018 年度国家级开发区土地集约利用评价情况的通报》。
⑤ 2019 年 3 月,国家发展改革委发布《2019 年新型城镇化建设重点任务》,第一次提到了"收缩型城市"概念。
⑥ 引用上海财经大学长三角与长江经济带发展研究院执行院长张学良的研究团队利用 2000 年和 2010 年两次人口普查数据对 2865 个县市(区)的样本分析结论。

点被快速撤并。2018 年全国共有义务教育阶段学校 21.38 万所,比 2012 年的 28.2 万所下降了 25%。[1]

公共服务撤并带来服务覆盖率和品质下降。城镇收缩地区难以提供与全国其他地区大致均等的公共服务水平,违背了基础公共服务的均好性目标。例如,广东省乐昌市坪石镇天堂村,由于小学被撤,村里 180 多个孩子要到 20 公里外的坪石镇上学。大规模学校撤并导致农村小学距离学生家的平均距离为 5.4 公里,农村初中距离学生家的平均距离则远至 17.47 公里,背离了"就近入学"的原则,带来了城镇收缩地区中小学生就学难,甚至辍学率升高等问题。

(六) 土地资源短缺下盘活存量困难的挑战

国家转型发展要求城镇空间利用方式从增量扩张到存量挖潜。深圳、上海、广州、苏州等许多城市已经进入或即将进入存量时代。然而,尚不完善的社会治理制约了存量更新的内在动力。城镇存量空间再开发涉及政府、市场和社区多元的管理运营组织机构,但目前政府管理机制不畅、市场运营机制滞后、社区组织支撑不足。大部分城市在推进存量空间再开发中缺乏统一统筹组织和协调管理机制,导致各部门工作分散难以形成合力,对存量用地腾退更新缺乏有效管理和引导,市场主体在现有体制机制下缺乏更新动力。目前,三、四线城市存量空间改造主要依靠棚户区改造政策资金,城市公共财政难以支撑城镇空间再开发的长期推进,往往导致政府过度让利市场,损害公共利益。

(七) 小结

在工业化向服务业化转型、制造业向新经济转型、外需主导向内需主导转型等重大背景下,2020 年后我国城镇化面临严峻挑战,核心仍是城镇化动力与城镇化质量两个方面。在城镇化动力上,我国面临人口红利消失的挑战、"二三产就业增长难以支撑城镇化快速提升"的挑战、职业需求与人才供给不匹配的挑战等。在城镇化质量上,密集型地区面临空间品质不高、存量盘活困难等挑战,收缩型地区面临公共服务撤并的挑战。面对这些挑战,本报告在第五章中,试图从人口和土地两个方面提出相关的政策建议。

三、2020 年后我国城镇化水平分情景预测

基于地理特征、资源条件、城乡制度、文化传统等影响我国城镇化水平的主要

---

[1] 数据来源:中国统计年鉴。

因素分析,借鉴其他国家的城镇化发展历程,对我国 2020 年后城镇化水平形成高、中、低三种情景下的预测。

（一）影响我国城镇化水平的主要因素

地理特征多元化导致多样化的城镇化模式。我国是世界上人口最多的国家,从国际经验来看,人口大国不会出现超过 90% 的极高城镇化水平。我国地域辽阔,同时也是一个多民族融合的国家,导致不同地区城镇化模式存在巨大差异。

紧张的资源条件和脆弱的生态环境需要较高城镇化水平。我国超过 1/3 的国土生态环境脆弱,这些地区资源匮乏、气候恶劣、自然灾害频发,人口承载力十分有限。在这些地区提高居民生活水平、保护生态环境的有效途径,就是通过城镇化的发展引导异地生活就业。尽管过程会相对漫长和艰难,但我国需要实现一个较高的城镇化水平。

城乡二元制度短期内将抑制城镇化发展。长期以来,我国城市对农业转移人口采取了"经济准入、社会拒入"的政策,抑制了我国城镇化潜力的释放。但这种影响会随着改革的不断推进、户籍制度和土地制度的不断完善而逐步弱化。

亲近田园的文化基因促进形成新的城乡关系。自古以来,我国农民对于土地有着强烈的依恋性。随着农民观念的转变,这种影响开始逐步弱化。但总体来说,落叶归根、追求田园生活的文化基因仍将在一段时期内造就中国特色的"逆城镇化",形成新的城乡关系。

（二）城镇化水平的三种情景预测

1. 世界其他国家的比较借鉴

鉴于日、美、法、德四国与我国国情的比较分析,粗略判断我国的中长期城镇化率应该在 80%—85% 之间,即与美国、法国大致相当,低于日本,高于德国。

表 2　相关国家城镇化率影响条件分析

国家	城镇化率 （2014 年）	影响因素
日本	86%	促进因素:高度紧张的人地关系、贫乏的资源条件; 抑制因素:农耕传统、农协组合员数量不减少的政治需要。
美国	82%	促进因素:持续流入城市的移民、黑人与拉丁美洲族裔较高的出生率; 抑制因素:辽阔的国土面积、丰富的资源条件、个人自由主义价值观。
法国	80%	抑制因素:农耕传统、小土地所有制、人口危机。

续表

国家	城镇化率 （2014 年）	影响因素
德国	75%	抑制因素：长期的邦国分裂历史、小而分散的工业体系。

资料来源：项目组内部《基于国际比较的我国远景城镇化率研判及其思考》研究。

2. 三种情景的前提条件预设

表 3 三种情景的前提条件预设

不同情景	前提条件预设
高水平情景	农业全面实现现代化，户籍制度和土地制度实现突破，农村人口可以毫无制约地自由流动，农村剩余劳动力完全释放并市民化；农业在市场机制下实现最佳规模经营，即实现农户经营耕地的边际规模收益为 0，城乡居民收入达到均衡。林业资源实现资产化，从事林业生产的人群主要以林业工人为主，林业工人在城镇集中居住，从事林业生产的人口全部纳入城镇人口。草原实现草畜平衡，草原生态环境得以可持续发展，牧民通过一定规模的放牧全面实现小康，而无须再进入城镇。全国城镇化实现适应于资源环境承载力的区域均衡发展，不再有大规模的区域间人口流动，人口就近向都市圈、城市群集聚，城镇人口实现充分就业。
中水平情景	仍维持现有土地制度和户籍制度，农业在现有制度框架内实现适度规模经营，农村剩余劳动力家庭迁移至城市并实现市民化，城乡之间实现相对均衡发展，城乡格局分明。其他条件同高水平情景。
低水平情景	一方面，随着乡村振兴和信息化、智能化发展，乡村成为重要的非农功能低密度发展空间，一方面形成较多点状的乡村就业点，基于超高速信息网络实现分散办公；另一方面，逆城镇化形成规模，进城农民部分返乡，许多城市人开始追求乡村生活，并长居乡村。农业发展同中水平情景。

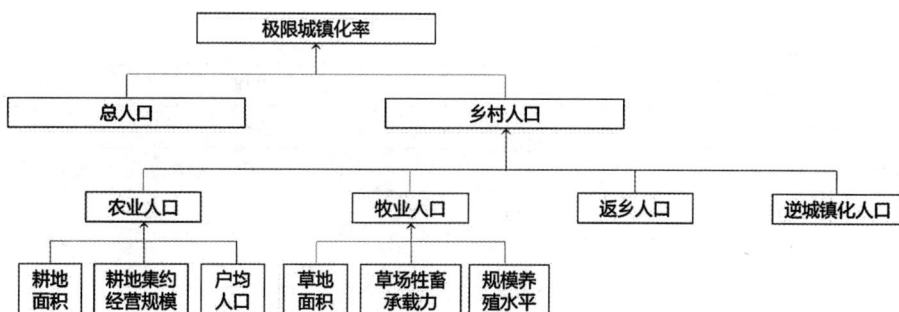

图 8 极限城镇化率预测的技术路线

资料来源：项目组绘制。

3. 不同情景下城镇化率的预测

按照以上技术路线，预测高、中、低三种情景下中长期城镇化水平结果如表 4 所示。长期来看，我国城镇化水平达到 80% 左右较为符合我国国情和文化体制特征,最大情况下应不会超过 85%。

表 4　相关因子预测

1	总人口预测	依据中国人口和发展研究中心预测,我国将在 2030 年左右达到人口的最高峰约 14.4 亿人,本报告长期人口按 12 亿—13 亿进行计算。
2	家庭户均人口预测	2010 年我国平均每个家庭人口 3.1 人,农村家庭平均规模 3.34 人。预测 2035 年我国平均家庭户规模为 2.42 人左右(日本 2010 年水平)。同时,农业家庭户规模按每户 3 人计算。
3	返乡人口规模预测	依据中国人民大学预测,未来我国返乡流动人口呈现不断增长的趋势,2030 年返乡人口总规模为 3485 万人左右,2050 年达 6685 万人。
4	逆城镇化(乡村就业)规模预测	未来乡村就业按照新增城镇就业的比例进行估算,2018—2050 年将在乡村新增城市型就业岗位 2240 万人。按照带眷系数 2.4 计算,乡村地区将增加逆城镇化人口 5400 万人。

表 5　不同情景下城镇化率预测

	高水平情景	中水平情景	低水平情景
农业人口(亿人)	1.77	2.67	2.67
耕地面积(亿亩)	18	20	20
园地面积(亿亩)	2		
粮食作物集约经营规模(亩/户)	平原 45 丘陵 25	22.5	22.5
经济作物集约经营规模(亩/户)	45		
农业家庭户规模(人/户)	3		
牧业人口(亿人)	0.011		
牧草地面积(万/公顷)	22000		
人均草场承载力(公顷/人)	200		
返乡人口(亿人)	0	0	0.13
逆城镇化人口(亿人)	1.8	2.7	3.37
乡村总人口(亿人)			
总人口(亿人)	12—13		
极限城镇化率(%)	85—86	77.5—79	72—74
2035 年城镇化率(%)	74—75	71—72	68—69.5
2050 年城镇化率(%)	80—81	75—76	71—72.5

四、2020 年后我国城镇化空间布局判断

《国家新型城镇化规划（2014—2020 年）》提出"两横三纵"的城镇化战略格局。本报告认为我国地域辽阔、地理环境差异较大，客观决定了我国城镇化空间相对集中和相对分散的特征。未来黑龙江瑷珲（今黑河）—云南腾冲的人口地理分界线（即胡焕庸线）决定的人口和城镇化总体格局将长期维持，但在全面开放、国内大循环的背景下，中西部地区将实现长足发展、整体提升。2020 年后我国城镇化的空间形态仍将延续这一格局，形成"以城市群为主体建设大中小城市和小城镇协调发展"的城镇格局。

（一）以城市群作为城镇化主体

城市群将进一步成为经济、人口集聚的主要载体和城镇化核心地区。《国家新型城镇化规划（2014—2020 年）》提出重点发展 19 个城市群，未来以城市群为载体构建安全可靠、自主可控的供应链体系愈发重要，以竞争力强、辐射带动作用突出的现代化城市群，分别在全球综合竞争、国家战略支撑、区域均衡发展方面产生引领性作用。

分层引导城市群地区的功能集聚。以世界级城市群作为参与国际合作与竞争的核心载体，并发挥其对全国社会经济发展的促进和引领作用；以国家级城市群支持国家空间战略，促进国土均衡发展；以区域级城市群辐射带动周边地区发展，促进经济和人口的集聚，不断推动区域级城市群的规模增长和功能完善。

（二）加快都市圈培育和同城化发展

加快培育都市圈，提升圈内同城化水平。通过提高基础设施一体化程度，消除阻碍生产要素自由流动的行政壁垒和体制机制障碍，完善成本分担和利益共享机制，梯次形成若干空间结构清晰、城市功能互补、要素流动有序、产业分工协调、交通往来顺畅、公共服务均衡、环境和谐宜居的现代化都市圈。未来，我国现代化都市圈格局将更加成熟，形成若干具有全球影响力的都市圈。

（三）推进以县为单元的就地城镇化

推进就地城镇化，促进大中小城市和县级单元合理分工、功能互补、协同发展。就地城镇化不仅可以分散大城市资源环境压力，还有助于破解城乡二元结构。尤其是广大中西部的中小城市，积极引导部分农民就地城镇化，向所在地的县城

转移。

因类施策、因地施策,分类推进县域城镇化。应加强对不同基础条件的县域分类指引,因地施策,促进县域有序发展。根据县域不同的发展条件,对其发展模式和路径进行分类指引。

五、2020 年后新型城镇化的政策建议

针对 2020 年后新型城镇化面临的挑战,本报告重点从人口、土地两方面提出政策建议。人口方面主要围绕人口老龄化、"机器换人"带来职业需求与人才供给不匹配、公共服务依旧不均衡等问题提出政策建议。土地方面主要围绕创新驱动时代用地供给如何更加灵活、存量时代城镇空间品质不高、存量用地更新困难等问题提出政策建议。

(一) 人口相关政策

1. 强化再培训与职业教育,应对职业需求结构变化

强化职业再培训并提供过渡保障。大力发展和创新职业再培训、成人教育等机构和制度,帮助被机器替代或收缩行业的"过剩"劳动力适应新的就业市场,并为劳动者提供必要的过渡支持。

调整高等教育、职业教育的导向,适应产业升级。高校职校的教学内容和培养方式需要与行业、企业的发展紧密结合,及时调整教育方向和措施,避免人才的供给与不断升级的需求脱节,同时社会应增加供给专业化培养的机会。

2. 推动人人公平享有同等质量的公共服务

根据联合国"人居三"①大会理念,保障基础公共服务对所有人都能安全、方便地使用。公共服务设施应按照空间可达性与合理密度进行布局,新一轮城乡规划工作应着力提升各项公共服务的覆盖率;综合考虑流动人口的需求,减少设施和服务的覆盖盲区。

公共服务配置向收缩型地区、弱势群体和少数群体适当倾斜。可通过转移支付、对口援建等方式促进基本公共服务在区域间的均衡,对于一些较为落后、公共服务投入不足的地区,中央财政适当予以倾斜。强化政府的基础保障力度,提供服务弱势群体和少数群体的公共设施。

---

① 2016 年,第三次联合国住房和城市可持续发展会议。

3. 加大公共住房投入力度,强化公共服务与住房所有权脱钩

保障较高比例的公共住房投入。发达国家在城镇化率 55%—80% 阶段,进行了大规模的公共住宅的建设和改造,保障了快速城镇化时期进城人口的居住供给。我国应进一步强化租赁住房等措施,以实现公共住房的有效供应。例如,住宅用地出让强制附加一定比例的自持租赁房产面积、推出 100% 纯租赁住宅用地等。

推行"租售同权",强化公共服务与住房所有权的脱钩。保障租房居民在基本公共服务方面与产权居民享有同等待遇,打破传统的公共服务与住房所有权绑定的政策,实现公共服务的公平享有。

4. 完善养老育幼服务设施的配置标准和用地保障

保障养老服务设施规模与人口相适应。不同地区年龄结构差异较大,应避免统一养老设施比例,宜根据本地区人口结构、老龄化发展趋势,因地制宜提出养老服务设施用地的规模、标准和布局原则。

以多种方式保障和规范养老服务设施用地供应。对单独成宗供应的经营性养老服务设施用地,鼓励优先以租赁、先租后让方式供应。过渡期,鼓励利用存量资源建设养老服务设施。鼓励利用商业、办公、工业、仓储存量房屋以及社区用房等举办养老机构,所使用存量房屋在符合详细规划且不改变用地主体的条件下,可在五年内实行继续按土地原用途和权利类型适用过渡期政策。

鼓励多渠道增设幼托机构。鼓励公办幼儿园增设幼托班,鼓励有条件的企事业单位和大型企业可以在自有场地内开办幼托机构;鼓励一线城市中心区范围内的商务楼宇综合设置公益性托育机构;已出让商办用地新增公益性托育机构的,可享受城市更新政策。

(二) 土地相关政策

1. 鼓励对都市圈内更多的土地资源支持

鼓励向都市圈内投放更多新增加建设用地指标。建立统一的建设用地指标调剂平台,通过有偿使用费分成、财税分享、飞地园区等机制,促进新增建设用地指标从非都市圈地区转移到都市圈地区,保障"圈内"土地供给,支持"圈外"民生保障,提高整体效益。在都市圈内,采用工业用地控制线、工业保护线等方式,保障都市圈重点工业区域优质工业用地供给。

2. 挖潜低效用地,建立产业用地绩效"标准地"制度

建立统一的低效用地认定标准。低效用地指合同建设期满但未进行建设或实际开发面积比例不足、项目投资强度未达标、亩均产出未达标的产业用地。各省和地市应建立明确的低效用地认定标准,统一识别低效用地规模和分布,着力推进低

效用地的整治行动。

建立产业用地绩效"标准地",防止新的低效用地产生。对新增的备案类工业项目和研发总部类项目实行"标准地"出让模式。"标准地"对每块建设用地的固定资产投资强度、产出标准、容积率、能耗标准、环保标准等关键要素作出约束性规定,受让人承诺按约用地,即可进场施工。

3. 探索更灵活的创新创业用地供给政策,提升创新创业活跃度

鼓励存量用地转型升级成创新创业用地。各省和地市应出台相应管理办法,对土地差价评估与缴纳、容积率限定、剩余土地年限、分割转让等具体细则进行规定,探索更灵活的创新创业用地供给政策。

创新创业用地探索先租后让等弹性供地方式。可采用弹性供地方式,先出租一定年限,期末考核达标后再进行续租或出让,未达标则收回土地。弹性供地降低企业成本的同时提高了政府对用地的管控并降低了风险,促进了产业的更新迭代,也保障了政府的土地收益。

4. 通过土地多用途复合利用推进产城融合

鼓励产业园区的功能混合,推进产—城—服融合。鼓励开发区、产业集聚区规划建设多层工业厂房供中小企业进行生产、研发、设计、经营等多功能复合利用,为创业者提供低成本办公场所和居住条件;增加生活、休闲、服务型用地,促进产—城—服相对融合。

鼓励交通枢纽地区综合开发。鼓励城市交通枢纽地区设施立体开发、集中设置和综合开发,围绕高铁站、城际站、机场等大型综合客运枢纽区域,建设集交通、商务、酒店、会展、购物等多功能于一体的城市枢纽经济区。

5. 通过有机更新提升城镇空间品质

推进城市更新,鼓励公共空间建设。城市应出台城市更新相关实施细则,给予提供公共设施或公共开发空间的建设项目以奖励;建立政府主导,市场参与的"非正式更新"制度;建立微更新、微改造年度实施计划。

推进老旧小区改造,改善人居品质。设置专项资金支持老旧小区、城市街道、街头绿地、社区中心的改造,补齐停车设施、消防设施、电梯配置等方面的短板。

6. 建立城乡建设用地增减挂钩储备库制度和节余指标调剂平台

建立城乡建设用地增减挂钩机制和储备库制度,建设节余土地指标调剂平台。推广城乡建设用地增减挂钩机制,实现区域内各类土地面积的平衡,城乡用地布局更合理。建立市级或省级增减挂钩节余指标交易平台,调剂跨县(市、区)之间节余指标交易。

推进农村地区闲置、低效、零散用地整治。通过农村土地整治,将"空壳村"、村庄废弃点纳入增减挂钩储备库,同时保证增减挂钩项目指标不少于50%用于乡

村振兴建设,节余指标优先用于城镇住宅、商业等经营性用地项目,流转收益返还农村。

(课题组成员: 王凯   陈明   林辰辉   吕晓蓓   吴乘月   胡魁   高靖博)

到 2035 年新型城镇化
发展趋势研究

清华大学社会科学学院

在经历世界百年未有之大变局和我国迈向第二个百年奋斗目标的背景下,深入推进新型城镇化对我国经济社会发展意义重大。从国际看,全球经济中心逐渐从西方向亚太转移,全球政治经济秩序加速变革,中美大国关系发生根本性变化。从国内看,中国社会主要矛盾转化为人民日益增长的美好生活需要和不平衡不充分的发展之间的矛盾,经济正处在转变发展方式、优化经济结构、转换增长动力的攻关期。2017 年召开的党的十九大提出,到 2035 年基本实现社会主义现代化,在 21 世纪中叶建成富强民主文明和谐美丽的社会主义现代化强国。2020 年 7 月,中央政治局会议进一步提出,要加快形成以国内大循环为主体、国内国际双循环相互促进的新发展格局。而城镇化是现代化的必由之路,是我国最大的内需潜力和发展动能所在,是落实"双循环"战略的关键所在。站在新的历史起点上,面对新形势新挑战新问题,我们需要着眼中华民族伟大复兴战略全局和世界百年未有之大变局,借鉴世界主要国家城镇化发展规律,研判我国新型城镇化发展趋势,为下一阶段中国特色新型城镇化建设发展目标、思路的确定提供有价值的参考借鉴。

一、我国新型城镇化基本现状与发展态势

（一）我国城镇化水平不够高、速率不够快

改革开放以来，我国城镇常住人口从 1978 年的 1.7 亿人增加到 2019 年的 8.5 亿人，常住人口城镇化率从 17.9% 提升到 60.6%，户籍人口城镇化率从 15.80% 提高到 44.38%。《国家新型城镇化规划（2014—2020 年）》中关于到 2020 年常住人口城镇化率达到 60% 左右、户籍人口城镇化率达到 45% 左右、努力实现 1 亿左右农业转移人口和其他常住人口在城镇落户的目标，目前已经基本实现。目前，我国的城镇化水平稍高于世界平均的 55.7%，但距离高收入经济体平均的 81.0% 仍有较大差距。

从城镇化速率来看，如果从 1949 年开始算起，到 2017 年，我国的城市化率平均每年仅提高约 0.7 个百分点，这样的城镇化速率无疑是非常低的。其中，1949—1978 年中国的城市化率只从 10.64% 提高到 17.92%，30 年间年均仅提高 0.24 个百分点。即使考察 1982 年至 2019 年我国经济高速增长同时也是城市化水平快速提高时期的城镇化速度，每年也只有提高 1.07 个百分点，仍低于日本、韩国等国家和地区相似历史时期的城市化速率。战后日本 1940—1970 年，城市化率由 37.7% 提高到 72.1%，30 年间城市化率年均提高 1.15 个百分点。韩国经济起飞在 20 世纪 60 年代开始，1970—1985 年，韩国城市化水平从 41.2% 上升到了 65.4%，也就是说，韩国 15 年间，城市化水平提高了 24.2 个百分点，年均提高 1.61 个百分点。

由此可以看到，我国的城镇化并不是水平高了，而是低了，并不是快了，而是慢了。

（二）中国人口长期向大城市集聚

在城市化道路的选择上，我国政府长期实行的是优先发展中小城市和小城镇、严格控制大城市的战略。从人口流动看，尽管官方确定的城市化战略旨在抑制大城市发展，但人口仍然在按照自己的规律长期向大城市集聚。从省际人口流动看，改革开放后至 2010 年左右，城市化快速推进，中西部地区人口大规模向出口导向型的沿海发达地区流动，形成"孔雀东南飞"格局。2010 年以来，随着沿海地区产业转型升级、中西部地区产业承接以及老一代农民工老化，部分农民工逐渐回流中西部，东北地区人口开始负增长。从城市群角度看，1982—2016 年，全国 19 个城市群常住人口占全国人口比重从 70.3% 增至 73.7%，但主要是珠三角、长三角和

京津冀三大城市群在集聚人口,其常住人口合计占比从 18.3% 增至 23.3%。

从以市辖区常住人口为标准的城市规模看,如表 1 所示,在不控制行政区划调整的情况下,1982—2016 年中国 1000 万人以上城市个数从 0 增至 8 个,常住人口占全国人口比例从 0% 增至 8.5%;500 万—1000 万人城市个数从 3 个增至 11 个,人口占比从 1.7% 增至 5.5%;300 万—500 万人城市个数从 3 个增至 23 个,人口占比从 1.0% 增至 6.3%;100 万—300 万人城市个数从 30 个增至 126 个,人口占比从 4.5% 增至 14.2%;50 万—100 万人城市个数从 32 个增至 91 个,人口占比从 2.2% 增至 4.8%;50 万人以下城市个数从 44 个降至 37 个,人口占比从 1.5% 降至 0.9%。

表 1　1982—2016 年按市辖区人口分规模城市个数及人口占全国比重

年份 按市辖区 人口分规模	1982 年		2000 年		2010 年		2016 年	
	个数 （个）	人口占比 （%）	个数 （个）	人口占比 （%）	个数 （个）	人口占比 （%）	个数 （个）	人口占比 （%）
1000 万人以上	0	0.0	2	2.1	6	6.7	8	8.5
500 万—1000 万人	3	1.7	7	4.2	10	5.3	11	5.5
300 万—500 万人	3	1.0	7	2.0	21	5.5	23	6.3
100 万—300 万人	30	4.5	77	9.8	99	11.1	126	14.2
50 万—100 万人	32	2.2	105	6.1	103	5.6	91	4.8
50 万人以下	44	1.5	64	1.9	48	1.4	37	0.9
合计	112	10.9	262	26.3	287	35.6	296	40.3

注:2016 年城市个数 296 个不含三沙市。
资料来源:国家统计局人口普查资料,各地方统计局。

从控制行政区划调整的分线城市全域人口看,1990—2016 年,一线城市常住人口从 3213 万人增至 7188 万人,占比从 2.8% 增至 5.2%;二线城市常住人口从 18648 万人增至 27658 万人,占比从 16.5% 增至 20.0%;三四线城市常住人口占比则从 80.7% 降至 74.8%(见表 2)。1991—2000 年、2001—2010 年和 2011—2016 年,一线城市人口年均增速分别为 3.9%、3.4% 和 1.5%,二线城市分别为 1.7%、1.7% 和 1%,表明 2011 年以来一、二线城市人口流入放缓但仍保持集聚,放缓的原因包括京沪控人、人口老化、农民工回流等。上述三个时期,三、四线合计人口年均增速分别为 0.68%、0.31%、0.45%,而全国人口平均增速为 1.04%、0.57%、0.51%,表明 2011 年以来人口虽有回流但仍在持续净流出。在人口向一、二线大城市集聚的背后,是经济的集聚。该时期,一线城市 GDP 占比从 9.4% 增至

12.4%,二线城市 GDP 占比从 23.2%增至 32%,三四线城市 GDP 占比从 67.4%降至 55.5%。2016 年,一线、二线、三四线城市经济—人口比值分别为 2.4、1.6、0.8,这预示着三、四线城市人口将继续大幅流出,一、二线城市人口将继续集聚。

表 2　1990—2016 年中国分线城市全域常住人口比重

城市分类 ＼ 年份	1990	2000	2010	2016
一线城市(%)	2.8	3.8	4.9	5.2
二线城市(%)	16.5	17.7	19.5	20.0
三四线城市(%)	80.7	78.5	75.5	74.8

资料来源:国家统计局人口普查资料,各地方统计局。

从世界规律来看,随着全球城市化进程进入中后期,不同规模城市的人口增长将从过去的齐增变为分化,人口从乡村和中小城市向大城市和大都市圈迁移,而中小城市人口增长则面临停滞甚至净迁出。1950—2015 年,全球城市化率从 23.6%提高到 53.9%,该时期所有规模城市的人口占比均有明显上升,所有规模城市人口年均增速均明显超过 1.7%的全球人口自然增长水平。其中,1950—2015 年 1000 万以上城市数量从 2 个增至 29 个,人口占全球总人口比重从 0.9%增至 6.3%,上升 5.4 个百分点;500 万—1000 万城市数量从 5 个增至 45 个,人口占比从 1.3%增至 4.2%,上升 2.9 个百分点;100 万—500 万城市人口占比从 5.0%增至 11.7%,上升 6.7 个百分点;50 万—100 万城市人口占比从 2.7%增至 5.2%,上升 2.5 个百分点;50 万以下城市人口占比从 19.7%增至 26.6%,上升 6.9 个百分点。

根据联合国预测,到 2035 年全球城市化率将达到 62.5%,大城市和大都市圈人口继续快速积聚,500 万—1000 万以及 1000 万人以上城市数量将分别增至 73 个和 48 个,50 万人以下城市人口年均增速将降至 1%,仅略高于全球 0.9%的自然增长水平。如表 3 所示,其中,1000 万以上、500 万—1000 万、100 万—500 万城市人口占比将分别增至 9.7%、5.5%、14.2%,较 2015 年分别上升 3.4 个、1.3 个、2.5 个百分点。而 50 万—100 万、50 万以下城市人口占比将分别增至 5.9%、27.1%,仅上升 0.7 个、0.5 个百分点。

表 3　1950—2035 年全球不同规模城市人口占总人口比重

城市规模 ＼ 年份	1950	1980	2000	2015	2025	2035
1000 万以上(%)	0.9	1.9	4.0	6.3	7.8	9.7
500 万—1000 万(%)	1.3	3.1	3.5	4.2	4.9	5.5
100 万—500 万(%)	5.0	7.5	10.2	11.7	13.5	14.2

年份 城市规模	1950	1980	2000	2015	2025	2035
50 万—100 万(%)	2.7	3.8	4.4	5.2	5.6	5.9
50 万以下(%)	19.7	22.9	24.6	26.6	26.6	27.1
城市人口占比(%)	29.6	39.3	46.7	53.9	58.3	62.5

资料来源:联合国 World Urbanization Prospects 2018。

(三) 政府大城市人口控制目标屡次被突破

从个体看,北京、上海等超大城市过去长期试图控制人口,但控制目标屡次被突破,除高估人口控制的行政力量、低估人口流动的市场力量外,北京市、上海市政府在早期均存在对常住人口总量把握不准的问题。

在北京,从 20 世纪 50 年代开始,北京市政府就提出控制人口发展的总量规模。比如,在 1953 年《改建与扩建北京市规划草案的要点》设定的人口总量目标500 万人左右(20 年左右)。1958 年,北京市政府对《北京城市建设总体规划初步方案》进行了修改,规划全市远期总人口仍为 1000 万人左右(50 年左右)。改革开放后,1983 年《北京市城市建设总体规划方案》设定的 2000 年常住人口 1000 万人左右的目标,根据《北京统计年鉴》数据,仅仅在 3 年后便被超过,即 1986 年北京市常住人口达 1028 万人。实际上,1983 年《北京市城市建设总体规划方案》当时估计 1981 年北京市常住人口已经超过 1000 万人,而根据"三普"数据,1982 年北京市人口为 923.1 万人。这意味着当时北京市政府对人口总量实际上是不清楚的。1993 年《北京城市总体规划方案(1991—2010)》设定 2000 年常住人口 1160万人的控制目标,但根据《北京统计年鉴》,该目标在 1995 年就被超过。实际上,1995 年数据是根据 1990 年人口普查数据、1995 年 1% 人口抽样调查数据得出的。按照《北京统计年鉴》,1995 年北京市常住人口比 1994 年增加 126.1 万人,远高于之前及之后的人口增幅。因此,常住人口 1160 万的目标实际上在 1994 年或之前就已经被突破。2005 年《北京城市总体规划(2004—2020)》设定的 2020 年常住人口 1800 万人的目标,在 2009 年即被超过。即便是该规划考虑到人口流动及其他不确定性因素设定的 2000 万人预留目标,也在 2011 年被突破。

在上海,1986 年《上海市城市总体规划方案》设定的 2000 年常住人口 1300 万的约束性目标仅仅在规划发布 3 年后就被突破。上海市 2020 年的常住人口目标则经过多次调整:《上海市城市总体规划(1999—2020 年)》预测到 2020 年全市实际居住人口将达到 1600 万人,而在规划被批复的前一年,也就是 2000 年,上海市人口已达 1609 万人。2003 年《上海市城市总体规划(1999—2020 年)中、近期建设行动计划》将 2020 年的人口预测目标上调至 2000 万人,但这一目标也在 2007 年被突破。

在近年来对超大城市更严格的人口控制政策下,北京市、上海市均制定了新的人口控制目标,并辅以各种严厉的行政手段。《北京城市总体规划(2016—2035 年)》要求,控制北京市常住人口规模到 2020 年在 2300 万人以内,2020 年以后长期稳定在这一水平,这仅比其现状常住人口多约 130 万人。《上海市城市总体规划(2017—2035 年)》要求,控制上海市人口规模到 2035 年 2500 万人左右,这仅比现状常住人口多 80 余万人。在此影响下,近期北京市、上海市常住人口增长明显放缓,甚至陷入负增长。但是,人口集聚在短期可能会由行政力量主导,在长期仍将决定于市场力量。而且,被控制的可能只是行政区划内常住人口,有可能出现在周边地区居住但仍在北京、上海工作的情况。

二、2035 年城镇化总体发展水平预测

(一) 城市化发展阶段理论

1979 年,美国城市地理学家 Ray M.Northam 提出城市化进程遵循 Logistics 曲线,认为根据世界已基本实现城市化的国家的经验数据,城市化总体进程是沿着一条拉长的 S 型曲线变动的。根据该理论,城市化率达到 30% 之前为城市化起步阶段,这个阶段的城市化速率较低;城市化率突破 30% 后,进入快速阶段的加速期;城市化率达约 50% 左右后,城市化速率进入快速阶段的减速期;城市化率达到 70% 之后,城市化速率更加缓慢。城市化发展阶段的 S 型曲线告诉我们,比较不同国家的城市化速率时,必须考虑不同国家和整个世界城市化所处的发展阶段。

(二) 城市化水平的主要影响因素

1. 经济发展水平(人均 GDP)

伴随着经济的增长,城市化水平提高。经济增长带来市场规模的扩大,带来劳动力专业化分工。专业化水平的提高使企业需要更多从外部获取原材料和中间产品,降低交易成本的需要使经济活动向城市聚集(Moomaw 和 Shatter,1996)。因此,一般认为,经济发展水平与城市化水平存在正相关关系。如图 1 所示,改革开放以来,伴随着我国人均国民收入的提高,城市化水平表现出了相同的趋势。

2. 产业结构(第二产业占比、第三产业占比)

城市化与工业化有着密不可分的关系,二者相辅相成。一方面,城市化是工业

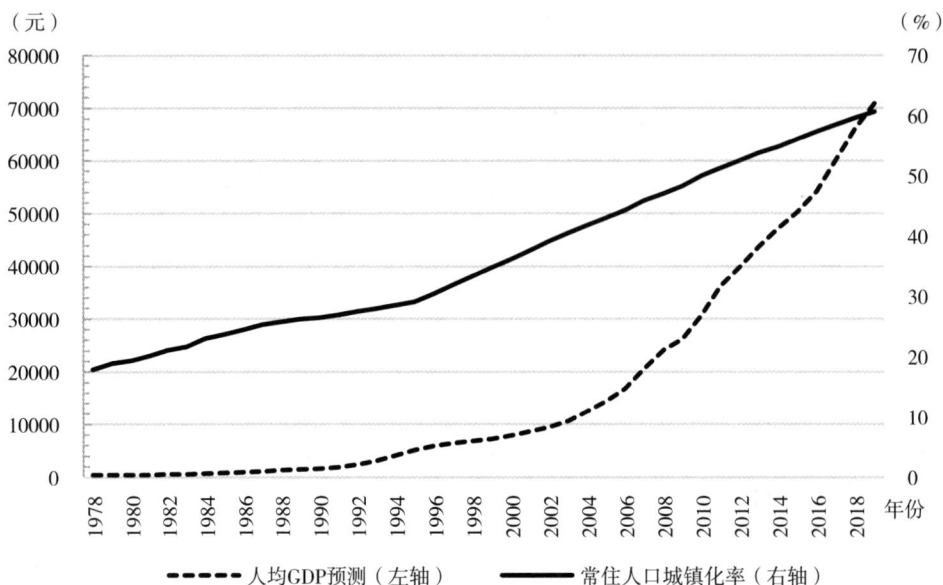

图1　1978—2019 年人均 GDP 与三次产业占比

资料来源：国家统计局。

化的结果。随着工业化的逐步推进，城市就业岗位增多，城乡收入差距不断拉大，使大量人口从农村流向城市。另一方面，城市化能够促进工业化的发展。在城市化的进程中，农村人口向城市不断转移和集中，为工业化提供了其必要的劳动力等重要资源。因此，城市化是工业化的伴生物，也是促进工业化发展的助推器。一般认为，非农产业占比与城市化水平存在正相关关系。

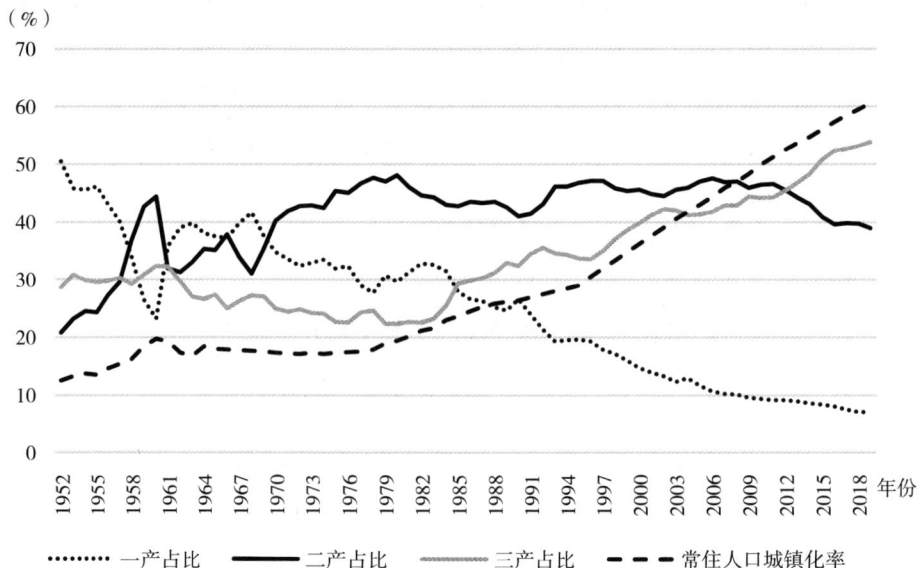

图2　1952—2019 年常住人口城镇化率与三次产业占比

资料来源：国家统计局。

改革开放以来,伴随着农村剩余劳动力从农业部门向城市工业部门的转移,我国的工业部门获得了大量的廉价劳动力资源,逐渐发展为"世界工厂",然而,我国当前的城市化进程却大大落后于工业化进程,二者之间存在着结构性的偏差:《2017 年国民经济和社会发展统计公报》给出的数据显示,我国 GDP 的第一、二、三产业结构为 7.9%、40.5% 和 51.6%,但农村常住人口仍占据总人口的 41.48%,农村户籍人口占比则高达 57.65%,大量农村居民并没有公平地分享到工业化带来的利益。只有把我国的城市化水平尽快提升到与工业化水平相适应的程度,才能进一步促进工业化发展,最终完成工业化的进程。

3. 社会结构(收入差距)

随着工业化水平的提高,城市工资提高,城乡收入差距扩大,农村劳动力向城市转移,集聚效应带来城市经济效率的增加和城市收入水平的进一步提高,因此在城市化的最初阶段,收入差距的扩大伴随着城市化水平的提高。在这个过程中,农村人口向城市持续转移,农村土地规模化经营程度和农业劳动生产率提高,带来农村人均收入水平提高,城乡收入差距在城市化后期逐步缩小。因此,收入差距与城市化水平应呈现倒 U 型关系。杨森平等(2014)建立了城乡收入差距与城镇化率关系的理论模型,并通过实证分析证实了这一倒 U 型关系。着眼于我国的城市化进程,从 1984 年户籍制度大幅放宽农村人口开始大量进入城市务工,到 2019 年为止,我国的城乡居民可支配收入比相较于城市化水平来说,呈现出了先上升后下降的倒 U 型关系。(见图 3)

4. 制度因素(户籍制度、土地制度)

经济发展水平、工业化水平、人力资本和收入差距相同的情况下,制度因素也会造成城市化水平的不同。例如,我国的城乡二元的户籍和土地制度阻碍了人口和土地的自由流动,将会抑制人口向城市集中,造成城镇化率低于应有水平。我国 2019 年的城市化率仍低于同为中高等收入国家在 2015 年的城市化平均水平 64.12%。

(三) 2035 年城镇化总体发展水平预测

1. 模型估计

已有学者使用计量模型对城市化率进行了拟合和预测,主要包括趋势外推预测法和多元线性模型预测法。其中,趋势外推预测法以时间变量为自变量来对城市化率进行预测,多元线性模型预测法则主要通过将经济增长、产业结构、收入差距等的代理变量纳入多元线性模型进行 OLS 回归,从而得到对预测模型参数的估计。本报告设定基本模型:

$$\ln urban_t = \alpha + \beta_1 \ln gdpp_t + \beta_2 \ln nagri_t + \beta_3 gapratio_t + \beta_4 gapratio_t^2 + \varepsilon_t \quad (1)$$

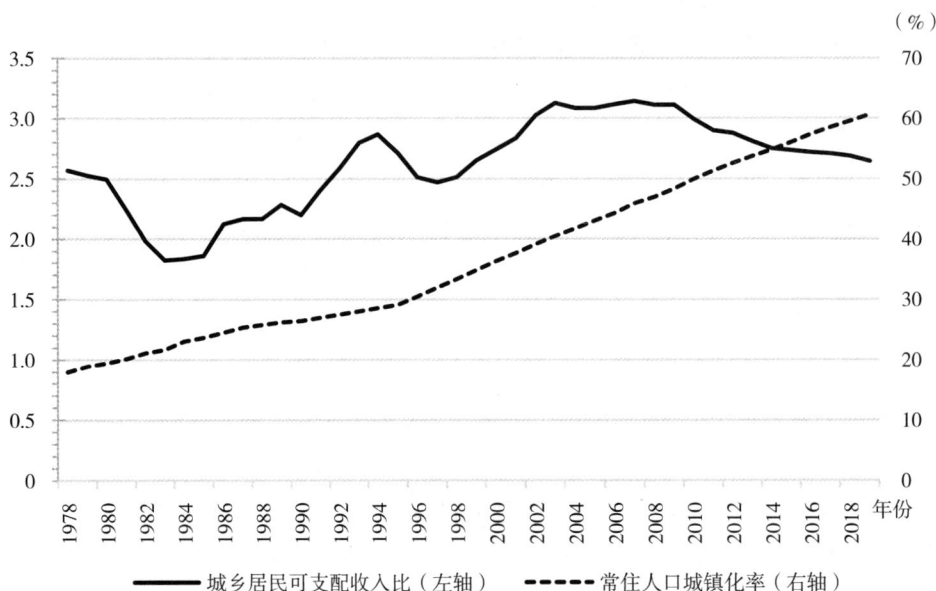

图3 1978—2019 年常住人口城镇化率与城乡居民可支配收入比

资料来源：国家统计局。

其中，$\ln urban_t$ 表示第 t 年城市化率的对数值，$\ln gdpp_t$ 表示第 t 年人均GDP 的对数值，$\ln nagri_t$ 表示第 t 年非农产业增加值占国内生产总值比例的对数值，$gapratio_t$ 表示城乡人均收入比。以上数据均来自国家统计局统计数据或根据原始数据进行的计算得到。

直接对公式（1）进行 OLS 回归，得到：

$$\widehat{\ln urban_t} = 1.14 + 0.21\ln gdpp_t + 0.44\ln nagri_t - 0.99\ gapratio_t + 0.12 gapratio_t^2$$
$$(1.74)\ (0.02)\qquad (0.47)\qquad\quad (0.22)\qquad\qquad (0.04)$$

得到调整后的可决系数为 0.9891，F 统计量为 933.91。但 BG 检验、Q 检验和 DW 检验均提示存在自相关问题。通过以下三种方法解决自相关问题：（1）Newey-West 估计法（Newey 和 West，1987）；（2）可行广义最小二乘法（FGLS）；（3）修改模型设定，加入被解释变量的滞后项。此外，除 $\ln nagri_t$ 外，其他变量估计所得系数均在1%水平下显著。通过考察 $\ln nagri_t$ 与 $\ln gdpp_t$ 相关系数发现，两者存在高度的共线性，因此在接下来的模型构造中，舍去 $\ln nagri_t$。

Newey-West 估计法分别对滞后3阶和滞后6阶进行了估计，结果较为稳健，参数的估计值在1%水平下均显著，但残差自相关图和偏自相关图仍显示存在自相关性。FGLS 估计法的人均 GDP 对数值的估计值与 Newey-West 估计法基本相同，但城乡可支配收入比的一次和二次项系数均不显著，残差自相关图和偏自相关图仍显示存在自相关性问题。通过加入滞后项解决自相关问题，从滞后1阶到滞后

6 阶依次进行回归,根据 AIC/BIC 准则和 BG/DW 检验的结果进行判断,最高滞后 4 阶的回归模型效果最好(其中因系数显著性问题舍去滞后第 3 阶),表 4 中汇报了滞后 1 阶和最高滞后 4 阶的模型回归结果,自相关问题得到了解决,系数的表现也较为稳健。

表 4   基本模型回归结果

解释变量	因变量: $\ln urban_t$			
	Newey-West	FGLS	加入滞后项	
	（1）	（2）	（3）	（4）
$\ln gdpp_t$	0.23*** (0.01)	0.22*** (0.11)	0.02** (0.01)	0.04*** (0.01)
$gapratio_t$	−0.93*** (0.29)	−0.24 (0.19)	−0.16** (0.07)	−0.16*** (0.06)
$gapratio_t^2$	0.17*** (0.06)	0.04 (0.04)	0.03** (0.01)	0.03** (0.01)
$\ln urban_{t-1}$	—	—	0.89*** (0.04)	0.82*** (0.17)
$\ln urban_{t-2}$	—	—	—	0.42* (0.22)
$\ln urban_{t-4}$	—	—	—	−0.41*** (0.09)
观察值	42	42	41	38
Adj R^2	—	0.9815	0.9815	0.9995
AIC	—	−211.19	−250.80	−258.00
BIC	—	−204.24	−242.23	−246.52
BG	—	—	0.12	0.73
DW	—	—	1.41	2.02

2. 对 2035 年城镇化率的预测

习近平总书记在关于《中共中央关于制定国民经济和社会发展第十四个五年规划和二〇三五年远景目标的建议》的说明中指出:"在征求意见过程中,一些地方和部门建议,明确提出'十四五'经济增长速度目标,明确提出到 2035 年实现经济总量或人均收入翻一番目标。文件起草组经过认真研究和测算,认为从经济发展能力和条件看,我国经济有希望、有潜力保持长期平稳发展,到'十四五'末达到现行的高收入国家标准、到 2035 年实现经济总量或人均收入翻一番,是完全有可能的。"因此,假设到 2035 年,我国人均国民收入达到 2019 年人均国民收入的两倍,假设增长率不变,人均国民收入总值每年将以约 4.4% 的速度增长。《建议》指出,到 2035 年,"城乡区域发展差距和居民生活水平差距显著缩小",我国的居民收入差距相比世界其他国家差距很大,近年来尽管有所下降,仍达到 2.5 左右,假设到 2035 年城乡人均收入差距下降到 2,假设按照均匀速度下降,每年下降约 0.04。

将以上数值代入模型(4)进行样本外预测,得到我国 2035 年城市化率为76.69%。历年预测结果见表 5。

表 5　模型预测结果

年份	城市化率(%)	人均 GDP（元）	城乡人均可支配收入比
2020	61.59	74011.25	2.60
2021	62.47	77267.74	2.56
2022	63.31	80667.52	2.52
2023	64.10	84216.89	2.48
2024	64.85	87922.44	2.44
2025	65.59	91791.03	2.40
2026	66.34	95829.83	2.36
2027	67.12	100046.34	2.32
2028	67.96	104448.38	2.28
2029	68.88	109044.11	2.24
2030	69.89	113842.05	2.20
2031	71.01	118851.10	2.16
2032	72.25	124080.55	2.12
2033	73.61	129540.09	2.08
2034	75.09	135239.86	2.04
2035	76.69	141190.41	2.00

根据联合国的预测,我国 2030 年城市化率将达到 70.6%,2035 年城市化率达到 73.9%,与上述模型预测结果大致相当。上述模型预测的城镇化水平,与未来收入差距与人均收入水平目标相关。根据模型的预测,预计从 2020 年到 2035 年,城镇化率平均每年提高 1 个百分点,相较于我国城市化率从 30% 上升到 60% 的 23 年间平均每年 1.3 个百分点的增长速度,城市化速率有所放缓。这也是符合城市化发展阶段理论的。

三、2035 年城镇化区域格局演化趋势

党的十六大报告指出,城镇化是"农村富余劳动力向非农产业和城镇转移",是工业化和现代化的必然趋势,并提出"要逐步提高城镇化水平,坚持大中小城市和小城镇协调发展,走中国特色的城镇化道路"。党的十七大报告则进一步丰富了"走中国特色城镇化道路"的内涵,强调"走中国特色城镇化道路,按照统筹城乡、布局合理、节约土地、功能完善、以大带小的原则,促进大中小城市和小城镇协调发展。以增强综合承载能力为重点,以特大城市为依托,形成辐射作用大的城市群,培育新的经济增长极。"

2017 年召开的党的十九大报告虽然没有专门讨论城镇化,但在决胜全面建成小康社会的七大发展战略和贯彻新发展理念、建设现代化经济体系的六项要求中,都提到实施区域协调发展战略,并进一步指出:"以城市群为主体构建大中小城市和小城镇协调发展的城镇格局,加快农业转移人口市民化。"相较于《国家新型城镇化规划(2014—2020 年)》中的"有序推进农业转移人口市民化","加快推进农业转移人口市民化"显示了加快推进城市化进程的重要性和紧迫性。

2013 年 12 月,中央城镇化工作会议要求,要以人为本,推进以人为核心的城镇化,提高城镇人口素质和居民生活质量,把促进有能力在城镇稳定就业和生活的常住人口有序实现市民化作为首要任务。要优化布局,根据资源环境承载能力构建科学合理的城镇化宏观布局,把城市群作为主体形态,促进大中小城市和小城镇合理分工、功能互补、协同发展。要坚持生态文明,着力推进绿色发展、循环发展、低碳发展,尽可能减少对自然的干扰和损害,节约集约利用土地、水、能源等资源。要传承文化,发展有历史记忆、地域特色、民族特点的美丽城镇。

2000 年 10 月,中共中央在关于制定"十五"计划的建议中提出,走大中小城市和小城镇协调发展的城市化道路。之后的党的十六大、十七大、十八大、十九大均坚持大中小城市和小城镇协调发展。虽然官方强调以城市群为主体构建大中小城市和小城镇协调发展,但核心思想还是:严格控制特大和超大城市规模,积极发展中小城市。比如,2014 年《国家新型城镇化规划(2014—2020 年)》要求,全面放开建制镇和小城市落户限制,有序放开城区人口 50 万—100 万的城市落户限制,合理放开城区人口 100 万—300 万的大城市落户限制,合理确定城区人口 300 万—500 万的大城市落户条件,严格控制城区人口 500 万以上的特大城市人口规模。2016 年 2 月《国务院关于深入推进新型城镇化建设的若干意见》(国发〔2016〕8 号)提出,除极少数超大城市外,允许农业转移人口在就业地落户;加快培育中小

城市和特色小城镇。

从人口流动看,尽管官方确定的城市化战略旨在抑制大城市发展,但人口仍然在按照自己的规律长期向大城市集聚。从城镇化区域格局看,我国人口和经济等要素进一步向都市圈城市群集聚,这与世界城镇化发展规律一致。2000—2019年,33个都市圈土地面积仅占全国16.2%,其常住人口合计占比由47.8%提升至51.7%、GDP合计占比由63.2%提升至65.7%。全国19个城市群土地面积占全国38.5%,其常住人口占比由82.7%提升至85.3%,GDP合计占比由88.4%提升至90.7%。其中,长三角、珠三角城市群土地面积仅占全国2.9%,2000—2019年常住人口合计占比由13.9%提升至16.4%,GDP合计占比由26.8%提升至29.4%。

展望2035年,我国城乡融合发展的体制机制将更加完善,户籍制度改革或将全面完成,城乡统一的建设用地市场或全面建成;城市化水平进一步提升至76%左右,城镇人口将较2019年新增约2亿人,其中约1亿人来自乡城迁移,另外1亿人来自城镇人口自然增长和行政区划调整。人口将继续向大城市集中,2亿城镇新增人口将主要分布在全国19个城市群,特别是其中的长三角、珠三角、京津冀、长江中游、成渝、中原山东半岛等大城市群,同时大城市、大都市圈人口将进一步集聚。在乡村振兴方面,伴随着城市化推进,农村常住人口户均耕地面积将提升至17亩左右,城乡居民收入比缩小到2以内。

四、相关制度保障和体制机制完善建议

(一) 全面推进户籍制度改革

许多城市放宽户口迁移条件却未提高"城镇人口市民化率",农民长期处于"半城市化"状态。一是统筹推进农业转移人口市民化。做好从居住证到落户的衔接工作,全面放开特大超大城市落户限制。保障进城务工的农民自由选择大中小城市定居的权利,建立城乡统一的户口登记制度和全国统一的人口信息库。引导进城落户农民有偿退出农村各项权益,使农业转移人口及其随迁家属和城市居民平等享有公共服务,建立户籍人口城市化政绩考核制度。二是推动城市居民下乡消费和各类人才下乡创业。既要有利于吸纳外来农民就地落户,也要有利于吸引城市居民下乡消费、休闲养老。农村人口向城市流动是不可逆转的大趋势,"逆城市化"措施和现象是不正常的。

(二) 深化土地制度改革

城乡土地资源是一个整体,土地及捆绑在土地上的权益环环相扣。

1. 发挥市场在土地资源配置中的决定性作用

党的十八届三中全会《中共中央关于全面深化改革若干重大问题的决定》指出，"经济体制改革是全面深化改革的重点，核心问题是处理好政府和市场的关系，使市场在资源配置中起决定性作用和更好发挥政府作用"。当市场失灵时，政府应限制负外部性、补偿正外部性，但非取代市场配置资源的决定性作用。

2. 健全乡村产权保护交易制度

全面清产核算乡村集体经济资产，明确农民集体土地增值收益分配权。严格按照公共利益原则缩小国家征地范围，公共利益界定不能过于宽泛，建立区域性产权流转交易平台，推进跨省交易。

3. 完善乡村土地"三权分置"制度

在保障集体所有权和农民承包权的前提下，在现行《农村土地承包法》和《物权法》赋予农户承包经营权各项权益的基础上，给予农民抵押担保等更加完整的用益物权。探索宅基地集体所有权、农户资格权和使用权"三权分置"制度，建立进城落户农民宅基地有偿退出和转让机制。

4. 建立城乡统一建设用地市场

党的十八届三中全会提出："建立城乡统一的建设用地市场。在符合规划和用途管制前提下，允许农村集体经营性建设用地出让、租赁、入股，实行与国有土地同等入市、同权同价"。应允许符合国土空间总体规划和土地利用分区规划的所有农村集体土地，通过出让、租赁、作价出资或者入股等方式与国有土地同权、同价入市。允许农村集体建设用地指标在农民（集体）之间流转，建立城乡建设用地增减挂钩节余指标和耕地占补平衡指标的市场化交易。

（三）实现城乡公共资源均衡配置

要建成城乡一体、全民覆盖、普惠共享的城乡公共资源均衡配置制度。

1. 构建城乡联通基础设施体系

一方面要建设便利的乡村公路交通、物流、信息和互联互通的城乡基础设施体系，另一方面在国家公共财政资源有限的前提下，与其把大量公共资源投入农村，不如把更多的农村人口吸引到城市。

2. 健全城乡共享基本公共服务体系

改善农村义务教育学校办学条件，保障进城务工人员随迁子女接收教育的权利，落实异地中高考政策；完善统一的城乡居民基本医疗保险和大病保险制度，建立全国统一的社保公共服务平台；建设更多公共租赁住房，将收入水平低、无住房的农业转移人口纳入保障体系，规范租房市场，逐步扩大公积金制度覆盖范围；健全城乡统一的人力资源市场，全面落实城乡劳动者平等就业、同工同酬制度。

（四）推进财政金融制度改革

1. 加大中央财政对农业转移人口市民化的支持力度

全面实施人、地、钱"三挂钩"政策：建立城镇建设用地增加规模同吸纳农业转移人口落户数量挂钩机制；健全财政转移支付同农业转移人口市民化挂钩机制；建立财政性建设资金对城市基础设施补贴数额与城市吸纳农业转移人口落户数量挂钩机制，特别是加快实施中央预算内投资安排向吸纳农业转移人口落户数量较多城镇倾斜的政策。

2. 承包地经营权和农村宅基地使用权抵押贷款

应该逐步实现全国"两权"（农村承包地经营权和农民住房财产权）抵押贷款全覆盖，建立健全农村产权流转体系，加大农村金融产品的创新力度，完善抵押贷款利率、期限和担保等，完善抵押物处置机制。

3. 建立耕地流转基金

建议国家从各种支农、惠农、强农的财政资金中拿出一定份额，或者在中央财政预算中增加一项支出，建立耕地流转基金，对于转入土地用于粮食种植的农户或企业给予一定补贴。

（五）完善城乡社会共治善治体制机制

建立城乡融合发展长效治理体制，社会治理侧重点应向乡村倾斜。一是健全现代乡村社会治理体制。以民主协商和多元参与为基础，实行自下而上的开放式治理，建立村务信息公开制度。二是完善城乡社会多元治理格局。建立政府与公民社会合作的乡村治理机制。可通过推动村党组织书记依据法定程序担任村委会主任和党员担任农村集体经济组织相关负责人的方式，还可积极推动村民理事会等团体组织的成立，鼓励城市企业、社会团体参与。三是加强乡村社会治理的法治保障。首先应加强立法；其次送法下乡，教育农民学会用法律维护自己的权利；最后强化问责机制。

（六）构建城乡普惠金融服务体系

我国人均持有的银行账户数量、银行网点密度水平已达国际中上游水平，但农村金融服务结构有待优化。一是积极发挥差别化存款准备金作用，激励金融机构增加"三农"服务业务；二是推动农村金融机构回归本源，保障金融机构农村存款主要用于农业农村；三是扩大金融服务体系覆盖范围，完善农村金融市场准入机制；四是各地金融监管机构需因地制宜，建立差异化的监管技术和制度，银监会需赋予各地监管机构更大的独立性和灵活性。

（七）发挥政府的引导作用

1. 制定全国城市化规划

如《国家新型城镇化规划(2014—2020年)》,明确了城镇化的发展路径、主要目标和战略任务。

2. 提供城市化的制度保障

当务之急是要根据党的十八届三中全会的精神,建立城乡统一的建设用地市场,赋予农民更多财产权利,推进城乡要素平等交换和公共资源均衡配置。缩小征地范围,规范征地程序,完善对被征地农民合理、规范、多元保障机制。扩大国有土地有偿使用范围,减少非公益性用地划拨。建立兼顾国家、集体、个人的土地增值收益分配机制,完善土地租赁、转让、抵押二级市场。

3. 要优先发展大城市,推动人口向大城市集中,在全国形成"两横三纵"的城市化发展格局,实现"集中均衡"的发展战略

到 2020 年要引导 1 亿农业转移人口在中西部就近城镇化,国家必须制定相应的特殊政策,才能实现既定的目标。

由于主导产业不同、功能定位不同,东部工业城市、中西部农业城市有不同的城镇化目标;由于大城市人口持续流入,小城市人口持续流出,参照人口流动的规律,各规模城市的城镇化目标也不同。城镇化是一个全国整体的概念,"十四五"时期,我国城镇化肯定要加速、规模要扩大,这是整体的趋势,对比同期发达国家我们还很落后,其中,超大城市如北京、上海的城镇化率应极大提升,体现"集中均衡"策略。从内涵上来看,随着户籍制度改革,城镇化率的提升应更注重户籍城镇化率的提升。

（课题组成员：蔡继明　熊柴　姜宁　刘媛　刘梦醒　李蒙蒙）

建立健全城乡融合发展体制机制和政策体系研究

国家发展和改革委员会发展战略和规划司

党的十九大提出了实施乡村振兴战略的重大历史任务,并强调要建立健全城乡融合发展体制机制和政策体系,这在我国发展进程中具有划时代的里程碑意义。

一、新时代推进城乡融合发展的重大意义

在新时代建立健全城乡融合发展体制机制和政策体系,更好地处理工农关系和城乡关系,既有长远的历史意义,又有重要的现实意义。

(一) 有利于顺利推进现代化建设进程

我国要在新中国成立 100 周年时建成现代化强国,决定了现代化是工业化、城镇化、信息化、农业现代化同步发展的并联式过程。通过城乡融合发展体制机制改革,统筹推进城镇化和农业现代化,既是现代化的必由之路,也是一个拥有 14 亿人口大国的必然选择。

（二）有利于破解新时代社会主要矛盾

我国最大的不平衡就是城乡发展不平衡,最大的不充分就是乡村发展不充分。解决这个问题,必须通过城乡融合发展体制机制改革,走以城带乡、以工促农的新路子,推动工农互促、城乡互补、全面融合、共同繁荣。

（三）有利于培育和促进形成强大国内市场

推动城乡融合发展体制机制改革,特别是推动乡村资源与全国大市场相对接,有助于培育强大国内市场,也为对外经贸磋商提供重要筹码。从消费看,当前5.6亿农民、2.3亿未落户城镇的常住人口人均消费支出分别仅为城镇居民的47%、68%,若通过市民化解除其消费后顾之忧,消费支出将以几千亿元的规模逐年递增;乡村拥有优美生态和优质农产品,若能供应适合市民下乡消费的产品服务,将释放出可观增长潜力。从投资看,当前城乡基础设施和公共服务设施均存在多块短板,也蕴藏着巨大的投资空间。

二、发达国家推进城乡融合发展的经验分析

一些发达国家在工业化城镇化发展的不同阶段,采取了形式多样的政策措施。

（一）英国促进城乡融合发展的主要做法

1. 农业规模化经营与发展农村中小企业并举;2. 加大农村基础设施建设和公共事业投入力度;3. 建立城乡一体、平等的社会保障体系;4. 实行城乡统一规划。

（二）法国促进城乡融合发展的主要做法

1. 分类进行城乡土地空间规划;2. 推进旅游与农业发展深度融合;3. 加大农业保护和补贴力度;4. 建设高度发达的城乡交通网络。

（三）美国促进城乡融合发展的主要做法

1. 加强农村基础设施的规划建设;2. 坚持农业工业协调发展的城镇化道路,鼓励城市工厂迁往郊区;3. 推出了提高农民收入、发展农村教育、实行向农业农村倾斜的税收政策等重要法案。

（四）日本促进城乡融合发展的主要做法

1. 制定法规政策,鼓励城市工业向农村转移;2. 保护孵化农业骨干农户;3. 实施六次产业支持政策,促进农产品"地产地消"和就地加工;4. 充分发挥农协作用,为成员提供技术支持和销售服务。

（五）韩国促进城乡融合发展的主要做法

1. 开展"新村运动",由政府投入财政资金,改善农村生活环境;2. 推动工业反哺农业,鼓励农民发展畜牧业、农产品加工业和特色农业;3. 大力发展乡村旅游;4. 建立城乡一体的社会保障制度。

三、党的十八大以来城乡融合发展的实践回顾及问题分析

党的十八大以来,一系列重大改革举措相继推出,取得了历史性成就。

（一）农业转移人口市民化取得重大进展

户籍制度改革持续深化,农业转移人口进城落户的门槛不断降低、通道逐步拓宽,9000 多万农业转移人口成为城镇居民。

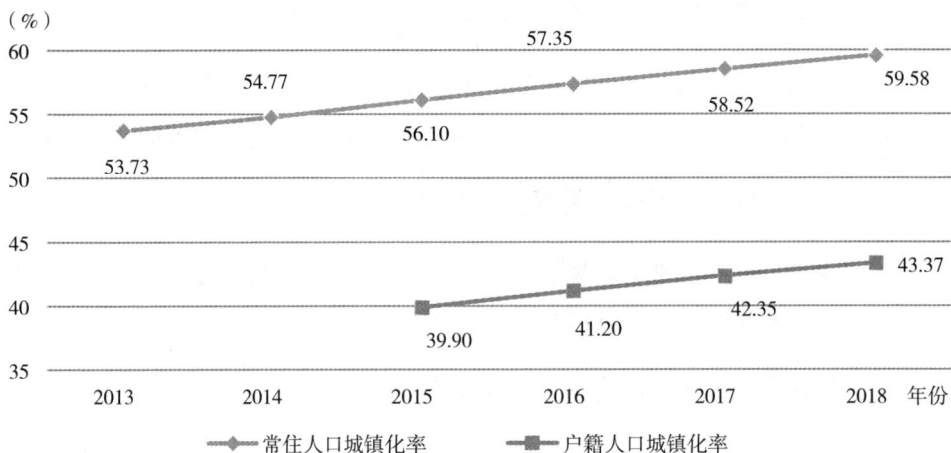

图1　2013—2018 年我国户籍和常住人口城镇化率

（二）农村土地制度改革取得新突破

农村承包地"三权分置"取得重大进展,农村宅基地"三权分置"改革方向已经

明确,农村集体经营性建设用地入市制度在试点地区取得明显成效,大大提高了农村土地利用效率。

（亿亩）

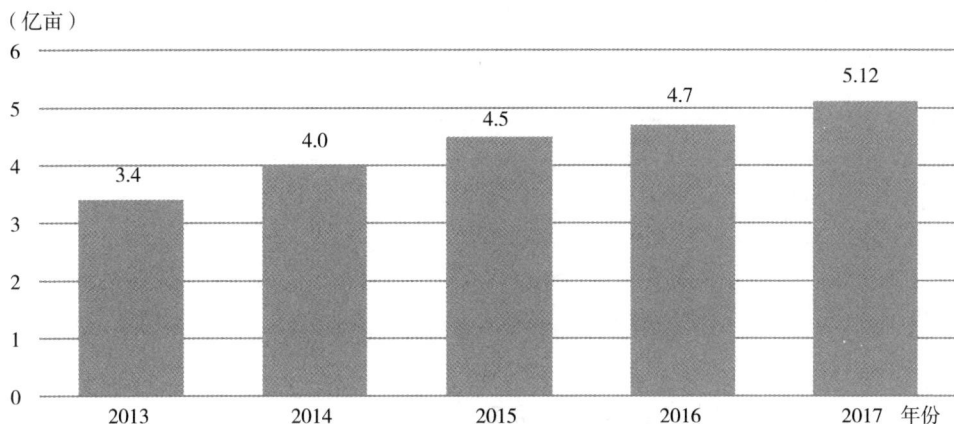

图2　2013—2017年全国农村土地流转面积

（三）城乡一体的基本公共服务提供机制逐步建立

统一的城乡义务教育经费保障机制、居民基本养老保险、基本医疗保险、大病保险制度逐步建立,城乡基本公共服务向着制度接轨、质量均衡、水平均等的方向迈出了一大步。

（亿人）

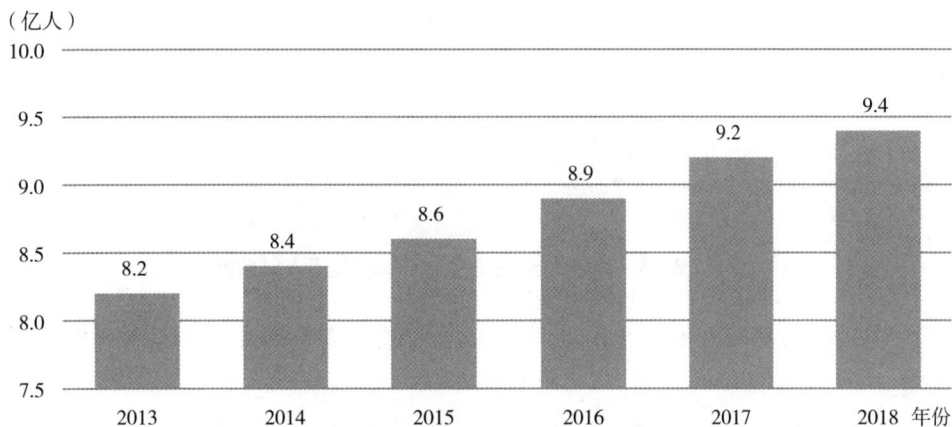

图3　2013—2018年全国参加基本养老保险人数

（四）城乡一体化基础设施建设取得显著成效

城乡基础设施统筹规划和多元投入机制正在探索并逐步完善,城市、小城镇和乡村基础设施的互联互通程度正在提高,农民生产生活条件得到了很大改善。

（万公里）

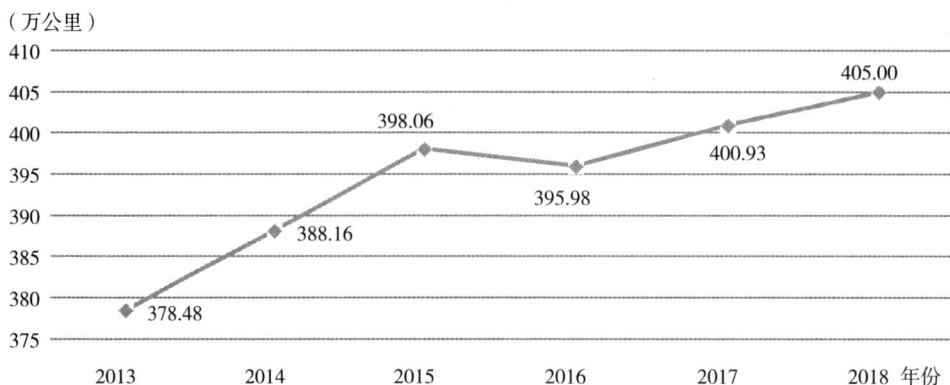

图 4　2013—2018 年全国农村公路里程

（五）脱贫攻坚战取得决定性进展

农村贫困人口累计减少了 8239 万人,贫困发生率从 10.2% 下降到了 2018 年底的 1.7%,贫困地区农民人均可支配收入增速持续快于全国平均水平。

（万人）

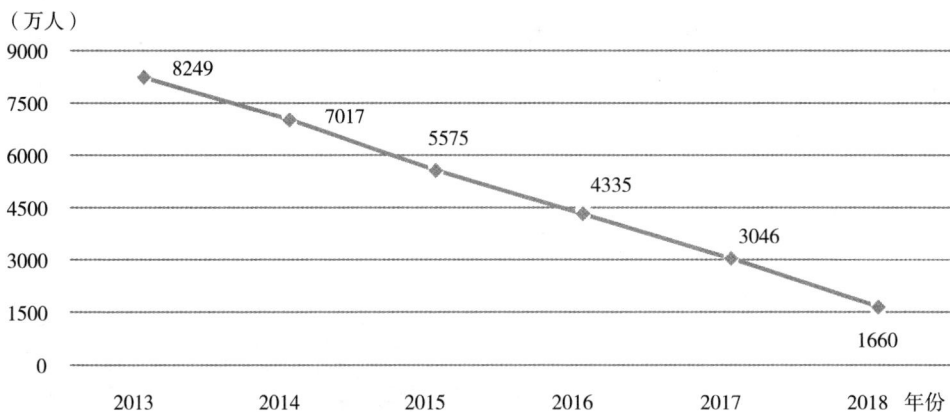

图 5　2013—2018 年全国建档立卡农村贫困人口数量

与此同时,我们也要清醒看到,城乡融合发展体制机制存在一些明显的短板弱项。

1. 城乡要素流动仍然存在障碍

城乡二元的户籍壁垒没有根本消除,城乡统一的建设用地市场尚未建立,城乡金融资源配置严重失衡,导致要素更多地单向流入城市,乡村发展缺乏支撑。

2. 城乡公共资源配置仍不合理

农村基础设施和公共服务设施的历史欠账仍然较多、短板依旧突出,如城市的污水、生活垃圾处理率分别为 95%、97%,而农村仅为 22%、60%。

3. 现代农业产业体系尚不健全

生产体系、经营体系和组织体系还不完善,农业产业链短、附加值低、竞争力弱,农产品的阶段性供过于求和供给不足并存,供给质量和效益都亟待提高。

4. 农民增收长效机制有待完善

虽然城乡居民收入比从最高点的 2007 年 3.14 倍,下降到 2018 年的 2.69 倍,但近几年的缩小幅度逐渐收窄,农民持续增收面临比较大的挑战。

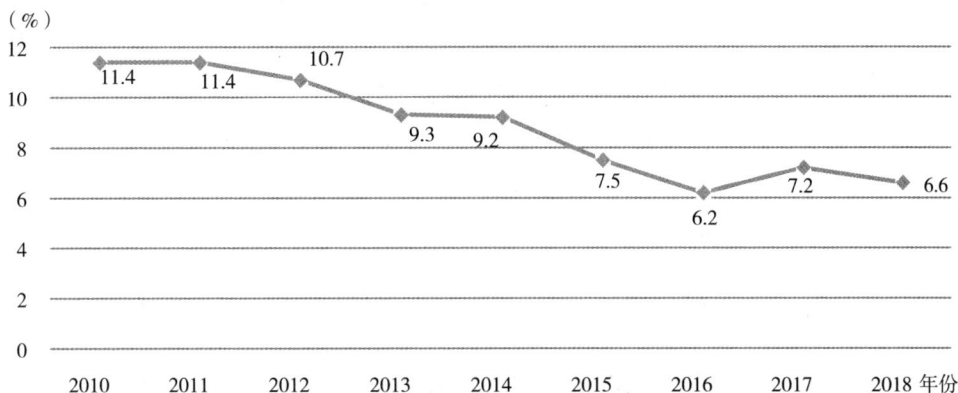

图 6 2010—2018 年全国农村居民人均可支配收入增长率

四、城乡融合发展体制机制和政策体系的方向设计

建立健全城乡融合发展体制机制和政策体系是一项长期历史任务,需要明确总体思路和顶层设计,持续发力、久久为功。

(一) 要遵循客观规律

我国正处在城镇化快速发展阶段的中后期,农民进城还是大趋势,但即使城镇化率达到 70%,也还有 4 亿左右人口生活在乡村。当前我国发展也到了工业反哺农业、城市支持农村的阶段。这决定了要在顺应城镇化这个经济社会发展客观规律的同时,坚持农业农村优先发展,既不断释放城乡经济的增长潜力,又不断缩小城乡的发展差距和居民生活水平差距。

(二) 要找准重点突破口

城乡融合发展体制机制改革涉及城乡两个地理空间,农民、市民等多个群体,"人地钱技"等多种要素,是一项系统工程,需要整体谋划、重点突破。一方面要发挥市场作用,推动城乡要素自由流动和平等交换,促进乡村经济多元化发展;另一方面要发挥政府作用,促进城乡基本公共服务普惠共享和基础设施一体化发展,为要素自由流动提供基础性支撑。

(三) 要坚持循序渐进

城乡融合发展体制机制改革是将持续较长时期的历史任务,必须考虑各地区不同实际,科学设计改革的时间表和优先序,大体可划分为 3 个阶段。到 2022 年,城乡融合发展的体制机制初步建立,城乡要素自由流动的制度性通道基本打通。到 2035 年,城乡融合发展的体制机制更加完善,城镇化进入成熟期,基本公共服务均等化和农业农村现代化基本实现,城乡发展差距和居民生活水平差距显著缩小。到 2050 年,城乡融合发展的体制机制成熟定型,城乡全面融合、乡村全面振兴,全体人民共同富裕基本实现。

(四) 要守住底线红线

发轫于农村的改革开放取得成功的经验之一就是坚持农民主体地位、维护农民权益。现阶段推动城乡融合发展体制机制改革,需要传承既有成功经验,既要充分发挥农民主体作用,让农民切实得到改革红利;又要充分尊重农民意愿,不损害农民利益。同时,还要守住土地所有制性质不改变、耕地红线不突破、生态环境不破坏的底线红线,守住乡村文化的根脉,高度重视和有效防范各类风险。

(五) 要坚持结果导向

以是否切实提升人民群众幸福感、获得感、安全感作为评估改革成效的最终标准,选取 8 个关于群众切身利益的指标,用以评估改革有效性。

表 1　城乡融合发展评价指标

序号	大类	指标	指标性质
1	经济发展	常住人口城镇化率(%)	正向
2		城乡居民人均可支配收入之比	逆向
3		农业与非农产业劳动生产率之比	逆向
4		万元农业增加值使用涉农贷款余额(元)	正向

续表

序号	大类	指标	指标性质
5	社会进步	城乡每千人拥有高中及以上学历人数之比	逆向
6		城乡义务教育学校专任教师本科以上学历比例之比	逆向
7		城乡每千人拥有执业(助理)医师数之比	逆向
8		城乡每千名老人拥有养老床位数之比	逆向

五、城乡融合发展体制机制和政策体系的框架设计

结合城乡融合发展的现状问题分析,现阶段乃至以后一段相当长的时期,应当围绕城乡要素配置合理化、基本公共服务均等化、基础设施联通化、产业发展融合化、居民收入均衡化,设计城乡融合发展体制机制和政策体系的主要任务框架。这"五化"之间,存在着内在紧密联系。城乡基础设施联通化、基本公共服务均等化,是支撑城乡要素配置合理化,特别是支撑要素入乡的基础性条件。城乡要素配置合理化,有利于催生城乡产业发展融合化,进而促进城乡居民收入均衡化。此外,城乡基本公共服务均等化,也有利于增加农民转移性收入,促进城乡居民收入均衡化。

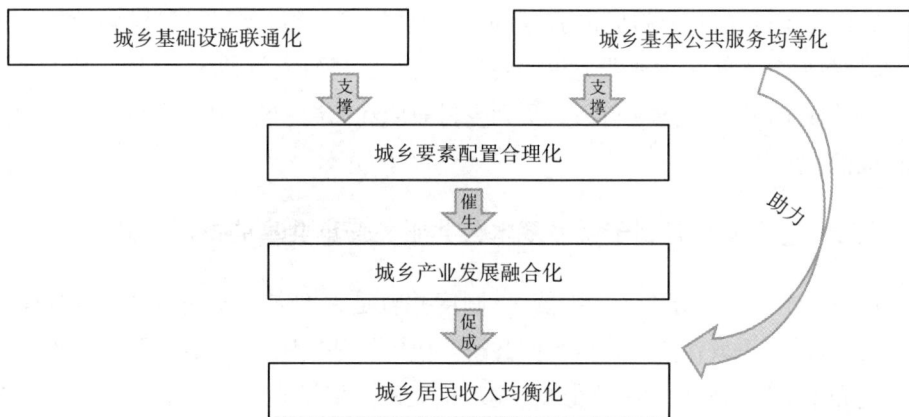

图7 "五化"之间的内在逻辑

(一) 建立健全有利于城乡要素合理配置的体制机制

必须坚决破除妨碍城乡要素自由流动和平等交换的体制机制壁垒,促进各类

要素更多向乡村流动。

1. 畅通城乡人口流动渠道

允许劳动力在城乡间有序流动,是顺应人口自主就业选择、提高劳动生产率的必要条件。一方面,要健全农业转移人口市民化机制,放开放宽除个别超大城市外的城市落户限制,建立"人地钱挂钩"等配套政策和农村"三权"自愿有偿退出机制;另一方面,要鼓励本地外出的各类人才返乡创业兴业,并允许农村集体经济组织探索人才加入机制。

2. 深化农村土地制度改革

农村承包地是粮食生产的命根子,必须落实好第二轮土地承包到期后再延长30年的政策,完善承包地"三权分置"制度。农村宅基地是保障农民住有所居的基础和农民最重要的财产载体,要探索宅基地"三权分置"制度,提高宅基地利用效率。农村集体经营性建设用地入市是建立城乡统一建设用地市场的突破口,应依法合规允许就地入市或异地调整入市,并允许闲置宅基地、废弃的集体公益性建设用地转变为集体经营性建设用地入市。

3. 强化乡村发展资金保障

必须进一步加大财政资金投入,加强涉农资金的统筹整合。金融是乡村发展的催化剂,亟须健全适合农业农村特点的农村金融体系,把更多金融资源配置到乡村。工商资本能把城市先进要素带入乡村,既要营造法治化便利化的基层营商环境,激发其积极性;又要完善利益联结机制,让农民和村集体合理分享收益。

4. 推动科技成果入乡转化

关键在于推动科研院所面向市场需求开展技术创新,改革科研成果转移转化机制,把科研成果转化为实践成果。要建立对涉农科研人员的激励机制,赋予科研人员科技成果所有权,建立科研人员到乡村兼职和离岗创业制度,激发其活力动力和积极性。

(二) 建立健全有利于城乡基本公共服务普惠共享的体制机制

城乡基本公共服务逐步标准统一、制度并轨是大方向。要提高乡村教师岗位吸引力,推进优质教育资源在城乡间共享。应增加基层医务人员的吸引力,推动职称评定和工资待遇向乡村医生倾斜,实现优质医疗资源在城乡间共享。完善城乡统一的居民基本医疗保险、大病保险、基本养老保险制度,推进低保制度的城乡统筹以及人身损害赔偿标准的城乡统一。

(三) 建立健全有利于城乡基础设施一体化发展的体制机制

城乡基础设施事关城乡要素顺畅流动和乡村的产业发展、民生改善,关键是要推进统一规划、统一建设、统一管护。统一规划就是以市县域为整体,统筹设计城乡路网和水、电、讯、污水垃圾处理等设施。统一建设就是健全分级分类投入机制,政府主要抓公益性设施,市场主要抓经营性设施。统一管护就是区分公益性设施和经营性设施,由产权所有者建立管护制度、落实管护责任。

(四) 建立健全有利于乡村经济多元化发展的体制机制

重点是构建以现代农业为基础、新产业新业态为补充的多元化乡村经济。完善农业支持保护制度,建立新产业新业态培育机制,拓展农业多元化功能,全面提升附加值。探索生态产品价值实现机制,完善自然资源价格形成机制。建立乡村文化保护利用机制,推动优秀农耕文化遗产的保护。搭建城乡产业协同发展平台,推进城乡要素跨界配置和产业有机融合,盘活用好乡村资源资产。

(五) 建立健全有利于农民收入持续增长的体制机制

关键在于统筹提高农民的工资性、经营性、财产性、转移性四方面收入。落实农民工与城镇职工平等就业制度,加强对农民工的公共就业创业服务和职业技能培训。培育发展新型农业经营主体,提高农产品品质和附加值。完善农民对集体资产股份占有、收益、有偿退出及担保、继承权,探索集体资产保值增值多种实现形式。履行好政府再分配调节职能,探索建立普惠性农民补贴长效机制。

(课题组成员:陈亚军　吴越涛　周南　刘春雨　黄跃　叶欠　胡亚昆　闫浩楠　王志文　李轶璠　丁宁　黄绳雄　梁洪力　胡智超　李翔宇　宋健)

到 2035 年城乡融合发展思路研究

——基于关键指标趋势预测的研究

劳动经济学会

中共中央、国务院发布的《关于建立健全城乡融合发展体制机制和政策体系的意见》提出了 2035 年城乡融合发展的目标："到 2035 年,城乡融合发展体制机制更加完善。城镇化进入成熟期,城乡发展差距和居民生活水平差距显著缩小。城乡有序流动的人口迁徙制度基本建立,城乡统一建设用地市场全面形成,城乡普惠金融服务体系全面建成,基本公共服务均等化基本实现,乡村治理体系更加完善,农业农村现代化基本实现。"科学研判城乡融合发展趋势,是统一思想、形成合力推动实现城乡融合发展战略目标的前提,也是指导政策制定、提高政策效果的重要依据。城乡融合发展关键性指标是对城乡融合发展图景最好的描绘,为明确到 2035 年城乡融合发展思路,本报告主要针对与城乡融合发展最为密切的三个关键指标——城乡居民人均可支配收入之比、非农产业与农业劳动生产率之比、户均耕地面积进行预测。

一、当前我国城乡融合发展面临的主要问题和挑战

（一）城乡居民收入差距并未出现明显缩小，财富差距还在进一步扩大

1978 年我国城乡居民人均可支配收入比为 2.57，伴随着农村改革的推进，1983 年降至 1.82 的低点。但之后随着城镇化不断提速，城乡居民人均可支配收入之比逐渐增大，到 2009 年达 3.33。之后，在城乡统筹发展理念的指导下，城乡居民可支配收入之比明显回落，但到 2019 年仍高达 2.64。消费差距同样经历了先缩小再扩大后缩小的过程。1979 年我国城乡居民人均消费支出之比为 2.54，1984 年降至 2.12，2002 年攀升至 3.35，达到峰值水平，之后逐渐回落至 2019 年的 2.06。在消费支出差距的背后，是城乡间高企的收入差距、财富差距及社会保障差距使然。最近十多年来，由于城镇住房价格大幅上涨，城乡居民的财富差距明显拉大。农民持续增收面临比较大的挑战，未来继续缩小城乡居民收入差距的难度也比较大。

（二）城乡人力资本差异持续扩大，削弱劳动生产率收敛趋势

劳动力素质差距方面，根据 2010 年全国人口普查资料和 2015 年全国 1% 人口抽样调查资料，2010 年我国城镇 6 岁以上人口中初中及以下、高中、专科及以上学历人口占比分别为 61.2%、22.1%、16.7%，而乡村上述比例分别为 90.2%、7.7%、2.1%。2015 年我国城镇 6 岁以上人口中初中及以下、高中、专科及以上学历人口占比分别为 57.8%、21.3%、21.0%，而乡村上述比例分别为 86.3%、10.2%、3.5%。与 2010 年相比，2015 年乡村居民的整体受教育程度有所改善，但与城镇的差距仍然很大。

（三）城乡基础设施存量差距加大，扩大城乡居民生活服务水平差异

尽管我国农村的水电路网等基础设施水平与过去相比全面提升，但与城镇差距仍然十分明显。《2016 年城乡建设统计年鉴》数据显示，2016 年城乡市政公用设施维护建设资金人均支出比为 6.09，其中城乡建设财政性资金人均支出比更是高达 9.86。2017 年，我国城市、县城、建制镇区、乡建成区、村庄供水普及率分别为 98.3%、92.9%、88.1%、78.8%、75.5%，燃气普及率分别为 96.3%、81.4%、52.1%、25.0%、27.0%；城市、县城、建制镇区、乡建成区污水处理率分别为 94.5%、90.2%、49.4%、17.2%，生活垃圾无害化处理率分别为 97.7%、91.0%、87.2%、

23.6%。农村基础设施和公共服务设施历史欠账仍然较多,短板依旧突出。城乡基础设施一体化水平还不够高,基本公共服务均等化水平仍存在较大差距。农村的人居环境改善任务仍然十分艰巨。比如,2017年城市的污水处理率为95%,农村仅为22%;城市的生活垃圾处理率为97%,农村仅为60%。

(四) 城乡基本公共服务差距较大,城乡间社会福利差距在扩大

城镇化发展促进了政府在城市教育、医疗、文化和社会保障等领域资源投入增长,由于人口高度向城市集聚,这使得城市的公共服务在布局、供应能力和服务质量等方面,不断得到提升和改善。相比之下,乡村居民能够享受到的公共服务资源相对有限,且与城市之间的差距在不断扩大。教育公平是社会公平的重要基础,2015年城市、农村义务教育阶段生均预算内财政教育经费分别为13503元、10872元,相对差距为1.24倍。如果从质量差距看,城乡间的差距就更大了。在医疗领域,2017年城市、农村每千人卫生人员数分别为7.2人、10.1人,但扣除其他技术人员、管理人员、工勤人员后,城市、农村每千人卫生技术人员数分别为10.9人、4.3人,相对差距为2.53倍。在社会保障方面,2018年城乡居民人均转移净收入分别为6988元、2920元,相对差距为2.39倍。

二、城乡融合发展关键指标发展趋势预测

实现城乡融合发展的落脚点是提高农村居民收入,缩小城乡收入差距,提高农村居民收入的基础是提升农民的劳动生产率,要提高农民劳动生产率就要彻底改变过去低效的、分散的农业经营模式,最终提高户均耕地经营面积。因此,城乡居民收入之比、城乡劳动生产率和农户经营面积是三个紧密关联的指标,在农村经济发展、农民生活致富中发挥着核心影响作用,以下我们将对这三个指标到2035年的值进行预测。

(一) 非农产业与农业劳动生产率之比

改革开放之初,在家庭联产承包责任制的推动下,农业生产力得到了极大解放,生产率显著提高,但近10年农业人均产值增幅明显落后于第二产业和第三产业。截至2019年底,占中国总人口39.4%的农村人口,仅创造了占GDP总量6.9%的农业增加值,农业生产率还明显落后。

1. 发展趋势与国际比较

劳动生产率是衡量一个社会生产力的重要指标,单位劳动产出水平越高,代表

生产力水平越高。农业部门与非农部门的劳动生产率逐渐收敛,不仅是城乡融合
发展的重要体现,也是农业现代化的必然要求。从发展阶段看,中国还未跨越中等
收入阶段,城乡发展间的不平衡依然比较严重。如图 1 所示,1990 年以来,中国非
农业与农业劳动生产率之比呈现先提高后下降的趋势,最高点为 2003 年,达到
8.4,此后尽管有较大幅度的下降,但 2019 年仍高达 4.4;第二产业与农业劳动生
产率之比和第三产业与农业劳动生产率之比的变化趋势与之相同,但三者的大小
在经历了一定的发散后呈现收敛态势。

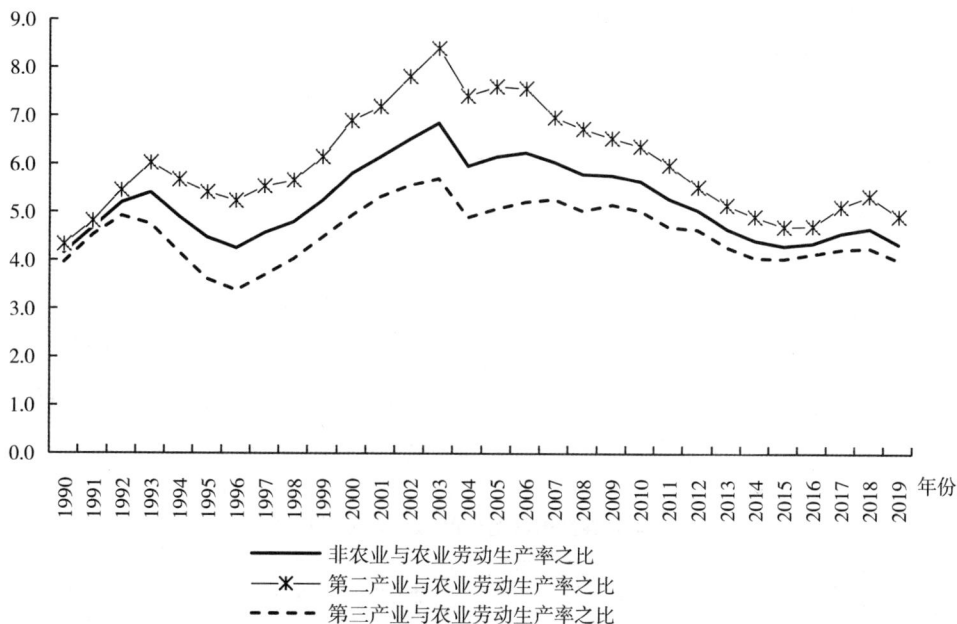

图 1　1990—2019 年中国非农业与农业部门劳动生产率之比

从国际比较来看,中国农业部门的劳动生产率明显低于中等收入国家和高收
入国家。按照 2010 年不变美元计算,2019 年中国农业、工业和服务业的劳均产值
分别为 4188 美元、24774 美元和 15801 美元,分别只有美国的 5.3%、24.0% 和
14.9%(见表 1)。按照比值计算,中国工业和服务业部门劳动生产率分别为中等
收入国家的 116.27%、87.16%,但农业劳动生产率只相当于中等收入国家的
54.58%、中高收入国家的 7.4%。

表 1　2019 年不同收入组和典型国家分产业劳动生产率比较　　(美元)

	农业	工业	服务业
按收入组分类			
高收入	39455	95594	65811

续表

	农业	工业	服务业
中高收入	56540	27918	17144
中等收入	7673	21308	18130
中低收入	3105	9455	6362
低收入	1104	5482	2845
总体	24833	38023	26201
按国别分			
中国	4188	24774	15801
日本	24169	110517	89567
美国	79536	103431	106100
德国	49233	92650	81439

注:1. 本表中日本为 2018 年的统计数据;美国为 2017 年的统计数据。2. 部门增加值均以 2010 年不变美元计算。

我国非农业与农业劳动生产率差距明显高于中高收入国家。2019 年,低收入国家的农业与工业、服务业的劳动生产率之比为 100∶496.3∶257.57,中等收入国家的三者之比为 100∶277.7∶236.3;高收入国家为 100∶242.3∶166.8。而中国的农业与工业、服务业劳动生产率之比为 100∶591.5∶377.3(见表 2)。

表 2　中国与典型国家的分产业劳动生产率的比较

年份 国别	1991	1995	2000	2005	2010	2015	2019
工业与农业劳动生产率之比(农业=100)							
澳大利亚	202.13	292.05	239.27	187.36	175.15	161.63	185.49
中国	586.75	375.93	499.87	618.19	585.67	542.14	591.54
德国	187.64	315.36	261.93	286.14	168.22	191.03	191.56
印度	235.67	378.48	404.09	403.84	408.70	351.81	353.54
日本	—	355.89	306.80	391.47	359.21	407.11	—
韩国	306.71	294.22	396.69	408.36	395.95	340.89	355.05
美国	—	—	117.67	106.69	128.69	126.79	—
服务业与农业劳动生产率之比(农业=100)							
澳大利亚	191.94	225.08	172.78	134.95	127.48	109.00	140.29
中国	445.40	384.89	441.38	475.07	502.49	396.17	377.26
德国	254.39	372.17	315.87	305.56	182.15	173.31	165.42
印度	336.35	362.77	421.27	476.84	510.77	517.29	505.06
日本	—	448.57	363.78	410.47	368.02	360.75	—

续表

年份 国别	1991	1995	2000	2005	2010	2015	2019
韩国	355.38	317.12	320.75	289.80	246.28	205.61	218.13
美国	—	—	134.70	111.95	131.78	129.84	—

2. 预测方法与预测结果

本报告使用标杆法进行预测,即选择一个具有可比性的国家,将其处于中国当前发展阶段时的指标值作为参照值,进而推测中国数据。本报告选择日本作为参照国是因为,中日有相似的文化背景,经济发展道路也比较接近。通过简单数学推导可知,非农业与农业劳动生产率之比等于非农业与农业增加值比重之比除以非农业与农业就业比重之比,因而我们将预测非农业与农业劳动生产率之比,转换为预测非农业与农业的增加值比重和就业比重。

从产业增加值结构和就业结构来看,中国与日本 1970 年更为接近。根据日本统计局网站的数据,1970 年日本农业增加值占比和就业占比分别为 19.4% 和 6.4%。故我们参考日本 1970—1980 年产值结构和就业结构变动规律,预测中国到 2035 年的相应趋势。

1970—1975 年,日本农业增加值比重下降了 0.5 个百分点,即每年下降 0.1 个百分点,而如果参照 1970—1980 年的情况,日本农业增加值比重每年下降 0.26 个百分点,前者我们设定为预测方案 1,后者设定为预测方案 2。从农业就业比重看,1970—1975 年,日本下降了 5 个百分点,即每年下降 1 个百分点,1970—1980 年下降了 8.4 个百分点,每年下降 0.84 个百分点,同样前者设定为预测方案 1,后者为预测方案 2。2030 年以后农业增加值比重和比重下降速度可能会减缓,我们也相应调整了参数,将年均下降幅度略微下调。根据这两种预测方案,以 2019 年中国的数据为基础,我们预测了到 2035 年的中国非农业与农业劳动生产率之比(如表 3 所示)。总体来看,该指标值呈现不断下降态势,也就是说非农业与农业劳动生产率的差距不断缩小,在预测方案 1 下,2025 年降至 3.4,2035 年降至 2.34;在预测方案 2 下,2035 年指标值降至 3.59。

表 3　到 2035 年中国非农业与农业劳动生产率之比预测结果

指标	农业增加值比重 (%)		非农业增加值 比重(%)		农业就业比重 (%)		非农业就业比重 (%)		非农业与农业 劳动生产率之比	
年份	预测1	预测2	预测1	预测2	预测1	预测2	预测1	预测2	预测1	预测2
2019	7.1	7.1	92.9	92.9	25.1	25.1	74.9	74.9	4.38	4.38

续表

指标	农业增加值比重（%）		非农业增加值比重（%）		农业就业比重（%）		非农业就业比重（%）		非农业与农业劳动生产率之比	
年份	预测1	预测2	预测1	预测2	预测1	预测2	预测1	预测2	预测1	预测2
2020	7.0	6.84	93.0	93.2	24.1	24.3	75.9	75.7	4.22	4.36
2025	6.50	5.54	93.5	94.5	19.1	20.1	80.9	79.9	3.40	4.28
2030	6.0	4.24	94.0	95.8	15.0	15.9	85.0	84.1	2.76	4.26
2035	5.5	4.0	94.5	96.0	10.0	11.7	90.0	88.3	2.34	3.59

注：2019 年为实际数据。

（二）城乡居民人均可支配收入之比

1. 城乡居民人均可支配收入之比的变化趋势与现状

改革开放至今，我国城乡收入差距经历过两次明显的扩大，但目前处于差距缩小阶段。根据原始数据以及一些修正的数据推算，现阶段我国城乡收入之比在 2.6—3.5 之间。从国际经验看，1935—1939 年，美国城乡收入之比为 2.49，在 1945 年之后比值下降，到 1970 年城乡收入之比仅为 1.31；之后，其城乡收入比稳定在 1.3 左右。1965 年日本城乡收入之比为 0.998，之后略有扩大，1985 年比值为 1，此后城乡收入之比一直保持在 1.1 左右的水平。与这些国家相比，中国城乡收入差距显然较大。

为更清楚地考察我国城乡收入差距的变化趋势，我们将 1978 年以来的城乡收入比划分为三个阶段（如图 2 所示）：

第一阶段，1978—1984 年，城乡收入比持续缩小，从 2.57 迅速下降到 1.86。这一时期，农民人均实际收入以每年 17.7% 的速度增长，而城镇居民人均收入增长率只有 7.9%。农村收入的较快增长与农村家庭联产承包责任制的实施和价格支持有关，而与此同时城市改革步伐相对缓慢，职工收入增长率相对较低。

第二阶段，1985—2009 年，城乡收入差距整体呈现扩大趋势。农民收入增长的年平均速度下降到 11.2%，而城镇收入增长速度则提高到 14%。2002 年之后，城乡之间的人均收入比增大到 3 以上，最大值为 2009 年的 3.33。这一阶段的城乡收入差距的扩大与中国加快推进工业化和政策偏向城市有关，而各种制度性障碍如户籍制度和相关的就业政策，严重地限制了劳动力流动，导致城市居民享有的各种保障和福利大大超过农村居民。

第三阶段，2010 年至今，城乡收入差距进入到缩小阶段。2010 年之后，城乡居民的收入增速均有所下降，2010—2019 年农村人均可支配收入年均增速为 5.38%，而城镇居民的平均增速仅为 4.27%，城乡收入之比从 2010 年的 3.23 下降

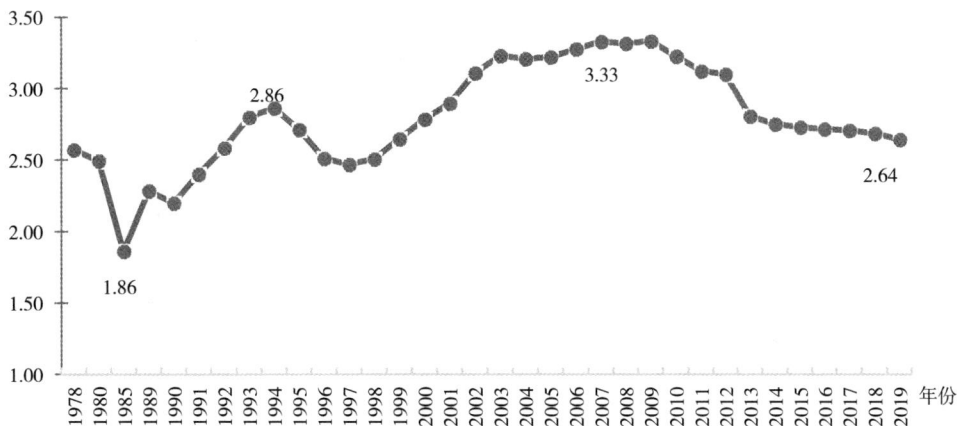

图 2　1978—2019 年中国城乡居民人均可支配收入之比（农村 = 1）

到 2019 年的 2.64。这一时期,美国爆发金融危机,全球经济下滑导致需求萎缩,贸易保护主义抬头,我国开始转变传统的粗放式经济增长模式,缩小城乡发展的不平衡成为政策改革的要点,在农村实施减贫和乡村振兴政策,在城市推进农业转移人口市民化,以减少户籍分割对收入差距的负面影响。

2. 预测方法和预测结果

城乡收入比与农业劳动生产率之比的变化实际有着较强的关联性,劳动生产率决定工资水平,而工资收入是可支配收入中最重要的组成部分。假定非农业与农业劳动生产率之比和城乡收入比之间存在对应关系,再假定其他非劳动收入与劳动收入存在一个固定不变的比例,则根据已经预测得到的非农业与农业劳动生产率之比数据,可构建计量经济模型,推测城乡收入比的发展趋势。这里我们假定城乡收入比(用 rincom 表示)是非农业与农业劳动生产率比(用 rprodu 表示)及其一阶滞后项的函数,回归方程为:

$$rincom_t = \alpha_0 + \alpha_1 \times rprodu_t + \alpha_2 \times rprodu_{t-1} + u_t \tag{1}$$

使用 1990—2019 年中国城乡收入比和非农业与农业劳动生产率之比数据进行回归可以得到回归方程结果:

$$rincom_t = 0.4205 + 0.1195 \times rprodu_t + 0.6339 \times rincom_{t-1} \tag{2}$$

回归方程的拟合度为 0.9413,这说明回归方程的拟合结果可以解释 94% 以上的现实城乡收入比变化。根据表 3 非农业与农业劳动生产率之比的预测结果,将其代入回归方程(2)可以得到城乡收入比的两种预测结果,如图 3 所示。在预测方案 1 下,城乡收入比在 2025 年降为 2.35,2035 年进一步降至 2.1;在预测方案 2 下,城乡收入比在 2025 年和 2035 年分别为 2.56 和 2.47。综合而言,中国城乡收入比在 2035 年降至 2—2.5 之间。

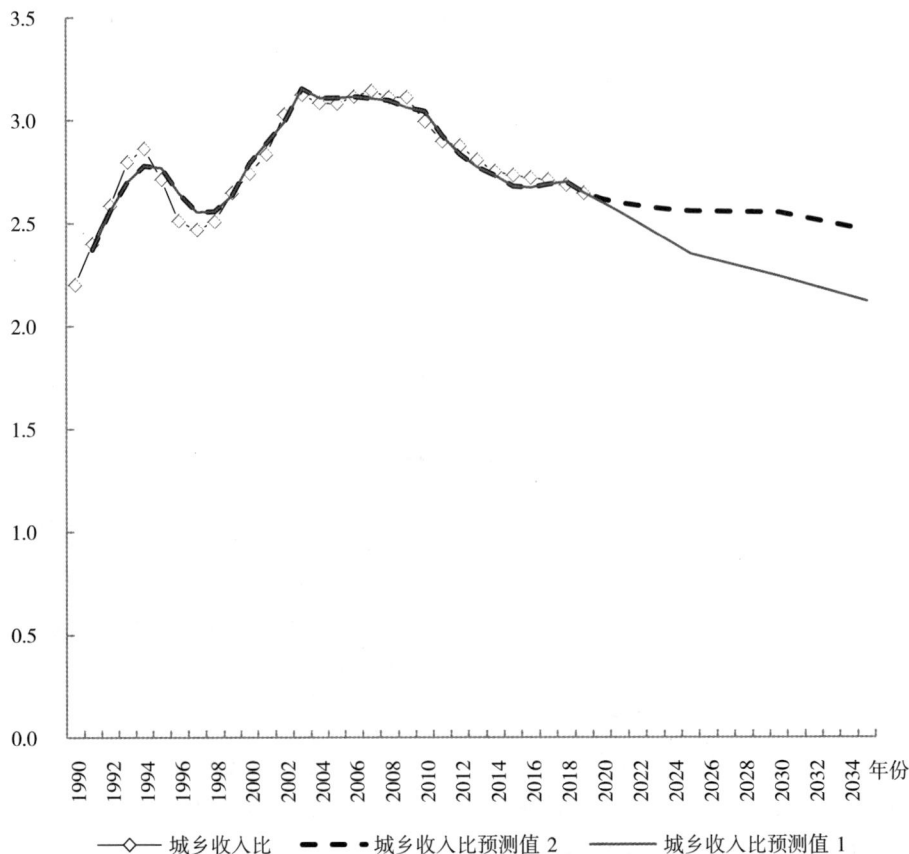

图 3　到 2035 年中国城乡收入比发展趋势预测结果

（三）户均耕地面积

1. 中国户均耕地面积现状

耕地面积统计数据主要有两个来源：一是农业农村部《中国农村经营管理统计年报》集体所有农用地中的耕地面积；二是联合国粮农组织（FAO）汇总统计的可耕地（Arable Land）面积。表 4 报告了二者对 2009—2019 年中国耕地面积的统计情况。

表 4　中国耕地面积：2009—2019 年

年份	1. 农业农村部（万亩）	2. FAO（万亩）	1/2×100%
2009	134059	182077	73.6%
2010	135105	181153	74.6%
2011	137626	180058	76.4%

续表

年份	1. 农业农村部 （万亩）	2. FAO （万亩）	1/2×100%
2012	139180	179038	77.7%
2013	141312	178745	79.1%
2014	143203	178586	80.2%
2015	145433	178498	81.5%
2016	150977	178381	84.6%
2017	152342	178350	85.4%
2018	159332	178350	89.3%
2019	176326	—	—

注：FAO 数据目前仅统计至 2018 年。

表 4 的结果表明，目前关于中国耕地面积的统计存在两个主要问题：第一，农业农村部统计年报中的耕地面积数据到目前为止始终低于 FAO，前者不到后者的 90%；第二，农业农村部统计数据显示中国耕地面积一直在增加，2018 年为 2009 年的 1.19 倍，2019 年为 2009 年的 1.32 倍，与通常的认识不太一致，FAO 数据显示中国耕地面积一直在缓慢减少，2018 年比 2009 年减少了 2%，与通常的认识大体一致。

农户数统计数据主要来自农业农村部的《中国农村经营管理统计年报》。与耕地面积一样，这一资料呈现的数据与我们的通常认识不太一致，见表 5 报告的汇总农户总数和按照第一产业收入占家庭纯收入比重划分的各类农户数，以及表 6 按经营耕地面积多少划分的各类农户统计数。

表 5　汇总农户数：2009—2018 年

年份	汇总农户数 （万户）	1. 纯农户 （万户）	2. 农业 兼业户 （万户）	3. 非农业 兼业户 （万户）	4. 非农户 （万户）	1+2
2009	25643	17181	4470	2165	1828	21650
2010	26095	17470	4539	2188	1898	22009
2011	26366	17479	4666	2235	1987	22145
2012	26156	17231	4674	2214	2038	21905
2013	26369	17234	4725	2264	2146	21959
2014	26552	17311	4766	2251	2223	22078
2015	26744	17323	4835	2286	2301	22158
2016	26859	17355	4806	2298	2400	22162
2017	27087	17333	4890	2338	2527	22222

续表

年份	汇总农户数（万户）	1. 纯农户（万户）	2. 农业兼业户（万户）	3. 非农业兼业户（万户）	4. 非农户（万户）	1+2
2018	27325	17393	4942	2368	2623	22335

注:纯农户,指农户家庭中劳动力以从事第一产业为主,第一产业收入占家庭纯收入 80%以上的农户。类似的,农业兼业户、非农业兼业户、非农户分别指第一产业收入占家庭纯收入 50%—80%、20%—50%、20%以下的农户。

表 6　农户经营耕地规模:2009—2019 年

年份	1. 经营 10 亩以下的农户数（万户）	其中:未经营耕地农户数（万户）	2. 经营 10—30 亩的农户数（万户）	3. 经营 30—50 亩的农户数（万户）	4. 经营 50—100 亩的农户数（万户）	5. 经营 100—200 亩的农户数（万户）	6. 经营 200 亩以上的农户数（万户）	总户数－未经营耕地的农户数（万户）
2009	19024	1315*	2763	582	190	61	24	24328
2010	22387	1325*	2825	609	201	49	23	24770
2011	22659	1345*	2819	611	197	53	26	25021
2012	22523	1375	2742	604	205	57	26	24781
2013	22666	1414	2712	674	226	63	29	24955
2014	22816	1577	2703	691	235	75	31	24975
2015	22932	1657	2761	695	242	80	35	25088
2016	22968	1854	2814	701	252	88	37	25005
2017	23098	2011	2864	723	267	93	41	25076
2018	23314	2151	2868	730	273	98	43	25175
2019	23662	2506	2967	707	284	105	47	25265

注:* 为本报告估算数。

从表 5 可知,除了个别年份,农户总数以及各类农户数均呈现不断增长的趋势。其中,汇总农户数从 2.56 亿户增至 2.73 亿户,纯农户数从 1.72 亿户增至 1.74 亿户,农业兼业户从 0.45 亿户增至 0.49 亿户,非农业兼业户从 0.22 亿户增至 0.24 亿户。我们在最后一列计算了纯农户与农业兼业户数之和,作为以下预测中使用的农户数的参考值。该指标也表现出相同的趋势,除了个别年份,整体呈现增长趋势,从 2009 年的 2.17 亿户增长到 2018 年的 2.23 亿户,而且在 2016—2018 年最后三年仍未表现出减少的趋势。

从表 6 不同经营规模农户数变化状况来看,也呈现出类似的趋势。除了个别年份,经营耕地 10 亩以下农户数、10—30 亩农户数、50—100 亩农户数、100—200 亩以及 200 亩以上农户数均呈增长趋势。即使去掉未经营耕地的农户,经营耕地农户数(最后一列)仍呈增长趋势,从 2009 年的 2.43 亿户增至 2019 年的 2.53 亿户。与表 5 最后一列类似,2016—2019 年经营了耕地的农户数也没有出现减少趋势。

根据上述数据,表 7 报告了中国户均耕地面积在 2009—2018 年的变化状况。根据使用的耕地面积统计指标不同,该表报告了两种户均耕地面积指标:一是使用农业农村部的《中国农村经营管理统计年报》耕地面积数据进行计算得到的结果,第四列(户均耕地面积 1)表明,中国农户的户均耕地面积从 2009 年的 6.19 亩增至 2018 年的 7.13 亩;二是使用 FAO 耕地面积数据得到的结果,第五列(户均耕地面积 2)表明,户均耕地面积从 2009 年的 8.41 亩减少到 2018 年的 7.99 亩。两个趋势截然相反的主要原因在于耕地面积统计值的趋势相反。以上结果表明,目前数据存在一个突出的问题:在农户数不降反增的趋势下,如果不是农业农村部的《中国农村经营管理统计年报》耕地面积统计数据呈现更快增长的态势,那么户均耕地面积将是不断下降的。

表 7　户均耕地面积:2009—2018 年

年份	农户数(纯农户+农业兼业户)(万户)	耕地面积 1(万亩)	耕地面积 2(万亩)	户均耕地面积 1(亩)	户均耕地面积 2(亩)
2009	21650	134059	182077	6.19	8.41
2010	22009	135105	181153	6.14	8.23
2011	22145	137626	180058	6.21	8.13
2012	21905	139180	179038	6.35	8.17
2013	21959	141312	178745	6.44	8.14
2014	22078	143203	178586	6.49	8.09
2015	22158	145433	178498	6.56	8.06
2016	22162	150977	178381	6.81	8.05
2017	22222	152342	178350	6.86	8.03
2018	22335	159332(176326)	178350	7.13(7.89)	7.99

注:耕地面积 1 为农业农村部数据,同表 4 第一列;耕地面积 2 为 FAO 数据,同表 4 第二列。()内为根据 2019 年耕地面积数据得到的调整值。

2. 预测方法与预测结果

从以上结果可知,如果依照上述数据特别是数据趋势来预测,将难以获得可信的结果,或者说,至少面临解释上的困难:如果使用农业农村部的耕地数据,耕地面积必须进一步增长,速度超过农户数增长速度,才能使户均耕地面积不断增加,否则,必须是农户数下降,但目前数据明显还没有显示这一趋势;如果使用 FAO 耕地面积,户数也必须呈下降趋势,且下降速度要快于耕地面积减少速度,目前数据也未呈现这一趋势。

为解决这一困难,我们尝试了另一种思路,即参考日本在类似发展阶段的农户数、户均耕地面积状况,并结合中国的具体国情进行推算。具体来说,我们主要依照人均 GDP 比较中国和日本现代化进程的发展阶段,并找出中国当前经济发展水平相当于日本在哪一个时期的发展水平。通过使用麦迪逊的人均 GDP 统计数据(使用 1990 年 PPP 调整)和 2010 年以后的增长率数据进行推算(麦迪逊数据仅统计至 2010 年),2018 年中国的人均 GDP 约为 13780 美元,大致相当于日本在 1980 年的水平。

1980 年,日本的农户数为 466.1 万户,耕地面积为 487.4 万公顷(7311 万亩),户均耕地面积 15.69 亩。我们假设 2018 年后中国户均耕地面积变化速度与日本 1980 年后变化速度相同,则可以按如下公式推算 2035 年中国的户均耕地面积:

中国户均耕地面积 2035 = 中国户均耕地面积 2018 ×(日本户均耕地面积 1997/日本户均耕地面积 1980)　　　　　　　　　　　　　　　(3)

其中,对于 2018 年的中国耕地面积,我们首先作出调整。由农业农村部数据可知,2018 年耕地面积为 159332 万亩,而 2019 年为 176326 万亩,增加了 10.7%。这与常识不符,但是与 FAO 的数据变得接近了,因此,我们假定 2018 年中国的耕地面积与 2019 年相同,由此得到的 2018 年户均耕地面积为 7.89 亩,与 FAO 数据计算结果十分接近(见表 7 最后一行)。

根据(3)式,使用农业农村部数据基数计算的 2035 年户均耕地面积为 13.46 亩,而按照 FAO 数据基数计算的结果为 13.63 亩(见表 8)。这一预测值很可能偏小。主要原因可能有两个:一是可能低估了中国城镇化的速度,中国的速度可能要快于先前日本的速度;二是这一指标低估了耕地面积,因为日本在城镇化过程中,耕地面积一直在减少,由 1980 年的 487.4 万公顷减少至 1997 年的 456.9 万公顷,而未来中国的耕地面积可能不变甚至如农业农村部数据所示,进一步增长。那么我们认为,耕地面积至少维持不变是较为合理的假设。因此,修正的户均耕地面积为(对日本耕地面积的减少进行修正):

中国户均耕地面积 2035* =中国户均耕地面积 2035 ×(487.4/456.9)　　(4)

按照(4)式,使用农业农村部数据基数计算的 2035 年户均耕地面积为 14.36 亩,按照 FAO 数据基数计算的结果为 14.54 亩。以上两种结果见表 8。

表 8　2035 年户均耕地面积预测

年份	农业农村部数据(亩)	FAO 数据(亩)
2018	7.89	7.99
2035	13.46	13.63

续表

年份	农业农村部数据（亩）	FAO 数据（亩）
2035*	14.36	14.54
2035*（1 ± 5%）	[13.64, 15.08]	[13.81, 15.27]

注：* 表示对面积趋势进行修正后的预测值。

按照上述思路对 2020—2035 年每年的户均耕地面积进行预测，结果见表 9。表 9 中提供了两个口径的预测值，第一种是按照农业农村部土地面积预测的数据，第二种是根据 FAO 土地面积预测的数据，我们以农业农村部的数据为主要参照。根据预测，中国户均耕地面积在 2020 年、2025 年、2030 年和 2035 年分别为 8.09 亩、8.84 亩、11.11 亩、14.36 亩。到 2035 年户均耕地面积比 2020 年增长 78%，2020—2035 年每年增长 3.9 个百分点。

表 9　户均耕地面积预测：2020—2035 年

年份	户均耕地面积1（亩）	户均耕地面积2（亩）	年份	户均耕地面积1（亩）	户均耕地面积2（亩）
2020	8.09	8.19	2028	9.59	9.71
2021	8.19	8.29	2029	10.29	10.42
2022	8.30	8.40	2030	11.11	11.25
2023	8.40	8.51	2031	12.06	12.21
2024	8.62	8.73	2032	13.20	13.36
2025	8.84	8.95	2033	13.87	14.05
2026	9.08	9.19	2034	14.11	14.29
2027	9.32	9.44	2035	14.36	14.54

注：户均耕地面积1是以农业农村部数据为基础的预测值，户均耕地面积2是以 FAO 数据为基础的预测值。以上数值均对耕地面积趋势进行了调整。

三、实现城乡融合发展目标的政策建议

根据对以上几个城乡融合发展关键指标的预测结果，为实现《意见》提出的到 2035 年城乡融合发展体制机制更加完善的愿景，需要重点做好如下工作：

（一）加快推进农业转移人口市民化

缩小城乡收入差距的基础是提高农业生产率，而提高农业生产率需要以农村土地集约经营为前提,在耕地面积基本不变的情况下,就要减少农村人口。城镇化过程中大量农民进城生活就业,并成为城市人口的一部分,这既是城市发展的需要,也是乡村振兴的需要。因此,实现城乡融合首先要尽快推进农业转移人口市民化。一是进一步放开农业转移人口落户限制。除个别超大城市外,逐步取消城区常住人口300万人以上的Ⅰ型大城市和特大超大城市落户限制。这些城市非户籍常住人口数量多,户籍吸引力更大。对不愿或者暂时不能落户的人,通过居住证实现基本公共服务均等化,并不断缩小居住证上附加的公共服务和便利项目与户籍人口之间的差距。二是市民化应以基本公共服务均等化为标准。随着城乡福利差距的缩小,农业转移人口落户意愿下降。在此背景下,要放弃单纯以落户城镇为导向的市民化思路,将基本公共服务均等化作为市民化的标准,使转移人口基本生活条件与户籍人口一致。同时,要充分尊重农民工"宜城则城、宜乡则乡"双向选择权利,防止出现"被市民化"的问题。三是多措并举解决农业转移人口住房需求。把满足转移人口住房需求作为工作重点,将农业转移人口纳入住房保障范围,研究保障房供给的投融资机制,加快提高保障房的覆盖率,积极通过建设共有产权房、集体建设用地建房等多种方式,增加市场住房供给。进一步完善承包地"三权分置"制度,使农村资产价值能够实现,为转移人口融入和定居城镇提供"第一桶金"。

(二) 进一步缩小城乡居民收入差距

"三农"问题的核心是农民问题,农民问题的核心是收入问题。建立健全有利于农民收入持续增长的体制机制,统筹提高农民的工资性、经营性、财产性、转移性收入,持续缩小城乡居民收入差距。首先,要建立平等的国民待遇体系。赋予农民对承包土地占有、使用、收益、转让和处置的完整权益,让农民有一份土地资产。进一步缩小城乡之间的社会保障等级差距,完善农村最低社会救济制度和最低生活保障制度,加大政府反贫困的工作力度,满足农村贫困群众多层次的救济需要。其次,要加大对农业和农民收入的支持保护力度。扩大农业投入来源,建立农业投资稳定的增长机制,增加农业投入总量,使农民增收有资金和物质保障。对农民转产转业进行技能培训,给予重新就业的启动资本和信贷支持,对进城务工的农民或举家迁入城镇的农村家庭,给予放弃土地承包权等财产权益合理的补偿。逐步将政府对农民收入的直接支付作为增加农民收入的一个重要来源和渠道。第三,要统筹提高农民的工资性、经营性、财产性、转移性收入。优化农民就业环境,消除就业歧视,增加农民就业岗位和就业机会。提高职业农民技能,培育发展新型农业经营主体。提高农业经营效率,延伸农业价值链利益链。完善财政、信贷、保险、用地等政策,降低农业经营成本。完善对被征地农民合理、规范、多元保障机制。完善对农民直接补贴政策,加强农民生活兜底保障,推动农民工失业保险扩大覆盖面、提高参保率。巩固拓展脱贫攻坚成果,做好困难农民重特大疾病救助工作。

（三）促进农业集约化经营

实现农业集约化经营是提高农业生产效率、实现农业现代化的重要内容。要在破解制约农业集约化经营的制度性障碍的基础上,统筹推进现代农业生产体系、经营体系和产业体系建设,提升农业集约化经营的生产效率。一是要优化城乡要素配置,破解制约农业集约化经营的制度性障碍。盘活农村土地要素,加快在宅基地、承包地、山地、林地等重点领域的改革,积极探索土地流转和规模经营的模式和途径。充分发挥市场在配置乡村产业要素资源方面的基础性作用,更多地吸引城市的资源、资产、资金、人才等要素向农村流动。二是要推进现代农业生产体系建设,提升农业集约化经营的生产效率。因地制宜发展农业机械化、现代设施农业和智慧农业,强化农业标准化生产,大力发展标准化农业,提高农产品质量安全水平。强化农业科技创新和推广,使农业科技创新和推广成为推动农业发展的持续动力。三是要推进现代农业经营体系建设,壮大农业集约化经营的产业主体。构建新型农业经营体系,突出抓好家庭农场和农民合作社两类经营主体,鼓励发展多种形式适度规模经营,加大对运行规范的农民合作社扶持力度。积极鼓励和引导工商资本到农村发展适合企业化经营的现代种养业,向农业输入现代生产要素和经营模式。支持农业产业化龙头企业创新发展、做大做强。四是要推动现代农业产业体系建设,夯实农业集约化经营的产业基础。打造农业全产业链,进一步挖掘农业的生态价值、休闲价值、文化价值,拓展农业的内涵、外延和发展领域,推动一二三产业融合发展。立足县域布局特色农产品产地初加工和精深加工,建设现代农业产业园、农业产业强镇、优势特色产业集群。

（课题组成员：张车伟　蔡翼飞　向晶　王博雅　张涛　王凯）

到 2035 年城乡融合发展趋势研究

中国宏观经济研究院经济体制与管理研究所

在更高水平实现城乡融合发展是我国全面建设社会主义现代化国家的重要任务之一。党的十九届五中全会提出到 2035 年我国基本实现社会主义现代化远景目标,科学研判和把握未来城乡融合发展的前瞻性重大趋势,对贯彻党的十九届五中全会精神,对标对表全会建议要求,科学编制好"十四五"规划和 2035 年远景目标纲要,不断健全城乡融合发展体制机制和政策体系,破解新时期城乡发展不平衡不充分难题等具有重要意义。本报告锚定基本现代化远景目标,量化测算城乡融合发展若干关键指标,综合研判到 2035 年我国城乡融合发展趋势,为规划纲要及相关专项规划提供研究支撑及决策参考。

一、面向我国基本现代化目标的城乡融合发展新起点研究

(一) 我国城乡关系发展的演变历程

我国城乡关系发展是一个长期的历史过程。新中国成立以来,我国的城乡关系发展大致可以分为 4 个阶段:城市领导农村阶

段（1949—1978 年）、城乡再度分离阶段（1978—2002 年）、城乡统筹发展阶段（2002—2012 年）和城乡全面融合发展阶段（2012 年至今）。

第一阶段，城市领导农村阶段（1949—1978 年）。1949 年，党的七届二中全会提出"党的工作重心由乡村转移到城市"，全会公报明确提出："从现在起，重新开始了由城市到农村，由城市领导乡村的时期。毫无疑问，城乡必须兼顾，必须使城市和乡村、工人和农民、工业和农业密切地联结起来。决不可以丢掉乡村，仅顾城市，如果这样想，那是完全错误的。但是党的工作重心必须放在城市。"自此，全党进入了城市领导农村的时期，以城市为中心的统筹城乡思想指导全国经济社会发展。这一时期，国家推行了重工业优先发展战略和农副产品统购统销等系列改革政策，城市经济在国民经济和社会发展中的主导地位逐渐凸显。

第二阶段，城乡再度分离阶段（1978—2002 年）。1984 年，党的十二届三中全会提出"继续深入搞好农村改革的同时，加快以城市为重点的整个经济体制改革的步伐"，改革由农村开始，又逐步走向城市。1992 年，党的十四大明确提出"建立社会主义市场经济体制的目标模式""农村基本经济制度和农业基本经营制度"。1984—2002 年，我国城乡关系总体上呈现城乡分治状况，城乡二元制度特征明显，但是农村支持城市发展的路径发生了变化，由以原来的工农业产品剪刀差方式转向农村为城市发展提供大量廉价劳动力的方式来支持城市发展。

第三阶段，城乡统筹发展阶段（2002—2012 年）。2002 年，党的十六大提出了统筹城乡发展的总体方略和构建新型工农城乡关系的重大命题。2003 年，党的十六届三中全会提出要"统筹城乡发展"，并且将其置于"五个统筹"之首。2004 年，中央开始构建"工业反哺农业、城市支持农村"的"三农"政策体系，并且逐年加大农业补贴力度，农村经济得到了显著发展。2006 年全国取消农业税。2007 年，党的十七大提出"科学发展观"，要求构建社会主义和谐社会，并强调要形成城乡经济社会发展一体化新格局。我国城乡发展进入一个新的发展阶段，城乡统筹发展理论成为指导城乡发展的重要理论。城乡融合发展理论的雏形逐渐形成，城乡统筹发展理论在一定程度上就是要求城乡融合发展。

第四阶段，城乡全面融合发展阶段（2012 年至今）。2012 年，党的十八大提出要形成"以工促农""工农互惠"的新型工农关系和"以城带乡""城乡一体"的新型城乡关系。2017 年，党的十九大突出强调"城乡融合发展"，并明确要求"建立健全城乡融合发展体制机制和政策体系"。2018 年中央一号文件提出要"使市场在资源配置中起决定性作用，更好发挥政府作用，推动城乡要素自由流动、平等交换，推动新型工业化、信息化、城镇化、农业现代化同步发展，加快形成工农互促、城乡互补、全面融合、共同繁荣的新型工农城乡关系"。至此，我国迎来了城乡融合发展的新时代，从"统筹城乡发展"到"城乡发展一体化"，再到"城乡融合发展"，既反映了政策的一脉相承,又符合新时代的阶段特征和具体要求。党的十八大以来,以习近平同志为核心的党中央提出一系列新理论新思想新战略,形成了独具中国特色的社会主义城乡融合发展理论体系。

(二)我国城乡融合发展取得历史性成就

1.户籍制度改革及人口城镇化取得突破性进展

2019 年我国城镇常住人口 84843 万人,比上年末增加 1706 万人;乡村常住人口 55162 万人,减少 1239 万人;城镇人口占总人口比重(城镇化率)为 60.60%,城镇化率首次突破 60%大关。

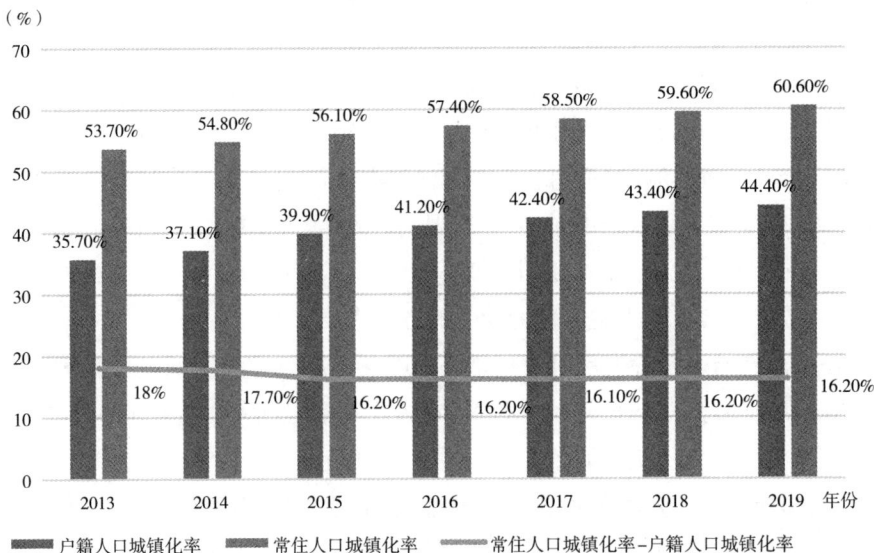

图1　2013—2019 年我国城镇化率

2.城乡居民收入差距及公共服务均等化显著改善

一般规律表明,一个国家或地区的发展,要经历城乡收入差距由低水平的均衡到收入差距扩大、再到收入差距缩小这样一个过程,呈"倒 U 型"。我国城乡收入倍差也呈现出相似规律,由 2000 年的 2.79 升至 2003 年 3.26,在 2007 年达到峰值 3.33 后逐年递减,到"十三五"末降至 2.6 以内。

3.建立城乡统一土地市场迈出坚实步伐

土地市场化建设步伐日益加快。我国土地要素市场化配置改革不断推进,已经迈入以市场形成土地使用权价格为核心的全面建设土地市场阶段。土地"招拍挂"出让土地面积所占的比例由 2001 年的 7.30%,2007 年的 50.91%,到 2015 年提升为 92.32%。

图 2　2000—2019 年我国城乡居民收入倍差缩小趋势

专栏 1　农村宅基地改革的典型经验——江西余江

　　余江县是江西省三项试点工作的唯一试点县，也是全国唯一一个全县整体推进宅基地改革的地区。截至 2017 年 6 月 15 日，余江全县 1040 个自然村累计退出宅基地 3788 亩，其中有偿退出的仅有 901 亩(占 23.29%)，无偿退出的 2887 亩(占 76.21%)，无偿退出是最主要的宅基地退出形式。余江县大部分村庄探索出一条可以推广的宅基地改革路径。一是精细管理，规划先行。余江县本着"政府主导、村民参与"的原则，引导各村由理事会牵头制定各自村庄规划，并严格执行规划，切实维护规划的严肃性和权威性。二是一户一宅，清理乱象。坚持"一户一宅"分配原则，制定详细的退出补偿标准。对于个别不愿意退出的村民，村集体按规定对其征收宅基地有偿使用费，并制定了阶梯式的计费方式。将征收上来的有偿使用费用于旧村改造、宅基地有偿退出补偿、村庄基础设施建设等。三是择位竞价，公平分配。实行择位竞价的方式来公平分配宅基地。四是建房审批，出台细则。详细规定了村民的建房条件、村民建房的书面申请、村民事务理事会对申请人的建房资格审核、建房资格公示一系列流程。

　　城乡统一建设用地市场建设进入良好开端。《土地管理法》的修订正式开启城乡统一建设用地市场建设序幕，在破除"存量发展"时期土地资源瓶颈的同时，也改变了城乡土地要素流动和土地利用分配格局。集体土地入市的实质是对过去城乡土地所有权、使用权、用益物权歧视的纠正，是通过"渐进式赋能"试探农村土地制度改革根本路径的尝试。

　　4. 要素下乡推动农村一二三产业融合发展呈现良好态势

　　(1)农业服务业融合。经过近年来的发展，全国各地涌现出多类型多样化的农村一二三产业融合发展方式，突出了农牧结合、农林结合、循环发展导向。

专栏2　集体经营性建设用地入市的典型经验——浙江德清

　　浙江省德清县在被确定试点后,围绕"哪些地可入市""谁来入市""怎么入市""入市后的收益如何分配"等问题,在明确入市范围、入市主体、健全入市交易制度、完善增值收益分配机制等方面进行深入探索,形成了一整套实践经验。一是确定入市范围。通过确权调查确定存量,结合图上作业、无人机航拍和实地勘测等手段,开展集体经营性建设用地"一村一梳理,一地一梳理"摸清存量底数。规划先行促进布局优化,通过"多规合一"对照土地利用总体规划、城乡建设规划、产业发展规划和生态保护规划进行比对分析,分类确定可入市土地类型。二是民主决策明确入市主体。德清县针对分属镇、村、组三级的集体经营性建设用地的情况,对入市主体明确了"自主入市、委托入市、合作入市"三种不同的入市形式,至于具体采取哪种办法,由农民和农民集体自主选择,把选择权、决策权交给农民。三是构建规范的入市制度。德清县参照国有建设用地转让管理办法,统一交易平台、统一地价体系、统一交易规则、统一登记管理、统一服务监管,制定了农村集体经营性建设用地入市交易规则。四是完善土地增值收益分配。在国家与集体的利益分配上,德清县以"同权同价"为出发点,综合考虑土地用途、区位等情况,精核算集体经营性建设用地成本和收益对比,合理确定调节金征收比例。

　　(2)农业产业链延伸。2019年规模以上农产品加工业完成营业收入146905.4亿元,同比增长2.1%,规模以上农产品加工企业8.1万家,吸纳3000多万人就业。农产品加工业总体保持缓中趋稳、稳中有进态势,供需保持较快增长,产业结构持续优化,新业态新模式蓬勃发展,为国民经济稳增长和促进乡村产业振兴作出了重要贡献。

　　(3)农业新业态融合。乡村特色旅游业蓬勃发展。2014—2019年,我国乡村休闲旅游业经营收入由3000亿元上升至8500亿元,占第一产业比重由5.14%上升至12.06%,接待游客33亿人次。乡村休闲旅游已经成为横跨一、二、三产业,兼容生产生活生态,融通工农城乡的新产业。农村网络零售业不断繁荣。在数字乡村建设、电子商务进农村综合示范、网络扶贫等工作深入推进下,全国农村网络零售额由2014年的1800亿元增长到2019年的1.7万亿元,规模扩大了8.4倍。截至2019年9月,全国农村网商已经接近了1200万家,带动就业人数超过3000万人。

专栏3　农村集体资产量化确权的典型经验——重庆巴南

　　重庆市自2014年正式启动农村集体资产量化确权改革试点以来,累计盘活农村集体闲置资产3亿元,激活了集体经济发展潜力。量化确权工作包括资产的界定、资产价值的认定、资产所有者成员的界定,以及最终量化成股份,明确到人。一是界定适合量化确权的集体资产和认定价值。组织试点村社对各类资产资源全面清理并确认其价值,摸清资产底数。二是确定受益人员。指导试点村社明确集体经济组织成员资格,确定受益人员,将农村集体资产以股份份额形式量化到个人,颁发股权证,实现了农民对集体资产由"共同共有"到"按份共有"的转变。对权属关系尚不明晰的,按照"谁投资、谁所有"原则确定权属关系。三是建立按股分配收益的管理机制。各试点村社制定完善资产经营、民主管理、股权管理、成员管理、财务管理等制度,建立按股分配收益的管理机制。实现按股分红,增加农民收益,保障社会和谐稳定。

专栏 4　户籍制度改革的典型经验

　　上海人才入户经验。上海在 2002 年颁布的引进人才实行《上海市居住证》制度暂行规定，确立了给予人才居住证后，在 2004 年颁布的《上海市居住证暂行规定》将居住证适用对象从原来的"人才"扩大到"境内来沪人员"，在《规定》中既扩充了居住证的功能和种类，也明确了在子女就读、社会保险、计划生育等方面的市民待遇。在 2013 年，上海市政府根据"为来沪人员提供可预期的更好的公共服务"和"合理控制人口规模"的政策目标，对来沪人才居住证进行了重组和完善。在上海户籍制度改革的逻辑中，户籍改革是以居住证为基础，建立与之对应的公共服务获得机制，通过逐步将落户群体从人才扩大到来沪人员的方式，来吸收流动人口。

　　广东积分入户经验。在广东省的积分入户政策演进过程中，是以 2009 年为始颁布了《广东省流动人口服务管理条例》，规定对流动人口实行居住证制度，与过去暂住证不同的是，该居住证体现对流动人口管理与服务并重的精神，在保证流动人口享有更多的本地居民权益和公共服务的同时建立了居转常的通道。随后在 2010 年颁布了《广州市农民工及非本市十城区居民户口的城镇户籍人员积分制入户办法（试行）的通知》，这是我国首次出现的发达地区省级行政区域针对农民工入户的改革，与上海市所包含的人才与资本入户这种选择指标有所差别的是，其制度通过建立普惠制指标，为农民工打开了入户大门。

二、对标 2035 年基本现代化目标要求，我国城乡发展几个重大指标及趋势研判

（一）未来一段时期经济增长趋势分析

　　城乡融合发展离不开经济的增长。在当前背景下，分析预测"十四五"乃至更长一个时期我国经济的大致走势，需要正确把握三大因素，即世界经济走势大外部环境、我国经济潜在增长率的根本性因素以及新冠肺炎疫情影响。

　　参考中国社会科学院宏观经济研究中心等有关机构的同类研究成果，课题组预测支撑城乡融合发展三种增长情景。在基准情景下，2021—2025 年、2026—2030 年和 2031—2035 年三个时期 GDP 年均增长率将分别为 5.5%、4.8%和 4.3%；在较快增长情景下，2021—2025 年、2026—2030 年和 2031—2035 年三个时期 GDP 年均增长率可能分别保持年均 5.8%、5.4%和 5.0%；在较慢增长情景下，2021—2025 年、2026—2030 年和 2031—2035 年三个时期 GDP 年均增长率将分别为 5.1%、4.3%和 3.6%。未来要适应在中速增长平台上推动我国城乡融合发展。

表 1　到 2035 年经济增长情景预测

增长情景	年份		
	2021—2025（%）	2026—2030（%）	2031—2035（%）
基准情景	5.5	4.8	4.3

续表

增长情景	年份		
	2021—2025(%)	2026—2030(%)	2031—2035(%)
较快增长情景	5.8	5.4	5.0
较慢增长情景	5.1	4.3	3.6

（二）到 2035 年我国城乡人口及劳动力变动趋势

课题组使用 PADIS-INT 人口预测软件,在经典队列分要素方法的基础上,采用概率人口预测模型,对我国未来的人口总量和结构进行预测分析。

1. 我国人口总量 2027 年迎来下降拐点

按照现有人口政策,未来我国总人口将持续增长一段时期,在 2027 年迎来人口总量下降的拐点。我国人口总数在 2025 年达到 14.165 亿人,2027 年达到峰值 14.177 亿人(按照死亡率不变的窄口径预测我国人口历史最高点的时间将在 2027 年,人口或达到 14.31 亿人),2030 年将为 14.15 亿人,2035 年降至 14.00 亿人,2050 年降至 12.93 亿人。

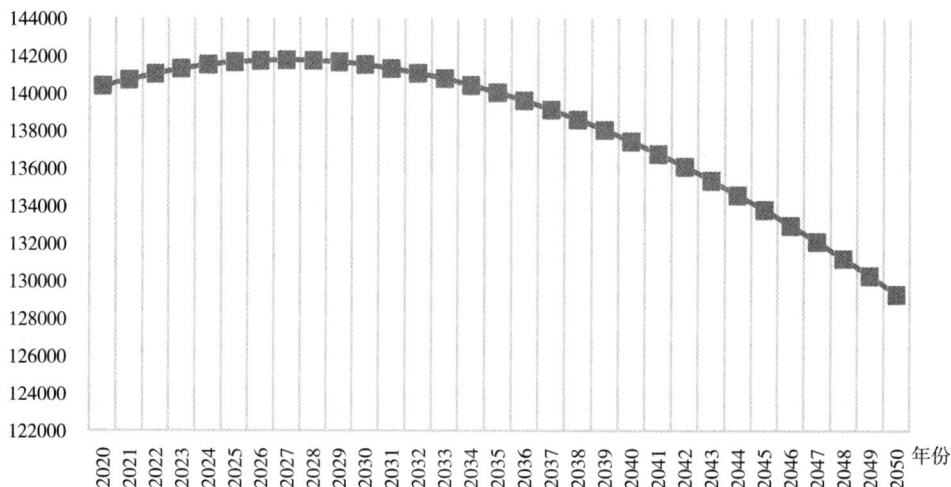

图 3　我国总人口规模变动趋势

2. 未来出生人口数量波动下降

在现有的生育政策下,未来 15 年,我国出生人口规模将有较快下降,平均每年下降近 20 万人。根据中方案,2020 年出生人口约 1395 万人,2025 年出生人口约 1295 万人,2035 年出生人口约 1104 万人。出生人口规模 2035 年后缓慢波动下降,2035—2050 年基本保持平稳,年出生人口在 1100 万人左右,2050 年出生人口约 973 万人。

（万人）

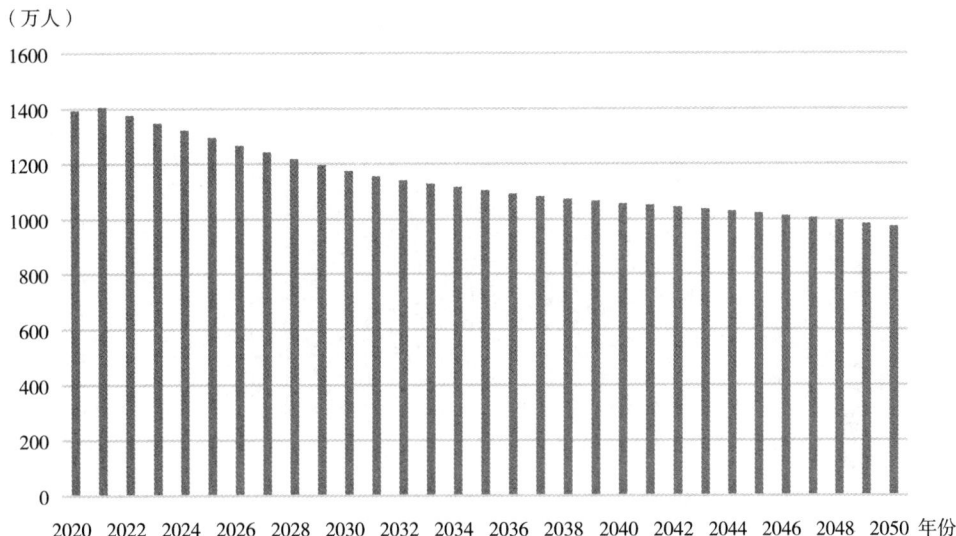

图 4　我国出生人口变动趋势

3. 劳动年龄人口持续缩减老化

劳动年龄人口在未来一段时期规模将持续缩减,占总人口比重缩小。2019—2025 年,15—64 岁劳动年龄人口规模将会从 9.85 亿人降至 9.76 亿人,平均每年下降 170 万人左右。从 2028 年至 21 世纪末期,劳动年龄人口缩减态势加剧,2035 年降至 8.96 亿人,2050 年降至 7.59 亿人。15—64 岁人口占总人口的比重在 21 世纪中叶前将持续下降,从 2019 年的 70.83% 降至 2035 年的 64%、2050 年的 58.71%。劳动年龄人口年龄结构也将趋向老化。45—64 岁人口占劳动年龄人口的比重将从 2019 年的 40.16% 提高到 2027 年的 44.65%。至 21 世纪末,45—64 岁人口占比将在 43%—47% 的范围内波动。15—64 岁人口年龄中位数从 2018 年的 39.62 岁提高到 2037 年的 42.73 岁,此后小幅下降,2050 年为 41.46 岁。在 2025—2030 年,我国劳动年龄人口规模将低于印度,成为第二劳动力大国。

4. 城镇人口规模增多,农村人口规模减少

预计 2025 年城镇常住人口规模增加到 9.4 亿人,平均每年增长 1600 万人,农村常住人口为 4.7 亿人。到 2035 年,城镇人口规模增加到 10.1 亿人,比 2020 年平均每年增长 1000 万人,农村常住人口为 3.9 亿人。到 2050 年,城镇常住人口规模随着总人口规模下降会下降为 9.7 亿人,农村常住人口为 3.3 亿人。

（万人）　　　　　　　　　　　　　　　　　　　　　　　　　　　　（％）

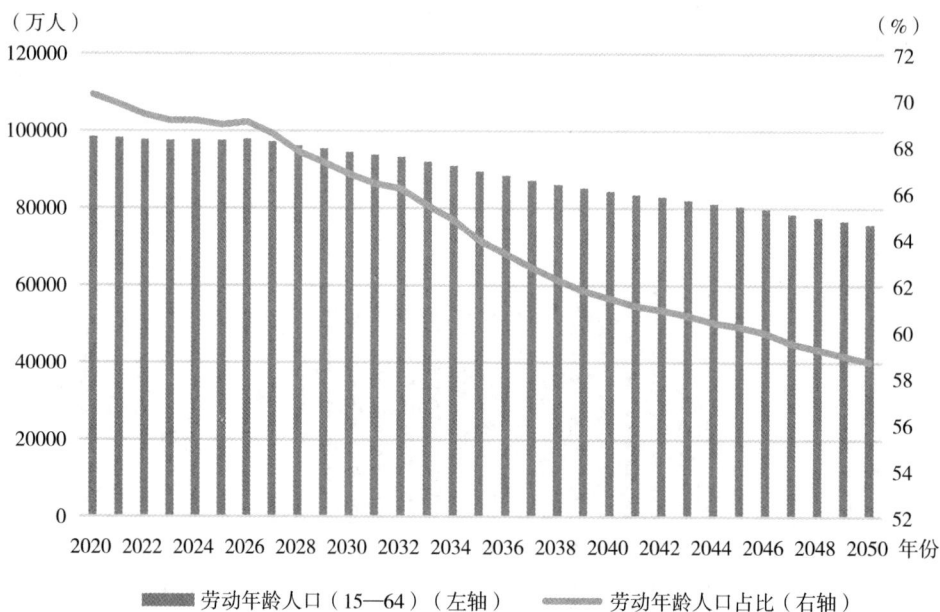

图 5　15—64 岁劳动年龄人口规模变动趋势

（万人）

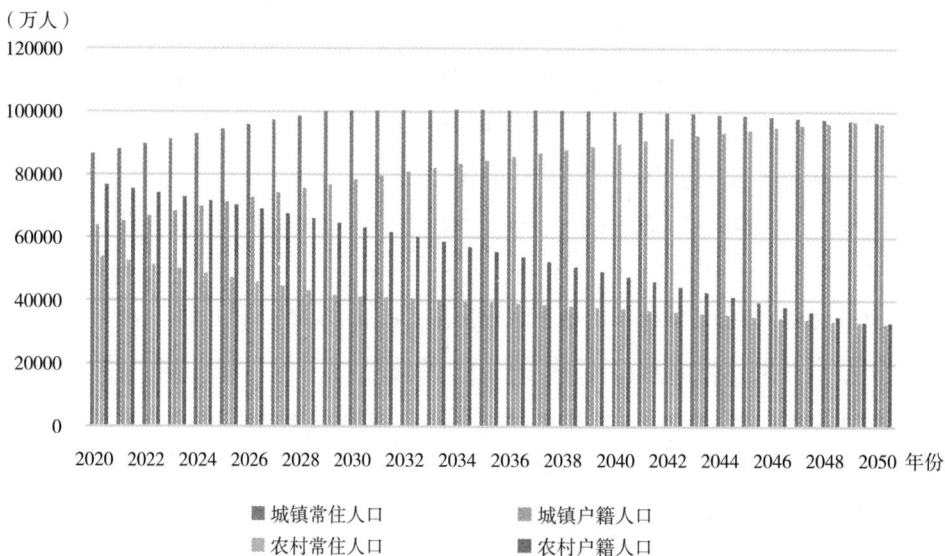

图 6　我国未来分城乡常住人口和户籍人口变化趋势

5. 城乡劳动力数量发生较大变化

2020 年城镇劳动力规模为 6.07 亿,农村劳动力规模为 3.8 亿,城镇劳动力与农村劳动力的比例为 1.6。预计 2025 年城镇劳动力规模为 6.5 亿,农村劳动力规模为 3.26 亿,城镇劳动力与农村劳动力的比例为 1.99。2029 年城镇劳动力达到

顶峰,峰值为 6.73 亿。2035 年城镇劳动力规模下降为 6.43 亿,农村劳动力规模
下降为 2.53 亿,城镇劳动力与农村劳动力的比例增加到 2.55。2050 年城镇劳动
力规模进一步下降为 5.68 亿,农村劳动力规模为 1.91 亿,城镇劳动力与农村劳动
力的比例为 2.97。

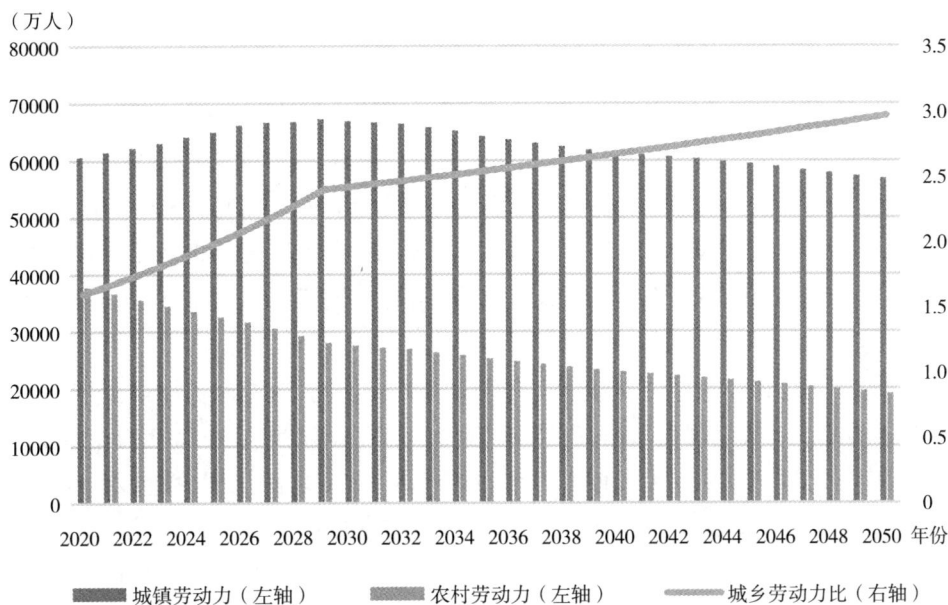

图 7　我国未来城镇劳动力和农村劳动力变化趋势

(三) 到 2035 年分阶段城镇化率变动趋势

1. 到 2025 年、2030 年、2035 年分阶段的城镇化率

课题组分别采用曲线拟合法、经济模型法、城乡人口比综合增长率法预测。根
据三种预测方法,对 2025 年、2030 年和 2035 年的城镇化率预测,再进行加权平
均,得到 2025 年、2030 年和 2035 年城镇化率综合预测结果。我国城镇化率 2025
年预测结果为 65.88%,2030 年预测结果为 69.93%,2035 年预测结果为 73.97%。

表 2　不同方案城镇化率预测

预测方法	年份		
	2025 年(%)	2030(%)	2035(%)
曲线拟合法预测	66.30	70.20	74.60
经济模型法预测	66.15	70.40	74.20
城乡人口比综合增长率法预测	65.20	69.20	73.12

预测方法	年份		
	2025 年(%)	**2030**(%)	**2035**(%)
综合预测	65.88	69.93	73.97

注:综合预测结果为三种预测结果的平均值。

2. 分阶段的乡村数量预测

(1)乡镇数量变化趋势及预测。从我国乡的数量变化趋势看,1990—2018 年间,随着城镇化进程推进和行政区划调整,撤乡设镇、乡镇合并进程加快,乡的统计个数大幅减少,从 4.02 万个减少至 1.02 万个,减少了 75% 左右,但减少速度趋缓态势明显。从未来趋势看,乡的数量减少趋势仍将持续,速度仍将持续放缓,预计2025 年、2030 年和 2035 年,乡的数量将分别降至 0.97 万个、0.93 万个和 0.90万个。

从我国建制镇的数量变化趋势看,1990—2018 年间,随着撤乡设镇数量增加,建制镇的统计个数呈现先增加、后趋于稳定的态势,从 1990 年的 1.01 万个增加至2002 年的 1.84 万个,随后一直在 1.67 万—1.83 万个之间徘徊,数量趋于稳定。预计 2025 年、2030 年和 2035 年,建制镇的数量将保持在 1.85 万个左右。

(2)村庄数量变化趋势及预测。随着我国城镇化的快速推进,农村人口大幅减少,村庄数量也不断减少。1990—2018 年,我国村庄数量由 377.3 万个减少至245.2 万个,减少了 35%,减少速度在逐步下降。未来随着城镇化率的不断攀升,村庄数量减少也是重要方向,预计 2025 年、2030 年和 2035 年,村庄的数量将减少至 210 万个、195 万个、185 万个左右。

(四) 到 2035 年城乡居民人均可支配收入比

1. 基于历史逻辑的居民收入比预测

参考我国城乡居民收入差距的决定性因素和有关机构的趋势预测,结合未来我国宏观经济发展预测,我们对未来城乡收入差距的走势进行一些预判。初步预测显示,2020—2025 年、2026—2030 年、2031—2035 年我国城乡居民可支配收入比分别为 2.31、2.26、2.06。我国城乡收入差距水平在未来一段时间还会持续下降,但下降的速度会逐渐变慢,城乡居民收入比在一定时期内总体上还将处于相对偏高的水平。

表 3　基于历史逻辑的城乡居民收入比预测表

年份	2021	2022	2023	2024	2025	"十四五"时期平均
结果	2.46	2.37	2.29	2.21	2.20	2.31

续表

年份	2026	2027	2028	2029	2030	"十五五"平均 2.26
结果	2.22	2.25	2.29	2.35	2.21	
年份	2031	2032	2033	2034	2035	"十六五"平均 2.06
结果	2.26	2.25	1.99	1.95	1.85	

2. 共同富裕目标导向下城乡居民收入比的理想状态

党的十九届五中全会提出共同富裕目标要求,习近平总书记指出,当前,我国发展不平衡不充分问题仍然突出,城乡区域发展和收入差距加大,促进全体人民共同富裕是一项长期任务。按照历史逻辑,城乡居民收入差距缩小的步伐依然难以有较大幅度改善,按照传统路径难以满足共同富裕目标要求。我们必须把促进全体人民共同富裕摆在更加重要的位置,明确要求到 2035 年要取得更为明显的实质性进展。课题组测算认为,在共同富裕目标导向下,城乡居民收入比较为理想的变动趋势应为 2025 年缩小到 2.2 左右,2035 年缩小到 1.85 左右。预测结果显示,2020—2025 年、2026—2030 年、2031—2035 年城乡居民可支配收入比分别为 2.31、2.26、2.06。因此,建议应明确提出力争到 2035 年把城乡居民收入比缩小到 2.0 以内的具体目标,研究突破性、创新性变革缩小城乡居民收入比以逐步实现共同富裕目标的重大路径和举措。

表 4 共同富裕目标导向下城乡居民收入比的理想趋势

年份	城乡居民收入比预测	年份	城乡居民收入比预测	年份	城乡居民收入比预测
2021	2.46	2026	2.22	2031	2.26
2022	2.37	2027	2.25	2032	2.25
2023	2.29	2028	2.29	2033	1.99
2024	2.21	2029	2.35	2034	1.95
2025	2.20	2030	2.21	2035	1.85

(五) 到 2035 年城乡劳动生产率变动趋势预测

课题组实证分析在 VAR 模型框架下进行,预测结果如下:

表5　要素自由流动下非农业与农业劳动生产率之比

年份	非农业与农业劳动生产率之比	年份	非农业与农业劳动生产率之比	年份	非农业与农业劳动生产率之比
2021	1.85	2026	1.78	2031	1.64
2022	1.84	2027	1.76	2032	1.55
2023	1.82	2028	1.75	2033	1.44
2024	1.79	2029	1.74	2034	1.42
2025	1.78	2030	1.71	2035	1.35

参考我国农业与非农业部门生产率差距测算,2021—2025年、2026—2030年、2031—2035年,我国非农业和农业劳动生产率较理想的比值为1.81、1.75、1.48,将会高于世界平均水平,但仍与发达国家水平有差距。

表6　非农业和农业劳动生产率之比

时间	2020—2025年	2026—2030年	2031—2035年
比率	1.81	1.75	1.48

三、我国城乡融合发展现存的主要短板差距

(一)户籍人口城镇化率偏低

从"十三五"以来城镇化率指标进展情况来看,我国城镇化在速度上不是短板,但在户籍人口城镇化率上存在不足。当前居民城镇化意愿不强,部分地区为了完成户籍城镇化指标,甚至出现"拉郎配式"以行政力量推动农转非户籍城镇化的乱象。到2035年实现基本现代化目标需要高质量的城镇化,但从目前来看,城镇化质量提升任重道远,短期内解决难度大。

(二)农业转移人口市民化进程滞后

受城乡二元经济体制的影响,人、财、物等要素在城乡之间自由流动受到诸多限制,机制尚存壁垒,限制了城乡融合发展水平的提升。尽管户籍制度改革、城市就业制度改革等使农民流入城市的环境有所改善,但农民依然无法同等分享城市公共服务和社会保障。数据显示,目前被统计为城镇人口的2.6亿左右农民工及

其随迁家属,未能在教育、就业、医疗、养老、保障性住房等方面享受与城镇居民完全同等的基本公共服务。

（三）城乡收入差距仍然偏大

相对而言,世界上多数国家的城镇居民人均可支配收入与农村居民人均纯收入之比处于 1.6 以下。自 2010 年以来,我国城乡居民收入的相对差距呈不断缩小的趋势,但总体来看,差距绝对额仍然偏大,依旧是世界上城乡差距较大的国家之一。不断缩小居民收入分配差距,真正使全体居民共同分享经济发展成果的任务仍很艰巨。

（四）全要素生产率亟待提升

从国际规律来看,人均 GDP 增速随发展水平提高而出现放缓。当经济发展至 10000 国际元后,劳动、资本等要素的投入速度放缓,对总产出的拉动减慢,经济增速随之放缓。随着产业结构转型升级,第二次放缓的时点出现在人均 GDP 达 15000 国际元左右,与我国当前的发展水平相近。随着劳动力短缺特别是其导致的单位劳动成本上升和投资回报率下降,传统投入驱动型经济增长难以为继,亟待转向全要素生产率驱动型的增长模式。与发达国家相比,我国全要素生产率水平相对较低,着力提高全要素生产率将是我国经济实现高质量发展,到 2035 年基本实现社会主义现代化的关键。

（五）农业经营规模较小效率较低

我国人多地少,农业生产经营规模偏低,户均耕地面积不足 8 亩,导致农业劳动生产率水平较低,生产成本居高不下。由于成本"地板"抬升与价格"天花板"下压,我国农业承受着"双重挤压",在全球市场中的竞争优势不断下降。而随着工业化和城镇化的推进,农民的非农就业收入不断提高,从事农业的意愿日趋下降,"谁来种地""怎么种地"成为亟须解决的难题。

（六）农村土地制度改革尚需进一步突破

尽管农村土地征收、集体经营性建设用地入市、宅基地制度这"三块地"改革及农村承包地这"一块地""三权分置"改革有所推进,但体制性突破尚待时日。城乡金融存在一些藩篱。农村资金大量外流,工商资本下乡在政策上依然面临着一些束缚。

四、几点对策建议

（一）切实提升农业转移人口市民化质量

1. 加快改革户籍制度

大城市要继续发挥吸纳外来人口的重要作用,中小城市、小城镇特别是县城和中心镇要从实际出发放宽落户条件,有序推进符合条件的农业转移人口在城镇居住落户,享有与当地城镇居民同等的待遇。提高进城农业转移人口的落户意愿,维护进城落户农民土地承包权、宅基地使用权、集体收益分配权,支持引导其依法自愿有偿转让上述权益。

2. 完善农业转移人口市民化成本分担机制

建立健全由政府、企业、个人共同参与的农业转移人口市民化成本分担机制,全面落实支持农业转移人口市民化的财政政策、城镇建设用地增加规模与吸纳农业转移人口落户数量挂钩政策,以及中央预算内投资安排向吸纳农业转移人口落户数量较多的城镇倾斜政策。

3. 扎实推进城市群和都市圈建设

以城市群、都市圈为主体形态促进大中小城市和小城镇协调发展。优化提升东部地区城市群,培育发展中西部地区城市群,推动人口合理集聚。将具备条件的县和特大镇有序设置为市,增加中小城市数量,优化大中城市市辖区规模和结构,拓展农业转移人口就近城镇化空间。

4. 推进基础设施联通化

适应城乡体系结构和人口流动变化趋势,统筹城乡基础设施建设布局,补齐农村基础设施短板,完善基础设施网络。提高建设质量、运营标准和管理水平,提升基础设施利用效率。

（二）加快破解土地制度改革

1. 改革完善农村承包地制度

加快完成农村承包地确权登记颁证。完善农村承包地"三权分置"制度,在依法保护集体所有权和农户承包权前提下,平等保护并进一步放活土地经营权。健全土地流转规范管理制度,强化规模经营管理服务,允许土地经营权入股从事农业产业化经营。

2. 稳妥审慎改革农村宅基地制度

加快完成房地一体的宅基地使用权确权登记颁证。探索宅基地所有权、资格权、使用权"三权分置"。鼓励农村集体经济组织及其成员盘活利用闲置宅基地和闲置房屋。在符合规划、用途管制和尊重农民意愿前提下,允许县级政府优化村庄用地布局,有效利用乡村零星分散存量建设用地。推动各地制定省内统一的宅基地面积标准,探索对增量宅基地实行集约有奖、对存量宅基地实行退出有偿。

3. 建立集体经营性建设用地入市制度

加快完成农村集体建设用地使用权确权登记颁证。按照国家统一部署,在符合国土空间规划、用途管制和依法取得前提下,允许农村集体经营性建设用地入市,允许就地入市或异地调整入市;允许村集体在农民自愿前提下,依法把有偿收回的闲置宅基地、废弃的集体公益性建设用地转变为集体经营性建设用地入市;推动城中村、城边村、村级工业园等可连片开发区域土地依法合规整治入市;推进集体经营性建设用地使用权和地上建筑物所有权房地一体、分割转让。完善农村土地征收制度,缩小征地范围,规范征地程序,维护被征地农民和农民集体权益。

4. 健全投入保障机制

鼓励各级财政支持城乡融合发展及相关平台和载体建设,撬动更多社会资金投入。打造法治化便利化基层营商环境,引导工商资本为城乡融合发展提供资金、产业、技术等支持。建立工商资本租赁农地监管和风险防范机制,严守耕地保护红线。建立涉农资金统筹整合长效机制,提高资金配置效率。完善乡村金融服务体系,完善农村金融风险防范处置机制。加强乡村信用环境建设。

(三) 完善普惠共享的城乡基本公共服务

1. 健全基本公共服务体系

推动公共服务向农村延伸、社会事业向农村覆盖,健全全民覆盖、普惠共享、城乡一体的基本公共服务体系,推进城乡基本公共服务标准统一、制度并轨。健全城乡公共文化服务体系。

2. 建立健全治理平台

建立健全党组织领导的自治、法治、德治、智治相结合的乡村治理体系,发挥群众治理主体作用,增强乡村治理能力。加强自治组织规范化制度化建设,健全村级议事协商制度。打造一门式办理、一站式服务、线上线下结合的村级综合服务平台,完善网格化管理体系和乡村便民服务体系。着力改善城市治理水平,提升城市包容性,推动农民工特别是新生代农民工融入城市。加快推进市域社会治理现代化。

（四）建立健全有利于农民收入持续增长的体制机制

1. 完善促进农民工资性收入增长环境

推动形成平等竞争、规范有序、城乡统一的劳动力市场，统筹推进农村劳动力转移就业和就地创业就业。规范招工用人制度，消除一切就业歧视，健全农民工劳动权益保护机制，落实农民工与城镇职工平等就业制度。提高新生代农民工职业技能培训的针对性和有效性，使劳动力素质与产业发展水平相匹配。

2. 健全农民经营性收入增长机制

完善财税、信贷、保险、用地等政策，培育发展新型农业经营主体。建立农产品优质优价正向激励机制，支持新型经营主体发展"三品一标"农产品、打造区域公用品牌，提高产品档次和附加值。完善企业与农民利益联结机制，引导农户自愿以土地经营权等入股企业，通过利润返还、保底分红、股份合作等多种形式，拓宽农民增收渠道。突出抓好农民合作社和家庭农场两类农业经营主体发展，培育专业化市场化服务组织，帮助小农户节本增收。

3. 建立农民财产性收入增长机制

以市场化改革为导向，深化农村集体产权制度改革，推动资源变资产、资金变股金、农民变股东。加快完成农村集体资产清产核资，把所有权确权到不同层级的农村集体经济组织成员集体。创新农村集体经济运行机制，探索混合经营等多种实现形式。完善农民对集体资产股份占有、收益、有偿退出及担保、继承权。

4. 强化农民转移性收入保障机制

履行好政府再分配调节职能，完善对农民直接补贴政策，健全生产者补贴制度，逐步扩大覆盖范围。在统筹整合涉农资金基础上，探索建立普惠性农民补贴长效机制。

（五）建立健全有利于乡村经济多元化发展的体制机制

1. 完善农业支持保护制度

全面落实永久基本农田特殊保护制度，划定粮食生产功能区和重要农产品生产保护区，完善支持政策。按照增加总量、优化存量、提高效能的原则，强化高质量发展导向，加快构建农业补贴政策体系。

2. 推动农业由小规模分散经营转向适度规模经营

发展多种形式农业适度规模经营，健全现代农业产业体系、生产体系、经营体系。完善支持农业机械化政策，推进农业机械化全程全面发展，加强面向小农户的社会化服务。

3. 培育壮大农业农村数字经济

鼓励支持各类市场主体创新发展基于电子商务的农业产业模式,利用农业农村数字经济培育特色优势产业,发展生态农业、设施农业、体验农业、定制农业、分享农业等新产业新业态新模式,建立健全农产品产销稳定衔接的机制,提升小农户的抗风险能力。

4. 搭建城乡产业协同发展平台

培育发展城乡产业协同发展先行区,推动城乡要素跨界配置和产业有机融合。把特色小镇作为城乡要素融合重要载体,打造集聚特色产业的创新创业生态圈。优化提升各类农业园区。创建一批城乡融合典型项目,形成示范带动效应。

5. 加快探索生态产品价值实现机制

开展生态产品价值核算,通过政府对公共生态产品采购、生产者对自然资源约束性有偿使用、消费者对生态环境附加值付费、供需双方在生态产品交易市场中的权益交易等方式,构建更多运用经济杠杆进行生态保护和环境治理的市场体系。

6. 加强农业农村技术改造提升和新技术应用

加大技术改造和升级的补贴力度,健全涉农技术创新市场导向机制和产学研用合作机制,建立健全农业科研成果产权制度,建立有利于涉农科研成果转化推广的激励机制与利益分享机制。

(课题组成员:孙长学　刘晓萍　陈金明　李文军

刘凡熙　李红娟　王利伟　赵玉峰)

推动城乡融合发展的国际经验研究

中国科学院地理科学与资源研究所

工业化、城镇化进程中的乡村地区衰退是一个世界性难题,无论发达国家还是发展中国家,都存在乡村衰退的问题。乡村衰退成为人类共同面临的全球性挑战。统筹城乡关系,促进城乡融合和乡村振兴发展是工业革命以来各国政府施政的重点,也是社会争论和学科研究的焦点问题。世界上各个国家在工业化、城镇化发展的不同阶段,采取了形式多样的农业农村支持政策,在一定程度上促进了农业农村经济的可持续发展,一些发达国家基本实现了城乡一体融合发展。本报告梳理了欧洲、美国、日韩、中国台湾等发达国家或地区,以及巴西、印度等新兴经济体城乡融合与支持乡村发展的典型做法,总结了它们取得的主要成效与经验,以期为我国实施城乡融合与乡村振兴发展提供借鉴与参考。

一、不同国家或地区城乡融合发展的主要做法

(一)英国促进城乡融合发展的主要做法

1. 农业规模化经营与发展农村中小企业并举

鼓励兴办农村企业和推进农业规模化经营,致力于整合乡村

城乡区域

资源,发展地区优势产业。优惠的农业农村支持政策吸引了大批中小企业向农村地区集中,致力于缩小城乡就业方面的差距,并制定政策鼓励制造业生产工艺创新,培育农村市场。

2. 加大农村基础设施建设和公共事业投入力度

政府重视农村的道路、排灌、水电等基础设施及教育、文化、卫生等社会公共事业建设,对农民进行多元化的职业技术教育,并认为农村核心竞争力在于生态环境优势,先后组织四次全国乡村调查,建立农村生态服务系统。

3. 通过农村信息化建设加强对农村就业和经济发展的服务和指导

英国政府为乡村企业提供各类市场服务和指导,包括增建就业服务设施、就业信息网站、就业培训机构、乡村超高速宽带业务、农村职业介绍网络、农村妇女培训网络等,以减少当前存在的农村发展壁垒。

4. 建立城乡一体化、城乡平等的社会保障体系

英国现代社会保障体系已覆盖其全体国民,即"国民皆保障",不同地域、民族、职业、城乡等之间的社会保障待遇的实质差别亦不存在。

5. 加强城乡统筹规划和支持农业农村发展立法

以农业发展为例,二战之后出台的农业专项法案共有6部,这些法案对于农产品价格制定、乡村劳动力转移和农业发展模式确立都具有极其重要的意义。《济贫法》《定居法》等法律一方面对失地农民进行生活救济,另一方面限制了人口向城市迁徙,减轻城市压力。《1875年公共卫生法》《住宅法》改善了进城农民的居住环境和居住条件。《1947年英国城镇和乡村规划法》《城市规划法》则将城乡统一进行规划,促进了城市基础设施一体化均衡发展。

(二)法国促进城乡融合发展的主要做法

1. 统筹城乡(土地)空间规划

法国现行的国土开发政策将整个国土划分为城市地区、乡村地区、城乡混合区、山区和滨海地区,针对不同类型区的发展特点,分别制定差异化的政策措施和建设计划。如针对乡村地区的政策包括优秀乡村中心政策、乡村复兴区政策、自然公园政策。通过提供发展政策和资助促进优秀乡村中心发展,对于人口密度低、经济社会结构调整转型困难的乡村地区减免税费,对自然资源丰富或有特色乡土文化区域实施保护性资助政策。

2. 推进旅游与农业发展的深度融合,大力发展乡村旅游

为应对乡村地区的衰退,法国政府实施"领土整治",将土地集中进行规模化、产业化经营,推动农业与旅游业融合发展,大力发展乡村旅游。法国乡村旅游的经营主体是"所有的农业开发者和乡村居民",而非外来投资商,法国乡村旅游一直

在政府的主导下发展。通过政府的引导,制定乡村旅游发展的政策措施及总体方针,引导行业协会制定行业规范,进行数据统计和分析。近年来政府管理职能有所弱化,但加强了监管职能。法国政府为促进乡村旅游业的发展,为乡村旅游的经营者设立了相关的税收优惠与财政补贴政策。1955 年,法国政府启动了"农村家庭式接待服务微型企业"计划,为农庄提供经费资助以促进传统风格的民居的维护与修缮。

3. 加大农业保护和补贴力度

从保护环境的观点出发,法国把农业的发展与城市的隔离带、自然景观的保护联系在一起,从政府到农业工作者都在为保护农业而努力。政府对从事农业的人员给予多方面的支持。例如,巴黎大区政府为了保护农业,调整种植结构,出资购买土地,修建基础设施,然后分成两公顷一块的地块以较低的价格卖给农业工作者种植花卉或蔬菜。同时农业工作者还可以在这两公顷土地上建造住房,吸引了众多的农业工作者来此经营。

4. 建设高度发达城乡交通设施与交通网络

法国巴黎大区非常发达的交通系统所带来的效果就印证了这一点,高度发达的道路交通系统有效地促进了巴黎大区城镇化和城乡一体化的发展。坚持城乡一体下的田园城市理念,将农业景观引入城市建设中去,不仅弱化城乡景观差别,还增强城市宜居性。

(三) 美国促进城乡融合发展的主要做法

1. 加强农村基础设施的规划建设

自 20 世纪 30 年代以来,美国一直尤其重视农村的交通、水电、排灌、市场等基础设施及教育、文化、卫生等社会事业的规划建设。经过多年的持续努力,美国大部分农村的基础设施和公共服务水平与城市几乎相差无几,农村基础设施高度现代化,使城乡之间的差距大大缩小。通过大力发展交通方面的基础设施来进一步推进城乡一体化发展,是美国城乡一体化发展的一个重要环节,贯穿城镇化发展的每个阶段。1920—1950 年的城镇郊区化阶段,随着美国大规模援助公路建设政策的推行,遍布全国的公路网尤其是高速公路网迅速建立起来,加之小汽车的大量普及,城镇发展逐步由聚集转向辐射,步入了城市郊区化发展时代,城镇化水平达到64%。1950 年至今的城乡一体化阶段,随着现代交通、通信技术的进一步发展,城镇发展由郊区化进一步分散化,驱动城镇和乡村逐步融合发展。

2. 坚持农业工业协调发展的城镇化道路

美国农业资源非常丰富,取之不尽、用之不竭的肥沃土地资源为美国农业发展奠定了坚实的基础,加之全球范围内吸引、配置劳动力资源的移民政策所带来的人才、技术、资金优势,促使美国农业现代化迅速发展。农业的现代化加快了美国的工业化、城镇化进程。美国农业现代化对工业化、城镇化的促进作用突出表现在:一是为城镇化解决了粮食问题,提供了原料和广大的国内市场;二是为城镇化提供了大量资金积累。同时,美国的工业化、城镇化也非常注重与农业的互动协调发展,又极大地促进了农业的发展。事实上,美国的工业化最早便是从棉纺织业开始的,经过几十年的发展,直到 19 世纪 60 年代前后,以棉毛、纺织、面粉、肉食罐头等行业为主的农产品加工业始终占据工业发展的支配地位。美国从 20 世纪 50 年代后期起,还富有针对性地制定了一系列优惠的郊区税收政策,鼓励城市工厂迁往郊区,也为农村工业化发展创造了有利条件。

3. 通过立法手段加强对农业和农村地区发展的政策扶持

推进农业发展和农村教育立法,颁布《农产品信贷公司特许法》《农业法》《农业安全与农村投资法案》《平权法》《初等和中等教育法》《就业机会法》等法律。美国国会通过了大量有关农业的法律,形成了比较完整的指导农业和农村发展的法律体系。美国自 1933 年颁布农业调整法至今,已形成以农业法为基础和中心、100 多部重要法律相配套的比较完善的农业法律体系。此外,与美国城镇化以中小城镇为主体的国情相适应,美国始终把对农村的政策立法保护作为缩小城乡差距、促进城乡一体化发展的又一重要举措。除了不断直接加大对农村交通、水电、排灌、市场等基础设施及教育、文化、卫生等社会事业建设的各项财政投入和补贴外,美国还把提高农民收入、发展农业农村教育、改善农村发展环境、完善社会保障制度、建立金融和保险体系、实行向农业农村倾斜的税收等作为促进城乡一体化发展的一揽子重要举措,并通过国家立法予以强化和保障,以不断巩固农村地区在国家发展中的基础地位。

(四) 日本促进城乡融合发展的主要做法

1. 町村合并政策

日本政府相继制定、颁布了《过疏地域对策紧急措置法》(1970)、《过疏地域振兴特别措置法》(1980)和《过疏地域活性化特别措置法》(1990)等法规,构成了战后日本过疏对策演进的三个阶段。根据《过疏法》,日本政府实施了产业振兴、公共交通通信体系整顿、教育文化设施整顿、生活设施整顿等计划。

2. 制定和实施扶持农业和振兴农村的法规政策

日本政府最重视农业法规和政策的制定,1950 年,日本制定了国土综合开发法,作为地区发展的根本法。1967 年制定了"结构政策的基本方针",1968 年创设了综合资金制度,1969 年制定了《农振法》,1970 年再次修改了《农地法》和《农协法》,并创设了农业人口养老金制度。为解决农民就业问题,政府于 1971 年制定了

《农村地区引入工业促进法》,鼓励城市工业向农村转移,为农民提供非农就业机会。为了建设农村地域环境,1984 年开始了对《农振法》和《土地改良法》的修改。为规范农村村落及其周边地域土地利用秩序和促进村落的建设,1987 年制定了《村落地域建设法》。为了地区的平衡协调发展,日本还制定了许多针对特定地区(即经济贫困地区)的制度,如《孤岛振兴法》《山区振兴法》《过疏地域对策特别措施法》等。

3. 保护和孵化农业骨干农户政策

农林水产省在 1992 年 6 月公布的《新食品、农业、农村政策方向》中明确表达了对农业人才缺乏后续保障的危机感。以此为契机推出并实施了保护农业骨干农户的政策。并不是所有从事农业的人员都可以称作骨干农户,所谓骨干农户是指能够起到引领区域农业作用的专职、准专职农户和农业经营法人等农业人员。建立孵化机制,骨干农户的孵化机制就是指政府要针对那些有潜力成为骨干农户的农业从业者,在其初级发展阶段,应对他们在技能培训、生活资金援助等方面建立符合各种成长阶段的援助政策。除此之外,日本政府还应该大力提倡农业法人经营企业和村落营农组织积极接收吸纳这些未来可以成为骨干农户的优质年轻劳动力,并对吸纳这些人才的企业与组织给予相应税收方面的优惠、政策上的支持和资金上的援助。

4. 实施六次产业支持政策

自 20 世纪末以来,日本政府致力于推进农业"六次产业化",战略核心是促进农产品的"地产地消",即当地生产的农产品在当地消费,并主要采取两种形式促进农产品"地产地消"。一是尽量用本地生产的农产品作为原料来加工生产,提高本地化农产品的自给率,以此代替从外地引进的农产品加工原料和食品;二是促进本地农产品由主要作为加工原料输出,转变为开发成当地土特产品输出,并以加工产品代替原料产品输出。日本发展"第六产业"有 3 种主要形态,一是产地加工型,即利用本地农产品发展农副产品加工业;二是产地直销型,即由产地生产组织自行建立直销店,培育自产农产品的特色和自有品牌;三是旅游消费型,即发展乡村旅游等。

5. 充分重视发挥农协作用

农业协会在日本的农业发展中发挥了巨大的作用。日本的《农业协同组合法》规定了农协从生产到加工、销售,从设施到金融、保险,从医疗到福祉、生活的几乎涵盖了农业和农村生活中每一个方面的事业内容。农协在农业和农村的发展过程中,能够为成员的生产和经营提供技术支持,并制定本地区农业发展的长期规划,能够把成员的零星产出集中起来有计划地销售,保证农民在市场上处于有利的地位,能为农户统一购买农户所需的生产资料和生活资料,能够提供信贷资金支持并开展了养老保险和医疗保险业务,还能够提供租用大型农用机械服务等。它把分散经营的农民与全国统一的市场紧密连接起来,解决了农民的后顾之忧,又使政府农业政策得到有效落实。

(五) 韩国促进城乡融合发展的主要做法

1. 开展"新村运动"

韩国政府首先投资了 20 亿美元,改善农村生活环境,具体包括:(1)大力改善农村基础设施条件和农村居民的人居环境。1970 年 11 月至 1971 年 6 月,韩国政府为全国所有村庄免费提供 300 袋水泥和 1 吨钢材,要求必须用于包括修建桥梁、公共浴池、修筑河堤和村级公路等。(2)政府着力推行农民增收计划,大力发展农村金融业、流通业,同时政府在收购农民粮食上给予一定的优惠政策。(3)共同出资加快住房建设。通过采取"政府出大头、地方出中头、农民出小头"的出资方式,即中央政府出建房资金的 55%,地方政府出 30%,每家农户出 15%,共同帮助农户贷款建房。(4)进一步优化农业结构。如"一社一村"运动的兴起。"一社一村"就是一家公司企业自愿与一个村庄建立交流关系,对其进行"一帮一"的支援。

2. 工业反哺农业,发展农村非农产业

韩国政府自新村运动初期便开始鼓励农民发展畜牧业、农产品加工业和特色农业,利用有限的农业资源集中生产高附加值的农产品,促进农业产业结构向"高层次产业结构"转变,扩大经济效益,提高出口创汇能力,增加农民收入。并通过政府投资、政府贷款和村庄集资的方式建立各种"新村工厂",大力发展农村工业,扩大生产,把原来家族式的小农经济转化为以面、邑为单位的集生产、销售、加工等各环节于一体的综合经营,韩国政府还为此制定了预约价格制度,即采取合同栽培法,保证商品农业及工业原料的供应,使非农产业收入大大增加,推动农村的工业化发展。

3. 大力发展乡村旅游

乡村旅游在韩国政府 1994 年颁布的《农渔村整备法》修订后的第六章第一节"农渔村观光修养资源开发"中首次得到了定义。于 2008 年颁布的《关于促进都市与农村之间交流的法律》以法律形式定义了农渔村体验业和休养村庄业,并规定对上述业务实行"农渔村民宿注册登记"制度,为促进农业观光发展奠定了基础。韩国政府以行政援助、项目运作为主要方式实施乡村旅游政策,并建立"一人一村"的专家咨询系统,加强部门协调,从 1984 年开始韩国相继出台了一系列农村观光政策。

4. 建立城乡一体的社会保障制度

1995 年 7 月开始,韩国农民和渔民可义务加入国民年金。为鼓励农民 65 岁后把土地交给更有能力的人耕种,产生更大的经济效益,国家规定,农民 65 岁后应无偿把土地交给他人耕种,国家按土地面积(每人每年每公顷)补给农民 300 万韩元,直到死亡为止。韩国的医疗保险面向全体农民,1963 年,韩国颁布了第一部《医疗保险法》,1998 年开始在全国农村强制实施,覆盖 90% 的农民,另外 10% 的贫困农民由政府提供医疗救济费用。

(六) 我国台湾地区促进城乡融合发展的主要做法

1. 进行农业深层次改革、提高农业生产效率

台湾加大对农业的投入,依靠科技进步,推动农业升级,提高农业劳动生产率。同时,建立健全农村土地承包经营权流转市场,推行共同经营、委托经营、合作经营等模式,扩大农业经营规模,建设专业农区,推广应用农业机械,加快农业机械化进程,实现农业的规模经济。为了加快离农就业的步伐,台湾取消户籍制度,让农业劳动力在城乡之间、地区之间享有充分流动的自由和同等的就业机会,进而加快城市化、工业化发展。对大陆现阶段来说,提高农村转移劳动力的就业水平是长久之策。台湾从 20 世纪 50 年代开始了第一次农业土地改革,释放了农业生产力。1981 年起,台湾开始通过扩大农场规模、实行农地重划、提高农产品价格增加农民所得,加强推行农业机械化及改进农产品运销等几个方面的第二次土地改革。农地重划对台湾农业的专业化、机械化起了决定性作用,至农地重划末期的 1986 年,台湾农业生产全面实现机械化。80 年代后期,台湾制定和实施了"农业升级计划",发展农业科技,建设精致农业等,促进农业结构优化,提高农业经营效益和农民收入。

2. 鼓励中小企业大量发展,为农业劳动力转移提供出路

台湾对中小企业大力支持从而促进其蓬勃发展是实现农业劳动力转移的主要途径。台湾当局减少对新建企业在资金、技术和市场等方面的限制,并给予优待,通过不断修订《中小企业辅导准则》,建立了较为完备的中小企业辅导体系。中小企业是解决台湾就业的主要途径,到 1993 年,中小企业中就业人数占总就业人数的 80%。中小企业吸纳了大量农业部门转移劳动力,1953 年到 1991 年的平均失业率仅为 2.39%。

3. 加大教育的投入力度,提升人力资本价值

台湾在提高农业劳动力和农业转移劳动力上做了大量细致的工作,主要包括提高务农人员专业技术,通过学校和农会,培养农业经营管理人才、农业应用技术人员、农业科学实验研究人才等;对农业转移劳动力以职业教育、技能培训为主。

4. 建立健全农村社会保障制度

台湾当局 1988 年开始组织人员规划"全民健康保险",并于 1995 年正式实施。

农民基本上可以享受免费的医疗。在养老方式上,到2000年,子女奉养占老人生活来源比例下降至47.1%,农民主要通过社会津贴、社会救助和敬老福利津贴的方式获得养老保障。

5. 加大对农业的财政投入和金融投入

通过财政拨款及银行贷款,加强农村基础设施建设,提高农业基础,实施了四期经建计划,从财力上保障了城乡差距问题的缓解。运用财政拨款,平稳粮价,降低粮食价格波动带给农民的损失,实施稻谷保证收购制度,保证农民利润和收入。同时台湾当局通过贷款辅助扩大农业规模化、机械化,提高农业劳动生产率。

(七) 印度促进城乡融合发展的主要做法

1. 高度重视乡村发展建设立法工作

印度乡村建设管理法规体系总体还处在初级阶段。作为发展中国家的印度在制定乡村发展政策时,必须从现实出发。与城市相比较,农村较为贫穷,经济社会发展相对落后,因此政府制定规划和政策时的出发点主要是改善现有状况,而不是重新规划建设。在1960年,城镇和乡村规划组织出台过《城镇和乡村规划法范本》。1985年修订后改名为《区域和城镇规划与开发法》,作为配套措施,城市发展和减贫部出台了《城市和区域规划和开发法范本》,其中提出了对乡村地区宏观发展战略和规划管理的总体要求。2005年,印度政府提出了一个新的农村建设总体规划——《印度建设》。这一总体规划将正在实施中的名目繁多的农村工程整合,提出农村基本建设的六个方面,即道路、灌溉、供水、住房、通信和电力供应。

2. 着力建设乡村规划信息系统

印度已经建立起这样一个网络信息技术平台。该信息系统以人口普查的村级统计数据为基础,包括人口统计数据和村级基础设施基本状况,如教育基础设施、医疗卫生设施、饮用水设施、邮政、电信、银行、文化娱乐设施、电力供应、报刊投递等。这一系统覆盖全国,可以为各级自治机构在制定规划和决策时提供基本信息,也可以为中央或邦政府各部门、研究机构、非政府组织提供所需信息。我国也应尽快建立覆盖乡村地区的国家地理信息系统,利用这一信息技术平台,实现乡村地区的科学规划和建设管理。

3. 推行乡村综合开发运动

印度政府为了改变农村严重贫困的状况,从20世纪80年代开始,在全国范围内推行乡村综合开发运动,其战略着眼点是缓解乡村的贫困,制止农村人口的外流。具体措施有:一是发展农业技术,推进"绿色革命",提高农业生产水平;二是发展劳动密集的手工业和乡村工业;三是在农村中心大力建设以工业为主体的小城镇;四是合理调整村庄的规模,着力解决农民的住房问题。印度农民经营的土地极为分散,既不利于耕作,又不利于应用现代农业技术。于是,印度通过开展"乡村综合开发运动",逐步合并分散的地块,以利管理和耕作。随着土地的合并,在若干零星小村之中也联合形成了一些新型居民点。在调整村镇规模的过程中,印度又采取开发援助的形式,向农民提供贷款,改造住房,建设公共设施,推广低造价的建筑材料,大力发展农村能源。

(八) 巴西促进城乡融合发展的主要做法

1. 制定出台鼓励农村发展的政策措施

巴西政府重新审视了农业发展方向和农村建设思路,调整农业政策,以土地改革为核心,重点解决农村贫困,并推出了相应的政策与措施。巴西政府通过法律对大农场闲置土地予以强制征收,将征收的土地分配给无地农民,让无地农民有安居乐业的"根据地",另外一条措施是鼓励农民开垦荒地。从 20 世纪 60 年代起,巴西政府就通过"全国一体化计划",鼓励地少人多、农业发达的地区向西部和北部移民,开发新的农业耕地,以解决农村富余劳动力的出路。

2. 走特色农业专业化、规模化发展道路

20 世纪 70 年代中期后,巴西为提高农业生产率,提高生产技术水平,开始走农业生产工具机械化、耕种科学化、农田化肥化的道路,短时间内成为农产品出口大国。巴西在进行产业结构调整的过程中,从宏观上引导农业专业化生产的发展,为专业化生产提供优惠政策和技术服务。

3. 加强农村基础设施建设,为农民提供社会保障

1988 年,巴西建立了农村养老金制度,1991 年颁布了实施细则,鼓励农民加入社会保障体系,对缴纳社会保障金的农民给予优惠的税率。

二、对我国推进城乡融合发展的启示

第一,深化乡村和城乡融合发展理论认知,明确乡村地域类型及其发展阶段,因地制宜地实施乡村振兴战略。从人类文明发展的历程来看,城乡关系本不是对立的、割裂的,而是互动的、一体的。在人类社会的历史长河中,城乡关系失衡与矛盾出现在工业化和城镇化发展过程中,这种矛盾和失衡应该是暂时的,是城市发展速度快于乡村地区,是区域要素资源优化配置过程中的产物。因此,从本质上来看,城乡关系的不平衡是阶段性的。在这一阶段过程,城市化快速发展,优势要素资源不断向城镇集聚,城乡关系矛盾的核心是城市化发展的效率主导倾向与城乡均等化的公平主导的发展倾向之间的矛盾。在上述理论认知的基础上,明确划分

乡村地域类型区,评价不同类型区乡村发展的阶段性特征和城乡关系融合程度,因地制宜、分类分步实施乡村振兴战略。我国地域广阔,自然地理类型复杂,区域经济发展差异显著,乡村发展的类型模式不同、发展的阶段不同,"三农"问题和城乡关系矛盾的重点不同,实施乡村振兴的具体措施和路径也应不同。

第二,实施乡村振兴战略必须坚持支持乡村振兴的法律法规和规划先行,通过科学合理的规划体系和完善的法律法规保障战略落实到实处。从发达国家的经验来看,有效实施乡村振兴和城乡融合发展,必须有强有力的法律法规和规划做保障。这是因为,从城乡关系的本质特征来看,现阶段农业、农村和农民仍然是处于弱势,城市效率优先发展的趋势仍在不断强化,没有强有力的法律和规划做保障,乡村振兴战略难以落地实施。乡村振兴规划和相关法律法规的制定一般有两种模式,一是总体规划控制,法律法规做保障,如德国、英国制定了全国统一的乡村发展规划,与之相应不断完善保护农业农村、优先支持农业发展的政策法规,保障规划的顺利实施;二是将乡村振兴总体规划直接上升到法律法规层面,形成实施乡村振兴的法案,从法律法规层面明确乡村振兴的重点和任务,如日本在乡村发展过程中颁布了农业和乡村振兴法案、町村合并法等,法案中明确提出了对不同类型乡村的教育、财政和公共基础设施的支持政策。

建议全国层面制定并出台乡村振兴总体法案,明确乡村振兴的法律地位和目标导向。在此基础上,理清乡村振兴与现有经济社会发展的任务的关系,理顺和完善乡村发展规划体系,做到高起点定位规划、多部门协同规划、多主体参与规划、多措施保障规划,实现多规合一、一张蓝图落实乡村振兴。在国家乡村振兴发展的指导下,建立规范有序的乡村振兴规划体系。

第三,保护和政府补贴是乡村振兴的关键措施,在保护中提升乡村功能和价值,在补贴支持下促进乡村经济、社会、文化可持续发展,最终实现城乡等值融合。在快速工业化城镇化过程中,由于效率优先的发展导向和城市对乡村要素资源的快速集聚或侵占,农村被认为边缘化地区、农业是弱质产业、农民是弱势群体。各国的城乡融合发展与乡村振兴的核心措施是保护和财政补贴政策。保护主要体现在三个方面:(1)对农田的保护,确保农业持续发展和粮食安全;(2)对生态环境的保护,乡村被定义为城市的开敞空间,通过用途管制、红线控制和空间管制等措施增强对乡村生态环境保护,提升乡村的生态功能与价值;(3)对乡村文化与景观的保护,许多国家和地区制定了专门的乡村文化与景观报告法规,从文化、景观、艺术等视角强调农业农村的社会文化价值。财政补贴(转移支付)是所有发达国家乡村振兴政策的基础与核心,资金来源与预算额度决定着对农业农村的支持力度。一般情况,补贴的重点包括三个方面:(1)对农业生产的补贴,包括减免农业税,提供免息贷款以及价格补贴、贸易保护等;(2)对农民的补贴,包括住房、养老、教育、医疗等补贴;(3)对农村基础设施和公共事业的补贴,包括交通道路、养老设施、公共服务设施等。

从城乡关系的本质特征来看,保护和补贴政策是促进乡村可持续发展有效措施。发达国家地区农民数量比重很小,农业在国民经济中的份额很低,保护和补贴政策实施的难度和压力较小。但是,现阶段应充分认识到我国仍处于工业化城镇化加速发展时期,认识到当前我国农村还有大量农业人口,认识到按人均 GDP 水平计算仍处于发展中国家行列,较高水平的保护和补贴支持政策很难做到。因此,应研究制定适应当前发展阶段的保护与财政支持措施,既要弥补农业农村发展的不足,又要激发其内生发展动力,既要保护好乡村的绿水青山,又要发挥其应有的产出效率和经济价值。

第四,无论发达国家还是发展中国家,都将农村基础设施建设与改善作为乡村振兴与发展的核心任务,农村公共从基础设施的建设和改善是促进城乡平等、一体、融合发展的最直接措施。城市和乡村直观的差别在于乡村基础设施严重滞后城市地区,以及由此所造成的城乡生活水平的差距。因此,加大对乡村地区公共基础设施的建设力度是促进乡村持续发展的共识。从发达国家乡村建设的实践来看,农村公共基础设施的建设和改善是促进城乡平等、一体、融合发展的最直接措施:一是直接改变乡村面貌,方便农村居民生产生活,提高农村居民的获得感和幸福感,促进城乡平等;二是农村基础设施的改善,方便了乡村与城市的互联互通,有利于乡村与城市物质与信息的交换,直接促进了城乡一体融合发展。

第五,乡村产业持续发展是乡村振兴发展的基础。从发达国家的实践来看,乡村产业支持的重点在于农业和乡村旅游业,促进农村产业融合发展。工业化、城镇化的发展促进了城乡劳动地域分工,农林牧渔业集中在乡村地区,制造业、服务业等集中在城镇地区。这一分工是由产业发展的基本规律决定的。从发达国家的实践来看,乡村产业支持做法包括三个方面:一是补贴支持农业;二是大力发展乡村旅游;三是推进三次产业融合,将产品加工业也留在农村,增加附加值。事实上,农村产业发展的难点在于农村人才的流失、人口的老龄化和区位条件的不利。此外,农村生态环境是乡村景观和价值所在,是农村产业发展的本底资源,同时也是制约农村产业发展的主要因素。鼓励和支持农村地区发展生态经济,走生态产业化、产业生态化的发展道路,实现保护与发展双赢。

（课题组成员：王介勇　刘艳姣　王大伟）

推动城乡融合发展的
政策取向研究

中国人民大学经济学院

一、城乡关系的新特征：从"乡土中国"转型为"城乡中国"

（一）经济结构快速变迁加速了城镇化进程

我国经济结构的持续调整推动了城市化进程。第三产业增加值对国内生产总值（GDP）增长的贡献率，从 2002 年的 33.7%增长到 2017 年的 58.8%，最终消费支出对 GDP 增长的贡献率同样达到 58.8%。第一产业在国内生产总值的比重从 2000 年的 15%降到 2017 年的 7.9%。从产业结构看，我国从过去主要依靠工业拉动转为工业、服务业共同拉动；从需求结构看，我国也已从主要依靠投资拉动转为投资和消费共同拉动。

经济结构的变化推动了城市化的快速发展和农民就业的改变。由于城市主要承载第三产业和主要的消费，农村主要是第一产业，经济结构的变化带来了城镇化和就业结构的变化。2017年，中国基于常住人口统计的城市化率已达 58.5%，基于户籍人口统计的城市化率 42.3%。从农业劳动力的就业份额看，第一产业占比从 2000 年的 50%下降到 2016 年的 27.7%。

城乡区域

农民工的跨省流动占据了外出农民工的较大比重。1996—2010 年,跨省流动农民工从 2330.9 万人增加到 7717 万人,占外出农民工的比重从 32.5%提高到 50.3%。中西部地区成为支撑出口导向工业化的廉价劳动力输出基地,中部地区跨省流动农民工所占比重高达 69.1%,西部地区跨省流动农民工占 56.9%。2010—2014 年农民工监测数据显示,举家外出农民工的数量和占比都在不断增长,2014 年,举家外出的农民工占外出农民工总量的比例达到 21.27%。

(二) 城乡要素从单向流动变为双向互动

城乡间的要素流动由单向地流向城市变为城乡互动。在城乡二元体制下,中国城市化的特征是劳动力、资本与土地从乡村单向流入城市,但是城市的人才、资本和技术下乡则面临种种制度障碍。近年来,伴随沿海部分地区经济发展速度下降及乡村旅游产业的发展,生产要素在城乡之间的双向流动逐渐增强。

资本下乡的速度和规模在增加,全国银行业金融机构涉农贷款投放,从 2007 年的 61.2 亿元,增长到 2016 年的 280.2 亿元。部分劳动力从沿海流回内地,大城市及旅游景区附近对乡村建设用地的需求在增加。

伴随城市收入水平和基础设施的提升,在很多远离城市的乡村甚至偏远地区,休闲农业和乡村旅游得以快速发展。据统计,休闲农业和乡村旅游的游客数,从 2008 年的 3 亿人次增加到 2015 年的 22 亿人次,在国内旅游业中的比例也迅速从 2010 年的不到 20%增加到 2015 年的 55%。

(三) 城乡之间的分工与互联互通增强

伴随城乡互动的增强,大城市、城镇与乡村的分工日益深化。城乡中国展现新的格局。

大城市因具有集聚、效率、创新、知识、产业、就业等方面的优势,为大部分城乡人口提供了就业机会并创造了收入,并形成一定规模的城市圈或城市带;乡村的分化将进一步加剧,大部分乡村衰而未亡,但仍有部分乡村在城乡互动中复活与振兴;城乡之间,将有部分县或镇承担城市产业转移等功能,发展成为城乡之间的驿站或过渡地带。

农业与部分工业及乡村旅游融合,呈现出更多样的产业形态。伴随农村产业的多样化,乡村出现了以旅游度假等为代表的多样的功能和形态。城乡之间的互动持续增强,分工与互补持续提升。

(四) 农民与土地及村庄的关系发生分化

伴随经济结构的转型,农村的社会结构也发生了分化。这种分化在代际之间表现得尤其显著,集中体现为"农二代"离土出村不回村。

20世纪50年代至70年代生的"农一代"进城的方式,大部分并没有变为城市居民融入城市,而是形成了数量庞大的"两栖人口",季节性往返于东部地区和内地农村之间。"农一代"即使来到城市,也是把赚到的钱带回村里建房娶妻。

与父辈不同,20世纪80年代、90年代出生的"农二代"已经没有农业生产经验,89.4%的新生代农民工基本不会农活,对土地的感情不深。"农二代"流动范围更广,跨省外出比例达到53.7%,比上一代农民工高出6.9个百分点。"农一代"多是个体进城打工,"农二代"更多是举家迁徙。"农二代"走出乡村后,不把钱寄回来,寄回村的收入仅占外出从业总收入的37.2%,比"农一代"低14个百分点。"农二代"不在乡村盖房子,大部分结婚时在县城买房子,有不少在县城办婚礼。

"农二代"不仅离土出村,而且不返农、不回村,就业在大城市与县城,与城市居民有相同的生活方式和价值取向。人口不断城市化的结果是村庄人口密度下降,人口稀疏和老龄化,呈现出破落的景象。

(五) 农民的城市权利依然大量缺失

尽管"农二代"渴望融入城市,但城市的权利并没有向他们开放。"农二代"无法获得与城市居民平等的居住、教育、医疗、养老等权利。近年来,成都、杭州、武汉、西安等城市开展了人才争夺战,大幅降低落户标准,但也仅仅是针对有学历的"人才",仍无法做到向全部外来乡村人口开放落户的"零门槛"。

教育方面,20%以上的农民工子女无法入读全日制公办中小学。不少在城市接受过完整义务教育的农民工子女,无法参加中考和高考。医疗社会保险方面,农民工参加职工基本医疗、城镇职工基本养老保险、失业保险的比例很低。住房保障方面,城市保障性住房基本不对农民工开放,农民工公积金缴存率也很低。同时,农村"三留守"问题突出。

在2017年,常住人口城镇化率与户籍人口城镇化率的差距达到16个百分点。这意味着,2亿多农民工进入城市居住生活,但未享受与城镇居民相同的教育、就业、医疗、养老、保障性住房等社会保障和福利待遇。

面对较高的城市住房和租赁价格,外来农民工向城乡接合部和城中村集聚。但是,城中村的建筑属于违法违规建筑,面临被拆除的风险,严重阻碍了城市向农民开放权利的进程。

(六) 城乡空间密度过低带来了巨大挑战

伴随人口流动,快速的老龄化和生育意愿的下降,中国城市和农村的低密度,已带来新的经济与社会问题。

城市方面,土地财政带来的城市"摊大饼"的扩张方式,致使城市尺度过大,公共服务入不敷出,地方债务快速增长。地方政府的土地抵押面积和金额从 2008 年的 16.6 万公顷和 1.8 万亿元提高到 2016 年的 49.08 万公顷和 11.3 万亿元。人口向大城市的聚集提高了整个国家的聚集度,提高了生产率和居民收入,并带来了大城市繁荣。但是,在我国的政治经济体制下,行政城市并不消亡,大量中小城市的人口流失却加剧了地方债务危机和公共服务的困境。中西部地区出现了大量"空城""鬼城"。

乡村方面,城乡二元体制限制了人口进城,伴随大量农村人口进城,致使出现了许多空心村、村庄数量大幅减少,农村聚集度有所提升。全国行政村数量从 1985 年的 94.1 万个减少到 2016 年的 52.6 万个,减少了 44%;全国自然村数量从 1990 年的 377 万个降到 2016 年的 261 万个,减少了 30%;村民小组数量从 1997 年的 535.8 万个减少到 2016 年的 447.8 万个,减少了 16.5%。在村庄减少的同时,居住在乡镇的农村居民比重在上升。2010 年以前,乡村零售额与城镇零售额,占农村地区总零售额的比重分别为 65% 与 35%,但是在 2010 年,这两个比例分别变为 58% 与 42%,并在之后保持了稳定的比例。农村地区农产品自由市场的数量,从 2013 年的 10.6 万个,下降到 2015 年的 9.3 万个。相比之下,面积超过 50 平方米的超市面积,从 2013 年的 44.9 万个上升到 2015 年的 47.9 万个。

尽管城乡聚集度的上升优化了城乡资源的配置,但是因城市和农村在体制上衰而不亡,在密度较低地区,城乡居民养老、医疗、教育、房屋空置,以及政府债务提出了不小的挑战。

二、阻碍城乡融合的体制机制

乡土中国到城乡中国的新特征,增加了城乡之间要素的对流与互动。城乡之间的分工日益深化和明确,既互联互通,又互为补充。"农二代"离土、出村、不回村,在居住、就业、生活和价值观上日益融入城市,而城市居民也更多地参与了乡村休闲和旅游,城乡融合日益深化。但是,既有的体制机制阻碍了城乡融合的深化,带来了一系列问题。

(一) 分割城乡的土地制度

1998 年修订的《土地管理法》标志着土地制度体系的建立。其主要内容包括:(1)实行土地公有制,但国家可以征收集体所有的土地;(2)城市国有土地的有偿使用制度;(3)严格控制农地转为非农用的指标制度体系;(4)对包括宅基地在内的农村建设用地转让权的限制;(5)建立了垂直的土地管理组织,包括各地的土地管理局和土地监察制度。

土地制度体系的建立,统一了城乡土地管理体系,降低了土地管理的体制成本,提高国土部门在体制内的重要性。但是以保护耕地为名对农村建设用地的限制,却提高了农村土地的交易费用,割裂了统一的城乡土地市场。城乡之间的土地交易市场被关闭了。土地制度变为一套向城市开放、向农村封闭的权利制度体系。农村最重要的土地资源,无法与城市资金相结合,阻碍了资本下乡的规模,农民也无法借助土地与房屋市场来提高财产性收入。

2015年,全国城镇居民人均财产净收入为3042元,农村居民人均财产净收入只有252元。也就是说,城镇居民经由出租、出让房屋等资产所获得的收入,是农村居民的12倍!巨大的收入差距,致使农民离土离乡,村庄日益呈现凋敝的景象。城乡差距的根源是城乡土地市场的分割,农民的土地和房屋无法为其创造合法的财产性收入。

(二) 以成员资格无偿分配为核心的宅基地制度

改革以来形成了一套独特的宅基地制度。一是宅基地的权利安排。集体拥有宅基地的所有权,掌握宅基地的分配权、拥有未分配宅基地的控制权以及建设用地的收益权;农户拥有宅基地的使用权,依法占有和使用宅基地修建住宅的附属设施,但是一户只能拥有一处宅基地、出卖出租房屋后不得再申请;农户拥有房屋的所有权,但受制于房地不分,不具有转让权。二是宅基地权利的获得与分配的封闭性。只有集体经济组织成员才有资格申请与获得宅基地,并且只要是集体成员都能无偿获得宅基地。但是,农户只有宅基地的占有权和使用权,无收益权和转让权,集体内部成员之间不能交易宅基地的使用权,非集体成员更无法通过交易和转让获得宅基地使用权。三是宅基地受制于用途管制和政府审批。集体拥有土地的所有权,但同时受制于政府的规划管制。为了防止农民建房占用耕地,1998年的土地管理法规定,农民盖房受乡村规划和土地用途管制的约束,需要层层审批。

然而,既有的宅基地制度,限制了农民宅基地的转让权,也带来了农村土地的闲置浪费和村庄较低的聚集度。一是无偿取得和一户一宅带来了宅基地的闲置浪费。不少农民已在县城买房甚至举家去城市居住生活,但因具有集体经济组织成员权,以及宅基地的无偿取得,仍占有农村的宅基地。宅基地的无偿取得,也使户均宅基地面积过大,导致了宅基地的大量闲置和浪费,更不利于保护耕地。以四川省泸县为例,全县闲置宅基地2.75万户,占农村总户数的10%,面积0.15万公顷。二是一户多宅较为普遍。2016年,泸县人均宅基地面积170平方米,从2012年至

2016 年,泸县一户多宅占总户数的 30%左右。三是宅基地私下交易、出租大量存在。一些举家进城或有闲置宅基地的农户将宅基地私下出租给其他农户或经营者。泸县农民租赁收入占农户财产性收入的比重达 25%。如果放开宅基地转让权,农民的财产性收入会有更大提升。

城乡融合对宅基地制度的变革产生了更大的需求。一是城乡互动和乡村旅游的发展,要求土地的集中、乡村的重新规划,基础设施的升级,这都要求宅基地的重新布局。二是村庄集聚的需求,分散的宅基地和村民的相对集中,才能解决村庄老龄化及人口稀疏的问题,并用宅基地复垦得到的建设用地指标换取村庄建设的资金。三是城镇化的发展也需要将闲置浪费的宅基地以建设用地使用权的形式转移至城市附近。

(三) 城乡分割的规划制度

多年以来,城市已形成了一整套规划制度,对土地入市有着较为准确的规划指引。土地入市要符合规划,而只有获得土地使用证的投资者也才会继续申请建筑、消防、卫生等部门的规划许可。然而,由于农村土地产权和市场的残缺,集体土地即使符合规划也得不到合法的土地权证,农村土地价值也得不到体现,从而使村庄、使用者和政府部门都缺乏积极性编制和实施准确的规划,现状用途与规划用途之间往往存在较大的偏差。

对于已有社会资本进入的乡村,普遍反映村镇规划编制技术导则僵化。例如,将农村产业用地细分为商业服务业设施用地和生产仓储用地两大类,细分后对农村产业招商限定太死,不适应小城镇产业发展。乡村人口密度低、企业小、需求变化快,不适合采用细分且静态的规划体系,对相关产业不宜规定太死。

村庄缺乏积极性制定符合土地利用规划的村庄规划,土地的实际使用者也没有激励要求调整规划,政府部门之间也缺乏统筹协调的动力。例如,德清县禹越镇天皇殿村现状建设用地与土规符合的仅 43.2%,与村庄规划符合的仅 16.7%。同时,国土、规划、发改、环保、农业、林业等多个部门都制定了相应的规划,集体土地入市需要满足多个部门产业布局、规划管控的要求。国土部门负责的土规和建设部门负责的村规之间往往存在村庄建设用地规模不统一,空间布局不统一。例如,村规农居点用地中有土规中的非建设用地、基本农田和复垦图斑,而土规的部分新增农村建设用地又安排在村规农居点范围外。党的十八届三中全会要求在符合规划和用途管制的前提下开展集体土地入市改革。要建立城乡统一的建设用地市场,就需要将集体土地的现状用途与规划用途一致,也需要促进土规、村规等多项规划的协同一致。

（四）向农民封闭城市权利的户籍制度

"农二代"渴望融入城市,但是城市政府通过户籍制度拒绝给农民一视同仁的城市市民资格。目前,中小城市特别是中西部地区中小城市基本放开,但是农业转移人口集聚较多的大城市、特大城市和超大城市,落户门槛较高。农民需要缴纳一定年限的城镇社保,并在积累足够的分值后,才能争取有限的落户指标。

缺乏户籍身份,"农二代"就无法享受与城市居民平等的教育、医疗、养老、保障性住房、社保等多项权利。城市的多项福利与户籍挂钩,有条件让农民工落户,实际上是不愿意分享城市的多种城市权利和福利。教育方面,20%以上的农民工子女无法入读公办中小学。不少在城市接受过完整义务教育的农民工子女,无法参加中考和高考。住房保障方面,城市保障性住房基本不对农民工开放,农民工公积金缴存率也很低。不具有城市户籍,在许多大城市,农民就无法购买商品房,更享受不了城市福利的廉租房。"农二代"与"农一代"不同,他们具有与城市相同的生活方式和价值观,不愿也不可能回村。权利封闭体系下的户籍制度,成为限制"农二代"实现城市权利的重要制度。

（五）向城市元素封闭权利的乡村治理体制与秩序

城市的权利向"农二代"封闭,乡村的权利向城市人才和资金封闭。长期以来,我国在农村实行的是村庄自治制度。"三级所有、队为基础"的集体土地结构与传统中国乡村以"熟人社会"为基础的宗族秩序相结合,带来了权利封闭的社会秩序。村外的人才和资金不被当作"自己人",无法获得足够的信任,难以融入乡村。其表现是,社会资本下乡盈利较差。进入乡村的企业家不得不花费大量时间和精力用来与当地农民和政府打交道。例如,成都和盛公司的小城镇建设项目,从立项到获得土地使用权证就需要17个月的时间。和盛公司一半的时间用于处理与当地村庄和政府的关系。另一方面,乡村人口流失不仅带来的是空心化,"公"的部分也被抽空,结果是大量村庄出现以私侵公或以公肥私等现象。

在城乡中国格局下,城市的资金人才等更多的外来元素进入乡村,乡村的人际规则与公私秩序面临重构。外来人需要更多地参与乡村治理和公共服务。传统乡土中国那种以人情维系的"熟人社会""差序格局"和"礼治秩序"等为统合规则的乡村社会需要塑造身份性更弱、对陌生人更加一视同仁的新秩序。村庄的治理结构和治理规则需要更加包容开放,建立权利开放的秩序与规则。村庄与城市的治理模式将进一步融合,以协调解决跨越城乡区域发展的共同问题。乡村是否构建与城市相同的社区治理模式,党支部、集体经济组织与村民自治三级之间的关系怎样变迁,自治、法治、德治的治理体系如何构建等,都是在城乡融合的背景下未来村庄治理面临的重要问题。改革不但要向更多的乡村居民开放城市权利,也要将更多的乡村权利向城市居民开放,从而促进统一市场的建立和资源要素的流通。

三、建立健全城乡融合体制机制和政策体系的建议

城乡互动阶段的到来,为矫正中国传统发展战略导致的城乡二元结构与体制创造了机会。协调发展的关键是城乡融合,其关键是消除城乡之间的体制机制障碍,建立起权利平等、开放互通、互补互促的城乡社会经济发展的新格局。促使城乡人口、技术、资本、资源、土地等要素融合,互为市场,互相服务,逐步达到城乡之间在经济、社会、文化、生态、空间、制度上的协调发展。

(一) 修改《土地管理法》,建立城乡统一的土地市场

建立城乡统一的土地市场,不符合公共利益的用地不得动用土地征收权,对被征土地实行基于区位的市场价补偿。借鉴东亚地区经验实行区段征收等多种方式,保证农民土地开发权益和土地归公收益。借助多规合一,通过政府与村庄基层上下联动,促进集体土地合规入市。明确入市主体,"明确所有权、保留发展权、统一使用权"。实施包括就地直接入市、调整入市、城中村整治入市等多种入市途径,以及出让、租赁、作价入股多种有偿使用方式。制定城乡统一的入市规则,将集体经营性建设用地统一纳入县公共资源交易中心交易,在具体交易流程和规则设计上,基本参照国有建设用地市场。建立村集体经济组织入市民主决策机制。按照土地级差收益形成原理在国家、集体和农民个人之间公平分配土地增值收益。建立不同土地用途转换价值分配规则,探索建立土地用途交易市场。通过土地增值价值捕获解决城市基础设施建设投资。建议借鉴发达国家土地管理制度,探索取消土地年度计划和用地规模控制,实行基于国土空间规划的资源弹性管制。

完善"城乡建设用地增减挂钩"机制。提高增减挂钩项目验收效率,降低土地复垦项目资金成本。探索将农村集体建设用地整理项目节余的指标跨省公开交易、按规划落地使用。鼓励有条件的农户有偿腾退宅基地。在充分尊重农民意愿的前提下,支持农民开展零星集体建设用地整理,节余的建设用地指标作为规划计划指标安排在城镇规划建设用地区,将农用地转为建设用地,用指标转让收益作为农户腾退宅基地的补偿。积极探索解决历史遗留问题,鼓励缺少农转用指标的居民或村组,通过指标交易办理产权证,提升居民住房的财产性收入。

探索在城市规划区以内的范围,在集体土地上不通过征地建设城市。缩小征地范围,限制地方政府通过调整城市规划扩大征地边界。鼓励集体建设用地使用

权人在符合土地利用总体规划、城乡规划和产业发展布局规划的前提下,通过自主开发、公开转让、参股合作等多种形式开发集体建设用地,建立集体土地上的城市与工业园区,发展农产品加工产业、旅游娱乐、商业服务、工业仓储等。

建立集体建设用地用于工业、公益事业的补偿机制。促进集体建设用地享受国有土地开发同等的税收优惠、低价补贴等政策。完善吸引社会资本、金融资本参与集体建设用地开发利用的政策措施,探索集体建设用地使用权抵押融资的有效途径。

(二) 改革宅基地制度和村庄制度,实现乡村振兴

乡村振兴并非撒胡椒面一样地促进所有的自然村和行政村发展与活化,而是将资源集中用于保留和发展具有历史、文化、资源潜力的乡村,让地理位置较差、不具备居住条件及缺乏历史文化资源的乡村自然消亡。只有一些乡村消亡,人口、资金、游客等资源才会集中用于发展有希望和有潜力的乡村,乡村也才会有适度集聚,从而提供有效的公共服务,加强生态环境保护。

实现乡村振兴的关键是建立宅基地有偿使用制度,赋予农民充分的宅基地转让权。人才和资金下乡,是乡村活化的关键。通过宅基地的跨区域转让、有偿使用和有偿退出,吸引人才、促进乡村的重新整合和人口的适度集中居住。

改革宅基地的取得方式,定人定面积,确定并固化成员资格,并对法定宅基地确权。实行差别化的宅基地有偿使用制度。节约有奖、超占有偿,制订一户多宅的收费办法。对偏远没有价值和废弃的宅基地,与城乡增减挂钩项目结合,通过市场化的指标交易平台复垦宅基地,将资金用于乡村或农业发展。允许宅基地和农房跨区域使用及交易。允许村民跨区域使用宅基地,允许村民的住宅在县域甚至更大的范围内流转。制订宅基地有偿退出的办法。明确宅基地退出类型和退出方式,核定退出宅基地的补偿标准,规范退出程序,为退出农户提供激励,并为退出宅基地的农户提供居住保障。制订宅基地增值收益分配机制。界定农村宅基地的收益范围、收益分配对象、分配比例和程序。探索宅基地向集体经营性建设用地转化的途径。

对于人口大量流失的乡村,通过宅基地制度改革实现人口的集中居住。通过撤乡并村,促进乡村适度聚集。实现从一户一宅向住有所居转变,鼓励自然村向中心村集聚,引导农民建房向小城镇和中心村集中;按照"定人定面积"的原则,确定建房标准;改革审批程序,将村民建房的审批权下放到乡镇政府;在市域或县域范围内,对宅基地进行总量管控和有偿调剂。

(三) 实施多规合一,建立城乡一体的规划制度

由新组建的自然资源部编制新的国土规划,作为国家规划体系的上位规划,实

现多规合一。新规划包括主体功能分区,城乡建设和重要产业布局,重大国土整治项目的安排等。部门规划及区域发展规划,必须接受国土规划的指导并与之衔接。地方各级的国土规划,是全国性规划的延伸和细化。

建立适用于乡村业态的动态的规划编制体系。根据人口聚集程度的差异,为农村制定宽松灵活的规划标准。将集体土地的现状用途与规划用途一致,由自然资源部统筹实现多规合一,促进土规、村规、城规等多项规划的协同一致。开展规划权配置改革,将乡镇与村庄一级的规划由审批制改为备案制,授予民营企业等民间机构获得自主规划权。探索建立优秀的城市事业家企业家与城乡居民共同参与规划制订的新机制。

(四) 推进城乡公共服务体制改革,建立向农民开放权利的城市体制

改革包括北京、上海等大城市在内的户籍制度,在特大城市和超大城市实现不分学历、不计税收、不看身份的"零门槛"落户制度。

推进农业转移人口市民化,核心是要建立农业转移人口对城市公共服务的分担机制。加快研究建立中央政府、地方政府、企业、个人实现城市权利的成本分担机制。中央政府负责基本养老、教育、低保及跨区域流动人口的医疗资金保障。地方政府根据本地实际情况,因地制宜、量力而行,逐步提高本地区公共服务保障水平,吸引人口流入。

加大公立医院改革力度,支持公立医院采取"公办民营"、社会资本入股、托管等形式举办高水平专科或综合性医院。在远郊区县城镇,鼓励社会资本承包科室与医院,增加医疗点数量,鼓励医院间竞争,提高医务人员收入,增加中小城市远郊区优秀医疗资源的供给。

建立城乡一体的医疗保障制度,逐年提高财政对农村人均医疗保险费的补助水平。加大对公共卫生体系建设的投入,特别是农村公共卫生防疫体系的建设。统一城乡困难群众的医疗救助标准,救助内容从单一的医疗费用救助,健全为临时生活救助和院前应急救助。

促进农民养老保险与城镇居民和城镇职工的养老保险制度接轨,将所有农民纳入城乡统一的社保体系。开拓社会捐赠、众筹等多种社保资金来源方式。

(五) 落实"农二代"城市居住权和"农三代"城市教育权

向"农二代"开放大城市的居住权。鼓励大城市利用集体土地建立房屋租赁市场,向外来务工人员及其家庭开放。多渠道供给土地和房屋,防止政府在租赁市场上形成新的市场垄断。让城乡接合部农民可以长期分享土地增值的好处,为"农二代"提供体面的居住条件,同时减轻城市政府财政负担。

落实"农三代"在城市接受教育的权利。推进教育体制改革,开放和鼓励民办学校为农民工子女提供教育服务。积极推动实现公办学校全部向随迁子女开放,取消交纳社保证明方可入读公办学校的要求。放宽随迁子女在流入地参加高考限制,切实维护随迁子女平等受教育的权利,努力让每个农民工子女都能享受到公平而有质量的教育。推广"教育券",拓展到义务教育阶段公办学校。降低民办学校办学门槛,完全放开民办学校收费限制,以促进民间资本进入义务教育领域,建立多层次尤其是吸纳底层居民入学的民办学校。

(六) 建立向城市开放乡村权利的体制机制

探索建立更开放包容的权利机制,将村庄权利向外来人口开放。允许外来人口在满足一定条件后,享有村庄的住房、土地、选举等各项权利。

允许农村承包土地的经营权依法向金融机构融资担保、入股从事农业产业化经营,深化农村承包土地的经营权和农民住房财产权抵押贷款试点,探索县级土地储备公司和平台公司参与"两权"抵押,激活乡村沉睡的资源。引导乡村"开门借力",善用城市新技术、新商业模式及庞大消费需求。

建设农村产权流转交易平台。进一步提高农村饮水安全保障程度,加大农村"厕所革命"推进力度。优先发展农村教育事业,全面加强乡村小规模学校和乡镇寄宿制学校建设,完善农村社会保障体系,建设健康乡村。

(七) 建立城乡一体的社区治理机制

建立城乡一体的社区治理机制。建立以集体土地为主的社区成员股份制,兑现集体成员权。建立以资产为纽带的股份制,实行社区农民和社区外成员按资入股,探索建立集体股权退出与转让机制。积极探索农民合作社、家庭农场、村转社区等农村新领域基层党组织建设,村党组织不再包揽村级事务,而是立足于定方向、定规则、定大事,保证村民自治的充分行使和正确方向。完善村民议事会制度,在村党组织领导下,在村民(代表)会议授权范围内,研究决定经济社会发展项目、村级社会管理和公共服务项目、财务收支项目等事项,对村委会执行情况进行监督。大力推进"政社分开",全面梳理基层服务事项,差异化分级分层界定基层政府及其派出机构职责。

进一步减少各级行政许可项目,市级部门承担的税收管理、用地审批、资质认证、城市管理、项目申报等管理权限下放给区(市)县,提升行政审批效率。进一步精简政府工作部门、乡镇综合办事机构、乡镇直属事业单位数量和人员编制,降低行政成本。开展行政体制改革试点,赋予其与经济社会发展水平相适应的"事权、财权、人权"。探索建立并推广"审管分离"的行政审批新模式。

（八）提高城乡空间形态的紧凑度，积极应对老龄化

探索老龄化时期提供公共服务的解决方案，提高城市和乡村的开放程度和紧凑程度。提高城市中心区域的容积率，探索容积率交易机制。采用更紧凑的生活方式，鼓励居民向市中心聚集。改变从平面视角布局功能区的规划方式，探索城市立体空间的功能规划布局和交通方式。向高空挖掘潜力，增加教育、医疗等资源的空间布局密度。探索户籍转换、土地指标调剂、税收分享等机制。

促进城市产城融合、职住平衡，实现住宅、办公、商业、休闲等功能区相互交织，推进"城中村"、老旧小区改造。促进工业园区向城市转型，降低务工人员居住与生活成本。在已建成的工业园区，推进产城融合改造，提高土地利用效率，促进工业园区发展提升为新型城镇，降低外来农村务工人员的居住与生活成本，促进其生产与生活相结合。解决城市更新中面临的产权问题和制度障碍，鼓励通过更新提高城市容积率和居住密度。

引导村庄适度集聚。通过村庄整理、撤村并村、空心村改造、住房有偿置换、宅基地买卖等方式，促进乡村居民向中心镇集中，促进老人与儿童集中居住，提高农村养老与教育等公共服务的使用效率，构建和谐安全的新农村。

（课题组成员：刘守英　路乾　叶欠　熊雪锋　纪竞垚）

"十四五"时期我国户籍制度改革研究

北京大学光华管理学院

推动户籍制度改革,促进农业转移人口市民化是新型城镇化建设的核心内容。2014 年以来,1 亿非户籍人口在城镇落户目标顺利完成,户籍制度改革取得重大进展,但依然面临诸多障碍。"十四五"时期,是新一轮户籍制度改革的启动期和深化户籍制度改革的窗口期。科学分析我国城镇化、人口流动、农业转移人口落户意愿等新趋势,围绕改革人口管理制度、完善基本公共服务两大重点,研究提出迈向 2035 年户籍制度改革的"三步走"远景设计,以及"十四五"时期户籍制度改革的基本思路、目标任务和重大举措。同时,为"十四五"时期户籍制度改革取得突破性进展,针对突出问题,研究提出聚焦存量进城农民工,实施"5000 万农民工美好定居计划"的重大政策建议。

"十四五"时期,是开启社会主义现代化进程的第一个五年,是国内后疫情时期的第一个五年。总结评价前一个时期户籍制度改革取得的成效和问题,科学分析当前户籍制度改革面临的新背景、新趋势,研究提出我国户籍制度改革的基本思路、目标任务、重大举措以及迈向 2035 年的远景设计,对落实以人民为中心的发展思想、深入推进以人为核心的新型城镇化、促进城乡融合发展、形成以内循环为主的新发展格局具有重要的现实意义和战略意义。

城乡区域

一、2014 年以来户籍制度改革的总体评价

2013 年 12 月,习近平总书记在中央城镇化工作会议上提出,要以人为本,推进以人为核心的城镇化,把促进有能力在城镇稳定就业和生活的常住人口有序实现市民化作为首要任务。2014 年 7 月,国务院印发《关于进一步推进户籍制度改革的意见》提出,完善调整户口迁移政策、创新人口管理模式、保障转移人口及其他常住人口合法权益,新一轮户籍制度改革全面展开。

(一) 主要成效

1. 户籍制度改革深入推进,1 亿非户籍人口在城镇落户取得实质性进展

国家层面建立部门联席会议制度,统筹协调推进户籍制度改革;31 个省(区、市)相继出台户籍制度改革政策措施,加快推进农业转移人口市民化进程。2014 年至 2019 年,共有 8640 多万农业转移人口在城镇落户,2019 年我国户籍人口城镇化率达 44.38%,比 2014 年的 35.90% 提高 8.48 个百分点,年均提高 1.7 个百分点;与常住人口城镇化率之间的差距从 2014 年的 18.2 个百分点缩小到 2019 年的 16.2 个百分点。到 2020 年底,1 亿非户籍人口在城镇落户目标已顺利实现。

2. 各地因地制宜改革创新,落户门槛逐步降低

在放宽落户条件的基础上,实施差别化落户政策。目前,除少数超大、特大城市外,绝大多数城市制定了更加宽松和优惠的落户政策,农业转移人口落户门槛普遍有所降低。中西部地区和东北地区除部分省会城市外,基本取消城市落户限制;东部地区中小城市基本不设落户门槛,一些此前落户门槛较高的大城市、特大城市持续放宽对普通劳动者的落户限制,除个别超大城市外,具有一定学历和技能的人口基本实现落户"零门槛"。

3. 全面实施居住证制度,推动基本公共服务覆盖城镇常住人口

2015 年 11 月,国务院出台《居住证暂行条例》,在全国推行居住证制度,同时建立了以居住证为载体、与居住年限等条件挂钩的城镇常住人口基本公共服务体系。2019 年底,全国各省区市已全面建立居住证制度,累计发放居住证 1 亿张,居住证依附着的基本公共服务和办事便利项目进一步增加。义务教育阶段随迁子女享受公办学校或政府购买民办学校学位的比例提高到 95.3%,22.4 万随迁子女在流入地参加高考;统一的城乡居民基本医保制度建立,跨省异地就医定点医疗机构数量同比增长 79%;完善住房保障体系,为 850 多万名外来务工人员提供公租房。

4."三挂钩一维护"配套政策体系初步形成

"人钱挂钩、钱随人走""人地挂钩、以人定地"政策框架不断建立健全。中央财政下达农业转移人口市民化奖励资金,对落户人口较多地区的支持力度逐年加大,财政性建设资金对落户人口较多城市基础设施投资的补助机制持续优化。福建等省份单列"人地挂钩"新增建设用地计划指标,并分解到市(县)。农村"三权"维护和自愿有偿退出机制建设持续推进,各地均提出不得以退出农村"三权"作为进城落户的条件并加强"三权"保护,同时有序推进"三权"自愿退出工作。

(二) 突出问题

1. 积分落户政策取向"精英化"现象突出

超大、特大城市和东部地区大城市的积分落户政策,具有鲜明的选择性、导向性,普惠性、包容性不足。以吸纳精英人才为主,而有稳定就业且长期居住、作为产业工人主体的普通劳动者落户门槛高,哪怕在城市工作和生活10多年,从事的是最苦、最累、最脏、最危险的行业,仍然难以落户。

2. 新增城镇户籍人口部分来自区划调整等因素

据公安部人口统计年报,在近年来转为城镇户籍的农业转移人口中,城乡区域属性调整占39.8%。在超特大及大城市,积分落户的名额很少,有的城市上千万的外来人口,每年落户名额只有数千人。进城农民工最想落户的城市,往往最难落户。城乡区划调整就地转户人口数量较多、身份转变较快,基本公共服务供给改善不多,市民化质量不高。

3. 基本公共服务保障机制尚未健全

大城市公办学校普遍面临校舍用地紧张、教师编制不足等困难,难以保障充足的学位供给,对农业转移人口随迁子女设置了较高入学门槛。以佛山市南海区为例,2017—2019年积分入学随迁子女入学率由69%骤减至33%,学位供需矛盾十分紧张。此外,非户籍农业转移人口申请公租房等保障性住房难度较大,2018年进城农民工中租赁公租房的仅占1.3%,自购保障性住房仅占1.6%。

二、"十四五"时期户籍制度改革的新背景、新趋势

"十四五"时期,国内外发展环境面临诸多新情况、新变化,户籍制度改革出现一些新背景、新趋势。

(一) 常住人口城镇化率稳中趋降,但发展潜力仍然较大

以2035年基本实现现代化为基准,参照城镇化国际经验,并考虑到经济社会

发展不同情境,通过拟合诺瑟姆 S 曲线和国际数据比较分析测算,2035 年我国常住人口城镇化率将达到 72.6%—74.9% 之间,今后 15 年城镇化率年均提高 0.8—0.95 个百分点,预计"十四五"时期每年城镇化率增幅将在 1 个百分点左右,期末常住人口城镇化率达到 65% 左右。虽然未来城镇化发展速度稳中趋降,但城乡融合发展进程加快、要素市场化改革深入推进,以及目前城乡差距、农业与非农产业之间劳动生产率的差距①,城镇化发展仍具有较大潜力。

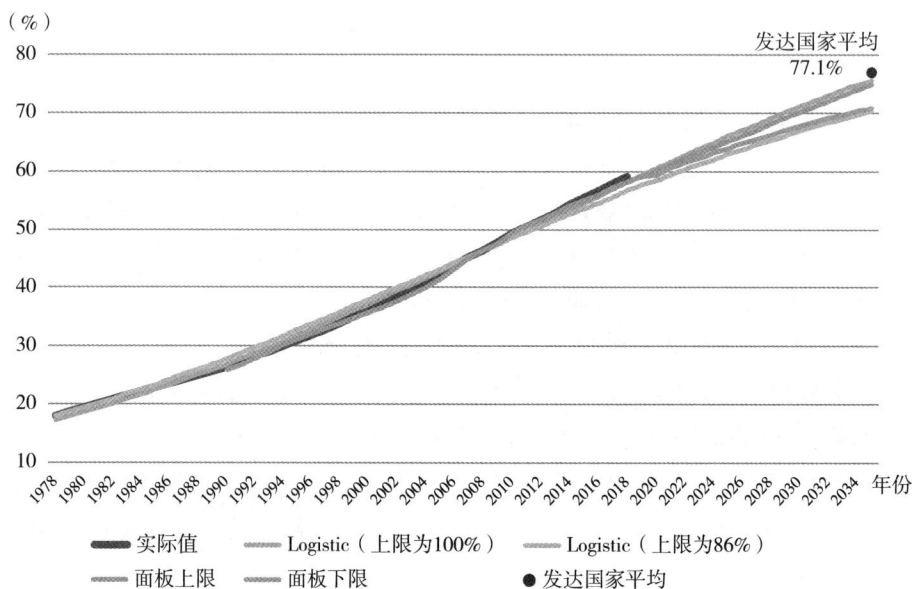

图 1　我国城镇化率拟合和预测

数据来源:课题组根据预测模型以及相关数据计算。

表 1　不同方法和情境下相关年份城镇化率预测

预测方法	2025(%)	2030(%)	2035(%)
Logistic 回归(最终城镇化率=100%)	66.0	71.1	75.7
面板回归上限(高方案)	65.1	70.1	74.9
现行趋势(中方案)	65.0	—	73.0
面板回归下限(低方案)	64.2	68.6	72.6
Logistic 回归(最终城镇化率=86%)	63.0	66.9	70.4

注:面板回归上限(高方案)是不考虑疫情和国际形势的挑战,延续过去发展环境的测算,面板回归上限(低方案)是考虑疫情和国际形势的挑战后的测算。

---

① 目前非农产业与农业劳动生产率的差距是 4 倍,城镇人均可支配收入和农村人均可支配收入的差距是 2.64 倍,表明未来城镇化发展的动力依然较大。

（二）农业转移人口增量增速放缓，但"存量带增量"空间仍然较大

我国农业转移人口经十几年快速增长，近些年增量下降，增速放缓，预测"十四五"时期将达到农业年度转移人口峰值，然后逐年降低，但总量规模依然巨大，农民工数量、外出农民工数量从 2015 年的 27747 万人、16821 万人增加到 2019 年的 29077 万人、17425 万人，2019 年末进城农民工 13500 万人。随着基本公共服务均等化推进，以"存量带增量"的农业转移人口市民化仍然具有较大空间。

表 2　不同情境预测下农业年度转移人口

年份	转移人口 1（人）	转移人口 2（人）	年份	转移人口 1（人）	转移人口 2（人）
2020	13994464	10100095	2028	14239979	12677800
2021	14316996	11515561	2029	14154770	12531626
2022	14378767	13246867	2030	14056070	12371438
2023	14411979	13197936	2031	13943221	12199339
2024	14419225	13124505	2032	13814481	12017837
2025	14403090	13029809	2033	13667639	11828277
2026	14366192	12923461	2034	13501936	11632080
2027	14311068	12808274	2035	13320746	11428967

注：转移人口 1 为面板数据模型的上限预测值计算，转移人口 2 为面板模型的下限预测值计算。

（三）农业转移人口落户意愿下降，但在城镇定居意愿仍较高

由于落户城镇门槛高，加之实施乡村振兴战略、推动城乡融合发展等政策利好，特别是农村"三权改革"等多种因素，进城农民工落户意愿下降，但在城镇定居意愿仍较高。据国家统计局调查分析，2019 年进城农民工中，认为已在现居住城镇定居的比重为 25.5%，比上年提高 2.1 个百分点；在尚未定居农民工中，37.5% 有城镇定居意愿，其中 73% 打算在现居住城镇定居，22% 打算在老家城镇定居。这一部分人是"十四五"时期新型城镇化提高质量、优化结构的潜在人群和重要动力。

（四）城市群都市圈集聚人口效应明显，但中西部地区就地就近城镇化趋势上升

"十三五"以来，我国人口流动分化趋势明显。一方面，随着新型城镇化战略和区域重大发展战略实施，人口、产业持续向城市群、都市圈集聚，2019 年，京津冀、长三角、粤港澳、长江中游、成渝等 19 个城市群城镇 GDP 占全国比重达到 90.7%，常住人口合计占比达到 85.5%，成为集聚经济和人口的主要空间载体。另

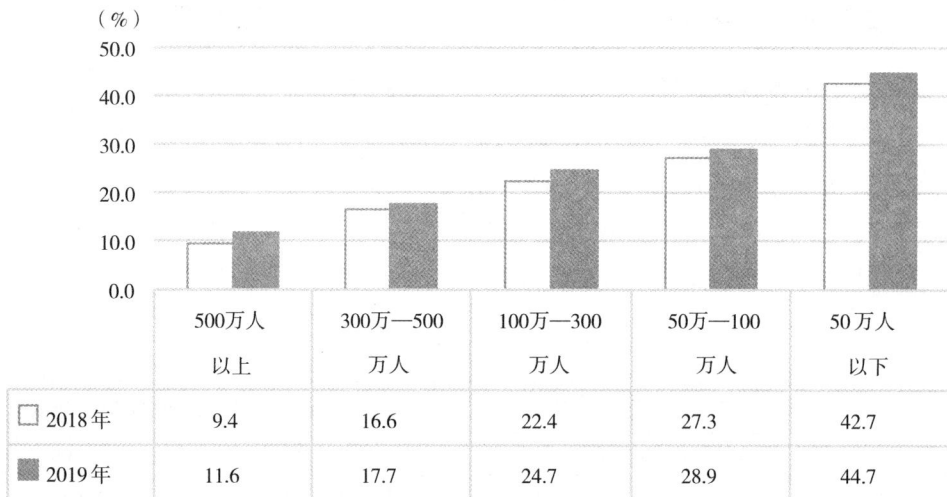

	500万人以上	300万—500万人	100万—300万人	50万—100万人	50万人以下
□ 2018年	9.4	16.6	22.4	27.3	42.7
■ 2019年	11.6	17.7	24.7	28.9	44.7

图2　按城市规模分的农民工在城镇定居比重

资料来源:国家统计局2019年农民工市民化调查系列报告。

一方面,随着中西部地区承接东部产业转移,中西部地区跨省流动农民工占比从2013年的62.5%、54.1%下降到2019年的59.2%、48.4%。2019年,在中西部就业的农民工分别达6223万人、6173万人,比上年增加172万人和180万人,分别占农民工总量的21.4%和21.2%。

(五)建立健全城乡融合发展体制机制,需深化户改牵引城乡要素配置

近年来,我国城镇化发展水平显著提升,但农业转移人口市民化进展缓慢、城镇化发展质量不高等问题依然突出。2019年4月,中共中央、国务院印发《关于建立健全城乡融合发展体制机制和政策体系的意见》,强调要着力破除户籍、土地、资本、公共服务等方面的体制机制弊端,打通城乡要素自由流动新制度性通道。新一轮户改要围绕促进城乡要素自由流动、平等交换和公共资源合理配置,更加务实加快农业转移人口市民化进程。

(六)推动形成以内循环为主的新发展格局,需深化户改释放内需巨大潜力

中央审时度势提出扩大内需战略,构建完整内需体系,推动形成以国内大循环为主体、国内国际双循环相互促进的新发展格局,这是今后一个时期经济发展的主基调。我国城镇化仍处于快速发展时期,是最大的内需所在。深化户籍制度改革,深入推进以人为核心的新型城镇化,加快农业转移人口市民化,既能够扩大投资消费需求,也有利于培育中等收入群体,为支撑国内经济大循环提供强大动力。

三、"十四五"时期户籍制度改革的基本思路

户籍制度改革、农业转移人口市民化的核心,是基本公共服务均等化。什么时候城镇常住人口与户籍人口之间、城乡居民之间能够实现基本公共服务均等化,在20世纪50年代计划经济体制下形成的至今仍存在的城乡分割的户籍制度才会得以终结。

中共十九大提出,到2035年"基本实现社会主义现代化","基本公共服务均等化基本实现"。2019年5月,《中共中央、国务院关于建立健全城乡融合发展体制机制和政策体系的意见》提出,到2035年,"城乡有序流动的人口迁徙制度基本建立","农业农村现代化基本实现"。按照中央确定的战略部署和主要目标,可以考虑,从2021年到2035年,通过3个五年规划的改革创新,逐步化解户籍制度这个现行体制机制的突出难题。

(一)迈向2035年户籍制度改革的远景设计

从长远谋划,着眼2035年,围绕改革人口管理制度、完善基本公共服务两大重点,作出"三步走"战略安排。

1. 人口管理制度改革:从"三证"到"一证"

目前,人口管理主要依靠"三证":户口簿、居住证、身份证,三个政策工具,功能不一样,内涵有区别。人口管理制度最终应走向统一,取消户口簿、居住证,将身份证与社保卡功能融为一体,公民可以凭借身份证"一证走天下"。

2. 基本公共服务供给:从"标准化"到"均等化"

按照国家确定的"幼有所育、学有所教、劳有所得、病有所医、老有所养、住有所居、弱有所扶"的总体要求,以保基本、普惠化为目标,健全国家基本公共服务标准化体系,城镇常住人口基本公共服务的含金量从"14k""18k"逐步达到"24k",最终实现城乡居民基本公共服务均等化。

第一步,"十四五"时期(2021—2025年):三证并存,一证试行,基本公共服务水平差距缩小。

人口管理制度方面:在户口簿、居住证、身份证并存基础上,进一步放开落户限制,完善居住证功能;同时,在长三角、珠三角、长江中游、成渝城市群等重点区域、重点城市,先行先试以经常居住地登记户口制度,推动构建新的户口制度和政策体系。

基本公共服务方面:建立健全基本公共服务标准化体系,扩大以居住证为载体

的基本公共服务供给,在现有的"六项权利""七项便利"上,增加项目,提高质量,城镇常住人口与户籍人口相比,所享有的基本公共服务标准化水平达到60%。

第二步,"十五五"时期(2026—2030年):两证保留,一证取消,基本公共服务水平比较接近。

人口管理制度方面:"十五五"时期,全面推行以经常居住地户口登记制度,强化身份证与社保卡的融合功能,取消居住证,形成以户口簿、身份证互为补充的人口管理制度,新的户口簿成为享有基本公共服务的主要凭证。

基本公共服务方面:以经常居住地户口登记制度为载体,在标准化的基础上基本实现普惠化,城镇常住人口与户籍人口相比,所享有的基本公共服务标准化水平达到80%。

第三步,"十六五"时期(2031—2035年):一证在手,全国通行,基本公共服务水平大体相当。

人口管理制度方面:取消户口簿,以身份证作为全面加载公民就业、收入、房产、社保、税务、教育、信用等各类信息和享用基本公共服务的唯一载体,建立起统一的覆盖全国、安全可靠的人口信息综合平台,为城乡宽松、有序的人口迁移制度提供服务。

基本公共服务方面:到2035年,城乡之间、区域之间,居民所享有的基本公共服务,基本实现均等化。

(二)"十四五"时期户籍制度改革的目标任务

"十四五"时期深化户籍制度改革的指导思想:围绕推进以人为核心的新型城镇化,高质量提升城镇化水平,坚持"两手抓"方针,一手抓增量、一手抓存量,努力实现"两个缩小"目标,缩小常住人口城镇化率与户籍人口城镇化率的差距,缩小不同群体之间基本公共服务的差距,为重构新的人口管理制度打下坚实基础。

1. 持续提高常住人口城镇化率

农业、农村、农民问题是我国实现现代化的重点难点问题。而"三农"问题的根源是人多、地少、资源紧缺,农业生产规模化、集约化、机械化水平低。我国农村人均耕地不到世界人均水平的一半,户均土地规模经营面积不到10亩,相当于韩国的1/2和日本的1/3,远低于欧美国家的平均水平。1978年到2019年,我国城镇化率从17.9%提高到60.6%,减少了3.24亿农民,农民人均可支配收入从134元增加到16021元,翻了100多倍,但农民收入仍不及城镇居民收入的40%。面对这样的国情,只有减少农民才能富裕农民,才能实现农业农村现代化。

"十四五"时期,要积极创造条件,加大改革力度,实施政策支持,继续保持常住人口城镇化率年均提高1个百分点左右的增速,到2025年达到65%左右。

2. 全面放开放宽落户限制

2020 年 4 月,《中共中央、国务院关于构建更加高效的要素市场化配置体制机制的意见》提出,"放开放宽除个别超大城市外的城市落户限制"。"十四五"时期,建议城区常住人口 1000 万以上的超大城市,如北京、上海,优化调整积分落户办法、适当增加积分落户规模;其他人口密度在每平方公里 1 万人以下的超大城市、特大城市,可放宽主城区,放开卫星城镇、郊区落户限制;大城市及以下城市全部放开落户限制。探索实行城市群、都市圈内户籍准入年限同城化累计互认、户口通迁、居住证互认制度。

都市圈城市布局紧凑,经济联系紧密,从成都、武汉、杭州、南京都市圈城区人口密度看,每平方公里分别只有 5200 人、3300 人、2300 人、1400 人,远远低于 1 万人的标准,要挖掘集聚人口潜力,吸纳有稳定就业、长期居住在城镇的农民工落户。到 2025 年,户籍人口城镇化率力争达到 50%。

3. 完善居住证制度和服务功能

2016 年 1 月施行的《居住证暂行条例》,根本目的是为了推进城镇基本公共服务覆盖常住人口。相对落户而言,领取居住证门槛低,但享受的基本公共服务少。目前,有 2.27 亿常住人口统计在我国常住人口城镇化率中,但领取居住证的累计只有 1 亿人左右,覆盖面只有 40%,可见居住证的吸引力不高。加之居住证每年要重新申领一次,各种手续复杂,也是一个原因。

"十四五"时期,要围绕扩大居住证覆盖面、提高居住证含金量、增加居住证办理便利度协同发力。按照"七有"的要求,建立随迁子女教育、就业创业服务、公共租赁住房、医疗卫生、社会保障等基本公共服务与城镇常住人口挂钩机制,推动公共资源按常住人口配置,使得持有居住证的常住人口,能够享受到户籍人口 60%的基本公共服务。完善居住证管理,改革签注制度,简化规范居住证申领程序和申领条件,实现网上办理,应领尽领;建立居住证申领和退出机制,建立居住证与户籍衔接制度,满足符合一定条件的居住证持有者可在常住地落户。

4. 试行以经常居住地登记户口制度

2014 年出台的新一轮户籍制度改革意见,虽然建立了城乡统一的户口登记制度,取消了农业户口与非农业户口性质区分,但城乡分割的户籍制度没有改变,城乡基本公共服务供给没有根本改变,人户分离、一人多户等现象依然普遍存在,给社会管理带来许多问题。2019 年末,全国人户分离的人口已达到 2.8 亿人,进城农民工及随迁家属 1.74 亿人,城镇户籍"人户分离"约 7000 万人。

"十四五"时期,顺应人口流动和迁徙的趋势,在一些重点区域、重点城市试行以经常居住地登记户口制度,在哪里就业、居住,就在哪里登记户口,实行人户合一,探索构建与常住人口挂钩的基本公共服务体系。这对完善人口管理、改善基本公共服务、促进劳动力市场化配置很有必要,很有意义。

5. 优化布局以增强地级市、县级市承载能力

"十四五"时期,通过城市群、都市圈内的超大、特大城市辐射带动,通过优化城市布局、产业布局、公共资源布局,把产业链、供应链的生产部分放到地级市、县级市,同时布局更多更好的教育、医疗机构,完善交通、能源、市政和信息基础设施,增强金融服务能力,使 50 万—100 万人的地级市、县级市发展成为 200 万—300 万人的大城市,这类城市既有经济规模效应,又具生态环境效应。增强地级市、县级市经济与人口承载能力,不仅将改善进城农民工及其他城镇流动人口的分布结构,而且能够吸引 1.17 亿本地农民工就近进城工作和居住,将会成为扩大内需的一个新的强劲增长点。

四、"十四五"时期完善基本公共服务标准化体系

研究表明,2020 年农业转移人口享有以居住证为载体的义务教育、基本公共就业服务、基本公共卫生服务和计划生育服务、公共文化体育服务、法律援助和其他法律服务等 32 项基本公共服务具体项目,占国家基本公共服务标准项目约38%。"十四五"时期,坚持问题导向和目标导向,按照聚焦"七有"、扩面提质的原则,不断完善与户籍制度改革相适应的基本公共服务标准化体系。将农业转移人口在常住地享有的基本公共服务标准项目增至 53 项,到 2025 年占国家基本公共服务标准项目比例达到 60%以上。

(一) 幼有所育

推进优生优育、幼儿健康、幼儿教育和关爱保护等国家基本公共服务内容向农业转移人口覆盖。为 0—6 岁儿童提供健康管理和预防接种,加强特殊儿童群体、困难儿童基本生活保障、基本医疗保障等;建立健全农村留守儿童信息系统,对无监护能力的农村户籍未成年人提供家庭监护指导、心理关爱、行为矫治等服务。

(二) 学有所教

为普惠性幼儿园在园家庭经济困难儿童、孤儿和残疾儿童提供学前教育资助。降低农业转移人口随迁子女义务教育阶段就学门槛,简化随迁子女义务教育阶段就学办理材料和流程,提高就业、居住、社保缴纳年限等在积分入学制中所占比重。推动"两为主""两纳入"[①]政策落到实处,研究适时将"两为主""两纳入"政策纳入

---

① 以流入地政府管理为主、以全日制公办中小学为主,同时将常住人口全部纳入区域教育发展规划、全部纳入财政保障范围。

《中华人民共和国义务教育法》,明确"两为主""两纳入"考核评价方法。统筹解决随迁子女就学经费保障和教师编制不足问题,增加中央财政对跨省农民工随迁子女义务教育承担的经费责任;支持流入地统筹协调不同事业单位编制,把通过撤并、改企转制等方式收回的事业机构编制资源,优先用于中小学校的编制需要;探索建立教师编制跨省调剂机制。逐步解决随迁子女中、高考考试准入资格限制问题,逐步取消以户籍为依据的中高考报考限制,探索建立以"本地居住年限+本地连续受教育年限"为依据的"学籍+常住地"报考制度。

（三）劳有所得

对农业转移人口实行公平就业准入,清理不利于非户籍人口公平就业的歧视性政策,推动所有企事业单位面向社会组织公平招聘、择优录用;加强对农业转移人口就业服务,加强各级就业服务平台基础设施建设,提供标准统一的就业服务;进一步普及劳动合同制度,保障进城务工人员合法权益。提升新时期农业转移人口就业能力,重点围绕市场急需紧缺职业,组织开展有针对性的定向、定岗培训和专项技能培训,大力开展维修、家政、养老等生活性服务业技能培训和快递员、外卖(跑腿、散送等)配送、汽车代驾员等新职业新业态培训。

（四）病有所医

为常住人口提供全方位全周期健康服务。重点解决跨省异地就医问题,简化异地就医结算手续,推动跨省农业转移人口异地就医门诊费用直接结算。探索建立统一的信息转换平台,将就医地项目编码转化为参保地项目编码,为按照参保地目录结算创造条件。

（五）老有所养

启动实施企业基本养老保险全国统筹制。推动以农业转移人口进城务工时间为主要依据确定社会统筹资金比例,缩短最低缴费年限;借鉴欧盟实现社会保险转移接续经验,采用"工作地缴费,分段记录;退休地发放,全国结算"的"分段计算"模式,将农民工在各参保地缴费时间的比例作为各地应当支付给劳动者养老保险待遇的份额。提高农民工社会保险参保率,合理确定社会保险最低缴纳水平,适度增加财政投入补助农民工缴纳费用;将参保不足1年的农民工等失业人员纳入常住地失业保险保障范围。

（六）住有所居

扩大保障性住房农业转移人口覆盖面,将保障性住房(含公共租赁房)纳入居住证基本公共服务保障范围,将居住证持有年限或社保缴纳年限作为保障性住房申请依据,采取与本地户籍居民同等的准入条件、审核流程和申请标准。降低农民工纳入住房公积金制度的条件,简化公积金提取流程。优化保障性住房供给模式和布局,结合旧城改造、城中村改造和新城新区开发,加大保障性住房供给;增加面向农民工的保障性住房供给,制定农民工住房保障计划,显著扩大建成公共租赁住房定向供应农民工比例。积极培育住房租赁市场,大力发展长租房市场,支持集体建设用地建设租赁住房。鼓励各地因地制宜发展共有产权住房。

(七)弱有所扶

推进贫困救助、临时救助、法律援助和残疾人服务等国家基本公共服务向非户籍城镇常住人口覆盖,实施最低生活保障制度。提供特困人员救助供养、医疗救助、临时救助和受灾人员救助,为符合条件的经济困难人口提供法律援助,为残疾人提供康复、托养、教育、就业、住房、文化体育、无障碍环境支持等服务,为贫困和重度残疾人参加社会保险提供个人缴费资助和保险待遇,为符合条件的困难残疾人提供生活补贴和重度残疾人护理补贴,为无业重度残疾人提供最低生活保障。建立跨省低保信息核查共享平台,各城市因地制宜设置低保准入条件,建立低保家庭收入、财产认定和核查办法。

五、"十四五"时期实施"5000万农民工美好定居计划"

"十四五"时期,是新一轮户籍制度改革的启动期,是深化户籍制度改革的窗口期。为加快改革步伐,取得突破性成效,建议"十四五"时期聚焦存量进城农民工,实施"5000万农民工美好定居计划",与"十三五"时期解决5000多万农村贫困人口脱贫形成交相辉映的姐妹篇。

(一)重大意义

一是有利于落实以人民为中心的发展思想,满足人民日益增长的美好生活需要,维护社会公平正义和安定有序。举一实例说明:北京一对中年夫妻,男的在部队工作13年,做到三级士官,退伍后留在北京开汽车,现年46岁;女的19岁进京,一直在某国家机关理发,现年41岁;10岁女儿今年读小学五年级,两人月收入1万元左右,单位提供一间低租金住房居住,生活中有较多的满足感。但他们都只有初中文化程度,按照现有积分政策,很难在北京落户。再过两年,待到中考时,他们的女儿不得不离开这座出生、长大的城市,回到陌生的老家去读书、生活。

像他们这样的家庭数量不少,应该给他们一个公正的待遇,使他们的下一代拥有更好的未来。

二是有利于稳定城镇化发展水平,提升城镇化发展质量,加快"存量带增量"市民化进程。近些年来,我国新增农民工数量增速呈持续下降态势,由 2010 年的 1245 万人减少至 2019 年的 241 万人,增速从 5.8% 下降到 0.8%,预计"十四五"时期我国新增农民工有可能接近"零增长"。但目前存量进城农民工高达 1.35 亿人,随迁家属 4026 万人,平均每个农民工只带 0.3 个随迁家属,大量的农民工家属,特别是其配偶和子女仍然留守在农村。实施"美好定居计划",以存量带增量,将成为"十四五"时期提升城镇化水平和质量的主要支撑。

三是有利于培育中等收入群体,扩大国内投资消费需求,稳定城市产业工人队伍。2019 年全国农民工人均月收入 3962 元,年收入 47544 元,已超过全国居民五等份收入分组中的中间偏上收入年均收入 39230 元的水平。进城农民工特别是长期进城的农民工比普通农民收入要高得多。但由于生活缺乏稳定性,消费意愿不高,潜在的消费需求未得到充分释放。研究表明,每 1 个农民工带 1 个配偶和 1 个子女在城镇定居,大约能够拉动消费支出 4.4 万元、城镇固定资产投资约 5 万元。同时,农民工也是城市产业工人的主体,所占比重约 70%。实施"美好定居计划",有利于扩大中等收入群体,激活投资消费需求,提升产业工人生产技能、生产效率,稳定产业链、供应链。

(二) 基本原则

一是聚焦存量。实施"美好定居计划",主要对象是在城镇稳定就业、长期居住的存量农民工,包括举家迁徙的农民工,在城镇定居意愿强烈、进城 10 年以上的农民工等重点群体。调查表明,我国进城农民工 13500 万人中,在同一城镇居住 10 年以上的农民工占比为 38.7%,达 5220 万人。对这一部分人,可与试行以经常居住地登记户口制度的改革相呼应,开启"一人进城、举家定居"模式,是否落户,由个人意愿决定。

二是突出重点。围绕存量农民工的核心需求,集中解决保障性住房、随迁子女教育、农村"三权"维护与退出机制等重点问题。住房保障可根据不同情况、不同条件,通过廉租房、经济适用房、政策性租赁住房、定向安置房、共有住房和自购房等多种方式解决;随迁子女教育解决普惠性学前教育、义务教育、中考、高考等问题;农村"三权"维护与退出,按照依法、自愿、有偿原则,制定政策,建立机制,搭建平台,逐步予以解决。

三是因城施策。根据不同规模城市的经济发展实际、产业工人需求、人口结构现状和存量农民工数量等因素,对超大、特大和大中小五类城市采取针对性、适用性的政策和方法,统筹规划、因城施策,充分调动和发挥地方政府的积极性和创造性。同时,对存量农民工规模大、跨省农民工比例高的农民工集聚区,中央政府在土地指标、教师编制、挂钩资金等方面予以重点支持。

四是两手发力。发挥政府的主导作用和市场更加高效的配置资源作用,建立政府、企业、个人和社会共同参与的成本分担机制,明确各个不同主体应尽的责任和义务,深化财税体制和投融资体制改革,建立健全多元化、可持续的资金保障机制,算好存量资源和增量需求两本账,更好地挖掘存量资源潜力,更多地运用市场力量满足增量需求。

(三) 存量分析

"美好定居计划",以解决进城 10 年以上的 5220 万农民工为目标。按一家三口计算,可以随迁家属 10440 万人,减去已有的随迁家属 4026 万人,增量为 6414 万人,理论上可拉动常住人口城镇化率 4.6 个百分点。但在实施过程中,会因个人意愿等因素影响而降低。

住房保障方面,抽样调查显示,进城 10 年以上的长期进城农民工中,购买商品房的占比为 25.1%(1311.8 万人),享受共有产权房和经济适用房的占比为 16.7%(869.8 万人),享受政府提供公租房的占比约为 1.2%(64.6 万人),合计占比 43%(2246.2 万人)。还有 57%的农民工(2974 万人)需通过政府保障、可支付租赁住房等多种方式解决住房问题。

子女教育方面,统计调查分析,2019 年进城农民工随迁子女 3406 万人,3—5 岁随迁儿童入园率(含学前班)为 85.8%,比上年提高 2.3 个百分点,其中 25.2%在公办幼儿园,35.7%在普惠性民办幼儿园;义务教育年龄段随迁儿童在校率为 99.5%,其中小学年龄段随迁儿童 83.4%在公办学校就读,11.9%的在有政府资助的民办学校就读;初中年龄段随迁儿童 85.2%在公办学校就读,8.8%的在有政府资助的民办学校就读。目前,解决随迁子女教育问题主要有公办、民办公助、民办等三种方式,以公办为主。抽样调查显示,进城农民工留守子女约 3919 万人,10 年以上进城农民工留守子女约 1480 万人,占 37.8%。

土地权益方面,进城 10 年以上的长期进城农民工中,有 60.4%的农民工(3155 万人)依然具有农村土地权益,仅有 18.4%的农民工(962.7 万人)不具备或已退出农村土地权益。

"十四五"时期,实施"美好定居计划",聚焦 5220 万进城 10 年以上的存量农民工,可以解决 13500 万进城农民工中约 32.1%的住房问题,解决 3919 万留守子女中 37.8%的进城教育问题。

（四）重点举措

1. 编制实施"美好定居计划"

"十四五"时期,参照《中共中央、国务院关于打赢脱贫攻坚战三年行动的指导意见》,国家层面编制实施《5000万农民工美好定居计划》,明确指导思想、基本原则、主要目标、重点任务、保障措施等,因城施策、分类指导,由地方政府制定具体实施方案,建立健全工作推进机制。

2. 采取多种途径实施住房保障

一是加快保障性住房建设。《国家新型城镇化规划(2014—2020年)》明确,2020年城镇常住人口保障性住房覆盖率达到23%的目标。"十四五"时期,实施"美好定居计划",应进一步加大保障性住房供给,完善廉租房、公租房、经济适用房、限制性商品房、共有产权房等供给体系,支持政府将持有的存量住房用作保障性住房;鼓励有关机构整合拥有长期租赁权的社会闲置房源用作廉租房或公租房,政府予以租金补贴;制定在商品住房项目中配建保障性住房政策,明确配建比例。

二是加快租赁住房市场创新发展。2019年进城农民工租房占比为61.8%。总体来看,我国住房租赁市场发展滞后,我国住房租赁人口只占全国的11.6%,远低于发达国家租期不稳定租赁市场约30%的标准。"十四五"时期,建议加快住房租赁立法,出台《住房租赁管理条例》,明确租售同权,规范市场秩序;对政策性租赁住房、不动产信托投资基金(REITs)和住房租赁平台交易房源,实行配套税收减免政策;建立完善存量土地和存量住房建设租赁住房的审批机制和流程,增强借贷审批合规性。

三是鼓励园区和企业建设农民工住房。按照"政府引导、政策扶持、企业运作、规范管理"原则,鼓励支持地方政府在外来务工人员集中的开发区和工业园区,引导各类投资主体建设面向农民工的保障性住房,优先保障用工单位和园区的外来务工人员,开发区和工业园区的生活配套设施用地中应安排不低于30%的用地,作为公共租赁住房等保障性住房建设用地。

四是通过城市旧城、老旧小区及城中村改造提供可支付房源。目前,城市旧城、老旧小区及城中村既是农民工集聚区,为农民工提供了大量的廉价住房,也是城市治理的难点地区。"十四五"时期,建议联动解决城市旧城、老旧小区及城中村改造和农民工住房问题,明确将面向农民工的可支付租赁住房纳入城市旧城、老旧小区及城中村改造的目标,支持利用集体建设用地建设面向农民工的租赁住房。

五是政策支持满足农民工自购房需求。鼓励各城市根据当地具体物价水平和发展阶段,利用税收和信贷政策激励房地产商开发面积适中的紧凑型住房,加大经济适用房、限价房或共有产权房的供给比重,制定稳定的指导价格;支持农民工购买首套普通商品住房,探索采取先购后补、定额补贴、分级结算、直补到户的方式,给予满足一定条件的农民工家庭一定补贴。

3. 综合施策保障随迁子女教育

一是强化"两为主""两纳入"政策落地落实。目前,有大量农民工子女因在城市就学难,被迫返乡就学,进城农民工留守子女约 3919 万人。"两为主""两纳入"的政策要求并未在《中华人民共和国义务教育法》和实施细则中有所体现,同时也未明确"两为主""两纳入"的评价考核标准,影响政策落实。建议将"两为主""两纳入"政策纳入《中华人民共和国义务教育法》;出台"两为主""两纳入"的具体实施细则,明确流入地、流出地和各级政府的具体责任和保障措施,明确考核评价方法。

二是"人地钱"挂钩政策向重点城市倾斜。目前,约 60% 的进城农民工主要集聚在直辖市、计划单列市、省会城市和东部沿海制造业大市等重点城市,"人地钱"挂钩政策应向这些城市倾斜。"人地挂钩"方面,优先保障长期进城农民工随迁子女义务教育的建设用地需求,单列安排一定规模"美好定居计划"涉及的建设用地。"人钱挂钩"方面,建议加大中央和省财政对农民工随迁子女义务教育的成本分担责任,适度提高重点城市随迁子女义务教育补助标准,探索按照流出地生均可携带经费标准对财政压力较大的人口流入地区进行转移支付,将定居人口数量及占比作为中央和省级财政奖励资金的分配因素并提高权重设置。

三是加大力度补齐教育设施和学位供给短板。以东莞为例,市政府专门制定《关于加快公办中小学建设的实施意见》,2020 年至 2022 年,通过规划落地新建一批、原校挖潜增容一批、城市更新配建一批、小区配套增加一批、集体物业挖潜一批、闲置物业盘活一批,新建改扩建 227 所公办中小学,增加学位 33.99 万个;构建"531"学位动态供给协调机制,提前 5 年预测学位需求,提前 3 年规划学校建设,提前 1 年落实学位供给;建立公办学位供给与商住用地出让联动机制,定期评估镇街(园区)义务教育阶段公办学位供给与辖区常住人口适龄少年儿童入学需求情况。

四是支持社会资本办学和"公办民营"办学模式。在教育供给需求矛盾突出的人口流入地区,民办教育是弥补公办教育不足、解决农民工随迁子女就学的重要途径。鼓励和支持社会资本通过独资、合资、合作等形式举办中小学校、幼儿园;加大对民办学校的财政扶持力度,鼓励设立地方民办教育专项资金,在公办学校结对帮扶、委托管理、教育设施设备、教学资源建设与应用、师资培训、从教津贴等方面扶持民办学校发展。

五是落实随迁子女在流入地参加中考、高考政策。2014 年出台的《国务院关于进一步做好为农民工服务工作的意见》,明确要求各地要进一步完善和落实好符合条件的农民工随迁子女接受义务教育后在输入地参加中考、高考的政策。建议优先解决举家迁徙、进城10年以上农民工随迁子女中考、高考考试准入资格限制问题,逐步取消以户籍为依据的中高考报考限制,建立以"本地居住年限+本地连续受教育年限"为依据的"学籍+常住地"报考制度,同时,允许随迁子女按照流入地普通高中学生学籍管理办法相关规定,转入同类普通高中同层次学校就读。

4. 构建农村"三权"维护与退出机制

"十四五"时期到2035年,进城落户居民"三权"处置政策取向,既要继续坚持维护好农业转移人口的合法权益,也要积极引导其有序有偿退出,为促进农业适度规模经营、加快农业现代化创造条件。"十四五"时期,可以采取鼓励政策,引导进城农户自愿有偿放弃"三权",以柔性机制解决"两头占"问题;"十五五"时期,着手考虑通过立法,完善权利义务关系,通过设置退出期限,逐步推行依法强制有偿的方式,实现农民进城落户之后在一定期限内将"三权"有偿退回原农村集体经济组织,为解决"两头占"问题提供长久法制保障。

(五) 成本收益分析

从成本看,"十四五"时期,进城10年以上的5220万农民工实现美好安居,需要为2974万农民工及其配偶子女解决住房,年均595万套。从历史数据看,2008年至2019年,全国城镇保障性住房合计开工7300万套,年均608万套;2013年至2019年,全国棚改完成投资10万亿元,年均1.43万亿元。比较分析,测算"十四五"时期运用市场化手段,建设小户型、低租金租赁住房至少达到300万—400万套;农民工自购房比例提高5个百分点,约150万套;还有鼓励和支持园区、企业和农村集体建设用地建设农民工住房,通过城市老旧小区改造、城中村改造提供可支付租房等,政府需要新建保障性住房约2000万套,年均400万套,累计支出2.8万亿元,年均5600亿元,是量力而行的。

同时,需要解决约1480万留守子女(小学阶段990万,中学阶段490万)随迁进城的教育成本问题,按现有的中小学生均教育经费支出及校舍建设等相关投入计算,新增教育支出为4500亿元,年均约为900亿元。目前,我国财政性教育经费支出占GDP比重已达到4%,若加上地方政府专项债务对教育基建项目的支持,新增支出是可以承受的。

从收益看,在人口老龄化加速、各大城市"抢人潮"兴起背景下,农民工"不是包袱是财富"已经成为城市发展共识,他们开始以脚投票选择自己热爱的城市和热爱他们的城市。初步测算,"十四五"时期,实施"5000万农民工美好定居计划",5年将累计拉动新增消费6.92万亿元、城镇固定资产投资7.83万亿元;将累计创造33万亿元GDP、4.5万亿元税收收入。根据抽样调查分析,进城10年以上的农民工,人均月收入在5001元至8000元之间,按低限5000元计算,2974万个进城农民工家庭,夫妻双双打工,5年创造的收入将达到10万亿元以上。同时,当前一线城市约22.1%的本地居民为老龄人口,一线本地居民与农民工的平均年龄差距达到了13岁,"5000万农民工美好定居计划"将有效缓解城市老龄化趋势。

（课题组成员：徐宪平　杨庆育　欧阳慧　滕飞　胡拥军

王晓芹　李智　郝凯　李曼州）

"十四五"时期推进县城
补短板强弱项研究

国家发展和改革委员会发展战略和规划司

　　县城是我国推进工业化城镇化的重要空间、城镇体系的重要一环、城乡融合发展的关键纽带。习近平总书记高度重视新型城镇化建设特别是县城建设工作,多次作出重要批示指示。李克强总理在 2020 年《政府工作报告》中提出政府投资要重点支持新型城镇化等"两新一重"建设,大力提升县城公共设施和服务能力。党的十九届五中全会指出,要推进以县城为重要载体的城镇化建设。加快推进县城补短板强弱项,是一项既利当前、又利长远的重大战略任务。

一、深刻认识县城补短板强弱项的重大意义

　　县城及县级市城区占全国县级行政区划数量的 2/3、生产总值占国内生产总值比重近 1/4、人口占全国城镇常住人口的 30%。2019 年底,全国县城数量为 1494 个、城区常住人口为 1.6 亿人,其中城区常住人口超过 10 万的县城为 110 个。此外,县级市数量为 387 个、城区常住人口为 0.9 亿人;非县级政府驻地特大镇(镇区常住人口 10 万以上)数量为 158 个、镇区常住人口为 0.3 亿人。从数量看,县城及县级市城区共 1881 个,占全国县级行政区划数

量的 2/3。从经济看,县城及县级市城区生产总值约 24 万亿元,占国内生产总值比重近 1/4。从人口看,县城及县级市城区常住人口约为 2.5 亿人,占全国城镇常住人口和总人口比例分别约为 30%、18%。由此可见,县城及县级市城区在我国经济社会发展中的地位十分重要,推进县城补短板强弱项具有重要意义。

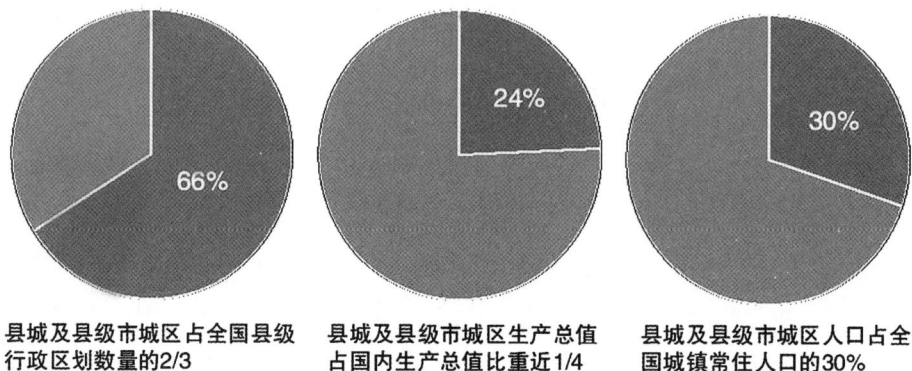

县城及县级市城区占全国县级行政区划数量的2/3	县城及县级市城区生产总值占国内生产总值比重近1/4	县城及县级市城区人口占全国城镇常住人口的30%
66%	24%	30%

图1　县城数量、人口和经济规模

(一) 有利于优化城镇化空间格局

促进大中小城市和小城镇协调发展,是我国新型城镇化建设一以贯之的方向。从当前情况看,超大城市、特大城市和一些大城市中心城区人口过密、功能过载,产生了交通拥堵、环境污染等"大城市病",亟须"瘦身健体"。而小城市(约 90% 是县级市)和县城发展总体滞后,综合承载能力和治理能力较弱,不能充分满足人民群众的经济需要、生活需要、生态需要、安全需要。加快推进县城尤其是城市群地区县城补短板强弱项,既能承接中心城市非核心功能疏解,助推形成同城化发展的都市圈;也能强化与邻近地级市城区的衔接配套,带动小城镇发展,正是优化城镇化空间格局的突破口。

(二) 有利于实施扩大内需战略

坚定不移实施扩大内需战略,着力促进形成强大国内市场,对统筹推进疫情防控和经济社会发展具有重要意义,也是在新形势下推动经济社会高质量发展的战略选择。县城在公共服务、环境卫生、市政设施、产业配套等方面存在不少短板弱项,特别是这次新冠肺炎疫情暴露出公共卫生等领域建设投入严重不足,但这也意味着巨大的发展潜力与需求。当前县城人均市政公用设施固定资产投资仅相当于地级及以上城市城区的 1/2 左右,若能缩小二者差距,新增投资消费的空间巨大。加快推进县城补短板强弱项,可以促进形成当期有效投资,产生较大的乘数效应。

县域消费是扩大内需的重要增长点。我国1881个县及县级市的常住人口约7.5亿人,占全国总人口的53%,消费需求特征鲜明。一是总量大。县域社会消费品零售总额约14万亿元,占全国的37%。二是潜力大。县域人均社会消费品零售总额约1.9万元,仅相当于地级及以上城市的一半。若将这一比值提高至70%,每年消费规模有望增加5万亿元左右。三是增速快。近十年县域人均社会消费品零售总额年均增长10%以上,比地级及以上城市快2—3个百分点。

中西部县域是扩大县域消费的潜力地区。不同区域县域消费潜力不同。东部县域消费已基本从"有没有"转向"好不好"、从注重增量转向注重提质,县域人均社会消费品零售总额已相当于同区域地级及以上城市的70%。而中西部县域消费潜力更大,近五年人均社会消费品零售总额年均增长10%,高于东部的8%、东北的5%;经济贡献增长更快,同期西部社会消费品零售总额与地区生产总值之比从27%提高到30%,中部这一比值从31%提高到33%,增幅均高于东部和东北。

县城消费是扩大县域消费的基础支柱。县城是县域经济的中心,也是县域产品和服务消费的集中地。一是人口多。县城及县级市城区常住人口约2.4亿人,占县域常住人口的1/3左右,未来将有更多农业人口转移到县城居住生活。二是收入高。县城居民人均收入和消费支出均为农村居民的两倍左右,发展型享受型消费占比也较高,是扩大县域消费的重要目标群体。三是纽带作用强。县城是工业品入乡和农产品进城的主要节点,其产品流通集散地也服务于县域农村居民,是以城带乡、以点带面促进农村居民消费的重要支撑,大量农村居民消费是在县城实现的。

(三)有利于推动城乡融合发展

未来较长时期内,农民进城仍是大趋势,城乡之间的土地、资金、技术、人才等要素流动也会越来越频繁。县城处于城市与乡村之间,正是农民进城就业安家、城乡要素跨界配置和产业协同发展的天然载体。但当前县城建设及产业发展状况,难以支撑农民就近城镇化,也难以为城市要素入乡发展、城市人口入乡消费提供服务保障。加快推进县城补短板强弱项,既能适应农民日益增加的到县城就业安家需求,又能为乡村振兴和农业农村现代化提供有力支撑。

(四)有利于提升人民群众获得感

县城公共设施水平和服务能力,关系着县城乃至全县域居民的民生质量。若公共服务设施不健全,居民上学、就医、养老、育幼等难以得到良好保障。若环境卫生设施不完善,县城生态环境、居民身体健康都会受到影响。若市政公用设施不健全,居民出行、居家等生活需求无法得到便利满足。若产业配套设施不完善,县城产业集群难以形成,吸纳就业能力难以提升,居民收入难以提高。加快推进县城补短板强弱项,既有利于保障基本民生需求,也能有效增加城乡居民收入,是提升人民群众幸福感获得感安全感的重要途径。

二、客观分析县城存在的短板弱项

改革开放特别是党的十八大以来,县城建设日新月异,但在环境卫生、市政设施、公共服务、产业配套等方面仍存在不少短板,对人口经济的综合承载能力较弱,对扩大内需的支撑作用不强,距离满足人民美好生活需要还有很大差距。

(一)不少县城的公共服务供给总量不足、质量不高

公共服务关乎人民群众切身利益,也是实现人的全面发展的基础条件。目前,一些县级疾控中心和中西部地区县级医院防控救治能力严重不足,难以有效应对传染病等突发公共卫生事件;不少县城教育培训、养老托育、文旅体育等公共服务设施的数量、种类、质量,与地级及以上城市城区相比存在很大差距,严重制约了基本公共服务均等化的顺利推进。以一般公共预算支出计算,2013—2018 年,县及县级市人均公共服务投入从 5657 元/人增长到 8441 元/人,地级及以上城市则从 9892 元/人增长到 14819 元/人,二者比值常年徘徊在 0.57 左右。

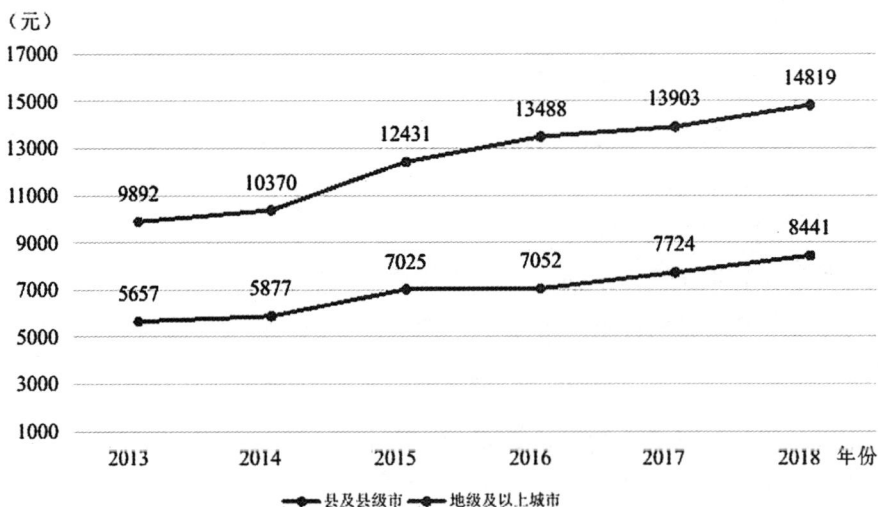

图 2 县城与地级及以上城市人均公共服务投入情况

（二）不少县城的环境卫生设施缺口较大

环境卫生设施水平决定着县城人居环境和整体面貌，也是县城绿色发展和生态文明建设的重要支撑。2018年县城污水处理率比同省份城市低7个百分点，不少县城污水垃圾收集处理设施存在较大缺口，一些县城的污水收集处理率不足50%；县城生活垃圾处理率比同省份城市低2个百分点，仅有少数县城采用焚烧法处理垃圾，多数县城主要采用填埋法进行处理，存在二次污染的风险；80%县城没有医疗废物焚烧处理设施；不少县城公共厕所脏乱差、存在卫生隐患，给人民生活和健康带来严重威胁。

（三）不少县城的市政公用设施承载能力有限

市政公用设施直接服务于县城居民，是影响县城宜居性的重要硬件基础。目前，很多县城的路网容量不足、公共停车场建设滞后、客运站设施落后、市政管网陈旧老化、配送投递设施覆盖面窄、老旧小区配套设施差，一半左右的县城缺乏数字化管理平台，降低了县城对人口的承载力和吸引力。从现有设施看，2018年县城公共供水普及率和燃气普及率分别比同省份城市低5个和12个百分点；从新增投资看，2018年县及县级市人均市政公用设施投资为1993元/人，地级及以上城市则为3988元/人，二者比值从2013年的0.58降至0.50。

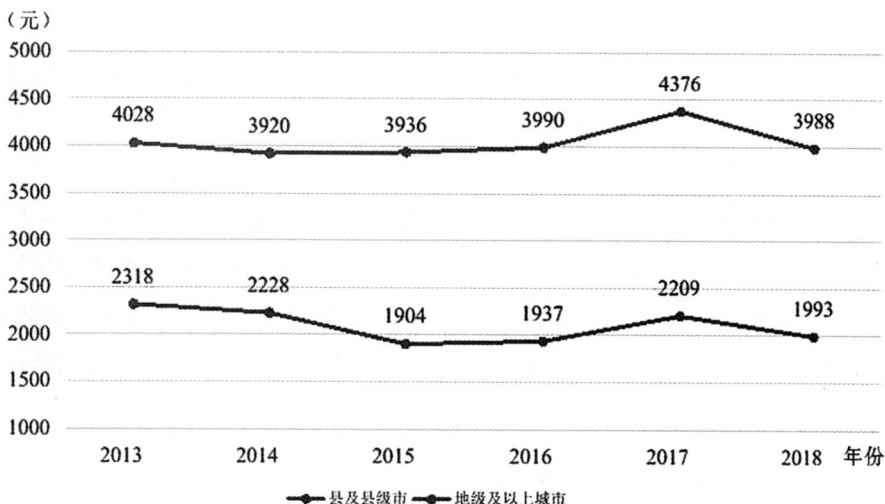

图3　县城与地级及以上城市人均市政公用设施投资情况

（四）不少县城的产业配套设施十分薄弱

县城产业平台公共配套设施的建设完善，可引导劳动密集型产业、县域特色经济及农村二、三产业在县城集聚发展,吸纳进城农民就近打工,有利于综合解决扩大就业、居民增收、经济增长和财政税收等问题,增强县城内生增长动力和"造血"能力。特别是县城产业集聚区内的智能标准生产设施、技术研发转化设施、检验检测认证设施、职业技能培训设施、仓储集散回收设施、便企政务服务设施等产业配套设施,可供众多企业共用共享,具有较强的公共性和平台性,既直接影响人才、资本、技术等先进要素的流入,也直接决定了企业的物流成本和生产成本。目前,很多县城产业集聚区内的产业配套设施不齐全,升高了企业生产成本和交易成本,冲抵了县城劳动力和土地成本低的优势,导致县城乃至县域产业竞争力和可持续发展能力较弱。

（五） 县城补短板强弱项资金需求量巨大

近年来,各地区对县城补短板强弱项的财政性资金保障力度有所加大。一些省份设立了省级预算内投资新型城镇化建设专项,如贵州、湖南、吉林分别设立了10亿元、2亿元、2亿元左右的省级专项资金,重点支持县城补短板强弱项建设项目。各省级发展改革委会同财政部门,按照地方政府专项债券准备项目清单,按程序及时发行地方政府专项债券。积极引入工商资本参与县城建设,如长江经济带县城推广污水治理"三峡模式"、湖南浏阳引进光大集团公司合建湘潭垃圾焚烧发电项目、福建长汀采取 BOT 模式引进世锦水务公司建设污水处理厂、浙江乐清以公建民营方式引入百龄帮康养公司投资发展普惠养老。

但是,各地区县城补短板强弱项工作量大面广、资金需求巨大。瞄准市场不能有效配置资源、需要政府支持引导的公共领域,对县城补短板强弱项资金缺口进行初步匡算,可知未来一段时期总的资金缺口为 11.3 万亿元左右,其中公共服务设施、环境卫生设施、市政公用设施、产业培育设施的资金缺口分别为 3.6 万亿元、1.4 万亿元、4.2 万亿元、2.1 万亿元。但目前,各地区普遍面临财政性资金供给不足、社会资本进入意愿低、引资难度大等突出问题,缺乏财政资金投入及配套能力,还有 269 个县及县级市(占全国 1881 个县及县级市的 14%)的政府债务率超过预警线。

（六） 工商资本投资于县城的意愿较低

县城补短板强弱项的社会效益很好,但当前经济效益不够高,总体上是处于初级培育阶段、市场配置资源有效性暂时不足的领域,工商资本进入意愿普遍偏低。亟须发挥大型国企特别是中央企业"当先导"功能和引领示范带动作用,先期进入投资建设、培育成熟市场,引导民营企业等其他工商资本逐步进入。

（七）建设用地供给有所不足

地级及以上城市获得的新增建设用地计划指标较多,县及县级市获得的新增建设用地计划指标较少,很多县及县级市的年均新增建设用地计划指标仅几百亩,一些县及县级市甚至只有几十亩。县城单个项目的体量普遍较小,难以纳入省级重大项目清单和国家重大项目清单,进而无法得到建设用地重点保障,制约了项目落地。此外,一些县及县级市的存量建设用地盘活难度较大。

三、科学确定县城补短板强弱项的方向定位

"十四五"乃至未来很长一段时期,应抓紧补齐疫情暴露出的县城短板弱项,大力提升县城公共设施和服务能力,促进公共服务设施提标扩面、环境卫生设施提级扩能、市政公用设施提挡升级、产业培育设施提质增效,适应农民日益增加的到县城就业安家需求,扩大有效投资、释放消费潜力、拓展市场纵深,为坚定实施扩大内需战略和新型城镇化战略提供重要支撑。

（一）明确县城补短板强弱项的基本原则

科学合理推进县城补短板强弱项,需要把握好大方向,遵循以下几条基本原则。

1. 坚持靶向发力

立足全国城镇体系的重要一环,统筹配置公共资源,重点支持县城(县政府驻地镇或街道及其实际建设连接到的居委会所辖区域)补短板强弱项,并在布局建设各类公共设施时,注重做好与邻近地级市城区同类设施的衔接配套。兼顾县级市城区(市政府驻地实际建设连接到的居委会所辖区域及其他区域),以及镇区常住人口 10 万以上的非县级政府驻地特大镇,将其一并纳入补短板覆盖范围。

2. 坚持分类施策

立足公共服务与人口规模相匹配,按照城镇常住人口规模配备公共资源,优先支持东中部地区县城、西部和东北地区有条件县城特别是都市圈内县城发展,优先支持城镇常住人口 10 万以上和人口净流入的县城发展,补齐其他县城基本功能,引导人口净流出的县城瘦身强体、避免盲目建设。

3. 坚持精准投向

立足"缺什么补什么",聚焦县城突出短板,瞄准市场不能有效配置资源、需要政府支持引导的公共领域,健全垃圾和污水收集处理等环境卫生设施,公共停车

场、路网管网、配送投递等市政公用设施,医疗卫生、养老托育等公共服务设施,冷链物流、农贸市场等产业配套设施。

4. 坚持多元投入

立足"资金跟着项目走",对公益性的固定资产投资建设活动,主要通过地方财政资金予以投入,并通过中央财政性资金予以适当补助;对有一定收益、确需举债的,主要通过安排地方政府专项债券予以投入;对经济效益好、现金流健康、具备市场化运作条件的,努力引导金融资本和社会资本予以投入。

(二) 明确县城补短板强弱项的主要目标

到 2025 年,东中部地区县城、西部和东北地区有条件县城对人口经济的综合承载能力明显提升,对全国新型城镇化建设和经济社会发展的支撑作用明显增强。

1. 公共服务供给全面优化

县城重大公共卫生事件应对能力显著增强,三级综合医院覆盖率明显提高,县域就诊率超过 90%。县城养老服务机构护理型床位占比超过 50%,每县至少建成一所面向失能半失能老人的老年养护院。县城社区综合服务设施基本全覆盖。

2. 环境卫生质量大幅改善

东中部地区县城基本实现污水全收集全处理、生活垃圾全收集全转运,生活垃圾焚烧处理能力占无害化处理能力比例超过 60%。西部和东北地区县城污水收集处理率、生活垃圾收集转运率大幅提升,生活垃圾焚烧处理能力显著提升。每县建成医疗废物收集转运处置体系。县城卫生死角基本消除。

3. 市政公用设施基本完备

县城实现 5G 网络全覆盖,市政公用设施智能化、社会治理精细化、公共服务供给便捷化水平显著提升。县城公共停车需求得到有效满足,客运站改造基本完成。县城公共供水和燃气基本普及,北方地区县城集中供热基本全覆盖。

4. 产业配套设施持续完善

智能标准生产设施、技术研发转化设施、检验检测认证设施、职业技能培训设施、仓储集散回收设施、便企政务服务设施等县城产业平台公共配套设施体系初步建成。连接主要产地和消费地的县城冷链物流设施网络初步建成,农贸市场达标改造基本完成。

5. 县级市城区和非县级政府驻地特大镇的承载能力普遍提升

县级市城区的环境卫生、市政设施、公共服务和产业配套水平,达到与所属地级市城区大体相当的水平;非县级政府驻地特大镇达到与所属地级市相同人口规模县城大体相当的水平。

四、精准施策推进县城补短板强弱项

在以上系统梳理县城在公共服务设施、环境卫生设施、市政公用设施、产业培育设施等方面突出短板的基础上,聚焦市场不能有效配置资源、需要政府支持的公共领域,进行精准补短板、精准投资。

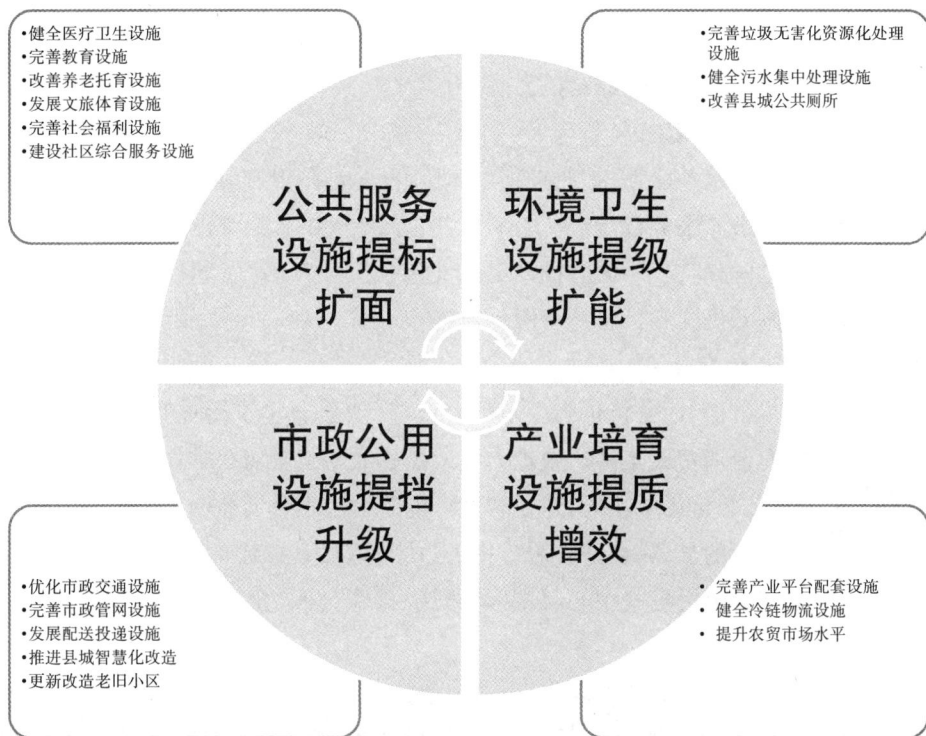

- 健全医疗卫生设施
- 完善教育设施
- 改善养老托育设施
- 发展文旅体育设施
- 完善社会福利设施
- 建设社区综合服务设施

公共服务
设施提标
扩面

环境卫生
设施提级
扩能

- 完善垃圾无害化资源化处理设施
- 健全污水集中处理设施
- 改善县城公共厕所

市政公用
设施提挡
升级

产业培育
设施提质
增效

- 优化市政交通设施
- 完善市政管网设施
- 发展配送投递设施
- 推进县城智慧化改造
- 更新改造老旧小区

- 完善产业平台配套设施
- 健全冷链物流设施
- 提升农贸市场水平

图 4　县城补短板强弱项主要任务

(一) 推进公共服务设施提标扩面

从医疗卫生、教育、养老托育、文旅体育、社会福利、社区综合服务等方面提升县城公共设施条件和服务水平,切实兜牢基本民生保障网底,不断满足多样化民生需求,努力增进全体人民在共建共享发展中的获得感、幸福感、安全感。

1. 健全医疗卫生设施

推进县城与邻近地级市城区、省会城市医疗卫生设施统筹布局和衔接配合。推进县级综合医院(含中医院)提标改造,以门急诊、住院、医技科室为重点增加业务用房并配备必要设备,增强传染病科室诊疗能力、重症监护室(ICU)救治能力,增加重要医疗物资储备,预留应急空间,强化平战结合。推进县级疾控中心标准化建设,配齐疾病监测预警、实验室检测、标本采集、现场处置等设施设备。完善县级妇幼卫生健康服务机构,补齐业务用房面积缺口。改造或新建大型公共设施时,应使之具备短期内改建为"方舱医院"或应急避难场所的条件,满足救灾应急需要。发展紧密型县域医疗卫生共同体。

2. 完善教育设施

按照县城常住人口规模配置教育资源。新建或改扩建公办幼儿园,引导社会力量建设普惠性幼儿园。按照义务教育学校基本办学标准,改善教学设施和生活设施,实现校舍和场所标准化。推动普通高中加强校园校舍设施建设,扩大培养能力、提高教育质量。扩大职业教育资源供给。

3. 改善养老托育设施

大幅提高养老服务质量,扩充护理型床位,配置消防设施和辅助设施。加快建设县级特困人员供养服务设施(敬老院)。引导社会力量发展普惠养老。在家庭照护为主、托育补充前提下,大力推动婴幼儿照护服务发展,引导社会力量建设一批综合性托育服务机构和社区托育服务设施。

4. 发展文旅体育设施

改造商业步行街、地方特色街区及配套设施,加强老建筑活化利用,因地制宜发展新型文旅商业消费聚集区。根据需要改扩建或新建县级公共图书馆、文化馆、博物馆,完善公共文化场所功能,建设智慧广电平台。在重要旅游景区所在县和有条件发展全域旅游的县,完善游客服务中心、旅游道路和旅游厕所等配套设施,建设城市公园。建设全民健身中心、公共体育场、体育公园、全民健身步道和社会足球场地。

5. 完善社会福利设施

加强困境儿童保障,健全儿童收养体系,提升儿童福利设施和未成年人救助保护设施水平。建设残疾人康复和托养设施,因地制宜配建残疾人综合服务设施。完善公益性殡葬服务,支持建设公共殡仪馆和公益性骨灰安放设施。

6. 建设社区综合服务设施

因地制宜布局社区综合服务设施,逐步实现城镇居民全覆盖。统筹卫生、就业、社保、文体、退役军人服务、儿童关爱保护等基本和非基本公共服务项目以及维稳、信访等管理职能,推进家政等便民服务进社区,打造综合性多功能的美好生活服务站。

(二) 推进环境卫生设施提级扩能

加快健全城镇环境基础设施,补齐生活垃圾处理能力缺口,完善生活污水收集处理设施体系,满足人民日益增长的优美生态环境需要,推进生态环境治理能力现代化。

1. 完善垃圾无害化资源化处理设施

全面推进生活垃圾分类,逐步建立分类投放、分类收集、分类运输、分类无害化资源化处理的生活垃圾处理系统。完善生活垃圾收运体系,配备分类清运、密封性好、压缩式收运车辆,改造垃圾房和转运站。加快建设生活垃圾焚烧终端处理设施,逐步减少原生垃圾直接填埋。建立餐厨垃圾和建筑垃圾等回收及再生利用体系。加快建设医疗废物集中处置设施,完善医疗废物收转运设施。因地制宜建设危险废物处理设施。在有条件县城建设规范的回收网点和分拣中心,重点对废弃电器电子产品、报废汽车、废纸等进行回收利用。

2. 健全污水集中处理设施

按照"厂网配套、泥水并重"要求,建设污水集中处理设施。提高管网收集能力,积极推进管网"雨污分流",实施混错接、漏接、老化和破损管网更新修复。因地制宜确定污水处理厂出水水质标准,结合实际对现有污水处理厂进行扩容提标改造。在缺水地区和水环境敏感地区推进污水资源化利用。加快建设污泥无害化资源化处理设施,减少污泥进入垃圾填埋场填埋量。

3. 改善县城公共厕所

重点在旧城区、人流密集区和主次干路等区域,配建补建固定公共厕所或移动式公共厕所,利用节能环保技术配置除臭设施。改造老旧公共厕所,分批进行拆除还建或改建。新区建设和商业开发要严格按标准配建公共厕所。合理增加无障碍厕位和第三卫生间,方便残疾人和儿童等使用。

(三) 推进市政公用设施提挡升级

科学谋划、统筹布局县城市政公用设施,加快构建与人民美好生活需要相适应的市政交通、市政管网、配送投递体系,提升县城数字化网络化智能化水平,建设安全健康、设施完善、管理有序的完整居住社区,增强县城综合承载能力。

1. 优化市政交通设施

推进县城与邻近地级市城区交通设施互联互通,鼓励对公路等设施进行升级改造,增强对外交通保障能力。布局建设公共停车场和配建停车场,鼓励建设立体停车库,缓解医院、学校、大中型商场和办公区等人流密集区"停车难"问题。推进客运站改扩建或迁建新建,拓展客运站"运游""运邮"功能。按照"窄马路、密路网"方式,完善机动车道、非机动车道和人行道"三行系统",优化公交站点布设,改善群众出行条件。

2. 完善市政管网设施

实行"从源头到龙头"的全流程公共供水保障,扩大供水管网覆盖范围,更新改造供水水质不能稳定达标的水厂和老旧破损的供水管网。完善燃气储气设施和燃气管网,加快建设液化天然气、液化石油气局域供气网络。发展热电联产集中供热及清洁能源集中供热,推进燃煤锅炉集中改造。构建源头减排、雨水蓄排、排涝除险的排水防涝系统。在有条件县城推进路面电网和通信网架空线入地。

3. 发展配送投递设施

建设统一分拨中转的公共配送中心,鼓励发展共同配送等新模式,满足小微企业和群众日常物流分拨配送需要。支持社会力量面向家庭用户和单位职工等受众群体,布设不同类型的智能快件箱,提供便捷安全的"最后一百米"服务。

4. 推进县城智慧化改造

加快建设新型基础设施,推进5G网络向县城延伸覆盖,提升县城光纤宽带接入速率,建设深度覆盖的物联网。搭建城市信息模型(CIM)基础平台,部署智能交通、智能电网、智能水务等感知终端,推进市政公用设施智能化。整合市场监管、环境监管、应急管理、治安防控等事项,推行"政务服务一网通办""云上政务",推进社会治理精细化。整合教育、医疗、养老、就业、社保等信息数据系统,建设统一的基本公共服务平台,推进公共服务供给便捷化。

5. 更新改造老旧小区

改善小区居住条件,完善小区水电气路信等配套基础设施和养老托育、停车、便民市场等公共服务设施,有条件的可加装电梯。加强对小区及周边闲置土地、房屋、地下室等存量资源的统筹利用。鼓励探索以社区乃至街区为单元进行改造的商业模式,吸引社会资本参与有一定盈利的改造项目。

（四）推进产业培育设施提质增效

培育县城内生增长动力和"造血"能力,提升县城产业平台承载产业发展和就业创业能力,引导劳动密集型产业、县域特色经济及农村二、三产业在县城集聚发展,促进农业转移人口就近城镇化。

1. 完善智能标准生产设施

围绕降低产业平台投产成本、缩短企业产品上市周期,完善共享型的智能化标准化生产场所及设备。建设符合主导产业生产需求的标准厂房,打造承重、挑高、室内环境质量达标的生产场所,接入光纤宽带和物联网终端设备。配备数控机床等产业通用基础制造装备,配置高效率的设备运维软件系统。在有条件产业平台建设可快速转产转线的柔性生产线,更好适应市场需求。健全文化旅游产业等服务业配套设施。

2. 健全技术研发转化设施

瞄准产业平台主导产业所需共性技术,整合各类技术创新资源,健全开放式的技术研发转化空间及设施。建设共性技术研发平台,配备专业通用仪器设备。健全科研成果中试基地,完善产品创制试制设施和模拟应用场景,打造服务于科研成果熟化、工程化、工艺化的有效载体。发展创业孵化空间,提供产品方案研究、商业模式设计、项目路演展示、投资融资对接等服务。探索建设知识产权服务平台,提供高价值专利布局、专利信息分析及法律咨询等服务。

3. 完善检验检测认证设施

着眼提升产业平台产品质量和品牌竞争力,提升检验检测及质量认证服务能力。鼓励建设检验检测公共服务平台,配备产品质量测试和性能评定等设备。引入国际国内权威认证机构共建质量认证服务平台,发挥强制性认证"保底线"作用和自愿性认证"拉高线"作用。支持社会力量提供检验检测认证服务,积极发展民营或混合所有制检验检测认证机构,加大政府购买服务力度。

4. 建设职业技能培训设施

围绕支撑产业平台转型升级、保持就业稳定、提升就业质量和缓解结构性就业矛盾,建设有针对性实效性的职业技能培训设施。支持规模以上企业建立职业技能培训机构,面向产业平台内企业承担职业技能提升和转岗转业培训任务。推动职业院校和技工学校建设惠及面广、适用性强的培训基地,提升培训设施设备水平,鼓励与企业共建实训中心。引导利用闲置场地改造建设公共实训基地。

5. 健全仓储集散回收设施

着眼完善产业平台供应链体系,建设规模适用的公共仓储集散回收设施。完善仓储空间及设施,鼓励配备智能立体仓库、自动分拣系统、自动导引运输车和库存管理系统。完善集散回收空间及设施,服务于产品分拨运输和工业废弃物回收。完善电子商务硬件设施及软件系统,建设便于线上线下推介展示交易的直播或体验等公用空间。

6. 建设便企政务服务设施

围绕降低产业平台制度性成本,建设便捷高效的"一站式"便企政务服务设施。下沉行政审批重心,植入自然资源、生态环境、市场监管、税务、人力资源社会保障等部门行政审批权限,融入农村产权流转交易和抵押融资等更多服务事项。完善政策服务功能,强化财政补贴、税费减免、融资对接、宣传推广等政策指导扶持。健全劳务对接功能,建立与劳动力输出地的紧密对接合作机制,为企业招工用工提供便利。

7. 健全冷链物流设施

结合实际在县城及周边建设冷库,配建理货和分拣等冷链配送设施,保障农副产品全程冷鲜冷冻保存和运输。在有条件县城建设面向城市消费的生鲜食品低温加工处理中心,推广"生鲜电商+冷链宅配""中央厨房+食材冷链配送"等新模式。引导社会力量在大中型商场超市建设冷链物流前置仓,解决冷链物流"最后一公里"问题。

8. 提升农贸市场水平

因地制宜推进农贸市场改造或迁建新建,合理扩大规模和服务半径,改善交易棚厅等经营条件。在批发型农贸市场配置检测检疫设备,确保进场农副产品质量安全。完善零售型农贸市场和社区菜市场环保设施,解决卫生"脏乱差"问题。支持社会力量改造建设畜禽定点屠宰加工厂。

(五) 充分挖掘县城消费潜力

把扩大县域消费作为县城补短板强弱项的重要任务,多措并举打通堵点卡点难点、充分挖掘县域消费潜力,强化县城作为县域消费基础支柱的重要作用。

1. 提高县城居民消费能力

提高县城居民就业能力和收入水平,引导县域特色经济和农村二、三产业在县城集聚发展,为劳动者和企业免费提供政策咨询、职业介绍、用工指导等服务,大规模开展职业技能培训,促进工资性收入持续增长。坚持尽力而为、量力而行,提高基本医疗保险、基本养老保险和最低生活保障水平,减少居民消费后顾之忧。

2. 增强县城公共消费能力

合理增加县域公共消费规模,促进公共服务设施提标扩面,扩大县域教育、医疗、养老、育幼等公共支出,提高财政资金支出效率。研究增加县级政府财力,探索资金直达市县基层特殊转移支付机制,推进省以下财政事权和支出责任划分改革,加强县域公共服务财力保障。

3. 扩大县城生活性服务供给

进一步放宽生活性服务业准入限制,推动"非禁即入"普遍落实,取消不必要的备案登记和行政许可事项,拓宽市场主体投资于生活性服务业的通道。重点在城郊推进农村一二三产业融合发展,对标城市消费需求和标准,提高乡村旅游、休闲农业、民宿经济、农耕文化体验、健康养老等服务环境和品质,吸引城市居民消费。

4. 优化县城消费市场环境

提高县城市场监管能力,强化检验检测检疫等设施建设和人才培训,建立多部门协同监管机制。整顿规范县城消费市场秩序,开展打假常态化专项行动,瞄准批发市场、农贸市场、流动摊贩等假冒伪劣商品易发地,加强监督监管检查,确保市场主体依法依规经营。

五、建立县城补短板强弱项的保障机制

推进县城补短板强弱项工作,需要建立健全项目保障机制、要素保障机制和分步推进机制,才能使政策措施落实落地。

(一) 建立项目保障机制

1. 界定项目范畴

坚持"缺什么补什么",立足本地实际和发展急需,按照上述建设内容因地制宜研究确定本地项目范畴。加快确定一批弥补本地突出短板、契合群众迫切需要的项目,以及一批公共性平台性程度较高、惠及较多群众及市场主体的项目,特别是能够尽快见效并形成实物工作量的项目。

2. 加强项目谋划

综合考虑资金保障情况、财务平衡及收益状况,分阶段、有步骤地滚动谋划设计不同性质的固定资产投资项目,成熟一批、实施一批。着眼保障县城经济社会正常运行,加快谋划一批完善县城基本功能、无偿满足公共需要的公益性项目,以及有一定收益但难以商业化合规融资的公益性项目。着眼释放政府投资乘数效应,科学谋划一批具备一定市场化运作条件的准公益性项目;探索通过盘活存量资产、挖掘土地潜在价值等方式,推动公益性、准公益性与其他有经济效益的建设内容合理搭配,谋划一批现金流健康的经营性项目。

3. 严把项目标准

坚持"项目跟着规划走",综合考虑县城地域特征、人口规模和发展潜力等因素,依据经济社会发展规划及国土空间规划,合理确定项目区位布局和规模体量。坚持合规开展项目建设,严格执行有关国家标准和行业标准,以及有关部门印发的规范性文件。

(二) 建立要素保障机制

1. 加大财政资金支持

坚持"资金跟着项目走",落实政府投资重点支持"两新一重"建设的要求,针对县城公益性固定资产投资项目,设计多元化的财政性资金投入保障机制。县城公益性项目主要通过地方政府财政资金予以投入,符合条件的县城公益性项目可通过中央预算内投资予以适当支持。对其中有一定收益但难以商业化合规融资、确需举债的县城公益性项目,除上述资金支持渠道外,还可通过安排地方政府专项债券予以支持。

2. 吸引社会资本投入

针对县城准公益性及经营性固定资产投资项目,设计市场化的金融资本与工商资本联动投入机制。对符合条件的大中型准公益性及经营性项目,可通过健全政银企对接机制,利用开发性政策性商业性金融或国家城乡融合发展基金予以融资支持。对符合条件的县城智慧化改造、产业平台配套设施建设等领域项目,可通过新型城镇化建设专项企业债券予以融资支持。规范有序推广 PPP 模式,带动民间投资参与投入的积极性。

3. 研究社会资本参与新路径

探索建立引导工商资本投入新机制,借鉴长江经济带推广污水治理的"三峡模式"等成熟做法和经验,选择一些有意愿有条件有经验的中央企业,协调引导其承担县城补短板强弱项建设任务。这不仅有利于缓解县城建设财政性资金严重不足的问题,也有利于缓解国有经济分布范围依然过宽的问题,使国有经济向关系国计民生的重要行业领域和基础设施集中。

4. 加强建设用地支撑

坚持"要素跟着项目走",优化新增建设用地计划指标和城乡建设用地增减挂钩指标分配,保障县城补短板强弱项项目的合理用地需求。注重盘活存量建设用地和低效土地,优先用于县城补短板强弱项项目。积极组织农村集体经营性建设用地直接入市,分类推进就地入市或异地调整入市。

(三)建立分步推进机制

1. 分区分类推进

依据《全国主体功能区规划》及各省级主体功能区规划,立足各地区发展基础和要素条件,建立分区分类的支持引导机制。优先支持东部地区基础较好县城建设,率先实现城镇化高质量发展。有序支持中西部和东北城镇化地区县城(含边境地区重点县城)建设,加快增强人口经济承载能力。合理引导中西部和东北农产品主产区、重点生态功能区县城建设,提高对农业农村发展和生态环境保护的保障能力。

2. 强化示范带动

着眼于加快形成投资效益、尽快形成实物工作量,并强化典型引路、发挥头雁效应,应以发展基础扎实、财政实力较强、政府债务率较低为基本要求,在长江三角洲区域、粤港澳大湾区和其他东中部都市圈地区,兼顾西部和东北地区,选择一批县及县级市开展县城建设示范工作。切实加大中央财政性资金等政策支持力度,支持其围绕县城补短板强弱项项目范畴,启动建设示范性项目,创新资金投入方式与运营模式。总结提炼典型经验,以现场会、典型案例推介等方式加以推广。

3. 严格防范风险

坚持尽力而为、量力而行,严防地方政府债务风险,审慎论证项目可行性,优选项目、精准补短板、不留后遗症。严防"大水漫灌",确保精准投资、提高投资效益。严防"半拉子工程",确保项目资金来源可靠、规模充足。严防"大拆大建",优先采取改扩建方式,必要时采取新建迁建方式。严防"贪大求洋",落实适用、经济、绿色、美观的新时期建筑方针。

4. 加强监测分析

可从示范地区中选择若干直接联系点,区分轻重缓急、科学研究确定阶段性建设目标和重点建设任务,明确推进机制、资金来源、用地保障和政府债务风险防控机制,努力打造县城建设排头兵。加强对示范项目谋划实施的跟踪分析,及时总结行之有效的先进经验和可行模式,分析遇到的困难问题及原因,研究提出政策建议。持续总结提炼可复制可推广的典型经验,条件成熟时在全国范围内推广;发现并分析薄弱环节,及时制定针对性改革举措和政策举措。

（课题组成员：陈亚军　吴越涛　刘春雨　叶欠　胡亚昆
闫浩楠　王志文　李轶璠　黄跃　丁宁　黄绳雄　梁洪力
胡智超　李翔宇　宋健）

超大特大城市高质量发展研究

中国城市规划设计研究院

党中央、国务院高度重视超大特大城市治理问题。习近平总书记在《国家中长期经济社会发展战略若干重大问题》中指出,产业和人口向优势区域集中是客观经济规律,但城市单体规模不能无限扩张。我国超大城市和特大城市人口密度总体偏高。长期来看,全国城市都要根据实际合理控制人口密度,大城市人口平均密度要有控制标准,要因地制宜推进城市空间布局形态多元化。中西部有条件的省区,要有意识地培育多个中心城市,避免"一市独大"的弊端。党的十九届五中全会提出要合理确定城市规模、人口密度、空间结构,促进大中小城市和小城镇协调发展,加强特大城市治理中的风险防控等要求。落实习近平总书记要求和党的十九届五中全会精神,本报告以 500 万人口以上的省会城市、副省级城市和直辖市为研究对象,研究超大特大城市高质量发展面临的问题、根源和策略。

综合国家发展改革委超大特大城市名录、《中国城市建设统计年鉴 2018》和美国人口统计(Demographia)的《世界城市区域人口统计 2020》(*Demographia World Urban Areas 2020*)等资料,确定超大特大城市研究对象为 16 个城市:城区人口 1000 万人以上 7 个,北京、天津、上海、重庆、广州、深圳、成都;城区人口 500 万—1000万人 9 个,沈阳、哈尔滨、济南、青岛、郑州、南京、杭州、武汉、西安。另外把城区人口 300 万—500 万人的 14 个城市作为对比研究对

象,分别是厦门、合肥、长沙、太原、福州、长春、大连、昆明、石家庄、宁波、南昌、乌鲁木齐、贵阳、南宁。

一、我国超大特大城市发展基本现状

(一) 超大特大城市数量、人口和用地规模现状

1. 我国是世界上超大特大城市数量和人口最多的国家

根据《世界城市区域人口统计2020》,中国超大特大城市数量为18个,居世界各国之首;城区人口规模占世界500万人以上城市城区人口总规模的18.96%,为世界第一;城区面积占世界500万人以上城市城区总面积的17.61%,名列世界第二位。①

中国是世界第一人口大国,城市发展历史悠久,城镇化刚刚经历了快速发展阶段,超大特大城市规模大、数量多是正常现象。

2. 我国超大特大城市人口和用地规模迅速增长

我国超大特大城市人口和用地规模占比不断提高。2000—2019年,16个超大特大城市常住人口规模从1.63亿人增加到2.28亿人,年均增长速度达到1.76%,占全国总人口的比重从12.91%提高到16.28%。2000—2016年,16个超大城市城乡建设用地面积年均增长速度达到2.55%,占全国城乡建设用地面积比重从9.71%提高到10.54%。超大城市用地规模扩张速度超过了人口增长速度。

外来人口流入和行政区划调整是超大特大城市规模扩张的重要原因。2017年底,除重庆以外的15个超大特大城市净流入人口(常住人口减去户籍人口)达到6100万人,是我国跨地区人口流入的主要集中地。除郑州外的15个超大特大城市均进行了撤县(市)设区的区划调整,超大特大城市市辖区行政范围不断扩大,导致统计意义上城区人口和用地规模的迅速扩张。

(二) 超大特大城市经济发展和功能布局现状

1. 我国超大特大城市是全国经济发展的中枢

我国超大、特大城市是国家级和区域级的中心城市,在全国经济发展中承担着重要的中枢地位。2019年7个超大城市GDP占全国比重为18%,9个特大城市

---

① *Demographia World Urban Areas 2020* 城市人口和用地统计采用 built-up urban area 的概念。实际识别方法和空间范围与我国"城区"概念和范围接近。本报告将其统计的空间范围称为"城区"。该报告中的中国城市数量包括香港和台北。

（%）

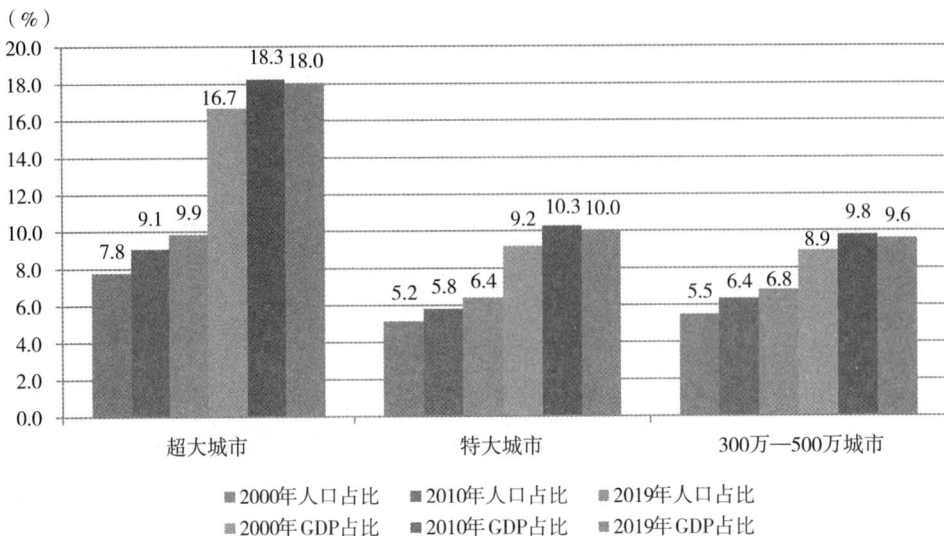

图 1　我国超大特大城市人口和 GDP 全国占比演变图

数据来源：全国及各城市统计年鉴、公报。

GDP 占全国比重为 10%，14 个 300 万—500 万人口城市 GDP 占比为 9.6%。超大特大城市具有更高的经济效率和发展水平。

超大特大城市 GDP 占全国比重先上升后下降。2000—2010 年，16 个超大特大城市 GDP 占全国比重从 25.9% 提高到 28.6%；2010—2019 年，16 个超大特大城市 GDP 占全国比重从 28.6% 下降为 28.0%，与超大特大城市人口用地规模的持续提升形成对比。

2. 我国超大特大城市形成以第三产业为主导的产业结构

2019 年底，16 个超大特大城市第三产业占 GDP 比重均在 50% 以上，其中北京、上海第三产业占比超过 70%。服务业引领超大特大城市经济发展，并且出现高端化和创新化趋势。以健康、医疗、养老和教育为核心的需求型服务业在超大特大城市快速发展，科创功能正在成为超大特大城市发展的新动力。

3. 我国超大特大城市功能集聚特征明显

我国超大特大城市具有功能集聚和叠加特征，绝大部分超大特大城市同时具有区域行政、经济、文化、教育、科研中心、交通枢纽和开放门户等多重功能，集中了区域乃至国家发展最优质的资源。2019 年底，我国 16 个超大特大城市面积占全国国土面积的 2.88%，集聚了全国 16.28% 的人口、28% 的 GDP、54.2% 的中国 500 强企业、64.3% 的世界 500 强企业中国总部、76.9% 的 985 高校和 79.3% 的 211 高校。

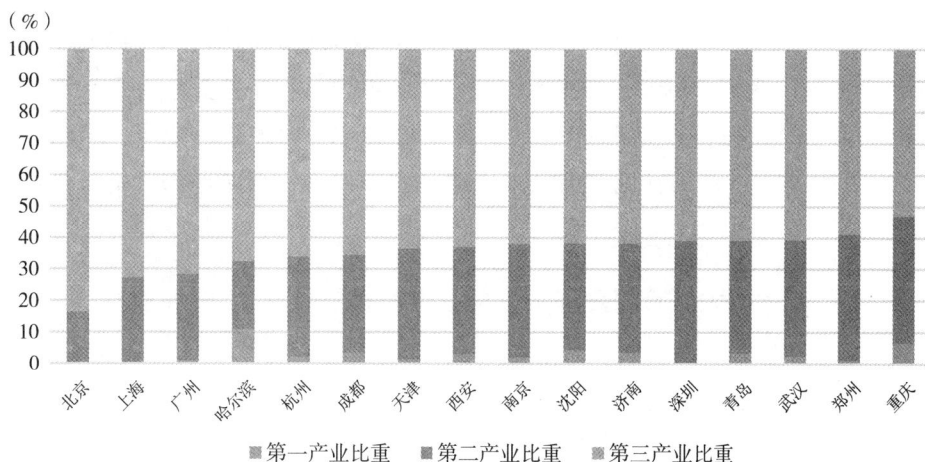

图 2　2019 年各城市三次产业结构占比

数据来源:各城市 2019 年统计公报。

（三）省会城市"一市独大"的基本情况

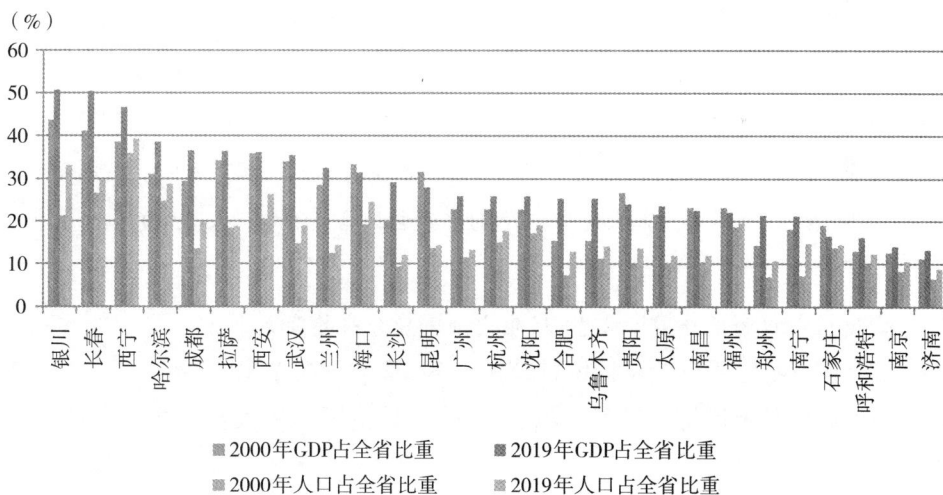

图 3　2000 年、2019 年省会城市人口和 GDP 全省占比

数据来源:各省、市统计年鉴及统计公报。

1. 省会城市"一市独大"现象日益显著

2000 年以来,省会城市在省内经济和人口占比都呈现不断提高的趋势。2019 年,全国有 10 个省会城市 GDP 占全省比重超过 30%,24 个省会城市 GDP 全省占比超过 20%,8 个省会城市人口全省占比超过 20%。省会城市"一市独大"的现象日益显著,经济集中程度明显高于人口集中程度。

2. 中西部地区省会"一市独大"现象更为普遍

在省会城市 GDP 占比前 10 名的城市中,中西部地区占据 7 个,其中银川市 GDP 全省占比达到 50.6%,长春 50.3%、西宁 44.9%。"省会独大"还表现为首位城市与第二位城市之间的巨大差距。2019 年,四川省成都市 GDP 总量是绵阳的近 6 倍,湖北省武汉和襄阳、湖南省长沙和岳阳的 GDP 比值都在 3 以上。

（四）超大特大城市密度和强度的基本现状

（人/平方公里）

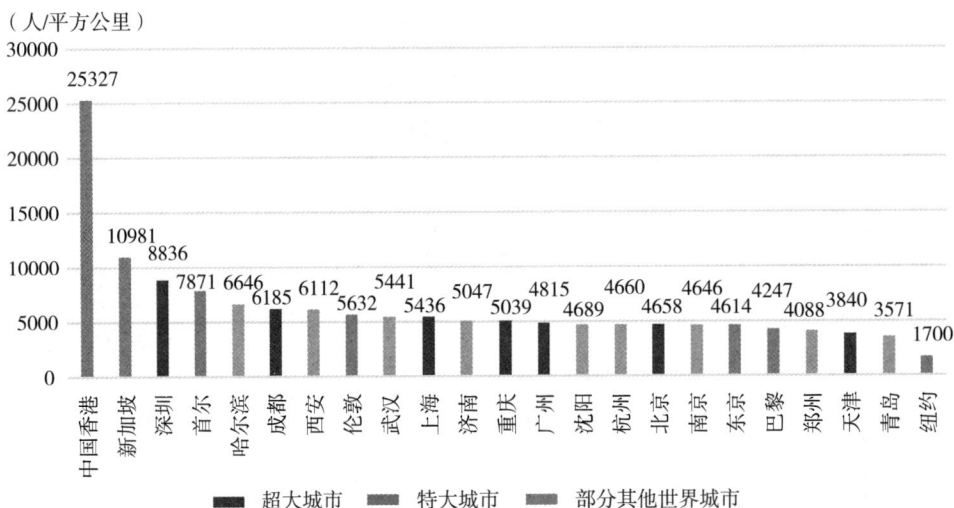

图 4　我国 16 个超大特大城市和世界其他部分城市的城区人口密度

数据来源:*Demographia World Urban Areas 2020*。

1. 城区人口密度与国际相当,城市内部密度分布差距大

城市人口密度研究应保持统计范围一致,基于行政范围、城区范围、建成区范围等不同口径统计的人口密度截然不同,统计范围不一致会造成结论的明显差距。

根据《世界城市区域人口统计 2020》,我国 50 万人口以上城市的城区人口密度平均为 4600 人/平方公里,处于世界中游水平、低于亚洲平均水平;16 个超大特大城市的城区人口密度平均为 5232 人/平方公里,与伦敦、巴黎、纽约等世界城市基本相当。

我国超大特大城市人口密度内部差异显著。首先表现为空间结构上核心区和外围地区的差异。如图 5 所示,北京、上海、广州、武汉四大城市的核心辖区与郊区辖区人口密度存在着明显差距。其次表现为不同用地类型上的差异。我国超大特大城市的居住用地比例较低、容积率较高,导致居住用地人口密度较高。国际上居

住用地占城市建设用地的比例一般在50%左右,而我国城市多在30%左右。

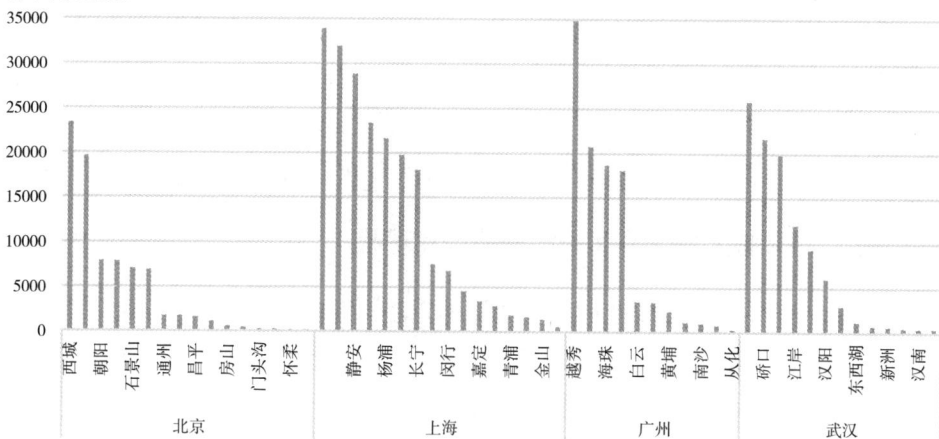

图5 北京、上海、广州、武汉市辖区人口密度分布

数据来源:各城市统计年鉴2018年数据。

2. 部分城市国土开发强度①偏高,城市内部开发强度和疏密度存在差异

我国超大特大城市的国土开发强度①平均为29.6%,超过国际惯例中国土开发的生态宜居线20%,临近警戒线30%。其中上海、深圳、天津、成都等城市已超过40%,西安则超过30%。

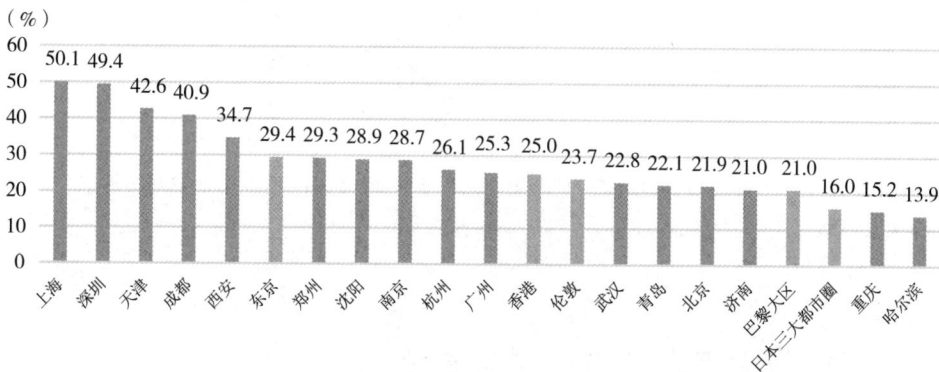

图6 超大特大城市和世界其他部分城市和区域的国土开发强度

数据来源:各城市2016年土地监测数据。

超大特大城市内部各市辖区的国土开发强度存在一定差异,体现为核心地段辖区与郊区型辖区的明显差异。建成区内部的建设疏密度也存在差异。杭州、武汉、北京等城市疏密度较高,开敞空间可达性较好、城市建设更加疏密有致;深圳、

---

① 城市的国土开发强度计算方法为:市域建设用地总面积/市域面积。

上海、成都、济南等城市疏密度较低,城市建设更加紧凑密实。

3. 城市建设强度①与国外相当,但居住用地容积率总体偏高

我国部分超大特大城市的建设强度多在 0.5—0.8 左右,略低于纽约、伦敦、东京等城市。商务区建设强度与国外基本相当,居住用地容积率普遍偏高。据 2014年开展的《城市居住区规划设计规范》修订工作前期调研统计,我国住宅用地容积率常见区间在 3.5 以上,而巴塞罗那住区容积率多为 2.5,新加坡公屋多为 2.8。

(五) 超大特大城市空间结构的演变和现状

受自然地理条件影响,超大特大城市早期的空间结构可分为平原地区的集中块状结构(北京、成都、沈阳等)、沿海或河谷地区的带状组团结构(深圳、青岛、济南等)以及山水资源丰富地区的多组团结构(重庆、广州、武汉等)三种类型。

随着城市空间拓展,超大特大城市空间结构均由单一的城市(城区)向更大范围的都市圈模式拓展,初步形成多中心、网络化、多廊道、多圈层的空间格局。

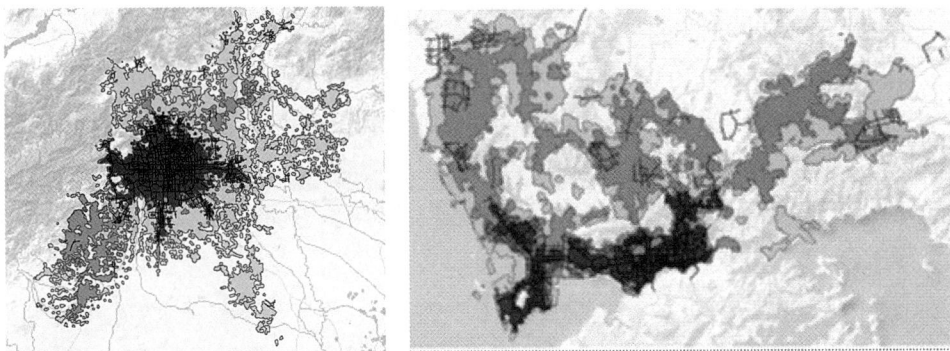

图 7　北京(左)、深圳(右)1988 年、1999 年和 2013 年的建设用地空间拓展

图片来源:美国林肯土地政策研究院,http://www.atlasofurbanexpansion.org。

二、我国超大特大城市问题与根源

(一) 我国城区人口与用地统计的问题

缺乏城市实体地域人口和用地统计数据。中共十九届五中全会提出应"合理确定城市规模、人口密度"。但在市带县、市带市和撤县设区的背景下,中国的"城

---

① "城市建设强度"是指城市一定区域的容积率(毛容积率)。

市"是具有多重意义的地域单元。城市实体地域的"城区"统计制度建设滞后,缺乏规范可信的、基于同一标准划定范围的人口和用地统计数据。城区是所有市辖区的建成区组合,具有"一主多点"的特点,与"城市单体规模"相对应的主城区人口、用地等数据更加难以获得。

城区人口和用地统计不匹配。国家统计局建立了由主城区、城乡结合区、镇中心区、镇乡结合区等类型构成的城乡分类代码,进行城乡人口统计。自然资源部发布的《城区范围确定规范(试行)》提出在识别城市实体地域的基础上划定"城区"范围。但是在各级城市进行"城区"划定的过程中,并没有和已经建立的城乡划分代码相结合,导致用地和人口统计相对独立。

(二) 超大特大城市"大城市病"的问题

超大特大城市人口增长和功能集聚,造成生态压力大、生活不宜居、安全风险高等"大城市病"问题。人口过快增长给生态环境造成巨大的压力,超大特大城市水资源短缺、雾霾等环境问题突出。人口众多、交通拥堵导致通勤时间不断延长,超大特大城市通勤时间和距离明显超过其他规模等级城市;保障性住房和租赁住房供给滞后导致新市民面临着沉重的生活负担。超大特大城市疫情暴发影响人口多、范围广、危害大,暴力恐怖事件具有更高的发生频率,安全风险高成为超大特大城市面临的新问题。

超大特大城市"大城市病"的深层次原因,是行政手段和市场效应叠加造成的资源配置不均衡。超大特大城市一般具有较高的行政层级,在自上而下的资源配置中处于有利地位;超大特大城市撤县(市)设区区划调整使其管辖范围越来越大;GDP导向的激励体系和考核体系加剧了城市间竞争。超大特大城市的规模经济优势、基础设施和服务设施水平优势、城市管理水平优势,与行政手段带来的资源配置优势相结合,导致人口和功能超出城市自身的承载能力。资源配置不均衡是造成超大特大城市与中小城市发展失衡的根本原因。

(三) 省会城市"一市独大"的问题与根源

省会城市"一市独大"抑制了周围其他城市的发展机会,省会城市与其他城市规模等级和能级差距不断拉大,省会城市的"大城市病"和中小城市发展不足的问题并存,使省域生态保护、经济安全和可持续发展面临巨大挑战。在新冠肺炎疫情背景下,"一市独大"的省会城市,资源统筹和治理能力承受了前所未有的压力考验。

"一市独大"是长期历史发展的结果,形成原因处于动态演化之中。西安、武汉等省会城市在历史时期就是具有重要区域意义的中心城市,青海、甘肃、宁夏等西部省区人口稀少、经济落后,城镇人口高度集中在省会城市,在历史时期省会城市就具有较高的首位度。新中国成立后的计划经济时期,资源配置按照效率最大化原则进行,省会城市一般是本省规模最大、发展条件最好的城市,在资源配置中得到优先保障。改革开放以来的市场经济时期,省会城市优势得到进一步强化。近年来撤县设区、撤市设区等行政区划调整,做大做强省会城市的政策导向,使得省会城市"一市独大"现象更为突出。

(四) 超大特大城市密度强度的问题与根源

超大特大城市核心区和居住区密度强度过高,加剧了交通拥堵、公共服务不足等问题,并带来健康和安全风险。密度强度过高会导致绿地与配套设施不足、日照难以满足标准、热岛效应显著与通风不畅等问题,并对历史风貌造成破坏。

超大特大城市外围地区过低的密度会造成土地资源浪费、人均基础设施成本过高、低效率运营等问题。部分城市外围郊区存在大量低密度住宅和低端散乱的工厂,土地使用效率较低。过低的人口密度会导致公共服务设施服务半径变大、设施空置或使用率过低。

超大特大城市城市密度强度分布与公共服务供给的不匹配是问题产生的根源。核心地区资源高度集中,导致密度强度过高,超出可提供的公共资源的服务能力;外围地区密度过低又造成公共资源的浪费。人口分布与资源供给的不匹配导致以上各种问题的产生。

(五) 超大特大城市空间结构的问题

我国超大特大城市的空间结构仍有待优化。

首先,在区域层面,中心城市人口和资源高度集聚,且与外围城市联系不紧密,多中心、网络化的空间格局仍有待培育。

其次,在城市层面,城市内部空间结构和用地组织模式不合理,存在职住分离严重、公共服务分布不均、交通支撑不足等问题。

三、我国超大特大城市高质量发展策略

(一) 超大特大城市人口和用地规模管控与引导策略

1. 应建立健全人地匹配、类型齐全的城区统计制度

把握全国国土空间规划编制和第七次人口普查同时进行的重大机遇,建议发

改委、统计局、民政部、自然资源部、住建部等多部委深度合作,联合进行以实体地域为主体的城区范围划定工作,建立健全城区人口与用地统一匹配的城区统计制度。

针对因整县(市)设区造成的拼装组合型城区现象,建议进一步明确与细化城区类型的划分。首先根据集中连片特征确定主城区,其次根据与主城区的距离远近逐步确定近郊城区、远郊城区等城区类型,建立完善的城区类型统计制度。

2. 因城而异确定超大特大城市人口和用地规模的合理区间

首先应界定市域、城区、主城区等"城市"地域类型。市域人口是城乡人口的总和,城区人口是与乡村人口相对应的城市人口,在确定规模区间时适用不同的技术方法。

城市规模确定应坚持以水定城、以水定地、以水定人、以水定产的原则,依据资源环境承载力和自然本底条件、产业就业发展、城市密度强度和空间结构、区域人口城镇化和基础设施支撑等条件进行综合评价,兼顾城市首位度、首位比等因素,因城而异差异化确定。

在城市层面建议进行特大超大城市的城区界定工作;综合考虑影响城市规模的因素,进行主城区城市人口用地规模评价和评估工作。在此基础上确定我国超大特大城市主城区人口和用地规模的合理区间。

3. 分类施策进行超大特大城市主城区人口和用地规模管控

通过评估超大特大城市主城区的合理规模区间,分类确定不同的管控类型,分为以下三种:

主城区现状规模明显超过合理规模的超大特大城市,应通过建设用地指标安排、重大项目审批、年度考核等行政和经济等手段,限制其规模扩张,编制规模减量规划,制定功能疏解和规模管控实施方案。

主城区现状规模在合理规模区间内的超大特大城市,应从规模增量建设转为存量提质改造和增量结构调整并重,转变城市开发建设方式,实施城市更新行动,推动城市结构调整优化和品质提升。

主城区现状规模距离其合理规模区间仍有较大潜力的特大城市,应支持其规模适度扩张与质量提升并重,充分发挥对周边地区的带动作用,避免"一市独大"现象继续加重。

(二)超大特大城市核心功能确定与非核心功能疏解策略

1. 在各级规划中合理确定超大特大城市核心功能

确定城市核心功能宜采用确定城市职能和城市性质的方法。根据城市经济基础理论,确定城市活动的基本部分(为外地服务的部分)和非基本部分(满足城市内部需求的部分），利用多种方法进行城市职能分类，确定城市性质，进而确定城市的核心功能。

在重大规划中确定超大特大城市核心功能。目前，全国城市均在编制"十四五"规划和国土空间总体规划，发展目标、战略定位、城市性质等是规划的编制内容。

建议开展全国超大特大城市体系规划工作。把超大特大城市看成一个系统，研究这一层级城市职能的普遍性规律和个性化特征，基于统一标准界定城市核心功能与非核心功能。

2. 尊重城市发展规律，合理疏解超大特大城市非核心功能

基于北京、广州、成都等城市非核心功能疏解经验和产业结构特征，超大特大城市当前应把一般制造业、专业批发市场、物流仓储基地等作为重点疏解的非核心功能。未来应进一步疏解高端制造业中不具有比较优势的制造环节，研发中试、产业化基地、呼叫中心、服务外包等市场化服务环节，中等职业教育、培训机构等部分社会公共服务功能。积极引导非核心功能部门从超大特大城市主城区向外围城区迁移，向外围中小城市或功能组团等非核心功能疏解承载地搬迁。

超大特大城市非核心功能疏解采取政府引导与市场主导相结合的方式进行。超大特大城市应综合采用限制公共配套、环境和安全综合整治等公共政策手段，以及差别化税费、财税补贴、最低用工成本、地价等经济手段，引导非核心产业、企业自愿转型升级。外围中小城市可以采取提供财税优惠政策、低成本办公空间、优质的公共服务设施等政策措施，吸引搬迁单位进驻。

（三）破解"一市独大"难题，促进省域城市协调发展

应该客观看待省会城市"一市独大"这一长期历史发展中形成的特定现象，积极引导省会城市从规模扩张型向质量提升型模式转型。

1. 合理确定省会城市定位，推动形成"双循环"新发展格局

省会城市应以提升城市发展能级和带动全省高质量发展为目标。一方面，面向"十四五"和中长期发展确定新一轮战略目标和核心功能，加强创新投入和产业升级，积极参与到国际经济大循环中，缩小与世界高等级城市发展能级的差距；另一方面，切实制定省会城市带动全省高质量发展的战略举措，构建促进全省大中小城市协调发展的制度保障，在引领国内经济大循环中发挥更大的带动作用。根据城市发展阶段确定省会城市非核心功能疏解的时序与重点。

2. 优化城市体系网络，促进城市差异化发展

培育省域副中心城市，构建大中小城市协调发展的城市体系网络，优化城市规模分布。在省级规划中确定不同城市的规模等级和职能定位，实施综合的管控政

策引导资源配置,形成差异化发展格局。省会城市应拓展商务金融、创新研发、高端制造等专业化职能;副中心城市应强化对省内次级区域的辐射带动作用;中小城市应全面加强综合服务能力,为中心城市专业化发展做好产业配套。

3. 强化中小城市软硬件建设,加强基础设施互联互通

省级基础设施规划应保障省内各级城市基础设施水平的提高,中小城市可按照适度超前的原则进行基础设施建设和公共服务设施配置,改善城市品质,培育中小城市要素集聚的条件。省级财政加强对中小城市公共服务的扶持力度,中小城市应加快行政审批改革、提高行政效能、提升营商环境,优化要素集聚的软硬环境。

4. 拓宽政绩考核渠道,促进政府职能转变

构建以高质量发展为导向的政绩考核机制和多元化的考核指标,增加区域均衡发展、生态系统生产总值(GEP)等可量化的指标。建立政绩考核客观化、可量化的机制和差异化的激励方式。加快政府职能转变,合理规范政府行为边界,尊重市场在资源配置中的决定性作用。构建城市间公平增长的基础,是区域大中小城市协同发展的关键。

(四) 我国超大特大城市密度强度调控策略

1. 合理确定人口密度和开发强度区间

借鉴国内外先进城市案例、综合权衡多方面因素,提出密度强度区间的确定原则和方法。

首先,应以保障城市的生态环境和人民生活的宜居性为前提,避免过高的密度强度。可参照世界公认的高密度地区人口密度,如香港建成区的人口密度为2.53万人/平方公里,纽约曼哈顿的人口密度为2.76万人/平方公里,从设施政策运营和居住环境等因素出发,框定人口密度的上限指标。所有城市的各个地区均不应超过该指标。

其次,应考虑城市的经济发展需求、公共服务设施的供给效率、土地的集约利用以及城市的人气和活力,避免出现过低的密度强度。如人口密度低于5000人/平方公里被认为有成为"鬼城"的可能;满足15分钟步行达到公共服务中心的出行需求,人口密度不应低于1.5万人/平方公里,15分钟骑行则不应低于5000人/平方公里。

此外,应根据城市不同的自然地理环境、经济发展水平、现状密度强度等条件,因地制宜、分区分类确定密度强度指标。经济发展水平较高、地理限制性因素较多的城市,可设定相对较高的指标。城市核心区、一般城区、外围新城等不同圈层的密度强度指标应总体呈现递减的规律特征,可参照国内外先进城市案例、结合城市自身特点,综合确定不同圈层和地区的指标。

2. 多手段并举综合进行密度和强度管控

(1)规划手段

首先,通过编制城市群和都市圈等规划,在区域层面构建合理的人口密度分布格局。在规划中应设定区域中不同圈层和地区的人口密度指标;对密度过高的地区适度进行功能疏解、在外围建设或培育新城;对人口密度过低的地区促进人口和功能集聚。

其次,在城市层面通过总体规划和详细规划对密度强度进行分层级管控。在总体规划中可通过划定城镇开发边界控制国土开发强度、因地制宜地提升居住用地比例、科学划定城市基准密度强度分区等方式来构建与密度强度相匹配的公共服务设施体系。在详细规划中应合理确定社区生活圈人口密度,并配置相应的公共服务设施,在遵循总规密度强度分区的基础上,对地块容积率进行具体管控。

(2)法律手段

加强城市密度强度管控的法律保障,制定相应法律文件或标准。目前我国已有多个城市制定了地方性的管理文件或标准,为地块强度(容积率)管控提供了依据。完善配套行政管理制度,法律法规强调刚性管控,但由于土地开发的不确定性,还应配套行政管理制度给予适度的弹性空间,如容积率奖励和转移政策等。

(3)经济手段

第一,通过制定财税政策引导人口密度在区域实现合理分布,如对从高密度地区搬迁的企业减免所得税,并给予拆迁补偿费用,对搬迁至新城的人口给予住房补贴等。第二,通过财税政策实现开发边界管控和增长管理,如美国"增长管理"中的征收开发影响费、土地保护税收激励机制等。第三,研究完善促进盘活存量建设用地的税费制度,提升存量用地使用效率。

(五) 优化城市空间结构,提升城市空间品质

1. 协调超大特大城市区域格局,建设现代化都市圈

我国超大特大现代化都市圈建设应以构建多中心、多圈层、多廊道的网络型空间格局为重点,加快区域生态协同与治理,构建生态安全屏障和绿色生态网络;促进都市圈产业融合发展,形成一体化的产业分工格局;构建都市圈大容量快速交通体系,促进公共服务均等化发展;坚持政府引导与市场主导,破除都市圈内城市间行政壁垒。

当前国内都市圈规划范围过大的问题逐渐显现,远远超过 1 小时通勤圈的范围,同城化发展的政策目标难以实现。应明确都市圈范围划定标准,在"以 1 小时通勤圈为基本范围"的基础上,可考虑通勤率、人口密度等因素。都市圈范围处在动态变化之中,近期应合理控制规模,未来逐渐进行弹性调整。

2. 优化超大特大城市空间结构，提升城市空间品质

第一，采取多中心、多组团的空间结构和混合用地模式，合理布局城市密度强度，提升职住平衡度。高密度的就业中心应与轨道站点耦合，居住围绕其展开，实现就业和居住的混合布局。

第二，合理配置交通资源，实现交通与城市密度强度的良性平衡。提升轨道线网密度，加强站城一体建设，提供高品质地面公交。根据城市密度强度分布及出行需求，差异化地加密城市路网。采取弹性灵活的交通组织政策，如出行调控政策、在高密度地区严控停车供给等。

第三，构建与密度强度相匹配的多中心多层级的公共服务体系，引导形成适度密集的人口分布格局。在低密度地区引导人口适度紧凑布局，以提高公共服务设施的可达性和便利性。在高密度地区，采取灵活的方式布局公共服务设施，缓解公共服务不足和空间拥挤。

第四，增加绿地和开敞空间，充分利用边角地、闲置地块等布局口袋公园。增加街道中步行空间比例，可在不拓宽道路的前提下，重置街道空间来支持步行活动，构建步行街道空间网络。

第五，改善高密度强度地区的通风条件，结合主导风向打造通风廊道，通过增设开敞空间、建设低密度公共设施促进通风。顺应夏季主导风向，保障迎风地区的开敞性和通透性。选择高低错落、散点式的建筑布局，避免大地块、大体量建筑。

第六，保护历史风貌，加强历史地段及周边地区的高度控制。城市中心的建设尤其是高层建设，要注重历史与现代空间的过渡。加强城市设计管控，对城市的总体建筑高度进行管控，重点管控沿山和滨水地区，塑造疏密有致的宜人空间。

（课题组成员：王凯　张莉　周亚杰　张淼）

提高中心城市发展能级和辐射带动作用的政策举措研究

清华大学中国新型城镇化研究院

北京清华同衡规划设计研究院

随着国际形势发生深刻变化和国内经济社会发展进入新阶段,我国城市和区域发展思路发生重大调整,中心城市和城市群正在成为承载发展要素的主要空间形式,战略地位进一步凸显。提高中心城市发展能级和辐射带动作用,对于我国构建高质量发展的动力系统,促进区域协调发展具有重要意义。本报告按照问题导向、目标导向和结果导向,以增强中心城市和城市群等经济发展优势区域的经济和人口承载能力为目标,聚焦中心城市发展能级和辐射带动作用,系统分析发展现状和问题短板,围绕重大生产力布局、基础设施、公共服务、行政区划、政策支持、城市治理和区域协调发展机制等方面提出政策举措建议,分类引导超大特大城市"瘦身健体"和大城市"强身健体"。

一、中心城市范围界定与内涵解析

(一)范围界定与概况

以往中心城市界定主要基于城市行政等级,将行政等级较高的直辖市、省会城市、计划单列市和重要节点城市确定为中心城市。上述城市在权限设置、资源配置和制度安排等方面获得较大优待,在政府与市场力量双重作用下形成强大吸附能力。但是,各种资源向较高行政等级城市尤其是首位城市过度集中,不但会损害经济增长,而且会抑制其他城市发展。因此,需要推动公共资源由按城市行政等级配置向按实际服务管理人口规模配置转变,促进城市机会平等和权益公平,为大中小城市协调发展创造公平、公正的外部环境。

按照充分发挥市场在资源配置中的决定性作用的要求,本报告提出弱化行政等级概念,遵循人口规模统筹公共资源配置和引导要素有序流动,促进人口规模较大的中心城市发展。以人口规模为标准差异化引导中心城市提高发展能级和辐射带动作用,一方面符合要素市场化配置和公共资源按常住人口配置的要求,另一方面也避免陷入国家中心城市、区域中心城市等"戴帽子""争头衔"的竞争。

本报告将中心城市界定为城区人口在 100 万以上的大城市以及特大超大城市。一般而言,人口规模较大的城市,是区域乃至全国尺度上的中心城市,其发展能级较高,辐射带动作用也较强。

(二) 发展能级和辐射带动作用内涵解析

发展能级是指城市在区域、国家乃至世界范围内集中生产要素以及创造新要素和产品(服务)的能力,是城市能量、活力、竞争力和影响力的集中体现。城市发展能级主要取决于经济集聚能力、创新引领能力、开放联通水平、文化交往水平和宏观治理能力等方面。

辐射带动作用是指中心城市凭借其较强的经济、文化、科技、人力资源优势,通过向周边技术转让和创新扩散、产业转移和关联、信息传播和交流、资本输出和优化配置,带动周边地区经济社会发展。中心城市辐射带动作用主要取决于设施联通共享水平、产业关联合作水平、要素市场一体化程度和区域协调发展机制等因素。

中心城市发展能级和辐射带动作用是辩证统一的关系。发展能级和辐射带动作用是极化效应与扩散效应的动态演化,提高发展能级是中心城市有效发挥辐射带动作用的必要条件,二者并行不悖、互相促进,但会有强弱、主次之分。

二、中心城市面临的机遇与挑战

当前,国际国内宏观形势发生深刻变化,呈现全球化、集聚化、网络化、区域化、协调化和可持续化等六大趋势,为我国中心城市发展带来机遇与挑战。

全球化——当前,全球化遭遇逆流,加之新冠肺炎疫情加速"逆全球化"进程,全球供应链面临着重塑的挑战,各国考虑增强经济体系和产业链"韧性",短期内将会加速供应链的本土化和区域化。我国迎来精准识别补链强链的战略机会,加速本土世界级产业集群发展。长期来看,以超大特大城市为核心的城市群和都市圈在全球供应链中的作用将会进一步增强。

集聚化——新一轮工业革命背景下,技术突破风起云涌,科技创新仍然高度集聚在少数中心城市和地区,且趋势还在加强。据统计,2012—2017 年间,20 座科技创新中心城市以占全球不到 2.5%的人口,在全球高水平科技创新中占到 27.3%的直接贡献率,其主导和参与的所有科研成果数量全球占比由 51.8%大幅提升至63.8%。目前我国 164 家估值在 10 亿美元以上的独角兽企业,84%位于北上杭深四个城市,超大特大城市孕育科技创新的趋势将进一步增强。

网络化——全球城市体系正在走向网络化格局和扁平化分工,城市功能能级及其链接融入全球经济网络的水平正在塑造其城市地位和竞争力。在欧盟和美国宏观空间尺度上,均有 40—50 个中心城市组成城市网络,通过扁平化协同分工体系,支撑国土均衡发展。新经济、新技术也赋予大中城市融入全球城市网络、承担高等级职能的机会。

区域化——全球城市均是依托区域化力量参与全球竞争与合作,以超大特大城市为核心的城市群和都市圈建设孕育着我国未来结构性潜能。美国实施"美国2050"空间战略规划,重点发展 11 个巨型都市区域,以实现增强国家竞争力、可持续发展和区域相对均衡发展的核心目标。我国城市群地区以 20%的国土面积,集聚了 70%的城镇人口,贡献约 76%的 GDP。全球供应链本土化和区域化发展趋势,也为城市群和都市圈创造了发展综合产业体系的机遇。

协调化——随着中心城市溢出效应不断增强,区域协调发展的需求不断增加,中心城市亟待扩大"朋友圈"。国家引导培育发展现代化都市圈,旨在同步解决中心城市"想发展无空间"和周边大中小城市"有空间难发展"的双重难题,实现中心城市与周边区域的双赢。区域协调发展需要同时推进"硬件"和"软件"建设。

可持续化——人民对城市安全、包容和宜居的诉求愈发强烈,世界各大城市和我国中心城市都在积极践行可持续发展理念。增强城市韧性,提升城市治理水平,构建包容和谐社会,已经成为城市可持续发展的应有之义。我国大城市愈发强调创新、人文、生态、宜居、安全、韧性等可持续发展目标。

总结而言,中心城市和城市群作为经济社会发展引擎的作用得到全方位重视,中心城市作为区域发展的增长极和资源聚集地,需要承担国家重大发展战略和改革创新任务,提高发展能级,树立"区域观",引领、辐射、服务区域高质量发展。

三、我国中心城市综合评价与问题研判

（一）发展能级评价

超大特大城市全球影响力稳步提升。我国城市在各类全球城市排名中表现突出，多数城市排位稳步提升，竞争力持续上升。以 GaWC 为例，我国上榜城市数量从 2000 年的 6 个增加到 2020 年的 40 个，北上广深等城市提升迅速，与香港、台北共同进入全球一线城市。成都、天津、南京、杭州、重庆、武汉等城市跃迁至全球二线城市行列。

主要的中心城市发展能级与全国经济地理格局总体匹配。从经济集聚、创新引领、开放联通、文化交往等维度综合评价我国超大特大城市和Ⅰ型大城市等 40个主要的中心城市，结果表明其发展能级与我国经济地理格局总体匹配（图 1）。东部城市发展能级最高，中部地区次之，东北再次之，西部最低。重庆、成都、武汉、郑州、西安等国家中心城市与北上广深仍有较大差距。

超大城市在创新、开放、医疗资源领域占据主导地位，大中城市差距较大。以城市平均发明专利授权量衡量创新产出，特大城市、大城市和中等城市分别为超大城市的 46%、6% 和 1%。以当年平均实际使用外资金额衡量开放水平，特大城市、大城市和中等城市分别仅为超大城市的 27%、5% 和 1%。在平均每千人拥有执业医师数方面，超大城市达到 5.9 人，特大城市 5.0 人，大中城市分别仅为 4.1 人和3.3 人。在优质医疗资源方面，超大特大城市和省会城市占据主导地位，集中了大部分三甲医院。

（二）辐射带动作用评价

超大特大城市具有跨区域辐射带动能力，与全国广泛地进行着人口、资本和创新联系。北京、上海、广州、深圳、重庆、成都、郑州、武汉、天津、南京、杭州等超大特大城市共同主导全国人口、资本、创新网络化联系格局。北上广深等超大城市融入全球城市网络，内陆和沿边中心城市依托"一带一路"积极建立跨国联系。高速铁路等新技术的涌现，带来明显的时空压缩效应，极大地促进了中心城市辐射带动作用的发挥。

以超大、特大和Ⅰ型大城市为主的中心城市主导城市群、都市圈经济、人口和交通联系。从中心城市经济辐射力、人口吸引力、交通连接度三个维度评价结果表明，成熟型城市群、都市圈的中心城市在区域范围内的辐射带动作用较强，部分发

		综合评价	经济集聚	创新引领	开放联通	文化交往
1	北京	80.9	32.9	28.0	12.4	7.6
2	上海	70.2	27.6	21.3	15.8	5.5
3	广州	52.4	20.5	17.9	11.6	2.5
4	深圳	51.0	21.7	16.9	9.9	2.6
5	重庆	43.8	17.7	13.8	7.3	5.1
6	苏州	41.3	16.8	11.6	10.8	2.1
7	天津	38.7	15.7	13.1	7.3	2.6
8	杭州	38.0	15.2	13.9	6.1	2.7
9	成都	37.1	12.8	16.2	5.8	2.2
10	南京	35.7	12.6	14.1	6.3	2.7
11	武汉	35.3	11.9	14.5	5.9	2.9
12	西安	30.2	9.1	13.0	4.3	3.8
13	郑州	29.1	9.5	13.1	4.3	2.3
14	长沙	28.1	10.1	11.5	5.0	1.4
15	无锡	28.0	12.0	9.4	4.8	1.8
16	青岛	27.7	11.0	10.6	5.0	1.0
17	宁波	27.1	10.6	10.1	4.7	1.7
18	济南	23.3	9.1	9.7	3.5	1.1
19	合肥	22.5	6.9	11.0	3.4	1.2
20	佛山	22.1	9.1	9.3	3.0	0.7
21	福州	21.7	7.9	9.5	3.0	1.3
22	厦门	20.3	7.1	8.5	4.0	0.7
23	大连	20.3	7.8	8.4	3.2	0.9
24	昆明	19.7	6.5	8.0	3.5	1.7
25	石家庄	19.2	6.7	8.2	3.3	1.1
26	沈阳	19.0	7.0	8.7	2.6	0.6
27	哈尔滨	18.7	5.3	7.8	1.8	1.3
28	贵阳	17.6	6.2	6.9	3.3	0.9
29	长春	17.0	5.0	7.2	2.9	1.0
30	南昌	15.9	6.4	7.1	1.7	1.0
31	珠海	15.5	6.4	6.8	2.4	0.3
32	南宁	14.7	4.8	6.5	2.4	0.7
33	太原	14.6	6.0	6.5	1.0	1.1
34	呼和浩特	13.7	7.4	4.7	1.1	0.5
35	兰州	13.4	5.6	5.7	1.3	0.9
36	海口	12.2	6.3	4.2	1.4	0.3
37	乌鲁木齐	12.0	6.6	4.4	0.6	0.3
38	银川	6.6	2.7	3.3	0.4	0.3
39	西宁	4.4	2.5	1.0	0.5	0.3
40	拉萨	3.4	2.8	0.2	0.1	0.4

图 1　我国主要中心城市发展能级综合评价得分及分项得分

注:构建了涵盖经济集聚、创新引领、开放联通、文化交往 4 个维度 27 项指标的中心城市评价指标体系,权重
　　分别为 0.4、0.3、0.2 和 0.1。

展型和培育型都市圈中心城市辐射带动作用较弱。

(三) 瓶颈问题研判

超大特大城市国际竞争力有待增强,中心城区集聚功能过多,非核心功能有待
疏解。与世界大城市相比,我国超大特大城市创新投入和高端服务能力,特别是金

融控制能力仍有待进一步增强,全球融入度和国际化程度仍有较大增长空间。经济活动和人口高度集聚在中心城区,土地资源、基础设施、公共服务、生态环境面临较大挑战。优质教育和医疗资源高度集中在中心城区,结构不合理、分布不均衡的问题突出,中心城区亟待"瘦身健体",疏解非核心功能,优化区域布局。交通拥堵、住房短缺等问题突出,城市治理能力亟待提升。深圳、厦门、上海、南京、广州、郑州等城市发展空间不足,综合承载能力受限,行政区划设置有待优化。

大中城市经济集聚能力较弱,基础设施和公共服务存在短板弱项。与超大特大城市相比,大中城市产业集群实力不强,经济吸引力有待提升,农业转移人口吸纳能力相对不足,发展特色有待进一步增强。基础设施建设水平总体不高,对外交通和内部交通水平有待提升,通信、公共交通、防灾避险等基础设施建设有待加强。基础医疗资源配置水平不高,部分城市优质医疗资源严重不足,亟待补短板。基础教育水平不高,均等化程度有待提升,面向新生代农民工和新市民的职业教育培训有待进一步加强。部分大中城市发展特色塑造不足。

中心城市与周边一体化和同城化发展水平普遍不高。多数城市群和都市圈城际交通网络相对滞后,特别是市郊铁路、城际铁路等大运量快速交通设施建设滞后,通勤功能不足,难以满足区域一体化发展需求。区域产业协作体系不健全,协作水平总体不高,同质化问题有待破解。多数都市圈、城市群内城市间公共服务水平差距较大,公共服务共建共享程度不高,优质资源共享机制有待建立和完善,教育医疗等公共服务均等化水平有待提升。

区域治理水平总体不高,区域协调发展机制有待完善。目前,尽管城市群和都市圈一体化发展开展诸多积极探索,但多数进展较为缓慢,产业、交通、生态、教育、医疗等重点协调领域仍然存在行政壁垒,共同治理效率不高,区域治理能力有待提升。组织协调、政策协同机制有待建立和完善,区域协调发展机制有待进一步建立健全。

四、总体思路

充分发挥市场在资源配置中的决定性作用,更好发挥各级政府在规划政策引领、基础设施建设、公共资源配置、体制机制改革等方面的作用,以提高中心城市发展能级和辐射带动作用为总体目标,遵循"中心引领、差异发展、区域协调"的基本要求,按照问题导向、目标导向和结果导向,坚持全球引领与底线保障相结合、"扩优势显特色"与"补短板强弱项"相结合、能级提升和辐射带动相结合,统筹考虑不同规模等级城市的瓶颈问题、发展阶段和职责使命,以推动重大生产力布局优化、基础设施一体高效、公共服务共建共享、体制机制改革创新、区域协调发展为重点，推动超大特大城市"瘦身健体"，增强国际竞争力和影响力，创新引领全国经济社会高质量发展，以功能疏解和协调分工辐射带动城市群和都市圈一体化发展，推动大城市"强身健体"，增强人口和经济承载能力，完善城市功能，辐射带动区域发展，为新时期我国城镇化高质量发展提供重要支撑。

五、积极引导超大特大城市"瘦身健体"，增强区域引领能力

坚持"瘦身健体"基本原则，引导超大特大城市树立区域发展观，实现中心城区创新高端发展、区域产业分工协作、交通联系便捷畅通、公共服务均衡共享，引领我国国际竞争力提升和促进区域协调发展。

（一）优化创新、高端服务、战略性新兴产业重大生产力布局

1. 加快创新要素集聚和科技攻关，提升创新发展能力

支持重点城市与重点创新主体开展科技创新攻关。发挥新型举国体制优势，重点支持北京、上海、深圳、广州、武汉、杭州等城市开展科技创新和技术攻关，强化关键环节、关键领域、关键产品保障能力。在广州、成都、杭州、武汉、西安、重庆、南京等城市布局综合性国家科学中心，汇聚一流科学家，突破一批重大科学难题和前沿科技瓶颈。统筹科研经费、科技创新平台、科技基础设施投资等各类资源，进一步加大对超大特大城市高等院校、科研机构和创新型企业的科技创新支持力度。借助互联网、大数据和人工智能等现代技术，加强基础研究和重大技术攻关，加快建设关键技术体系。加快完善知识产权归属分类制度体系，探索赋予科研人员科技成果所有权或长期使用权制度，激发多元创新主体活力。

开展创新平台提质增效行动，高水平打造创新功能区。支持超大特大城市加快国家级新区、高新区、开发区等重要创新平台发展，开展创新平台提质增效行动，吸引创新主体集聚和科技成果转化，完善生活服务设施和公共交通，促进产城融合发展。

实施海外创新中心布局计划，广泛深入开展国际创新合作。实施海外创新中心布局计划，成立相应创新支持机构，完善相关扶持政策，支持各类科创主体在海外布局创新中心，构筑全球科技创新合作枢纽。重点支持国际性创新合作项目，开展更加开放的国际创新交流合作。

建立健全区域科创资源开放共享、科创载体联合共建机制。支持超大特大城市健全区域协同创新机制，建设产业创新联盟和科创平台，强化科技成果转化能

力,发挥区域辐射带动作用。

2. 发展金融、信息、科技与商务服务业,增强国际竞争力

建设国际性、全国性和特色功能性金融中心。大力支持北京、上海、深圳、香港等城市建设国际性和全国性金融中心,促进跨境贸易和投融资便利化,扩大金融业对外开放,进一步提升金融服务创新水平,切实防范跨境金融风险。支持建设跨省、省内金融中心,扩大金融业规模,加快金融业集聚,打造资产管理、金融交易、服务型、投资型、行业型等特色功能性金融中心,促进金融与实体经济融合发展。

聚焦大数据、云计算和人工智能等领域,大力发展信息服务业和数字经济。加快信息传输业、互联网和相关服务业、软件和信息技术服务业、信息内容服务业发展。聚焦大数据、云计算、人工智能、卫星导航、国家网络安全等领域,加快发展数字经济。支持信息服务产业企业加快国际市场开拓。

提高科技服务业发展能级。支持科技服务业企业发展,提升研发设计、技术转移、创业孵化、科技金融、科技咨询等服务水平。促进创业孵化器、新型产业技术研究机构等新型创业服务机构发展。支持科技金融机构发展,监管与创新并重,完善法规及行业标准。支持行业协会、产业联盟建设。鼓励知识产权机构发展,采用资助或购买服务方式,引导企业建立知识产权保护体系。

推动商务服务业国际化、高端化、品牌化发展。完善支持政策,推动商务服务业相关市场主体国际化、高端化、品牌化发展。进一步优化商务服务业发展环境,集聚各类高端要素,建设特色商务服务集聚区,提供空间保障。

深化自贸区改革,支持探索建设自由贸易港。深化自贸区改革,赋予超大特大城市自贸区更多政策红利,提升对外开放层次,鼓励外资更多投向先进制造、高新技术、节能环保、现代服务业,扩大金融市场准入,加快建立与国际高标准投资和贸易规则相适应的制度规则,打造具有全球竞争力的营商环境。支持上海、广州、深圳等自贸片区探索升级自由贸易港区,营造最开放、最自由的政策环境。

3. 加快实施产业基础再造工程,打造战略性新兴产业集群

加快实施产业基础再造和产业链提升工程。以超大特大城市为龙头,以城市群为主要载体,协同实施产业基础再造和产业链提升工程,巩固城市群传统产业优势,强化优势产业领先地位,抓紧布局战略性新兴产业,提升我国产业基础高级化、产业链现代化水平。

以超大特大城市为核心打造战略性新兴产业集群。加大重大项目倾斜力度,引导国家重大产业开发项目在超大特大城市及都市圈、城市群布局,发挥资金、人才、技术优势,联动产业支持政策,发展新一代信息技术、高端装备制造产业、新材料产业、生物产业、新能源等战略性新兴产业,打造一批空间上高度集聚、上下游紧密协同、供应链集约高效的战略性新兴产业集群。

4. 加快疏解非核心功能,推动中心城区"瘦身健体"

制定详细正面和负面清单推动中心城区功能疏解。鼓励超大特大城市立足功能定位,制定产业正面清单和负面清单并配套相关政策,强化产业规划引导,并通过"禁、关、控、转、调、提"等措施,推动中心城区一般性制造业、区域性物流基地和批发市场、部分教育医疗等公共服务功能向都市圈和城市群内城镇疏解。加快建设都市圈多层次交通网络,推动优质公共服务区域共享。

建立疏解协调机制,统筹规划建设疏解承接平台。支持超大特大城市牵头建立疏解协调机制,在都市圈和城市群范围内统筹规划功能疏解承接平台,强化规划、产业、市场、政策和要素对接。

(二) 提升综合交通枢纽功能,加快新型基础设施建设

1. 建设轨道上的都市圈和城市群,提升综合交通枢纽功能

加快区域交通基础设施建设,构建以超大特大城市为枢纽的基础设施网络。加大重大交通基础设施建设项目倾斜,支持超大特大城市强化综合交通体系建设,打造一体化综合交通枢纽,不断提升"通""融""聚"功能。建立完善的都市圈和城市群铁路、公路、水运、航空、管道、电网、信息、物流等基础设施网络,以交通枢纽高水平建设推动枢纽经济高质量发展。适度超前优先布局支撑性交通基础设施。

支持重点城市建设国际性航空枢纽。重点支持北京、上海、成都、重庆、郑州、武汉等城市依托国际空港、进出口贸易平台、现代服务业优势等,优化拓展国际航运服务功能,集聚高能级贸易主体和功能型平台,提升服务大区域、联通国际的枢纽功能,打造国际开放枢纽。

建设"轨道上的都市圈"和"轨道上的城市群"。以轨道交通为重点完善都市圈和城市群交通基础设施,有序规划建设城际铁路和市域(郊)铁路,实现都市圈1小时通勤、城市群2小时通达。加快建设轨道交通运营管理"一张网",推动中心城区、周边城市(镇)、新城新区等轨道交通有效衔接,适应通勤需求。加快"四网融合"。

2. 加快通信、新技术和算力等信息基础设施建设

加大政策、财政、税收支持力度,引导市场主体发展以 5G、物联网、工业互联网、卫星互联网为代表的通信网络基础设施,赋能传统产业和优势产业,近期优先加快推动 5G 网络部署,促进光纤宽带网络的优化升级。引导市场主体发展以人工智能、云计算、区块链等为代表的新技术基础设施。发展以数据中心、智能计算中心为代表的算力基础设施,注重软件和硬件的协同建设。指导超大特大城市科学规划部署信息基础设施建设重点和时序,引导各方共绘"一张图"、同建"一张网",避免重复投入、盲目推进。

3. 加快重大科技、科教和产业技术创新基础设施建设

瞄准科技前沿研究和国家重大战略需求,重点在超大特大城市部署大科学装置、大型通用研究设施和科技公共服务平台等国家重大科技基础设施。加大国家重大科技基础设施财政投入力度,通过定向融资、发行基金等加强资金支持,鼓励企业等其他社会资金投入。创新探索国家重大科技基础设施布局、建设、运行模式,推动科研院所、高等学校、企业等多方共建、共管和共享,发挥公共平台作用。支持超大特大城市加快科教基础设施建设,提升我国科学研究和人才培养能力。依托超大特大城市和城市群产业基础布局产业技术创新基础设施。

4. 加快智能交通、智慧能源等融合基础设施建设

加快发展智能交通基础设施。引导市场主体发展智慧交通,推动大数据、互联网、人工智能、区块链、超级计算等新技术与交通行业深度融合,推进数据资源赋能交通发展,加速交通基础设施网、运输服务网、能源网与信息网融合发展。支持市场主体加快智能网联汽车(智能汽车、自动驾驶、车路协同)研发,形成自主可控完整的产业链。加快建立交通大数据共享平台,推动交通云技术应用。

加快发展智慧能源基础设施。加快智能电网建设,加快自动化和电子化升级,提升可再生能源利用比例。引导市场主体在商业建筑和住宅建筑部署能源智慧管理系统,运用大数据、互联网、物联网等技术实现能源的可视化和智慧化管理。引导企业完善充电桩布局,利用大数据、互联网等提升充电桩的整体运营效率,实现充电桩建设、运营、反馈的全周期管理闭环。

(三) 提升公共交通发展水平,加强优质公共资源区域共享

1. 加快构建以轨道交通为核心的公共交通体系

构建以轨道交通为核心的公共交通体系。以提高公共交通供给能力为核心,构建以轨道交通为支撑的公共交通体系,优化以轨道交通为基轴的公交网络。发展快速公共汽车、现代有轨电车等大容量地面公共交通系统,通过设立公交专用道等手段确保公交优先理念落地。推进城市公共交通设施建设,科学规划建设城市停车设施,全面提升城市交通基础设施智能化水平。重点通过改善通勤条件来促进职住平衡。积极探索实施公共交通导向开发(TOD)、轨道交通上盖综合体与站点的综合开发(TID)等建设经营模式,同步完善沿线商业布局和基础设施建设等。

重点运用新技术新方法改善中心城区交通拥堵问题。加快完善路网结构,打通瓶颈路段,加强拥堵路段治理。充分运用大数据等新型技术手段治理交通拥堵,发展智慧交通,提升交通信息化管理服务水平。土地供应优先安排用于交通基础设施建设。在部分超大特大城市试点探索重点拥堵路段或区域交通拥堵收费。

2. 推动优质教育资源在都市圈和城市群共享

加强优质教育资源在都市圈和城市群共享。创新相关政策,支持有条件的中小学在都市圈和城市群内以设置分支机构、合作办学、集团化办学、远程教育、教师异地交流等方式,实现优质教育资源区域共享,提升区域整体教育质量。

推动基础教育资源均衡化配置。充分保障中心城市、都市圈和城市群教育设施用地供给,充分保障外来人口教育需求。在市域范围内,通过学校之间教师流动、集团化办学等措施,提升教育资源整体质量水平和均衡化配置水平。提升基础教育国际化水平,拓展国际视野,实施基础教育中长期国际化发展计划。

3. 加快优质医疗资源区域共享,增强公共卫生事件应急能力

加强优质医疗资源区域共建共享,提升区域医疗服务水平。鼓励超大特大城市优质医疗资源通过合作办院、设立分院、组建医疗集团、促进医师多点执业等形式跨城市发展,推动医疗资源向周边地区延伸覆盖,大幅缩小区域医疗服务水平落差。以超大特大城市高等级医院为主体,深化推广城市医疗集团、县域医共体、跨区域专科联盟、远程医疗协作网四种医联体模式,提高基层医疗能力和区域整体医疗水平。充分运用"互联网+医疗健康"、人工智能、大数据等先进技术,大力发展智慧医疗,推动优质医疗资源集团化、品牌化发展。在超大特大城市布局国家医学中心,在都市圈和城市群范围内布局综合类和专科类国家区域医疗中心,形成"多级医疗中心联动,以医联体为贯穿纽带"的分级诊疗格局。加快都市圈和城市群医疗卫生信息平台建设,促进医疗服务信息共享。

切实增强区域公共卫生事件应急能力。针对新冠肺炎疫情发生后暴露出来公共卫生安全问题,加大公共卫生服务体系投入,支持超大特大城市、都市圈和城市群高水平新建和扩建公共卫生中心,快速补齐公共卫生设施短板。建立区域重大突发公共卫生事件联防联控机制,完善公共卫生事件应急管理方案和流程,强化应急物资保障,建立公共卫生事件风险评估和监测预警机制。

(四) 深化体制机制改革,推动行政区划调整和都市圈建设试点

1. 增加超大特大城市、都市圈和城市群建设用地供应指标

增加超大特大城市和都市圈建设用地供应指标。深化"人地"挂钩制度改革,推动建设用地资源向常住人口增长的超大特大城市和都市圈倾斜。在都市圈范围内统筹用地布局,建设用地指标适当向周边功能组团、次级城镇倾斜,打造都市圈新增长点。建设用地指标重点向都市圈同城化基础设施、公共服务设施和公共安全用地倾斜,引导超大特大城市中心城区功能的定向扩展,促进同城化发展。

推动建设用地资源向重点城市群倾斜。在常住人口增长多、用地需求强烈的京津冀、长三角、粤港澳、成渝、长江中游等城市群增加建设用地指标。优化城市群

层级结构,推动建设用地资源重点向次级节点城市倾斜,重点向城市群基础设施和公共服务设施用地倾斜,推动城市群由一级开发轴线向次级开发轴线拓展。

坚持"房住不炒"基本原则,增加住宅用地供应。稳妥有序增加住宅用地供应,多种渠道增加住房供应,缓解住房短缺问题。增加面向中低收入群体的共有产权房、公共租赁房和廉租房供应,以及货币化票券化的住房补贴。大力发展和完善住房租赁市场。

2. 稳妥推动行政区划优化调整,拓展中心城市发展空间

稳妥有序优先推动县(市)改区。统筹考虑经济社会发展阶段,在条件成熟的情况下,按照相关要求,稳妥有序优先推动县(市)改区,拓展发展空间,优化空间结构,提高空间治理效率。坚持集约发展、效率优先的原则,避免盲目扩大市辖区范围,谨防"摊大饼"发展。通过撤并较小市辖区、拆分较大市辖区等方式,均衡各行政区管理范围和任务要求,优化公共资源配置,提高行政管理效率。

审慎稳妥推动部分城市扩大行政管辖范围。对于高度发达的地区应推动行政区与经济区逐渐一致化,在分析论证和社会稳定风险评估的基础上,将周边联系密切、协调需求强烈的县市划入超大特大城市管辖。优先将1小时通勤圈内的重点县市划入。

稳步增设城市群和都市圈中小城市。在超大特大城市1小时通勤圈外、2小时通勤圈内,选择经济实力较强、人口规模较大、发展特色鲜明的县或重点镇,有序推进县改市、镇改市,培育次级节点。

3. 聚焦土地、治理等重点领域,开展都市圈建设综合试点

选取发展动力强、集聚人口多、空间约束大的都市圈,开展都市圈建设综合试点,在都市圈农村土地制度改革、社会保障体系建设、基层治理、社会资本参与、组织模式等领域率先探索突破。加快都市圈农村土地制度改革,实现农村集体建设用地同价同权、同等入市,加快宅基地流转。土地收益优先完善都市圈农村社会保障体系。完善都市圈农村基层治理,加快基层治理结构改革转型。吸引社会资本参与都市圈建设。创新都市圈建设体制机制,探索中心城市一个市辖区带动都市圈若干乡镇发展的组织模式。在都市圈范围内率先开展中心城市老龄人口下乡养老社区建设试点。

4. 加强人口精细化服务和基层治理创新,提升城市治理能力

建立人口精细化管理服务制度。支持创新探索常住人口网格化管理服务模式,应用信息化手段提升人口精细化管理服务水平。扩大服务网络覆盖,打通便民服务的"最后一公里"。

鼓励和引导基层治理创新。支持超大特大城市建立"问计于民"渠道和机制,探索建立城市公共事务治理的沟通协调机制和协商机制。探索街巷制和小巷管家

等服务模式,推进街道治理创新。

建立运用新技术新手段进行行政管理的制度规则。加快数据开放分享和隐私保护立法工作,打破政府部门数据垄断局面,使分散的数据资源更多集合成为有效公共资源。建立城市智慧管理治理平台,实现政府的权力运行和公共管理事务公开透明、合规、高效并可监督。

(五) 加强组织、政策、治理协同,完善区域协调发展机制

1. 建立健全组织协调机制和协商合作机制

建立健全都市圈和城市群协调发展领导机构,统筹指导协调解决区域重大问题,督促落实重大事项。建立健全中心城市牵头的区域协商合作机制,明确都市圈和城市群成员分工,完善工作机制,落实工作责任,制订具体行动计划和专项推进方案,将协调发展各项任务落到实处。将都市圈、城市群一体化发展纳入超大特大城市党政领导干部政绩考核范畴,增强区域合作激励。

2. 完善区域政策协同机制,强化互利共赢制度保障

引导构建都市圈、城市群互利共赢的税收分享机制和征管协调机制,加强城市间税收优惠政策协调。允许都市圈内城乡建设用地增减挂钩节余指标跨地区调剂。健全都市圈和城市群商品房供应体系,强化城市间房地产市场调控政策协同。进一步减少区域产业转移相关的行政审批事项,简化办事程序,推动相关行政许可跨区域衔接互认。

3. 积极开展一体化发展探索,提升区域治理水平

积极开展一体化发展示范区探索。通过设立一体化发展示范区作为先手棋和突破口,探索建立规划管理、土地管理、投资管理、要素流动、财税分享、社会发展等方面一体化发展新机制,为高质量的区域协调发展提供示范。

加快提升区域治理水平。改变行政区管理思维,引导树立区域治理理念,构建区域治理体系,推进区域治理创新,实现治理能力现代化。尽快建立适应都市圈和城市群发展的统计体系。利用大数据等信息化手段,建立区域大数据平台,实时动态监测要素流动,支撑区域政策科学化制定和精细化管理。

推进区域一体化发展立法保障工作。赋予超大特大城市政府更多立法权,为跨行政边界的都市圈和城市群一体化建设提供立法保障。针对不利于发挥中心城市作用和城市群一体化的政府行为,建立行政诉讼和问责机制。

六、积极推动大城市"强身健体"

坚持"强身健体"基本原则,加快大城市人口和产业集聚,加大公共服务和基

础设施投入,完善城市功能,塑造发展特色,切实增强城镇化承载引领能力和区域辐射带动能力。

(一) 加快大城市人口与产业集聚发展,扩大对外开放

1. 深化户籍制度改革,提高市民化质量

全面取消大城市落户限制。坚持存量优先原则,近期优先取消重点人群落户限制,并在2—3年内全面取消大城市落户限制。提高居住证发证量和含金量,加快推动未落户常住人口逐步享有与户籍人口同等的城镇基本公共服务。

实施中长期农业转移人口职业技能提升工程。以大城市职业院校为主要实施主体,实施中长期农业转移人口职业技能提升工程,特别要实施针对新生代农民工的职业技能提升计划,切实提升大城市劳动力人力资本。加大对企业提供各类培训的政策支持和资金补贴。

2. 加快产业转型升级,积极承接产业转移

加快产业转型升级,推动新旧动能转化。支持大城市立足自身比较优势,依托产业基础,创新和落实投资、创新、产业、土地、金融等方面的支持政策,降低要素成本,提升产业配套能力,加快产业转型升级。支持大城市统筹推进营商环境优化、创新能力提升、实体经济发展,加快新旧动能转换。扩大产业转型升级示范区建设范围,总结推广示范区经验做法。

提升金融、信息服务、科技服务、商务服务等高端服务能力。支持有条件的大城市增强创新发展能力,开展科技创新攻关,建设创新基础平台,发展战略性新兴产业,开展国际创新合作。加快发展金融服务业,扩大金融业规模,加快金融业集聚,打造特色功能性金融中心。加快发展信息服务业、科技服务业、商务服务业,提升高端服务能力。进一步扩大对外开放,持续优化国际化营商环境。引导沿边大城市加快国际贸易和特色轻工业等生产力布局。

设立国家级承接产业转移示范区承接产业转移。支持大城市尤其是中西部大城市设立国家级承接产业转移示范区,创新税收、财政、人才、土地等政策,加快承接沿海城市群产业转移。设立承接产业转移专项基金,用于支持承接产业转移的基础设施、科技孵化器、重大公共服务平台建设和重大产业转移项目贷款贴息以及风险补偿等。

(二) 加快大城市交通和新型基础设施建设

1. 提升交通枢纽功能,大力发展公共交通

支持有条件的大城市建设区域交通枢纽。支持有条件的大城市,特别是省会城市建立完善的铁路、公路、水运、航空、管道、电网、信息、物流等基础设施网络,以

交通枢纽高水平建设推动枢纽经济高质量发展。加强多种交通方式间的衔接联通。支持大城市适度超前优先布局支撑性交通基础设施。

构建完善便捷的公共交通体系。积极支持大城市发展大容量地面公共交通系统,推进城市公共交通设施建设,全面提升城市交通基础设施智能化水平。改革城市轨道交通"先达标后申建"的规划建设管理方式,重点支持Ⅰ型大城市和有条件的Ⅱ型大城市适度提前谋划轨道交通建设,避免交通基础设施建设滞后问题。

2. 支持有条件的大城市加快新型基础设施建设

支持有条件的大城市加快通信网络、新技术和算力基础设施等信息基础设施建设,科学规划部署建设重点和时序。支持科创主体较多、创新能力突出的大城市加快创新基础设施建设。支持有条件的大城市加快发展智能交通、智慧能源等融合基础设施。

(三) 提升大城市医疗和教育等公共服务水平

1. 补齐基础和优质医疗资源缺口,提升医疗服务水平

补齐基础医疗设施和人员缺口,提升医疗服务水平和能力。针对新冠肺炎疫情发生后暴露出来的公共卫生短板,按照医疗卫生服务体系要素配置标准,抓紧补齐大城市卫生机构床位数和医师数量的缺口。优化医疗卫生资源空间配置,提升均衡化水平。加快健康城市和健康城区建设,在重点大城市开展试点先行先试,积累经验、形成示范。重大医疗资源重点向医疗条件较为薄弱的中西部大城市投放。大力发展智慧医疗,运用新技术新手段,加快推动医疗卫生设施服务网络化、数字化和智慧化发展。

补齐优质医疗资源短板,布局建设三甲医院和医学类高等院校。发挥直辖市和省会城市三甲医院龙头作用,通过定向合作、托管、资源共享等方式,与优质医疗资源短缺的大城市开展三甲医院联合共建行动,快速补齐短板。优先实现市域每百万人拥有 0.5 个以上的三甲医院,并快速达到 1 个以上。支持市域人口规模较大的大城市建设至少 1 座二本及以上的医学类高等院校。支持有条件的大城市加强优质医疗资源区域共享,深化推广医联体模式,完善分级诊疗格局。

2. 推动基础教育资源均衡化配置,大力发展职业教育

加快城区教育资源均衡化配置,缩小城区优质教育资源差距。加大基础教育投入,提升大城市基础教育水平。以加强优秀师资力量在中心城区和周边县市中小学的流动为重点,推动基础教育均衡化发展。支持有条件的大城市优质教育资源向周边城市扩散共享,通过学校之间教师流动、集团化办学等措施,提升区域整体教育质量。充分保障教育设施用地,充分保障外来人口子女教育需求。

以大城市为主体发展职业教育,培育高技能人才。国省两级政府加大职业教

育投入,以大城市职业院校为主体,加强职业教育和技能培训,深化产教融合、校企合作,推行终身职业技能培训制度,建立职业技能等级制度,培育高技能人才,支撑工业强国建设。

(四) 积极培育若干个省域次中心城市,加强发展政策支持

加强对省域重点大城市发展支持,避免省会城市"一家独大"。国家相关部门与省级政府加强协调,重点支持中西部地区和东北地区各省区培育若干个省域次中心城市,在重大建设项目、国省两级重大政策区、城市发展空间、改革创新政策先行先试等方面给予倾斜支持和重点引导,制定具体方案并扎实实施。加强省会城市与省域次中心城市的全面协调,提升产业分工协作、公共服务共建共享水平。

推动公共资源向吸纳农业转移人口较多的大城市倾斜,鼓励做大做强。积极推动公共资源按常住人口规模配置,建设用地指标、财政转移支付、农业转移人口市民化奖励资金、重大基础设施建设项目、公共服务设施配置等重点向吸纳农业转移人口较多的大城市倾斜,提升其综合承载能力,鼓励大城市做大做强。支持人口规模较大、发展空间受限的大城市优化行政区划设置,稳妥拓展发展空间。

(课题组成员:尹稚　卢庆强　龙茂乾　吕晓荷　欧阳鹏　扈茗　刘希宇)

"十四五"时期增加中小城市数量、提高中小城市质量的路径和政策研究

上海财经大学长三角与长江经济带发展研究院

　　新型城镇化是加快经济发展方式转变的强大动力和有效抓手,加快发展中小城市,增加中小城市数量、提高中小城市发展质量是我国《国家新型城镇化规划(2014—2020年)》的重要内容。但在快速城镇化的发展进程中,由于包括暂停县、镇改市工作的集中审批在内的一系列原因,我国中小城市的发展陷入了数量不足与质量不高的双重困境,造成了城市空间分布与人口、产业空间分布失衡的局面。进一步提高我国的城镇化水平,促进我国经济社会的长期可持续发展,需要我们统筹考虑,分层次、分地区、分阶段去解决问题。基于此,本报告重点围绕行政机制体制创新,产业、交通、公共服务等支撑建设,加快融入城市群和都市圈发展和行政机制体制改革四个方面提出增加中小城市数量、提高中小城市质量的政策建议。

一、"十四五"时期增加中小城市数量、提高中小城市发展质量的研究背景

　　当前我国已进入全面建成小康社会的决定性阶段,正处于加快经济新旧动能转换、加快推进社会主义现代化的重要时期。新

型城镇化为加快经济发展方式转变提供了强大动力和有效抓手。然而,随着我国城镇化发展外部条件和内在动力的转变,传统的速度型、数量型发展模式难以为继,迫切要求从大城市推动为主向大中小城市和小城镇协调发展的新型城镇化发展方向转变。

中小城市是推进城镇化发展的重要载体,是促进城乡统筹的重要抓手,是连接城市和乡村的关键环节,还是产业空间布局的有力支撑。增加中小城市数量、提高中小城市发展质量是促进城镇化转型发展和推动城乡发展一体化的重要抓手,是我国经济发展进入新常态后培育新的经济增长点的重要手段,具有重大现实意义和深远的历史意义。

二、当前我国中小城市发展的现状与阻碍

世界主要发达国家的城镇化发展历程和城市发展规律表明,城市是城镇化发展的空间载体,城镇化进程的不断深入,必然会带来非城市区域向城市区域转变、城市数量的增加,以及城市规模的扩大。在市场机制和相适应的行政区划调整下,这一过程通常会伴随着城市整体发展质量的提高,城市数量和规模体系的稳定,以及城市空间分布与人口、产业空间分布的协调。

在快速城镇化的发展进程中,由于包括暂停县、镇改市工作的集中审批在内的一系列原因,我国中小城市的发展陷入了数量不足与质量不高的双重困境,造成了城市空间分布与人口、产业空间分布失衡的局面。

我国中小城市的数量不足主要表现在三个方面:(1)整体"城多市少",难以满足农村人口向城市转移的要求。这一矛盾主要出现在东部沿海发达地区。这些地区在快速城镇化进程中涌入了大量的新增城镇人口,但并未获得相适应的城市建制数量,对城市建设与公共服务的需求较高。(2)局部地区"市少县多",难以实现基本公共服务全覆盖的要求。这一矛盾主要出现在中西部地区。建制市下辖县数量过多,或是下辖县面积过大,在国土空间存在大面积的设市空白,导致市(代)管县的难度较大,市县间的联系较弱。(3)部分地区"有市无城",导致指标性要素利用效率低下。这一矛盾主要出现在西部和东北地区。我国绝大部分的中小城市建制诞生在1997年以前,快速城镇化导致人口空间分布剧变,部分建制市人口增长缓慢、集聚效应较弱,甚至成为人口流失的"收缩性城市",带来了土地和财政等指标性要素利用效率低下的现象。

我国中小城市的发展质量不高也主要表现在三个方面:(1)发展质量相对较低,与大城市差距较大。中小城市的集聚规模不足,产业发展水平较低、竞争力和

抗风险能力较弱,自身研发和产业配套能力有限,往往处于产业链的末端和产业发展的弱势地位,与大城市、超大城市的发展存在全方位的差距。(2)土地利用效率较低,发展严重依赖投资。中小城市的人均、地均产出水平较低,人力资本不足,城市发展对土地指标和投资的严重度较高,缺乏可持续的增长动力。(3)财政基础较为薄弱,公共服务供给不足。中小城市的财政自给程度不足,制约了自身的城市建设和公共服务供给水平,教育和医疗等公共服务供给不足,生活宜居程度较低。同时,我国中小城市的区域发展差异显著,分化区域明显。东部沿海地区的中小城市数量较多、发展较快,中西部欠发达地区的中小城市数量较少、发展缓慢,甚至部分出现"收缩"现象。

相应地,阻碍我国中小城市数量增加的因素主要有:(1)可能加剧行政成本与市场化改革的矛盾。新增中小城市会不可避免地提高整体的行政人员规模与行政级别,从而实际上提高行政力量对资源配置的影响,与市场化改革相背离。(2)可能加剧土地和财政供给的矛盾。新增中小城市会加快整体的城市建设和公共服务供给,提高对土地指标和财政转移支付的需求。(3)可能加剧区域整体的统筹难度。由于行政锦标赛、区域差异等多种因素的影响,多数地区在推进区域统筹规划时,主要是基于行政上下级关系实现的,缺少有效的跨区域合作机制。设市虽然能够一定程度上缓解对县、镇经济发展的制约,但也会增加城市群、都市圈内统筹规划的难度。因此相对于"设市",部分地方政府更愿意推进跨区域的合作机制建设。

阻碍我国中小城市发展质量提高的因素主要为:(1)资源禀赋较差,区位优势较弱。多数中小城镇发展的先天条件较弱,通常位于较为偏远的地区,不具有港口、沿海、交通枢纽等区位优势,难以依托自身实现良好的经济发展。(2)产业支撑不足,集聚水平较低。多数中小城镇的产业的研发和产业配套能力有限,处于产业链的末端和产业发展的弱势地位,抗风险能力较差。难以持续性地吸纳劳动力流入,普遍存在人口集聚规模不足的问题。(3)行政层级较低,城市建设滞后。中小城市的行政层级较低,而在行政力量的作用下,资源、要素和产业向高等级的大城市集中,提高了大城市的产业发展和财政自给能力,进而使得资源、要素和产业进一步向大城市集中。从而形成大城市高增长、高财政,中小城市低增长、低财政,且大城市与中小城市差距不断扩大的循环累积效应。(4)事权财权不符,城市建设滞后。部分中小城镇经济实力接近甚至超过所属市(县),但人员编制、财政留存和基础设施建设与其所治理的人口规模不相称,形成了"小马拉大车"的发展困境。(5)区域联动不足,统筹规划较弱。许多中小城市所在区域缺少辐射能力较强的大城市,抑或是由于行政壁垒的存在,无法享受到大城市发展过程中带来的溢出效应。还有一些中小城市由于地理距离等因素,无法接受代管地级市的有效管理,导致自身的管理与统筹规划水平较低。(6)行政成本较高,管理效能较弱。中小城市在部分设置上大多存在职能重叠、部分冗余、体制僵硬的问题,使得自身行政成本较高、管理效能较弱。

三、"十四五"时期增加中小城市数量、提高中小城市发展质量的总体思路、重点任务和政策建议

(一) 总体思路

"十四五"时期增加中小城市数量、提高中小城市发展质量的直接目标,是促进我国城市空间结构与人口、产业的相互协调,发掘我国当前的城镇化潜力,提高我国市民的整体福利水平。最终目标是推动我国新型城镇化的深入发展,进一步提高我国的城镇化水平,促进我国经济社会的长期可持续发展。这需要我们统筹考虑增加中小城市数量、提高中小城市发展质量的问题,分层次、分地区、分阶段去解决问题。

之所以要统筹考虑增加中小城市数量、提高中小城市发展质量的问题,是因为增加中小城市数量、提高中小城市发展质量在某种程度上是互为前提的,这要求我们在增加中小城市(建制市)数量的同时,还需要通过多种行之有效的手段去提高现有的和新增中小城市的发展质量,以实现中小城市整体的可持续发展。

分层次是指在当前城市行政等级体系与行政区划调整滞后的制约下,可以先通过小范围、低层次的机制体制创新,突破所面临的行政约束和限制,有序、审慎地重启县、镇改市工作。再在长期中,通过市场化机制体制改革,使行政等级体制与城市等级体制脱离,从根本上扭转我国在中小城市发展中所面临的数量与质量矛盾。

分地区是指在实际工作中既要充分考虑中小城市发展存在的地区差异,又要充分依托区域发展的新局面,借助都市区、城市群发展,以及"一带一路"、京津冀协同发展、长三角一体化发展、粤港澳大湾区国家战略,将中小城市的增量提质融入到区域发展中去。

分阶段是指在行政区划调整的过程中,要充分尊重城市发展规律,根据地区所属的发展阶段,选择与之适应的行政区划调整手段,使我国城市的空间分布既与人口、产业的空间分布相适应,又与城镇化的发展阶段相适应。

(二) 重点任务与政策建议

基于此,课题组提出增加中小城市数量、提高中小城市发展质量的四大重点任

务,以及相应的二十三条政策建议:

1. 着力行政机制体制创新,增加中小城市数量

为实现既定发展目标,我国在"十四五"时期亟须增设一批中小城市。基于此,课题组提出如下政策建议:

第一条,有序重启"撤县设市"工作,稳步增设一批中小城市。"十四五"时期撤县设市工作应该关注两个目标:一是经济发展水平接近或超过城市发展水平,但城市建设和公共服务水平显著滞后,且经济发展相对独立的县。以此为设县目标,能够最大限度地激发当地发展潜力,提高整体城镇化水平,还能回避对区域统筹规划可能造成的阻碍。二是在"市少县多"区域城镇化发展相对较高的县。以此为设县目标,能够有效提高基本公共服务的覆盖水平,提升整体的行政管理能力,促进欠发展区域的城镇化水平。

第二条,加快落实"非县级驻地特大镇改市"工作。经过过去二十多年的快速城镇化发展,受益于相对较好的自然禀赋和区位优势,部分沿海、沿边或位于省界交界处的镇,也获得了接近甚至超过城市的发展水平,具备转变为城市的条件和充分的发展潜力。可以参照浙江省苍南县龙港镇、吉林省安图县二道白河镇的试点经验,通过在保留镇级行政等级下下放部分县级管理权限的方式,加快落实"非县级驻地特大镇改市"工作。

除县、镇改市工作中新设中小城市可能面对的阻碍以外,为预防撤县设市导致的行政成本快速膨胀,中央为此专门出台了"不新建政府大楼、不增加财政供养人员、不增加三公经费"的"三不原则"。在不涉及行政机制体制重大调整的前提下,这要求新设中小城市进行一定程度上的行政机制体制创新工作。基于此,课题组提出如下政策建议:

第三条,以"大部门制改革"为抓手,严格控制行政成本。大部门制改革是指按照层级减少、机构精简、成本节约、职能相近部门合并和打破条条对口的部门设置原则,把派驻部门与内设机构及事业单位进行合并,建立若干个"大部门",实行以块为主的管理模式,条上进行业务指导。在不增加机构编制的前提下,结合人口比例和经济规模从严核定行政事业人员编制。在总量控制的前提下,适当减少一般性岗位的行政事业人员,合理增加专业技术岗位人员,严格控制计划外用工。实施全面规范、公开透明的预算制度,加强行政成本预算源头监控,抓好预算执行的审核和监督,全面推行绩效预算,从制度上强化行政成本的控制,提高行政效能。基于此,新设中小城市能够逐步减少自身的行政人员规模,从而在不增加机构编制的前提下,为设市以后的新工作、新任务保留空间。

第四条,以"人钱地挂钩"为抓手,提高指标性要素配置效率。在安排新设中小城市的新增建设用地规模和财政性建设基金时,要全面落实城镇建设用地增加规模与吸纳农业转移人口落户数量挂钩政策、落实中央基建投资安排向吸纳农业转移人口落户数量较多城镇倾斜政策。同时,综合考虑这些地区城市建设和公共服务滞后于当前经济发展水平的现实,分阶段、分批次地给予土地和财政倾斜。辅以对新设中小城市指标性要素利用情况的严格监管,可以有效缓解土地和财政供给矛盾加剧的局面。

第五条,以"多元化投融资机制"为抓手,创新公共服务提供方式。通过经营权转让、产业发展收益、土地整理与土地出让金等多种途径,保障投融资的运行安全,规避偿还风险。完善信用健全、监管有力的投融资环境。放宽准入,完善监管,制定非公有制企业进入特许经营领域的办法,鼓励社会资本参与城市公用设施投资运营。为城市基础设施和保障性安居工程建设提供规范透明、成本合理、期限匹配的融资服务。

同时,积极创新公共服务提供方式,引导和带动社会资本通过政府和社会资本合作(PPP)项目进行城镇化建设。大力培育社会化服务组织,更多地探索采取向社会购买公共服务,提高公共产品使用效率,降低行政运行的成本。鼓励公共基金、保险资金等参与项目自身具有稳定收益的城市基础设施项目建设和运营。

第六条,以"简政放权"为抓手,平衡中小城市事权财权。明确政府职权边界,提高行政效率。充分调动社会力量,有效发挥在决策、监督和公共服务方面的积极作用,进一步改善城市治理。建立权力清单和负面清单,理清政府权力边界,规范权力运行。同时,按照事权与支出责任相适应的原则,合理确定各级政府在教育、基本医疗、社会保障等公共服务方面的事权,建立健全城镇基本公共服务支出分担机制。加快建立和完善生态补偿制度,减轻县、镇改市地区在生态保护、环境监管和污染治理等方面的财政压力。

第七条,以"市管社区"为抓手,创新中小城市行政管理体系。理顺纵向分工,实现"市管社区"的扁平化管理体制。率先实行直管社区的二级扁平化管理新模式,减少行政层级、提升管理效率、强化社区自治,辖区居民享有便民服务"直通车"。将部分部门工作人员下放到社区,行政管理经费直拨到社区。依托"分散"而非"集中"的形式,在不提升或适当提升县、镇整体行政层级和编制层级的基础上,赋予社区相应的社会管理和公共服务职能,提高社区自我服务和治理能力。

2. 多管齐下、分类施策,提高中小城市发展质量

为统筹规划增加中小城市数量、提高中小城市发展质量的问题,针对我国中小城市发展的现状和阻碍,为在"十四五"时期提高中小城市发展质量,课题组提出以下政策建议:

第八条,强化中小城市交通运输网络支撑,促进城市间互联互通。发挥交通优化城镇布局、承接跨区域产业转移的先导作用,带动交通沿线中小城市产业发展和

人口集聚。构建以轨道交通、高速公路为骨架的多层次快速交通网,推进干线铁路、城际铁路、市域(郊)铁路、城市轨道交通融合发展,促进公路与城市道路有效衔接,更好服务于城市间产业专业化分工协作。加强中小城市与交通干线、交通枢纽城市的连接,加快建设边境地区交通通道,提高公路技术等级、通行能力和铁路覆盖率,切实改善交通条件,降低交易成本及物流成本。

第九条,强化中小城市产业就业支撑,引导中小城市差异化、特色化发展。以提升城市产业竞争力和人口吸引力为导向,健全有利于区域间制造业协同发展的体制机制,引导大城市政府科学确定产业定位和城际经济合作模式,避免同质化竞争。引导中小城市夯实制造业基础,发挥要素成本低的优势,增强承接产业转移能力,推动制造业特色化差异化发展,形成以先进制造业为主的产业结构。鼓励中小城市政府全面优化营商环境,加强指导、优化服务、精简审批、开放资源。

第十条,完善基本公共服务体系,提高中小城市公共资源配置效率。在优化大城市公共资源布局的同时立足实际,在中小城市适度增加公共资源供给。鼓励各地区优化潜力型中小城市建设用地结构布局,合理增加公共服务设施等用地规模。调整优化教育医疗资源布局,新设立和搬迁转移为职业院校原则上优先布局在中小城市,将更多三级医院布局在中小城市,支持大城市知名三级医院在中小城市设立分支机构,支持大城市知名中小学对中小城市学校进行对口帮扶支教。

第十一条,推进中小城市治理现代化,提高中小城市治理水平。提升中小城市开放度和包容性,吸纳多元化人群参与城市治理,强化市民主人翁意识,加强精细化管理、人性化服务。分级分类推进新型智慧城市建设,以新型智慧城市评价工作为抓手,引导各地区利用互联网、大数据、人工智能推进城市治理和公共服务智慧化,建设城市空间基础地理信息数据库,力争所有市县整合形成数字化城市管理平台。全面推进健康城市建设,提升社会健康治理水平。

第十二条,激发城市创新载体作用,增强中小城市创新能力。顺应科技进步和产业变革新趋势,结合中小城市自身产业优势与特色,依托周边大城市科技、教育和人才资源优势,推动自身走上创新驱动发展道路。营造创新的制度环境、政策环境、金融环境和文化氛围,激发全社会创新活力,推动技术创新、商业模式创新和管理创新。建立产学研协同创新机制,强化企业在技术创新中的主体地位,发挥大型企业创新骨干作用,激发中小企业创新活力。建设创新基地,集聚创新人才,培育创新集群,完善创新服务体系,发展创新公共平台和风险投资机构,推进创新成果资本化、产业化。加强知识产权运用和保护,健全技术创新激励机制。

第十三条,发挥城市创业平台作用,营造中小城市良好就业创业环境。完善中小城市扶持创业的优惠政策,形成政府激励创业、社会支持创业、劳动者勇于创业新机制。运用财政支持、税费减免、创业投资引导、政策性金融服务、小额贷款担保等手段,为中小企业特别是创业型企业发展提供良好的经营环境,促进以创业带动就业。促进以高校毕业生为重点的青年就业和农村转移劳动力、城镇困难人员、退役军人就业。结合产业升级开发更多适合中小城市本地高校毕业生的就业岗位,实行激励高校毕业生自主创业政策。合理引导高校毕业生就业流向,鼓励其到中小城市创业就业。

第十四条,创新规划理念,提高中小城市规划建设水平。把以人为本、尊重自然、传承历史、绿色低碳理念融入城市规划全过程。完善城市规划前期研究、规划编制、衔接协调、专家论证、公众参与、审查审批、实施管理、评估修编等工作程序,提高规划编制科学化、民主化水平。强化规划管控,保持城市规划权威性、严肃性和连续性,坚持一本规划一张蓝图持之以恒加以落实,防止换一届领导改一次规划。严格建筑质量管理。强化建筑设计、施工、监理和建筑材料、装修装饰等全流程质量管控。

3. 融入城市群和都市圈发展,推动中小城市增量提质

城市群和都市圈是新型城镇化的主要空间载体,也应该成为新设中小城市的主要落脚点。党的十九大报告提出,以城市群为主体构建大中小城市和小城镇协调发展的城镇格局。2019 年 2 月,国家发展改革委发布了《关于培育发展现代化都市圈的指导意见》,都市圈介于城市和城市群之间,是要素和资源突破行政边界束缚、实现跨区域配置的一个空间尺度。依托城市群和都市圈的发展新设中小城市,能够实现中小城市增量提质的统一,还能够推动城市群和都市圈的自身发展。课题组给出如下政策建议:

第十五条,依托城市群和都市圈发展,培育新生中小城市。城市群和都市圈是新型城镇化的主要空间载体,是我国当前人口集聚与产业发展潜力最高的区域。以此为目标推进县、镇设市工作,有利于实现整体空间中城市分布与人口、产业分布的协调,使得城市建设与公共服务最大限度覆盖新增城镇人口。依托城市群和都市圈的经济辐射能力,能够保证新增中小城市自身的经济发展,优化城市群和都市圈自身的城市等级体系。

第十六条,对接区域发展战略规划,引领中小城市长远发展。城市群和都市圈代表着较高的规划水平,也是当前重大区域发展战略的主要依托。深入推进中小城市各类规划与中心城市充分对接,对中小城市发展规划进行必要的调整和修编,借助重大区域发展战略规划的统筹和引领作用,能够有效实现大中小城市的协同发展,形成中小城市与中心城市功能布局互动、分工合理、优势互补、各具特色的发展局面。

第十七条,融入区域一体化进程,提高中小城市规模效应。市场集聚不足是中小城市发展的主要阻碍之一,而且中小城市对此也缺少行之有效的手段。通过融

入城市群和都市圈发展，中小城市能够共享区域一体化进程带来的庞大市场，提高自身的发展潜力，减少大城市的虹吸效应，更多吸收大城市的辐射带动作用。

第十八条，瞄准区域重点支撑产业，打造中小城市支撑产业。城市群和都市圈的产业发展水平较高、抗风险能力较强，瞄准区域重点支撑产业，利用中心城市功能疏解和资源、产业链外溢等机遇，将中小城市的产业发展与城市群和都市圈产业链深度融合，能够弥补中小城市产业发展水平较低、抗风险能力较弱的劣势。推动大中小城市跨区域资源共享、产业融合发展，打造分工协作、优势互补的产业一体化发展局面。

第十九条，深化区域间合作交流，共享优质发展资源。将新设中小城市纳入都市圈和城市群的协作及信息共享机制，建立多方面、多层次的政府深入间合作交流。引导中心城市的优质产业，医疗、教育等优质公共资源向中小城市下沉，向中小城市专递更先进且行之有效的治理理念，提高中小城市的政府治理水平、产业发展水平和公共服务水平。

4. 探索行政机制体制改革，助力中小城市长期可持续发展

通过以上三点重大任务和相关政策建议，本报告为"十四五"期间增加中小城市数量、提高中小城市发展质量提出了部分政策建议。但要想在长期中实现既定目标，还必须持续探索行政机制体制改革，摆脱行政等级体系对城市发展的不当干预，基于此，课题组提出以下政策建议：

第二十条，推进市场化改革，坚持市场机制对资源配置的决定性作用。着眼于使市场在资源配置中起决定性作用和更好发挥政府作用，从实际出发科学推进新型城镇化。尊重客观规律，积极稳妥地从广度和深度上推进市场化改革，建立健全有利于城镇化科学发展的体制机制，大幅度减少政府对资源的直接配置，推动资源配置依据市场规则、市场价格、市场竞争实现效益最大化和效率最优化，以提高中小城市发展质量。

第二十一条，持续推进地方政府的"简政放权"，逐步缩小地方政府规模。弱化地方政府在地区经济发展中的影响，精简地方政府的经济管理职能，突出地方政府"基本公共服务提供者"的特点。在加强统筹规划和监管的前提下，进一步下放地区经济发展所需的指标性要素审批权限，赋予地方政府更高的经济审批权限。坚持"简化"改革的思路，充分发挥地方经济发展的市场作用，减少行政力量和行政层级对地方经济发展的干预。减轻中小城市的管理负担，实现中小城市地方政府职能与权限的相对平衡。

第二十二条，探索减少"市管县（市）"数量，构建扁平化的行政管理体系。结合多种行政区划调整手段，将现行的"省—地（市）—县（市）—镇"四级行政体系，逐步向"省—县（市）—镇"三级行政体系调整。降低行政层级、提高行政效率，逐

步构建扁平化的城市行政管理体系。同时,为应对"省"一级行政区划下"县(市)、镇"数量过多的问题,可以审慎考虑增加"省"一级行政区划的数量,以实现行政区划体系中"省、县(市)、镇"的平衡,减少行政等级对中小城市指标性要素供给的干扰。

　　第二十三条,探索"市区、政区"分离,建立更灵活的行政区划调整体制。政区是指城市的行政管理边界,而市区是城市的经济活动边界。快速城镇化带来了更快的城市扩张和更频繁的区域间合作交流,城市经济活动边界越来越多地脱离行政管理边界,表现为都市圈或城市群的形式。探索"市区、政区"分离,建立更灵活的行政区划调整体制,有利于在都市圈和城市群的空间尺度上更高效地利用土地资源和区域市场,促进整体经济社会的长期可持续发展。

　　(课题组成员:张学良　孟美侠　廖翊杰　潘洲　吴胜男　程玲　商玉萍)

"十四五"时期合理引导
大中小城市产业布局研究

中国电子信息产业发展研究院

新世纪以来,我国城市产业布局演进经历了"新世纪转型、新常态过渡和新时代提升"三个阶段。目前,我国城市产业布局现状表现出东部沿海引领、中西协调发展的基本特征,城市不同行业的生产力集聚空间各具特点。新技术革命使得城市产业在生产方式、组织网络、空间布局等领域发生了深刻变革。"十四五"时期是中国城市产业发展方向和生产力布局重塑的关键时期,正确认识城市产业生产力空间布局的基本矛盾,确立科学的城市生产力布局观,紧抓国际产业变革机遇,加快调整城市产业生产力布局,是城市实现经济高质量发展至关重要的战略之选。

一、城市产业布局现状及演进态势

(一)城市产业布局现状:东部沿海引领、中西协调发展;传统产业布局导向明显、新兴产业布局相对均衡

从整体来看,我国城市产业布局现状呈现"东部沿海引领、中西协调发展"的格局态势。由于政治、经济、信息、交通、资本等产业发展资源的汇集,大中城市群、沿海城市带、内陆区域中心城市

城乡区域

等成为产业集聚的首选地,其中东部沿海以长三角、珠三角、山东半岛、海峡西岸等城市群为片状经济集聚核心,而中西部以郑州、武汉、长沙、西安、成都等区域性中心城市为点状经济集聚核心,它们分别与周边的城市共同形成多个不同类型的中心—外围经济空间结构。先发优势进一步放大马太效应,东部沿海地区产业中心地位进一步巩固,而中、西部地区第一产业占比较高,制造业仍以中低端为主。

从产业来看,我国城市经济的构成中,东北、西部及部分中部经济相对落后城市的第一产业比例总体水平较高,主要分布在东北黑龙江、西北甘肃—青海—新疆以及云南、海南等省份。第二产业比重较高的城市地区分布较为零散,既有沿海京津、山东、福建、长三角、珠三角等以高新技术为支撑的新生代工业基地,也包括东北和中西部相对分散的老工业基地。其中传统产业区域布局导向明显,能源化工、钢铁、有色金属冶炼、建材等产业分布呈现较强的资源导向特点,食品产业、纺织产业、轻工业等产业分布则呈现市场导向和劳动力导向特点。新兴产业相对均衡分布,受国家促进战略性新兴产业发展相关政策引导,各地均出台了相应规划、意见,电子信息、新材料、医药、智能制造等产业分布呈现出相对均衡的特点。第三产业呈现以生产性服务业和生活性服务业分类集聚分布的态势,其中京津冀、山东半岛、长三角、珠三角等沿海城市群以生产性服务业为主,而甘肃、陕西、四川、重庆、湖南、贵州等中西部省份城市地区以生活性服务业为主。

(二) 城市产业布局演进态势:新世纪转型阶段、新常态过渡阶段和新时代提升阶段

新世纪转型阶段(2001—2010 年):东部沿海城市经济增长较快,产业结构不断转型优化。自我国加入 WTO 以来,全国开始进入大规模城市经济结构转型时期,十年间地区生产总值增加超 1000 亿元的城市共有 84 个,华北、华东、珠三角等沿海城市占一半以上;地区生产总值增加超 2000 亿元的城市有 37 个,主要为直辖市、省会城市等区域中心城市和沿海城市群内城市,如北京、天津、郑州、武汉、西安、沈阳等。

新常态过渡阶段(2010—2015 年):城市经济向南向东转移,沿海城市产业结构实现优化升级。五年间,虽然我国总体经济增长放缓,但城市地区生产总值仍然实现了较高增长,几乎用一半时间实现了新世纪转型阶段的经济贡献,城市经济发展速度和质量进一步提高。地区生产总值增加超 1000 亿元的城市共有 79 个;地区生产总值增加超 500 亿元以上的城市占全国城市数量的一半以上,主要分布在东部、中部和西南部地区。同 2001—2010 年相比,城市经济发展增量进一步向东部、南部转移。

新时代提升阶段(2015 年至今):城市经济进一步向南转移,全国城市产业结

构进一步升级。2015 年以来,我国经济发展进入中高速增长的新时代,根据 2015—2017 年经济增量相似值群组分类进行产业结构对比,发现几乎全国范围内的所有城市经济(产业)结构都实现了优化升级。具体表现为,地区生产总值低级别增长(低于 100 亿元)的城市个数 106 个,不足总数的 1/3,主要分布在东北和胡焕庸线以西地区;地区生产总值增长超 500 亿元的城市主要集中分布在东部沿海地区,少部分零散分布在中西部;地区生产总值增长超 1000 亿元的城市共有 29 个,同 2010—2015 年相比,北方高级别增长的城市数量减少,总体呈现城市经济进一步向南转移的趋势。

(三) 城市产业发展阶段判断:49%城市进入工业化后期及后工业化阶段

学术界通常以工业化进程来界定城市产业发展阶段。工业化是一个发展过程,在这个过程中工业相对于传统农业在国民经济中的地位和作用不断上升,并最终表现为一国或地区经济社会发展的全面转型和变革。国内学者一般把工业化进程分为前工业化阶段、工业化初期、工业化中期、工业化后期和后工业化阶段这五个阶段。其中前工业化时期是农业社会不属于工业化进展,工业化后期是工业化进程结束后的时期。关于工业化阶段的评断标准,我们通过对国内外学者的综合梳理研究,选取全国各个城市 2018 年的 GDP 和最新常住人口(部分城市由于没有公布 2018 年数据,故选取 2017 年数据替代),并通过 2018 年美元年平均汇率换算出人均 GDP(美元)来判定城市产业发展阶段。

表 1　工业化不同阶段的标志值

基本指标	前工业化阶段	工业化实现阶段			后工业化阶段
		工业化初期	工业化中期	工业化后期	
人均 GDP(1964 年美元)	100—200	200—400	400—800	800—1500	1500 以上
人均 GDP(1995 年美元)	610—1220	1220—2430	2430—4870	2430—9120	9120 以上
人均 GDP(1996 年美元)	620—1240	1240—2480	2480—4960	4960—9300	9300 以上
人均 GDP(2000 年美元)	660—1320	1320—2640	2640—5280	5280—9910	9910 以上
人均 GDP(2002 年美元)	680—1360	1360—2730	2730—5460	5460—10200	10200 以上
人均 GDP(2004 年美元)	720—1440	1440—2880	2880—5760	5760—10810	10810 以上
人均 GDP(2010 年美元)	827—1654	1654—3308	3308—6615	6615—12398	12398 以上

续表

基本指标	前工业化阶段	工业化实现阶段			后工业化阶段
		工业化初期	工业化中期	工业化后期	
人均GDP（2018年美元）	943—1886	1886—3771	3771—7541	7541—14134	14134以上

综合以上工业化阶段的划分标准，工业化进程包括其前后阶段基本上可以分为以下几个阶段，前工业化阶段、工业化初期阶段、工业化中期阶段、工业化后期阶段和后工业化阶段，不同阶段的城市产业结构会出现相应的调整，进而衍生出不同的产业布局状况。

通过对我国各城市统计数据分析，从整体看，我国城市已全部进入工业化阶段，部分已经步入后工业化阶段。其中位于工业化后期及后工业化阶段的城市占比达到49.1%，主要集中在东部和东北地区；工业化中期城市占比达到44.1%，且大部分处于工业化中期的后半阶段，主要集中在中部和西部地区。工业化初期的城市占比仅为6.8%，主要集中在西部边疆地区。

二、重点行业生产力城市布局特点

经济学对生产力空间布局的关注更早于对生产力的结构和规模问题的研究，集中体现在对"区位论""空间经济学"等的研究上。国内学者更倾向于对单一产业部门进行生产力集聚状况的分析，包括制造业、服务业以及二者细分行业的集聚空间布局分析等。本报告采用能够同时反映城市比较优势和生产力集聚空间特征的区位熵法，对全国城市地区的生产力集聚空间布局进行研究。

能源化工产业——资源导向的"T"字型格局。我国能源化工产业集群基本属于资源密集型、原材料集聚型，主要分布在煤、石油、天然气三大化石能源型资源富集的地区，包括东北三省，除江西外以河南、安徽和湖北为中心的中部五省包括内蒙古全域的广大西北地区、西南以贵州为核心与川、渝、滇交界的地区，以及部分海洋石油资源分布的沿海省市，其以广东、福建、浙江等省份的沿海城市为主，各产业集群在空间上大体形成大"T"字型。

钢铁产业——原料、交通双重导向的"簇团"状格局。我国钢铁产业集群属于原材料聚集型、交通导向型，主要分布在铁矿石资源丰富或交通便利地区。其中，作为大型和超大型铁矿区分布地的辽宁鞍山—本溪、河北迁安、山西灵丘—平型关、内蒙古白云鄂博、山东鲁中、湖北大冶、四川攀枝花等地，凭借自身丰富的铁矿石资源发展成为中国重要的钢铁工业基地,而得益于铁路枢纽和近铁矿产地的上海(近安徽马鞍山铁矿)、广东(近海南石碌铁矿区)、河南(近湖北鄂东铁矿区)等地,凭借便利的交通优势和高端的技术优势实现规模化、精细化发展,成为我国重要的钢铁深加工产业集群,各产业集群整体呈现"簇团"状分布格局。

有色金属产业——原材料导向的"带"状格局。我国有色金属产业集群同样以原材料密集型为主,多分布在铜、铝、铅、稀土等各种有色金属矿产资源富集的地区,包括辽宁中部、内蒙古全域、新疆北部、西藏西北部和甘肃青海东西交界处,以及中部地区山西、河南、安徽、江西和湖南形成的开口环带,广东、广西、云南以及四川南部、江西南部、湖南南部形成的集中连片区。这些都是我国有色金属产业集群最密集的地区。从全国整体空间来看呈现出"大聚集"的环、带分布格局。

装备制造业——资本、技术密集导向的"集中连片"分布。我国装备制造业产业集群属于资本密集型、技术密集型,分布范围广泛,除青海、西藏其余省份均有分布,东北、中部和西部地区主要以老工业基地为主。其中,环渤海、长三角、珠三角等沿海发达地区是我国重要的高端装备制造业基地;东北地区作为我国传统的老工业基地仍是主要的传统装备制造业基地;中部地区包括河南、山西、湖北、安徽,西北地区陕西、宁夏以及甘肃东部形成连片集群区;西南地区四川、重庆、云南,中部地区湖南、江西也形成连片发展区。全国装备制造业产业集群整体格局呈现出"集中连片"发展特征。

建材产业——"中部聚集、点状分散"格局。我国建材产业集群以长江以南地区分布为主,湖北全省、广西东部、湖南东部和江西西部是我国重要的建材产业集聚区,贵州及福建西部则是新型建材产业基地。除此之外,西藏南部和江苏北部是我国重要的绿色建材集聚地,关中—天水经济区是西北地区建材产业集群,河北北部及辽宁西部是北方主要的新型建材集群区,全国整体呈现"大聚集,小分散"的分布格局。

食品产业——中、西部连片分布。我国食品产业集群分布范围极广,除北京、上海、浙江以及宁夏等少数省市外,其余省区均广泛分布。中部地区及东部沿海地区以食品加工和农产品加工为主。西部地区及东北地区除农产品加工之外,以其特色食品加工为主导产业,畜牧产品加工集中分布在内蒙古、青海、四川和西藏等草原分布较广地区,新疆及青海西部以特产果品及枸杞加工为主,贵州则以民族特色食品为主要产业,整体呈现"中西部集中连片"发展格局。

纺织产业——"胡焕庸线"以南分布。我国纺织产业集群属于劳动密集型和原材料密集型,主要分布在劳动力充足和原材料较为丰富地区,以华东、华南、华中地区为主,西北、西南及东北地区集群分布较少。其中,长三角、珠三角等沿海地区是外来劳动力的主要集聚地,同时具备化纤技术等优势,是纺织服装产业的重要集聚地;而中部六省均是人口大省又是农产品主产区,不仅为纺织业提供较丰富劳动力资源,同时又接近棉麻、化纤等原材料产地,同样是纺织产业集聚的主要发展区;此外,还包括疆东—藏北连片区、川渝—陕宁连片区、滇西南和辽宁全域等地。纺织产业集聚整体呈现出与人口分布高度相似的空间格局,即绝大部分产业集群分布在"胡焕庸线"以南地区,以北地区相对较少。

轻工业产业——中、东部集中分布。我国轻工业产业集群与纺织业相似为劳动密集型和原料密集型,同样以劳动力密集及原材料丰富的地区为主要分布地。其中东北地区,吉林东部和辽宁以木材加工为主,中部地区除湖南以外5省以轻工为主,西部青海环湖—青南、甘肃兰州、藏东—藏南、川西北、贵南"三洲"等少数民族聚居地区均以特色、民族手工业为主,在沿海地区中东南沿海是主要的轻工业集群带,华北沿海地区在山东北部和河北北部有特色轻工、陶瓷等产业集群分布。

医药产业——东中西部均衡布局。我国医药产业集群主要为知识、技术密集型和原材料集聚型,主要分布在技术水平较高或近医药材产地等地区。其中东北地区的黑龙江南部、吉林、辽宁以生物医药为主;中部六省均有分布,以生物医药、医药为主;东部沿海地区分布范围广,包括河北、山东、江苏、上海、浙江、福建和广东多省市,以生物医药和医疗器械为主。除此之外,西部地区则以原材料集聚为特征,以民族医药、各地特色药材为主导产业,包括内蒙古西部、新疆东部、青海全省、西藏东南部、四川西部和甘肃东部。

汽车产业——中、东部聚集分布。我国汽车产业集群基本上属于资本、人才、技术密集型,主要分布在工业规模较大、资本密集、人才密集地区。东北地区黑龙江、吉林、辽宁作为我国汽车产业发展的摇篮,目前仍是汽车主产区;东部沿海地区,环渤海经济区、长江三角洲以及福建沿海凭借着独特的区位优势及人才技术优势,吸引了大量外资汽车企业入驻;中部地区山西、河南、湖北及湖南南部也是我国主要的汽车产业集聚区;西南地区包括四川、重庆、云南和广西;西北地区以陕西为核心,辐射至甘肃、内蒙古等地。基本形成以上海、江苏为中心的长三角地区,以沈阳、长春为中心的东北地区,以北京、天津为中心的环渤海经济圈,以成都、重庆为中心的西南地区,以武汉、西安为中心的中部地区等五大具有区域特色的汽车产业集聚区。

电子信息产业——均衡分散布局。我国电子信息产业集群分布范围较广,除西部青海、西藏两省(区)之外,其余各省区均有分布。东北地区以电子信息产业为主;东部沿海则以人工智能、新一代信息技术和大数据等高新技术产业为主;中部地区河南、山西、安徽、湖北、湖南和江西形成电子信息连片发展区;西南地区以贵州大数据、电子信息产业为核心,辐射四川东南部、云南东北部;西北地区包括内蒙古、宁夏、甘肃东部和关中—天水地区,新疆天山南北则是西北内陆地区主要的电子信息产业集聚区。

节能环保产业——沿江"带"状分布。我国节能环保产业集群主要集中在黄河流域和长江以北流域地区,生态环境脆弱性的要求和环境意识较强的前瞻使得在两河之间的流域区更为集中,具体包括西部地区以清洁能源为主的青海环湖—青南、藏东—藏中南、蒙西、关中—天水、川南和滇东北地区,中部地区节能环保、资源利用为主的山西北部、河南南部、湖北以及安徽,东部沿海地区的京冀产业区以清洁能源为主要产业,而苏沪产业集聚区以节能环保及装备为主导产业。除此之外,海南北部也是节能环保产业集聚的区域之一。

新材料产业——"集中连片"分布。我国新材料产业集群空间分布较广,除西藏、海南两省(区)外,其余各省区均有所布局,整体呈现"集中连片"分布格局。东北地区吉林、辽宁以新材料产业为主,黑龙江则以石墨加工为主导产业;西北地区内蒙古、甘肃、宁夏、新疆、青海主导产业均为新材料,西南地区除四川东部为先进材料集群区,其余省区也为新材料;中部地区河南南部为超硬材料及制品、安徽北部为陶铝新材料生产、江西包含工业陶瓷、复合材料以及无机非金属材料等;东部沿海各省新材料产业集群均以新材料产业为主,部分集群主导产业为高性能复合材料或特种材料。

轨道交通产业——"点"状分散分布。我国轨道交通产业集群多分布在老工业基地以及沿海制造业发达地区,总体分布较为分散,呈现"点状"空间格局。其中,东北地区老工业基地以轨道客车为主导产业,辽宁北部为轨道交通;甘肃中部、四川中东部、云南东北部是西部地区重要的轨道交通产业集聚区,重庆主城片区以高端交通装备为主导产业;中部地区以轨道交通产业纵向条带分布,包括山西北部、河南南部、湖北西部以及湖南东部;沿海地区零散分布,包括山东西部、浙江北部和福建东部。

海洋装备产业——沿海依江分布。我国海洋装备产业集群分布表现出明显的地理依赖性特征,即除武汉城市圈外,主要分布在沿海地区。具体包括环渤海地区的辽宁南部和河北西部,长三角地区的江苏、上海和浙江,北部湾城市群的广西南部以及海南临港区域。此外,长江沿线的湖北西部即武汉都市圈依托于新中国成立前的船舶工业基础也发展成为我国重要的海洋装备产业集聚区,整体格局呈现沿海依江分布特征。

航空航天产业——政策引导下的"点"状分布。我国航空航天产业集群属于知识密集型和高端技术密集型,同时表现出一定的地理空间依赖性,多分布在高端人才聚集的沿海以及西部内陆地区。航空航天产业基本属于军工企业,其布局还主要依靠计划经济时期的行政指令,辽宁沈阳、黑龙江哈尔滨、四川成都等主要城市处于点状分布状态,陕西、甘肃东部以及湖北西部形成连片集中区;除此之外还包括西部地区的甘肃西部、云南东北部,中部地区的湖南西部和江西北部;东部沿海高端技术人才密集的天津、江苏和浙江也是我国重要的航空航天产业集群区。

新能源产业——"一横两纵"条带状分布。我国新能源产业集群分布具备一定自然地理属性特征,整体空间分布呈现出"一横两纵"的条带格局,包括北部沿边及东北形成的横向条带,以及东部沿海产业集群带和中部沿京广铁路产业集群带。西部高原区采光较好,光能、风能等再生资源的利用使其成为重要的新能源产业基地,沿海可利用海洋能源进而发展成天津、山东、江苏、上海、浙江以及福建沿海产业集群带,以新能源、海洋能源产业为主;中部地区新能源产业集群带主要表现为沿河、沿铁路,包括山西东南部、河南西部、湖北南部以及江西西部。

智能制造产业——传统制造业升级基础上的"点"状分布。我国智能制造产业集群基本属于资本密集型、人才集聚型和技术密集型,主要分布在少数工业基础好、资本密集、人才集中的地方。具体包括东北地区的黑龙江南部和辽宁北部;西部地区的四川东部和重庆;中部地区沿京广铁路分布,包括山西北部、河南、湖北东部和江西北部;东部沿海以长三角地区最为密集,包括上海、浙江,北京、山东同样也是智能制造产业的重要基地。

三、合理引导大中小城市产业布局政策建议

"十四五"时期,贯彻落实党中央"推动形成优势互补高质量发展的区域经济布局"的总体要求,坚持高质量发展,应进一步落实新形势下促进区域协调发展工作要求,坚持"尊重客观规律、发挥比较优势、完善空间治理、保障民生底线"的原则,合理引导大中小城市产业布局。"十四五"时期,合理引导大中小城市产业布局应以"聚焦一个核心、关注两个方面、围绕三个方向、做好四个支撑"为落脚点,加快引导大中小城市形成分工合理、优势互补的高质量产业布局及区域经济布局。

聚焦一个核心:即把引导大中小城市产业布局作为贯彻落实党中央及习近平总书记"推动形成优势互补高质量发展的区域经济布局"要求的重要抓手型工作。在推进大中小城市产业布局的过程中,进一步落实新形势下促进区域协调发展的总体思路,坚持"尊重客观规律、发挥比较优势、完善空间治理、保障民生底线"的总体原则,加快构建高质量发展的产业布局体系和动力系统。

关注两个方面:即在引导大中小城市产业布局的过程中,既要关注在城市产业发展和区域经济发展分化过程中各个城市已经形成的产业基础和比较优势,也要关注新时代我国区域战略下赋予各个城市的战略功能与使命。

围绕三个方向:即在"十四五"时期大中小城市产业布局,应重点向三个方向

进行优化。

(1)加快构建"两纵、三横、多圈"的总体城市产业布局。从总体来看,"十四五"时期我国应进一步以重要区域战略为核心,加快推进城市产业布局的优化调整,构建"两纵、三横、多圈"的总体城市产业布局。其中,两纵为"东部沿海产业走廊"和"京广内陆产业走廊",三横为"一带一路境内段""长江经济带"与"黄河经济带",多圈为城市群,包括京津冀城市群、长三角城市群、粤港澳大湾区城市群、成渝城市群、长江中游城市群、中原城市群、关中平原城市群等。

(2)提升大城市和城市群核心城市产业能级和产业链水平。我国经济进入高质量发展的新阶段,经济发展的空间结构正在发生深刻变化,中心城市和城市群正在成为承载产业发展要素的主要空间形式。新时代促进大中小城市产业合理布局,应尊重客观规律,加快推动高端产业资源向大城市尤其是城市群核心大城市集中,中心城市以发展先进制造业、高端服务业等高附加值产业及产业链高端环节为核心,形成带动区域乃至全国高质量发展的动力源。在发展产业的过程中,要进一步增强大城市的产业创新功能及产业资源配置功能,以产业承载提升人口承载、经济发展与价值创造能力。在城市群外围的中小型城市应加快承接承载大城市产业功能外溢,以产业链协同与产业功能协同提升大城市及城市群整体产业链水平。

(3)提升中小型城市特色产业对城市功能的支撑水平。中小城市是我国城市的重要组成部分,占比高、总量大,在新时代引导产业布局的过程中,应充分发挥中小城市城市功能、产业基础和资源禀赋条件,推进特色产业的转型升级和民生发展,提升中小城市保障粮食安全、生态安全、边疆安全等方面的功能。对于资源型中小城市,应进一步进行宏观规划,在提升、建设专业性资源开采、冶炼和深加工基地的同时,设置开发底线,建立市场化管理机制保障资源安全与生态安全。对于老工业基地,应有效整合资源,主动调整经济结构,发展新技术、新业态、新模式,加快推进民生保障质量提升的同时培育产业新增长点。对于资源枯竭型城市,应以延链、补链、固链为核心,加快培育一批具有当地特色的接续替代产业。对于地处边疆的中小型城市,应在产业资源投入方面有所倾斜,形成一定的特色产业集聚,加强人口和经济体量支撑。

做好四个支撑:即在"十四五"时期推进大中小城市产业合理布局,应做好"顶层设计、机制建设、要素保障和政策供给"四个支撑工作。

(1)做好顶层设计。由国务院牵头相关部委,设立全国区域产业协调发展工作领导小组,负责国家层面的产业协调与转移工作的总体战略与工作安排。由国家发展改革委牵头,国家有关部门参与,在各城市所属的省级政府间达成共识、积极支持的基础上,围绕国家区域战略编制一批跨省域产业体系规划,以规划为牵引统筹国家重点产业基础设施布局及重点产业项目布局。

（2）做好机制建设。健全要素流动机制，逐步形成统一开放、竞争有序的商品和要素市场，消除地方性区域产业壁垒和市场壁垒，推动产业要素在城市间按照市场规律自由流动。健全要素资源价格形成机制，加快市场化改革推进力度，深入推进矿产、土地、水、电、气、热等要素的价格形成机制改革，以要素价格推动城市产业布局。完善财政部间统筹和跨省优化机制，优化财政资金投放，研究试点跨区域产业转移与承接利益分享机制。完善统计机制，加强对产业转移、区域产业布局调整工作的跟踪统计，完善跨区域工业企业统计办法。

（3）加强要素保障。强化大城市产业用地供给水平，按照城市的不同类型和工业发展需要，在城市中规划出以先进制造业为核心的产业用地保护警戒线，赋予城市工业用地以科技创新、文化传承、战略储备等功能。加大政策性基金等金融资源投放力度，发挥产业投资基金的财政支持和资金引导功能，根据生产力布局与产业链培育目标和区域协调总体思路，联动社会资本设置一批跨省和跨区域的产业基金。加强电力体制改革力度，在全国实行电价差别化政策，在电力输出大省或者城市建立高载能产业基地，减少电力输送成本。完善水资源的使用制度，建立健全工业用水价格政策机制，在水资源较为丰富的省份发展水资源消耗较大的产业。引导天然气储备较为丰富的省份建设天然气高消耗项目。

（4）强化政策供给。设立全国性的产业转移示范区，对产业转移示范区的准入条件、进入审批、退出办法等进行规范，并对享受的相关政策进行明确，将产业转出地和产业转入地放在同等位置进行考虑。按照比较优势充分发挥和地区优势取长补短相结合的原则，根据生态环境的承载能力，指导地方政府出台适合本地区发展形势的产业负面清单，将省内的区县（市）进行逐一筛选，建立不符合当地发展形势的产业目录，将项目审批、项目融资、项目用地与产业目录挂钩，形成各部门联动的审批机制。

（课题组成员：秦海林　王高翔　刘广钦　李晶晶）

推进城市更新、优化城市空间布局的总体思路和制度体系研究

中国城市规划设计研究院

中国经历了长达四十余年的快速城镇化过程,新城新区大量建设,城市空间得到了前所未有的扩张。如今,我国的常住人口城镇化率超过 60%,大规模疾风暴雨式的建设高潮正在褪去,土地、水和能源的束缚日益明显,传统资源消耗型、扩张型的发展模式不可持续,城市发展主要方式逐渐从"增量扩张"为主转向以城市更新为代表的"存量优化"。

增量扩张时期的空间布局策略和空间治理方式无法完全解决存量时代的城市竞争力提升问题。本报告在总结我国城市更新现状与成效的基础上,重点剖析存量时代城市更新所面临的七大核心挑战,提出产业转型、居住环境改善、公共服务设施和公共空间的品质提升、历史文化遗存保护等城市空间布局优化的策略建议,以及城市更新政策、制度完善建议,以整体性的视角构建新时期城市更新的模式框架。

一、城市更新的地位与价值

广义的城市更新是指发生在城市中持续的改善行为,是一种将城市中已经不适应社会生活的地区作必要的、有计划的改建

活动。

在当前的历史时期,土地资源、开发成本、消费模式等到达发展"拐点",各种城市问题越来越难以通过单一视角、单一部门解决。此时,城市更新因其独有的全局性、长期性、综合性的特征,成为转型期治理"城市病",推动更高质量的城镇化、推动实现社会主义现代化的重要抓手。

按照 2035 年基本实现现代化的目标,以习近平新时代中国特色社会主义思想为指导,新时期的城市更新需重点体现五个维度的理念:

——关注就业增长:从经济优先到关注经济发展与就业增长的互动关系;

——关注建设品质:从以功能为导向到以人的体验为导向;

——关注包容共享:从单一、隔离,走向多样、融合;

——关注绿色韧性:从经济优先到生态优先;

——关注智慧城市:从人工管理到智能管理。

二、城市更新的现状与成效

中国城市更新历经 70 年的发展历程,取得了巨大的成就,呈现出多种类型、多个层次、多维角度探索的局面。

1. 更新政策不断完善,北上广深等一线城市更新政策框架基本建立,引领城市更新探索。其中,深圳率先探索市场化更新模式,以《深圳市城市更新办法》为主干,逐步建立了较为完善的更新政策体系,形成了独具特色的"深圳模式"。

2. 城市更新实践量大,截至 2019 年底,我国老旧小区已改造约 2 万个,涉及居民约 400 万户,总面积 40 亿平方米,占目前存量住房建筑面积的 16%;老旧厂区、街区、城中村等多类型存量空间更新改造有序开展,取得了积极成效。

3. 更新水平不断提升,探索了多个层次和多维角度的更新改造,从大尺度的更新改造到"微更新""微改造",均积累了一定的经验。

三、城市更新的主要挑战

(一) 居住环境改善的任务依然艰巨

1. 住房供给结构性失调,城市供需矛盾突出

城镇建设用地结构重工轻居。2017 年中国城镇用地中居住用地比例为

31.4%，明显低于美国的 46.9% 和日本的 61.3%。城镇用地在城市之间配置失衡，一二线城市土地供给不足，客观上推高房价，三四线城市土地供给过多，导致高库存。

住房供应体系重销售轻租赁。中国城镇居民住房租赁比例仅为 21%，低于多数发达国家。住房保障体系进入门槛高退出门槛低，难以实现动态调节，大量劳务工人无法享受到城市住房保障政策。

2. 老旧小区存量规模大，改造面临诸多难点

现存老旧小区规模仍较大。有关资料显示，截至 2019 年 5 月，全国需改造的老旧小区约 16 万个，涉及建筑面积约 40 亿平方米。老旧小区普遍存在必要社区公共服务用房不足、绿化品质低下、住房户型不符合生活需要、缺少电梯等必要生活设施等问题，亟待推进更新改造。

另一方面，由于老旧小区改造牵涉面广，涉及不同业主、改造主体及相关权利人等，各方利益诉求差别较大，对改造的目标和方向难以达成共识，协商式改造推动缓慢。

3. 居住建筑密度加大，居住品质难以保障

城市二次开发造成居住建筑过高、过密。以深圳为例，近年城市更新项目新建居住小区容积率多达 7—10，超过 26 层的住宅比比皆是。高层住宅具有易灾性，社会治理难度提高，公共卫生事件、事故灾难在高密度建设区频发。

高强度开发造成社区居住品质下降。高密度住宅区人均享有的交往和活动空间不足，影响生活环境与品质，也不利于邻里交往和居民心理健康。高密度住宅区也有高消耗、高成本、高碳排的特征，自然的采光通风无法满足居住需求，各类居住活动的保障也需付出更高的代价。

4. 成本攀升房价高企，带来社会经济困局

房价高企拉动了城市消费品和服务价格的全面提高，降低了中低收入居民的实际生活水平。

高价房对制造业、物流业等产生挤出效应，加速产业空心化。2015 年深圳房价的暴涨，以租金形式将大部分成本转嫁给实体经济，工业厂房平均租金上涨近40%，直接导致深圳高端制造业大规模外迁，华为、中兴、比亚迪、富士康等知名高科技企业的制造基地都已经搬迁到深圳周围地区。

高房价提高市民的个人负债率和住房杠杆率，增加金融风险。2017 年末，我国居民住房杠杆率达到 59.8%，近三年累积提高了 16.2 个百分点，由此加剧金融和经济健康风险、抑制城市科技创新能力、造成结婚推迟及生育率下降、加剧社会分异等。

（二）扩张发展时期留下大量短板需要补齐

1. 教育、医疗等基层民生保障的短板突出

城市快速发展时期产业用地迅速填充补实，教育、医疗等基层公共服务设施和市政基础设施建设滞后。以教育设施为例，2019 年深圳每十万人拥有幼儿园数量、小学数量、中学数量分别为 13.26 所、2.83 所和 2.96 所，均低于同期全国平均水平的 17.91 所、13.27 所和 5.78 所，远远无法满足市民需求。

2. 公共设施难以适应老龄化等新发展形势

未来 15 年，我国将面临深度老龄化的挑战，预计到 2025 年，65 岁以上老龄人口比例将超过 14%。老龄化造成社会抚养压力增加，同时医疗、护理、餐饮等服务需求全面上升。而目前的城市建设规范中，养老设施配置标准偏低，难以适应老龄人口增长的速度，养老设施的建设品质较低，难以满足未来老龄人口需要。

3. 城镇密集建设地区规划公共设施难以落地实施

城镇建设密集地区土地资源紧缺，公共设施用地功能改用、占用频发。部分规划公共服务设施受到建设现状、土地权属等因素制约难以建设实施。

（三）出行的公平、绿色、舒适需求不断增强

1. 交通设施发展不平衡，影响全体居民公平发展机会

城市建成地区普遍存在交通设施老化、供给规模不足或供给结构错位等问题。如旧城镇、旧厂房、旧村庄地区道路狭窄、"微循环"不畅，停车位不足，公交覆盖率低等，整体交通服务品质不高，居民出行不便。

2. 交通排放对环境影响日益凸显

机动车等移动源污染已成为我国大气污染的重要来源，2019 年，全国机动车保有量达到 3.5 亿辆，一氧化碳、碳氢化合物、氮氧化物、颗粒物等四项污染物排放总量达到 1603.8 万吨。逐步加剧的交通拥堵、严重的尾气排放等对人们生活品质、身心健康都造成了不良影响，移动源污染防治的重要性日益凸显。

3. 智慧化新技术催生新的交通方式和需求

城市出行需求日益多样化，如新一代技术型人才对出行品质的要求逐步提升，年长者、年幼者的安全、无障碍出行更受社会关注，市民对绿色、健康出行的诉求更加强烈。

多样化出行需求、智慧化新技术的发展都需要在新一轮城市更新中予以考虑，并做好基础设施的预留。如新能源汽车、5G 网络、智慧物流、无人驾驶要求充电设施、智慧道路的支持；网约车、响应巴士、社区巴士要求相应空间设施的配合；新零售要求完善、便捷的智慧物流体系支撑等。

（四）新动能培育的过程中，"旧瓶"和"新酒"存在冲突

1. 老旧厂区改造规模小

从城市更新的对象来看，老旧厂区的改造数量较小，2018 年老旧厂区、老旧街区改造规模占城市更新规模不到 10%。

2. 老旧厂区难以支持先进制造业技术升级和规模扩大

老旧厂区更新改造中，改造为创意产业成功案例较多（如北京首钢改造），少部分改造案例促进了第二产业向 2.5 产业升级（如深圳南山区蛇口网谷更新），但真正能通过城市更新促进制造业转型升级的案例较少。

传统制造业转型为先进制造业的过程中，对厂房的层高、楼板荷载、电梯承重等往往有一定特殊要求，伴随生产规模扩大对厂房面积需求大大提升。但老旧厂区往往厂房质量较差、规模较小，难以满足先进制造业生产空间需求。

3. 老旧厂区配套难以满足新生代技术工人的需求

在以传统生产制造业为主的时代，大量"农民工"的居住依赖"厂区宿舍"，仅有少量的配套需求。未来伴随着制造业升级，技术蓝领将成为制造业发展的主力，他们对居住舒适度要求不断提升，传统的多人宿舍被淘汰，带超市、空调、电梯的单间宿舍成为标配。更新后园区宿舍和配套服务无法满足新生代技术工人的需求，将反过来制约先进制造业升级。

（五）消费时代，中产阶级的消费需求无处"释放"

1. 消费能力、消费需求日益增长，但消费场所供给不足

2015 年我国消费对 GDP 增长的贡献率达到 66.4%，未来中国经济将逐步向消费转型。与之对应，城市建成区内普遍存在高品质休闲消费场所不足的问题。通过城市更新塑造新的消费场所，既是振兴城市产业经济的需要，也是人民提升生活质量的诉求。

2. 现有的城市公共文化设施和场所需要升级

现有的城市公共文化设施普遍存在建设标准较低、建筑陈旧、亟须升级的问题。我国地市级图书馆和文化馆按最低标准评估达标率仅为 55.1% 和 33%，由于建设面积不足，缺少图书馆的必要功能，难以有效开展收集、整理、研究以及为读者服务工作。此外，文化设施大多单项开发，功能单一，难以形成功能复合的文化设施圈。

3. 城市文脉需要延续，家园认同感有待增强

快速的城市建设过程往往伴随着大拆大建，造成对原有城市肌理的破坏，传统风貌消失、城市文脉断裂、城市记忆丧失，使市民的归属感和亲切感大大减弱。在

城市更新的过程中探索延续城市文脉、保存城市记忆的方式显得十分必要。

（六）"城市病"凸显，面向未来的绿色、智慧、韧性理念植入有限

1. 城市发展超过资源承受力，各种"城市病"凸显

城镇开发建设过程中，城市不透水面积大幅度增加、排水管网设计标准偏低，河湖水系、低洼地等蓄滞空间和行泄通道被侵占，生活垃圾收运处理体制不完善使得"城市看海""垃圾围城"等城市病不断暴露，威胁人民生命财产安全，影响居民生活质量。

2. 面向未来的绿色、智慧、韧性理念植入有限

城市更新是一个复杂的系统工程，项目建设运营过程中，市场主体最为关注经济利益的"平衡"，政府更为关注长期的产业升级和城市功能优化。因此，不管是政府还是开发商，均缺乏动力推动着眼未来的需要大笔资金和技术投入的智慧技术植入城市更新项目。

（七）更新的制度建设有待加强

1. 缺乏完善的法律法规体系

法律法规层面，全国尚未建立独立完善的城市更新法律法规体系，导致更新工作缺乏法律支撑。《土地管理法》《物权法》等一些现行的法律法规甚至对更新行为造成一定困扰，如《土地法》中，经营性用地需要招拍挂，原土地使用者与新开发者难以建立直接联系。

政策法规层面，由于各地发展阶段不同，城市更新法规体系差异大，存在"时差"。不动产登记、审批管理、建设许可、财税政策等现有的与城市开发建设管理相关的金融、财政、税收、规划、用地等政策体系，不适应也不支持大规模存量提质改造需要。如传统工程建设项目审批管理、银行贷款等制度面向单一建设单位，而老旧小区改造主体更为复杂，不利于项目融资。

土地管理层面，广东省在"三旧"改造过程中进行一系列探索，但国家层面土地用途转变仍欠缺实施细则支撑，集体土地同权出让欠缺支撑依据。

2. 规划编制体系和标准规范体系不健全

规划编制体系层面，以项目式单个城市更新单元为核心的城市更新规划编制体系，缺乏城市功能结构调整的整体考虑，单个零散的更新项目往往背离城市更新的宏观目标，无法从本质上解决城市布局散乱、城市交通拥堵、人居环境质量低下、公共服务设施缺乏等问题。

标准规范层面，现有日照、消防、设施配套等建设项目标准规范全部都适用于新建建设项目，尚无专门适用更新项目的标准规范，造成更新建设困难重重，如更

新改造项目难以满足现有日照、消防等规范要求。又如在更新过程中对保留建筑如何评估,缺乏透明、统一的标准。

3. 缺乏明确的核心职能部门

规划、国土、发改、房产与民政等主管部门分别从相应的领域开展相关工作,部门与部门之间缺乏联动,项目行政审批程序、安置回迁资金管理以及政府投资和补助等相关配套政策仍然缺乏有效衔接。

4. 协商和监督机制以及更新利益管控和引导制度待完善

城市更新需要相关利益方的充分参与,还需要高度的社会参与,并进行切实有效的监督。目前大多数城市更新依然是更新主体与利益相关方的博弈,缺乏社会参与和监督,政府、市场及社区的协同机制尚未建立起来。

5. 缺乏适宜的金融体系

快速城镇化时期的城市开发建设方式"以土地增值为核心、以融资开发为手段、以商品住房消费为支撑",具有高投资、高周转、高回报的特征。目前的金融产品,如土地抵押融资、房地产抵押贷款、按揭贷款、住房储蓄、房地产投资、信托、保险等,均更适应于新城新区的开发,对城市更新的支持不足。此外,市场资金介入城市二次开发的有效监管机制也尚未建立。

四、空间策略

(一) 总体思路

因城施策,区别国家、都市圈、城市、功能单元、社区等不同层面的发展问题,科学把握城市的差异性,精准施策,不断完善因城制宜的更新政策体系,全面提升城市更新管理科学、精细、规范水平。

分类推进,采取针对性的更新方法,推进老旧小区、厂区、街区等多类型的城市存量空间改造,提升城市功能与人居品质。

统筹实施,融合综合整治、功能改变、拆除重建等多元手段推进城市更新实施,不断优化多方协同参与的更新模式,实现共建、共享、共评、共管。

(二) 以人为本,全面提升居住环境品质

1. 加快推进老旧小区改造,从"住有所居"迈向"住有宜居"

加快提升硬件设施。全面消除各类居住安全隐患,完善小区水电气路及光纤等配套设施。积极推进老旧住宅加装电梯,支持有条件的住宅增加阳台、厨房、卫

生间等必要生活空间,推进无障碍改造,配建停车设施。全面提升社区养老、托育、医疗等公共服务水平。

营造个性化社区风貌。结合当地的生态环境、历史文化、民俗文化、地域文化等特色,通过综合整治让其面貌实现重塑,培育城市社区居民的归属感。开展社区"微更新",提升零星闲置空间品质,复兴社区活力。

2. 健全多主体供给、多渠道保障、租购并举的城镇住房制度,不断扩大住房多元供给途径

盘活存量用地,通过"更新+整备+棚改"的"组合拳"增加住房供给,积极推动开发建设人才住房、安居型商品房和公共租赁住房。以房地产开发企业为主,提供市场商品住房、安居型商品房;以住房租赁经营机构为主,提供各类长租公寓;以人才住房专营机构为主,建设筹集人才住房、安居型商品房和公共租赁住房;支持企事业单位利用符合规定的自有用地或自有用房,建设筹集人才住房、安居型商品房和公共租赁住房。

3. 强度平衡,推进人与自然和谐共生的美丽城市建设

一方面,控制合理的强度与密度上限,保障城市充足的蓝绿空间,适当控制高密度住区建设,增加更多的体育、健身、休闲设施,建设健康适宜的人居环境。另一方面,控制合理的强度与密度下限,保障城市土地资源节约利用,避免粗放式扩张。

构建合理的城市功能结构,促进职住平衡。在市中心、就业密集区附近通过更新项目加强人才公寓、公租房与配套设施的建设。借助城市更新,加快完善产业布局。加强各主要就业地与居住地之间的公共交通建设,优化改善职住平衡关系。

(三) 补齐短板,高标准配置公共服务、交通、市政设施

1. 推进老旧基础设施改造升级,补齐短板

统筹规划、合理布局各类基础设施,推进基础设施提挡升级,强化城市地下管网建设。加强综合整治及生态修复,开展环境卫生整洁行动,推进环境卫生设施提级扩能,加快建设城市生态基础设施体系。推动绿色化、智慧化改造升级老旧基础设施,推进垃圾转运站、污水厂等"消极"基础设施的"积极化""公共空间化"改造。

2. 推进生活圈建设,提升城市生活服务功能

城市层面,优化高等级公共设施的空间布局,切实提高主要公共设施的服务水平。社区层面,以"完整居住社区"为基本单元,实施"5分钟—10分钟—15分钟活动圈"覆盖工程。5分钟生活圈强调老年人和儿童友好,在"一老一小"的活动范围内完善近距离的社区服务,全面提升社康的建设标准。10分钟和15分钟社区生活圈提供涵盖文化、教育、医疗、体育、养老、商业六类的基本服务设施,进一步推进基本公

服务均等化,增加邻里社交空间,形成亲切宜人、有机融合、全龄友好的小环境。

3. 加强交通设施的一体化综合利用,释放土地空间价值,提高土地、空间集约化利用

大力推进交通场站设施立体化建设和改造,减少用地,鼓励公路客货运场站结合铁路、机场、轨道枢纽和物流场站采取共建,充电站、加气站与公交场站等公共设施合建等。推动综合开发利用,鼓励优化公交场站功能定位和建设模式,与保障性住房、商业开发项目和公共服务设施进行合建。

推动道路等存量线性交通设施的改造利用。鼓励探讨城市重点地区高、快速路复合化改造,在满足交通、安全要求基础上,弱化对沿线用地的分割。优化大型道路立交功能,研究释放立交用地的可行性,在满足交通功能的前提下,简化匝道交通组织,提高土地使用效率。

4. 探索城镇密集地区公共设施共建共享新途径,提升空间集约性

优先保障公共服务设施用地,鼓励具有一定条件的地区进行土地立体开发和地下空间开发,探索具有相容性条件的市政、交通、公共服务设施之间共建共享,提高土地利用的集约性。如,鼓励污水处理厂、排水泵站、垃圾转运站进行市政设施之间的合建或与公共绿地合建。变电站可考虑充分利用立体空间,与绿地广场、文体设施、民用及公共建筑等合建。有条件的地方鼓励幼儿园、养老院相邻设置,消除老人的孤独感。

（四）交通提升,推动存量地区高品质再开发

1. 倡导绿色低碳出行,探索合适的公共交通服务方式

倡导以公共交通、步行、自行车等绿色交通方式为优先导向的交通资源配置机制。新建或改建道路优先安排公共交通、步行和自行车交通空间,合理设置步行连廊、安全岛、自行车停放设施等附属设施,构建连续、安全的步行和自行车网络。

积极研究、探索需求响应式公交、支线小微巴士、社区巴士、共享巴士等新型公交运营、组织、管理模式,以城市更新、改造为抓手,推动"地铁、干线公交+接驳巴士、步行、自行车"完整服务链的构建。

建立城市更新项目交通影响评估机制。结合本地政府管理机构和职能划分,建立规划、交通、交警、城市管理等部门在内的交通影响评估制度,提高更新项目与周边交通的一体和协调性,保障周边良好的交通服务水平。

加强行人与公共交通、轨道交通等设施的接驳换乘设计,加强对城市旧改项目中新建、改建道路中的无障碍设施设计、建设施工和竣工验收。

2. 补齐交通短板,完善停车供给政策与制度

根据城市、社会、经济发展情况,结合城市综合交通发展规划、区位特征、公交

可达性、开发强度、路网容量,制定城市停车管理分区指引制度,合理确定各管理分区、各类用地的停车配建指标,为城市更新项目停车配建提供指引。结合城市更新用地功能、业态特征,采取空闲共享、错时共享、有偿使用等方式鼓励和制定公共设施、商业办公配建停车资源向社会开放的机制和鼓励办法,实现停车资源的集约高效利用。编制城市充电基础设施专项规划,充电基础设施体系结合城市更新逐步落实。

3. 健全 TOD 更新改造公共保障政策,推动城市存量地区高品质再开发,提升城市综合服务水平

建立城市 TOD 地区更新编制体系和制度。将 TOD 发展纳入城市总体规划或中长期规划建设体系中,促进城市中心体系和空间形态优化。编制城市或地区 TOD 总体发展规划,明确差异化的 TOD 发展分区、TOD 重点发展区域及功能定位、枢纽和站点地区分级、分类的开发类型。制定 TOD 规划设计标准与准则,明确用地功能、城市设计、交通设施等控制要求与城市控制性详细规划等法定规划的关系,加强 TOD 规划设计层面的落实。

完善用地功能、公共配套、规划审批、土地出让等政策保障机制。鼓励轨道站点周边地区土地混合,加快推动建设用地分层使用权制度,提升土地集约利用水平。鼓励 TOD 更新地区提升公共服务、保障性住房、交通、市政等服务水平,制定容积率奖励、审批简化、税率或财政补贴政策。

4. 大力推广街区制更新,推动老旧城区微改造,建设宜居宜业宜行社区

建立面向街区制城市更新的规划保障。探索小街区制新的土地出让、开发模式,改变"超大街区"开发的传统模式。健全街区更新责任规划师、建筑师制度,指导街区更新项目的编制实施细则和配套政策,适时提供技术和协调服务。

建立针对性奖励机制。对更新项目内部道路和绿地公共化、停车设施共享、退线空间作为慢行空间、地下车库连通工程、建立立体车库、与周边地块连通空中慢行走廊、道路改造和支路网密度提高等给予相关奖励。鼓励推行交通稳静化设计,营造街区安全和宁静的环境。推动老旧城区、历史街区通过交通微循环改造,改善慢行、公共交通、绿化空间和道路景观,提升老旧城区活力和历史街区活化利用。

(五) 创新驱动,提升产业发展质量,推动动能转换

1. 大力推进老旧厂区环保改造、综合整治和有序更新

针对老旧厂区普遍存在的厂房陈旧、产出效益低、治污设施不完善、环境污染严重的问题,出台合适的政策推动旧工业区连片改造,优化环境,淘汰低端产业,实现城市、环境和产业的融合发展。

高标准改造建设产业空间,结合产业发展目标划定产业发展保护空间,同时以空间创新推动产业创新,通过城市更新推动低端产业的淘汰、推动城市产业迭代升

级,促进新兴产业集聚和集成化发展。

2. 塑造产业社区,优化宿舍布局,推动产城融合

针对产业区配套服务滞后的问题,依托产业社区构建基本服务单元,有机整合制造业空间、研发检测空间、生活服务空间,促进人群集聚、提升交流氛围、提升产业用地的配套服务功能。

鼓励企业打开围墙,通过局部改建塑造产业邻里服务中心,提供高品质的公共服务空间,将生活功能适当集中布局,公共服务设施就近设置,促进人群集聚、提升交流氛围,提升产业用地的配套服务功能。

3. 鼓励工业遗产的活化利用

保留工业文明遗址、延续工业遗产文脉。鼓励通过活化利用工业遗产和发展工业旅游等多样化的更新方式,将"工业锈带"改造为"生活秀带"、"双创"空间、新型产业空间和文化旅游场地。

(六) 绿色韧性,走向城市与自然和谐共生

1. 挖掘城市存量空间,建设绿地公园

通过在存量空间内拆迁建绿、破硬复绿、见缝插绿等,拓展绿色空间,构建口袋公园、游园绿地、社区公园、综合公园等不同层级的生态空间,契合市民多样化的游憩需求。对被废弃、闲置或利用率很低的城市工业用地进行生态修复,建设郊野公园,进一步提升城市生态品质。

2. 多功能利用城市空间,构建雨洪调蓄系统

开展生态植草沟、下凹式绿地、雨水花园等海绵设施建设,形成"生态绿色"的多功能海绵基质,增强雨水下渗和调蓄功能。结合广场、公园等公共设施的建设,实现下沉式广场、湿地公园等多功能雨洪调蓄空间。实施河道拓宽、堤防加高及加固等整治措施,提高现状河流防洪标准,合理布局雨水行泄通道,塑造"通畅无阻"的水系网络系统。

3. 推进无废城市,实现源头减量和资源化利用

实施生活垃圾分类制度,制定合理的生活垃圾分类标准,配备垃圾分类设施,建立健全生活垃圾分类投放、分类收集、分类转运、分类处理系统。识别生活垃圾在产生、收集、转移、利用、处置过程中的薄弱点和关键环节,集成各项相关措施,利用"互联网+"等措施实现信息化、可视化监督管理。宣传绿色消费和垃圾分类知识,引导居民践行简约适度、绿色低碳的生活方式。

4. 补齐防灾避难空间,提升城市灾害应对能力

多元化利用公园、广场、体育场、学校、防空地下室、滨海廊道等城市既有空间,完善应急功能配置,建设安全可达、平灾结合的应急避难场所,构建"紧急避难场

所—固定避难场所—中心避难场所"三级应急避难体系。

（七）传承历史，延续城市记忆，塑造特色风貌

1. 保护历史文化，擦亮古城古镇古街新貌

正确处理好城市改造开发和历史文化遗产保护利用的关系，加强文化街区、历史遗存的保护，留住片区特有的地域环境、文化特色、建筑风格等城市"基因"。

加强城市设计的约束指引，做到既体现历史传承又彰显现代气息，既考虑整体风貌又凸显片区特色。严格超大体量公共建筑、超高层地标建筑管理，加强自然生态、历史人文、景观敏感等重点地段城市与建筑风貌管理。

2. 活化历史街区，打造特色文化魅力空间

活化街区，让历史风貌街区变得宜居和充满活力，同时吸引旅游人士的驻留。在保护充分的前提下，鼓励街区与文化创意、文化旅游等产业的有机融合，让历史文化街区真正和生活联系起来。同时避免过度开发造成的破坏，避免过度庸俗化和商业化的倾向。

（八）智慧引领，推进智慧城市建设

1. 鼓励适度超前使用新技术、绿色技术，提高城市再开发地区的可持续性、智慧化和韧性

制定相应的奖励机制，适度超前布局智慧化基础设施，主要包括5G基站建设、新能源汽车充电桩、智慧停车、智慧物流、智慧道路、网约公交等设施。鼓励更新城市道路中节能环保材料、降噪路面材料、绿色环保照明设施等。

2. 合力打造"智慧园区"

重点发挥在园区更新改造中的智慧信息技术的引入，抓住"互联网+"带来的发展机遇，推动各类园区智能化转型，构建一体化服务。

3. 谋划改造"智慧街区"

在街区层面开展智慧化改造，以"街道大脑"为核心，以感知、体检、模拟、参与、设计、实施、评估为流程，建立移动环境监测网络，实现街区的空间、人流、事件、环境等要素的全面感知，依托智能终端系统实现对街区层面治理和更新的全面支撑。

4. 推进建设"智慧社区"

以新一代信息智能基础设施建设为支撑，以综合信息数据服务平台为核心，构建智慧社区应用生态圈。结合老旧小区改造，大力实施在线智能感知终端铺设、网络设施改造升级以及数据库系统建设，把人、地、物等互联互通，通过云平台形成智能基础网络，实现社区管理与服务的智慧化。

五、政策建议

（一）完善城市更新法律法规政策体系

修订完善土地、物权、税收等相关法律,同时推进城市更新立法,建立以城市更新主干法为引导,法律法规、相关政策为支撑的法律法规体系。鼓励地方结合实际出台相关法规政策,制定地方性更新条例、办法及实施细则,制定土地整备、收储、征收补偿等相关规定,因地制宜地健全地方城市更新法律法规体系,加强部门间政策协调配合,加大城市更新政府监管力度,依法有序推进城市更新工作。

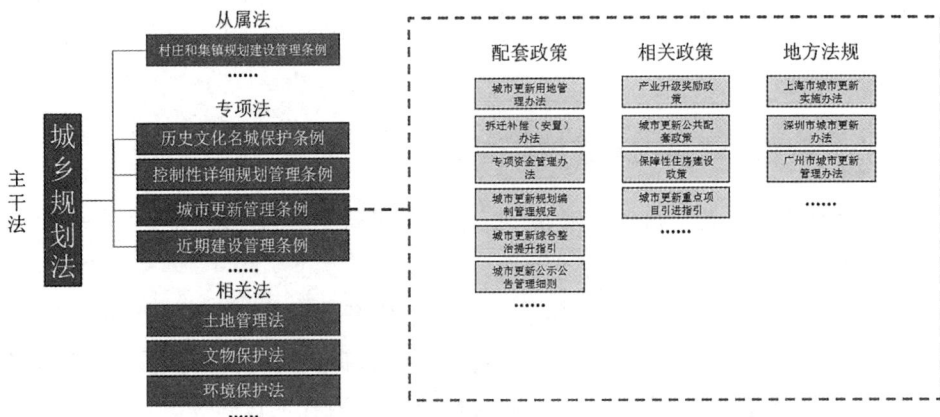

图1　城市更新法律法规体系建议

（二）成立专职部门,理顺城市更新管理机制

成立专职城市更新主管部门,负责制定城市更新发展战略,拟订城市更新的政策和规章制度,指导城市更新规划编制并监督实施,统筹协调城市更新专项资金计划,按权限管理相关城市更新资金。加强与住房、建设、规划、环保、产业等相关部门的事权协调,形成城市更新合力。明确城市更新审批管理专项流程,加快更新速度,简化政府流程。

（三）构建科学合理的增量利益管控体系

明确城市更新增量利益的分配机制,对不同用地功能的改变提出合理的地价补缴和地价补偿机制;对城市不同地区灵活选择政府主导和市场主导的方式进行引导;划定开发强度和容积率分区,细化开发强度提升规则;制订城市更新公共利益清单,提出公益性用地贡献、公益性设施配建、保障性住房配建、产业类空间保障、历史风貌保育等原则,保障城市更新中的公共利益。

图2　城市更新增量利益管控和引导制度建议

（四）完善城市更新规划编制体系

完善城市更新规划编制体系,构建以市、区级专项更新规划为引领,城市更新片区规划统筹,城市更新单元规划主导实施的更新规划编制体系,衔接城市总体规划、城市分区规划和控制性详细规划,建立城市更新规划与法定空间规划之间的传导机制,以法定城市更新规划作为城市更新实施的依据。针对旧区标准更新完善日照、消防、环保等规范,同时积极探索城市更新专项规范标准、技术导则的编制和制定。

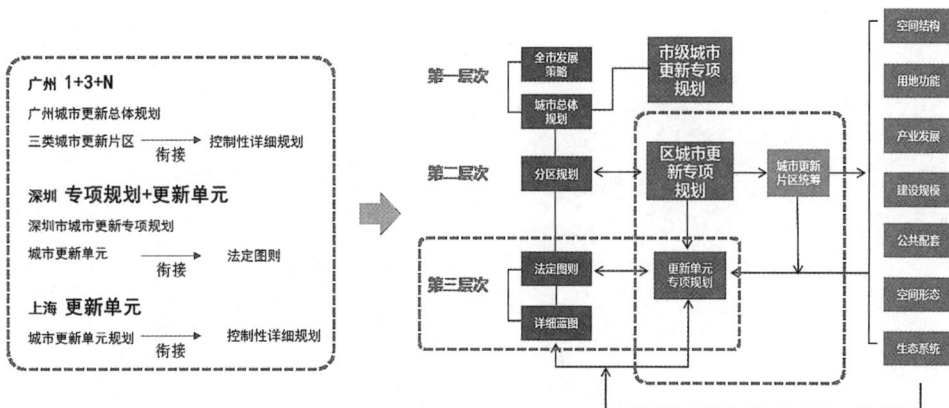

图3　城市更新规划编制体系建议

（五）建立广泛、严格的城市更新协商和监督机制

完善城市更新协商机制，建立社会广泛参与和多方合作的长效机制，通过专家论证制度、公共咨询委员会机制、社区民主议事平台、社区规划师制度、专业设计咨询机构参与等方式增强社会各方参与度。

严格流程和规范管理，强化城市更新实施监督，对城市更新融资、运营、产业发展、社会影响、建筑环境等方面进行严格监督，提高城市更新管理水平。

（六）建立健康、可持续发展的金融体系

鼓励金融机构和地方积极探索，运用市场化方式吸引社会力量参与城市更新。转变新区建设时代的土地融资模式，探索支持旧区更新的持续现金流模式，建立健康的城市财务制度。政府研究出台旧城更新专项财政补贴，探索社会投融资模式及股份认定方式，提供银行专项贷款，发行城市更新专项债券。

（课题组成员：王凯　方煜　杜宁　彭小雷　胡恩鹏　周璇　杨梅　陈满光　陈杨　王帅　李亚丽　王树声　戴继锋　李春海　王成坤）

"十四五"时期增强我国城市韧性治理能力的思路与对策研究

中国科学院科技战略咨询研究院

2016年7月,习近平总书记在河北唐山考察时强调,要全面提升全社会抵御自然灾害的综合防范能力,要着力从推进重大防灾减灾工程建设、加强灾害监测预警和风险防范能力建设、提高城市建筑和基础设施抗灾能力等方面进行努力。2018年,中共中央办公厅、国务院办公厅印发《关于推进城市安全发展的意见》,要求统筹城市安全建设,争取在2035年形成"系统性、现代化的城市安全保障体系"。城市是经济社会生活的主要载体,也是政策制定和落实的重要平台。"十四五"时期,将全面推进国家治理体系和治理能力现代化,而新型城镇化也将进入新的阶段。加快补齐城市治理短板,全面提升城市韧性,既是增强城市治理能力的关键之举,也是支撑区域微循环、实现"双循环"新发展格局的重要依托。

一、"十四五"时期提升城市韧性的重要意义

提升城市韧性,对于增强城市治理能力和保障经济社会发展具有重要意义。

（一）有利于增强城市非常规突发事件应对能力

一是增强主动识别能力。通过开展城市风险和韧性评估，主动识别可能影响城市安全运行的非常规突发事件的类型、作用机理和范围。二是增强事件干预能力。对演变趋势明显、发生规律有迹可循的非常规突发事件，可以借助城市安全规划加以干预，引导事件向有利于城市发展的方向演变。三是增强组织调度能力。通过城市韧性组织体制机制建设，增强城市的组织体系和要素调度能力。四是增强快速恢复能力。城市基层治理能力和城市间协同治理能力的提升，将有效增强城市在应对非常规突发事件冲击时的快速恢复能力。

（二）有利于保障区域微循环持续健康有效运行

一是保障区域微循环畅通运行。城市韧性的提升可以为区域微循环的畅通运行提供持续动力保障。二是保障区域内人民生命健康和财物安全。城市韧性的提升将坚持以人民为中心的思想，以保障人民生命健康为最终目标。三是保障区域发展的关键要素需求。城市韧性的提升能有效满足区域发展对于基础设施升级、智慧城市建设、生态环境保护等关键要素的需求。四是保障城市关键节点安全。城市韧性的提升能有效保障城市生命线工程、关键信息基础设施、重大工程项目、人员密集场所等城市关键节点安全。五是保障区域协同治理能力提升。城市韧性的提升能有效促进城市间协同治理机制建设，有效提升区域应对重大公共突发事件的协同治理能力。

（三）有利于构筑城市治理现代化的韧性根基

一是有利于完善城市空间治理体系。提升城市韧性，可以为优势地区培育发展动力提供安全保障，以安全保发展，拓展城市发展空间，为积极适应经济发展的空间结构变化趋势、促进各类要素合理流动和高效集聚提供持续可靠的空间保障。二是有利于提升城市空间治理能力。将城市韧性提升纳入城市空间治理体系，把传统的城市防灾减灾与空间治理相结合，有利于健全城市空间管理制度，加快补齐公共卫生、生产安全、社会稳定和重特大自然灾害等领域的治理短板，有效提升城市空间治理能力及城市发展品质。三是有利于维护国家安全和社会稳定。通过提升基层组织治理能力，将有利于完善共建共治共享的社会治理制度，对于维护国家安全和保持社会稳定具有重要意义。

二、城市韧性的概念及内涵解读

城市韧性是指城市治理体系在应对外部冲击时，能够维持运转、免于崩溃，以及演变适应的能力。其内涵如下：

（一）城市韧性治理的基础在于对重大风险的感知

韧性相对于冲击而存在。提倡韧性治理的首要环节就是必须对城市面临的风险具备较强的感知。这就要求城市能较好地辨识、监测、预警和管控风险。城市韧性治理需要关注的重点不是日常发生在城市的普通突发事件，而是重大自然灾害、重大传染病、重大事故灾难、重大环境污染、重大治安事件等可作用于城市广域范围，甚至外延至周边地区，对城市正常运行秩序产生系统性、长期性负面影响的冲击。

（二）城市韧性治理的本质是有效地调节各项要素

早期的减灾建设注重硬件设施的强化，而现在主张的韧性治理并非只谈社会管理，而忽略硬件投入。韧性的影响因素包括城市的硬件条件和软实力。韧性治理本质上是动用不同的治理手段，对基础设施、经济业态、土地利用、生态环境、人口资源、灾备体系等要素进行调节，有升有降、有增有减，最终使其组合后的抵御冲击能力得到提升。

（三）城市韧性治理应贯穿于城市运行全生命周期

早期的韧性规划寄希望于通过事前的规划设计减轻重大风险爆发后的影响。实践证明，风险并非完全可防，甚至越来越多的事实表明，对于许多潜伏的"黑天鹅""灰犀牛"事件，仅靠事前规划设计不足以保障城市免于崩溃。因此，提倡由韧性治理取代韧性规划就是希望填补原先在事中及事后治理中的缺项，使城市能够更好地适应这种必然到来的"不确定性"，事中降低损失、缩短进程，事后总结提升、普及知识。

（四）城市韧性治理的目标在于达成各项韧性功能

城市韧性的主要功能包括：坚固性、冗余性、多样性、替代性、敏捷性、自治性、开放性、互依性等。不同韧性功能与基础设施、经济业态、土地利用、生态环境、人口资源、灾备体系等要素之间呈现出多对多的复杂对应关系；在抗压、适应、复苏等不同阶段,对于减弱和恢复诸如设施损坏、生命线中断、经济生活秩序混乱、生态环境破坏等影响也存在复杂的交互关系。

三、我国城市治理面临的突出问题

近年来,对于频发的城市内涝和城市公共卫生事件的治理经验表明,我国城市治理体系仍然面临以下突出问题。

(一) 城市安全规划体系不健全

传统的突发事件应急体系建设规划注重从应急流程理顺应急体制机制,而综合防灾减灾规划注重城市空间布局和工程防御,规划之间的衔接不足,规划的系统性和设防标准的时效性差,无法适应城市快速扩张和非常规突发事件频发的现实需求。

(二) 城市基层治理短板明显

当前城市基层治理面临法治思维缺失、基层组织联系群众不够、服务意识薄弱、社会化治理参与度不高等问题,城市基层治理体系不健全、治理能力不足已经成为制约城市治理能力提升的突出短板。

(三) 城市间协同治理能力不足

城市间协同治理面临缺乏法律和制度依据、缺乏政策引导、地方保护主义限制资源共享流动、城市治理的重复投入和盲区并存等问题,提升城市空间治理能力迫切需要加强城市间的协同治理。

(四) 城市治理的技术手段运用不足

城市本应为信息技术应用提供空间治理场景,但现实中却面临城市基础设施老化导致脆弱性增加、应急信息化管理工具缺乏、应急物资储备和调度无序、工程运筹技术难于落地应用等问题,严重制约了城市治理能力的提升。

四、增强城市韧性治理能力的关键技术问题

增强城市韧性治理能力,需要从城市巨灾情景构建、城市韧性治理能力建模、

城市韧性规划体系建设、城市基层韧性治理能力提升、城市间协同韧性治理能力建设、城市韧性治理绩效评价等六个方面着力。

（一）城市巨灾情景构建

巨灾情景构建本质上是对照区域现实情况和风险历史数据，对未来一定时期内可能发生的突发事件进行科学假定，分析与模拟情景的演化过程与灾难后果。据此梳理应对巨灾情景所需实施的任务列表，并对照评估既有能力。巨灾情景构建并不限定风险的类型，通过梳理城市自身（包括与其基础条件相似的城市）历史上的巨灾或重大冲击，结合城市的自然环境、基础设施水平、社会治理情况等因素，基于底线思维，分析和模拟城市巨灾可能的发生发展路径及造成的破坏强度、波及范围、复杂程度及严重后果等。完整的城市巨灾情景构建还包括推演事件应急响应过程，明确应急响应的目标、任务和能力需求等。对于城市韧性治理主题而言，城市巨灾情景构建侧重刻画城市重大风险。

为建设城市韧性治理体系，可以利用情景构建方法来发现韧性治理短板，为制定韧性规划提供方向。城市巨灾情景构建在应用中会生成突发事件结构图、情景演化鱼骨图、任务清单、能力评估表等结果。

（二）城市韧性治理能力建模

城市韧性治理能力建模要充分考虑城市韧性的特点，同时也应尽可能借鉴国内外韧性城市建设相关的理论和政策实践。最核心的内容是要阐明韧性阶段、韧性要素、韧性功能及其之间的作用关系。

1. 韧性阶段

韧性发挥作用的过程可以分为抗压、适应和复苏三个阶段。起初的抗压阶段，城市免于崩溃通常依靠的是既有的基础设施水平等硬实力条件，在风险突然爆发的瞬间，软实力通常尚未被激活，难以迅速发挥作用。随着时间推进，进入适应阶段，城市依靠的是前期针对风险而开展的应急准备以及应急响应计划。城市的硬件条件虽然可能继续遭受冲击，但是随着备份启用、维修和补充机制，硬件机能水平可能不降反升；另一方面，城市民众从起初的灾害打击中缓过神来，逐步消除了恐慌情绪，更加积极主动地应对灾情。在适应阶段，除非出现更为严峻，或者附加了更多未知性和不确定性的第二轮冲击，否则城市运行不再有崩溃的威胁。进入复苏阶段，城市运行水平触底回升。城市开始检视硬件设施中的脆弱性，审视城市治理体制机制中的薄弱环节，并部署对应的强化和改进工作，使经验得以固化和沉淀，城市治理水平最终达到一个新的高度。

2. 韧性要素

韧性要素是指城市治理中可以调节的,同时也是重大风险实际爆发后主要冲击影响的各项资源。韧性要素可以分为硬件要素和软件要素,主要包括如下几类。

一是基础设施。城市正常运行需要基础设施的支撑,典型的有:生命线(水电气暖污管路及其工作站点)、交通线路(公路、铁路、航空、水路)与枢纽(火车站、汽车站、机场、码头等)、通信设施(基站、线路、机房等)、必备功能场所(医院、学校、农贸批发市场、物流仓库、垃圾填埋场、宾馆酒店、应急避难场所、殡仪馆与墓地等)。

二是土地与环境。土地与环境的利用对于城市的发展具有指向性。其调节作用主要体现在规划阶段,同时也会对基础设施和经济业态产生影响。其中的可调节要素包括:土地使用、绿化保护、工业园区选址、山体保护、森林与湿地保护、水源保护、自然资源保护、工业减排等。

三是经济业态。经济业态的调节主要是为了在城市遭受冲击后依然能保持一定的经济活力。经济业态的调节要素包括:经济规模、经济结构、居民收入、营商环境、产业结构、科技研发、对外贸易、劳动力规模与水平等。

四是人口与组织。城市韧性软实力归根到底是依靠居住人口及各类组织发挥作用。这些可调节要素包括:人口数量与结构分布、住房、医疗、出行等基础民生保障、各类应急组织建设与配置、公众风险宣传教育、资源灾备、应急预案、应急演练、紧急动员机制等应急准备工作。上述基本都属于有形要素,还有较难度量的无形要素,比如城市决策者的领导力、民众的凝聚力、社区的组织力等。

3. 韧性功能

城市韧性治理需要达到的主要功能包括:坚固性、冗余性、多样性、替代性、敏捷性、灵活性、自治性、记忆性、开放性、互依性等。

坚固性与传统的防御性城市要求是一致的,主要面向城市的硬件条件,是指它们一方面不会成为触发重大灾害的原因(比如水土保持较好,不易发生山体滑坡);另一方面当它们承受巨灾冲击时,能保持不被破坏的水平(比如生命线工程和道路不因受灾而彻底毁坏)。在某些软实力层面,也有坚固性的功能要求,比如人口规模相对稳定不易流失,制度权威性不易动摇等。

冗余性是城市韧性的核心功能要求之一,是灾备的基本常识。对于硬件条件而言,冗余性要求建设额外的相似功能组件且与主体部分相对分散,或者资源利用留有余地和缓冲区。软实力层面,冗余性要求注意预留施策空间,保持一定的柔性,备有后续调整策略集。在队伍配置方面要设置层级,留有备份和候选。

多样性对城市硬件与软实力层面均有要求,是传统的风险分散思想的体现。

城市的基础设施丰富、功能齐全，则较容易在灾害冲击下维持运转；城市经济业态丰富、社会治理组织覆盖全面，则更容易在遭遇突发事件时调整和适应。具备多样性的城市比单一功能城市更容易从灾难中幸存。

替代性是冗余性功能要求的延伸。冗余是同类功能的额外备份，替代则是寻求用其他资源取代原资源达成相似的目标功能。替代主要面临两个主要的决策事项，一是替代成本，二是替代效率。追求用尽可能低的成本实现尽可能高的替代效率就是韧性治理要考虑的问题。

敏捷性是韧性城市化解重大风险和抵御巨灾的重要功能。它是城市韧性治理软实力在时间敏感度上的需求，表现为对于风险即将爆发可以实现预警和干预，在巨灾冲击前期不被动等待官方行动，而是迅速组织救援。

灵活性是城市韧性治理软实力在应对方式上的需求，一般在事发后的应急响应阶段发挥作用，体现为面对困境能够跳出固有思维，提出创新式的解决方案。

自治性也是韧性城市软实力的体现。表现为城市各类组织可以自行对受损的基础设施进行修复，可以自觉自发，通过有效协作开展各类灾害应对活动。需要注意的是，自治性面向的是城市这一整体，并非是指组织、家庭及个人脱离政府和官方机构开展巨灾响应。

记忆性是城市韧性的独特功能，通常在城市韧性的适应阶段被激活，在复苏阶段进一步发挥作用。它主要体现为对已经遭遇的重大冲击的致因、影响进行评估和分析，对成功抵御巨灾冲击的经验教训进行反思、总结，并固化为体制机制的改进。

开放性在某种程度上是自治性的必要备份。两者不仅不矛盾，反而互为补充。每个城市可以支配的资源有限，很难单独完成所有重大风险的抵御和化解。城市之间需要相互达成一些开放协议，才能让资源在应对巨灾时实现高效而充分地流动，而不是相互提防和侵占。开放性所带来的韧性效益会随着开放对象的网络连接结构的优化而提升。违背开放原则不仅可能导致个别城市韧性不足，更有可能导致其周边城市韧性的欠缺。当然，在某些场合下，这种开放协议的达成需要更高行政层级的协调和支持。

互依性的达成是开放性的最终目标。城市之间，尤其是形成城市集群的各个城市之间，建立开放协议有助于实现基础设施的共享、资源的补给、人口的疏解、队伍的支援，甚至资金的捐赠等。互依性建立在开放性的基础上，同时亦对相互开放的对象之间在要素流动和治理架构层面要求具备较高的兼容性和可集成度。可以说，开放性是互依性的前提，而互依性则使得冗余性和替代性功能可以实现跨城市配置，同时提升多城市的韧性治理水平。

上述十个韧性功能如果按照治理范畴来区分，则坚固性、多样性、敏捷性、灵活性、自治性、记忆性主要由目标城市内部韧性要素水平所决定;而冗余性、替代性、开放性、互依性则需要同时考虑外部韧性要素的配置(前提是城市具备了基本的开放性和互依性)。如果按照要素贡献来区分,坚固性、冗余性、多样性、替代性受到城市硬件条件与软实力共同影响;而敏捷性、灵活性、自治性、记忆性、开放性、互依性则主要由城市软实力所决定。由此可以看出,十个韧性功能虽然侧重点不同,但并非完全独立。

(三) 城市韧性规划体系建设

城市韧性规划源于城市的市政规划,其遵循的主要思路还是对城市的基础设施提出多方面的建设要求。新形势下,城市韧性规划也出现了新的趋势。包括:一是结合防灾规划,引入了风险评估机制,且将风险评估的覆盖面从自然灾害延伸到安全事故灾难和恐怖袭击等事件类型中,使得基础设施的安全准则更为全面;二是实现防灾规划与控规和其他专项、专题研究的"多规合一",将规划内容进行分层传导落实;三是重视预警中心和灾害推演平台的建设;四是更新产业园规划、管线入地和生态涵养政策,确保实现源头治理;五是追求空间利用、功能布局、纵深防护、灾备疏散的多重融合。

城市韧性规划并不单独存在,而是通常与市政管廊规划、交通规划、街道规划、医教体警设施规划、水务规划、绿地规划、地下空间规划以及其他专项规划同步开展,成为城市规划的重要组成部分。城市韧性规划的落实与其他规划存在交互影响,因此涉及面较广,需要整合资源和多方力量,建立统一的机构领导工作,并将规划中的重点工作内容和项目建设任务分解,落实责任部门,从时间维度统筹推进规划实施。与此同时,通过调整空间布局、优化功能格局、完善基础设施、健全标准规范、加强安全保障,实现提升城市韧性的目的。

(四) 城市基层韧性治理能力提升

基层韧性能力建设是增强城市韧性治理软实力的关键,是对城市韧性规划的重要补充。这里的基层包括了基层政府、企业、社会组织和街道社区等各类具体的基层治理单元。基层韧性能力建设本质上是增强各类组织在事前、事中、事后的全流程闭环管理能力。一方面应压实主体责任,要求各类组织调动自身资源履行本职工作;另一方面应遵循灵活性和自治性功能要求,加强跨组织合作。

基层韧性能力建设主要可以分为实体和非实体两个层面。实体层面主要是队伍建设和装备建设,包括队伍规模的扩充、队伍综合素质提升,应急装备的采购、使用、维护和更新。非实体层面主要是夯实风险管理、应急管理的工作机制和持续开展应急科技研发,包括实施网格化管理、落实"街乡吹哨,部门报到"、开展信息员和志愿者培养、扶持应急小分队、编制现场应急预案、应急演练常态化等。

基层韧性能力建设也需要唤醒普通居民的风险意识和应急准备意识。一方面应通过多种手段、多种形式开展教育;另一方面应鼓励市民参与社区的具体事务工作,以实践带动学习,注重培养社区居民的自救互救意识和能力,促使基层治理单元在灾害发生时可以作出积极响应,有意识地充分利用身边可利用资源和专长开展自救,在灾害下作出转变。

(五) 城市间协同韧性治理能力建设

城市韧性治理离不开城市间的协同。单个城市的韧性治理能力随着与周边城市的开放性和互依性提升而得到进一步增强。通过城市间协同韧性能力建设可以整合局部力量,从区域整体角度降低韧性建设成本,提高韧性建设效益。一方面,通过区域协同立法、规划和机制建设促成各种资源的协调和整合,使其能在韧性治理中得到最大利用;另一方面,围绕这些资源的分配与共享建立引导机制,使用政策工具增强流动意愿,促使其按照韧性治理能力提升的角度发展,具体包括交通物流一体化、大规模人口疏散对接、共建专业应急队伍、应急物资共同储备协议、整合应急处置流程等。

(六) 城市韧性治理绩效评价

通过开展城市韧性治理绩效评价,既可以清楚城市当前所处韧性水平,将韧性治理成果与抵抗风险的预期值进行比较,看清差距;还可以分析辨识当前城市韧性治理能力上的不足和短板,找准下一步提升方向。城市韧性治理绩效评价应遵循如下原则:

一是结合城市巨灾风险评估一同开展。城市韧性与巨灾风险相伴相生。利用巨灾情景构建技术,城市风险评估可以辨识和预估可能的巨灾及其发生发展路径与造成的各类影响。据此,可以推演城市韧性阶段的全流程,推断城市韧性功能水平的要求,并据此测算韧性要素的配置方案。如果城市风险出现了重大变化,则韧性治理需求也会随之变化。因此,城市韧性治理要充分借鉴风险评估的结果,动态调整韧性治理能力的目标值。进一步而言,就是要建立"风险+韧性"的双评估机制。

二是设置个性化的韧性评价指标。评估应该符合韧性治理的基本规律,因此各城市韧性治理绩效评估应在统一框架内开展,制定相应的标准和技术指南。但同时,每座城市在面临风险、资源分布、自然环境、人文基础等方面均有所不同,因此应该允许城市结合自身特点因地制宜、因时制宜地设置个性化的评价指标。

　　三是应注重纵向提升和弱化横向比较。韧性治理绩效评估在一定程度上带有对城市所对应的地方政府和各类基层单元治理能力的检验和评价性质。这一方面可以引导相关主体重视韧性治理工作,争创扎实业绩;另一方面也可能引发过度地竞争投入,导致资源的浪费。因此必须强调,城市韧性治理绩效评估应紧扣"双评估"机制和"适度冗余"原则来开展。

　　四是关注韧性要素的存量和增量。由于韧性要素之间往往存在复杂的相互作用,且韧性功能之间也并非完全独立,在通过多种手段调节韧性要素配置时,韧性功能水平也必然存在复杂的相互影响,并非简单的"同升同降",可能呈现"此消彼长"的现象。因此,同时关注存量和增量,能够更加客观全面地衡量城市韧性治理绩效的真实水平。

五、"十四五"时期全面提升我国城市韧性的建议

　　"十四五"时期,提升城市韧性,需要充分发挥城市规划的引领作用,以城市风险评估和韧性评估为出发点,准确把握治理源头,着力提升城市基层治理能力及城市间协同治理能力,为推动实现国家治理体系和治理能力现代化贡献"城市力量"。

(一) 推动城市安全规划"多规合一",加强规划引领作用

　　一是以建设韧性城市为目标完善现有城市安全规划体系。将应急体系建设和综合防灾减灾等规划进行衔接整合,以建设韧性城市为目标,统筹编制适应城市动态发展需求的城市安全规划,研究出台统一的编制规范和标准体系。二是建立风险和韧性"双评估"工作机制。将风险评估和韧性评估作为规划工作的起点,以风险评估明确城市安全规划的场景和对象,以韧性评估检验和评价城市韧性水平,在规划编制和实施过程中通过"评估—建设—再评估—再建设"的正向循环,不断提升城市韧性。三是加强信息技术手段在规划编制中的运用。综合运用遥感、卫星通信等技术手段参与规划编制,加强工程运筹技术在城市空间布局优化中的应用,推动城市风险监测预警、智能预案、资源调度等安全规划平台建设。

(二) 强化城市重要基础设施的韧性,加快推进城市更新

　　一是增强城市生命线工程抗冲击韧性。高质量建设具备预防重特大交通事故、危险品分离、救援疏散通道体系的城市交通体系。建立城市水、电、通信、能源

等生命线工程备份系统。高标准建设改造城市防汛排涝系统。二是实施城市基础设施数字化改造工程。充分运用大数据、云计算、物联网等信息技术，推动实现传统城市基础设施的数字化改造，加快建设"城市大脑"等融合政务服务和城市运行的新型基础设施。三是加快推进城市更新。引导资源向老旧城区改造、公园和绿地等公共服务设施配套等方面流动，有针对性降低城市公共服务基础设施的脆弱性，提升城市品质，更好地服务市民。

（三）优化城市空间重点区域布局，加强安全保障资源投入

一是优化重点区域空间布局。对危化品集散地、垃圾处置场所等潜在风险源进行科学规划布局，避开人群密度大、次生灾害易发区域，及时排查消除城市发展过程中动态形成的新危险源。二是加强人员密集区安全保障措施。提高学校、医院、大型商超等重要公共建筑建设标准，在人员密集区配套建设必要的避难场所和应急疏散通道，确保应急救援场所和设施的应急保障系统。三是加强常态化安全保障。结合人口分布、突发事件历史数据等，合理配置消防、医疗、治安等常态化保障资源。

（四）完善共建共治共享社会治理制度，夯实城市安全根基

一是鼓励社会组织参与城市治理。健全社会力量参与城市安全治理的有关法规和标准，鼓励并规范社会志愿组织、行业专业应急救援、应急科普等社会组织发展。二是支持建设一批重点社会组织。鼓励有条件的城市重点培育和打造一批专业技能突出、应急处置经验丰富的社会组织，对表现优异的团队或个人进行重点培养，纳入国家应急救援体系。三是完善多元主体参与机制。搭建政府、企业、社会组织等多元主体共同参与的应急协作服务平台，建立社会组织与专业队伍共训共练机制，完善财政支持、保险覆盖等服务保障机制，着力提升社会力量参与城市治理的能力。四是加强市民安全宣传教育。依托学校和社区开展市民安全宣传教育，提升市民安全意识和安全技能。

（五）构建都市圈应急协同联动机制，提升区域协同韧性

一是建立都市圈应急协同联动机制。由区域中心城市牵头，所在都市圈城市为参与主体，打造都市圈跨区域应急协同联动机制。二是促进跨区域信息共享。明确信息发布和更新标准，搭建都市圈内统一运行的安全协作信息平台。三是优化安全治理资源配置。按照"优势互补、适度冗余"的原则，优化都市圈安全治理资源配置，完善资源调配补偿机制。四是完善跨区域应急联动预案体系。针对特定事件类型制定区域应急联动整体预案和应急处置流程，明确应急

预案的分类分级启动、响应和终止条件,落实相应主体责任,定期修订预案并开展应急演练。

(课题组成员:石彪　刘晓萍　邵雪焱　倪慧荟
姚晓晖　何莲　王泉　田园)

健全大城市常住人口住房保障体系的总体思路和政策研究

国务院发展研究中心市场经济研究所

1998 年深化城镇住房制度改革以来,我国城市住房保障制度不断完善,对解决中低收入家庭住房困难问题、提高民生质量、推动经济社会发展发挥了重要作用。随着我国城镇化水平持续提高、人口流动性增强且呈现向大城市集中的趋势,大城市住房保障问题呈现新的特点。面对住房市场从总量短缺阶段转向供需基本平衡阶段,以及住房保障覆盖率超过 20% 的新形势,需要尽快研究提出与新阶段发展特点相适应的大城市住房保障体系的总体思路和政策建议。本报告在梳理和评估大城市住房保障体系的基础上,针对大城市住房保障需求的新特点和新变化,提出保障方式转型和保障体系可持续发展的总体思路和政策建议。

一、大城市住房保障进展与评价

党和国家高度重视做好住房保障工作,在经济社会发展各阶段不断完善和优化城镇住房保障体系,各大城市从实际出发,探索形成实物保障和货币补贴相结合的多层次、多渠道保障方式,住房保障取得历史性成就。随着大城市新市民群体快速扩大,住房保障需求较快上升,现有住房保障体系的不适应性日益凸显,在保障

城乡区域

范围、保障对象、保障方式、后续管理服务等方面都需要及时调整和完善。

（一）我国城镇住房保障体系的演变和成就

1. 1998 年深化住房制度改革前：以福利分配住房为主，解决普遍性无房、居住拥挤问题

1998 年深化住房制度改革前，由于住房条件困难的家庭数量众多，住房市场化程度较低，我国住房保障体系的设计出发点是低水平、广覆盖。主要保障形式是解困房和安居房。1995 年，《国家安居工程实施方案》（国办发〔1995〕6 号）发布，以此为标志，我国住房保障进入了安居房保障阶段。安居工程计划从 1995 年到 2000 年新增 1.5 亿平方米住房，用于解决中低收入家庭的住房困难问题，逐步建立具有社会保障性质的住房供应体系。

2. 1998—2002 年：以经济适用房为主，加快解决城镇住房困难问题

1998 年 7 月 3 日，《国务院关于进一步深化城镇住房制度改革加快住房建设的通知》（国发〔1998〕23 号）颁布，提出对不同收入家庭实行差异化住房供应政策，重点发展经济适用住房（安居工程），加快解决城镇住房困难居民的住房问题，最低收入家庭租赁由政府或单位提供廉租住房，中低收入家庭购买经济适用住房，并规定经济适用住房利润率控制在 3% 以下。以经济适用房为主的保障性住房建设，不仅对解决居民住房困难发挥了重要作用，也有效推动了住房市场化改革。

3. 2003—2007 年：以廉租住房为主，解决低收入家庭住房困难问题

2003 年 8 月 12 日，国务院颁布《国务院关于促进房地产市场持续健康发展的通知》（国发〔2003〕18 号），提出"调整住房供应结构，逐步实现多数家庭购买或承租普通商品住房"。同时对廉租住房的补贴方式作了调整，最低收入家庭住房保障原则上以发放租赁补贴为主，实物配租和租金核减为辅。2007 年 8 月 7 日，针对房价过快上涨和低收入家庭住房困难加剧的情况，国务院颁布《国务院关于解决城市低收入家庭住房困难的若干意见》（国发〔2007〕24 号），提出"加快建立健全以廉租住房制度为重点、多渠道解决城市低收入家庭住房困难的政策体系"，要求"进一步建立健全城市廉租住房制度，改进和规范经济适用住房制度，加大棚户区、旧住宅区改造力度。"

4. 2008 年至今：大规模启动保障性安居工程，改善中低收入家庭居住条件

2008 年 12 月 20 日，国务院办公厅发布《国务院办公厅关于促进房地产市场健康发展的若干意见》（国办发〔2008〕131 号），提出到 2011 年底基本解决 747 万户现有城市低收入住房困难家庭的住房问题，基本解决 240 万户现有林区、垦区、煤矿等棚户区居民住房的搬迁维修改造问题。2013 年公共租赁房和廉租住房并轨运行，统称为公租房。2019 年以来，以解决新市民住房问题为出发点，提出加快建立以公租房、政策性租赁住房和共有产权住房为主体的住房保障体系,促进住房保障对象从以户籍家庭为主转向覆盖城镇常住人口,住房保障方式从以政府投入为主转向以政府政策支持、吸引社会力量投入为主。13 个城市开展了完善住房保障体系试点,重点是大力发展政策性租赁住房。

经过长期努力,我国城镇中低收入家庭住房困难问题显著缓解。截至 2019 年底,全国累计开工建设保障性安居工程近 7300 万套,帮助约 2 亿困难群众改善住房条件。其中,3800 多万困难群众住进公租房,累计近 2200 万困难群众领取了货币补贴,低保、低收入城镇户籍住房困难家庭基本实现应保尽保,中等偏下收入家庭住房条件明显改善。

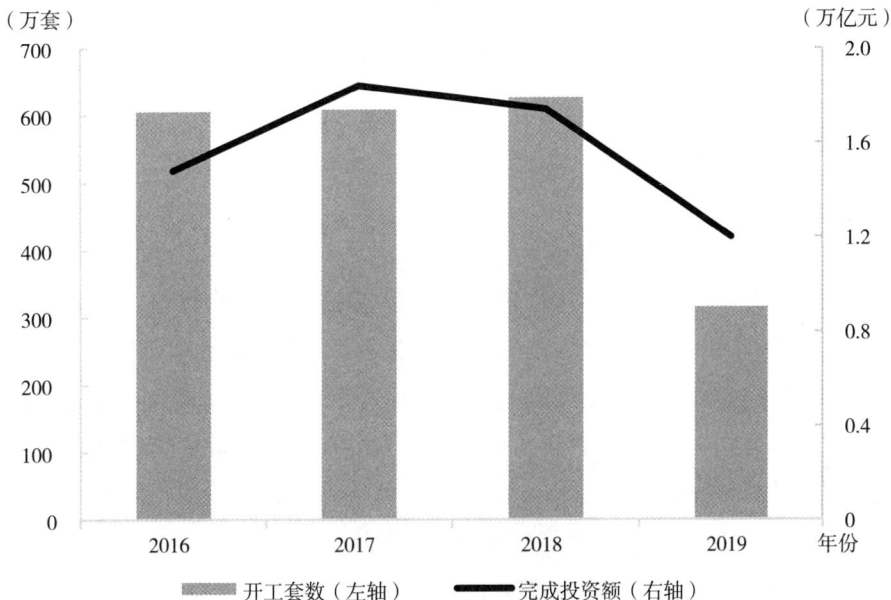

图 1　全国棚户区改造进展

(二) 国内典型大城市住房保障的主要做法和特点

北京、上海、重庆等大城市从自身实际情况出发,在完善住房保障体系方面进行了积极而有益的探索,住房保障工作取得显著成就。

1. 建立多层级的住房保障体系

从住房保障的实际需求出发,各大城市在不同阶段发展了多种类型的住房保障产品,满足居民多元化的住房保障需求(见表1)。在保障形式上,既有实物住房保障,又有货币化补贴;既有产权式住房产品,又有租赁式住房产品。一些大城市还探索将保障覆盖范围进一步扩大到非常住户籍家庭,以及公交、环卫等城市基本公共服务行业。

表1 我国住房保障体系的类型构成

政策内容	政策特点	产权性质	供应对象
公共租赁房	低租金(廉租房,2013年与公共租赁房并轨运行)	无产权	最低收入家庭
	支付低于市场租金	无产权	中低收入家庭
政策性租赁住房	给予政策支持,小户型、低租金	无产权	新就业大学生等新市民
租赁补贴	对保障对象进行货币化补贴	无产权	中低收入家庭
经济适用房	土地划拨,保本微利	有限产权	中等收入家庭
限价房	对户型、房价、地价有要求	有限产权	中等收入家庭
棚改安置房	棚改拆迁安置或现金补偿	有限产权或完全产权	棚户区居民
共有产权房	政府和居民共同拥有产权,中小套型为主	有限产权	中等收入家庭

2. 探索多种类的实物保障方式

北京和上海积极探索共有产权住房。针对城市房价高,中低收入家庭住房困难的问题,两市积极探索建设共有产权住房,满足城镇户籍无房家庭和符合条件的新市民基本住房需求。两市都明确共有产权住房用地予以优先供应,配套设施要加快完善。上海在2019年8月正式将共有产权住房的供应对象扩大到满足一定条件的非本地户籍家庭。

近年来,大城市积极探索发展政策性租赁住房,金融机构也加大支持力度。自2020年6月起,建行提供不少于1100亿元的贷款,支持沈阳、南京、合肥、青岛、长沙等五个城市在未来3年内,以市场化运作方式筹集约40万套(间)政策性租赁住房,解决约80万新市民的安居问题。主要方式是由政府给予政策支持,企业和其他机构投资建设小户型、低租金租赁住房,提供给非户籍常住人口和新落户的新就业大学生等城镇无房常住人口。

3. 逐步扩大保障覆盖面,多渠道增加保障性住房供给

重庆大量建设公租房,放宽申请人收入水平限制。目前,重庆城镇常住居民每万人拥有公租房184.1套。重庆公租房的申请面已经覆盖了新毕业大学生等新市民群体,较好解决了更多买房困难群体的住房问题,保障性住房居住人群的多元化也有利于形成良好的社区环境。

广东多地探索多渠道增加住房供给,扩大保障范围。广东流动人口多,通过"三旧"改造项目配建、企业利用自有土地投资建设、在工业园区配建、利用农村集

体建设用地建设、长期租赁、政府或集体物业改建等多种形式,佛山等城市积极拓宽保障性住房的供给来源。同时,多市探索将保障范围扩大到非户籍人口,在广东全省层面,农民工、青年教师、青年医生已经成为住房保障的主要群体(见图2),深圳市 60%以上的保障房面向人才供应。

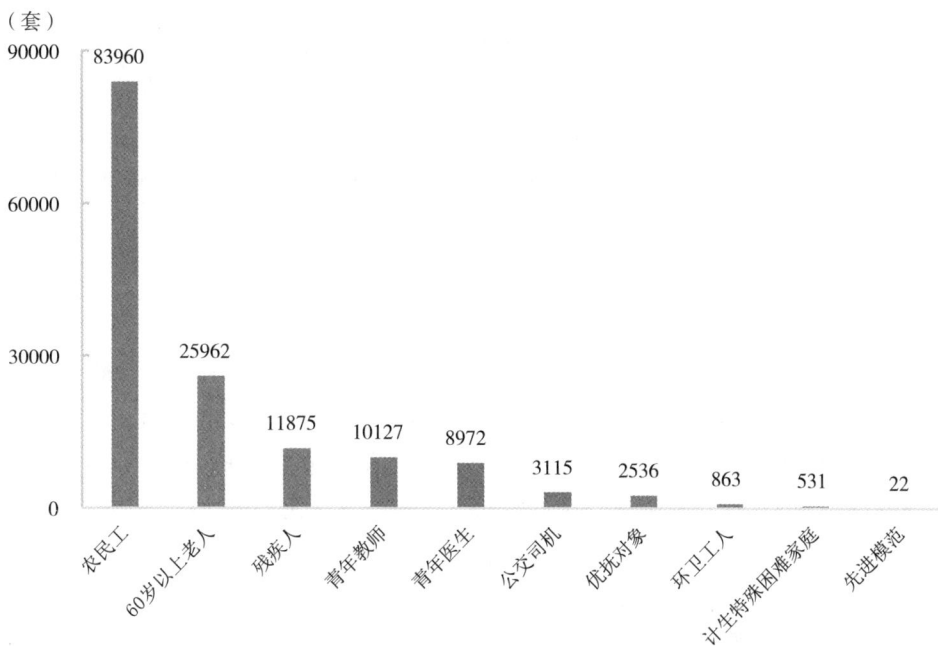

图2　广东省住房保障对象

4. 将城镇老旧小区改造纳入保障性安居工程范围

城镇老旧小区改造从 2019 年起正式纳入保障性安居工程范围,可以享受相关优惠政策。各城市通过探索大片区整体规划整合资源,积极开展老旧小区改造,居民生活品质显著提升。重庆等地在推动老旧小区改造的过程中,以片区为基础整体规划,在更大范围内实现资金、土地等资源的整合利用,更好满足居民停车、购物、休闲等需求。在资金利用方面,充分探索商业、充电、广告等经营性资源的增值空间,统筹相关建设资金,优化改造项目的整体资金流。

(三)国内大城市住房保障存在的主要问题

我国大城市住房保障工作取得巨大成绩的同时,也要清醒看到,仍然存在政策稳定性不够、保障方式有待优化、保障与市场的关系有待进一步理顺等突出问题。

1. 住房保障政策的稳定性、延续性不够

我国形成了包括公租房(廉租房)、政策性租赁房、经济适用房、限价房、棚改安置房和共有产权房等在内的住房保障体系,可以满足不同收入群体的住房需求。

但是,住房保障类型过多,住房保障方式变动较为频繁,住房保障政策的稳定性、延续性不够,加上相关管理制度主要是由各部门建立,立法层级低,配套政策体系、资金保障的连续性不强。

2. 住房保障方式有待优化

实物住房保障面临供给与需求错配、社区管理存在风险等问题。大城市开发建设早,核心区基本不具备大规模建设保障房的条件,保障性住房主要位于城市边缘,无法满足居民市内就业的需要,以及较频繁更换工作地点带来的灵活居住需求。此外,集中居住式的保障房社区,重症、年长、失业群体相对集中,后续服务需求多,同时由于整体收入水平低,物业负担能力不高,物业管理水平和社区治理水平提升难度大。

3. 住房保障与市场发展的关系有待进一步理顺

平稳、健康发展的房地产市场可以有效减少住房保障需求,缓解住房保障压力。2009 年以来,我国大城市虽然显著加大了各类保障性住房的供应量,但由于未能从根本上解决好房价明显偏高这一根本问题,客观上造成大城市住房保障压力居高不下。在过快上涨的房地产市场,中低收入家庭住房问题难以通过购买商品房的方式解决,住房保障压力在不断加大,而政府有限的资源往往难以应对急剧增加的住房保障需求。

二、大城市住房保障面临的新形势与新要求

我国房地产市场已经进入总量平衡、区域和结构分化新阶段,大城市户籍家庭的住房保障已经总体实现应保尽保。随着我国城市化发展阶段转变和以大城市为主导的城市群加快发展,未来持续增加的保障需求将转向农民工、新就业大学生等"新市民"。"新市民"到大城市寻找就业与发展机会,与本地户籍人口相比,就业流动性大,换工作相对频繁,这就要求住房保障方式加快转型,更好适应住房保障需求的变化。

(一) 住房市场进入总量平衡、区域和结构分化新阶段

城镇住房户均套数超过一套,户籍家庭户均住房套数更高(见图 3)。根据第六次全国人口普查数据和近年来住房新开工面积、竣工面积等数据推算,2010 年底中国城镇家庭户的户均住房套数为 0.98 套,2015 年底城镇家庭户的户均住房提高到 1.1 套。按全部城镇人口测算,2015 年底全国城镇家庭户的户均住房也达到 1.03 套。央行对 3 万户城镇居民家庭的最新调查显示,2019 年城镇居民户均

住房达到 1.5 套。如果进一步区分城镇户籍家庭和非户籍家庭,城镇户籍家庭的住房户均套数更高。相关资料表明,北京、上海等大城市户籍家庭的住房户均套数已达到 1.4 套。

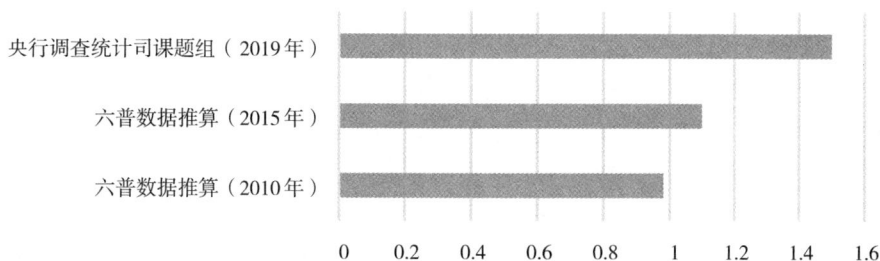

图 3　城镇居民户均住房套数

住房市场区域性分化特征凸显。"十三五"期间,受经济增速回落、区域经济结构调整和住房市场供求关系变化等因素影响,住房市场的区域分化趋势更加明显。那些新建商品住房供给不足、经济结构转型升级较为顺利、人口持续较快流入、对金融政策调整反应迅速的城市,如北京、上海、深圳等一线城市住房价格持续上涨,且同比涨幅远远高于其他城市;而前期新开工规模过大、原有主导产业衰退、人口流入缓慢甚至出现净流出的城市,住房市场更则供过于求。

大城市住房总量不足,特别是品质较好的商品房总量不足的问题仍然存在,住房结构差异较大。大城市商品房价格高、住房保障压力大从一个侧面反映出大城市商品房总量不足的问题。利用部分市场机构的数据,课题组发现北京、深圳、广州等大城市户均商品房套数都不足一套,深圳等珠三角城市城中村住房总量较大(见表2),但商品房总量明显偏低。住房市场的这种二元结构也是主要大城市房价高,但租金价格总体处在合理区间的原因。

表 2　粤港澳大湾区各城市住房发展情况比较(2019 年)

城市	城镇常住人口(万人)	城镇常住人口户数(万户)	住房存量(万套)	商品住房占比(%)	农民自建房占比(%)	户均商品住房量(套)
广州	1323.3	432.5	438.0	80.2	16.9	0.8
深圳	1343.9	546.3	689.8	31.2	65.7	0.4
东莞	779.6	259.9	304.6	29.5	68.6	0.3
佛山	775.1	221.4	298.1	54.9	44.3	0.7

注:户均人数参考各市 2018 年统计年鉴,广州 3.06、深圳 2.46、东莞 3、珠海 3.5、佛山 3.5。

（二）人口持续流入的大城市住房保障需求不断增加

2019 年人口净流入最多的十大城市中（见图 4），粤港澳大湾区城市群占三个（深圳、广州、佛山），长三角城市群占两个（杭州、宁波），成渝城市群也吸引了较多的人口净流入。

（万人）

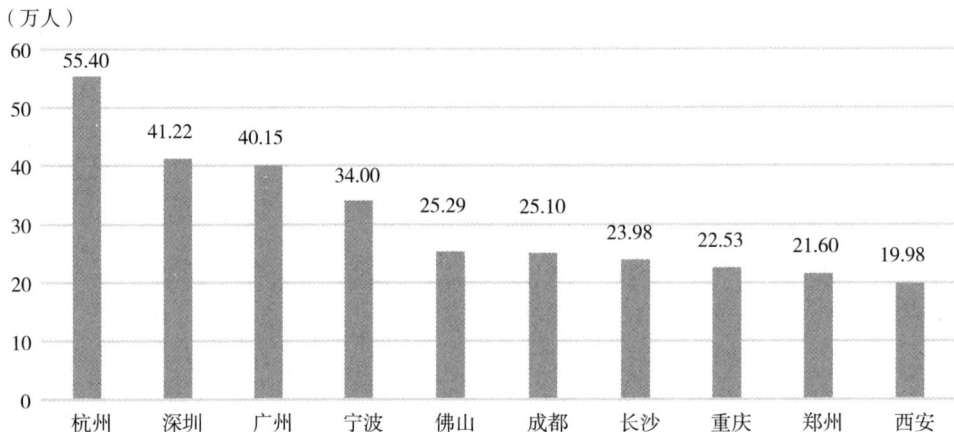

图 4　2019 年人口净流入前十大城市

2020 年我国城镇化率超过 60%，按照发达国家城市化的经验，未来城市化仍有较大空间，增量仍将主要流入一二线城市为主的大城市。大城市人口持续净流入，意味着潜在的居住需要不断增大。考虑到本地户籍家庭基本上已经做到应保尽保，特别是公租房供应对户籍中低收入家庭已实现应保尽保，未来应将"新市民"群体逐步纳入住房保障范围，主要分以下两类：

第一类是进城务工人员。据国家统计局相关数据，2019 年农民工总量达 2.91 亿，其中外出农民工 1.74 亿。需要指出的是，大量外出农民工特别是制造业的产业工人住在务工企业提供的集体宿舍或工棚中。随着服务业在经济结构中的比重不断提高（2013 年服务业产值比重就已经超过制造业产值比重，如图 5 所示），以及新生代农民工举家迁移的趋势越来越显著，依附性且缺乏独立空间的集体宿舍或工棚已经难以满足其住房保障需要，大量的产业工人将进入市场化的住房中，他们希望住宿地点距离上班地点近、价格低。

第二类是新就业大学生。2010—2020 年全国普通高校毕业生 7613 万人，且呈现逐年增加趋势，如图 6 所示。刚就业的高校毕业生通常对居住面积要求较低、对价格较敏感，对交通、餐饮、购物等配套要求较高，兼有融入职场等社交需求。

根据课题组的相关测算（专栏 1），在 2025 年城镇化率达到 65.5%、按照常住人口住房保障覆盖面分别为 20%、23%、25% 测算，分别对应着 1.83 亿人、2.11 亿

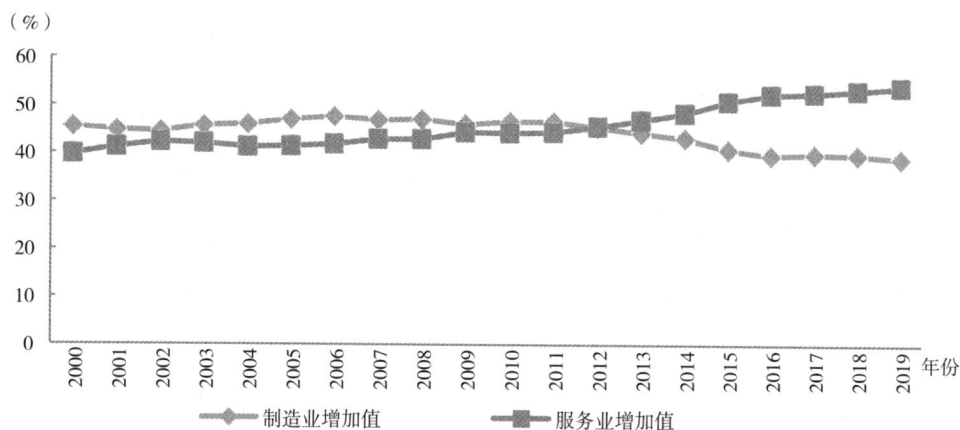

图 5　我国的产业结构变动（2000—2019）

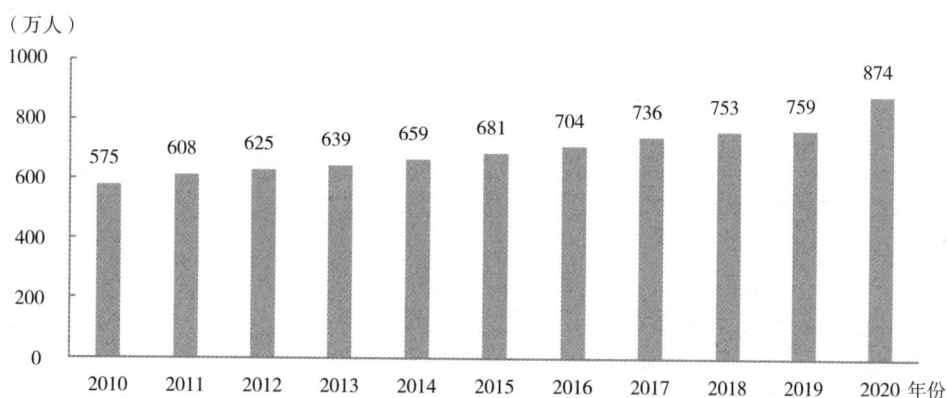

图 6　我国普通高校毕业生人数（2010—2020）

人、2.29 亿人的住房保障需求，减去"十二五"和"十三五"时期已经实现保障的 1.5 亿人，相应的住房保障缺口还有 0.33 亿人（覆盖面 20%）、0.61 亿人（覆盖面 23%）、0.79 亿人（覆盖面 25%）。如果按照人均 20 平方米（全国人均建筑面积的一半）、每间住房平均 20 平方米测算，对应的住房保障需求分别为 3300 万间、6100 万间、7900 万间。假设新增住房保障需求 80% 落在大城市，那么大城市的住房保障需求为 2640 万间（覆盖面 20%）、4880 万间（覆盖面 23%）、6320 万间（覆盖面 25%）。

专栏1 常住人口住房保障需求测算

保障性住房需求主要由城镇户籍家庭和城市常住非户籍家庭两大部分需求组成。

1. 常住人口的住房保障需求

2019年中国常住人口城镇化率为60.6%,参考中国社科院相关预测,2025年中国城镇化率将达到65.5%,城镇化率以每年0.8个百分点的速度增长,即使按照目前14亿人计算,每年仍有1120万人从农村进入城市,到2025年城镇人口将达到9.17亿人,按照住房保障覆盖面20%、23%、25%测算,分别对应着1.83亿人、2.11亿人、2.29亿人。

2. 现有住房保障已经覆盖人口

"十二五"期间,保障性住房建成3600万套,可覆盖1亿人的住房保障需求;"十三五"期间,棚户区改造完成2157万套,帮助5000万居民"出棚进楼"。两者合计,可解决1.5亿人的住房保障问题。

3. 住房保障缺口

按照上述测算,到2025年,住房保障的相应缺口为0.33亿人(覆盖面20%)、0.61亿人(覆盖面23%)、0.79亿人(覆盖面25%)。如果按照人均20平方米(全国人均建筑面积的一半)、每间住房平均20平方米测算,对应的住房保障需求分别为3300万间、6100万间、7900万间。

2020—2025年住房保障需求测算

住房保障覆盖面(%)	住房保障需求(亿人)	住房保障缺口(亿人)	保障性住房(万间)
20	1.83	0.33	3300
23	2.11	0.61	6100
25	2.29	0.79	7900

(三) 新市民呈现举家迁移甚至携老迁移新趋势

总体来看,中国人口流动已经从单个个体外出流动的第一阶段逐步走向夫妻共同流动的第二阶段(家庭中夫妻双方均外出务工经商,子女留给家里的祖父母或其他亲属照顾),有部分收入较高家庭已经步入核心家庭化流动的第三阶段(青壮年流动人口在外地站稳脚跟后,并且在经济条件许可的情况下,安排子女随迁,在流入地生活、就学),甚至还有少部分进入了扩展家庭化流动的第四阶段,出现了核心家庭在流入地稳定下来之后,青壮年流动人口进一步将父母列入随迁的考虑范围。

人口流动趋势决定了住房保障需求的变化趋势。在单个个体外出流动的第一阶段,"一张床"即可满足其居住需求,不少制造业企业为其员工提供集体宿舍与工棚等非市场化的依附性住房;夫妻共同流动的第二阶段,则至少需要"一间房"来满足其住房保障需要;核心家庭化流动则需要"一套房"满足其住房保障需要,经济实用的"一居室"成为核心家庭租房首选;在进入扩展家庭化流动的第四阶段后,"一居室"的成套房实际上已经无法满足其居住需求,需要两居室甚至三居室才能有效满足其居住需求,如表3所示。人口流动呈现的举家迁移新趋势,对居住稳定性与住房品质也提出了更高的要求。

表3　人口流动与租赁需求变化趋势

发展阶段	人口流动	租赁需求
第一阶段	单个个体外出	一张床
第二阶段	夫妻共同流动	一间房
第三阶段	核心家庭化流动	一套房(一居室为主)
第四阶段	扩展家庭化流动	两居室、三居室成套房

（四）新市民保障群体流动性大，需要完善保障方式

以新毕业大学生、进城农民工为主体的新市民群体，与本地户籍人口相比，换工作的频率相对频繁，从便利工作与职住平衡的角度来看，其居住地点也会发生较为频繁的变换。既往以保障性住房为主的住房保障方式，与新市民的高流动性特点难以匹配，住房保障效率会大打折扣。

实践中，大城市政府也缺乏大规模提供符合住房保障对象要求是实物保障能力和相应的激励。从供地潜力来看，不少大城市的土地开发强度已经超过国际警戒线，增量建设用地资源也非常有限，难以为保障性住房建设大规模地供地；从财政能力来看，大城市的财力虽不至于像中西部地区的地方政府那样完全是"吃饭财政"，但也常常处于紧平衡中，能够为保障性住房建设投入的资金也相对有限。

三、健全大城市常住人口住房保障体系的总体思路

"十四五"和今后一段时期，要更加重视解决好大城市住房突出问题，把住房保障工作放在更加重要的位置。落实住房保障的城市主体责任，健全与经济社会发展水平相适应的住房保障体系。

坚持因城施策，因地制宜发展住房保障体系。坚持不搞"一刀切"，城市政府要因地制宜，完善住房保障方式，落实城市主体责任。发挥城市在住房保障中的主体责任。充分把握大城市人口流动特征、居住负担水平、存量住房结构、土地要素禀赋、财政预算约束等因素，因地制宜发展住房保障体系。促进住房保障和产业布局、交通规划、教育医疗等公共服务协调发展，重视居民职住平衡需求。

坚持需求扩面，积极满足新市民住房保障需求。在实现大城市低收入户籍居民家庭住房需求应保尽保的基础上，积极满足快速增长的新市民的住房需求。根

据新市民的居住年限、工作性质、收入水平等指标建立精细化的保障标准,优先保障环卫、公交、教师、医生等支撑城市基础设施和公共服务体系运转的新市民住房需求。保障性租赁住房和共有产权住房都要逐步覆盖到大城市常住非户籍家庭。

坚持联通市场,促进市场和保障体系融合协调发展。坚持调控好房地产市场才能做好住房保障这一基本原则。增加大城市住宅用地与商品房供应,使得大城市的住宅价格保持在合理水平,通过市场为大多数中低收入者提供他们可以租住或购买得起且基本体面的住房条件,实现"居者有其所",政府住房保障的压力自然就显著缓解。充分利用社会存量房源,合理提高货币化补贴占比,增强保障方式灵活性。促进保障性租赁住房后期向市场化租赁住房转化,共有产权住房向商品住房转化,打通住房市场体系和保障体系。

坚持量力而行,提高保障资源利用效率,提升居民获得感。大城市保障性住房发展应注重提质增效,通过推进教育、医疗等基本公共服务均等化和提升保障性住房运营效率,提升居民获得感。完善保障性租赁住房投融资体系,激发企业和其他市场机构投资积极性,发挥财政奖补资金的杠杆作用,避免形成过量政府债务。

坚持盘活存量,紧密结合城市更新,提高管理运营水平。保障性租赁住房应以盘活存量土地和改扩建闲置房屋为主。积极推进不适合大城市产业发展方向的工业企业外迁,盘活产业用地发展租赁住房。鼓励存量商业用房改建为租赁住房。结合城市更新和老旧小区改造,提高老旧社区活力,增加保障性租赁住房供给。

四、政策建议

健全大城市住房保障体系,需要从科学规划、渐进式扩大保障范围、转变保障方式以及加快城市更新释放更多市场化保障房源等多措并举,形成政策合力。

(一)明确住房保障体系的边界和覆盖范围

以保障性租赁住房为着力点,加快构建以保障性租赁住房和共有产权住房为主体的住房保障体系,结合推进城镇棚户区改造和老旧小区改造,有效增加保障性住房供给。保障性租赁住房根据保障对象不同,分为基本保障的公租房和非基本保障的政策性租赁住房。公租房面向城镇户籍人口中的住房、收入"双困"家庭,实行实物保障和货币补贴并举。政策性租赁住房面向新市民,由政府给予政策支持,多主体投资、多渠道保障,实行政府指导价。支持人口流入多的大城市发展共有产权住房,以面向户籍人口为主,逐步扩大到常住人口。

（二）科学制定住房保障规划、完善管理政策

人口向大城市持续流入，是经济高质量发展的必然结果，大城市的住房保障工作是一项长期性工作，需要规划先行、分布推进。建议抓紧研究出台住房保障发展规划，对未来住房保障面临的基本形势、各类住房保障对象数量和状况、政府保障能力进行综合分析判断，在此基础上明确提出住房保障发展的目标、近中期工作重点和主要指标，确保住房保障工作能够在一个清晰、稳定的目标框架下进行。

加强管理信息系统建设。住房保障信息系统应实现与民政、公安、银行等系统的信息共享，提高住房保障信息审核的可操作性、准确性和及时性。做到审核信息的共享机制和联防机制。将保障对象的申报信息与相关部门共享，特别是与银行等信贷审核信息共享和相互验证，以保证信息真实性。

（三）完善房地产调控政策，推动房地产市场健康运行

使促进房地产市场平稳健康发展、保持市场房价在相对合理的水平上，是做好住房保障工作的重要前提和基础，这就需要从调节商品房供应和需求两方面着手，确保房地产市场平稳运行。一是更加重视根据人口变化情况调整住房供应情况。建议根据人口变化和住房需求情况，合理确定住房用地规模，既要防止部分热点城市土地供应不足造成的商品房供求紧张问题，也要防止个别城市出现的商品房供应量短期内过快增长带来的不利影响。二是进一步完善以自住型需求为主的需求调控政策。建议将一人或一户拥有住房超过两套的作为投机投资性需求者，对其继续实行严格的限购政策。三是实行中性的住房金融政策。建议实行住房首付和贷款利率反向调整政策，如在贷款利率下调时，适当上调首付比例，防止因利率政策调整造成购房人支付能力在短期内发生重大变化，进而造成市场需求和房价的大幅波动。

（四）将新市民纳入住房保障范围

新市民是大城市活力的重要源泉。在本地户籍居民住房保障应保尽保的前提下，应逐步将新毕业大学生、进城农民工等新市民纳入到大城市住房保障范围。大城市新市民数量大，住房需求也具有多样性。建议针对新市民住房需求特点，研究建立与本地户籍家庭既相联系又有所区别的住房保障政策体系。在城镇稳定就业一段时间（如三年以上）、持续缴纳各种保险的新市民的住房保障政策可与本地城镇户籍家庭的住房保障政策一致。考虑到城市的差异性，稳定就业的时间要求可由大城市确定。对其他新市民，可继续采取鼓励雇主单位提供宿舍或发放住房补贴等方式。由于大城市相当一部分新市民选择在家乡附近的城镇置业，还应逐步

完善住房公积金跨区域转移和使用等问题,更好满足新市民的置业要求。

(五) 从"补砖头"为主向"补人头"为主转变

当住房市场供给严重不足时,"补砖头"的做法效率更高。然而,在我国城镇户均住房拥有量已经超过 1 套,随着房源慢慢增多,"补人头"的优势将逐渐体现。市场所课题组测算表明,在达到同等住房保障目标的前提下,货币补贴比提供实物型保障房成本更低。由于货币补贴变暗补为明补,可以量化政府在住房保障方面的支出,可以对不同保障对象的补贴进行比较,在保障方式上比实物型住房更加公平,也可以最大限度减少住房保障的寻租空间和政府的管理成本,形成更公平和更可持续的住房保障机制。特别是考虑到农民工、新毕业大学生等新市民群体工作流动性大,"补人头"的方式可更好地促进职住平衡,提高住房保障效率。

(六) 加快城市更新,释放更多市场化保障房源

加快城中村改造等城市更新活动,完善城中村、城郊村基础设施,促进农民自建租赁房居住品质提升,并继续保持对新市民的容纳能力。考虑到集体建设用地建设租赁房面临融资困难等实际情况,选择区位较好的城中村,借鉴我国台湾地区"区段征收"做法,以土地国有化为前提,要求村集体、村民等原土地权利人上缴一部分土地作为公益设施用地与基础设施融资用地,剩余部分进行确权开发、改造提质,全面提升城中村出租屋等非正规住房的公共设施配套,并增加高品质租赁住房供给。

此外,还可通过发放"租房券"的方式为珠三角大城市城中村改造等城市更新活动提供持续激励。为满足住房保障的新市民发放租房券,可最多用于支付房租的 50%。达到政府对卫生、安全等基础设施要求的城中村出租屋,可列入租房券的可使用范围,如是,城中村出租屋的业主将有充分的激励配合政府进行城中村改造等城市更新活动。

(七) 完善城市群住房供应体系,提升大城市住房保障效率

考虑到城市群内部住房需求的联动性,通过在城市群范围内配置住房保障资源,提升大城市住房保障效率。大城市住宅开发投资规模长期较高,未来国有住房建设用地宜全部建设商品房,增加商品房供应,缓解房价持续上涨压力,通过利用集体建设用地、积极盘活存量、非住宅改造等方式保证低租金、小套型的租赁住房供给,持续增加对新市民的住房保障力度。与此同时,改善大城市与周边中小城市的交通联系,提升大城市周边中小城市基础设施与公共服务水平,为跨城职住的居民提供货币化住房保障补贴等方式,引导城市群住房需求从中心城市适当向周边

中小城市扩散,缓解大城市住房保障压力。

(八) 制定保障性租赁住房支持政策

完善土地支持政策,允许企业(单位)依法取得使用权的存量土地建设保障性租赁住房,可不办理变更土地使用性质的手续、不增收土地价款。加大金融支持力度,鼓励银行业金融机构以市场化方式提供长期低息贷款,支持企业发行保障性租赁住房债务融资工具等公司信用类债券,支持保险资金参与建设,鼓励商业银行、金融租赁公司发行用于住房租赁的金融债券。落实税收优惠和民用水电气价格,利用存量土地和房屋新建、改建的政策性租赁住房,取得项目认定书后,比照适用现行企业向个人出租住房减按 4% 征收房产税政策;住房租赁企业向个人出租住房,可以选择适用增值税简易计税方法,减按 1.5% 计算缴纳增值税。简化审批流程,建立跨部门的联合审批通道。

(课题组成员: 王微   邓郁松   邵挺   王瑞民   牛三元   苏诺雅)

建立现代化城市治理体系的
总体思路和制度体系研究

上海交通大学中国城市治理研究院

中国新型城镇化正进入治理更加重要的新阶段,本报告从现代城市治理体系的基本内涵以及构建重要性切入,总结了上海松江等国内城市治理的实践经验,分析了"十四五"乃至更长一段时间建立现代化城市治理体系面临的五个方面机遇挑战。在以上研究基础上提出了以"人民城市"为重要理念建立我国现代化城市治理体系的总体思路,以及建立城市治理制度体系的六个路径与20项重点任务。

一、绪 论

(一) 现代化城市治理体系的基本内涵

1. 从"城市管理"到"城市治理"的转变

从党的十八届三中全会明确提出要"推进国家治理体系和治理能力现代化",到党的十九届四中全会审议通过《中共中央关于坚持和完善中国特色社会主义制度、推进国家治理体系和治理能力现代化若干重大问题的决定》,"治理"至关重要。

"治理"有多种定义,尽管有学者指出"治理"被任意地用来指代所有指导或规范社会活动的行为，但综合世界银行等权威机构以及国内外权威专家定义，"治理"仍然有其核心意涵，它是对单向度"管理"的超越。从管理到治理，虽一字之差但内涵却大不相同，治理强调了利益均衡、多元主体共同参与的特征。如果说城市管理的主体是自上而下的城市政府体系，那么城市治理不仅要依靠政府的力量，更要统筹政府、社会、市民三大主体。

2. "城市治理体系"的多维理解和参照

城市治理体系可以从不同角度理解。参照国家治理体系的提法，即"是在党领导下管理国家的制度体系，包括经济、政治、文化、社会、生态文明和党的建设等各领域体制机制、法律法规安排，也就是一整套紧密相连、相互协调的国家制度。"从这一概念出发，可以理解为城市治理体系也是党领导下管理城市的一系列制度体系。

从城市治理过程而言，可包括城市决策、规划、建设、运营、管理、更新、监督、考核等体系。城市治理概念在第一轮新型城镇化规划中，主要指城市社会治理，参考目前国家对社会治理体系的定义，即"党委领导、政府负责、民主协商、社会协同、公众参与、法治保障、科技支撑"。

从城市治理体系的逻辑分析而言，可包括理念、目标、主体、路径、绩效等，相应地，理念科学化、目标系统化、主体民主化、路径法治化、手段智慧化、绩效人本化等形成城市治理体系的显著特征。

3. 现代化需强调因地制宜和发展促进

课题组认为城市治理体系现代化有共性的规律，但更多的是根据具体国情和具体发展阶段，因此不能照搬发达国家标准。建立现代化城市治理体系不能为"现代化"而"现代化"，其评价标准应该是，这个现代化体系是否可以促进城市的高质量发展、高品质生活，是否可以促进城市既定发展和规划目标的实现，并最终是否能体现"人民城市人民建、人民城市为人民"的重要理念。

课题组认为现代化城市治理体系是城市从建设到管理，从政府单向度管理到政府、企业和市民的多向度参与，并涵盖城市各方面公共事务，最终能推动城市高质量发展、市民高品质生活并实现"人民城市"建设目标的治理体系。

（二）新一轮新型城镇化呼唤城市治理

如何理解中国新型城镇化需要城市治理，有三个维度：

1. 城市的转型升级需要治理

中国城镇化在走过快速追赶型发展阶段后，进入了一个与世界城镇化先进水平逐渐接近且需要自我探索的阶段。新技术和新产业作为城市发展的原动力，如何在城市实现源源不断的新技术和新产业，单向度的政府管理越来越难以驾驭，与企业、与行业协会、与精英人士共同来谋划技术和产业规划和政策,十分重要且必要,而这即是治理的应有之义。随着技术和产业周期越来越短,从"人随技术、资金、产业走"向"技术、资金和产业随人走"的深刻转变,围绕多元化、个性化的人才和人做好管理和服务显得愈加重要,这也是空间形态上越来越强调产城融合和职住平衡的原因,而围绕"人"的城市管理自然需要更多的"治理"理念和方式。

2. 城市自适应机制需要治理

从城市生命体、有机体理论的隐喻角度而言,中国城市在历经40余年高速的增量的城镇化后,从小到大、从弱到强、从少到多,目前城市成长进入到更加需要存量关系调节、人与空间关系调节、人与自然关系调节、人与人之间的利益调节和观念调节的新阶段,这种调节需要城市按照其诞生和发展中所具有的发展规律,即"城市治理"的理念进行自我平衡、自我适应与自我调节。因此,推动城市治理,也是尊重城市发展规律,敬畏城市初心的重要体现。

3. 城市发展顽疾需深化治理

历经多年治理,我国城镇化发展中凸显的"城市病"已有明显改善,当然,由于城镇化进程仍在加速并复杂化,相应的一些顽疾还将且将在较长时间内存在。这些顽疾的去除一方面需要继续通过发展来解决,另一方面更需要通过市民和企业更精准的需求表达、更广泛的有序参与来解决。

综上所述,从城市作为一个生命有机体来看,中国的城镇化进程到了一个必须强调社会力量有序有效参与到城市全周期管理和全要素协调,从而实现"人民城市人民建、人民城市为人民"的"治理驱动"的新时代。

二、建立现代化城市治理体系的实践与主要经验

上海作为我国城市治理的先行示范区,其发展经历了我国不同发展阶段的城市治理,也从空间上体现我国不同地域类型的城市治理,因此上海的城市治理实践具有一定代表性,本部分的分析以上海为基础,兼顾其他城市。

(一)坚守以人为本、文明提升的初心使命

"以人为本"不仅是新型城镇化的本质要求,也是城市治理现代化的终极目标,城市治理的出发点和落脚点就是知民需、汇民意、集民智、解民忧、助民乐、聚民心,并且在这一过程中不断提升全体市民的文化素质和城市整体的文明程度。

(二)强化党委领导、依法治市的核心前提

坚持中国共产党的集中统一领导是中国国家制度和国家治理体系的显著优

势,也是在新时代推动城市治理体系现代化的最大优势。在推动城市治理体系现代化过程中,凝聚上下共识、克服各种挑战、汇集各方力量,就必然要求和客观需要加强党的领导和统筹协调,发挥党组织"总揽全局、协调各方"的核心作用。

坚持依法治市是当前和今后一个时期,我国城市治理现代化制度体系构建的重要指导思想。上海的实践经验表明,城市治理必须坚持立法先行,通过加强重点领域立法、提高立法质量,主动适应城市发展和管理的需要,使城市治理现代化于法有据。

(三)遵循全民参与、共建共享的本质要求

各地在城市治理工作中形成了"四位一体、双链闭环"的全社会参与格局。"四位一体"即党委政府与企业、社会组织和居民等多主体参与格局,"双链闭环"即是形成四个主体"双向度""双反馈"的合作机制,建设"人人有责、人人尽责、人人享有"的社会治理共同体,形成全民参与的闭环循环。在政府向企业、社会组织和居民单向度发动的同时,企业、社会组织、居民也同时向政府进行意见反馈、出谋划策,形成了全网络的互动参与机制。例如,上海探索邀请专业人士参加市政府常务会议,推行"开门做规划"、有序有效引导公众参与城市总体规划和地方性法规的制定,试点探索社区规划师实质性参与城市微更新等。

(四)凸显跨界联动、夯实基层的运行特点

城市治理现代化之所以能够取得较好进展,与制度落实中党政各部门"权责明确、高效协同、有力执行"的体制机制支撑密不可分。为更好更快落实城市治理现代化各项任务,各地建立了"纵向到底、横向到边"的体制机制,充分发挥政府"精心组织、协同联动"的体系优势和高素质公务员队伍"精准施策、高效运转"的能力优势,以问题和需求为导向,精心组织、打破部门壁垒,形成跨层级、跨条线、跨网络的整体性治理体系,为城市精细化管理取得阶段性成果提供了重要支撑。

"基础不牢、地动山摇",在推进城市治理体系现代化进程中,各地纷纷将城市治理的重心下移到基层、资源下沉到基层、权力下放到基层,不断夯实基层基础工作。包括推进街道体制改革、经济发达镇体制改革以及制定和完善乡改镇、镇改街道、县(市)改区的区划调整标准等;充分鼓励并激发基层首创精神,涌现了"街镇吹哨、部门报到""推动社区、社会组织和专业社工的'三区联动'""社区工作者队伍职业化专业化""基层治理职能向公共安全、公共管理和公共服务转型""探索城市基本管理单元建设""优化社区'三驾马车'和探索红色物业"等基层治理改革。

(五)探索精细管理、科技赋能的创新之路

2017年3月5日,习近平总书记在参加全国人大上海代表团审议政府工作报

告时指出："上海这种超大城市,管理应该像绣花一样精细",这成为上海等超大城市的精细化管理更上一层楼的动员令。三年多来,上海市委、市政府认真贯彻落实习近平总书记的重要讲话精神,出台了加强城市管理精细化工作的实施意见以及《三年行动计划(2018—2020 年)》,提出了上海城市精细化管理的 13 个重点任务。与此同时,精细化管理也成为各大中城市的一致行动。

随着智慧城市建设的深入,新技术嵌入城市治理并改变甚至重塑城市治理的实践正在我国许多城市如火如荼展开。近年来,上海探索的政务服务"一网通办"、城市运行"一网统管"等城市数字化转型取得重要进展。杭州"城市大脑"的运用场景也日渐丰富,此次疫情期间,各城市的"健康码"发挥了重要作用。

三、建立现代化城市治理体系面临的机遇挑战

城市治理现代化是一个永远在路上的系统工程,对标更高标准和更好水平,目前的城市治理体系还存在规划体系不完善、公众参与不足、新技术实用性不充分、危机应对不力、因地制宜不够等问题。面向未来,建立现代化城市治理体系面临以下机遇挑战。

(一) 全球化和本土化对城市开放的影响

当前,全球化进程经历严峻挑战,而新冠肺炎疫情的全球蔓延进一步加剧了这一趋势,这使得作为我国城市发展重要动力的开放将受到严峻挑战,全球化红利获取的弱化,可能冲击城市运行与发展的基础。不过,这一趋势反过来可能有利于激发本地新基建、国内消费市场的利用以及产业链、供应链和创新链的构建;与此同时,也推动城市本地历史、文化和地方性知识资源在城市治理中的应用。

(二) 区域化发展对城市跨域治理的影响

城市的区域化发展,即都市圈、城市群、大湾区等对内开放的深化,将成为企业拓展市场、降低成本、优化分工布局的新动力。然而,如何打破政区界线,实现属地责任与跨域合作紧密结合的协同治理还需要更多探索。

(三) 新技术对城市智能治理的双重影响

随着 5G 技术、人工智能发展所带来的革命性、重塑性应用,数字城市令人寄予厚望。"一网统管""城市大脑"等为破解城市治理中的人海战术,提升治理预测性和精确性提供了利器,但同时,也面临个人隐私如何规范、行政权责纵横体系如

何调适、前期投入成本如何控制等挑战。

（四）人民民主发展凸显公众参与重要性

如何促进公众有序有效参与社会治理是建设"人民城市"的题中之义，也是满足公民参与需求的必答之题。如何实现社会组织在城市治理中从伙计到伙伴的角色转型，如何让基层民主在降低基层治理成本和保持有序参与之间的平衡，是建立现代化城市治理体系的机遇也是挑战。

（五）应对突发事件将加速韧性城市建设

城市重大应急事件的不确定性，为预先进行防控带来极大的困难，在重大应急事件发生之前就要求城市新建或预留大量的防灾抗灾、医疗救治等空间并不现实。如何建立一个富有韧性，"平战结合"的城市规划、建设和运维体系是未来城市治理面临的巨大挑战之一。

四、我国建立现代化城市治理体系的总体思路

（一）总体思路的确立原则

理念的转变是建立现代化城市治理体系的首要任务，需要一以贯之。

1. 确立"人民城市"重要理念

2019 年 11 月 2 日，习近平总书记在党的十九届四中全会召开后来上海考察，进一步提出了"人民城市人民建、人民城市为人民"的重要论断。这不仅是对城市工作会议城市治理现代化论断的进一步拓展，也是习近平总书记"以人民为中心"思想的发展，标志着"人民城市"重要理念的提出，具有重要而深远的意义。"人民城市"重要理念的时代意义体现在进一步明确了城市发展建设过程中，"以人民为中心"的价值导向；进一步明确了从管理到治理的转型过程中，人民在城市中的主体地位；进一步明确了城市治理现代化过程中，满足人民日益增长的美好生活需要是我们的根本目标。

2. 坚持"人民城市人民建"

"人民城市人民建"是"治理"本质的集中体现。人民作为具有中国特色的治理主体，既能促进多元主体参与中表达民意、激发民智，又能保证这种参与的有序有效。与此同时，作为城市治理重要主体的人民政府，也体现了公共性、人民性。因此，无论是吸纳社会力量参与和推动多主体共建人民城市，还是城市政府自身体

现的人民性,都说明"人民城市人民建"是"治理"理念在中国语境下的特色转化。

3. 坚持"人民城市为人民"

"城市,让生活更美好!"是2010年上海世博会的主题,也是城市治理的不断追求。城市的出现源自人类的集聚生活,城市发展的目的就是要让居住在其中的人有着更美好的生活。因此,城市治理的现代化必然需要从人民日益增长美好生活的需要出发,让城市发展成果惠及全体人民,真正做到"人民城市"的发展成果"人民共享"。

(二) 总体思路的具体内容

以习近平新时代中国特色社会主义思想为指导,深入贯彻习近平总书记关于城市治理体系现代化的重要讲话精神,以"人民城市"重要理念为引领,以"五大发展理念"为支撑,以满足人民对美好生活向往为城市治理现代化的终极目标,发挥党"总揽全局、协调各方"的引领优势,推动党的领导与政府治理和社会治理相融合,推进顶层设计、分类治理与基层首创相结合,促进多主体有序有效参与城市全周期和全要素的治理,利用新技术拓展和提升城市治理手段,以人民满意作为治理绩效的评价标准;以城市全周期管理共建为根本动力,以城市全要素协调共治为重要方式,以城市全社会共享为最终目的,努力打造人人都有人生出彩机会的城市、人人都能有序参与治理的城市、人人都能享有品质生活的城市、人人都能切实感受温度的城市、人人都能拥有归属认同的城市。

五、建立现代化城市治理制度体系的路径与重点任务

围绕总体思路,建立现代化城市治理制度体系可从6个方面20个重点任务加以推进。

(一) 实施规划引领,更好推进城市的"全周期管理"

规划是城市治理体系的基本法,也是体现城市源头治理、依法治理、系统治理和综合治理的基础,以规划为重点推进城市全周期管理,努力探索城市现代化治理新路子。一方面强调规划的全局性、持续性引领功能;另一方面,在城市规划、建设、运维、管理、服务等全周期过程中,推进公众参与的完善优化。

1. 将城市治理规划纳入城市规划体系

强化城乡总体规划的统筹性和严肃性,坚持"一张蓝图干到底";可在城市总体规划中增加城市治理章节,并探索开展城市治理的专项规划编制。通过规划督

查等制度完善,加强规划在推进城市治理现代化中的引领作用,以系统和可持续思维,推进城市治理现代化。

2. 完善城市规划决策的公众参与制度

建立健全城市规划制定中的公众参与制度,包括根据不同规划类型制定公众参与强制性或倡导性的规则,编制公众参与导则对不同规划中的特殊技术知识进行通俗化解读,积极通过参与式地理信息系统等新技术提高公众参与城市规划的便利性,在政府职能部门设立公众参与促进机构等。建立健全社区规划师制度,对城市更新和社区营造提供第三方的专业化指导。

3. 建立城市治理全过程多元评价机制

在城市治理过程中,除了强调自上而下的政府问责,也要发挥社会力量在城市规划、建设、管理等各个环节的作用,开展多种形式的评价与监督。拓宽人民诉求的表达渠道,在传统信访形式基础上,搭建多种形式的沟通平台,创新诉求表达方式。优化诉求反馈机制,重视政府对人民需求的系统分析、有效回应,形成治理闭环。深化政务服务"好差评"制度改革,把公众满意度作为评价城市治理的重要标准,让社会多元主体成为城市治理的评判者与打分者,变"群众站着看"为"群众说了算"。

(二) 聚焦空间治理,更好推进城市的"全要素协调"

城市治理是协调城市发展要素和主体间利益的过程。以资源统筹利用为主线,通过协调土地、产业、人口、生态、文化、创新等全要素空间配置中出现的问题和矛盾,推进产城融合、城乡融合、区域融合、导入人口与本地居民融合、生态与经济融合、老城与新城融合、地上与地下空间融合、园区—校区—社区融合等,全面提升城市综合承载能力,更好实现基本公共服务均等化。

1. 优化产城融合治理中的土地利用制度

探索开发区内生产性服务业的复合弹性用地制度,建立城市规划调整、土地利用性质调整、物业功能调整中的多方协商补偿机制,更好推进园区"腾笼换鸟"和转型升级;积极开展开发区管理体制与街镇管理体制的协同融合创新,从管理体制上构建促进产城融合的制度环境。

2. 完善城乡融合治理中的要素统筹制度

强化城中村、厂中村改造;修订乡改镇、镇改街道相关标准,有序推进城中镇、特大街镇的政区调整;加强农村集体资产经营制度创新,合理推进村民的集中居住,有序推进村改居进程。加强对城市郊区乡村民宿、都市农业等支持,积极推进乡村振兴。

3. 探索区域融合治理中的政府合作制度

跨区域发展是提升城市发展能级和区域发展竞争力的主要着力点,要进一步打破区域行政壁垒,完善区域间协调合作机制。完善由国家部委和重点城市政府组成或牵头的区域发展管理委员会制度,加强顶层设计,完善利益共享机制,强化合作主体的契约意识,完善动态准入与退出机制。完善跨城市的行政协议制度,通过制定区域一体化中的行政协议导则,完善行政协议中的救济机制,通过仲裁等方式加强行政协议的落地。

4. 探索常住人口基本公共服务均等制度

全面深化户籍制度改革,完善居住证制度,有序放开一线城市户籍指标,因地制宜按照城市实有人口配置基本公共服务资源。面向全体市民,构建 15 分钟社区生活圈,推动城市基层治理单元的科学化划分;建立治理单元内居民对公共服务需求、内容、方式和满意度的征询和反馈机制。聚焦"老小旧远"等突出民生问题,更好履行政府职责的同时合理确定职能边界。

(三) 强化基层治理,更好推进城市的"全社会参与"

城市是一个高度扁平化的社会。无论是感知群众需求、引导群众参与、获取群众认同,基层都是一个非常重要并具有操作性的场域,基层既可以体现因地制宜,也具有同质性;既可以体现民主,也可保持秩序。

1. 构建政社政企的双向跨界合作机制

面对经济和社会复杂化发展中的"跨界"特征,应在城市治理中强化跨界合作机制。包括在经济领域,设立双向"经济观察员"制度。在社会领域,积极推动枢纽型社会组织、社区能人达人、志愿者等社会力量参与社会治理。积极培育城市治理与城市建设的社会组织和政策企业家,搭建政策制定与执行的协同治理平台。

2. 构建鼓励基层积极治理创新的制度

通过举办城市治理最佳实践案例、最美社区工作者、社区治理创新等评选活动,积极鼓励社区和基层一线城市治理工作者根据实际情况开展改革创新,并倡导基层在城市治理中"百花齐放",探索各类经验。

3. 推进社区新基建提升基层治理能力

把握基层治理特点,根据各地探索,出台社区新基建的清单与建设导则,通过推进智能快递柜、充电桩、智慧安防等社区新基建,提升基层治理能力。

4. 打造社会组织发展集聚区和综合体

要明确界定政府和多元主体的责权范围和行为边界,探索不同形式的城市治理模式,将政府不擅长、做不好的事让渡给社会组织,发挥不同治理主体的特长和优势,提高社会组织在城市治理中的参与程度。完善社会组织孵化机制,以枢纽型社会组织为引领,创新空间组织方式,打造社会组织集聚区和综合体,更好为社会组织的形成与发展提供全周期服务和帮助,提高社会组织的专业性和规范性,提高社会组织的参与水平和参与能力。

(四) 推动智慧应用,更好体现新技术重塑城市治理

政务服务"一网通办"和城市运行"一网统管"作为新技术应用的集中体现,也是城市治理现代化的"牛鼻子"工作。应充分发挥企业的技术应用优势、高校研发机构研究优势、社会需求表达和效果评价优势,实现智慧治理的有效有用、实用爱用。

1. 推进政务服务的"一网通办"

建设"互联网+政务服务"共享平台体系,率先实现跨部门、跨层级数据共享、身份互信、证照互用、业务协同。深化实施"一网通办",全面推进"网上办、单窗办、就近办、智能审、自动批"。推进政务服务标准化建设,建设形成统一的政务服务事项库,加快建立健全事项信息库动态更新机制和业务协作工作机制,促进市场准入"单窗通办""全网通办",个人事务"全市通办"、政务服务"全员协办"。

2. 推进城市运行的"一网统管"

坚持"以人民为中心"的核心理念,坚持"应用为要、管用为王"的价值取向,聚焦人民群众的急难愁盼问题,构建"二级建云、三级平台、五级应用"的"一网统管"运行架构。聚焦城市设施、城市运维、城市环境、城市交通、城市安全、城市执法等领域,建设更多智能应用场景,构建主动发现、自动指令、快速处置、实时反馈的完整闭环,进一步提升城市精细化管理水平。

3. 强化智慧应用中的多元参与

在"两网建设"中,要完善政府职能部门的数据开放和共享制度,让技术优势企业更好参与政府数据的挖掘和开发;完善数据查询和记录机制,防止共享信息的滥用,保障数据安全。建立公众开放日活动机制,定期邀请市民代表参观"城市大脑"等非涉密工作场景,让公众更多了解并切实参与到"两网建设"中。建立健全"12345"市民热线制度,及时回应市民需求,通过智能化方式避免无效无序参与。完善政府购买服务机制。

(五) 关注安全健康,更好推进韧性城市建设和管理

面对日益增加的重大应急风险和事件,增加城市的稳定性、适应性、恢复力、学习力,不仅是城市高质量发展的底线保障,也是城市主动应对风险并危中寻机、提升城市竞争力的重要路径。

1. 推进城市"平战结合"的空间体系建设

结合每个城市的自身特点,研究既有城市空间与建筑中,可用于未来防疫的那些临时空间与建筑的规划、布局和设置。建议加强城市防疫建设体系研究、制定城市防疫专项规划、基于既有城市空间和建筑来研究"疫时"医疗空间的布局方案,针对传染性疾病,制定成系统的空间布局方案;在新建或改扩建位于城市城区位置的大型场馆时,应考虑预留疫情防控期间增设装配式建筑的空间,包括临时设立病房设施设备的空间,预留处理医疗废水的必要的上下水接口,处理空气性传染疾病的空调通风接口以及医用垃圾处理设备等。

2. 推进高风险场景的智能治理体系建设

针对地铁和民防设施、高层建筑和CBD区域、大人流集聚的旅游景区、危化品生产和运输、堤岸防汛墙、城中村、老旧小区等城市高风险区域进行全覆盖识别和监控,强化风险评估和监测力度,明确风险管控的责任部门和单位、管控及应急处置措施。加强对沿街商铺、商住两用房、租赁公寓等空间的排查和整治,防止大城市的"小火亡人"。健全公共安全风险分级管控体系,编制城市安全风险白皮书,及时更新发布。

3. 建立健全韧性社区的建设和治理体系

建立社区应急管理组织体系,探索建立由居村委会主导,居民区党组织牵头,居委会、业委会、物业、社区党员、志愿者、居民骨干等共同参与的社区应急管理工作小组;制定社区应急物资储备标准,健全社区应急工作队伍,完善社区应急预案机制,加强应急演练,加大宣传教育,开展防灾减灾培训,细化社区应急响应措施。

(六) 完善保障机制,全面提升城市治理制度化水平

1. 构建可持续财税平衡机制提升城市治理能力

综合协调和配置政府、企业和社会等资金用于城市公共事务,探索创新土地利用、产业发展、生态保护、人口管理等综合协调机制,依据财政状况全面统筹政府财税收入和支出。一方面优化政府财税管理和支出机制,构建以产业税收为主的城市可持续收入机制;另一方面构建以民生为导向的"尽力而为、量力而行"的财政支出机制。

2. 建立"五大发展理念"为指导的综合考核机制

以"五大发展理念"为指引,构建城市治理综合评价指标体系,探索自上而下与自下而上相结合的评价方式,构建以人民满意为导向的考核机制,一方面衡量城市治理能力和治理绩效,另一方面重视人民的参与度、获得感与满意度,形成人民城市人民评价的机制。

3. 因地制宜推进各地的城市治理相关立法建设

完善法规,抓紧填补城市治理领域的立法空白,及时修订不符合城市治理现代化要求的法律规章。及时推动各大城市制定适宜自身城市特点的城市治理条例和规定,并在立法过程中强化公众参与。结合《民法典》的宣传实施,借鉴各国先进成熟的社区"皮毛法",推进建立符合不同城市特点的社区治理法。统筹城市法律资源,组建专业法律服务团队,将无序诉求引入理性表达渠道。

(课题组成员: 姜斯宪　吴建南　徐剑　熊竞)

健全城市建设可持续投入机制的
总体思路和政策研究

中国社会科学院金融研究所

中国社会科学院国家金融与发展实验室

　　"十四五"时期,新型城镇化建设成为构建新发展格局的重要抓手。然而经济下行的压力增大,导致政府财政收入增速放缓,"钱从哪里来"构成推动新型城镇化的一个关键问题。因此,根据基础设施项目可能的回报机制选择切实可行的投融资模式,实现投融资模式的多元化,是建立可持续的城镇化资金投入机制的要义所在。本报告在回顾经济理论相关研究与国内外实践经验的基础上,根据项目回报机制的特性将基础设施项目分为四类:可收费项目,可获取土地增值收益的项目,可征收专项税费的项目,以及只能由一般性财政收入筹集资金的项目,分别探讨了各类项目多元化投融资的实现形式,并对未来中国城市基础设施投融资体制改革提出了若干政策建议。

一、新型城镇化建设亟须完善基础设施投融资体系

　　在我国经济发展进入新常态之后,新型城镇化建设面临的主要问题之一,是探索建立城市建设可持续资金投入机制。城市基础设施,特别是公用设施投资的特点是投入规模大、建设周期长、

见效慢、资金回收慢,很多项目甚至未必能够直接产生现金流,但是能够为其他生产生活提供便利,具有正的外部性。考虑到这些特点,基础设施投资往往需要稳定的长期融资手段,或者从一般财政收入中支付。目前,政府投融资依然是我国城镇化最重要的资金来源。然而,我国各级地方政府数十年来过度依赖土地出让收入和土地抵押融资筹集资金来推进城镇化建设,这使得地方政府的债务问题十分突出。随着地方债务负担日益加重,地方财政压力日益加大,而在"房住不炒"的大方向下,寄希望于土地财政也变得难上加难。总之,城市化建设提出了巨大的资金需求,而经济减速、土地和财税体制改革,又意味着"土地财政"的不可持续性,投资主体单一、融资渠道狭窄的问题制约着新型城镇化建设的进程,也进一步凸显了建设完善的城市化融资机制的重要性和紧迫性。

尤为关键的是,在城镇化的实际推进过程中,有许多城市基础设施、公共设施和公共服务介于必须完全依靠财政投入和完全依靠使用者付费这两个极端之间,兼具公共物品和私人产品的特征。对于这类"混合型产品"的融资,既需要政府的直接参与,也需要社会商业性资金的进一步参与。因此,如何吸引市场化、多元化的资金投入就构成城镇化投融资体系改革的主要方向之一。从国际经验看,自20世纪70年代末开始,许多国家就在积极推进城市基础设施投融资体制改革,采取多种方式吸引民间资本,变政府独家投入为政府主导的市场化融资模式。从国内看,2014年出台的《国家新型城镇化规划(2014—2020年)》中已将多元化、可持续作为城镇化资金保障机制的总体要求。2020年7月22日国务院常务会议进一步提出,要引导促进多元化投入支持新型城镇化建设。在此背景下,完善城镇化投融资体系,特别是建立公用事业项目合理回报机制,吸引社会资本投入,便成为一个亟待解决的现实问题。换言之,完善城镇化投融资体系的一个关键问题就在于如何划分公用事业项目的类型,并根据不同类型项目的特性有针对性的设计对应的投融资机制。本报告拟结合经济理论分析框架和国际实践经验,重点围绕市场化资金支持城市建设的类别与方式进行较为系统的梳理,并在此基础上对我国城镇化投融资体系的进一步改革提出相应的政策建议。

二、城市基础设施建设回报机制与投融资模式概览

从回报机制的角度看,目前学界普遍认为,基础设施服务可分为两类:第一类是供水、垃圾回收和其他直接受益者很容易确定的服务,其经常性费用可由对用户的收费来提供资金;第二类是不能向直接受益人收取费用的其他服务,如排水、学校和道路,应通过一般税收和其他收入来源提供资金。这二者大体可对应于理论

分析中讲的准公共物品和纯公共物品（基于市场失灵层面的考量），或者政策条文中使用的准公益性项目和公益性项目（基于公共利益层面的考量）。现实中人们在认识一项具体的基础设施项目时，基于市场失灵层面的考量和基于公共利益层面的考量往往是混杂在一起的，故基于回报机制的划分——即资金来源分别为收费和征税——往往是综合考量了项目的效率和公平两方面因素。

为了对基础设施项目类型进行更加细致的划分从而更有针对性的匹配不同的投融资模式，本报告在对国内外实践进行梳理的基础上，将收费和征税两种基本回报机制进一步扩展为四种类型：收费、变相收费（主要是土地增值）、专项税、一般性财政收入。项目回报机制的差异实际上也是其商业化运营程度差异的体现。

在具体就不同类型的回报机制的合意投融资模式进行探讨之前，有必要先阐述一些原则性的问题。从国内相关政策表述来看，多元化、可持续已成为城市基础设施建设资金保障机制的总体要求，然而若要真正实现多元化、可持续，则势必要将市场在资源配置中的决定性作用充分发挥出来。事实上，基础设施投融资机制的市场化改革符合各国的普遍发展趋势和国内外学界的基本认知。然而无论是从理论上讲还是从各国经验来看，解决资金问题——促使资金来源多元化和可持续从而缓解财政资金压力——却并不是基础设施投融资市场化改革的唯一目的，甚至不是最主要的目的。

那么最主要的目的是什么呢？答案是提升效率，这包括促使基础设施投资决策更理性，也包括提升建设运营效率。澳大利亚麦考瑞大学教授 R.M.Kirwan 曾在《城市研究》杂志发表的论文中列举了基础设施项目融资困难的五种解决方案，其中第一种就是减少基础设施投资建设需求。事实上已有不少学者提醒过中国可能存在过度的基础设施建设。从国际经验来看，快速赶超的国家，在其城镇化早期阶段，经常出现过度的基础设施投资从而导致政府资源浪费的情况。而在投融资环节尽可能地引入市场机制则有助于抑制这种过度投资行为。另一方面，如果设计和实施得当，私营部门的参与可以极大地改善基础设施建设和城市服务提供的效率。例如，在亚利桑那州凤凰城，尽管自 20 世纪 70 年代末以来人口增长了近50%，但其固体废物服务竞争性私有化模式已节省了近 50% 的成本。正如《城市研究》杂志另一篇论文（作者为 Kyung-Hwan Kim）所指出的，私营部门参与者之间以及私营部门和公共部门之间的竞争是提高基础设施建设和服务效率的关键。除了提升效率和解决资金来源问题外，为了引入私人投资和市场化资金，意味着基建项目不得不单独核算，这也将有助于地方政府债务更加透明，从而更好地防范隐性债务风险。

将市场化作为基础设施投融资的基本原则，意味着对于商业化运营程度相对较高的项目（例如可收费或可变相收费的项目），应尽可能在投资和融资两个环节向市场化的方向靠拢。

投资环节的市场化主要表现为社会资本或私人资本对项目资本金的投入，同时这还意味着其对项目建设运营过程的深度参与。从国内外实践来看，目前最具代表性的就是公私合营（PPP）模式，此外部分项目可通过鼓励社区投资的方式在补充部分资金的同时提升项目建设运营效率。相比于融资环节而言，投资环节引入社会资本对于效率的提升作用更加明显。

融资方面，尽管涉及基础设施建设的融资形式林林总总，但大体上按照市场化程度由高到低可以归纳为三类：资本市场直接融资、商业性金融机构间接融资、开发性政策性金融。市场化融资对于提升项目建设运营效率同样有所助益，特别是对于一些难以实现市场化投资的商业化运营程度相对较低的项目（例如难以收费的项目）来说更是如此。首先，对于商业化运营程度很高的项目来说，资本市场直接融资对于项目的规范化和透明度也有较高的要求，可以更好地评估项目前景、监控项目进展，因此是市场化融资的首选。其次，对于商业化运营程度相对较低的项目来说，如果直接融资存在困难或者成本较高的话，也应尽可能选择商业性金融机构的间接融资，因为其相对于开发性政策性金融来说会更加重视项目的可行性和回报。此外，需要注意的是，融资模式不仅会直接受项目回报机制的影响，很多时候也取决于投资模式的选择从而间接受项目回报机制的影响。

基于上述探讨，我们将四种类型的项目回报机制与不同的投融资模式进行粗略的对应（见表1）。其中值得注意的是：第一，表中的四种项目回报机制类型仅仅是一个粗略的划分，同时其与投融资模式之间也并非简单的一一对应，需要结合具体项目的特性进行深入分析；第二，表中列出的不同回报机制与投融资模式之间的对应关系更多是方向性的，这种投融资体系的实现还需要包括监管政策在内的整个金融生态环境的逐步完善。

表1 基础设施项目回报机制及其相应投融资模式

回报机制	代表性投资模式	代表性融资模式
可收费	私人投资、PPP、政府投资	多元化融资，以资本市场融资为主
变相收费（土地增值收益）	私人投资、PPP、政府投资	多元化融资，以资本市场融资、商业性开发贷款为主
专项税费	政府投资，政府购买服务	专项债、政策性金融、MCI
一般性财政收入	政府投资，部分引入社区投资	政策性担保、专项基金补贴贷款

三、关于城市建设多元化投融资模式的分类讨论

（一）产品或服务可收费的项目

对于产品或服务可收费的项目来说,对未来公共服务的定价是首要问题,定价在基础设施投资中起着关键作用。首先,通过将费用设定为与基础设施的增量成本相等,可以使得新的投资达到有效的水平。其次,精心设计的定价方案不仅可以控制对城市服务的消费需求(例如有助于减少污染和拥堵等),也有助于统筹管理基础设施投资需求。第三,成本回收是城市服务民营化的先决条件,因为费率水平是商业资本所投资项目其财务可行性的决定因素。事实上,大多数发展中国家的成本回收水平极低,这或许是其难以吸引社会资本的主要原因之一。

理想的情况是预期未来收取的费用能够覆盖建设运营成本并且能有合理的投资回报率,在此情况下或许完全由私人投资也是可行的。实际上,私人开发商对公共基础设施的“实物”出资有着悠久的历史。在日本、澳大利亚和英国等国家,开发商在较大的城市开发项目时,也要建造本地道路并提供水和污水处理的局部连接,这已成为标准做法。不过鉴于经营此类基础设施的产品或服务往往是带有垄断性质的,因此出于对公共利益的考虑,政府对其进行价格管制还是必要的。对城市基础设施产品进行定价尽管是一个十分重要且至今在理论界仍有争议的问题,但却并非本报告的研究重点,在此不作过多赘述。

由于很多时候公共物品定价需要更多考虑社会福利要求,即使价格承担起实现公益目标的职能,故使得价格水平难以完全覆盖成本,在此情况下,PPP 模式可发挥重要的作用。当然,公私合营的重要性实际上远远超出投资层面,很多时候它是项目本身能够顺利进行的必要条件,即在足够的投资回报率的情况下,如果缺乏公共部门的参与,很可能项目也难以推进下去。实践中 PPP 项目通常有着很多种类型,诸如 BOO、BOT 等至少十数种,有研究将其归纳为管理外包、特许经营和私有化三大类。PPP 项目的融资模式也值得专门探讨,实际上在整个项目周期中其适合的融资方式是不一样的。有研究对中国的 PPP 融资方式和资金来源进行了全解析(见表2),就项目的全生命周期来看,各种融资模式基本上都被涵盖了,但明显越到后期融资模式的市场化程度就越高,这与其较高的商业化程度是分不开的。尽管国内外大多数 PPP 项目的具体财务安排通常是根据具体情况而定制的,然而无论选择何种合作类型以及何种融资模式,PPP 项目的成功都离不开完善的参与和退出机制、合理的风险分担机制以及完备的法律制度。

表 2　PPP 项目全生命周期融资方式一览表

参与阶段	融资方式	资金来源
成立期	PPP 基金	银行、信托、保险等机构资金和合格投资者
	专项建设基金	国开行、农发行两家政策性银行
	资管计划	理财资金、信托资金、保险等委托资金
建设期	财政专项资金	财政部门
	项目贷款	银行资金、信托资金、企业委托资金等
	PPP 项目专项债	机构投资者和个人投资者
	融资租赁	自有资金、银行等机构资金
运用期	资产证券化	优先级：多为机构投资者；次级：多为原始权益人
退出期	IPO/新三板	社会公众
	并购重组	自有资金、并购贷款、并购债等
	PPP 资产交易	自有资金、机构资金等

最后，需要意识到并非所有产品或服务可收费的项目都适合引入私人投资，例如涉及国家安全或重大公共利益的项目可能还是主要由政府来投比较合适。但在此情况下，由于项目未来可产生较为明确的现金流收入，其同样可尽量采用更加市场化多样化的融资模式，比如专项债、资产证券化、房地产投资信托等。

（二）基于土地增值收益的项目

土地是经济发展的关键要素。城市地方政府依靠出售、出租公有土地，或运用土地开发规制权为城市基础设施融资的方式历来被国内外地方政府所重视。如果基础设施建设所带来的土地增值收益可以覆盖基础设施建设的成本，那么据此对其征缴费用将不会给地方政府增加任何额外的负担，甚至还从项目中有所收益，而这尤其适合转型经济体。

在中国土地公有制背景下，土地增值这一机制的作用更是被各级地方政府充分利用。土地对地方基础设施建设的支持作用不仅体现在税收收入、非税收入、土地抵押融资、土地增值收益等显性渠道，还可以隐蔽的方式通过非货币化合约等渠道支持基础设施发展（见图 1）。

在上述各种渠道中，我国地方政府使用最多的是一次性的开发权出售和依赖土地抵押获得融资，理论上讲这二者依赖的都是土地的增值收益或预期的增值收益，将其作为基础设施投资的回报；只不过基础设施项目的回报与投资之间并非一一对应的，而是形成了一个地方政府的"项目池"和"资金池"。这种模式的优点在

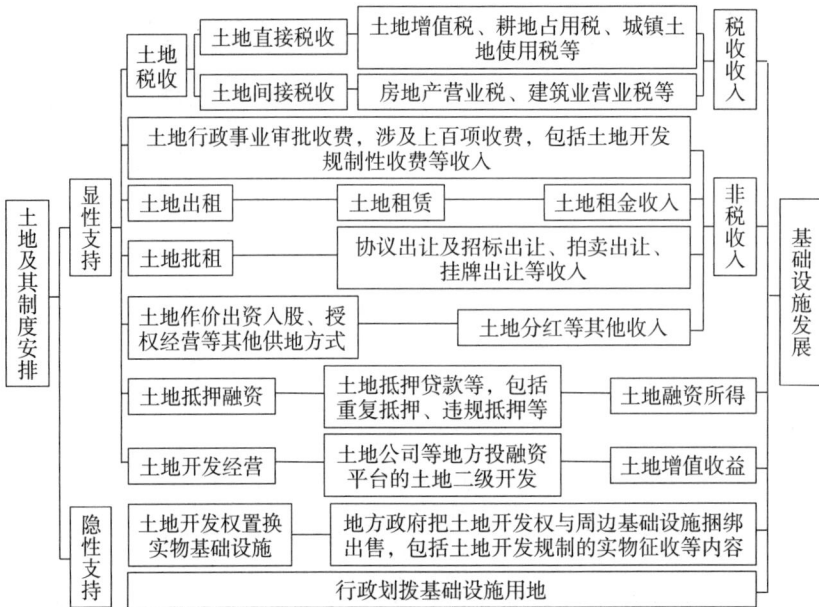

图1　中国基础设施超常规发展的土地模式

于行政成本较低,因为投融资决策基本上都集中在政府(或相关平台公司)身上,但主要问题则是项目回报(土地增值)具有较大不确定性。

尤为关键的是,由土地开发商承担的任何资本成本(包括政府获得的土地增值收益)必然被转嫁,要么向前转移给开发的最终用户,例如新的购房者;要么向后转移给土地所有者,即各级地方政府。国际经验表明,在经济快速增长的地区,住房开发成本通常会落到买方身上。然而也有学者研究发现,在20世纪70年代的澳大利亚,土地开发的相关红利回到原始土地所有者手中的少之又少。实际上,这些成本如何在最终的使用者和土地所有者之间分担,主要是由住房需求和供给的相对弹性决定,当需求疲软时,开发商必然对土地出价更低。

从国际经验来看,更好地捕获土地价值的方式是政府与开发商的联合开发,实际上这只是前文提到的产品或服务可收费项目中引入私人资本投资的翻版,只不过此类项目的回报机制由公共设施本身的收费变成了主要依靠商业地产收入(变相的向最终用户收费)或地产收入+公共设施收费。一个典型的例子就是香港政府以长期租约出售其公共交通系统车站附近土地的开发权,房地产开发和票价收入的利润资助了香港最初的三条公共交通线路。

就土地联合开发而言,在大多数情况下,公私合作是以私人提供资金、公共部门提供土地的方式来实施。在这种情况下,公共部门的主要作用在于有效地为一系列公共设施争取私人资本的介入,无论这些公共设施是否产生了收入;而私人资本则需考虑包括基础设施建设及商业开发的整体开发方案总体盈利能力是否可接受。另一种模式则是公私合营共同参与投融资,这尤其在城市的老旧地区建立新的基础设施时特别有用和必要,此外也比较适合于传统城市周边未开发土地的开发。如果不考虑土地要素的投入而单从资金投入角度看,上述两种投资方式大体对应于前述的可收费项目中纯私人投资和公私部门共同投资两种模式,在具体操作上也基本类似,故在此不再赘述。其中值得一提的是,鉴于土地增值收益或商业开发收益相对于公共设施收费来说不确定性更强,因此在联合开发中应更加注意结合具体项目的情况,合理设置政府出资比例以及政府与私人之间风险分担与利益共享机制,从而增强对私人资本的吸引力。此外,此类项目中可能同样存在不适合引入私人投资而主要应由政府来投的项目,鉴于较强的收益不确定性,融资时除尽量探索更加市场化多样化的直接融资外,间接融资也要更多考虑使用商业性的开发贷款。

(三) 以专项税费作为回报的项目

除了以上具有不同程度可观回报的准经营性项目和准公益性项目,地方政府在那些几乎没有经营回报的纯公益性项目中,往往也希望依托项目的针对性和与受益者的相关性来寻求可能的项目回报。基于国际经验,该模式一般通过一些改良的税收政策或地区发展成果转移来实现。这种强制性的缴费虽说在政治和法律上仍然存在争议,但在一些国家或地区有着广泛的应用和不错的成效。

其中最具代表性的就是征收专项税,其税款由项目受益人所支付,而这些资金将为对应的项目提供全额资助。基于国际经验,它的应用领域必须首要保证项目和受益方之间的强相关性,比如城市改善、区域规划和交通运输中的部分项目。对于这些项目的顺利运转,纳税方愿意为其支付费用是一个重要的前提。而这一前提条件是否具备则主要取决于纳税人从对应项目中获得的效益是否能够覆盖其支出成本。要使得这一条件成立,在税制设计时就务必要保证税收价格的合理性和项目周期中的资金透明性,从而确保项目能够带来稳定和持续的税收回报。

针对以专项税作为回报的项目,在投资方面,以政府为投资主体的政府购买服务模式在大部分范围内应该能够胜任。首先,该模式的经济活动基本都是在市场环境下进行,这在一定程度上能够保证项目的透明性与合理性,同时也可为专项税的定价提供支撑。另外,专款专用的模式能够将不同投资开发项目形成独立的闭环,以确保项目池内不会出现财政风险蔓延。

在融资方面,专款专用的形式往往意味着更为严格的约束条件,这使得项目本身失去一定的灵活性和市场化的可能。基于项目的建设周期考虑,政策性金融可以为项目提供前期的融资,而地方政府具有的财政潜力和信用度可以弥补项目的低收益缺陷。在项目的中后期,政府需要面临项目所提供服务的供需两端可能的波动,这会使预算和税收脱节。为了避免该风险,利用资本市场获取充裕的补充资金是必要的,而以税收资金为基础的专项债是可取的路径。尽管在一些专项税模式发展较为成熟的国家或地区,中央政府往往厌恶指定用途的举债行为,但在中国,以专项税收作为担保的专项债则有可能成为将债务显性化的路径之一。

除专项税外,国际实践中另一种公益性基础设施建设中的专项税费是征收联动费,但其应用范围相对更窄。在该模式下,费用征缴对象是建成区内新开发的商业项目,而资金完全用于其他一些社会必要基础设施(主要是经济适用房、基础交通设施等)的建设。值得强调的是,联动费实质是在执行地区发展红利再分配的职能,这种非公平性的设定往往难以支撑该费用的合理性。因此,从发达国家经验来看,与专项税相比,联动费模式需要更多的考虑资金来源和用以支持的项目之间的相关性,否则很容易在政治和法律方面引发争议。

由于联动费相较于专项税在资金使用方面更为灵活,故在投资方面,政府的直接投资往往更具效率和可行性,并且地方政府所具备的信息优势和统筹管理能够带来一定的投资效率提升。在融资方面,联动费模式的项目回报体量同样比较单薄,而这种回报的稳定性和可持续性要弱于由税收支持的回报。在此情况下,基于市场的信贷恐怕难以介入,而市政信贷机构(MCI)是一个可能的选择。市政信贷机构并不直接向市政当局提供融资,而是以对项目的经济分析等评估手段为基础,与其他放贷机构一同承担风险来实现对融资主体的增信。与之相对应,地方政府为贷款需要将一部分一般性收入作为担保。通过这样的形式,项目回报不确定性高和可持续性差的问题可以得到一定程度的缓解。毫无疑问,该模式需要配套相应的法律制度和政策作为支撑,以应对贷款各个环节可能出现的情况,比如惩罚性和强制性的地方政府收入转移等。

(四) 引入社区参与的公益性项目

公益性基础设施项目产生的收入微乎其微,并且一般具有规模大、投资多和受益面广的特点。考虑到项目本身的社会效益和商业性,政府更多情况下是借助一般性财政收入来为这类项目筹集资金并直接投资。鉴于本报告主要探讨基础设施的多元化投融资模式,故此类完全基于一般性财政收入的项目在此就不过多讨论。然而即便是此类项目,针对其中一些范围相对较小、受益群体相对集中的社区基础设施建造或升级项目,政府还是可以通过与社区的合作,实现投资多元化、吸纳社会资本的目的。

在该模式下,政府通过对责任和资源的下放,来实现社区在项目投资、运营中的参与。实际上,这种模式在很多国家或地区有着不错的效益。例如,在科特迪瓦的经济首都阿比让的市辖区,当地政府在 19 个社区中设立了社区委员会(CDQs)。在社区改造和升级项目中,政府作为投资的牵头人仅提供种子资金,而这些委员会调动的投资资金约占基础设施项目成本的 30%,在这个过程中政府能够实现 6 倍以上的投资杠杆。此外,这些项目的后期运营直接由社区委员会来承担,这使得所提供的服务更加具有责任性和灵敏性。

在社区参与合作的模式下,以社区委员会为融资主体是可行的选择。在英国,垃圾收集、建筑清洁和地面维护等项目通过社区等私营部门的参与增加了竞争,使得成本平均下降了 6.5%。不过各个独立的社区委员会之间存在竞争关系,因此仍需要通过政府合理的引导和帮助来实现效率的提升与社会福利的增加。例如,政府应当关注那些具有公共价值但公众未充分认识到其经济价值的项目,这需要政府利用担保等手段来提供过渡性的帮助。然而,担保模式难免会吸引试图寻求政府担保的高风险借款方,这可能会产生相互关联的利益集体,不仅破坏了公平性,还增加了金融风险和腐败的可能,因此需要建立有效的监管和法律体系。此外,以政府为融资主体的一些创新型信贷模式也是可行的。美国的国家循环贷款基金(State Round Loan Fund)是向城市发展提供长期信贷的一个创新范例。该基金的资金主要来自中央和省级政府注入的资本和捐款,以此来支持特定城市建设项目的信贷增强、担保、抵押融资或再融资。而以专项基金为融资渠道的优势在于目标清晰、范围明确,这能够匹配社区改造或升级项目同质性强的特点。但是,依照荷兰和瑞典等欧洲国家和 50 多个发展中国家中的城市发展基金的经验,这种补贴性的贷款成本对于中央或省级政府是昂贵的,并且可能会阻碍市场化融资的发展。

四、结论及政策建议

吸引市场化、多元化的资金投入是我国城镇化投融资体系改革的主要目标之一。实现这一目标的一个关键环节是要根据不同类型的公用事业或基础设施项目特性,设计相应的投融资模式。本报告在综合理论分析与国内外实践总结的基础上,按照项目的回报机制将其分为四类,即可收费项目,可获取土地增值收益从而实现变相收费的项目,可针对性的征收专项税费的项目,以及无法通过针对性的税费回收成本只能由一般性财政收入来筹集资金的项目,并且分别探讨了每一类项目多元化投融资模式的实现形式。这也意味着,针对某个具体的基础设施项目时,我们可以根据其可能的回报机制选择切实可行的投资和融资模式,从而真正实现投融资模式的多元化。但也要意识到,上述分析主要是基于理论及国外实践,尽管对我国城镇化投融资体系具有参考价值,但仍需配合一系列的改革方能真正落地。由此可引申出如下几方面的政策建议。

(一) 进一步转变政府职能,缩减政府直接参与经济活动的规模

党的十八届三中全会通过的《中共中央关于全面深化改革若干重大问题的决定》指出,"必须积极稳妥从广度和深度上推进市场化改革,大幅度减少政府对资源的直接配置,推动资源配置依据市场规则、市场价格、市场竞争实现效益最大化和效率最优化。"政府的职责和作用应该主要是保持宏观经济稳定,加强和优化公共服务,保障公平竞争,加强市场监管,维护市场秩序,推动可持续发展,促进共同富裕,弥补市场失灵。在资源配置领域发挥决定性作用的应当是市场机制。要真正全面贯彻落实上述精神,仍需付出艰辛的努力。同时,还要铲除届别机会主义行为和地方政府的道德风险。早在2013年,中组部在《关于改进地方党政领导班子和领导干部政绩考核工作的通知》中已经提出,"要把政府负债作为政绩考核的重要指标,强化任期内举债情况的考核、审计和责任追究,防止急于求成,以盲目举债搞'政绩工程'"。这也是从严治党的必然要求。

(二) 摸清各级政府"家底",并合理匹配地方政府的事权与财权

首先是要在资产负债表的框架下编制各级政府的"总账",对各级政府的"家底"真正做到心中有数。在此基础上,要继续进行财税体制改革,合理划分中央与地方事权,让地方政府的权利和责任匹配起来。务必明确,城市基础设施也要进行市场化运作,不能全部由政府负担。

(三) 探索更多可行有效的城镇化投融资模式

在我国新型城镇化建设全面推进的背景下,基础设施发展的需求端面临着结构更为复杂的状况,仅满足资金缺口和提高匹配度是不够的。出于更深层的考虑,我们需要多样化的投资模式和融资工具来契合地方政府职能的转变,同时为其提供恰当的激励措施以提高经济社会运行效率,实现高质量发展总体目标。短期内,与政策性金融、商业银行以及土地财政相配套的财政规范、投资主体确立准则、债务限额、债务发行的审批和监督程序需要动态地适应需求端的变化。在中长期,投资模式和融资工具的市场化转变和创新是两个重要方面。就市场化而言,引导私人部门参与以实现效率的提升、成本的降低和管理的高效尤为关键,基于此,国内的私人资本的完全投资和PPP模式仍有很长的路要走。在创新方面,以对居民所

收的税费为基础的市场化融资工具较为欠缺,这需要进一步探索和发展市政债券、市政信贷机构、城市发展专用基金、专项债券等。

(四) 强化城镇化建设中各类与投融资相关的政策的协调性

长期以来,在我国的基础设施建设中,金融领域的中央垂直管理模式往往存在着监管力度不足和指向性模糊的问题,这会严重削弱地方政府所具备的信息优势和一定自主权所带来的区域效率,从而会严重影响投融资的可行性和效率,而一定的权力下放在强约束的环境下可以带来可观的边际效益。此外,为了保证下放的权力能够充分发挥效用,可以考虑设立政府绩效考核团队来进行灵活的监管。通过对政府各项职能的考察,以科学地把握"中央管理"和"地方自治"之间的平衡,并以动态调整为手段从而达到最大化的政策效力。当然,在权力下放过程中,权力的透明度是相当重要的。权力的透明化不仅能够加强地方政府的责任意识,建立与公民间的信任,还能保证社会公平。因此,地方政府主导的城镇化发展亟须一套切实可行的政策框架,作为建立长效机制的基础性制度安排。

(五) 完善相配套的金融生态体系

一个高效完备的金融系统是城镇化顺利推进的重要制度支撑。首先,基础设施项目往往有着资本密集度高、投资回报期长与项目回报不确定的特点,这就要求形成各类投资主体公平竞争的市场环境。只有脱离政策性保护才能够有效保证各方利益实现兼容。其次,我国长期融资市场失灵的问题也需改善,基于当下的环境,可先由政策性金融来积极探索可能的融资工具,要设立城市基础设施投融资专营机构,应对城市化过程中大量的资金需求。再次,在长期内,城镇建设融资需要整个资本市场配合完成,建议实行资产证券化,实现基础设施向社会资本转让。复次,相关退出及破产机制也需完善,这不仅会在一定程度上降低资金成本,而且一个健全的退出破产框架能够有效地阻止"搭便车"行为并鼓励地方政府追求可持续的财政运行。最后,良好的金融生态环境还需要健全的信息披露机制来缓解信息不对称所带来的风险,并提高政府和企业的效率。

(六) 推动相关法律法规的持续完善

城镇化发展的新阶段和新环境,与时俱进的配套法律体系是必不可少的。在中国,法律制度对城镇化进程中各个环节的保障体系并不健全,具体到城市建设投融资方面,这些缺失主要包括收费水平、税费征缴、社会资本的权责划分与城市基础设施质量标准等。这首先会直接造成资金使用不透明、利益分配不合理等问题,影响项目建设效率,同时,很容易滋生监管错位和缺位,从而造成社会问题。因此,为了在新的环境和变化中能够保证城镇化发展的可持续性,相关法律法规需要及时完善和创新。

（课题组成员：李扬　董昀　李鑫　蔡翼飞　郭嘉）

"十四五"时期空间战略格局和空间结构优化方向研究

中国科学院南京地理与湖泊研究所

新中国成立 70 多年特别是"十一五"时期以来,我国空间发展战略及空间结构调整,坚持以人为本和保护自然,注重城镇化、农业和生态空间合理分工,与经济社会发展和生态文明建设需求相契合,跟随时代步伐不断转型优化。当前,我国即将步入"十四五",高质量发展成为主题,面临经济增长方式、产业类型与布局形态、老百姓美好生活、资源环境保护和生态系统保育等的新趋势、新诉求、新焦点,空间治理能力和治理体系现代化水平同样面临不断提升的新需求。同时,面对快速增长与经济社会的现代化转型,空间发展面临着资源环境供给骤紧、扩张需求变缓、部分空间出现收缩和减量化、空间开发效率和品质不高、生态服务功能提升难度加大等新现象、新矛盾、新问题。应对新时代生态文明思想和高质量发展要求,应对空间治理和规划体系重构的现实需要,空间格局调整优化思路也面临转型,亟待"十四五"时期予以重视和解决。

为此,本报告基于主要发达国家空间发展战略的主要经验和一般规律的总结,梳理我国空间战略格局演进历程,分析当前我国空间战略格局和空间结构的总体情况和突出矛盾,着眼于现代化建设和高质量发展要求,研究提出新时代我国空间发展战略的总体思路,特别是"十四五"时期我国国土空间开发保护要求,以及构建空间战略格局、空间结构优化方向的总体思路、阶段性目标任

城乡区域

务和战略举措。

一、国际空间发展战略经验与组织规律

科学谋划空间发展战略和空间结构,是发挥政府空间调控作用的通行做法。空间结构演化一般遵循自然发展的科学规律和经济发展的市场规律。后者以市场为主导,但市场有短期性趋利性,而自然发展的科学规律体现,包括自然资产价值化以及区域群体福利均衡目标,则有赖于政府"有形之手"。发达国家的各级政府都有着完善的强制性空间保护和地区特殊政策等空间管治手段。

寻求开发—保护和效率—公平兼顾、安全健康的集散均衡,是实施空间调控的终极目标。空间效率包括经济、社会、生态等效率,公平也包括发展机会、社会福利、环境代际等公平。空间治理的核心是集聚—分散格局的动态调整和平衡纠偏,过度分散影响效率,则倾向集聚政策;反之影响公平,鼓励分散政策。在经济社会空间策略,推动经济不平衡增长(集中)、社会和谐性发展(均衡)、生态环境可持续成为共识。空间管治框架体现"4E"协同,经济集中(Economic Concentration)、生态安全(Ecological Safety)、社会公平(Equitable Society)、管治高效(Efficient Governance)。发达国家的空间规划多为区域发展战略规划,较好实现了发展和空间的有机融合,也较好实现了人口、经济、资源环境协调。

重大投资项目与空间治理政策相辅相成,是落实空间发展战略的关键抓手。重大项目是推动形成空间发展战略格局的"先手棋",空间治理制度改革创新是实现福利公平的"稳压器"。政府力量通过更有效的治理政策工具,主要是公共制度、基础设施、空间性干预措施等,组合推动空间格局形成,如果治理恰到好处,经济集中、生态安全、社会公平可以并行不悖。

二、新中国成立以来我国区域协调发展和空间战略演化历程

1949—1978 年:改革开放前的区域平衡发展阶段。为了彻底改变旧中国经济基础十分薄弱、地区发展极度不平衡的区域经济格局,新中国成立至改革开放这一时期我国主要实施区域平衡发展战略,同时兼顾国防需求与产业合理布局,强调内陆地区的开发建设。区域平衡发展战略的实施初步转变了新中国成立之初极度不平衡的区域发展格局,奠定了新中国重工业基础,但这一战略举措忽视了区域经济

发展和资源环境承载的客观规律,一定程度上也带来了沿海与内陆"低水平平衡"的负面影响。

1979—1990年:改革开放初期的区域非均衡发展阶段。党的十一届三中全会后,国际政治经济形势发生转变,我国也进入改革开放新时期。国家对资源配置和区域发展战略作了重大调整,1979—1990年我国主要实施区域非均衡发展战略,注重发挥和利用东部沿海地区的区位和经济技术优势,有效改善了沿海地区的投资环境,加快推动了沿海地区的经济腾飞,但也扩大了区域间发展差距,东中西部梯度发展的总体格局初步形成。

1991年至21世纪初:区域协调发展战略谋划与启动阶段。面对东中西部区域发展差距扩大、区域间利益摩擦和冲突加剧等现实问题,国家开始调整改革开放之初实施的区域非均衡发展战略,提出促进地区经济协调发展是改革和发展的一项重要战略方针和任务,并初步明确了地区经济协调发展的指导方针。因而,20世纪90年代至21世纪初,是我国区域协调发展战略系统谋划与启动阶段,标志着我国改革开放和社会主义现代化建设推进到新的阶段,这也为我国全方位对外开放和区域协调发展新格局的形成奠定了坚实基础。

21世纪初至2012年:区域协调发展战略全面实施阶段。21世纪头十年,我国区域协调发展战略进入全面实施阶段,实施西部大开发、东北振兴、中部崛起、东部率先发展、主体功能区等重大区域发展战略相继实施,以四大板块为主体的区域发展总体战略和格局基本形成,区际发展差距呈缩小态势,区域协调互动机制日益健全,区域协调发展水平稳步提升。

三、区域协调发展和空间战略演化的总体特征

正视自然地理、历史差异与发展需求,顺应自然规律和市场经济规律,区域发展有着较好的正效应。我国区域发展不平衡不充分问题是由自然地理、经济技术基础和社会历史条件所决定的,区域发展不平衡也是一种经济常态。新中国成立初期实施的计划经济思维下的区域平衡发展战略,尤其是应对国防安全危机的"优先发展内地"、"三线"建设等相关策略,忽视了我国区域间不同的自然地理基础,违背了市场经济规律。改革开放后,国家对区域发展战略方向作出重大调整,相继实施了区域非均衡发展、区域协调发展战略,重点发挥市场对资源配置的决定作用,全面考虑区域资源环境承载力与区际比较优势。尤其是党的十八大以来,各项区域发展政策均基于我国区域间差异化要素禀赋条件,旨在探索不同要素约束条件下的高质量、高效益发展路径及模式,同时在保障区际经济技术、人民生活水

平差距区间合理的基础上,努力通过政策调控缩小区际差异,实现共同富裕。

更加注重顶层设计与创新引领,区域协调理念不断深化。长期的向西部或东部倾斜及区域非均衡发展战略形成了我国地方自由竞争发展模式,这推动了经济快速增长,但也造成发展效率低下、无序竞争与空间开发等问题。因而,20 世纪 90年代以来,国家实施区域协调发展战略,更加注重系统和科学的中央顶层设计。同时,国家结合不同历史时期的国际国内形势,不断总结经验教训,不断深化和创新区域发展观及其价值内涵,从新中国成立初期的"平均主义、均衡开发"思想,到改革开放初期"注重效率、向东倾斜"的非均衡发展理念,再到 21 世纪以来的"开发与保护均衡、公平与效率兼顾"的区域协调理念,尤其是党的十八大以来,以习近平同志为核心的党中央审时度势,基于经济社会发展规律,提出创新、协调、绿色、开放、共享的发展理念,并将实施区域协调发展战略作为新时代国家的重大战略之一。

区域发展战略作用对象的全面性及其空间属性增强。长期以来,我国区域经济发展和空间战略的重心往往在城市,抑或向西部或东部倾斜。21 世纪以来,我国区域发展战略由单一作用对象/区域向多重作用对象/区域转变,由偏重区域经济发展向"经济社会综合、空间尺度嵌套"转变,更加注重不同类型、主体功能区域的差异化利益诉求与发展路径。我国首先提出了"推进西部大开发,振兴东北地区等老工业基地,促进中部崛起,鼓励东部地区率先发展"的区域发展总体战略,给了各个地区发展预期,但是均基于开发导向的引导,缺乏功能性方向。对此,我国实施主体功能区战略,根据资源环境承载力和发展潜力,不断推进市县主体功能区建设,进一步深化区域因地制宜的开发与保护的分类引导,着力构建科学合理的城市化格局、农业发展格局和生态安全格局,促进城乡、区域以及人口、经济、资源环境协调发展。

产业结构及布局优化与区域发展格局、空间结构优化互动演进。纵观我国区域协调发展和空间战略演进历程,产业结构调整及布局优化,是我国区域发展格局重塑、空间结构优化的重要内生动力和调控手段。新中国成立初期,优先发展国防和重工业,有计划地引导产业区际转移和工业项目选址等,决定了"三线"地区建设进程及我国低水平平衡发展局面;改革开放后,市场化引导集体经济、民营经济和外资经济的快速发展,是推动我国东部沿海地区快速崛起,工业化与城镇化进程加速的重要驱动力;而"十一五"以来,以高新技术产业、战略性新兴产业、生产性服务业等为代表的服务和创新经济快速发展,促进了优质资源和要素进一步向城市化地区尤其是大中城市集聚,带动了城市群和大都市圈的经济极化,进一步重塑我国经济地理格局。

政府作用更好发挥,差异化区域发展及调控政策体系日益完善。随着我国区域协调发展水平提升,差异化、可持续、稳定的区域发展及空间调控政策框架基本形成,区域协调与合作机制也由政府干预向市场引导转变。区域发展及空间调控政策手段从新中国成立初期的工业和基建项目直接援助,转向改革开放后的产业、财税等政策调控,再优化为经济、空间要素全面调控的利益激励型政策体系,区域政策工具得到充分有效的发挥。此外,近年来各地区各部门围绕促进区域协调发展与正确处理政府和市场关系,在建立健全区域合作机制、区域互助机制、区际利益补偿机制等方面进行积极探索并取得显著成效。

区际差异总体呈收敛趋势,但面临的问题也更加复杂化。经过70多年的区域协调发展探索与实践,我国区域、城乡经济社会发展差距总体上呈现收敛趋势,综合国力显著提升、人民生活水平显著改善,但我国区域协调发展面临的问题挑战也较为复杂。一是区域分化现象依然存在,尤其是在东西差距既定存在的条件下,南北方发展差距以及多重尺度的差距问题逐渐成为制约我国区域协调发展的重要问题,具体表现为西北和西南地区之间,东南、华东与东北、华北地区之间的差距正在加速拉大,东北衰败加剧了南北差距;不少省份内部一些地区的落后及贫困成为固有顽疾,脱贫攻坚难度大。二是我国资源约束不断加剧,生态环境压力持续加大,但同时区域间无序开发与恶性竞争仍然存在,区域发展总体格局、国土空间开发保护格局还需优化。三是区域发展机制还不够完善,城市群一体化和都市圈同城化的协同机制有待形成,建立与全面建成小康社会、基本实现现代化相适应的区域协调发展新机制任重道远。此外,国际政治经济形势日趋复杂,我国现代化经济体系建设,区域经济健康、协调、可持续发展也将面临更大风险与挑战。

四、基于主体功能区战略的空间格局调整优化方向

优化城市群功能格局,主次明确、重点突出。进一步明确城市群层次,将京津冀、粤港澳、长三角建设为世界级城市群,武汉、成渝等打造为国家重要城市群,中原、长株潭、北部湾、关中平原、呼包鄂榆、兰西等打造为地方性城市群。近期建设重点以三大世界级城市群以及位于长江经济带的长江中游和成渝城市群为主,其他城市群作为潜在发展区。

延伸拓展城镇化发展带,形成对陆路外开放廊道。推动路桥通道西出口由阿拉山口调整至霍尔果斯,即陇海线过乌鲁木齐后向西南奎屯、伊宁、霍尔果斯方向调整,形成向西联系中亚及欧洲的开放通道。推动包昆通道至昆明后继续向南延伸,经磨憨、河口联系老挝、泰国、越南。推动沿海通道经大连延伸至沈阳,与京哈京广通道融合,并向北延伸至漠河,形成向北联系俄罗斯、蒙古国的开放通道。

优化生态安全格局,形成与城市化战略格局的相互支撑和嵌套。根据地形地貌和山脉走向等,构建"一极三横三纵"的生态安全战略格局。"一极"指青藏高原"第三极",南起喜马拉雅山脉南缘,北至昆仑山、阿尔金山和祁连山北缘,西部为帕米尔高原和喀喇昆仑山脉,东部及东北部与秦岭山脉西段和黄土高原相接,是我国乃至全球重要的生态屏障。"三横"指北部西起阿尔泰山脉和天山山脉,经内蒙古阴山山脉到东北大小兴安岭—长白山脉形成生态屏障;中部西起昆仑山脉,经祁连山脉、秦岭、大别山到长江口一线;南部西起云贵高原东缘,由南岭和武夷山脉形成的生态屏障。"三纵"指东部海洋蓝色国土生态屏障;中部北起大兴安岭,经太行山脉、巫山和武陵山至云贵高原东缘;西部北起阴山山脉,经过贺兰山、六盘山和横断山脉抵藏东南青藏高原东缘。

整合开发保护格局,构建"一极一区多片"的国土空间总体格局。"一极"指青藏高原"第三极",是我国大江大河源头,也是我国最重要的生态屏障区域。"一区"指以京津冀、长三角、粤港澳和成渝四大战略增长极为顶点,以相邻区域的联系通道为边界形成的"银杏叶"型区域,这个区域是我国国土空间开发的核心区域,是区域一体化和城乡一体化发展的主体空间,体现城镇化与农业空间的融合。其中,位于菱形顶点的三大世界级城市群是资源环境趋于饱和、需要优化缓解、推进环境友好型发展的区域;成渝城市群是引领西部地区发展、联动东中西的重要引擎;位于菱形内部的武汉城市群、中原城市群、长株潭城市群等是支撑中部崛起的关键支点,山东半岛和海峡西岸城市群,成为联动京津冀、长三角和粤港澳的新增长空间。"多片"指位于"一极一区"之外的生态脆弱型区域,是推动人与自然和谐共生,促进点状城镇化集聚、特色农业与生态保护协调的主体空间。其中,东北地区是以哈长、辽中南等主要城市为主体的收缩复苏区,外围是辽阔的三江平原农业主产区与大小兴安岭及长白山脉生态空间;西部内蒙古高原及河套地区、天山北坡等区域,经济基础薄弱,生态环境脆弱,避免大面积开发,以生态文明建设为主;西南贵州、云南和广西等地区,集中力量推进黔中、滇中、北部湾等区域建设,注重保护丘陵和高原的生态系统安全和生态服务功能。

五、现代化高质量的空间发展思路

推动城市化地区高效发展。城市群是新型城镇化的主体形态,都市圈是城市群的核心,两个尺度空间嵌套和相互作用,成为城市化地区主要的空间形态和组织方式。建议按照规模等级,可以划分为特(超)大城市群、大型城市群、中小型城市群;按照影响辐射范围划分,城市群可划分为世界级城市群、国家级城市群、区域级城市群。

——优化发展世界级城市群。培育建设京津冀、粤港澳、长三角三个世界级城市群,作为我国参与全球治理的核心载体、经济社会发展的重要引擎、科技创新的引领区域、空间高质量发展的先行区和示范区,是我国劳动生产率、工业增加值率、单位资源能源投入产出效率最高的人口经济密集区。此类区域空间高质量发展方向和思路是:优化空间结构,完善城镇布局体系;优化产业结构,建立现代化产业体系;严控开发强度,推动建设用地"减量化";转变发展方式,提升资源环境利用效率;实施产业转型升级工程,如企业低碳绿色提升工程、产品升级工程、能源变革工程等。

——重点发展国家级和区域级城市群。考虑强化长江经济带对全国经济社会发展的支撑作用,加快推进以武汉、长沙、南昌为核心的长江中游城市群和以成都、重庆为核心的成渝城市群建设;注重沿海沿江重要节点区域开发,如辽中南、山东半岛、中原、海峡西岸、北部湾等城市群,作为支撑全国经济增长的重要增长极、城市化工业化增量集聚的主要承载区域和战略储备区域。此类区域空间高质量发展方向和思路是:做大做强中心城市,提高核心辐射带动作用;健全城市规模结构,加快人口集聚;统筹规划国土空间,提高发展质量效率;实施低碳循环改造工程,防止工业化影响空间高质量发展。

——培育若干现代化都市圈。突出都市圈在形成"城市群—都市圈—中心城市—中小城市—特色小镇—乡村振兴"的全尺度空间布局体系中的承上启下作用,打造成为辐射带动城市群发展的龙头。此类区域空间高质量发展方向和思路是:推动都市圈按成熟型、发展型、培育型发展阶段差异化发展;统筹都市圈跨界地区空间规划;打造"轨道上的都市圈",建设以轨道交通为主的通勤化交通网络体系;推动城乡融合发展,探索城乡一体化体制机制。

推动农产品主产区特色绿色发展。主要农产品主产区是保障全国农产品供给安全的重要区域,我国生态经济创新发展的关键区域,百姓田园休闲度假旅游目的地和乡村承载地。此类区域空间高质量发展方向和思路是:增强县城集聚发展能力;推进特色小城镇多样化发展;优化乡村布局,打造生态化诗意田园;实施自然农法生产工程,推动生态产业融合化发展。

推动生态地区安全健康发展。一方面,严格保护重点生态功能区。重点生态功能区是我国生态产品供给区域和重要生态保障。此类区域空间高质量发展方向和思路是:实施生态服务功能提升工程;实施生态补偿机制建立工程;实施绿色金融支撑工程。另一方面,建立以国家公园为主体的自然保护地体系。自然保护地是我国自然生态系统和生物多样性保护的核心空间,是为全国提供生态服务功能和生态产品的重要载体。此类区域空间高质量发展的方向和思路是:推动自然保护地体系的顶层设计和系统规划;优化我国保护地空间布局;完善自然保护地产权制度;促进保护地与周边区域的协调发展。

加强流域系统治理。要实现流域空间高质量发展,需推进大江大河大湖流域综合系统治理,总体改革方向和基本思路是:改革环境治理手段,建立环境资源总量控制机制;树立生态保护修复理念,建立统筹实施重大治理工程机制;倒逼产业结构调整,建立生态保护与经济发展共赢机制;提高精准治理能力,强化数字化支撑体系;提高污染治理标准,加大农村环境治理;改革政府投入方式,健全市场化运作机制;改革系统治理保障体系,推动法规及监管机制建设;改革流域管理体制,创新运行管理体系。

六、空间高质量治理相关建议

健全主体功能区制度和战略落实机制。空间高质量发展必须坚定不移落实好主体功能区制度和战略,通过规划的纵向传导,把开发保护功能落到具体地域空间上。因而,厘清规划分工关系、明确不同层级政府的规划事权,是建立科学空间治理体系的前提。重点厘清国家、省级发展规划和国土空间规划的关系,发展规划要定战略、定功能、定人口规模等,国土空间规划要根据主体功能区战略、生产力布局、人口空间布局等确定空间保护开发目标和管控要求等。通过制定差异化的空间治理政策,引导建立人口、用地、就业、公共服务相协调的发展规划与空间规划协同体系。

制定分类的空间功能引导与用途管制规则。空间高质量发展不仅需要科学合理的规划方案,更需要明确城镇、农业、生态等各类空间高质量发展的路径举措和管制规则。

——城镇空间着重于利用结构优化及效率提升。在明确城镇空间的边界、功能基础上,探索通过空间重组和管控,千方百计提高单位国土面积的投资强度和产出效率,促进高产出区域密集分布,推进工矿建设空间和各类开发区用地控制、低效建设用地再开发、混合土地利用。探索在国家新型城镇化规划提出的人均100平方米城镇建设用地标准基础上,结合本地实际,提出更严格的人均城镇建设用地控制标准。优化开发区域的城镇空间着重于存量空间调整和用地节约集约利用,重点开发区域着重于城镇空间用地拓展边界与利用效益问题,限制开发区域重点推进城镇空间调控与减量化。

——农业空间着重于农地保护与农村聚落优化。在农地保护方向和规模明确的基础上,制定严格的建设用地规模、强度和准入管控。农产品主产区要强化农业空间的规划,提出农地保护、土地整理、后备资源开发与村庄建设的整体思路构想。优化和重点开发区域要着重于农业空间建设用地的控制,促进农业生态化、农地标准化和村庄聚落优化,探索农村田园休闲景观保护与建设的实现路径。

——生态空间着重于生态红线管控和生态服务及维护功能保护。实施生态保护空间分级管控,提出分级分类的管制要求,制定最严格的建设用地规模、强度和准入管控,退出与生态保护功能无关的建设用地,探索符合功能定位和生态保护要求的未利用空间开发模式与路径。重点生态功能区要强化生态保护空间的规划,研究符合本地实际的扩大生态保护空间的思路与要求,提出退耕还林、退渔还湖、退牧还草等具体举措。优化和重点开发区域要研究提出破坏或污染生态保护空间修复、生态空间退化防治的总体思路和要求。

建立健全"多级管控、分类指导、精准施策"的区域政策体系。积极打破"一地一策"等传统区域政策编制实施方式,根据各类区域主体的功能地位、发展导向,依据新的区域格局,从区域协调发展大局出发,谋划实施与不同尺度层面相对接、与不同区域主体相匹配、与各级行政主体实施职能相符合的区域政策体系,真正实现一级政府一级事权一级政策体系,全面提高区域政策的针对性、有效性和可操作性。加快建立健全生态安全与社会公平协同保障机制,探索差别化纵向生态补偿和多元化横向生态补偿机制;建立基于主体功能区的流域和区域水资源配置制度、土地资源配置制度。

调整地方发展评价导向。建立健全以绿色、循环、可持续发展为主导的领导干部政绩考核指标体系,弱化综合性 GDP 评价,对限制开发区域取消 GDP 评价,强化产出效率、生态建设、环境保护、优质农产品、基本公共服务体系建设等评价。积极开展绿色国民经济核算,探索编制自然资源资产负债表,全面评估核算区域生态资本价值。建立以考核结果为依据的奖惩机制,建立生态环境损害责任终身追究制度,建立领导干部自然资源资产离任审计制度,严格执行领导干部环境保护一票否决制,引导树立正确的政绩观。改进考核评价方式方法,探索建立"民评官"机制,推行实绩公示、公议制度。

(课题组成员:陈雯　孙伟　吴加伟)

"十四五"时期空间战略格局和空间结构优化方向研究

武汉大学中国发展战略与规划研究院

习近平总书记指出,要积极推动城乡区域协调发展,优化现代化经济体系的空间布局。党的十九大报告指出,中国特色社会主义进入新时代,我国社会主要矛盾已经转化为人民日益增长的美好生活需要和不平衡不充分的发展之间的矛盾。新的社会主要矛盾,决定着经济发展的重点是要解决发展的不平衡不充分问题。改革开放以来,空间结构的优化已经成为中国经济效率快速提升的主要源泉。"十四五"规划是开启全面建设社会主义现代化国家新征程的第一个五年规划,必须以统一规划体系为依托,加快构建一体化的国家发展战略体系,通过梳理我国空间战略格局演进历程,构建区域协调发展新机制和改革体制机制推动空间结构优化,进一步提升区域经济增长的效率,缩小区域发展的差距和促进区域可持续发展,最终形成高效、包容、可持续的区域经济格局,提升空间治理体系和治理能力现代化。

一、主要发达国家空间发展战略的经验和启示

(一) 主要发达国家空间发展战略设计实施的主要经验

美国空间发展战略体现出市场经济的特点:空间规划体系自

由,区域规划多由非营利性的第三部门编制,不具有法定效力。美国的国土规划采用"以公共土地用途规划为核心,流域开发规划和跨州经济区建设规划为重点"的国土空间开发模式,重点加强公共土地公用规划,大力推进流域综合开发,加紧布局跨州经济区划分与建设规划,解决跨区域的州际发展问题。

日本形成了以国土综合开发规划、国土利用规划、土地利用基本规划三大规划为核心的空间发展战略体系。日本的空间发展战略一直致力于协调"过疏"与"过密"问题,以大都市圈为核心,改造优化原有开发模式,构建空间发展主轴与地域联系轴,加快各地信息化进程,以地方为中心形成广域国际交流圈或广域板块,推动区域均衡发展。

德国空间发展战略由高到低具有五个层级(欧洲层面、联邦规划、州域规划、区域规划、地方规划),分别从不同的尺度以及侧重对土地利用空间作出系统的安排。从纵向关系上看,低层级规划一般要服从高层级规划基本目标要求,是高层级规划的补充和具体化,实现国家与地方、宏观与微观高度结合,通过自上而下的引导和自下而上的反馈形成协调的规划衔接机制。德国空间发展战略极具严谨性,上下级政府权限明确,注重规划制定过程客观性,公众参与度高。倡导以政策倾斜推进区域协调发展。

荷兰空间发展战略致力于构建高质量人居环境,建设城市"绿心",控制城市无序蔓延。荷兰空间发展战略评估体系较为完善,主要分为规划制定时的评估和规划实施后的评估。其中,规划制定时的评估分为预评估和战略环境影响评价,主要是讨论规划的可行性、规划对环境的影响,主要目的是帮助公众和决策者作出正确的政策选择;规划实施后的评估包括定期的过程监测和定期的实施后评估,主要目的是动态考察规划的实施绩效,为决策者进行必要的规划调整提供依据。

(二) 发达国家空间发展战略实施经验对我国的启示

1. 健全国土空间规划体系

国土空间规划是一项整体的规划,具有约束性、战略性和指导性作用,要注重纵向和横向层面规划之间的衔接和协调关系。一是纵向衔接。国土空间规划要注重上下位规划的沟通衔接,以及从顶层到基层的分工明确,并强调要按照法律落实和执行。二是横向协调。规划的横向协调必须结构清晰、标准统一,部门间分工明确,并且与法律规定保持一致。

2. 建立资源环境承载能力监测预警长效机制

建立资源环境承载能力监测预警机制是落实国家主体功能区战略的重要基础工作,也是中央对地方的重要考核指标。加快形成由国家级、省级和市县级评价组成的一体化监测预警评价机制;逐步完善资源环境承载能力监测体系,建设综合预警平台;建立监测预警数据库和技术平台,并按年度编制资源环境承载能力监测预警报告;建立健全资源环境超载政策响应机制。建议根据不同预警等级,从财政、投融资、产业、土地、人口、环境等方面,在中央管控措施的基础上,提出地方预防和响应措施。

3. 加强空间信息技术应用能力

把握电子政务和大数据云平台快速发展机遇,立足现有政务信息共享平台和在建的政务空间信息云端服务平台,加快推进互联互通和信息共享,实现规划用地布局全覆盖,保证同一块用地空间属性唯一性,促进各部门在项目立项、规划编制、实施管理及更新过程中有效衔接。

加快推进航天遥感、航空遥感和地面调查三者相结合的一体化对地观测体系建设,运用现代化测绘地理信息技术对地理国情要素、主体功能区规划实施情况进行实时监测,采取有效措施及时纠正制止规划实施过程中出现的偏差和问题。

加强国家基础地理框架数据整合,促进各类空间信息之间测绘基准统一和信息资源共享,建立起有关部门和单位互联互通的地理信息服务平台。

二、我国空间发展格局演进情况

国土空间是经济发展的载体,新中国成立以来,针对不同时期的主要矛盾和历史任务,我国采取了不同的区域发展战略,并取得了显著成效。空间发展战略的演变呈现多元化、合理化趋势,涉及空间单元更加细致,战略内容更加丰富,区域发展更加科学合理。1952 年,中国的 GDP 总值和人均 GDP 仅 679.1 亿元和 119 元,2018 年分别为 900309 亿元和 64520 元,增加了 1326 倍和 542 倍。伴随着我国区域协调发展战略的实施,逐步形成了"两屏三带"生态安全空间发展格局、"七区二十三带"为主体的农业空间发展格局和"两横三纵"城市化空间发展格局。

(一) 区域发展战略演进与实施绩效

从新中国成立至今,我国区域发展战略经历了三个阶段:

1. 1949—1978 年:区域平衡发展战略阶段

区域平衡发展战略以分析全球及我国地缘政治关系为基础,以国防安全为目标,以平衡沿海和内地差距为方向,基本宗旨是追求区域间发展的"公平",主要内容包括平衡沿海和内地的发展差距、重点发展中小城市并限制大城市发展和"三线"建设等三个方面。

1956 年中共八大报告是新中国成立以后的第一个党代会报告。中共八大到中共十一大会议上关于区域平衡发展的表述较少,大多根据当时国民经济和社会发展五年计划所提出的相关内容进行简要表述,主要的目标是平衡沿海和内地的发展。

1954 年 5 月 23 日,周恩来总理在第一届全国人民代表大会第一次会议作的报告是新中国成立后的首份《政府工作报告》。此后,《政府工作报告》都由国务院总理在历年的全国人民代表大会上发表。区域平衡发展阶段的《政府工作报告》关于"地区经济布局"的表述着重于解决沿海和内地工业发展不平衡问题。

"一五"计划到"五五"计划主张努力平衡沿海与内地关系,重点加快重工业发展。"一五"时期,内地的投资占全国总投资的47%,"二五"时期这一比例为50%,最高的"三五"时期更高达65%。《1976—1985 年发展国民经济十年规划纲要》(以下简称"十年规划纲要")强调,"在全国基本建成六个大区不同水平、各有特点、各自为战、大力协同、农轻重比较协调发展的经济体系"。

通过计算得出中国人均 GDP 基尼系数在 0.26—0.38 之间(图 1),表明中国地区人均 GDP 比较均等,地区差距较小;人均 GDP 总泰尔指数和分解泰尔指数的分析也印证了这段时期我国总体经济差距的主导因素是地区内部的差距,但对全国总体经济差距的贡献度在逐年下降,平衡发展战略的实施初见成效。

2. 1979—1998 年:区域非平衡发展战略阶段

改革开放之后,为尽快缩小与发达国家之间的差距,中央提出了沿海开放战略,即利用条件较好的沿海地区,引进国外先进技术、设备、管理经验和投资来加快沿海地区的发展并带动全国经济的快速发展。

1987 年,中共十三大提出要形成合理的区域分工和地区经济结构。"六五"计划明确提出,要积极利用沿海地区的现有基础,"充分发挥它们的特长,带动内地经济的进一步发展;加快内陆地区能源、交通和原材料工业建设,支援沿海地区经济的发展";"七五"计划首次提出了我国经济区域按东、中、西三大地带划分的要求,并要求"加速东部沿海地带的发展",中央对沿海的鼓励和支持放在了首要位置,建立了 4 个经济特区和 14 个沿海开放城市。

应当注意的是,在加快发展东部沿海地区的同时,我国也越来越重视东部地区发展的带动作用,并出台了一系列诸如控制大城市规模、合理发展中等城市、积极发展小城市,扶持革命老区、少数民族地区、边疆地区和贫困地区等特殊类型地区发展的政策,以区域非平衡发展带动经济社会整体快速发展。

在这段时期,人均 GDP 基尼系数呈先降后升的趋势,拐点是 1990 年,说明邓小平同志提出的东部沿海地区率先发展战略从 1990 年开始初见成效。改革开放初期,东中部地区的经济发展水平差距较小,西部地区发展水平较低;1990 年后东部地区发展速度显著提升,实行"东倾"政策对东部地区的发展起到推动作用。

1980—1990 年区域非平衡发展阶段经济重心向西南偏移,1991—1995 年则向东南偏移。

3. 1999 年以来:区域协调发展战略阶段

自 1999 年以来,国家先后制定了西部大开发、东北振兴和中部崛起战略一系列区域发展总体战略,特别是党的十八大以来,党中央先后实施京津冀协同发展战略、长江经济带发展战略、"一带一路"建设、粤港澳大湾区和黄河流域生态保护和高质量发展战略,我国已经进入区域协调发展战略全面实施的新阶段。

通过人均 GDP 基尼系数和泰尔指数的测算分析发现,我国东、中、西部和东北地区四大板块的经济差距主要集中在板块之间,不同板块发展水平差距较大,东部地区内部省份间的协调发展水平明显高于其他地区,西部地区内部的协调发展水平虽然最低,但正在持续快速提升并逐渐接近中部和东北地区。利用标准差椭圆计算方法,分析各省份人均 GDP 数据描绘标经济重心,分析我国区域经济发展的方向特征和空间集聚性。研究发现,自 1999 年以来,我国区域协调发展阶段的经济重心先向西南后向西北偏移,经济偏向沿海地区的畸形分布状态正在逐步改善,区域经济发展更加协调。

(二) 国土空间格局演化特征与质量水平评价

1. 国土空间格局演化特征

改革开放以来,我国经济的快速发展对国土空间的分布格局产生了深刻的影响。区域发展不平衡表现为社会建设、生态文明建设相对落后于经济建设,区域发展的包容性不足和不可持续。40 多年来,我国国土空间格局演化呈现以下特征:

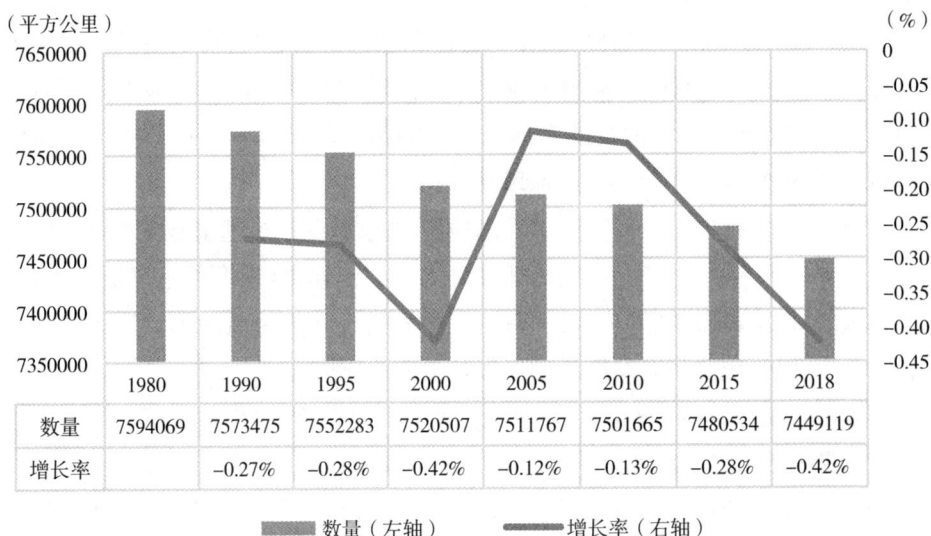

（平方公里）

	1980	1990	1995	2000	2005	2010	2015	2018
数量	7594069	7573475	7552283	7520507	7511767	7501665	7480534	7449119
增长率		-0.27%	-0.28%	-0.42%	-0.12%	-0.13%	-0.28%	-0.42%

■ 数量（左轴）　　— 增长率（右轴）

图 1　1980—2018 年我国生态空间发展演变趋势图

生态空间数量持续锐减近 14.5 万平方公里(见图 1),主要以林地被开垦为耕地、草地被开垦为农田以及城乡建设用地侵占生态用地资源为主,具体表现为林地、草地、水域、未利用土地的持续减少。

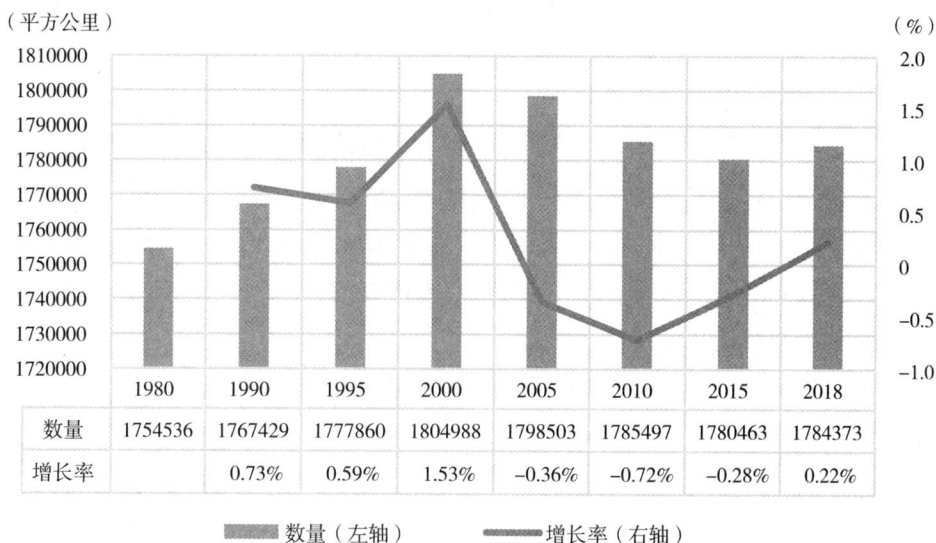

(平方公里)	1980	1990	1995	2000	2005	2010	2015	2018
数量	1754536	1767429	1777860	1804988	1798503	1785497	1780463	1784373
增长率		0.73%	0.59%	1.53%	−0.36%	−0.72%	−0.28%	0.22%

图 2　1980—2018 年我国农业空间发展演变趋势图

农业空间在 2000 年以前持续小幅度减少,2000 以后持续小幅度增加,并整体发展稳定于 178 万平方公里左右。农业空间数量减少主要以城乡建设用地侵占耕地资源为主,而新增耕地资源主要来源于未利用土地,以及河湖滩地的开垦利用。

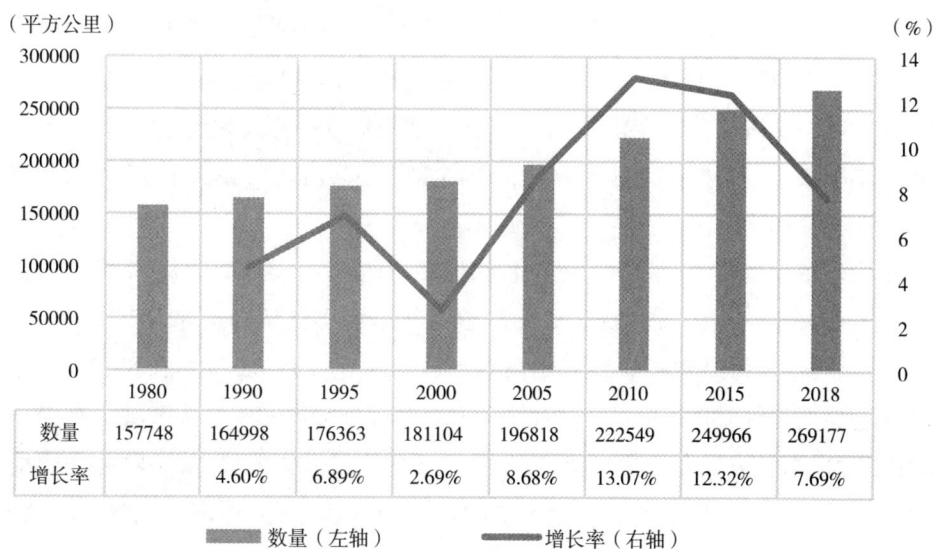

(平方公里)	1980	1990	1995	2000	2005	2010	2015	2018
数量	157748	164998	176363	181104	196818	222549	249966	269177
增长率		4.60%	6.89%	2.69%	8.68%	13.07%	12.32%	7.69%

图 3　1980—2018 年我国城镇空间发展演变趋势图

城镇空间数量大幅增长近11.2万平方公里,增长率达到70%。城镇空间扩张的区域主要集中于我国广大东部地区、东南沿海及内陆地势平坦地区,如黄淮海平原、长江三角洲、珠江三角洲、陇中、东南沿海、四川盆地以及新疆地区城乡建设用地扩张尤为显著。城镇空间的无序扩展对农业空间、生态空间产生了一定负面影响。

2. 国土空间发展质量水平评价

随着生态文明建设的持续推进和主体功能区战略的深入实施,我国区域生态保护发展得到了有效改善,农业发展水平、城镇发展水平得到了显著提升。基于综合指标评价法,构建国土空间发展质量水平评价指标体系,以各县(市、区、旗)作为评价单元,计算各县(市、区、旗)的城镇发展指数、农业发展指数和生态功能指数并进行分级和对比分析,研究发现:

2012年以来,全国生态功能中、高水平的区县比例由74.88%上升至76.31%,"两屏三带"所覆盖的相关县(市、区、旗)生态功能中、高水平的区县比例由91.23%上升至93.60%,生态环境恶化的趋势得到有效遏制,生态环境压力得到一定缓解。从区域分布变化看,东部地区生态保护水平降幅最大,西部地区降幅最小;西部地区生态保护中高水平区县占比高达92.29%,明显高于东部、中部、东北地区和全国总体水平,生态保护水平存在显著的空间差异性。

全国农业发展中、高水平的区县比例由77.61%上升至78.11%,"七区二十三带"所覆盖的相关县(市、区、旗)农业发展中、高水平的区县比例达到82.92%,农业发展水平整体向好,尤其是"七区二十三带"地区地势平坦,水土资源匹配,农业生产技术较为成熟,农业生产条件具有良好基础,是我国粮食生产核心区和棉油糖、畜禽、水产、蔬菜、水果、蚕茧等其他农产品主产区,承担着主要农产品供给保障的主体功能。从区域分布变化看,中部地区农业发展水平提升幅度最大,东北部地区提升幅度最小;东、西部地区农业发展中高水平区县占比明显高于中部、东北部地区和全国总体水平。

全国城镇发展中、高水平的区县比例由53.61%上升至58.23%,"两横三纵"所覆盖的相关县(市、区、旗)城镇发展中、高水平的区县比例高达82.82%。其中,京哈京广纵轴、沿海纵轴城镇发展中高水平区县占比高达88.38%和89.78%,显著高于包昆通道纵轴的61.52%以及全国总体水平的58.23%。从区域分布变化看,中部地区城镇发展水平提升幅度最大,西部地区提升幅度最小;2017年东部地区城镇发展中高水平区县占比高达91.88%,明显高于中部、西部、东北部地区和全国总体水平。城镇化在取得快速发展的同时,大部分地区的质量还有待提升,城镇化发展由速度型向质量型转变的要求日益迫切。

三、新时代我国空间发展战略格局面临的突出矛盾

党的十八大以来,党中央重点部署实施了 48 项国家发展战略,每一项战略的实施落地,都需要一定空间资源予以保障。在有限的国土空间统筹落实各项战略,凸显出空间规划与建设发展的矛盾,同时导致战略实施过程中出现冲突。

(一) 区域发展空间失衡

1. 南北方发展不协调

新中国成立以来,南北经济差距呈"收敛—扩大—再收敛—再扩大"的阶段性演变趋势。

1952 年以来,尤其是 1978 年以来中国南北方地区 GDP 总量持续增长,南方地区 GDP 一直高于北方地区,南方地区 GDP 占全国比重呈上升趋势,北方地区呈下降趋势,南北方地区差异整体呈拉大趋势。分阶段来看,1952—1960 年南北地区差异逐渐缩小,1960 年南北地区 GDP 相当,1961—1977 年南北地区差异较为稳定,1978—1999 年南北地区差异逐渐扩大,2000—2012 年南北地区差异有所缩小,但 2013 年以来南北地区差异迅速扩大,2016 年南方地区占全国比重突破 60%,这意味着我国南北地区差异进入新阶段。

2017 年地区生产总值前 10 位的省份中有 7 个省份位于南方地区,北方地区仅山东省、河南省、河北省 3 个省份,这一情况与 2016 年相同。其中,广东省和江苏省 GDP 总量均超过 8 万亿元。2017 年 GDP 总量排名前 10 位的城市中有 8 个城市位于南方地区,北方地区仅有北京市和天津市两个直辖市。

1979—2017 年北方地区经济总量占全国比重由 48% 下降到 40%,南方地区经济总量占全国比重由 52% 上升到 60%,南方地区 GDP 总量和人均 GDP 增速始终均高于北方地区,且南北经济差距逐步扩大。

2. 区域发展差距持续存在

改革开放以来,"东部地区率先发展""西部大开发""中部崛起"等区域发展战略极大地推动了经济高速增长和城市化进程。一系列优先政策极大地推动了东部地区的迅猛发展,我国的经济越来越向沿海交通便利的核心地区集中,东部地区的经济增长速度、公共财政能力和财政保障能力明显高于中西部地区。西部地区在国家加大中央财政转移支付力度、扩大开放等多项政策的引导下,发展呈现加速增长趋势。

相较而言,中部地区成为全国区域发展的"较薄弱"环节,一方面由于历史原

因形成的低层次的生产分工格局,导致资源利用率低、产业技术水平低、产业关联度低、产业效率低、产业竞争力弱、经济增长乏力;另一方面,中部至今未能改变农业区和资源粗加工区的结构,结构性矛盾突出。新时代促进中部地区加快崛起成为推进全国区域协调发展的关键。

(二)国土空间粗放利用

改革开放以来,我国城镇化、工业化快速进展,同时引发了一系列国土空间利用率低下的问题,诸多地方粗放用地、产业空间布局混乱、挥霍用地的状况日益严重。

1. 城镇空间数量疾速扩张

随着我国开发区热、房地产热的兴起,受郊区廉价土地的诱惑,城镇空间开始迅速向周边蔓延,大量的农业空间、生态空间被侵占,城镇规模的过快增长暴露出许多问题:城镇空间盲目扩张,大量耕地被侵占;空间布局、用地结构不合理,导致城市用地效益和环境质量下降;土地开发利用强度不均衡,一些大型城市土地利用存在超强度开发现象,高密度、高容积的开发利用使得城市配套的基础设施不堪重负,城市交通拥堵、环境质量恶化使城市整体效益下降。

2. 工业分散发展,工业园区闲置铺张

工业分散发展表现为"资源处处开发、工业遍地开花"。从省级至乡镇级政府,从城市到乡村,都强调工业的发展,发达地区力图凭借先发优势,继续大规模集聚产业,欠发达地区力争发挥后发优势,加快赶超步伐,所有市县区乃至乡镇都以经济大发展、工业上台阶为首要任务。20世纪90年代中期后,全国各地开发区数量曾达近7000个,占地3.86万平方公里,相当于全国城镇发展百年来的建成区总面积。经过2003年后国家对于开发区的整顿,到2007年下半年时,开发区数量和规划面积分别有所减少,但各地以产业集聚区、工业小区、一区多处布点或一区多个园区等各种方式设立工业集中区,或将原来已经撤销的开发区,采取由合法的开发区委托代管的方式继续强化工业园区的发展。

3. 农村建设用地无序扩张

用于村办企业、农贸市场和道路建设以及农民住宅建设的用地增长很快。农村建设用地利用效率较低表现为:一是村办企业规模较小,在用地管理上很难规范其具体定额标准,造成土地利用上的很大浪费;二是大量农村劳动力在城镇务工,而农村宅基地面积在扩大,农村住宅建设中空置率较高已成为普遍现象。城乡建设用地规模的过度扩张,已导致我国耕地总量逐年下降,特别是经济发达区域优质耕地大量流失。

（三）区域政策精细化不足

由于我国地域辽阔,各地资源禀赋差别大、产业结构不同、发展水平不一,致使我国区域经济发展中存在比较明显的板块梯度特征及板块间比较优势的差异,在国家宏观调控政策执行方面的承受能力和执行效果存在较大差异。尽管我国已分别制定了西部大开发、东北老工业基地振兴、中部崛起等区域差别化政策,同时也制定了专门针对经开区、高新区、海关特殊监管区、自由贸易试验区等特殊区域的优惠政策,但在区域宏观调控政策中还存在"一刀切"问题,针对不同主体功能区的差异化政策制定方面仍显不足,区域政策空间单元过大、异质性突出,差别化、精细化不足,导致许多政策无法顺利落地。

四、新时代我国空间战略格局和空间结构优化的总体思路、目标任务与举措建议

党的十九届四中全会提出构建区域协调发展新机制,形成主体功能明显、优势互补、高质量发展的区域经济布局。空间结构优化是缩小区域差距、提升包容性的重要途径,也是促进区域可持续发展的重要手段。

（一）我国空间战略格局和空间结构优化的总体思路

促进我国空间发展战略格局优化总体目标:推动形成优势互补高质量发展的区域经济布局,构建"4+6+7+N"的空间发展战略格局。

"4":区域总体发展战略中的"四大板块"(西部大开发、中部崛起、东北振兴、东部地区率先发展)。

"6":新时代六大国家重大区域战略(京津冀协同发展、长江经济带发展、粤港澳大湾区建设、长三角一体化发展、黄河流域生态保护和高质量发展、推进海南全面深化改革开放)。

"7":七类特殊类型地区发展(革命老区、民族地区、边疆地区、贫困地区、资源枯竭地区、产业衰退地区、生态严重退化地区)。

"N":包括创新高地、开放高地、国家中心城市和重点城市群建设。

（二）我国空间战略格局和空间结构优化的目标任务

1. 推动形成优势互补高质量的区域协调发展格局

一是推动国家重大区域战略融合发展。以"一带一路"建设、京津冀协同发

展、长江经济带发展、粤港澳大湾区建设、推进海南全面深化改革开放、黄河流域生态保护和高质量发展等重大战略为引领,以西部、东北、中部、东部四大板块为基础,促进区域间相互融通补充。

二是统筹发达地区和欠发达地区发展。推动东部沿海等发达地区改革创新、新旧动能转换和区域一体化发展,支持中西部条件较好地区加快发展,促进革命老区、民族地区、边疆地区、贫困地区、资源枯竭地区、产业衰退地区、生态严重退化地区发展。

三是加强海洋强国建设。促进陆海统筹发展,加强海洋经济发展顶层设计,完善规划体系和管理机制,加快建设一批海洋经济示范区。

四是完善和落实主体功能区战略和制度。细化主体功能区划分,按照主体功能定位划分政策单元,对重点开发地区、生态脆弱地区、能源资源地区等制定差异化政策,分类精准施策,推动形成主体功能约束有效、国土开发有序的空间发展格局。

五是推进生态文明试验示范区建设。包括促进已有的 4 个生态文明试验区(福建省、江西省、贵州省和海南省)、91 个国家生态文明建设示范市、县以及 29 个"绿水青山就是金山银山"实践创新基地("两山"基地)绿色发展,加快建设一批新生态文明试验区和示范区。

2. 建设一批创新高地,厚植创新型国家建设根基

继续推动已有的 3 个科技创新中心(北京、上海和粤港澳大湾区)、169 个国家级高新区、219 个国家级经济技术开发区、20 个国家级自主创新示范区、11 个创新型省份(湖北、广东、福建、四川、山东、湖南、江苏、安徽、陕西、浙江、辽宁)、78 个国家创新型试点城市、52 个创新型县(市)、14 家国家制造业创新中心和若干战略性新兴产业集聚区建设。按照国家要求,促进已有创新高地发展,争取在 2025 年建设 100 个国家创新型试点城市、100 个创新型县(市)、40 家国家制造业创新中心,支撑创新型国家建设。

3. 建设一批开放高地,构筑全面对外开放新格局

一是打造"一带一路"重要枢纽区。建设重庆——内陆地区"一带一路"重要物流枢纽、粤港澳大湾区——"一带一路"金融枢纽和长三角地区——"一带一路"创新枢纽。

二是建设一批自由贸易区和自由贸易试验区(港)。全面实行准入前国民待遇加负面清单管理制度,大幅度放宽市场准入,扩大服务业对外开放,发展更高层次和更高水平的开放型经济。

三是推动西部陆海新通道建设。充分发挥西部地区连接"一带"和"一路"的纽带作用,深化陆海双向开放,强化措施推进西部大开发形成新格局,推动区域经济高质量发展。

（三）我国空间战略格局和空间结构优化的举措建议

1. 完善区域协调发展战略支撑体系

一是推动重要战略性区域发展。以京津冀协同发展、长江经济带发展、粤港澳大湾区建设、长三角一体化发展、黄河流域生态保护和高质量发展等重大战略为引领，以西部、东北、中部、东部四大板块为基础，促进区域间相互融通补充，建设形成以沿海沿江沿线经济带为主的纵向横向经济轴带，构建协调国内东中西和南北方的区域空间发展新格局。加强中部崛起战略支撑，充分发挥中部地区工业基础、劳动力质量、市场环境优势，建设全国重要的粮食、能源原材料、现代装备制造及高技术产业基地和综合交通运输枢纽。要有针对性地推进先进制造业在中部地区合理布局，加快建设全国先进制造中心。要着力优化中部地区与东南沿海地区交通连接，发挥中部地区连接东西、沟通南北的枢纽功能，促进东中西、南北方区域良性互动协调发展。

二是建立以中心城市引领城市群发展、城市群带动区域发展新模式，推动区域板块之间融合互动发展。构建以京津冀、长三角、粤港澳和成渝城市群为顶点的"菱形区域"格局和国家中心城市为区域增长极的"多级网络化"的城市空间发展格局。优先发展菱形顶点区域，通过菱形顶点区域带动周边地区发展；重点发展菱形内部区域，把长江中游城市群作为引领中部地区崛起和南北方协调发展的战略重点，促进形成若干具有国际竞争力的产业集群，推动中部地区产业结构优化升级；培育发展一批新型区域增长极——长江中游城市群和成渝城市群。

2. 有序的空间结构新布局

当前，一些地区生态环境的压力凸显，很大程度上是由区域分工格局与区域生态环境承载力之间不匹配造成的。缓解生态环境压力，需要按照不同地区生态环境承载力的要求优化空间结构，促进形成生态环境可持续的区域产业分工格局，建立有序、可控的产业空间布局。按照主体功能区战略和国土空间总体布局，尽快基于空间自然属性和开发利用现状，集成遥感影像数据、基础地理信息数据、行业监测数据和基础统计数据等，形成以数据库、知识库、方法库等为载体的全国空间结构精准评价体系，构建国家空间格局动态评估平台，对国土空间城镇、农业和生态功能及质量实施精准评估，有效量化我国空间格局质量演化进程，支撑国土空间结构和功能布局优化有序可控。

3. 新时代空间格局优化制度建设

开辟"中国之治"新境界，坚持以人民为中心，确保各项制度设计充分保证人民当家作主，坚持全国一盘棋，加强空间管治的刚性约束力，落实主体功能区的战略性、基础性和约束性作用,建立自上而下和自下而上的上下联动监督考核机制。推进发展规划立法,确保空间管理全面纳入法治轨道。坚持和完善共建共治共享的社会治理制度,运用大数据、人工智能等互联网思维提升国家空间治理现代化水平,推进政府决策科学化、空间治理精准化、公共服务高效化,为推动国家空间治理体系和治理能力现代化提供制度保障。

(课题组成员:何莲　吴传清　尹礼汇　魏伟　张万顺　陈秀红　夏晶晶)

提升国土空间治理体系与能力现代化建设水平研究

国务院发展研究中心

国土空间,是指国家主权管辖下的地域空间,是国民生存、国家发展的场所和环境,包括陆地、陆上水域、内水、领海、领空等空间。根据其形态和功能特征,一般可分为生态空间、农业空间、城镇空间及其他空间。国土空间治理,是中央政府及其分级代理主体,依据宪法和法律法规,综合运用行政、经济、社会、文化、科技、信息等多种工具,对国土空间安全和格局、目标和行动、效果和调控等方面,进行监测评估、统筹协调、控制优化的行为和过程。国土空间治理,从空间类型视角看,可分为(国土)生态空间治理、城镇空间治理、农业空间治理、工矿空间治理及人类遗产空间治理等;从治理工具视角看,可分为法律治理、行政治理、经济治理、社会治理、信息治理等;从治理主体视角看,可分为政府治理、社会治理、政府间组织治理等;从治理单元视角看,可分为全国国土空间治理、省域国土空间治理、市域国土空间治理、县域国土空间治理等。

国土空间治理,是国家治理体系的重要组成部分,关系国家生态治理、经济治理、社会治理、文化治理和政治治理等;国土空间治理是国家安全的重要保障,关系国土安全、资源安全、生态安全、生物安全和经济安全、社会安全、军事安全、政治安全;国土空间治理,连同资源治理、环境治理和生态治理,构成生态文明建设的主

体内容;国土空间治理是经济高质量发展的重要工具,尤其有助于优化经济布局。

国土空间治理体系,是以建设"安全、和谐、繁荣、高效、开放、协调、美丽、永续"国土为目标的国土空间治理的法制体系、规划体系、标准体系、监测体系、政策体系、制度体系和工程体系等。国土空间治理能力,则是以完成国土空间治理任务、实现既定治理目标的综合能力,主要包括国土空间治理的目标引导能力、问题诊断能力、动态监测能力、规划组织能力、法律约束能力、科技支撑能力、开发利用能力、保护修复能力、安全保障能力和冲突调节能力等。

一、我国国土空间治理取得积极进展但仍存在一些深层次问题

党的十八大以来,国土空间治理进入重构性创新发展新时代。"多规合一"、主体功能区战略和制度、各级国土空间规划编制等先后取得重要进展,加速了我国国土空间治理体系的形成。国土空间开发保护取得显著成效,以主体功能区为基础的国土空间开发保护战略架构初步搭建,多中心、网络化、开放式的区域开发格局逐渐清晰,以生态文明和可持续发展为导向的农业发展布局不断优化,以分级分类国土全域保护为导向的生态安全格局加速形成。

但同时,我国国土空间治理尚面临一系列严峻挑战,也存在诸多深层次问题和结构性矛盾亟待解决。

(一) 我国国土空间治理面临的主要挑战

历史地看,我国国土空间治理面临着一系列挑战。一是来自全球和区域地缘政治不确定性的挑战。这种不确定性加剧了地缘政治及其对我国国土空间安全的压力,进而对我国产业、设施、人口等的空间战略布局产生重要影响。二是来自国际经济发展态势和关系格局不确定性的挑战。逆全球化对我国经济与世界经济的关系格局、产业链空间战略布局等有着重要影响。三是来自全球气候变化及其应对策略不确定性的挑战。特别对能源开发利用及进出口贸易、碳减排政策取向及其空间策略等有着重要影响。四是来自信息化及其对国家安全正负影响的挑战。特别是美国等西方国家的信息封锁战、信息攻击战及其对我国国家安全、国土安全的干扰和影响,对国土空间开发利用和安全保障等有着重要的影响。

必须全面、认真、积极、勇敢地应对上述系列挑战,从国家安全特别是国土安全、资源安全、生态安全、经济安全和社会安全的高度,从加速国家治理体系与能力现代化的目标和要求出发,切实加快建立健全中国特色的国土空间治理体系,显著

提升国土空间治理能力。

（二）我国国土空间治理存在的诸多问题

审视现在,我国国土空间治理尚存在一系列问题。一是国土空间治理的法律工具还很缺乏。我国已全面进入依法治国新的历史时期。国土空间治理关系长远大局和地区利益、百姓福祉,需要以坚实的法律法规作保障。到目前为止,我国尚无专门的国土空间及其治理的法律法规,已有的土地管理法等相关法律法规远不足以支撑国土空间治理的目标和要求。二是国土空间治理的规划体系尚未形成。全国国土空间规划纲要目前尚未出台,重点区域(流域)及省级国土空间规划也处于编制之中,相关专项规划的编制还没有正式启动。规划工具的暂时缺失,以及预期中规划工具可能存在的缺陷,都是必须解决的关键和迫切问题。三是国土空间治理的标准体系尚未形成。标准体系是国土空间治理不可或缺的重要基础。然而,包括空间分类体系及其标准化、空间数据采集加工及其标准化等方面普遍存在标准不统一的问题,严重影响了国土空间治理的问题诊断、目标设定、动态跟踪、成效判断等能力。四是国土空间治理的用途管制尚在启动之中。基于国土空间建设目标和用途分类体系的国土空间用途管制办法尚在研究之中,距离行政性法规的要求还有相当距离。不利于国土空间的分用途差异化管控和国土空间治理总体目标的均衡实现。五是国土空间治理的基础工作还很薄弱。对国土空间安全、开发、利用、保护、修复等情况还缺乏全面、系统、客观、准确、及时、可靠的调查、监测、评价和分析,这些方面的基础能力建设还很滞后、薄弱。

上述问题直接关系国土空间治理的成败与效能,亟待解决。其中有些问题,如规划体系和法律法规问题,可望在今明两年内解决,其他问题也可望逐步解决。然而,国土空间治理永远在路上,还会不断有新的问题出现,需要不断去解决。在发现问题、解决问题的进程中,不断完善国土空间治理体系、提升治理能力。

二、"十四五"时期提升国土空间治理体系和治理能力的基本原则

"十四五"时期是我国由全面小康社会向全面富裕社会迈进的关键时期,是我国经济由高速度向高质量迈进的关键时期,是我国生态文明建设绿色发展的关键时期,是我国国土空间治理体系全面建立和治理能力重点提升的关键时期。"十四五"时期,我国国土空间治理,要牢牢以习近平生态文明思想为指引,坚持全新理念和基本原则,深入扎实、持续有序地推进。

（一）坚持新时代国家治理理念、目标和要求的原则

需要坚持并进一步突出包括系统治理、综合治理、源头治理、依法治理、科学治理和民主治理在内的新时代国家治理，特别是空间治理的理念、目标和要求。加强国土空间系统治理，各主体、各部门、各领域之间要消除隔阂、加强协调、系统发力。加强国土空间依法治理，在加快推进《国土空间开发保护法》等立法的同时，做好过渡时期法律的"立改废释"工作，加大国土空间依法治理力度，提升依法治理能力与水平。加强国土空间综合治理，综合运用法律、行政、经济、信息等工具手段，全面提高国土空间综合治理的能力与水平。加强国土空间源头治理，从国土空间土地、水、矿产资源浪费和生态环境污染的源头入手，重点抓好资源节约集约高效利用、环境污染治理及生态修复，全面提高国土空间安全保障能力与水平。同时，结合国土空间治理的特殊需求，加强科学治理和民主治理，充分认识、尊重自然规律，运用地理资源、生态、环境、地质等科学和信息技术，全面提升国土空间科学治理的能力与水平；充分尊重、发挥社会各界在国土空间治理中的广泛性、基础性作用，问计于民、负责于民，全面提升国土空间民主治理的能力与水平。

（二）坚持目标导向与问题导向相结合的原则

一方面，坚持国土空间治理的目标导向。将国家各类战略目标分解为各类功能（经济功能、社会功能、生态功能、食物功能等）并落实到城镇、农业、生态等各类空间上，即是国土空间的治理目标。国土空间治理要以构建安全、和谐，平等、正义，繁荣、高效，开放、协调，美丽、永续的国土空间为总体目标。另一方面，坚持国土空间治理的问题导向。进一步找准我国国土空间治理中的问题、失误，在国土空间格局（比例、布局等）、制度、政策、标准等安排时进行有针对性的回应和设计。

（三）坚持继承与创新相结合的原则

一方面，经过长期的努力，在国土空间治理特别是城镇空间（区域差异协同发展等）、生态空间的治理方面积累了一定的经验，产生了一些在实践中被证明是有效的治理模式；同时，国土空间治理必须遵循城市运行、资源、生态系统等本身的客观规律，需经过长期试验才能得出，历史运行资料可以为未来的国土空间治理体系设计提供重要基础；此外，国土空间治理方面的投资也具有累积性，尤其是生态空间修复前期投资大见效慢，如何避免低效重复投资，对于生态空间治理投资有着巨大缺口的现状来说尤为重要。因此，中国国土空间治理体系的建设不能割断历史。另一方面，随着经济社会的不断发展和多规融合的加快推进，当前国土空间治理尚存在的一些问题（如国土空间方面的一些立法缺失）已严重制约着国土空间治理

能力与水平的提升,为增强其适应性和有效性,国土空间治理体系的建设须不断创新,建立适应时代要求和国情特征的国土空间治理体系。

(四) 坚持统一与差异相结合的原则

一方面,国土空间治理体系设计应该顾及统一性。一是由于过去各地在经济发展中普遍对国土空间问题重视不够,目前在中国各地均面临着严峻的国土空间问题,并且一些问题具有一定的共性,均需要通过制度创新、治理体系改革解决;二是中央强调包括生态文明建设及其制度创新必须在各地全面推进,相应地,国土空间治理也必然会在全国范围内全面推进。另一方面,中国地域辽阔,区域发展条件、基础和水平差异显著;同时,不同主体功能的空间在资源环境承载能力、开发适宜性及对发展的需求侧重点等方面也呈现较大差异。这些因素决定了国土空间治理体系的建设和改革必须充分考虑空间差异,因地制宜。因此,国土空间治理体系设计中,既要有适应全局的总体方案,对工作作出全局性部署;同时,在具体推进方案的设计上也应强调差异化推进。

三、"十四五"时期提升国土空间治理体系和治理能力的重点任务

"十四五"时期,国土空间治理要重点做好两个方面的工作。

(一) 加强国土空间规划、法规、政策和标准的系统建设

1. 建立健全分级分类的国土空间规划体系。进一步理顺国土空间规划与国家发展规划、国家级专项规划、区域规划的关系,明确国土空间规划体系在国家统一规划体系建设中的定位和作用。重新审视五级三类国土空间规划编制体系设置的合理性并作适当调整,优化各级各类国土空间规划的定位与主要内容。充分继承并发挥主体功能区战略与制度在空间治理中的基础性作用,将适度微调完善后的主体功能区战略贯穿国土空间规划编制实施全过程。加快推进全域国土空间规划编制,通过国土空间结构和空间战略布局的优化,进一步强化国土空间规划对其他规划在空间安排上的基础作用。

2. 建立健全国土空间法律法规体系。加快开展国土空间治理相关立法工作,如《国土空间开发保护法》《国土空间规划法》《区域协调发展法》等。按照立、改、废、释相关要求,修改完善《中华人民共和国土地管理法》《中华人民共和国城乡规划法》《中华人民共和国环境保护法》等相关法律法规,尽快将所有关于空间管治

的政策和规划纳入法律框架。

3. 建立健全国土空间政策体系。加快制定实施适应国土空间治理体系要求的资源、财税、产业、生态、环境、人口等关键政策,基于系统性、协同性与精准性、操作性要求,推动形成系统、科学、高效国土空间政策体系。加快研究制定京津冀、长三角、长江经济带、粤港澳大湾区、黄河流域等重点区域的空间发展政策,强化特殊类型区的政策扶持。需要特别注意国土空间政策与区域发展政策、特殊类型区振兴扶持政策的分工与协同关系,关注以上区域在国土空间开发保护战略实施中的政策支撑问题。

4. 加强国土空间治理标准体系建设。加强国土空间治理的标准体系建设,建立健全统一、科学、实用的国土空间分类、数据标准、技术标准及其他标准体系,推动国家发展改革委、自然资源部、生态环境部等相关部门在技术标准上的统一。强化国土空间规划及相关标准对社会经济活动的规制作用(强调对违反该规划标准体系的行为要予以必要的处置),尤其在国土空间开发强度、方式与资源环境承载能力明显不平衡以及生态环境问题较突出的区域,更要突出国土空间治理的规制地位和作用。

5. 加强国土空间用途统筹协调管控。加快构建横向联动、纵向衔接的用途管制体制,实现管理事权的央地权责明晰、纵横有机协调。以全国国土空间规划为基础,统筹国土空间的开发、保护、治理及修复,进一步厘清并明确生态、农业、城镇等三类主体功能空间以及文化、乡村、工矿和战略性通道、综合体系(廊道)等重要点线空间之间的关系及边界、功能及定位、管控政策取向等。综合用好行政、法律、经济、信息等多种管控手段,完成并优化主要控制线的划定,结合主体功能定位实施差异化的区域引导,逐级细化资源、财税、产业、生态等政策,探索建立包括转移支付、横向生态补偿、开发许可交易在内的空间开发保护利益协调机制。

(二) 加强重点领域的国土空间治理

1. 加强生态空间有效管控与系统修复。这里,生态空间包括但不限于以国家公园为代表的自然保护地体系,其治理的目标是进一步强化保障国家生态安全作为生态空间功能与定位的核心。"十四五"时期,生态空间治理的重点任务包括划定、优化与守护生态红线,构建以国家公园为主体的自然保护地体系和生态安全保障体系,提升生态空间的服务功能,实施"山水林田湖草"生态系统修复工程等。重点推进青藏高原、新疆中北部、黄土高原、燕山—太行山、大小兴安岭及长白山、川滇高原、秦巴—武陵山、长江中下游、南方丘陵、东部沿海等生态屏、生态带的保护和建设。

2. 加强农业空间有效保护和基本建设。这里,农业空间包括但不限于高标准基本农田建设,其治理的目标是进一步强化保障国家食物安全作为农业空间功能与定位的核心。"十四五"时期,农业空间治理的重点任务包括构建现代农业空间格局(体现农业空间的多功能性)、优化水土资源空间配置、保护永久基本农田、建设高标准基本农田等。重点加强东北平原、黄淮海平原、长江中下游、四川盆地、汾渭平原、河套灌区、华南地区、甘新地区等粮食(主要农产品)主产区的农业生产空间保护与综合生产能力建设。

3. 加强城镇空间有效管控与品质提升。这里,城镇空间包括但不限于城镇建设边界划定,其治理的目标是进一步强化保障国家新型城镇化、工业化战略实施以引领国土空间格局形成与优化作为城镇空间功能与定位的核心。"十四五"时期,城镇空间治理的重点任务包括构建中国特色现代城镇空间格局(多中心、网络化、组团式、集约型的城镇空间格局),严格管控城镇开发边界,提高城镇产业空间效率,以安全性、可达性和宜居性、宜业性为主要目标,提升城镇空间生活品质等。重点加强集聚高效的城市群与都市圈建设,尤其是加强长江中游、山东半岛、粤闽浙沿海、关中平原、辽中南、山西中部、兰州—西宁、哈长、滇中、天山北坡、北部湾、呼包鄂榆、黔中等城市群,加快都市圈建设,以带动整体城镇空间品质的提升。

4. 加强边境国土空间有效管控和建设。这里,边境国土空间包括但不限于陆地边境国土空间,其治理的目标是进一步强化保障国家边境安全作为边境国土空间功能与定位的核心。"十四五"时期,边境国土空间治理的重点任务包括加快构建边境国土空间安全格局,加强边境战略性运输、信息通道等基础设施建设,加大对边境县市旗的一般性财政转移支付力度,加快边境重镇建设与发展进程,加强与"一带一路"沿线国家和地区的联系、合作(经济、生态、安全合作)等。

5. 加强海洋国土空间有效管控和开发建设。这里,海洋国土空间包括但不限于海岛及其集群化建设,其治理的目标是进一步强化保障国家海洋强国战略实施以引领海洋经济高质量发展、海洋国土空间格局形成与优化作为海洋国土空间功能与定位的核心。"十四五"时期,海洋国土空间治理的重点任务包括对接全国国土空间规划纲要、构建海洋国土空间格局,严守海洋生态红线、加快国家海洋公园建设,严格保护海洋资源、加强海洋生态环境治理与修复,以海岸带为主要载体加强陆海统筹并严格落实海岸带空间管控政策措施,推进海岛及其集群化建设以巩固和发展海洋开放合作,以重点项目为抓手推进海上通道建设和安全保障等。优化海洋经济空间格局,着力优化北部海洋经济圈、提升东部海洋经济圈、拓展南部海洋经济圈,着力发展海洋湾区和海洋飞地经济,着力推进海洋经济示范区建设。

四、"十四五"时期提升国土空间治理体系和治理能力的保障措施

国土空间治理是一个复杂过程、系统工程,需要统筹多种因素、运用多种工具。"十四五"时期,国土空间治理需要在以下四个方面加强支撑保障。

(一) 大力加强国土空间治理的法制保障

做好过渡时期《中华人民共和国土地管理法》《中华人民共和国城乡规划法》等相关国土空间法律的立、改、废、释工作。加快推进《国土空间开发保护法》《国土空间规划法》立法及国土空间治理相关法律法规建设工作,从纵向、横向上明确国土空间规划与各级各类规划之间的关系,界定各部门、各级政府的责任。加强统一执法及执法监督,重点加强国土空间治理相关法律法规的统一执法能力建设,提高各地区统一执法水平。

(二) 切实理顺国土空间治理的体制关系

重点加强国家和区域层面的国土空间治理统筹,分阶段逐步推进国土空间治理中的管理体制改革。重点明确中央地方在国土空间治理中的事权划分,各级政府在国土空间治理中的重点不一样,中央层面应侧重战略性,区域或省级层面应侧重协调性,市县和乡镇层面应侧重实施性。重点明确国家发展改革委、自然资源部、生态环境部等政府主体部门在国土空间治理体系中的责任和事权划分,如国土空间规划与区域规划之间的责任划分、生态保护修复和生态环境保护之间的责任划分等。亟须建立强有力的国土空间治理决策或协调机制,综合协调国土空间治理方面的职能,进一步抛弃部门之见、地方利益,充分发挥国土空间治理体系在国土空间治理中的组织、统筹、协调、协同作用。

(三) 持续推进国土空间治理的机制创新

一是建立健全规划传导机制。紧密围绕各级各类的国土空间规划编制体系展开,建立健全三类国土空间规划传导机制。构建并完善基于"层级"视角的纵向传导,按照全国(侧重战略性)—省级(侧重协调性)—市县、乡镇级(侧重实施性)国土空间规划次序,纵向依次层层传导;构建并完善基于"类型"视角的横向传导,如国土空间规划—产业规划—交通规划—环保规划—各类民生规划—住建规划—水利规划—农业农村规划等,强调国土空间规划的总体指导作用;构建并完善自身闭

环链条式传导,重点强调各级国土空间规划本身就可以形成包含规划编制—传导实施—用途管控—实施监测—实施评估—考核—奖惩(正、反向反馈)—规划修编等节点的闭环链条。基于以上三种维度的规划传导机制,建立综合传导体系,以国土空间用途统筹协调管控为纽带,共同促进规划体系的顺利运行和国土空间战略格局的精准落地。

二是建立健全规划修订机制。基于国土空间规划实施评估结论,适时开展规划动态修编,增强规划的预见性、引领性和实时性(原则上对于规划目标、主要指标及空间布局有重大修改的,须报原审批机关批准,对于不涉及强制性内容修改的,可简化报批程序)。建立防"频调机制",保证规划的权威性、连续性。

三是建立健全考核机制。针对各类国土空间的不同主体功能,建立差别化的绩效考核指标测评体系,如城镇空间侧重资源利用效率考核、农业空间侧重耕地责任目标考核、生态空间侧重生态绩效考核等。建立全流程绩效考核指标测评机制,考核指标体系不应过多,突出重点、管用即可,权责清晰、问责明确。形成指标考核对应责任主体体系,根据各项指标实施权责最大化原则,确定1—2个主要考核部门对象,将指标实施考核"对门"化,明确主要责任、连带责任、相关责任和无责任范畴。

四是建立健全奖惩机制。奖惩制度是一种正、反向的激励和反馈制度,在于体现出"干得好"与"干得不好"的差异。根据评价考核结果,应及时进行相应的奖励或问责,以便更加有效地提升空间治理的效率和效果。一方面,强化正向激励制度,主要体现为政治激励(如政绩考核)、行政激励(如税收减免优惠)、市场激励(如提升市场信用评级)、精神或文化激励(如宣传、经验推介)等手段;另一方面,针对国土空间开发保护中尚存在的一系列刚性约束机制不健全的问题,进一步建立健全反向激励制度,主要体现为法律约束(如立法执法)、政治约束(如政治考评与惩处)、行政约束(如行政问责)、市场约束(如投资压力)、道德约束等手段。

五是建立健全社会参与机制。需要建立健全专业机构、非政府组织等多元治理主体和公众参与机制。重点做好三个方面工作:其一,明确保障公众对国土空间治理相关数据和信息的"知情权";其二,赋予公众享有通过听证会或意见征询等方式参与国土空间决策的权力;其三,建立更具体的机制(渠道),征求公众个人的选择、建议和投诉,并由相关空间治理部门充分考虑。

(四)进一步加强国土空间治理的基础工作

一是加强国土空间监测评估。加快国土空间开发保护现状监测评估工作,为推进国土空间科学、高效治理以及"一张图"平台的建设提供重要数据支撑。探索实施并联审批、并联执法,统一各部门监测手段、整合各方时点数据搭建"全面覆盖、全程监管、实时预警"的监测预警机制。

二是加强国土空间技术支撑及基础信息平台建设。国家发展改革委、自然资源部、生态环境部、水利部等有关部门需要进一步切实合作推进数据共享机制建设,建立全国、区域层级或全国、省、市县层级的国土空间开发保护数据信息系统。充分利用大数据、云计算等现代信息技术和手段,建立统一、高效的国土空间数据信息系统和信息平台,实现国土空间治理基础数据、信息动态更新和各部门互联互通、开放共享。

三是加强基础理论支撑和人才保障。采取各种激励措施,充分调动政府、研究机构、高校、行业协会、企业等各方力量,加强对国土空间规划编制、资源用途管制、空间管制、资源环境承载力及空间开发适应性双评价等相关主题的理论、方法研究,提升国土空间治理的科学支撑。通过直接定向人才培养(培训)、干部挂职、工作借调、人才交流等途径加快提升国土空间治理领域管理、技术类从业人员的业务素质和工作能力,并充分发挥科研机构、智库等对国土空间治理的辅助支持作用。

(课题组成员: 谷树忠　杨艳　李维明　刘云中　贾克敬　强真)

提升国土空间治理体系和
治理能力现代化水平研究

中国宏观经济研究院国土开发与地区经济研究所

　　党的十九大报告明确提出"推进国家治理体系和治理能力现代化"是全面深化改革的总目标之一。国土空间治理体系和治理能力是国家治理体系和治理能力的重要组成部分,同样也需要不断深化改革。党的十九届三中全会拉开新一轮机构改革的序幕,把统一行使全民所有自然资源资产所有者职责、统一行使空间用途管制和生态保护修复职责,赋予新组建的自然资源部门。党的十九届四中全会把"加快建立健全国土空间规划和用途统筹协调管控制度"作为落实主体功能区制度的重要举措。这对治理空间发展乱象、规范空间发展秩序都具有重要意义。本报告拟在辨析国土空间治理体系和治理能力现代化内涵的基础上,深化国土空间治理中的问题研究,以问题为导向,剖析深层次的制度成因,提出提升国土空间治理体系和治理能力现代化水平的重点任务和政策建议。

一、国土空间治理体系和治理能力现代化的 内涵

　　治理的英文为 governance,来自拉丁文中"掌舵"一词,后引申

城乡区域

为"统治、管制和统辖"等意思。其内涵是以政府为主体,企业、社会组织、公民等共同参与,利用既定的制度和方式,对社会公共事务进行管理以及对社会公共服务资源进行配置的过程。治理体系是指治理主体在公域或私域的治理过程中形成的一套相互作用、相互依存的以制度为主体、以关系为基础、以技术为纽带的有机体系。它包括治理关系、治理制度和治理技术在内的三大要素。借鉴治理体系的概念,我们认为国土空间治理体系是指利用法规、规划、管制、政策和技术等手段,对国土空间进行管理及对相关资源进行配置的过程。

从国土空间治理体系的概念可以看出,其具有实体性、层次性、均衡性和开放性的特征。所谓"实体性"是指所有的经济活动都要落在地理边界清晰的客观空间上,需要在特定实体空间中表征出不同阶段的发展形态、特征和趋势;"层次性"是指经济活动在不同行政层级空间尺度上的体现,以及关系、制度和技术三大要素之间的协同;"均衡性"是指在一定空间单元内,有序有效配置经济要素,实现人与自然和谐共生;"开放性"是指顺应区域经济一体化和经济全球化趋势,主动接入不同层级城镇网络体系,促进经济要素在区域和全球范围内有序流动。

治理能力是指为实现治理目标,治理主体运用治理体系对社会公共事务进行治理的能力,包括制度形成能力、制度实施能力、制度调适能力、制度学习能力和创新能力在内的五大要素。一般认为,先进的政府治理目标、高效的政府治理方式和能力、优化的制度构建和使用能力是治理能力现代化的重要标准。借鉴治理能力现代化的标准,聚焦国土空间治理能力现代化亟须突破的难题,我们重点强调国土空间治理的组织结构、数据底图、技术平台。其中,组织结构是治理主体、数据底图是治理基础、技术平台是治理支撑。国土空间治理主体通过自我改革打造现代化的治理能力体系,实现国土空间治理能力现代化。

当前,提升国土空间治理体系和治理能力现代化水平,需要坚持以下原则:坚守底线原则,把三条控制线管控摆在国土空间治理体系和治理能力现代化的优先位置,健全生态保护红线、永久基本农田和城镇开发边界的划定标准和管理规范;协同推进原则,推进国土空间规划和国土空间用途管制协调共进,确保两者无缝衔接,构建从战略到规划再到实施的全链条、全要素、全流程管控;融合发展原则,吸收主体功能区规划、城乡规划、土地利用规划以及土地、林地、草地、湿地等要素管控的规程和规范,完善国土空间规划和国土空间用途管制技术、标准、制度和政策;坚持重点突破原则,以技术、标准等为突破口协调各方利益,顺序建立政策、法规、法律体系,建立健全治理体系、治理标准、治理规范。

二、国土空间治理的问题

进入 21 世纪以来,随着工业化和城镇化的迅速推进,"流动空间"快速重组,多中心网络化的空间发展格局初步形成;"固定空间"调整优化,农业空间在变化中形成新稳态,生态安全格局基本建立。国土空间治理呈现新变化,但仍存在影响国土空间治理的结构性矛盾和问题,需要引起重视。

(一)空间发展失衡

空间发展失衡突出表现在两个"不匹配"上,一是经济布局与资源环境不匹配,二是人口与经济空间分布不匹配。这都导致区域自然资源在空间分布上的悬殊,造成南水北调、北煤南运、西煤东运、西电东送、西气东输长距离大跨度流动或调动。大规模、大跨度调动资源固然与资源禀赋差异有关,但也与经济布局与自然资源环境承载力不适宜有关。

(二)开发强度失度

开发强度是指一定空间单元中建设空间占该区域总面积的比例。一般认为开发强度的警戒线是 30%,国际宜居标准是 20%。尽管 2017 年全国国土开发强度为 4.07%,离宜居标准和警戒线都比较远,但如考虑到适宜工业化、城镇化开发的面积仅 180 余万平方公里,实际开发强度(21.72%)也偏高。原国土资源部 2015年至 2017 年连续三年对城市区域建设用地节约集约利用状况调查评价显示,参评城市国土开发强度从 6.85% 上升至 7.02%,城乡建设用地人口密度从 4665 人/平方公里下降到 4613 人/平方公里。全国十大城市群中已有 7 个城市群的开发强度超过 10%。东中部省份开发强度普遍较高。

(三)"三区"空间失调

"三区"空间失调突出表现在"两多两少",即从农业空间与生态空间看,农业空间多,生态空间少;从城镇和农业之间的建设空间看,农村建设空间多,城市建设空间少。如,2016 年我国农业空间和生态空间占比分别达到 67.22% 和 28.77%,生态空间占比远低于日本的水平。

(四)空间开发失序

空间开发失序主要表现为分散开发和大规模无序开发。特别是 2000 年以来,各地打着工业化、城镇化的旗号大规模规划建设新城新区,导致建设用地规模快速扩张、耕地大面积减少。据统计,全国建设用地总量从 2000 年的 30.2 万平方公里增加到 2016 年的 39.09 万平方公里,年均增加 0.55 万平方公里。在此期间,耕地减少了 6.93 万平方公里,平均每年减少 0.43 万平方公里。

三、国土空间治理问题的制度成因

国土空间治理的问题既与压缩型工业化、城镇化显著增大资源环境压力有关,也与粗放式经济发展方式有关,更与空间治理体系不完善有关。其中,前者具有客观性,后两者具有主观性。因此,在加快转变经济发展方式的同时,从制度方面分析造成国土空间治理问题的成因,有利于推动国土空间治理体系和治理能力逐步完善。

(一) 城镇空间的"反公地悲剧"

城镇空间经济价值高,往往成为争权夺利的焦点。以规划为例,各部门都将规划作为权力,寻求上位法的保护,划定不同类型空间和各种红线。各部门出于管理需要,在技术上和制度上制定差异化的规定,在这些差异的基础上,部门不断加码形成了较强的壁垒。在国家规划体制改革和国务院机构改革的大背景下,进一步明确国土空间规划的基础性地位,推进主体功能区规划、城乡规划、土地利用规划等的技术和制度融合,强化发展规划、国土空间规划、专项规划、区域规划之间的衔接,科学合理划分部门事权,是缓解"反公地悲剧"的重要手段。

(二) 农业空间的歧视性管制

我国用途管制始于 20 世纪 90 年代末期严格的耕地保护,其后逐步拓展到林业、草原、水域、湿地等领域,其间管制的重点、目标和方式都发生了变化,但依然存在用途管制的依据和标准不统一、政策不协调,难以形成空间管制合力。尽管歧视性的管制政策能突出管制重点,但也割裂了山、水、田、林、湖、草等各个要素生态系统之间的联系,对生态系统的整体性、系统性考虑不足。2018 年 3 月国务院机构改革后,明确国土空间用途管制由自然资源部门统一行使。在由要素用途管制转向国土空间管制过程中,各要素管制制度的"惯性"仍将持续一段时间。要紧扣生态文明体制改革的要求,在完善自然资源资产监管体制的基础上,加快制定综合平衡、松紧适度的管控措施,统一开展国土空间用途管制,共保"山水林田湖草生命共同体"的完整性、整体性和系统性。

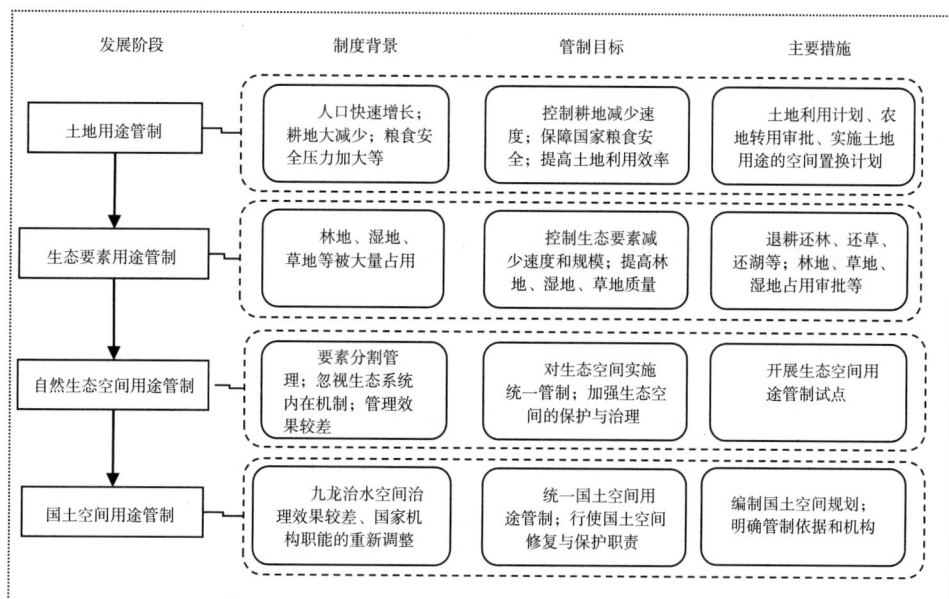

图1　国土空间用途管制制度演进历程

（三）生态空间的"公地悲剧"

我国生态空间不仅存在公地产权问题,也有管理权分散的问题。我国自然资源资产产权界定不清晰,权利和权能高度抽象和模糊,出现产权流于"人人所有,又人人没有,谁都应该负责,谁都不负责任"的状况,这导致资源低效利用和滥用。再加上自然资源资产产权的管理者同时兼任监督者,集"裁判员""运动员"于一身,其职能之间存在相互交叉,未能对自然资源资产产权行使有效监督和保护。如果说产权不清是"公地悲剧"产生的基础,那么长期以来的分散管理则是助推器。2018年3月,国务院机构改革后,自然资源统一管理权被授予新组建的自然资源部,自然资源资产管理、国土空间用途管制和生态保护修复监管职责也分属不同的司局管理,但由于没有明确自然资源资产管理和自然生态保护监管的关系,"裁判员"和"运动员"的问题仍没有得以有效解决。适度明晰资源资产所有者权利和管理者权利,仍需不断推进改革。

（四）中央与地方的利益博弈

中央与地方本质上是一种委托代理关系,在这种关系中,中央政府和地方政府的利益目标往往发生偏离。中央政府认为国土空间治理更应该注重社会利益和长远利益,加强耕地和生态环境保护,控制建设用地面积,但地方政府主要领导在有限的任期内,更加重视经济利益和短期效益。以经济指标作为重要考核依据,则进一步强化了地方政府的经济利益和短期目标。因此,协调好中央和地方的关系,确保国土空间治理目标落到实处,一方面要强化约束性指标分解落实、考核评估;另一方面要发挥考核"指挥棒"的作用,深化考核体制改革,按照生态文明体制改革的要求,分门别类制定考核标准。

四、完善国土空间治理的重点任务

坚持问题导向,针对问题产生的原因,要以完善自然资源资产产权和管理制度为前提,以构建国土空间规划体系为基础,以健全用途管制为手段,以推进差异化绩效考核为抓手,先易后难,循序渐进,不断完善国土空间治理体系。

(一)完善自然资源资产产权和管理制度

完善以"两权分离"为主的产权体系。坚持自然资源资产公有性质,厘清自然资源资产所有者权利和管理者权利,制定所有者权利清单和管理者权利清单,落实产权主体责任,分门别类建立起多样的所有权体系。进一步推动自然资源资产所有者和管理者分离,促进自然资源资产的保值和增值,畅通绿水青山就是金山银山的转化通道。通过不同的产权安排,合理分配中央和地方政府的权力,平衡地方与中央之间的利益。创新自然资源资产全民所有权和集体所有权的实现形式,除生态功能重要的资源资产外,推动所有权和使用权相分离。明确国有农场、林场和牧场土地所有者与使用者权能。

建立统一的确权登记体系和调查监测体系。在统一分类标准规范、统一调查评价的基础上,以划清全民所有和集体所有之间的边界,划清全民所有、不同层级政府行使所有权的边界,划清不同集体所有者的边界,划清不同类型自然资源的边界等"四个边界"为核心任务,以支撑山水林田湖草整体保护、系统修复、综合治理为目标,摸清自然资源的用途、权属和分布,推进自然资源资产统一确权登记。整合国土空间动态监测信息平台,充分利用陆海观测卫星和各类地面监测站点开展全天候监测,及时掌握国土空间变化情况,并定期向社会公布。建立常态化资源环境承载能力监测预警机制,对超过或接近承载能力的地区,实行预警和限制性措施。

探索建立以"两分"为基础的行使所有权体制。按照是否具有可排他性、可竞用性和公益需要,结合我国国情制定分级分类(简称"两分")的权利清单,详细界定中央政府与地方政府以及地方政府之间的责、权、利关系,进一步明确不同类型自然资源的主体责任、权力和利益,构建边界清晰、权责明确、上下互动、彰显合力的自然资源资产管理体制。对产权比较清晰的自然资源,在平衡公共利益及所有者与使用者利益前提下,将自然资源的所有权分配或拍卖给不同的产权主体;对于产权边界模糊而难以界定的自然资源,应继续以公共产权主体为所有者,但要强化统一管理。

健全市场化的自然资源资产产权交易制度。全面深化公共资源产品价格形成机制和有偿使用制度改革,除公益性的自然资源资产必须依靠国家权力形成价格外,其他的自然资源资产应根据市场这个"无形的手"来调节其价格,利用价值规律,形成完善的定价系统。建立和完善公共资源产品的价格政策和有偿使用制度,搭建统一公开的信息平台,保证自然资源资产产权权能自由交易。

(二)加快构建国土空间规划体系

以"四大体系"和"五级三类"为重点搭建国土空间规划体系的"四梁八柱"。以统一技术标准体系为突破口,建立健全规划编制审批体系、实施监管体系和法规政策体系,着重搞好"纵向衔接、横向协调"。明确国家、省、市县以及乡镇国土空间规划的重点内容,合理划分总体规划、详细规划、专项规划的边界,妥善处理好各级、各类规划之间的关系,加快形成规划合力,夯实国土空间规划在国土空间治理体系中的基础性地位。

以"三底"为基础推进国土空间规划体系深度融合。"底数""底线""底图"是开展国土空间规划的基础。以第三次国土资源调查数据为基础,结合基础测绘和地理国情监测成果,综合人口、经济、社会、文化、基础设施等方面的数据,搭建国土空间规划的数据基础。以完善生态保护红线、永久基本农田和城镇开发边界"三条控制线"的技术规程为切入点,明确国家、省、市县政府的责任,科学划定三条控制线。以统一基础分析图为突破口,明确规划成果图、评价分析图的要求,规范国土空间规划图件的内容和形式。以"三底"的统一为突破口,加快打破技术壁垒和制度壁垒,积极推进建立健全各类规划编制、审批、调整协同机制,从体制机制上推进国土空间规划体系的深度融合。

以"三区三线"为重点丰富国土空间规划的内容。合理划分城镇、农业和生态"三区"功能空间以及划定生态保护红线、永久基本农田、城镇开发边界等内容是各级国土空间规划关注的重点,是强化国土空间管制的重要前提。以"三区三线"为底盘,落实主体功能区战略和制度的要求,布局生态格局、农业格局、城镇格局,明确战略性矿产保障区和自然历史文化资源保护、开发、利用格局,丰富国土空间规划的内容。重点是依据空间结构的基本要素,突出粮食、能源和生态的"空间管制"、突出城镇化和工业化模式的"空间差异"、突出立体交通网络的"空间鼓励"、突出基本公共服务的"空间均等"等内容。

以"三大保障"为核心确保国土空间规划的实施。坚持"规划共编,分工实施"的原则,将国土空间规划编制主体归位于政府,将规划的实施主体和实施责任落实到具体部门,适度分离规划编制、实施、督查。综合运用航测、卫星遥感、数字影像等先进技术手段,强化国土空间用途管制,提高监管时效性。赋予自然资源督查、执法更多内涵,建立网络化的监督约束机制和独立第三方评估机制,形成分工明确、权责分明、相互监督的规划管控体系。引入清单管理的理念,将规划确定的生态功能保护区、永久基本农田保护区等纳入规划清单管理,制定差异化的管制规则和措施。

（三）健全国土空间用途管制制度

加快构建横向联动、纵向衔接的用途管制体制。赋予自然资源部门统筹管理各类空间之间转化、协调各类空间利用矛盾的权利,将各类空间内部具体管理事权留给各专业管理部门。坚持收和放相结合的原则,将生态保护红线、永久基本农田范围内自然生态空间管理权限上收到国家,按照禁止开发区实施严格管控;将生态保护红线外的生态空间和永久基本农田外的农业空间管理权限下放到省级政府,按照限制开发区实施管控。将城镇开发边界范围内的空间管控权下放到城市和市县,按照空间规划的要求实施管控。

用好行政、经济、法律三种管控手段。按照尊重自然、顺应自然、保护自然的原则,树立山水林田湖草是生命共同体的理念,将用途管制扩大到全部国土空间。赋予用途管制新的内涵,强化建设密度、建设体量、投资强度等方面的节约集约利用要求和地形、水体、植被等方面的保护性要求,实行用途类型、方式、强度、环境影响等在内的多维管控。探索建立包括生态补偿、国土空间开发许可证交易、发展权转移、财税转移支付等多重利益协调机制。遵循"有圈有政策"的思路,以"三区三线"为基础,细化土地、财政、投资、产业等政策,使空间政策更加精准化、精细化和精益化。制定《国土空间用途管制法》,明确其法律地位和法律性质,分别对用途管制的依据、主体、内容、程序、实施保障等内容进行详细的规范。

加快构建市县三级管控体系。以市县为基本单元,建立健全以城镇、农业、生态空间管控为一级、以六类分区管控为二级、以土地用途管控为三级的管控体系。一级管控体系以开发强度上限为基础,强化开发强度指标和农用地转用指标对接,提出基础设施廊道和生态廊道管控要求,强化不同空间的宏观管控;二级管控体系根据主体功能和保护程度不同,明确"三区三线"空间开发建设行为准入要求、条件、程度,提出准入清单管控原则,落实分级分类管控;三级管控体系结合国家"十三五"规划纲要提出的审批制度改革要求,整合农用地转用、林地占用、水域占用等审批审核制度,加快建立统一的用途转用许可制度,强化空间微观管控。在构建

"指标+清单+空间"管制基础上,强化许可、空间、清单等管控工具之间的协调互动,形成管控合力。

完善"指标+清单+空间"的用途管制工具。将全部国土空间的保护底线,纳入指标管控范围,简化自上而下的开发强度、用地指标控制体系,科学划分约束性指标和预期性指标类型,建立基于市县级行政区,统一、简洁、高效的开发与保护管控指标体系。在城镇空间细分集中建设区、有条件建设区和特别用途区,进一步明确城镇集中建设区的功能分区,用"用途准入+指标控制"强化功能区的用途管制。同时,在功能区内部沿用"一书两证"的管制方式。在农业空间内划分永久基本农田集中保护区、一般农业区和村庄建设区,按要求分别建立"用途准入+指标控制"和"详细规划+规划许可"管制方式。在生态空间内划分自然保留地、生态保护修复区、海洋保留与特别保护区,采用"清单+指标"的管制方式。

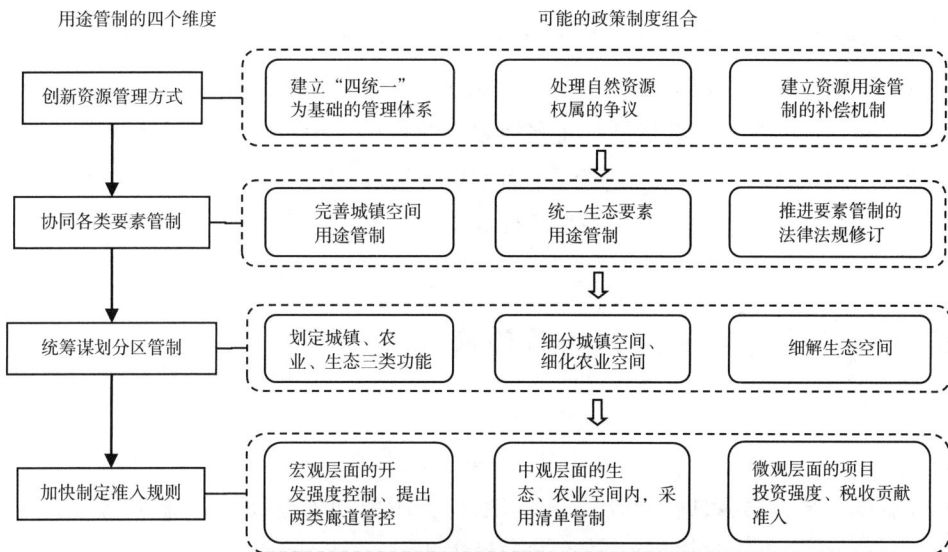

图2 健全用途管制的四个维度与可能的政策制度组合

（四）积极推进建立差异化绩效考核体系

建立健全"四位一体"的差异化绩效考核指标体系。坚持科学导向、突出重点、分类指导、规范可行的原则,以市县为基本单元,建立一套包括经济发展、社会发展、文化建设和生态文明建设于一体的绩效考核指标体系。把提质增效、转型升级放在更加突出的位置,设定不同指标权重,完善经济发展考核指标。深入理解坚持以人民为中心的发展思想,把实现人民的幸福作为发展目标,不断健全社会发展考核指标。把落实政府责任、完善服务体系、提高服务效能作为重点,建立文化发展考核指标,把文化发展政绩考核从"软任务"变成可量化的"硬指标"。根据生态文明建设的总体要求,健全生态文明建设考核指标,防止以牺牲生态环境追求经济增长的冲动。

建立与主体功能相协调的分类考核评价机制。按照"指标一样、权重不同"的原则,设置各有侧重、彰显特色的差异化考核评价制度,实现绩效考核重点与空间主体功能协调一致和良性互动。城镇空间是城镇化的主战场,是提升对外竞争力的主要区域,要突出"转方式、调结构"的绩效考核。农业空间是生产农产品的主要区域,是保"生存线"的重点,要突出"农业优先"的绩效考核。生态空间是提供生态产品的主要区域,是保"生态线"的重点,要强化生态环境状况和提供生态产品能力的评价,突出"生态优先"的绩效考核。

建立激励相容的绩效考核配套体系。把差异化绩效考核结果作为县(市)党政领导班子和领导干部综合考核评价、领导干部选拔任用机制和奖惩的重要依据,体现考核结果应用的"奖惩并举",建立正向激励与负向惩戒相结合的机制。建立生态空间差异化绩效考核结果与国家重点生态功能区财政转移支付相结合的机制,国家生态补偿区域与国家生态空间、生态补偿标准与生态功能重要程度和绩效考核成效挂钩的良性互动机制。建立领导干部自然资源资产离任审计制度,运用审计方法确认其对自然资源资产的正面或负面影响进行客观公正的评价,确定其责任、义务的履行或完成情况,提高履行责任的能力和决策水平。

五、提升国土空间治理的政策措施

完善国土空间治理体系,提升国土空间治理能力,需要打破国土空间治理的技术和制度壁垒,以大数据平台建设为基础,以技术协同为先导,以体制机制创新为核心,调动多元主体参与的积极性,共同推进相关工作向前迈进。

(一) 加快国土空间大数据平台建设

搭建大数据平台。以自然资源部门土地调查数据和地理国情普查数据为依托,整合发改、住建、环保等部门的空间资源、空间性规划、社会经济等方面的数据,着力构建现状数据、规划数据、管理数据和社会经济数据等五大数据库,搭建国土空间规划大数据平台。

强化部门信息共享。从空间维度整合不同部门的数据,打破部门和行业壁垒,促进多源数据汇聚融合,聚焦国土空间规划编制、审查、实施、监督、公开公示等功能,搭建基础数据、空间坐标、技术规范统一衔接共享的空间数据信息管理平台,建立各部门和各地区数据互联互通、共享共用的统一数据库。

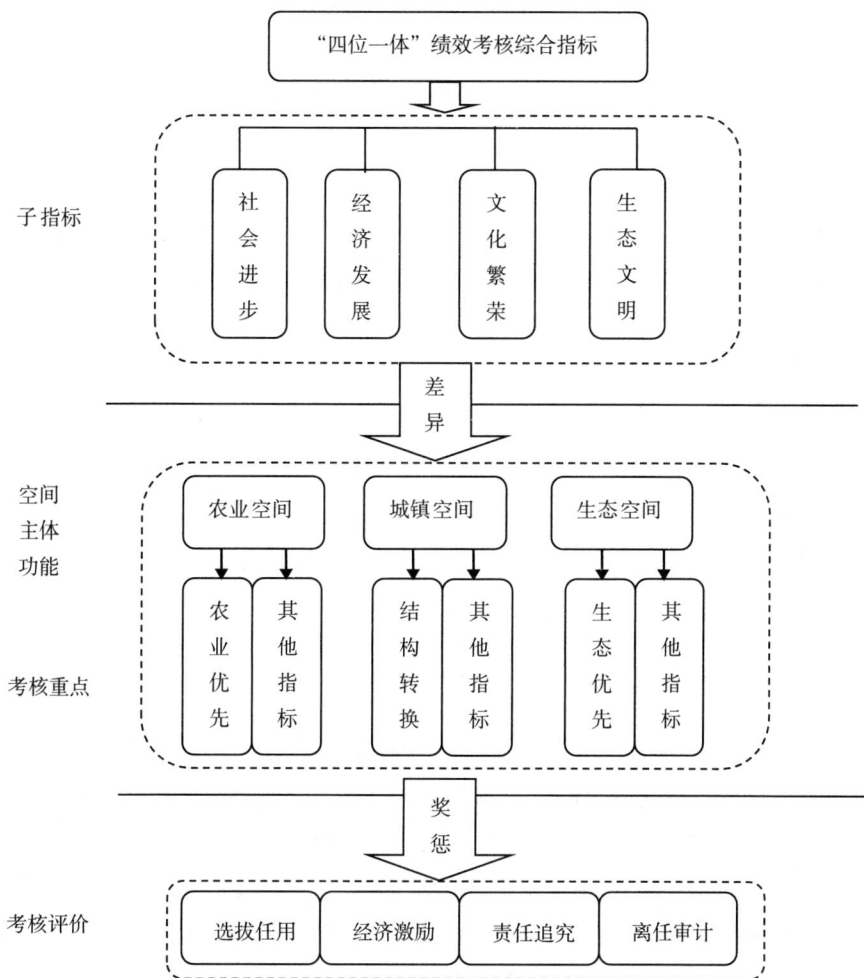

图3 "四位一体"绩效考核综合指标按空间主体功能差异化考评流程图

强化大数据应用。依托发改部门投资项目在线审批监管平台,横向联通发改、住建等部门,纵向贯通各级政府推进"一站式"受理、网上办理、限时办理、透明办理、规范办理和监管"一条龙"服务。以国土空间基础信息平台为载体,为政府、企事业单位、科研单位等提供专项规划、项目实施、日常监管、分析决策等信息和应用服务。

(二)统一国土空间治理技术标准

加快推进相关技术标准对接。研究开发强度测算、"三区三线"划定、空间管控原则、土地分类标准和管理信息平台等技术规程,统一基础数据和技术标准。系统整合《土地利用现状分类》《城市用地分类与规划建设用地标准》等,形成国土空间规划用地、用海、用岛分类标准。

积极开展"双评价"。建立城镇、农业、生态三个导向的评价体系,构建以土地、水、大气、环境、生态、灾害、区域等要素为主体的指标体系,根据评价的"短板效应",科学划分城镇、农业、生态三类功能空间,引导城镇、产业、人口、经济等在空间的合理布局,促进空间均衡发展。

强化开发强度管制。总结地方试点经验,采取以人定地和以产定地等方式,分别确定城镇空间、农业空间、生态空间和产业空间的开发强度,提高开发强度预测的科学性和精准性。把开发强度指标作为空间规划的约束性指标,分解到市县,严格控制建设用地总规模。鼓励城乡之间利用土地增减挂的政策,调控城乡建设用地比例,优化城乡建设空间结构。

整合"线""区"管控体系。进一步整合环保、国土、住建、林业、发改、交通等部门的各类"线",强化"底线"管控,重点划定生态保护红线、永久基本农田、城镇开发边界三条控制线。在划定三条控制线的基础上,吸收城乡规划中"文物紫线",强化对历史文化遗迹的保护。加大力度整合发改、住建、国土、环保等部门规划的各种"区",划定城镇、农业、生态三类功能空间。

(三)构建国土空间治理体系的传导机制

加强发展规划和国土空间规划衔接。加强国家国土空间规划和国家发展规划在空间发展战略、空间结构优化、重大生产力布局等方面的衔接,尽可能保证生态空间格局、农业空间格局和城镇空间格局在两大规划体系中基本一致,尽可能在国家空间规划中为发展规划确定的重大项目、重大工程预留空间。建立发展规划和国土空间规划纵向和横向相衔接的机制,协同构建两大规划的指标体系,健全两大规划指标体系、空间结构、重大生产力布局等方面纵向传导机制,明确各层级政府在规划编制和实施中的职责。

强化国土空间规划分区与用途管制衔接。落实主体功能区战略和制度,在国家、省两级层面的国土空间规划中划分城镇、农业、生态三类功能空间,搞好与主体功能区规划中的城市化地区、农产品主产区、重点生态功能区等的衔接。在市县层面细分城镇空间、农业空间和生态空间,分门别类建立"用途准入+指标控制""详细规划+规划许可""清单+指标"管制方式,推进国土空间规划与用途管制的协调衔接。

统筹推进规划实施。协调好发展规划和国土空间规划的评估与监测,强化评估和监测结果的综合应用,提升规划实施的协同性,确保规划的目标任务得到落实。加强发展规划督导评估和国土空间规划督查执法的协作,及时发现规划实施中的问题,提出改进规划实施的举措。强化两大规划信息平台共享,搭建国家、省、市纵向贯通、各行业部门横向协同的规划监督实施信息平台。

（四）推进国土空间治理法规体系建设

加快开展《国土空间规划法》和《国土空间用途管制法》的立法前期工作。明确规划和用途管制的性质、地位、内容、程序、主体、论证、实施、评估、监督等内容，确立国土空间规划在规划体系以及用途管制在空间治理体系中的核心地位，理顺政府规划行政事权，优化职能分工和建立衔接机制。及时将地方试点中形成的可复制、可推广的空间规划编制指引、用地分类标准等技术规程固定下来，夯实国土空间治理体系的基础。

推动规划决策、执行、反馈环节立法。除了将《国土空间规划法》和《国土空间用途管制法》作为空间规划和用途管制的基本法以外，还需要针对规划决策、执行、反馈等环节分别制定配套的法律法规。

完善相关法律法规。按照其他专项规划适度瘦身、促进衔接的总体原则，适时完善《土地管理法》《城乡规划法》《环境保护法》等相关法律，不断完善国土空间开发保护的法律法规。

（五）完善社会组织和公众参与机制

鼓励社会组织积极参与。支持和鼓励研究机构、行业协会、商会、产业联盟等社会团体参与国土空间治理，搭建政府和企业之间沟通的桥梁，为双方提供制度化、规范化、经常化的信息沟通和利益表达渠道，并充分发挥其在政策宣传、行业自律、信息共享、人才培养、协同创新、权益维护等方面的重要作用。推动民间组织健康、有序发展，建立沟通、协调、合作制度，提升民间组织参与空间治理的能力，使其在资源节约、生态保护监督管理中发挥重要的作用。

拓宽公众参与渠道。在国土空间开发保护的行政许可中设置公众参与机制，特别是引导公众积极参与区域开发利用活动的环境影响评价。建立信息公开制度，定期发布空间开发保护相关信息，鼓励公众参与国土空间开发保护的日常监督。支持公众在空间开发保护发生损害行为后依法提起公益诉讼。

（课题组成员：黄征学　宋建军　王丽　滕飞　潘彪）